2021年版

中国科技期刊引证报告（扩刊版）

北京万方数据股份有限公司

科学技术文献出版社
SCIENTIFIC AND TECHNICAL DOCUMENTATION PRESS
·北京·

图书在版编目（CIP）数据

2021年版中国科技期刊引证报告：扩刊版 / 北京万方数据股份有限公司编著. —北京：科学技术文献出版社，2022.6

ISBN 978-7-5189-8766-5

Ⅰ. ①2… Ⅱ. ①北… Ⅲ. ①科技期刊—期刊索引—中国—2021 Ⅳ. ①Z89：N55

中国版本图书馆CIP数据核字（2021）第262159号

2021年版中国科技期刊引证报告（扩刊版）

策划编辑：周国臻 张 丹 责任编辑：张 丹 邱晓春 责任校对：王瑞瑞 责任出版：张志平

出 版 者 科学技术文献出版社
地　　址 北京市复兴路15号 邮编 100038
编 务 部 （010）58882938，58882087（传真）
发 行 部 （010）58882868，58882870（传真）
邮 购 部 （010）58882873
网　　址 www.stdp.com.cn
发 行 者 科学技术文献出版社发行 全国各地新华书店经销
印 刷 者 中煤（北京）印务有限公司
版　　次 2022 年 6 月第 1 版 2022 年 6 月第 1 次印刷
开　　本 787×1092 1/16
字　　数 737千
印　　张 31.75
书　　号 ISBN 978-7-5189-8766-5
定　　价 180.00元

2021年版中国科技期刊引证报告（扩刊版）

2021年版中国科技期刊引证报告（扩刊版）

通信地址：北京市海淀区复兴路15号　100038
北京万方数据股份有限公司
网址：www.wanfangdata.com.cn
电话：010-58882754
传真：010-58882642
电子信箱：qikan@wanfangdata.com.cn

前　　言

为了更加科学地建立期刊综合评价指标体系，更加完整地统计期刊的被引用计量指标，更加高效地进行期刊文献计量和评价工作，使期刊统计分析结果具有更大的影响力，使核心期刊遴选具有更强的说服力，推进知识服务系统的发展，中国科学技术信息研究所科学计量与评价研究中心与北京万方数据股份有限公司合作，联合编制出版《中国科技期刊引证报告（扩刊版）》。

《中国科技期刊引证报告（扩刊版）》基本囊括了我国出版的学术技术类科学技术期刊和理论研究性社会科学期刊，是一种专门用于期刊引用分析研究的重要检索评价工具。从中可以清楚地了解期刊引用和被引用的情况，以及引用效率、引用网络、期刊自引等数据的统计分析。同时，还可以方便地定量评价期刊的相互影响和相互作用，正确评估某种期刊在科学交流体系中的作用和地位，确定高被引作者群等。

《中国科技期刊引证报告（扩刊版）》的出版，是我国期刊界和知识界的一件大事，是《中国科技期刊引证报告（核心版）》的扩展和补充。《中国科技期刊引证报告（扩刊版）》将全方位、完整地提供我国期刊的评估数据，为国家择优支持期刊评定，以及为国家期刊管理部门和地方的期刊管理部门提供科学管理依据，有力地填补我国关于期刊评价数据不全的空白，因此是一项非常重要的科学评价基础工程建设。

《2021年版中国科技期刊引证报告（扩刊版）》还需不断完善和充实，适时进行指标的增补和修订。衷心希望《中国科技期刊引证报告（扩刊版）》能成为广大读者检索查询的友好助手和得力工具，热忱期待《中国科技期刊引证报告（扩刊版）》能成为社会评价期刊发展状况的参考依据。

在整个编写过程中，尽管力求严格规范，细致准确，精益求精，但由于一些实际情况，如期刊的更名合并、大学学报版本更迭、期刊引用文献著录不规范、期刊缩简写各异或期刊类目复杂等，给我们的编制工作带来很大困难。因此错误和疏漏在所难免，诚望广大读者不吝赐教，批评指正。

北京万方数据股份有限公司

2021年12月

主要计量指标统计（6292种期刊）

指标	平均值	统计数字
扩展总被引频次	1658 次/刊	≥1000 次的期刊为 2711 种
扩展影响因子	1.048	≥1 的期刊共 2398 种
扩展即年指标	0.280	124 种期刊当年发表论文无被引
基金论文比	0.513	92 种期刊无基金论文
海外论文比	0.023	≥0.2 的期刊共 197 种（英文版 175 种） 2526 种期刊无海外论文
扩展他引率	0.92	
平均作者数	3.1 人/篇	
平均引文数	19.6 条/篇	
来源文献量	222 篇	
地区分布数	20 个	
机构分布数	118 个	

目　录

1 编制说明

《2021年版中国科技期刊引证报告（扩刊版）》是依托中国科学技术信息研究所国家工程技术数字图书馆“知识服务”系统，在“万方数据——数字化期刊群”基础上，结合中国科技论文与引文数据库（CSTPCD），以2020年在中国正式出版的各学科6292种中英文期刊（其中，社会科学类期刊2144种，自然科学类期刊4148种；英文版期刊296种）为统计源期刊（暂不包括少数民族语种期刊和港、澳、台地区出版的期刊），对全部期刊的引文数据，严格按题名、作者、刊名、年、卷、期、页等进行分项切分后，进行规范化处理和有效链接，经统计分析、编制而成。现将编制过程中的具体处理方法做如下说明。

1.1 总体设计说明

《中国科技期刊引证报告（扩刊版）》按年编卷出版，每版以上一年度在中国出版的中英文版期刊论文引文数据为统计依据。本报告包括：期刊被引用计量指标、来源期刊计量指标及期刊名称类目索引。限于篇幅暂未编排各个学科期刊扩展总被引频次和扩展影响因子的分类排序表。为了便于读者多用途、多层次地查询和评价期刊，将在中国科学技术信息研究所国家工程技术数字馆网站（http://www.istic.ac.cn）上采用多种形式的排序格式，包括全部期刊名称字顺排序、学科内期刊名称排序、全部期刊评价指标排序和来源期刊总排序等，以帮助读者综合全面地评价分析期刊，迅速有效地检索出所需要的期刊统计信息。期刊被引用计量指标和来源指标是本报告的主体部分。

《中国科技期刊引证报告（扩刊版）》为《中国科技期刊引证报告（核心版）》提供所有来源期刊的统计基础数据，两者同属一宗，为姊妹篇，所以，两者编制体例和统计原则完全一致。《中国科技期刊引证报告（扩刊版）》包含了《中国科技期刊引证报告（核心版）》所列中国科技核心期刊的期刊来源计量指标、期刊被引计量指标，但由于引文统计样本的差异，两者对应的计量指标会有所不同。

期刊的合并、歧化和新增是社会发展的必然趋势，在对各期刊被引用数据进行统计的过程中，尽量按编者所掌握的情况做出归并。

1.2 期刊评价指标的选择

为了全面、准确、公正、客观地评价和利用期刊，《中国科技期刊引证报告（扩刊版）》在与国际评价体系保持一致的基础上，结合中国期刊的实际情况，选择了18项计量指标，基本涵盖和描述了期刊的各个方面。这些指标包括：

（1）期刊引用计量指标：扩展总被引频次、扩展影响因子、扩展即年指标、扩展他引率、扩展引用刊数、扩展学科影响指标、扩展学科扩散指标、扩展被引半衰期和扩展H指标。

（2）来源期刊计量指标：来源文献量、文献选出率、平均引文数、平均作者数、地区分布数、机构分布数、海外论文比、基金论文比和引用半衰期。

其中，期刊引用计量指标主要显示该期刊被读者使用和重视的程度，以及在科学交流中的地位和作用，是评价期刊质量优劣的重要依据和客观标准。来源期刊计量指标通过对来源文献方面的统计分析，全面描述了该期刊的学术水平、编辑状况和科学交流程度，也是评价期刊的重要依据。考虑本报告篇幅的原因，正文表格的表头均没有标示指标的单位。

由于目前国内所有数据库多数都采用镜像包库方式服务和使用，与网上点击率和全文下载量相关的社会使用期刊情况数据难以完全统计，即便列出也是以点带面，所以暂不列出相关网络使用的计量指标。

1.3 期刊的学科分类

为了更方便读者使用，《2021年版中国科技期刊引证报告（扩刊版）》在期刊分类体系上采用《2021年版中国科技期刊引证报告（核心版）》的分类体系，将6292种期刊分别归类到152个学科类别。由于很多期刊的研究内容是跨学科的，同时，新的学科不断涌现，给期刊的分类造成很大困难，有时很难准确反映期刊的学科内容。这里的分类是仅按一种分类编排的，不妥之处敬请读者批评指正，以便我们不断修正完善。

1.4 各类指标的编排

《中国科技期刊引证报告（扩刊版）》分为3个部分，其中，期刊被引用计量指标和来源指标是本报告的主体部分。

（1）期刊被引指标（按类刊名字顺索引表）——一个主表，包含6292种期刊的各项引用数据。指标包括扩展总被引频次和扩展H指标等9项指标。为保证数据的公正性和客观性，期刊引文数据仅取文献类型为期刊的引文条目进行统计，剔除与刊名相同或部分相同的非期刊引文条目。不包括内部期刊发表论文的引文，更不包括在境外出版的中文期刊或非法出版的期刊发表论文的引文。

（2）期刊来源指标（按类刊名字顺索引表）——一个主表，包含6292种期刊来源文献的各项指标数据。指标包括来源文献量、文献选出率、基金论文比和引用半衰期等9项指标。为保证数据的客观性和公正性，来源期刊数据仅取期刊正式刊期中的数据，而增刊、专辑、专刊和特刊等的数据未予采用。

（3）期刊名称类目索引，包括期刊名称、学科代码、被引指标页码和来源指标页码等信息。

1.5 特殊情况的规范化处理

（1）目前，期刊改名的现象很多，尤其是随着大学的合并与升格，学报更名的现象更为普遍。例如，《西安财经学院学报》改为《西安财经大学学报》等。本报告所汇集的统计数据一律按新刊名计算引文数据。

（2）对于引文中采用中英文对照格式，即在一条中文引文之后又列出其英文翻译的参考文献者，一律按一条引文处理。对于一篇论文后重复引用一篇文章者，一律按一条引文处理。

（3）计算被引半衰期时，有些新加入统计源的期刊被引用数据太少无法计算，因此会出现个别无数值现象。而对于一些半衰期大于或等于10年的期刊，则表示为“≥10”。

（4）在计算影响因子时，由于某些期刊或前两年数据不全，或新创办而不可能有前两年数据，所以无法计算影响因子值，这些指标的数值用“—”表示。

（5）由于部分期刊发文量超过2000篇，报告出版时，未予统计归入。有需要者，请与北京万方数据股份有限公司联系。

（6）由于部分期刊被引指标很低，报告出版时，未予统计归入。有需要者，请与北京万方数据股份有限公司联系。

2　使用说明

《中国科技期刊引证报告（扩刊版）》是基于论文引文统计而编制的专用于中国期刊分析与评价的科学计量工具。

作为科学计量工具，本报告可用于定量分析和科学评价期刊的学术特征和学科地位，较为客观地反映期刊发展的趋势和规律，为科研管理和决策提供依据。因此，本报告在期刊分析评价和科学计量学研究与应用等方面具有其他检索评价工具难以取代的独特功能。正确使用和充分开发本报告，可以使其成为科研工作者、期刊编辑（部）、科研管理人员、图书情报人员和科学计量学家的得力助手和有效工具。

现将本报告的主要功能和使用方法进行如下介绍。

2.1　主要功能

《中国科技期刊引证报告（扩刊版）》应用引文分析方法及各种量化指标，可以清楚地表明：

• 在某一学科领域内，哪些期刊学术影响力最大；

• 某一种期刊被引用了多少次；

• 某一种期刊出版后多久被引用；

• 某一种期刊引用其他期刊多少次；

• 某一种期刊在学科中的学术指标所在位置。

根据使用者的工作性质，本报告可以给使用者不同的有益提示。例如：

• 科研工作者：帮助您确定相关领域的核心期刊，并发表您的论文，提高所发表论文的知名度，让更多的同行专家了解、引用、评价您的论文；

• 期刊编辑（部）：帮助您与同类刊物相比较，并评估所出版期刊的地位，从而确定该刊的编辑和出版策略；

• 科研管理人员：帮助您科学地评价期刊，为您开展期刊评比和择优资助提供决策依据；

• 图书情报人员：帮助您更有效地管理馆藏期刊文献，确定核心期刊，合理运用有限的期刊订购预算；

• 科学计量学家：帮助您开展期刊评价研究和文献老化研究，以及学科的科学评估。

2.2　查阅方法

2.2.1　期刊引用数据的查阅

如果读者需要了解期刊被引用的情况，可查阅期刊被引指标按类刊名字顺索引表，找到待检索的期刊，从中查阅到该期刊的各项被引用指标数据，包括扩展总被引频次、扩展影响因子、扩展即年指标、扩展他引率、扩展引用刊数、扩展学科影响指标、扩展学科扩散指标、扩展被引半衰期和扩展H指标。

如果在字顺索引表中难以检索到需查阅的期刊，可通过期刊名称类目索引，确定该期刊的学科分类，然后再依上述步骤查阅。

2.2.2　来源期刊数据的查阅

如果读者需要了解来源期刊的有关指标数据，可查阅期刊来源指标按类刊名字顺索引表，查阅到该期刊来源文献的多项指标数据，包括来源文献量、文献选出率、平均引文数、平均作者数、地区分布数、机构分布数、海外论文比、基金论文比和引用半衰期。

如果在字顺索引表中难以检索到需查阅的期刊，可通过期刊名称类目索引，确定该期刊的学科分类，然后再依上述步骤查阅。

2.2.3　期刊在学科内学术指标位置的查阅

如果读者希望了解期刊在其学科领域中的地位，可查询期刊被引指标按类刊名字顺索引表，查阅本学科期刊的扩展影响因子或扩展总被引频次值，进行分析对比，自行确定该期刊按这两项指标排序的学科位置。还可以参照本报告“主要计量指标统计”全部6292种期刊的扩展总被引频次和扩展影响因子平均值，了解与评估由于学科不同所造成的指标差异的整体情况。

2.3　评价方法

利用《中国科技期刊引证报告（扩刊版）》评价期刊有两种方式，即单一指标评价和综合指标评价，具体方法如下。

2.3.1　单一指标评价

单一指标评价主要是指按照扩展影响因子和扩展总被引频次这两个国际通行评价指标，对期刊进行评价。这时可通过对期刊的扩展影响因子和扩展总被引频次进行对比排序，确定该期刊在同类期刊中所处的位置，从而对该期刊的学术影响力和学科地位进行评价和评估。

单一指标评价也可以通过期刊来源指标按类刊名字顺索引表对期刊的编辑状况、交流范围、论文质量和老化速率等情况进行分析、比较、统计和评估。

2.3.2　综合指标评价

由于期刊评价工作是一项非常复杂的工作，涉及领域广，学科差异大，影响因素多，因此单一指标往往难以全面、准确地评价期刊的学术水平和学科地位，这时一般需要通过综合指标评价，以使期刊评价更加客观、全面和准确。

要进行期刊的综合指标评价，首先需要建立期刊综合评价指标体系，利用数学方法确定各指标的权重值，然后求出期刊的综合指标排序值，最终得到期刊综合指标的排序。

这种期刊评价方法已被广泛地推广和使用，中国科学技术信息研究所已经建立期刊综合评价指标体系，可以利用该体系的指标值，通过层次分析法和模糊隶属度转化，确定各学科指标的权重值，最终得出每一个期刊的综合指标排序值，完成对期刊的评价。

3 期刊学科分类表

A01 自然科学综合
A02 自然科学综合大学学报
A03 自然科学师范大学学报
B01 数学
B02 信息科学与系统科学
B03 力学
B04 物理学
B05 化学
B06 天文学
B07 地球科学综合
B08 大气科学
B09 地球物理学
B10 地理学
B11 地质学
B12 海洋科学、水文学
B13 生物学基础学科
B14 生态学
B15 植物学
B16 昆虫学、动物学
B17 微生物学、病毒学
B18 心理学
C01 农业综合
C02 农业大学学报
C03 农艺学
C04 园艺学
C05 土壤学
C06 植物保护学
C07 林学
C08 畜牧、兽医科学
C09 草原学
C10 水产学
D01 医学综合
D02 医药大学学报
D03 基础医学
D05 临床医学综合
D06 临床诊断学
D07 保健医学
D08 内科学综合
D09 呼吸病学、结核病学
D10 消化病学
D11 血液病学、肾脏病学
D12 内分泌病学与代谢病学、风湿病学
D13 感染性疾病学、传染病学
D14 外科学综合
D15 普通外科学、胸外科学、心血管外科学
D16 心血管病学
D17 泌尿外科学
D18 骨外科学
D19 烧伤外科学、整形外科学
D20 妇产科学
D21 儿科学
D22 眼科学
D23 耳鼻咽喉科学
D24 口腔医学
D25 皮肤病学
D26 性医学
D27 神经病学、精神病学
D28 核医学、医学影像学
D29 肿瘤学
D30 护理学
D31 预防医学与公共卫生学综合
D32 流行病学、环境医学
D33 优生学、计划生育学
D34 军事医学与特种医学
D35 卫生管理学、健康教育学
D36 药学

D37 中医学
D38 中医药大学学报
D39 中西医结合医学
D40 中药学
D41 针灸、中医骨伤
E01 工程与技术科学基础学科
E02 工程技术大学学报
E03 信息与系统科学相关工程与技术
E04 生物工程
E05 农业工程
E06 生物医学工程学
E07 测绘科学技术
E08 材料科学综合
E09 金属材料
E10 矿山工程技术
E11 冶金工程技术
E12 机械工程设计
E13 机械制造工艺与设备
E14 动力工程
E15 电气工程
E16 能源科学综合
E17 石油天然气工程
E18 核科学技术
E19 电子技术
E20 光电子学与激光技术
E21 通信技术
E22 计算机科学技术
E23 化学工程综合
E24 高聚物工程
E25 精细化学工程
E26 应用化学工程
E27 仪器仪表技术
E28 兵器科学与技术
E29 纺织科学技术
E30 食品科学技术
E31 建筑科学与技术
E32 土木工程
E33 水利工程
E34 交通运输工程
E35 公路运输
E36 铁路运输
E37 水路运输
E38 航空、航天科学技术
E39 环境科学技术及资源科学技术
E40 安全科学技术
F01 管理学
H01 社会科学综合
H02 社会科学综合大学学报
H03 社会科学师范大学学报
J01 马克思主义
J02 哲学
J03 宗教学
K01 语言学综合
K03 外国语言学
K04 中国文学
K05 外国文学
K06 艺术学
K08 历史学
K10 考古学
L01 经济学综合
L02 经济大学学报
L04 国民经济学、管理经济学、数量经济学
L05 会计学、审计学
L06 生态农业经济学
L08 工商业经济学
L10 财政学、金融学、保险学
M01 政治学综合
M02 政治大学学报
M03 行政学
M04 国际政治学、外交学
M05 法学综合
M07 部门法学、刑事侦查学、司法鉴定学
M08 军事学
N01 社会学综合

N02　人口学、劳动科学
N04　民族学与文化学
N05　新闻学与传播学
N06　图书馆学、文献学
N07　情报学
N08　档案学、博物馆学
P01　教育学综合
P03　学前教育学、普通教育学
P04　高等教育学
P05　成人教育学、职业技术教育学
P07　体育科学
Q07　统计学

4　名词解释

为方便读者查阅和使用，现将《中国科技期刊引证报告（扩刊版）》中所使用的期刊评价指标的理论意义和具体算法简要解释如下：

扩展总被引频次：指该期刊自创刊以来所登载的全部论文在统计当年被引用的总次数。这是一个非常客观实际的评价指标，可以显示该期刊被引用和受重视的程度，以及在科学交流中的地位和作用。

扩展影响因子：这是一个国际上通行的期刊评价指标，是E. 加菲尔德于1972年提出的。由于它是一个相对统计量，所以可公平地评价和处理各类期刊。通常，期刊影响因子越大，它的学术影响力和作用也越大。具体算法为：

$$扩展影响因子=\frac{该期刊前两年发表论文在统计当年被引用的总次数}{该期刊前两年发表论文总数}$$

扩展即年指标：这是一个表征期刊即时反应速率的指标，主要描述期刊当年发表的论文在当年被引用的情况。具体算法为：

$$扩展即年指标=\frac{该期刊当年发表论文在统计当年被引用的总次数}{该期刊当年发表论文总数}$$

扩展他引率：指该期刊全部被引次数中，被其他期刊引用次数所占的比例。具体算法为：

$$扩展他引率=\frac{被其他刊引用的次数}{期刊被引用的总次数}$$

扩展引用刊数：引用被评价期刊的期刊数，反映被评价期刊被使用的范围。

扩展学科影响指标：指期刊所在学科内，引用该期刊的期刊数占全部期刊数量的比例。

$$扩展学科影响指标=\frac{所在学科内引用被评价期刊的数量}{所在学科期刊数}$$

扩展学科扩散指标：指在统计源期刊范围内，引用该期刊的期刊数量与其所在学科全部期刊数量之比。

$$扩展学科扩散指标=\frac{引用刊数}{所在学科期刊数}$$

扩展被引半衰期：指该期刊在统计当年被引用的全部次数中，较新一半是在多长一段时间内发表的。被引半衰期是测度期刊老化速度的一种指标，通常不是针对个别文献或某一组文献，而是对某一学科或专业领域的文献的总和而言的。

扩展H指标：指该期刊在统计当年被引的论文中，至少有h篇论文的被引频次不低于h次。

来源文献量：指来源期刊在统计当年发表的全部论文数，它们是统计期刊引用数据的来源。

文献选出率：按统计源的选取原则选出的文献数与期刊的发表文献数之比。

平均引文数：指来源期刊每一篇论文平均引用的参考文献数。

平均作者数：指来源期刊每一篇论文平均拥有的作者数，是衡量该期刊科学生产能力的一个指标。

地区分布数：指来源期刊登载论文所涉及的地区数，按全国 31 个省（自治区、直辖市）计(不包括港澳台)。这是衡量期刊论文覆盖面和全国影响力大小的一个指标。

机构分布数：指来源期刊论文的作者所涉及的机构数。这是衡量期刊科学生产能力的另一个指标。

海外论文比：指来源期刊中，海外作者发表论文占全部论文的比例。这是衡量期刊国际交流程度的一个指标。

基金论文比：指来源期刊中，各类基金资助的论文占全部论文的比例。这是衡量期刊论文学术质量的重要指标。

引用半衰期：指该期刊引用的全部参考文献中，较新一半是在多长一段时间内发表的。通过这个指标可以反映出作者利用文献的新颖度。

5　2020年中国科技期刊被引指标

按类刊名字顺索引

2020 年中国科技期刊被引指标按类刊名字顺索引

学科代码	期刊名称	扩展总被引频次	扩展影响因子	扩展即年指标	扩展他引率	扩展引用刊数	扩展学科影响指标	扩展学科扩散指标	扩展被引半衰期	扩展H指标
A01	High Technology Letters	83	0.226	0.036	0.88	61	0.02	0.75	3.9	2
A01	Journal of Systems Science and Systems Engineering	157	0.229	0.051	0.85	91	0.02	1.12	7.3	4
A01	National Science Review	1056	1.594	1.088	0.85	378	0.17	4.67	2.0	8
A01	Progress in Natural Science: Materials International	544	0.374	0.066	0.92	284	0.06	3.51	8.1	4
A01	Research	70	0.687	0.118	0.89	36	0.01	0.44	1.6	2
A01	Science Bulletin	3799	1.274	0.575	0.90	971	0.21	11.99	8.8	11
A01	安徽科技	366	0.295	0.136	0.97	227	0.26	2.80	3.6	3
A01	大众科技	1807	0.478	0.086	0.97	812	0.27	10.02	4.5	5
A01	大自然	54	0.019	—	1.00	49	0.01	0.60	≥10	1
A01	电大理工	226	0.450	0.079	0.96	118	0.07	1.46	3.5	4
A01	福建分析测试	335	0.467	0.027	0.97	195	0.07	2.41	6.6	3
A01	甘肃科技	3842	0.597	0.115	0.99	1208	0.38	14.91	3.4	7
A01	甘肃科技纵横	1184	0.676	0.191	0.99	489	0.17	6.04	3.3	6
A01	甘肃科学学报	572	0.610	0.178	0.96	417	0.12	5.15	4.2	5
A01	高技术通讯	860	1.074	0.088	0.87	442	0.11	5.46	4.2	7
A01	广西科学	624	1.032	0.179	0.92	300	0.11	3.70	5.4	6
A01	广西科学院学报	391	0.524	0.148	0.93	252	0.12	3.11	7.2	4
A01	贵州科学	568	0.487	0.142	0.95	327	0.07	4.04	7.9	4
A01	河北省科学院学报	217	0.840	0.133	0.97	161	0.06	1.99	3.7	5
A01	河南科技	3316	—	0.143	0.98	926	0.35	11.43	4.1	7
A01	河南科学	1279	0.622	0.151	0.94	745	0.27	9.20	4.7	6
A01	黑龙江科学	6093	0.875	0.504	0.99	1095	0.33	13.52	2.2	10
A01	江苏科技信息	2058	0.537	0.120	0.97	806	0.36	9.95	3.1	7
A01	江西科学	765	0.541	0.156	0.94	491	0.15	6.06	5.1	5
A01	科技传播	5621	0.599	0.291	0.97	1043	0.38	12.88	2.9	9
A01	科技创新发展战略研究	127	0.642	0.344	0.94	83	0.17	1.02	1.7	4
A01	科技创新与生产力	1045	0.443	0.260	0.98	517	0.22	6.38	3.4	4
A01	科技促进发展	502	0.590	0.077	0.93	307	0.27	3.79	3.7	4
A01	科技导报	3909	1.012	0.260	0.97	1771	0.41	21.86	5.2	12
A01	科技通报	2166	0.607	0.170	0.99	1061	0.26	13.10	3.8	7
A01	科技与创新	6039	0.553	0.297	0.99	1395	0.41	17.22	3.6	9

2020 年中国科技期刊被引指标按类刊名字顺索引（续）

学科代码	期刊名称	扩展总被引频次	扩展影响因子	扩展即年指标	扩展他引率	扩展引用刊数	扩展学科影响指标	扩展学科扩散指标	扩展被引半衰期	扩展H指标
A01	科技与经济	602	0.576	0.242	0.99	351	0.22	4.33	4.7	5
A01	科技中国	511	0.709	0.324	1.00	311	0.26	3.84	1.9	6
A01	科学（上海）	896	0.536	0.253	0.99	420	0.22	5.19	≥10	4
A01	科学通报	10360	1.623	0.639	0.97	2073	0.47	25.59	9.4	21
A01	内蒙古科技与经济	3384	0.396	0.150	0.97	943	0.30	11.64	3.0	6
A01	前沿科学	141	0.084	—	1.00	119	0.06	1.47	8.9	4
A01	青海科技	264	0.362	0.101	0.96	183	0.14	2.26	7.5	3
A01	山东科学	535	0.651	0.352	0.97	407	0.11	5.02	5.0	5
A01	山西科技	743	0.526	0.201	0.97	424	0.28	5.23	3.8	4
A01	石河子科技	268	0.322	0.349	0.99	169	0.12	2.09	3.3	3
A01	实验科学与技术	1904	0.965	0.226	0.93	531	0.21	6.56	5.3	8
A01	实验室科学	2452	0.928	0.114	0.86	590	0.20	7.28	4.2	9
A01	天津科技	790	0.484	0.152	0.95	449	0.28	5.54	3.0	4
A01	通讯世界	8333	0.775	0.455	0.98	858	0.30	10.59	2.6	10
A01	武夷科学	150	0.340	—	0.91	87	0.02	1.07	≥10	2
A01	西藏科技	863	—	0.100	0.95	412	0.14	5.09	4.8	5
A01	厦门科技	169	0.297	0.174	0.94	114	0.07	1.41	3.8	3
A01	中国发明与专利	867	0.687	0.312	0.89	316	0.20	3.90	3.0	6
A01	中国高新科技	1227	0.583	0.112	0.99	415	0.21	5.12	1.7	6
A01	中国基础科学	367	0.410	0.018	0.99	271	0.11	3.35	6.8	5
A01	中国科技论文	1856	0.677	0.217	0.87	908	0.21	11.21	3.9	7
A01	中国科技史杂志	434	0.258	—	0.94	220	0.06	2.72	≥10	4
A01	中国科技术语	386	0.503	0.255	0.78	180	0.12	2.22	5.8	4
A01	中国科技信息	3531	0.374	0.245	1.00	1286	0.37	15.88	7.1	8
A01	中国科学基金	958	1.381	0.591	0.96	520	0.19	6.42	4.3	8
A01	中国科学院院刊	4055	3.506	2.528	0.96	1526	0.51	18.84	3.7	21
A01	中国西部	287	0.539	0.187	0.98	143	0.06	1.77	3.3	4
A01	自然科学史研究	484	0.284	0.026	0.95	199	0.04	2.46	≥10	4
A01	自然杂志	914	0.766	0.164	0.99	648	0.17	8.00	9.7	9
A02	Journal of Central South University（Science and Technology）	5355	0.992	0.152	0.95	1210	0.61	8.52	6.8	9
A02	Journal of Donghua University	124	0.145	0.027	0.91	96	0.07	0.68	5.5	2
A02	Journal of Southeast University	287	0.352	0.016	0.98	201	0.19	1.42	7.2	3

2020年中国科技期刊被引指标按类刊名字顺索引（续）

学科代码	期刊名称	扩展总被引频次	扩展影响因子	扩展即年指标	扩展他引率	扩展引用刊数	扩展学科影响指标	扩展学科扩散指标	扩展被引半衰期	扩展H指标
A02	Transactions of Tianjin University	200	0.375	0.273	0.82	138	0.08	0.97	4.8	2
A02	Tsinghua Science and Technology	328	0.672	0.159	0.86	199	0.08	1.40	4.8	3
A02	Wuhan University Journal of Natural Sciences	133	0.211	0.028	0.94	111	0.05	0.76	6.2	3
A02	安徽大学学报（自然科学版）	364	0.525	0.156	0.95	290	0.18	1.99	5.9	4
A02	宝鸡文理学院学报（自然科学版）	137	0.358	0.016	0.99	116	0.03	0.79	6.3	3
A02	北华大学学报（自然科学版）	1206	1.343	0.194	0.97	559	0.14	3.83	3.6	7
A02	北京城市学院学报	430	0.869	0.209	0.99	238	0.03	1.63	2.8	4
A02	北京大学学报（自然科学版）	2294	1.316	0.238	0.99	986	0.29	6.75	7.8	10
A02	北京服装学院学报（自然科学版）	223	0.610	0.103	0.97	99	0.07	0.70	4.7	3
A02	北京联合大学学报（自然科学版）	460	1.138	0.339	0.97	334	0.10	2.29	5.1	5
A02	北京信息科技大学学报（自然科学版）	330	0.603	0.047	0.95	235	0.14	2.08	3.7	4
A02	蚌埠学院学报	306	0.390	0.120	0.98	211	0.10	1.07	3.3	4
A02	渤海大学学报（自然科学版）	195	0.575	0.016	0.88	130	0.05	0.89	4.8	3
A02	长安大学学报（自然科学版）	1731	1.212	0.364	0.96	479	0.57	22.81	8.4	7
A02	长春大学学报（自然科学版）	712	0.748	0.172	1.00	393	0.13	2.69	3.8	5
A02	长春工程学院学报（自然科学版）	319	0.358	0.027	0.98	244	0.04	1.72	5.1	4
A02	长江大学学报（自然科学版）	2061	0.812	0.043	0.97	885	0.19	6.06	4.3	6
A02	常州大学学报（自然科学版）	312	0.497	0.079	0.93	229	0.05	1.57	4.4	3
A02	成都大学学报（自然科学版）	414	0.581	0.048	0.97	299	0.05	2.05	4.6	5
A02	成都理工大学学报（自然科学版）	1752	1.053	0.425	0.97	377	0.71	17.95	≥10	9
A02	赤峰学院学报（自然科学版）	3828	0.636	0.174	0.99	1068	0.25	7.32	4.3	8
A02	重庆大学学报	1882	0.990	0.397	0.96	886	0.32	6.24	9.4	7
A02	重庆工商大学学报（自然科学版）	575	0.538	0.200	0.98	409	0.09	2.80	5.9	5
A02	重庆科技学院学报（自然科学版）	681	0.344	0.101	0.98	322	0.09	2.21	6.8	4
A02	德州学院学报	276	0.329	0.128	0.95	202	0.04	1.38	4.1	3
A02	东北大学学报（自然科学版）	2585	0.794	0.156	0.96	963	0.51	6.78	6.2	7
A02	东华大学学报（自然科学版）	881	0.575	0.193	0.96	387	0.15	2.73	7.3	5
A02	东华理工大学学报（自然科学版）	874	0.903	0.195	0.83	297	0.62	14.14	7.5	6
A02	东南大学学报（自然科学版）	2544	0.943	0.233	0.98	896	0.46	6.31	7.6	8
A02	佛山科学技术学院学报（自然科学版）	313	0.396	0.114	0.97	238	0.05	1.63	5.5	4
A02	服装学报	501	0.776	0.217	0.93	265	0.07	1.82	4.7	5
A02	福州大学学报（自然科学版）	843	0.699	0.262	0.95	515	0.23	3.53	6.3	6
A02	复旦学报（自然科学版）	594	0.690	0.088	0.96	429	0.14	2.94	7.1	5

学科代码	期刊名称	扩展总被引频次	扩展影响因子	扩展即年指标	扩展他引率	扩展引用刊数	扩展学科影响指标	扩展学科扩散指标	扩展被引半衰期	扩展H指标
A02	广西大学学报（自然科学版）	1198	0.668	0.094	0.93	645	0.21	4.42	4.4	5
A02	广西民族大学学报（自然科学版）	325	0.397	0.028	0.96	236	0.04	1.62	7.2	4
A02	广州大学学报（自然科学版）	372	0.460	0.015	0.98	284	0.06	1.95	7.0	4
A02	贵阳学院学报（自然科学版）	291	0.519	0.130	0.98	205	0.04	1.40	4.0	3
A02	贵州大学学报（自然科学版）	630	0.697	0.322	0.90	403	0.13	2.76	4.4	5
A02	哈尔滨商业大学学报（自然科学版）	650	0.514	0.206	0.96	412	0.09	2.82	4.8	5
A02	海南大学学报（自然科学版）	346	0.495	0.148	0.98	260	0.08	1.78	9.9	4
A02	合肥学院学报（综合版）	324	0.416	0.113	0.99	233	0.08	1.60	3.2	4
A02	河北北方学院学报（自然科学版）	726	0.797	0.231	0.96	396	0.09	2.71	3.2	6
A02	河北大学学报（自然科学版）	460	0.686	0.077	0.92	313	0.14	2.14	5.4	5
A02	河北地质大学学报	501	0.641	0.133	0.95	311	0.07	5.76	4.4	5
A02	河南大学学报（自然科学版）	623	0.743	0.429	0.86	389	0.11	2.66	5.9	4
A02	河南工程学院学报（自然科学版）	195	0.482	0.147	0.95	155	0.08	1.09	4.0	3
A02	河南教育学院学报（自然科学版）	284	0.594	0.053	0.92	173	0.05	1.18	4.8	4
A02	河南科技学院学报（自然科学版）	533	0.855	0.123	0.98	292	0.06	2.00	6.0	4
A02	黑河学院学报	1483	0.417	0.143	0.99	492	0.26	2.50	2.2	5
A02	黑龙江大学自然科学学报	403	0.401	0.086	0.94	281	0.16	1.92	6.4	4
A02	湖北大学学报（自然科学版）	381	0.336	0.099	0.98	312	0.09	2.14	5.6	4
A02	湖北民族大学学报（自然科学版）	438	0.633	0.109	0.95	296	0.14	2.03	5.4	4
A02	湖北文理学院学报	429	0.360	0.077	0.91	262	0.05	1.79	4.5	4
A02	湖南城市学院学报（自然科学版）	440	0.395	0.179	0.97	297	0.25	2.25	4.6	3
A02	湖南大学学报（自然科学版）	2050	1.049	0.098	0.88	798	0.41	5.62	5.4	7
A02	湖南大众传媒职业技术学院学报	293	0.342	0.161	1.00	144	0.09	0.73	4.8	3
A02	湖南工程学院学报（自然科学版）	233	0.535	0.014	0.96	180	0.05	1.23	4.4	4
A02	湖南理工学院学报（自然科学版）	248	0.551	0.133	0.97	184	0.05	1.30	4.1	5
A02	湖南文理学院学报（自然科学版）	302	0.528	0.686	0.91	208	0.08	1.42	3.7	4
A02	华北水利水电大学学报（自然科学版）	913	1.552	0.280	0.87	394	0.08	2.70	4.8	6
A02	华侨大学学报（自然科学版）	599	0.630	0.129	0.91	411	0.12	2.82	4.5	4
A02	怀化学院学报	761	0.346	0.058	0.95	427	0.10	2.92	5.6	4
A02	黄山学院学报	551	0.552	0.111	0.98	318	0.04	2.18	4.4	3
A02	惠州学院学报	376	0.397	0.178	0.91	261	0.05	1.79	4.7	3
A02	吉林大学学报（理学版）	1069	0.797	0.136	0.87	457	0.36	3.13	3.7	6
A02	吉首大学学报（自然科学版）	428	0.638	0.059	0.89	304	0.08	2.08	5.1	5

2020 年中国科技期刊被引指标按类刊名字顺索引（续）

学科代码	期刊名称	扩展总被引频次	扩展影响因子	扩展即年指标	扩展他引率	扩展引用刊数	扩展学科影响指标	扩展学科扩散指标	扩展被引半衰期	扩展H指标
A02	集美大学学报（自然科学版）	295	0.360	0.058	0.97	191	0.06	1.31	7.2	3
A02	济南大学学报（自然科学版）	439	0.526	0.266	0.98	334	0.05	2.29	6.5	4
A02	暨南大学学报（自然科学与医学版）	889	1.106	2.171	0.97	523	0.06	3.58	4.2	8
A02	佳木斯大学学报（自然科学版）	589	0.359	0.143	0.94	400	0.14	2.74	4.0	4
A02	嘉兴学院学报	374	0.403	0.132	0.93	250	0.04	1.71	4.8	4
A02	嘉应学院学报	414	0.288	0.036	0.94	285	0.08	1.95	5.8	3
A02	江汉大学学报（自然科学版）	421	0.754	0.211	0.97	332	0.12	2.27	4.1	4
A02	江苏大学学报（自然科学版）	1031	1.071	0.204	0.98	510	0.27	3.59	5.7	6
A02	井冈山大学学报（自然科学版）	418	0.606	0.026	0.82	271	0.15	1.86	4.4	4
A02	九江学院学报（自然科学版）	318	0.515	0.075	0.98	223	0.03	1.53	3.2	4
A02	兰州大学学报（自然科学版）	1437	1.121	0.038	0.87	584	0.18	4.00	7.5	7
A02	兰州文理学院学报（自然科学版）	530	0.525	0.175	0.97	300	0.06	2.11	4.5	4
A02	丽水学院学报	338	0.472	0.119	0.98	220	0.03	1.51	4.5	4
A02	辽东学院学报（自然科学版）	180	0.393	0.175	0.96	142	0.09	0.97	5.6	3
A02	辽宁大学学报（自然科学版）	375	0.883	0.357	0.97	283	0.05	1.94	4.5	5
A02	辽宁工程技术大学学报（自然科学版）	1725	0.588	0.264	0.97	656	0.18	4.49	8.7	6
A02	辽宁师专学报（自然科学版）	339	0.472	0.083	0.95	188	0.01	1.29	4.2	3
A02	聊城大学学报（自然科学版）	381	1.007	0.478	0.78	225	0.08	1.54	2.9	4
A02	鲁东大学学报（自然科学版）	219	0.396	0.125	0.92	174	0.03	1.19	5.7	3
A02	洛阳理工学院学报（自然科学版）	246	0.542	0.130	0.98	185	0.06	1.30	4.2	3
A02	内蒙古大学学报（自然科学版）	430	0.375	0.056	0.95	288	0.09	1.97	9.0	3
A02	内蒙古科技大学学报	248	0.201	0.038	0.99	182	0.06	1.61	8.6	3
A02	内蒙古民族大学学报（自然科学版）	667	0.670	0.135	0.96	375	0.09	2.57	6.4	5
A02	内蒙古农业大学学报（自然科学版）	1108	0.775	0.212	0.92	504	0.20	3.45	8.8	6
A02	南昌大学学报（理科版）	494	0.646	0.031	0.86	312	0.11	2.14	4.8	5
A02	南华大学学报（自然科学版）	321	0.468	0.033	0.95	243	0.05	1.66	5.3	4
A02	南京大学学报（自然科学版）	1231	1.038	0.121	0.98	626	0.21	4.29	8.0	6
A02	南京工程学院学报（自然科学版）	188	0.551	0.063	0.98	149	0.06	1.05	4.0	3
A02	南京医科大学学报（自然科学版）	2426	1.087	0.238	0.82	696	0.53	8.39	3.6	7
A02	南开大学学报（自然科学版）	367	0.409	0.075	0.97	271	0.10	1.86	5.4	4
A02	南通大学学报（自然科学版）	182	0.353	0.146	0.87	128	0.08	0.88	4.8	3
A02	宁夏大学学报（自然科学版）	283	0.310	0.039	0.96	219	0.06	1.50	7.7	3
A02	攀枝花学院学报	401	0.542	0.147	0.93	244	0.03	1.67	3.6	5

学科代码	期刊名称	扩展总被引频次	扩展影响因子	扩展即年指标	扩展他引率	扩展引用刊数	扩展学科影响指标	扩展学科扩散指标	扩展被引半衰期	扩展H指标
A02	平顶山学院学报	300	0.366	0.207	0.96	202	0.10	1.03	3.6	4
A02	莆田学院学报	291	0.347	0.143	0.81	179	0.04	1.23	4.7	3
A02	齐齐哈尔大学学报（自然科学版）	362	0.571	0.132	0.98	277	0.12	1.90	3.9	3
A02	青岛大学学报（自然科学版）	287	0.620	0.059	0.85	197	0.05	1.35	3.4	3
A02	青海大学学报（自然科学版）	514	0.606	0.069	0.99	323	0.04	2.21	6.8	4
A02	清华大学学报（自然科学版）	3500	1.485	0.422	0.98	1452	0.55	10.23	≥10	11
A02	三明学院学报	219	0.279	0.222	0.94	167	0.09	0.85	5.0	3
A02	山东大学学报（理学版）	811	0.601	0.170	0.90	396	0.31	2.71	5.3	6
A02	山西大同大学学报（自然科学版）	459	0.408	0.108	0.97	334	0.08	2.29	4.3	4
A02	山西大学学报（自然科学版）	467	0.381	0.063	0.97	338	0.18	2.32	7.4	5
A02	汕头大学学报（自然科学版）	119	0.463	0.118	0.96	97	0.05	0.66	6.1	3
A02	商洛学院学报	353	0.515	0.165	0.89	229	0.10	1.16	4.5	4
A02	上海大学学报（自然科学版）	569	0.689	0.073	0.97	432	0.09	2.96	5.4	5
A02	邵阳学院学报（自然科学版）	234	0.563	0.135	0.89	174	0.06	1.19	2.8	3
A02	沈阳大学学报（自然科学版）	531	0.811	0.256	0.73	310	0.08	2.12	4.5	5
A02	沈阳工程学院学报（自然科学版）	365	0.886	0.135	0.72	195	0.04	1.37	4.5	4
A02	石河子大学学报（自然科学版）	774	0.498	0.082	0.96	410	0.08	2.81	7.1	5
A02	石家庄学院学报	362	0.409	0.168	0.98	258	0.17	1.31	3.6	3
A02	四川大学学报（自然科学版）	1120	0.953	0.286	0.90	588	0.25	4.03	3.9	6
A02	宿州学院学报	676	0.371	0.049	0.98	406	0.09	2.78	4.7	4
A02	绥化学院学报	920	0.326	0.142	0.92	411	0.20	2.09	3.5	4
A02	塔里木大学学报	313	0.588	0.019	0.97	211	0.04	1.45	7.3	4
A02	台州学院学报	293	0.360	0.214	0.95	203	0.03	1.39	4.3	4
A02	太原科技大学学报	275	0.474	0.198	0.90	187	0.07	1.65	4.6	3
A02	太原学院学报（自然科学版）	287	0.547	0.047	0.99	179	0.12	0.91	6.0	4
A02	泰山学院学报	287	0.335	0.054	0.88	198	0.04	1.36	5.3	4
A02	天津大学学报	1742	1.107	0.208	0.93	804	0.36	5.66	6.7	6
A02	同济大学学报（自然科学版）	4235	1.221	0.216	0.97	1139	0.58	8.02	8.8	11
A02	铜陵学院学报	342	0.391	0.126	0.97	224	0.07	4.15	3.3	3
A02	皖西学院学报	534	0.492	0.185	0.98	356	0.07	2.44	3.9	5
A02	温州大学学报（自然科学版）	120	0.575	—	0.98	98	0.04	0.67	5.0	3
A02	文山学院学报	312	0.388	0.055	0.95	202	0.12	1.03	4.5	3
A02	梧州学院学报	249	0.368	0.106	0.98	160	0.07	0.81	3.9	3

学科代码	期刊名称	扩展总被引频次	扩展影响因子	扩展即年指标	扩展他引率	扩展引用刊数	扩展学科影响指标	扩展学科扩散指标	扩展被引半衰期	扩展H指标
A02	五邑大学学报（自然科学版）	105	0.337	—	0.92	85	0.03	0.58	5.8	2
A02	武汉大学学报（理学版）	743	1.134	0.239	0.97	482	0.21	3.30	8.1	6
A02	西安文理学院学报（自然科学版）	371	0.365	0.291	0.99	263	0.10	1.80	3.9	4
A02	西北大学学报（自然科学版）	1331	1.026	0.275	0.95	673	0.21	4.61	9.0	6
A02	西北民族大学学报（自然科学版）	279	0.535	0.145	0.98	211	0.03	1.45	4.7	4
A02	西昌学院学报（自然科学版）	546	0.746	0.165	0.94	349	0.05	2.39	4.4	4
A02	西华大学学报（自然科学版）	565	0.906	0.176	0.98	405	0.16	2.85	4.5	5
A02	西南大学学报（自然科学版）	2848	1.265	0.551	0.93	1015	0.31	6.95	5.8	10
A02	西南民族大学学报（自然科学版）	690	0.598	0.176	0.98	417	0.12	2.86	7.3	5
A02	厦门大学学报（自然科学版）	1128	0.595	0.489	0.97	631	0.21	4.32	9.6	7
A02	湘潭大学学报（自然科学学报）	361	0.502	0.039	0.98	262	0.10	1.79	4.6	4
A02	新疆大学学报（自然科学版）	335	0.591	0.108	0.90	229	0.08	1.57	6.5	4
A02	新乡学院学报	313	0.286	0.095	0.97	211	0.10	1.45	3.2	4
A02	徐州工程学院学报（自然科学版）	296	0.629	0.155	0.97	210	0.09	1.48	5.5	4
A02	许昌学院学报	514	0.445	0.086	0.97	331	0.11	1.68	4.5	4
A02	烟台大学学报（自然科学与工程版）	226	0.565	0.083	0.88	165	0.05	1.13	4.9	4
A02	燕山大学学报	529	1.013	0.164	0.84	284	0.13	2.00	4.9	6
A02	延安大学学报（自然科学版）	378	0.523	0.038	0.88	231	0.09	1.58	4.5	3
A02	延边大学学报（自然科学版）	197	0.359	0.030	0.93	145	0.10	0.99	5.2	4
A02	盐城工学院学报（自然科学版）	153	0.313	0.043	1.00	125	0.04	0.86	6.5	3
A02	扬州大学学报（自然科学版）	234	0.410	0.036	0.91	172	0.07	1.18	6.4	3
A02	宜宾学院学报	432	0.273	0.103	0.98	314	0.12	1.59	6.5	3
A02	宜春学院学报	821	0.360	0.066	0.96	481	0.10	3.29	4.7	5
A02	云南大学学报（自然科学版）	1270	1.010	0.190	0.85	648	0.28	4.44	6.3	6
A02	云南民族大学学报（自然科学版）	386	0.626	0.223	0.94	282	0.10	1.93	4.0	4
A02	枣庄学院学报	322	0.400	0.104	0.80	182	0.08	0.92	3.7	3
A02	浙江大学学报（理学版）	910	0.918	0.177	0.97	591	0.30	4.05	6.2	6
A02	浙江万里学院学报	311	0.420	0.191	0.99	224	0.04	1.53	4.9	3
A02	镇江高专学报	247	0.237	0.047	0.96	145	0.02	0.99	4.3	3
A02	郑州大学学报（理学版）	382	0.776	0.290	0.85	246	0.17	1.68	3.9	5
A02	中北大学学报（自然科学版）	448	0.423	0.247	0.98	312	0.12	2.14	5.8	4
A02	中国科学技术大学学报	722	0.440	0.012	0.96	486	0.14	3.33	8.2	6
A02	中国科学院大学学报	840	0.968	0.308	0.91	512	0.18	3.51	5.2	7

2020 年中国科技期刊被引指标按类刊名字顺索引（续）

学科代码	期刊名称	扩展总被引频次	扩展影响因子	扩展即年指标	扩展他引率	扩展引用刊数	扩展学科影响指标	扩展学科扩散指标	扩展被引半衰期	扩展H指标
A02	中国人民公安大学学报（自然科学版）	452	0.571	0.062	0.95	218	0.05	1.49	5.7	4
A02	中南民族大学学报（自然科学版）	705	0.884	0.589	0.89	300	0.08	2.05	3.7	8
A02	中山大学学报（自然科学版）	1395	0.716	0.163	0.95	750	0.25	5.14	≥10	6
A02	中央民族大学学报（自然科学版）	361	0.762	0.316	0.98	287	0.12	1.97	6.1	5
A03	安徽师范大学学报（自然科学版）	548	0.507	0.064	0.94	379	0.23	5.05	8.3	4
A03	安庆师范大学学报（自然科学版）	369	0.494	0.280	0.97	257	0.16	3.43	4.0	4
A03	北京师范大学学报（自然科学版）	1245	1.124	0.191	0.98	610	0.28	8.13	6.7	8
A03	长春师范大学学报（自然科学版）	1122	0.906	0.330	0.98	559	0.09	7.45	2.8	6
A03	重庆师范大学学报（自然科学版）	796	0.744	0.540	0.91	494	0.24	6.59	4.8	6
A03	东北师大学报（哲学社会科学版）	2338	1.569	0.531	0.99	1073	0.23	14.31	5.9	9
A03	东北师大学报（自然科学版）	612	0.667	0.032	0.93	402	0.23	5.36	6.9	4
A03	福建师范大学学报（自然科学版）	608	0.759	0.131	0.98	423	0.24	5.64	5.8	5
A03	阜阳师范大学学报（自然科学版）	296	0.500	0.106	0.80	176	0.09	2.35	4.3	3
A03	广西师范大学学报（自然科学版）	539	0.835	0.228	0.80	314	0.17	4.19	5.0	4
A03	贵州师范大学学报（自然科学版）	811	1.263	0.178	0.92	413	0.17	5.51	4.1	6
A03	海南师范大学学报（社会科学版）	388	0.271	0.147	0.98	245	0.07	3.27	6.5	5
A03	海南师范大学学报（自然科学版）	391	0.841	0.074	0.94	250	0.11	3.33	5.1	5
A03	杭州师范大学学报（社会科学版）	555	0.527	0.396	0.97	379	0.08	5.05	8.3	5
A03	杭州师范大学学报（自然科学版）	436	0.574	0.196	0.92	309	0.11	4.12	4.8	4
A03	河北师范大学学报（自然科学版）	306	0.361	0.132	0.95	237	0.12	3.16	8.3	3
A03	河南师范大学学报（自然科学版）	674	0.704	0.189	0.91	423	0.23	5.64	5.8	5
A03	湖北师范大学学报（自然科学版）	349	0.634	0.113	0.97	228	0.09	3.04	3.7	4
A03	湖南师范大学自然科学学报	504	0.892	0.222	0.96	354	0.19	4.72	4.7	4
A03	华东师范大学学报（自然科学版）	825	0.581	0.099	0.98	521	0.28	6.95	6.3	6
A03	华南师范大学学报（自然科学版）	679	0.642	0.235	0.90	447	0.15	5.96	5.8	5
A03	华中师范大学学报（自然科学版）	1041	1.051	0.194	0.96	628	0.27	8.37	4.5	6
A03	淮北师范大学学报（自然科学版）	230	0.483	0.224	0.92	153	0.11	2.04	4.8	4
A03	淮阴师范学院学报（自然科学版）	225	0.479	0.103	0.95	149	0.07	1.99	3.7	4
A03	吉林师范大学学报（自然科学版）	400	0.464	0.141	0.93	280	0.17	3.73	6.7	4
A03	江苏师范大学学报（自然科学版）	237	0.463	0.090	0.88	166	0.08	2.21	4.6	5
A03	江西师范大学学报（自然科学版）	507	0.633	0.067	0.83	310	0.19	4.13	5.4	5
A03	廊坊师范学院学报（自然科学版）	543	0.947	0.263	0.85	295	0.09	3.93	3.1	5
A03	辽宁师范大学学报（自然科学版）	374	0.679	0.139	0.91	260	0.15	3.47	4.9	4

学科代码	期刊名称	扩展总被引频次	扩展影响因子	扩展即年指标	扩展他引率	扩展引用刊数	扩展学科影响指标	扩展学科扩散指标	扩展被引半衰期	扩展H指标
A03	闽南师范大学学报（自然科学版）	246	0.442	0.107	0.95	177	0.07	2.36	4.7	4
A03	牡丹江师范学院学报（自然科学版）	346	0.503	0.216	0.68	162	0.11	2.16	5.7	3
A03	内蒙古师范大学学报（自然科学汉文版）	421	0.384	0.044	0.95	294	0.11	3.92	5.5	3
A03	南京师大学报（社会科学版）	1559	1.638	1.045	0.99	861	0.21	11.48	7.6	9
A03	南京师大学报（自然科学版）	570	0.615	0.198	0.97	421	0.16	5.61	5.7	6
A03	宁德师范学院学报（自然科学版）	270	0.570	0.182	0.97	189	0.03	2.52	3.8	4
A03	青海师范大学学报（自然科学版）	276	0.454	0.015	0.97	224	0.07	2.99	7.0	3
A03	曲阜师范大学学报（自然科学版）	333	0.456	0.151	0.98	235	0.15	3.13	5.6	3
A03	山东师范大学学报（自然科学版）	394	0.691	0.062	0.93	272	0.09	3.63	5.0	4
A03	山西师大学报（社会科学版）	849	0.543	0.350	0.99	514	0.11	6.85	7.7	4
A03	山西师范大学学报（自然科学版）	403	0.627	0.073	0.88	278	0.20	3.71	5.8	4
A03	陕西师范大学学报（自然科学版）	920	0.976	0.456	0.91	547	0.20	7.29	6.5	6
A03	上海师范大学学报（自然科学版）	342	0.373	0.035	0.97	252	0.09	3.36	7.1	4
A03	沈阳师范大学学报（自然科学版）	460	0.624	0.070	0.92	305	0.12	4.07	5.7	5
A03	首都师范大学学报（自然科学版）	728	0.823	0.357	0.92	469	0.11	6.25	6.9	5
A03	四川师范大学学报（自然科学版）	490	0.368	0.107	0.91	325	0.24	4.33	6.5	4
A03	太原师范学院学报（自然科学版）	221	0.287	0.213	0.99	177	0.07	2.36	6.9	4
A03	天津师范大学学报（自然科学版）	342	0.486	0.141	0.88	214	0.13	2.85	4.7	4
A03	西北师范大学学报（自然科学版）	643	0.710	0.157	0.95	435	0.29	5.80	5.0	5
A03	西华师范大学学报（自然科学版）	385	0.538	0.091	0.97	248	0.13	3.31	8.9	4
A03	西南师范大学学报（自然科学版）	2588	1.075	0.357	0.90	1073	0.41	14.31	4.4	8
A03	新疆师范大学学报（自然科学版）	188	0.438	0.194	0.96	139	0.08	1.85	9.0	3
A03	信阳师范学院学报（自然科学版）	548	0.667	0.281	0.82	308	0.13	4.11	4.0	4
A03	伊犁师范大学学报（自然科学版）	133	0.386	0.061	0.97	106	0.08	1.41	4.1	3
A03	云南师范大学学报（自然科学版）	433	0.675	0.082	0.90	280	0.17	3.73	5.1	5
A03	浙江师范大学学报（自然科学版）	332	0.451	0.171	0.95	259	0.09	3.45	5.8	4
B01	Acta Mathematica Scientia	342	0.229	0.040	0.70	91	0.42	1.72	7.4	3
B01	Acta Mathematica Sinica	279	0.132	0.042	0.89	96	0.51	1.81	7.8	3
B01	Acta Mathematicae Applicatae Sinica	172	0.445	—	0.96	91	0.36	1.72	5.7	4
B01	Analysis in Theory and Applications	13	0.020	—	0.85	8	0.13	0.15	5.8	1
B01	Applied Mathematics: A Journal of Chinese Universities	73	0.092	0.029	0.97	54	0.28	1.02	6.9	2
B01	Applied Mathematics and Mechanics	476	0.475	0.215	0.63	152	0.28	2.87	5.6	4

2020 年中国科技期刊被引指标按类刊名字顺索引（续）

学科代码	期刊名称	扩展总被引频次	扩展影响因子	扩展即年指标	扩展他引率	扩展引用刊数	扩展学科影响指标	扩展学科扩散指标	扩展被引半衰期	扩展H指标
B01	Chinese Annals of Mathematics, Series B	123	0.151	0.017	0.89	56	0.45	1.06	≥10	3
B01	Chinese Quarterly Journal of Mathematics	65	0.107	0.028	0.98	45	0.19	0.85	9.1	2
B01	Communication on Applied Mathematics and Computation	71	0.143	0.067	0.93	56	0.23	1.06	4.6	3
B01	Frontiers of Mathematics in China	153	0.318	0.042	0.76	55	0.43	1.04	4.3	3
B01	Journal of Computational Mathematics	114	0.105	0.063	0.87	54	0.28	1.02	≥10	2
B01	Journal of Mathematical Research with Applications	124	0.088	0.018	0.98	76	0.28	1.43	≥10	2
B01	Journal of Mathematical Study	82	0.082	0.045	0.98	57	0.30	1.08	≥10	2
B01	Journal of Partial Differential Equations	33	0.125	0.045	0.67	17	0.19	0.32	8.2	1
B01	Journal of Systems Science and Complexity	323	0.351	0.027	0.78	136	0.30	2.57	5.9	4
B01	Science China（Mathematics）	735	0.214	0.128	0.91	223	0.68	4.21	9.5	4
B01	纯粹数学与应用数学	163	0.188	0.022	0.93	95	0.25	1.79	8.2	3
B01	大学数学	808	0.581	0.141	0.71	278	0.26	5.25	7.2	5
B01	高等数学研究	486	0.437	0.045	0.74	159	0.15	3.00	6.1	4
B01	高等学校计算数学学报	97	0.271	—	0.96	58	0.11	1.09	≥10	2
B01	高校应用数学学报	179	0.300	0.021	0.93	100	0.23	1.89	7.0	3
B01	计算数学	193	0.213	—	0.90	102	0.25	1.92	≥10	3
B01	模糊系统与数学	668	0.500	0.075	0.83	284	0.11	5.36	7.1	7
B01	数理统计与管理	1385	1.645	0.440	0.88	664	0.23	12.53	6.2	8
B01	数学的实践与认识	3940	0.679	0.080	0.88	1342	0.47	25.32	4.5	8
B01	数学建模及其应用	109	0.392	0.364	0.86	73	0.06	1.38	3.6	3
B01	数学教学通讯	2529	0.498	0.187	0.97	164	0.17	3.09	2.2	8
B01	数学教学研究	287	0.335	0.042	0.94	101	0.15	1.91	5.3	4
B01	数学教育学报	2805	3.393	0.786	0.77	347	0.21	6.55	5.1	14
B01	数学进展	212	0.200	0.045	0.95	113	0.42	2.13	9.4	4
B01	数学理论与应用	123	0.100	—	0.99	97	0.15	1.83	9.8	3
B01	数学年刊 A 辑	178	0.197	0.031	0.98	77	0.40	1.45	≥10	4
B01	数学通报	1414	1.236	0.147	0.90	204	0.19	3.85	5.2	10
B01	数学物理学报	396	0.287	0.079	0.81	150	0.36	2.83	6.8	4
B01	数学学报	399	0.206	0.035	0.96	155	0.55	2.92	≥10	4
B01	数学研究通讯	38	—	—	0.97	27	0.23	0.51	≥10	2
B01	数学杂志	231	0.249	0.110	0.94	140	0.32	2.64	5.8	3

2020 年中国科技期刊被引指标按类刊名字顺索引（续）

学科代码	期刊名称	扩展总被引频次	扩展影响因子	扩展即年指标	扩展他引率	扩展引用刊数	扩展学科影响指标	扩展学科扩散指标	扩展被引半衰期	扩展H指标
B01	应用概率统计	204	0.268	0.045	0.94	120	0.32	2.26	≥10	4
B01	应用数学	263	0.349	0.050	0.89	128	0.32	2.42	4.9	3
B01	应用数学学报	375	0.391	0.250	0.96	166	0.40	3.13	7.6	4
B01	运筹学学报	171	0.352	0.360	0.89	107	0.19	2.02	5.9	3
B01	运筹与管理	2406	1.321	0.101	0.87	713	0.15	13.45	3.9	9
B01	中国科学（数学）	539	0.215	0.944	0.96	280	0.60	5.28	6.1	6
B02	Control Theory and Technology	118	0.388	0.049	0.81	65	0.36	4.64	6.5	3
B02	Journal of Control and Decision	16	—	0.050	0.50	7	0.07	0.50	3.0	1
B02	复杂系统与复杂性科学	435	0.771	0.100	0.92	233	0.64	16.64	6.0	6
B02	控制理论与应用	2733	1.345	0.214	0.82	623	0.71	44.50	5.6	12
B02	控制与决策	5304	1.919	0.435	0.90	992	0.79	70.86	5.0	16
B02	数据与计算发展前沿	65	—	0.329	0.35	20	0.14	1.43	1.2	4
B02	系统工程	2367	1.272	0.365	0.97	860	0.57	61.43	6.5	9
B02	系统工程理论与实践	6817	2.099	0.354	0.90	1400	0.71	100.00	6.6	14
B02	系统工程学报	1324	1.281	0.057	0.85	432	0.43	30.86	6.5	9
B02	系统管理学报	1669	1.456	0.224	0.85	528	0.50	37.71	4.9	9
B02	系统科学与数学	869	0.778	0.053	0.84	364	0.64	26.00	4.4	6
B02	信息与控制	1036	1.576	0.244	0.90	456	0.57	32.57	4.6	7
B02	中国科学（信息科学）	1870	2.750	0.595	0.97	666	0.57	47.57	3.9	15
B02	中国科学数据（中英文网络版）	87	0.344	0.299	0.51	29	0.07	2.07	1.8	3
B03	Acta Mechanica Sinica	535	0.650	0.264	0.71	176	0.94	11.00	5.0	5
B03	Acta Mechanica Solida Sinica	251	0.395	0.150	0.76	111	0.81	6.94	6.2	4
B03	Journal of Rock Mechanics and Geotechnical Engineering	649	0.693	0.118	0.81	195	0.50	12.19	4.6	7
B03	Theoretical & Applied Mechanics Letters	119	0.264	0.339	0.67	65	0.50	4.06	3.7	3
B03	动力学与控制学报	361	0.583	0.105	0.71	153	0.50	9.56	4.2	5
B03	固体力学学报	602	0.745	0.057	0.96	316	0.63	19.75	8.0	6
B03	计算力学学报	1007	0.687	0.102	0.86	423	0.75	26.44	8.4	5
B03	力学季刊	507	0.472	0.078	0.88	286	0.75	17.88	7.9	4
B03	力学学报	1955	1.935	0.472	0.70	483	0.94	30.19	4.7	10
B03	力学与实践	1183	0.650	0.362	0.82	482	0.69	30.13	7.8	6
B03	气体物理	85	0.494	0.088	0.84	38	0.19	2.38	3.0	3
B03	实验力学	955	0.641	0.072	0.77	387	0.50	24.19	7.2	6

2020年中国科技期刊被引指标按类刊名字顺索引（续）

学科代码	期刊名称	扩展总被引频次	扩展影响因子	扩展即年指标	扩展他引率	扩展引用刊数	扩展学科影响指标	扩展学科扩散指标	扩展被引半衰期	扩展H指标
B03	医用生物力学	871	1.179	0.050	0.72	312	0.38	19.50	4.6	7
B03	应用力学学报	1620	0.877	0.124	0.65	486	0.75	30.38	4.8	7
B03	应用数学和力学	886	0.801	0.311	0.80	379	0.69	23.69	5.9	6
B03	振动工程学报	1568	0.868	0.069	0.93	475	0.56	29.69	7.2	8
B04	Chinese Journal of Acoustics	131	0.159	0.024	0.82	30	0.09	0.67	6.8	3
B04	Chinese Physics B	3340	0.622	0.139	0.54	517	0.71	11.49	4.0	4
B04	Chinese Physics C	602	0.422	0.177	0.67	69	0.42	1.53	4.2	3
B04	Chinese Physics Letters	1503	0.460	0.205	0.83	306	0.76	6.80	6.6	4
B04	Communications in Theoretical Physics	475	0.193	0.063	0.80	119	0.38	2.64	7.6	4
B04	Frontiers of Physics	327	0.583	0.258	0.65	75	0.36	1.67	3.9	4
B04	Journal of Thermal Science	419	0.672	0.075	0.68	165	0.13	3.67	5.1	4
B04	Journal of Zhejiang University Science A: Applied Physics & Engineering	640	0.838	0.507	0.84	339	0.07	2.32	6.2	5
B04	Plasma Science and Technology	574	0.440	0.113	0.55	143	0.42	3.18	4.2	3
B04	Science China Physics, Mechanics & Astronomy	1347	1.660	0.663	0.76	268	0.69	5.96	3.3	6
B04	波谱学杂志	323	0.908	0.113	0.67	130	0.04	2.89	5.2	4
B04	大学物理	1258	0.634	0.201	0.71	292	0.27	6.49	7.8	6
B04	低温物理学报	90	0.093	—	0.86	48	0.13	1.07	7.0	2
B04	低温与超导	925	0.506	0.105	0.76	276	0.22	6.13	5.9	4
B04	低温与特气	313	0.316	0.123	0.89	138	0.04	3.07	9.1	4
B04	发光学报	1066	0.892	0.183	0.81	300	0.33	6.67	3.8	6
B04	高压物理学报	529	0.550	0.111	0.86	218	0.20	4.84	6.3	4
B04	光散射学报	274	0.670	0.018	0.93	160	0.13	3.56	5.1	4
B04	光学学报	5834	1.935	0.367	0.80	777	0.56	17.27	3.6	13
B04	光子学报	2112	0.943	0.199	0.87	470	0.44	10.44	4.8	7
B04	核聚变与等离子体物理	148	0.188	0.105	0.72	70	0.16	1.56	7.1	3
B04	红外与毫米波学报	800	0.836	0.086	0.90	308	0.27	6.84	5.8	6
B04	计算物理	596	0.585	0.100	0.59	210	0.31	4.67	7.0	5
B04	量子电子学报	427	0.558	0.146	0.76	171	0.27	3.80	4.4	5
B04	量子光学学报	129	0.452	—	0.89	52	0.18	1.16	3.5	3
B04	强激光与粒子束	1792	0.408	0.102	0.76	381	0.53	8.47	7.2	5
B04	热科学与技术	442	0.564	0.141	0.78	204	0.13	4.53	5.6	4

2020 年中国科技期刊被引指标按类刊名字顺索引（续）

学科代码	期刊名称	扩展总被引频次	扩展影响因子	扩展即年指标	扩展他引率	扩展引用刊数	扩展学科影响指标	扩展学科扩散指标	扩展被引半衰期	扩展H指标
B04	声学技术	970	0.572	0.101	0.90	342	0.16	7.60	7.6	6
B04	声学学报	1336	0.744	0.129	0.76	293	0.16	6.51	≥10	5
B04	物理	779	0.287	0.065	0.94	410	0.64	9.11	≥10	6
B04	物理测试	434	0.565	0.108	0.76	157	0.04	3.49	7.1	4
B04	物理教师	1647	0.835	0.206	0.81	207	0.18	4.60	3.6	8
B04	物理教学探讨	775	0.424	0.137	0.89	144	0.13	3.20	3.9	6
B04	物理实验	842	0.664	0.365	0.71	187	0.20	4.16	4.4	6
B04	物理通报	1262	0.548	0.260	0.87	290	0.18	6.44	3.1	6
B04	物理学报	7617	0.944	0.191	0.82	1207	0.89	26.82	6.2	9
B04	物理学进展	166	0.182	—	1.00	111	0.29	2.47	≥10	3
B04	物理与工程	837	0.922	0.586	0.88	265	0.18	5.89	4.0	8
B04	现代物理知识	187	0.188	0.023	0.98	128	0.31	2.84	≥10	3
B04	现代应用物理	92	0.289	0.067	0.76	47	0.07	1.04	3.4	3
B04	应用光学	1312	1.101	0.141	0.77	321	0.31	7.13	5.1	6
B04	应用声学	757	0.657	0.409	0.90	312	0.20	6.93	5.7	5
B04	原子核物理评论	280	0.347	0.052	0.64	72	0.16	1.60	6.1	4
B04	原子与分子物理学报	454	0.568	0.099	0.55	128	0.27	2.84	3.3	4
B04	真空与低温	344	0.503	0.182	0.79	150	0.20	3.33	6.4	4
B04	中国科学（物理学 力学 天文学）	946	0.764	0.442	0.90	410	0.64	9.11	5.0	7
B05	Chemical Research in Chinese Universities	391	0.374	0.149	0.80	171	0.58	4.28	4.3	2
B05	Chinese Chemical Letters	2889	1.774	0.531	0.48	353	0.88	8.83	2.3	5
B05	Chinese Journal of Catalysis	2871	2.252	0.722	0.81	440	0.73	11.00	4.1	6
B05	Chinese Journal of Chemical Physics	230	0.260	0.010	0.73	116	0.45	2.90	8.0	3
B05	Chinese Journal of Chemistry	1014	1.654	0.417	0.70	151	0.73	3.78	2.6	3
B05	Chinese Journal of Polymer Science	593	0.789	0.182	0.67	143	0.53	3.58	3.4	3
B05	Chinese Journal of Structural Chemistry	469	0.367	0.043	0.40	85	0.35	2.13	3.7	5
B05	Frontiers of Chemical Science and Engineering	224	0.391	0.600	0.75	107	0.25	2.68	3.5	3
B05	Science China（Chemistry）	1573	1.648	0.475	0.74	328	0.80	8.20	2.8	4
B05	大学化学	2441	1.426	2.208	0.77	440	0.35	11.00	2.4	13
B05	电化学	410	0.643	0.127	0.75	185	0.45	4.63	5.9	5
B05	分析测试学报	3166	1.530	0.341	0.89	657	0.55	16.43	5.3	8
B05	分析化学	3996	1.458	0.366	0.93	845	0.83	21.13	6.9	8

2020 年中国科技期刊被引指标按类刊名字顺索引（续）

学科代码	期刊名称	扩展总被引频次	扩展影响因子	扩展即年指标	扩展他引率	扩展引用刊数	扩展学科影响指标	扩展学科扩散指标	扩展被引半衰期	扩展H指标
B05	分析科学学报	1078	0.994	0.125	0.90	399	0.45	9.98	5.2	5
B05	分析试验室	2883	1.261	0.282	0.82	588	0.55	14.70	5.4	7
B05	分子催化	489	1.088	0.148	0.74	170	0.40	4.25	6.6	4
B05	分子科学学报	259	0.530	0.064	0.83	155	0.35	3.88	4.3	4
B05	高等学校化学学报	2352	0.840	0.220	0.84	642	0.93	16.05	6.0	5
B05	高分子通报	1439	0.889	0.244	0.92	466	0.65	11.65	6.5	6
B05	高分子学报	1471	1.178	0.305	0.82	356	0.65	8.90	5.2	7
B05	功能高分子学报	468	0.824	0.257	0.77	192	0.30	4.80	5.7	4
B05	光谱学与光谱分析	6642	1.282	0.202	0.94	1299	0.63	32.48	5.7	9
B05	广州化学	323	0.634	0.246	0.93	198	0.20	4.95	4.0	6
B05	合成化学	578	0.428	0.105	0.79	208	0.38	5.20	4.8	5
B05	化学分析计量	1282	1.022	0.289	0.85	419	0.33	10.48	5.0	6
B05	化学进展	2173	0.943	0.094	0.95	728	0.95	18.20	8.0	10
B05	化学试剂	1363	0.837	0.290	0.67	409	0.58	10.23	3.9	6
B05	化学通报（印刷版）	1238	0.905	0.185	0.96	481	0.75	12.03	6.6	6
B05	化学学报	2110	1.814	0.359	0.81	564	0.93	14.10	7.2	7
B05	化学研究	476	0.599	0.076	0.82	259	0.50	6.48	5.0	5
B05	化学研究与应用	1515	0.700	0.089	0.77	525	0.68	13.13	4.7	6
B05	色谱	3506	2.428	0.530	0.86	587	0.55	14.68	5.5	10
B05	无机化学学报	1550	0.770	0.116	0.76	402	0.78	10.05	5.5	6
B05	物理化学学报	2088	0.684	0.842	0.84	594	0.88	14.85	6.4	7
B05	应用化学	1087	0.799	0.145	0.89	434	0.75	10.85	5.9	5
B05	影像科学与光化学	313	0.512	0.478	0.95	178	0.20	4.45	3.1	5
B05	有机化学	2222	1.076	0.214	0.61	334	0.78	8.35	3.7	4
B05	质谱学报	809	1.181	0.141	0.93	280	0.35	7.00	5.7	7
B05	中国科学（化学）	1428	0.808	0.126	0.98	617	0.75	15.43	8.9	8
B05	中国无机分析化学	868	1.716	0.505	0.72	229	0.25	5.73	3.5	7
B06	Research in Astronomy and Astrophysics	385	0.449	0.175	0.80	73	1.00	12.17	3.1	3
B06	空间科学学报	473	0.405	0.029	0.83	185	0.67	30.83	6.7	4
B06	时间频率学报	179	0.648	0.094	0.75	70	0.67	11.67	4.3	4
B06	天文学报	303	0.544	0.329	0.76	98	1.00	16.33	5.3	4
B06	天文学进展	145	0.215	0.036	0.88	77	1.00	12.83	≥10	4
B06	天文研究与技术—国家天文台台刊	224	0.376	0.046	0.61	81	0.67	13.50	5.6	3

2020 年中国科技期刊被引指标按类刊名字顺索引（续）

学科代码	期刊名称	扩展总被引频次	扩展影响因子	扩展即年指标	扩展他引率	扩展引用刊数	扩展学科影响指标	扩展学科扩散指标	扩展被引半衰期	扩展H指标
B07	Earth and Planetary Physics	107	0.673	0.368	0.68	21	0.10	1.00	1.8	4
B07	Frontiers of Earth Science	332	0.817	0.083	0.90	194	0.57	9.24	4.3	3
B07	Journal of Arid Land	517	0.854	0.154	0.84	180	0.48	8.57	4.5	4
B07	Journal of Earth Science	615	0.771	0.114	0.78	170	0.81	8.10	5.5	4
B07	Sciences in Cold and Arid Regions	114	0.337	0.333	0.83	61	0.24	2.90	4.0	2
B07	大地测量与地球动力学	2497	0.894	0.242	0.88	386	0.52	18.38	6.6	9
B07	地球化学	2291	0.963	0.056	0.98	331	0.76	15.76	≥10	13
B07	地球环境学报	374	0.891	0.063	0.92	199	0.52	9.48	4.3	6
B07	地球科学	6652	3.380	0.600	0.73	544	0.90	25.90	4.9	16
B07	地球科学进展	4633	1.902	0.268	0.96	948	0.90	45.14	≥10	16
B07	地球科学与环境学报	1210	1.261	0.523	0.94	343	0.67	16.33	8.1	8
B07	地球信息科学学报	3160	2.674	0.528	0.88	839	0.67	39.95	4.0	13
B07	地球学报	3378	2.000	3.744	0.86	468	0.90	22.29	8.8	13
B07	地球与环境	1700	1.158	0.345	0.95	525	0.71	25.00	8.6	9
B07	地学前缘	7671	2.419	0.595	0.97	657	1.00	31.29	9.5	20
B07	复杂油气藏	274	0.415	0.028	0.96	118	0.19	5.62	5.6	4
B07	吉林大学学报（地球科学版）	3796	1.289	0.292	0.93	616	0.81	29.33	8.6	11
B07	矿物岩石地球化学通报	2149	1.201	0.383	0.89	369	0.71	17.57	6.7	12
B07	中国科学（地球科学）	6524	2.879	0.620	0.96	803	1.00	38.24	9.7	20
B08	Advances in Atmospheric Sciences	1496	0.936	0.402	0.91	200	0.85	5.88	7.6	8
B08	Advances in Climate Change Research	181	1.125	0.340	0.79	82	0.35	2.41	3.4	4
B08	Advances in Meteorological Science and Technology	633	0.585	0.071	0.93	222	0.85	6.53	4.5	7
B08	Atmospheric and Oceanic Science Letters	321	0.575	0.303	0.86	93	0.76	2.74	5.4	4
B08	International Journal of Disaster Risk Science	152	0.405	0.302	0.55	64	0.03	1.88	4.5	3
B08	Journal of Meteorological Research（JMR）	720	0.787	0.461	0.77	151	0.82	4.44	5.7	6
B08	暴雨灾害	1323	1.808	0.115	0.80	192	0.91	5.65	6.0	8
B08	大气科学	3892	2.067	0.256	0.92	391	0.97	11.50	≥10	13
B08	大气科学学报	1487	1.427	0.357	0.80	278	0.94	8.18	7.8	7
B08	大气与环境光学学报	302	0.519	0.157	0.94	151	0.44	4.44	5.7	4
B08	干旱气象	2125	1.868	0.149	0.78	349	0.88	10.26	5.2	8
B08	高原气象	4348	2.421	0.500	0.82	414	0.97	12.18	8.0	11
B08	高原山地气象研究	577	0.703	0.068	0.89	178	0.79	5.24	6.6	5

2020 年中国科技期刊被引指标按类刊名字顺索引（续）

学科代码	期刊名称	扩展总被引频次	扩展影响因子	扩展即年指标	扩展他引率	扩展引用刊数	扩展学科影响指标	扩展学科扩散指标	扩展被引半衰期	扩展H指标
B08	广东气象	1038	0.953	0.102	0.55	214	0.76	6.29	6.1	6
B08	海洋气象学报	444	1.509	0.183	0.71	139	0.76	4.09	3.3	5
B08	黑龙江气象	167	0.207	0.048	0.94	97	0.56	2.85	8.0	3
B08	内蒙古气象	284	0.561	0.111	0.78	110	0.32	3.24	5.8	3
B08	气候变化研究进展	1672	1.981	0.716	0.94	468	0.91	13.76	6.5	11
B08	气候与环境研究	1527	1.183	0.111	0.96	348	0.97	10.24	≥10	11
B08	气象	5780	2.512	0.487	0.85	522	0.97	15.35	8.0	15
B08	气象科技	2623	1.505	0.059	0.84	479	0.91	14.09	7.0	8
B08	气象科学	1607	1.370	0.108	0.81	339	0.91	9.97	8.4	8
B08	气象学报	3997	2.397	0.521	0.91	416	0.94	12.24	≥10	14
B08	气象研究与应用	1214	0.964	0.198	0.63	255	0.74	7.50	6.7	6
B08	气象与环境科学	1422	2.387	0.189	0.77	308	0.85	9.06	4.7	10
B08	气象与环境学报	1693	2.040	0.292	0.77	373	0.94	10.97	5.3	9
B08	气象与减灾研究	428	0.765	0.024	0.75	155	0.71	4.56	7.5	5
B08	气象灾害防御	161	0.436	0.026	0.66	68	0.47	2.00	5.8	3
B08	热带气象学报	1911	1.813	0.382	0.82	265	0.97	7.79	8.3	8
B08	沙漠与绿洲气象	1061	1.026	0.119	0.74	226	0.82	6.65	5.5	7
B08	陕西气象	574	1.081	0.120	0.61	164	0.65	4.82	4.8	5
B08	应用气象学报	3454	2.677	0.585	0.83	481	0.97	14.15	≥10	11
B08	浙江气象	179	0.532	0.105	0.93	101	0.59	2.97	6.1	3
B08	中低纬山地气象	562	0.861	0.037	0.64	150	0.47	4.41	5.3	5
B09	Applied Geophysics	429	0.360	0.058	0.88	122	0.28	6.78	6.8	5
B09	Earthquake Science	221	0.339	—	0.97	61	0.67	3.39	9.1	4
B09	Journal of Palaeogeography	93	0.357	0.034	0.70	37	0.11	2.06	5.1	3
B09	地球物理学报	12280	2.071	0.578	0.73	746	1.00	41.44	7.4	19
B09	地球物理学进展	5616	1.559	0.257	0.76	606	0.94	33.67	6.7	12
B09	地震	1121	1.098	0.186	0.89	143	0.89	7.94	≥10	7
B09	地震地磁观测与研究	1023	0.548	0.110	0.78	136	0.72	7.56	8.1	6
B09	地震地质	2469	1.272	0.129	0.88	250	0.89	13.89	≥10	11
B09	地震工程学报	1836	1.150	0.185	0.82	369	0.94	20.50	4.9	7
B09	地震工程与工程振动	2296	0.780	0.145	0.88	380	0.83	21.11	9.9	9
B09	地震学报	1845	0.794	0.109	0.96	202	0.83	11.22	≥10	8
B09	地震研究	1083	1.236	0.100	0.84	197	0.83	10.94	7.0	6

2020 年中国科技期刊被引指标按类刊名字顺索引（续）

学科代码	期刊名称	扩展总被引频次	扩展影响因子	扩展即年指标	扩展他引率	扩展引用刊数	扩展学科影响指标	扩展学科扩散指标	扩展被引半衰期	扩展H指标
B09	华北地震科学	393	0.663	0.016	0.93	120	0.78	6.67	9.5	3
B09	华南地震	496	0.673	0.013	0.91	139	0.89	7.72	8.8	4
B09	内陆地震	487	0.656	0.143	0.48	60	0.67	3.33	8.7	5
B09	世界地震工程	1034	0.625	0.131	0.91	296	0.72	16.44	8.9	6
B09	灾害学	2495	2.043	0.275	0.91	734	0.61	40.78	5.4	8
B09	中国地震	1222	1.073	0.209	0.92	193	0.94	10.72	≥10	8
B10	Advances in Polar Science	40	0.143	0.094	0.88	23	0.05	0.58	6.0	2
B10	Chinese Geographical Science	662	0.885	0.190	0.89	295	0.50	7.38	5.7	5
B10	Geoscience Frontiers	689	0.883	0.209	0.74	136	0.13	3.40	4.1	7
B10	Geospatial Information Science	145	0.661	0.323	0.58	74	0.25	1.85	6.6	3
B10	International Journal of Sediment Research	283	0.385	0.136	0.75	117	0.15	2.93	7.0	4
B10	Journal of Geographical Sciences	1836	1.663	0.271	0.90	480	0.65	12.00	5.4	10
B10	Journal of Mountain Science	761	0.495	0.080	0.76	271	0.55	6.78	4.1	4
B10	冰川冻土	4056	1.623	0.164	0.84	657	0.58	16.43	8.2	10
B10	测绘地理信息	1288	0.911	0.419	0.78	395	0.48	9.88	4.4	9
B10	地理科学	9277	4.617	0.705	0.92	1401	0.83	35.03	5.7	22
B10	地理科学进展	8063	4.700	0.560	0.93	1364	0.83	34.10	5.9	23
B10	地理信息世界	1014	1.190	0.088	0.91	359	0.40	8.98	4.2	8
B10	地理学报	15824	7.583	0.959	0.95	1633	0.88	40.83	6.9	36
B10	地理研究	11480	6.159	0.830	0.96	1573	0.80	39.33	5.8	27
B10	地理与地理信息科学	2710	1.926	0.309	0.93	855	0.73	21.38	7.3	11
B10	地域研究与开发	3666	2.487	0.538	0.83	935	0.68	23.38	4.9	12
B10	干旱区地理	3069	2.144	0.343	0.84	673	0.58	16.83	6.2	10
B10	干旱区研究	3221	2.169	0.517	0.84	572	0.55	14.30	5.4	10
B10	国土与自然资源研究	906	0.847	0.390	0.98	485	0.60	12.13	5.4	6
B10	国土资源导刊	460	0.510	0.068	0.96	195	0.28	4.88	≥10	4
B10	国土资源科技管理	575	1.008	0.164	0.98	337	0.40	8.43	6.2	5
B10	国土资源情报	581	—	0.310	0.91	256	0.35	6.40	4.2	6
B10	华东地质	576	1.160	0.440	0.81	164	0.15	4.10	7.6	6
B10	经济地理	14298	4.883	0.922	0.93	1622	0.75	40.55	5.3	23
B10	南方自然资源	431	0.377	0.148	1.00	199	0.23	4.98	7.6	4
B10	热带地理	1923	1.767	0.882	0.94	710	0.68	17.75	6.7	10
B10	山地学报	2061	1.484	0.115	0.94	563	0.65	14.08	9.7	8

2020 年中国科技期刊被引指标按类刊名字顺索引（续）

学科代码	期刊名称	扩展总被引频次	扩展影响因子	扩展即年指标	扩展他引率	扩展引用刊数	扩展学科影响指标	扩展学科扩散指标	扩展被引半衰期	扩展H指标
B10	山东国土资源	1743	1.744	0.345	0.67	291	0.30	7.28	4.8	8
B10	上海国土资源	900	1.289	0.421	0.67	317	0.30	7.93	5.2	6
B10	湿地科学	1765	1.919	0.116	0.84	424	0.43	10.60	5.0	9
B10	湿地科学与管理	437	0.867	0.353	0.88	204	0.25	5.10	5.0	4
B10	世界地理研究	1479	2.004	0.424	0.94	597	0.45	14.93	4.1	8
B10	西部资源	1262	0.603	0.458	0.93	325	0.35	8.13	2.3	7
B10	云南地理环境研究	470	0.488	0.049	0.95	307	0.45	7.68	9.1	5
B10	浙江国土资源	432	0.424	0.146	1.00	177	0.18	4.43	2.8	5
B10	中国国土资源经济	1364	1.568	0.988	0.83	435	0.50	10.88	2.9	8
B10	中国沙漠	4233	2.102	0.538	0.84	650	0.50	16.25	7.6	10
B10	资源导刊	371	0.112	0.046	1.00	191	0.30	4.78	4.8	4
B10	资源导刊·信息化测绘版	20	0.028	0.022	1.00	12	—	0.30	1.6	2
B10	资源环境与工程	944	0.773	0.097	0.90	336	0.20	8.40	6.5	5
B11	Acta Geochimica	305	0.485	0.092	0.92	122	0.42	1.91	5.3	4
B11	Acta Geologica Sinica	1337	0.767	0.110	0.80	207	0.73	3.23	5.4	5
B11	China Geology	190	—	0.477	0.55	47	0.23	0.73	2.1	4
B11	Earthquake Engineering and Engineering Vibration	528	0.849	0.106	0.53	121	0.03	1.89	6.2	4
B11	Earthquake Research Advances	76	0.226	0.548	0.58	25	0.08	0.39	1.9	2
B11	Global Geology	44	0.097	—	1.00	29	0.14	0.45	7.3	2
B11	Guizhou Geology	899	1.017	0.782	0.86	174	0.56	2.72	≥10	7
B11	Science China（Earth Sciences）	3574	1.413	0.396	0.92	443	0.72	6.92	9.4	11
B11	安徽地质	461	0.403	0.134	0.88	145	0.45	2.27	9.0	4
B11	沉积学报	4256	1.689	0.440	0.94	339	0.77	5.30	≥10	12
B11	沉积与特提斯地质	1066	1.413	0.583	0.93	164	0.70	2.56	≥10	8
B11	城市地质	457	0.810	0.721	0.84	173	0.41	2.70	4.0	6
B11	大地构造与成矿学	2303	1.756	0.432	0.94	221	0.73	3.45	8.9	10
B11	地层学杂志	1156	0.736	0.214	0.93	163	0.67	2.55	≥10	8
B11	地球与行星物理论评	38	0.141	0.082	1.00	34	0.03	0.53	6.0	1
B11	地下水	2567	0.804	0.192	0.82	523	0.56	8.17	3.7	14
B11	地质科技通报	3015	1.448	0.417	0.84	459	0.83	7.17	7.0	10
B11	地质科学	1995	0.506	0.200	0.96	261	0.84	4.08	≥10	10
B11	地质力学学报	1506	3.177	0.273	0.71	297	0.81	4.64	4.0	10

2020 年中国科技期刊被引指标按类刊名字顺索引（续）

学科代码	期刊名称	扩展总被引频次	扩展影响因子	扩展即年指标	扩展他引率	扩展引用刊数	扩展学科影响指标	扩展学科扩散指标	扩展被引半衰期	扩展H指标
B11	地质论评	5295	2.769	0.865	0.87	439	0.91	6.86	≥10	14
B11	地质通报	6380	1.450	0.299	0.94	483	0.88	7.55	9.9	16
B11	地质学报	9326	2.944	0.804	0.85	481	0.89	7.52	9.1	21
B11	地质学刊	1000	0.755	—	0.88	283	0.78	4.42	7.7	7
B11	地质与勘探	3496	2.394	0.395	0.74	373	0.80	5.83	8.8	10
B11	地质与资源	935	1.106	0.348	0.86	208	0.69	3.25	7.6	6
B11	地质灾害与环境保护	677	0.740	0.143	0.96	286	0.44	4.47	≥10	6
B11	地质找矿论丛	915	0.687	0.167	0.96	169	0.66	2.64	9.8	6
B11	地质装备	229	0.597	0.214	0.91	118	0.09	1.84	4.6	4
B11	第四纪研究	2959	1.857	0.174	0.71	404	0.69	6.31	≥10	11
B11	防灾减灾学报	286	0.429	0.054	0.86	102	0.27	1.59	7.3	4
B11	福建地质	256	0.597	0.030	0.85	88	0.28	1.38	≥10	3
B11	高校地质学报	2222	0.922	0.145	0.99	288	0.78	4.50	≥10	14
B11	高原地震	206	0.500	—	0.87	75	0.20	1.17	6.5	4
B11	工程地质学报	4588	3.703	0.720	0.72	621	0.59	9.70	5.2	15
B11	古地理学报	2258	2.020	0.247	0.90	244	0.70	3.81	7.8	12
B11	古脊椎动物学报	478	0.333	0.095	0.80	73	0.23	1.14	≥10	3
B11	古生物学报	908	0.543	0.587	0.80	121	0.47	1.89	≥10	5
B11	华北地质	867	1.731	0.400	0.93	167	0.63	2.61	9.0	7
B11	化工矿产地质	432	0.804	0.111	0.77	154	0.45	2.41	≥10	5
B11	吉林地质	418	0.403	0.071	0.91	147	0.41	2.30	9.6	3
B11	矿床地质	4762	2.549	0.500	0.90	225	0.73	3.52	≥10	17
B11	矿物岩石	1279	0.971	0.136	0.92	246	0.67	3.84	≥10	8
B11	山西地震	227	0.491	0.057	0.70	63	0.14	0.98	6.6	4
B11	陕西地质	214	0.420	0.033	0.99	102	0.45	1.59	≥10	4
B11	石油实验地质	2861	2.674	0.303	0.88	221	0.66	3.45	7.0	11
B11	世界地质	973	0.532	0.050	0.93	267	0.70	4.17	7.9	6
B11	四川地震	184	0.211	0.057	0.95	69	0.27	1.08	≥10	3
B11	四川地质学报	771	0.476	0.218	0.94	271	0.69	4.23	7.3	4
B11	微体古生物学报	638	0.580	—	0.71	114	0.47	1.78	≥10	4
B11	物探化探计算技术	733	0.452	0.009	0.94	244	0.50	3.81	8.3	4
B11	物探与化探	3004	1.317	0.265	0.86	434	0.78	6.78	7.9	10
B11	西北地质	1630	1.534	0.398	0.87	247	0.77	3.86	8.3	10

2020 年中国科技期刊被引指标按类刊名字顺索引（续）

学科代码	期刊名称	扩展总被引频次	扩展影响因子	扩展即年指标	扩展他引率	扩展引用刊数	扩展学科影响指标	扩展学科扩散指标	扩展被引半衰期	扩展H指标
B11	现代地质	3121	1.566	0.284	0.90	441	0.88	6.89	8.7	9
B11	新疆地质	1344	1.289	0.176	0.91	194	0.66	3.03	9.9	7
B11	岩矿测试	2122	1.791	0.468	0.82	399	0.63	6.23	7.9	9
B11	岩石矿物学杂志	2165	0.987	0.304	0.92	278	0.69	4.34	≥10	11
B11	岩石学报	15059	2.971	0.734	0.80	345	0.84	5.39	9.3	26
B11	铀矿地质	1632	1.055	0.206	0.87	167	0.55	2.61	≥10	11
B11	云南地质	575	0.351	0.033	0.91	154	0.48	2.41	≥10	4
B11	中国地质	5617	3.256	0.808	0.86	454	0.88	7.09	7.3	18
B11	中国地质调查	512	1.491	0.277	0.77	162	0.52	2.53	3.0	8
B11	中国地质灾害与防治学报	1903	1.595	0.432	0.92	449	0.42	7.02	7.9	8
B11	中国岩溶	1631	1.414	0.093	0.83	408	0.45	6.38	7.8	8
B12	Acta Oceanologica Sinica	743	0.417	0.131	0.81	198	0.79	6.83	5.4	4
B12	China Ocean Engineering	369	0.517	0.025	0.80	138	0.45	4.76	6.3	3
B12	Journal of Ocean University of China	415	0.323	0.060	0.90	172	0.66	5.93	4.8	4
B12	Journal of Oceanology and Limnology	706	0.334	0.210	0.89	189	0.79	6.52	7.1	4
B12	Marine Science Bulletin	53	0.286	—	0.98	41	0.31	1.41	9.5	2
B12	大连海洋大学学报	1418	1.208	0.413	0.86	311	0.86	11.11	6.3	7
B12	广东海洋大学学报	888	1.136	0.214	0.86	296	0.86	10.57	6.6	5
B12	海岸工程	372	0.557	0.167	0.95	166	0.76	5.72	≥10	4
B12	海洋地质前沿	899	0.657	0.182	0.88	272	0.72	9.38	7.0	6
B12	海洋地质与第四纪地质	2281	1.163	0.220	0.89	312	0.86	10.76	9.8	9
B12	海洋工程	997	0.773	0.127	0.87	306	0.76	10.55	8.5	6
B12	海洋工程装备与技术	181	0.599	0.042	0.88	89	0.17	3.07	3.1	3
B12	海洋湖沼通报	1000	0.700	0.078	0.95	330	0.76	11.38	8.2	6
B12	海洋技术学报	749	0.526	0.077	0.94	324	0.79	11.17	6.8	7
B12	海洋经济	219	0.731	0.109	0.96	127	0.34	4.38	4.5	4
B12	海洋开发与管理	1496	0.974	0.194	0.86	470	0.69	16.21	4.7	5
B12	海洋科学	2410	0.580	0.087	0.91	560	0.93	19.31	9.6	7
B12	海洋科学进展	915	0.742	0.136	0.94	299	0.90	10.31	≥10	7
B12	海洋通报	1398	1.374	0.035	0.90	436	0.90	15.03	8.6	6
B12	海洋学报	2553	1.067	0.095	0.91	495	0.93	17.07	9.2	8
B12	海洋学研究	540	0.442	0.103	0.97	226	0.79	7.79	≥10	6
B12	海洋与湖沼	2555	0.983	0.168	0.90	413	0.86	14.24	9.9	8

学科代码	期刊名称	扩展总被引频次	扩展影响因子	扩展即年指标	扩展他引率	扩展引用刊数	扩展学科影响指标	扩展学科扩散指标	扩展被引半衰期	扩展H指标
B12	海洋预报	614	0.889	0.092	0.76	166	0.72	5.72	7.7	5
B12	湖泊科学	3920	2.771	0.596	0.86	551	0.59	19.00	6.3	14
B12	极地研究	464	0.733	0.089	0.80	154	0.55	5.31	7.9	6
B12	江苏海洋大学学报（自然科学版）	263	0.450	—	0.95	208	0.06	1.46	5.2	4
B12	热带海洋学报	1140	0.746	0.129	0.94	313	0.76	10.79	≥10	6
B12	上海海洋大学学报	1612	1.383	0.373	0.90	329	0.86	11.75	7.4	7
B12	水文	1537	1.145	0.185	0.95	365	0.38	12.59	8.5	7
B12	水文地质工程地质	3065	1.697	0.439	0.87	607	0.28	20.93	8.5	9
B12	盐湖研究	426	0.650	0.017	0.87	172	0.21	5.93	≥10	5
B12	应用海洋学学报	892	1.096	0.116	0.94	310	0.79	10.69	9.9	5
B12	浙江海洋大学学报（自然科学版）	587	0.381	0.024	0.95	226	0.86	8.07	8.9	4
B12	中国海洋大学学报（自然科学版）	2315	0.909	0.136	0.95	652	0.86	22.48	8.9	6
B13	Acta Biochimica et Biophysica Sinica	865	0.721	0.134	0.95	460	0.41	9.39	5.0	6
B13	Acta Biophysica Sinica	240	0.123	0.083	0.99	199	0.27	4.06	≥10	5
B13	Asian Herpetological Research	121	0.692	0.027	0.65	23	0.04	0.47	4.3	4
B13	Bio-Design and Manufacturing	35	0.519	0.194	0.37	11	0.02	0.22	2.0	3
B13	Biosafety and Health	10	—	0.163	0.40	5	0.02	0.10	—	1
B13	Cell Research	3017	1.455	3.671	0.97	779	0.73	15.90	4.8	16
B13	Genomics, Proteomics & Bioinformatics	347	0.721	0.095	0.88	215	0.41	4.39	4.6	8
B13	Journal of Bio-X Research	2	—	—	1.00	2	—	0.04	—	1
B13	Journal of Genetics and Genomics	1060	0.527	0.358	0.95	386	0.35	7.88	≥10	7
B13	Journal of Molecular Cell Biology	466	0.762	0.242	0.81	259	0.43	5.29	5.0	5
B13	Journal of Zhejiang University Science B: Biomedicine & Biotechnology	1090	1.268	0.389	0.90	596	0.27	12.16	5.0	6
B13	Protein & Cell	672	0.950	0.473	0.93	353	0.53	7.20	3.9	8
B13	Science China（Life Sciences）	2451	1.736	4.183	0.88	829	0.65	16.92	2.0	13
B13	The Journal of Biomedical Research	274	0.631	0.154	0.86	192	0.18	3.92	5.1	4
B13	工业微生物	389	0.960	0.117	0.90	184	0.16	3.76	4.5	4
B13	化石	64	0.026	0.049	1.00	45	0.02	0.92	≥10	2
B13	基因组学与应用生物学	4543	1.168	0.076	0.97	931	0.39	19.00	3.3	14
B13	激光生物学报	538	0.742	0.078	0.94	335	0.12	6.84	6.0	6
B13	热带生物学报	470	0.748	0.090	0.97	260	0.06	5.31	5.8	5
B13	人类学学报	934	0.682	0.015	0.79	131	0.06	2.67	≥10	5

2020 年中国科技期刊被引指标按类刊名字顺索引（续）

学科代码	期刊名称	扩展总被引频次	扩展影响因子	扩展即年指标	扩展他引率	扩展引用刊数	扩展学科影响指标	扩展学科扩散指标	扩展被引半衰期	扩展H指标
B13	生理科学进展	1010	1.222	0.165	0.99	528	0.33	10.78	5.8	6
B13	生理学报	670	1.143	0.198	0.97	377	0.29	7.69	3.9	7
B13	生命的化学	1146	1.191	0.257	0.86	523	0.33	10.67	3.6	7
B13	生命科学	1448	0.884	0.090	0.98	715	0.47	14.59	5.6	9
B13	生命科学研究	486	0.576	0.282	0.98	316	0.24	6.45	6.0	5
B13	生命世界	377	0.139	0.026	1.00	242	0.10	4.94	≥10	3
B13	生物安全学报	371	1.133	0.104	0.84	152	0.10	3.10	4.1	5
B13	生物多样性	4493	2.346	0.679	0.90	652	0.33	13.31	6.9	17
B13	生物化工	528	0.640	0.096	0.99	303	0.08	6.18	2.3	5
B13	生物化学与生物物理进展	909	0.601	0.154	0.97	561	0.43	11.45	7.9	6
B13	生物技术	720	0.578	0.268	0.96	400	0.33	8.16	8.6	4
B13	生物技术进展	580	0.850	0.227	0.93	306	0.27	6.24	3.8	7
B13	生物技术通讯	691	0.411	0.045	0.98	438	0.27	8.94	6.7	5
B13	生物信息学	266	0.855	1.970	0.94	188	0.20	3.84	3.9	5
B13	生物学通报	1526	0.303	0.033	0.94	597	0.37	12.18	≥10	9
B13	生物学杂志	1417	1.014	0.178	0.95	621	0.37	12.67	5.2	8
B13	生物资源	765	1.215	0.351	0.98	389	0.22	7.94	7.6	6
B13	水生生物学报	2550	1.174	0.234	0.90	383	0.31	7.82	8.5	8
B13	四川生理科学杂志	541	—	0.339	0.97	270	0.08	5.51	3.5	6
B13	现代电生理学杂志	178	0.827	0.048	0.92	107	0.02	2.18	3.7	4
B13	遗传	2197	1.664	0.728	0.89	684	0.57	13.96	7.7	11
B13	中国科学（生命科学）	1939	1.956	2.290	0.96	886	0.55	18.08	3.8	13
B13	中国生物化学与分子生物学报	1009	0.802	0.155	0.93	497	0.43	10.14	4.6	7
B13	中国细胞生物学学报	1214	0.738	0.077	0.95	577	0.37	11.78	4.5	7
B13	中国野生植物资源	1469	0.873	0.160	0.96	530	0.24	10.82	8.8	7
B13	中国应用生理学杂志	1108	1.404	0.101	0.80	453	0.18	9.24	3.9	8
B13	中学生物教学	1003	0.660	0.086	0.88	148	0.06	3.02	3.1	5
B13	蛛形学报	80	0.172	—	0.63	27	0.04	0.55	≥10	2
B14	Journal of Resources and Ecology	479	0.834	0.394	0.90	220	0.78	24.44	4.2	6
B14	生态毒理学报	1659	1.006	0.082	0.86	476	0.78	52.89	4.7	8
B14	生态环境学报	7831	2.194	0.318	0.95	1129	1.00	125.44	7.1	17
B14	生态科学	1994	1.615	0.181	0.94	643	0.78	71.44	4.7	9
B14	生态学报	32185	3.684	0.681	0.89	1671	1.00	185.67	6.5	26

2020 年中国科技期刊被引指标按类刊名字顺索引（续）

学科代码	期刊名称	扩展总被引频次	扩展影响因子	扩展即年指标	扩展他引率	扩展引用刊数	扩展学科影响指标	扩展学科扩散指标	扩展被引半衰期	扩展H指标
B14	生态学杂志	10344	2.353	0.398	0.92	1140	0.89	126.67	6.5	15
B14	水生态学杂志	1429	1.354	0.423	0.95	376	0.89	41.78	7.2	7
B14	应用生态学报	17445	2.996	0.571	0.93	1218	1.00	135.33	7.4	17
B14	中国微生态学杂志	3827	2.051	0.283	0.95	832	0.67	92.44	3.8	11
B15	Journal of Integrative Plant Biology	2203	1.222	0.588	0.92	485	1.00	34.64	≥10	9
B15	Journal of Systematics and Evolution	954	1.200	0.667	0.75	248	0.93	17.71	≥10	7
B15	Molecular Plant	2336	1.744	0.720	0.88	280	1.00	20.00	4.8	11
B15	Plant Diversity	1495	0.427	0.418	0.96	388	0.86	27.71	≥10	8
B15	广西植物	1892	1.103	0.403	0.92	443	0.86	31.64	5.7	7
B15	热带亚热带植物学报	1112	1.011	0.174	0.94	348	0.86	24.86	8.5	5
B15	西北植物学报	5302	1.244	0.102	0.96	637	0.79	45.50	9.0	11
B15	亚热带植物科学	704	0.675	0.183	0.96	308	0.50	22.00	8.0	6
B15	植物科学学报	1534	1.205	0.104	0.96	408	0.79	29.14	8.3	7
B15	植物生理学报	4574	1.579	0.161	0.91	548	0.64	39.14	7.4	10
B15	植物生态学报	5819	1.995	0.426	0.95	589	0.86	42.07	≥10	17
B15	植物生态学报（英文版）	166	—	0.011	0.84	74	0.79	5.29	6.4	2
B15	植物学报	2327	1.570	0.286	0.96	492	0.71	35.14	≥10	11
B15	植物研究	1595	1.127	0.127	0.94	391	0.79	27.93	7.8	7
B16	Current Zoology	727	0.151	0.150	0.94	221	0.77	17.00	≥10	5
B16	Entomotaxonomia	143	0.125	—	0.85	63	0.38	4.85	≥10	3
B16	Insect Science	414	0.539	0.204	0.77	113	0.38	8.69	5.6	4
B16	Zoological Research	966	0.961	0.432	0.88	292	0.77	22.46	≥10	5
B16	Zoological Systematics	387	0.180	0.233	0.95	136	0.77	10.46	≥10	4
B16	动物学杂志	1563	0.465	0.061	0.93	334	0.69	25.69	≥10	7
B16	昆虫学报	2464	1.042	0.222	0.88	357	0.69	27.46	9.5	7
B16	实验动物科学	620	0.622	0.044	0.85	269	0.46	20.69	6.7	5
B16	兽类学报	1139	1.386	0.145	0.72	177	0.46	13.62	≥10	8
B16	四川动物	1383	0.662	0.204	0.91	345	0.77	26.54	9.1	5
B16	野生动物学报	999	0.817	0.150	0.86	277	0.46	21.31	6.4	6
B16	应用昆虫学报	2847	1.570	0.195	0.88	442	0.46	34.00	8.7	11
B16	中国实验动物学报	902	0.992	0.210	0.90	362	0.23	27.85	4.7	6
B17	Virologica Sinica	491	0.740	0.745	0.93	265	0.58	22.08	4.1	6
B17	病毒学报	1229	1.354	0.821	0.93	417	0.67	34.75	4.0	9

2020 年中国科技期刊被引指标按类刊名字顺索引（续）

学科代码	期刊名称	扩展总被引频次	扩展影响因子	扩展即年指标	扩展他引率	扩展引用刊数	扩展学科影响指标	扩展学科扩散指标	扩展被引半衰期	扩展H指标
B17	国际病毒学杂志	819	1.495	0.266	0.97	247	0.58	20.58	3.3	6
B17	菌物学报	2888	1.748	1.056	0.66	449	0.50	37.42	5.4	12
B17	菌物研究	552	2.353	0.463	0.92	183	0.42	15.25	5.0	9
B17	微生物学报	2191	1.191	0.247	0.95	613	0.75	51.08	6.6	9
B17	微生物学免疫学进展	594	1.046	0.118	0.94	306	0.58	25.50	4.3	6
B17	微生物学通报	4268	1.632	0.506	0.91	924	0.67	77.00	5.1	12
B17	微生物学杂志	1090	0.874	0.168	0.97	496	0.67	41.33	6.6	6
B17	中国病毒病杂志	1179	2.313	3.099	0.93	407	0.50	33.92	2.6	14
B17	中国病原生物学杂志	2154	1.189	0.077	0.87	604	0.58	50.33	3.9	8
B17	中华实验和临床病毒学杂志	1005	1.216	0.188	0.95	352	0.50	29.33	3.9	9
B18	心理发展与教育	3170	2.636	0.310	0.94	707	1.00	58.92	8.0	13
B18	心理技术与应用	535	1.227	0.400	0.87	249	0.83	20.75	3.1	7
B18	心理科学	5427	1.320	0.263	0.97	1274	1.00	106.17	≥10	16
B18	心理科学进展	7046	2.021	0.489	0.95	1562	1.00	130.17	7.7	17
B18	心理学报	5813	1.735	0.558	0.96	1259	1.00	104.92	≥10	22
B18	心理学探新	1071	1.082	0.128	0.97	507	1.00	42.25	8.0	8
B18	心理研究	682	0.596	0.315	0.97	359	1.00	29.92	7.7	8
B18	心理与行为研究	1449	1.320	0.119	0.96	580	1.00	48.33	5.5	9
B18	应用心理学	773	1.122	0.250	0.96	396	1.00	33.00	≥10	7
B18	中国临床心理学杂志	6363	2.361	0.395	0.87	1063	1.00	88.58	6.5	17
B18	中国心理卫生杂志	6943	2.542	1.207	0.96	1161	1.00	96.75	8.6	21
B18	中小学心理健康教育	1300	0.263	0.195	0.85	318	0.75	26.50	2.9	5
C01	Frontiers Agricultural Science and Engineering	105	0.327	0.229	0.94	72	0.18	0.73	3.2	3
C01	Journal of Integrative Agriculture	2123	0.908	0.324	0.91	477	0.59	4.87	4.8	7
C01	安徽农学通报	5632	0.614	0.172	0.95	1093	0.83	11.15	4.6	9
C01	安徽农业科学	19723	0.764	0.222	0.96	2261	0.90	23.07	7.0	11
C01	北方农业学报	1239	1.092	0.154	0.96	391	0.67	3.99	6.4	6
C01	东北农业科学	1380	1.624	0.126	0.75	360	0.65	3.67	5.8	7
C01	福建农业科技	993	0.569	0.147	0.94	328	0.58	3.35	5.5	4
C01	福建农业学报	1768	0.884	0.090	0.95	507	0.61	5.17	5.7	7
C01	干旱地区农业研究	4145	1.411	0.113	0.94	563	0.76	5.74	7.4	8
C01	甘肃农业	1029	0.466	0.188	0.98	413	0.54	4.21	4.4	5
C01	甘肃农业科技	2003	0.911	0.206	0.68	367	0.66	3.74	5.0	5

学科代码	期刊名称	扩展总被引频次	扩展影响因子	扩展即年指标	扩展他引率	扩展引用刊数	扩展学科影响指标	扩展学科扩散指标	扩展被引半衰期	扩展H指标
C01	高等农业教育	1552	1.062	0.319	0.93	489	0.22	4.99	6.1	7
C01	高原农业	151	0.620	0.130	0.94	105	0.17	1.07	2.1	4
C01	古今农业	322	0.259	0.100	0.96	188	0.21	1.92	≥10	5
C01	广东农业科学	5049	0.857	0.188	0.92	1011	0.85	10.32	7.8	8
C01	广西农学报	483	0.436	0.059	0.96	217	0.51	2.21	6.6	4
C01	贵州农业科学	3882	0.794	0.167	0.95	862	0.81	8.80	6.5	7
C01	河北农业科学	1558	0.794	0.159	0.94	440	0.72	4.49	9.3	6
C01	河南农业	2554	0.429	0.169	0.98	619	0.77	6.32	2.7	6
C01	河南农业科学	3806	1.367	0.418	0.93	669	0.80	6.83	5.7	8
C01	核农学报	4527	2.406	0.379	0.85	595	0.69	6.07	4.3	10
C01	黑龙江农业科学	2496	0.670	0.082	0.95	630	0.79	6.43	5.4	7
C01	湖北农业科学	6436	0.740	0.063	0.95	1301	0.85	13.28	5.5	8
C01	湖南农业	272	0.134	0.042	1.00	155	0.31	1.58	3.9	3
C01	湖南农业科学	2740	0.739	0.134	0.96	680	0.77	6.94	6.1	7
C01	湖南生态科学学报	232	1.188	0.045	0.91	154	0.22	3.14	3.6	4
C01	华北农学报	3669	1.809	0.249	0.95	525	0.73	5.36	7.8	8
C01	江苏农业科学	11825	1.054	0.218	0.94	1638	0.85	16.71	3.9	12
C01	江苏农业学报	2532	1.565	0.319	0.95	578	0.70	5.90	5.8	9
C01	江西农业学报	3186	1.207	0.171	0.95	785	0.80	8.01	6.7	8
C01	辽宁农业科学	1049	0.932	0.252	0.95	364	0.69	3.71	6.4	5
C01	南方农业学报	4055	1.626	0.163	0.93	711	0.73	7.26	4.8	8
C01	宁夏农林科技	1162	0.468	0.034	0.92	424	0.65	4.33	6.7	5
C01	农产品质量与安全	901	1.411	0.546	0.91	294	0.54	3.00	3.8	7
C01	农村·农业·农民 B	436	0.618	0.309	0.99	239	0.35	2.44	1.7	5
C01	农村科技	552	0.278	0.061	0.98	211	0.52	2.15	5.6	3
C01	农村实用技术	1546	0.707	0.229	0.97	373	0.50	3.81	1.5	7
C01	农电管理	432	0.273	0.224	0.99	113	0.03	1.15	1.8	5
C01	农技服务	2875	0.320	0.131	0.97	520	0.71	5.31	4.0	5
C01	农学学报	2094	1.763	0.343	0.98	582	0.79	5.94	3.8	10
C01	农业大数据学报	98	—	0.347	0.74	44	0.10	0.45	1.4	4
C01	农业科技管理	1254	1.510	0.605	0.67	295	0.50	3.01	3.5	7
C01	农业科技通讯	3534	0.453	0.138	0.90	443	0.77	4.52	3.6	7
C01	农业科技与信息	3570	0.560	0.249	0.97	646	0.66	6.59	3.0	9

学科代码	期刊名称	扩展总被引频次	扩展影响因子	扩展即年指标	扩展他引率	扩展引用刊数	扩展学科影响指标	扩展学科扩散指标	扩展被引半衰期	扩展H指标
C01	农业科学研究	540	0.562	0.162	0.97	303	0.51	3.09	9.3	5
C01	农业生物技术学报	1633	1.009	0.171	0.91	397	0.50	4.05	5.0	7
C01	农业与技术	8803	0.780	0.425	0.98	950	0.83	9.69	2.7	11
C01	农业展望	1253	1.109	0.271	0.84	450	0.65	4.59	3.0	7
C01	青海农技推广	231	0.414	0.078	0.97	112	0.35	1.14	2.7	4
C01	青海农林科技	411	0.455	0.070	0.98	208	0.45	2.12	6.2	4
C01	热带农业科学	1814	0.817	0.120	0.91	486	0.66	4.96	5.7	7
C01	山地农业生物学报	846	1.016	0.058	0.89	347	0.45	3.54	7.0	5
C01	山东农业科学	3378	1.025	0.216	0.94	645	0.76	6.58	5.5	8
C01	山西农业科学	3557	1.099	0.287	0.82	637	0.74	6.50	4.5	7
C01	陕西农业科学	2004	0.648	0.080	0.94	565	0.76	5.77	6.0	6
C01	上海农业科技	1232	0.430	0.229	0.97	318	0.63	3.24	4.9	4
C01	上海农业学报	1237	0.807	0.127	0.95	447	0.68	4.56	6.5	6
C01	世界农业	2943	1.361	0.424	0.93	847	0.71	8.64	4.4	9
C01	四川农业科技	868	0.509	0.123	0.92	310	0.65	3.16	3.7	5
C01	特产研究	704	1.337	0.316	0.93	301	0.36	3.07	5.0	6
C01	天津农林科技	284	0.354	0.075	0.98	144	0.32	1.47	5.0	4
C01	天津农业科学	1553	0.877	0.146	0.97	534	0.69	5.45	4.8	6
C01	西北农业学报	3536	1.338	0.199	0.95	611	0.76	6.23	7.4	8
C01	西南农业学报	4860	1.186	0.150	0.94	714	0.79	7.29	5.9	8
C01	西藏农业科技	335	0.913	0.069	0.83	128	0.37	1.31	4.4	4
C01	现代农村科技	2129	0.414	0.230	0.97	491	0.60	5.01	2.7	7
C01	现代农业	1462	0.305	0.127	0.98	470	0.64	4.80	3.2	5
C01	现代农业研究	1667	0.667	0.295	0.99	394	0.43	4.02	2.0	8
C01	新疆农业科技	430	0.317	0.075	0.92	173	0.44	1.77	6.4	3
C01	新疆农业科学	2627	0.879	0.216	0.91	517	0.73	5.28	6.9	6
C01	新农村	252	0.213	0.084	1.00	148	0.34	1.51	3.4	3
C01	新农业	1547	0.510	0.246	1.00	341	0.55	3.48	1.7	6
C01	云南农业	665	0.359	0.114	0.97	244	0.55	2.49	3.5	4
C01	云南农业科技	555	0.529	0.191	0.99	217	0.52	2.21	6.4	3
C01	浙江农业科学	3725	0.864	0.249	0.91	774	0.81	7.90	4.0	7
C01	浙江农业学报	2572	1.222	0.280	0.95	702	0.71	7.16	4.9	8
C01	智慧农业	167	—	0.479	0.70	64	0.18	0.65	1.4	6

2020年中国科技期刊被引指标按类刊名字顺索引（续）

学科代码	期刊名称	扩展总被引频次	扩展影响因子	扩展即年指标	扩展他引率	扩展引用刊数	扩展学科影响指标	扩展学科扩散指标	扩展被引半衰期	扩展H指标
C01	中国农技推广	903	0.456	0.147	0.98	241	0.65	2.46	3.6	6
C01	中国农民合作社	323	0.327	0.205	1.00	154	0.30	1.57	2.5	4
C01	中国农史	962	0.800	0.085	0.90	378	0.30	3.86	≥10	7
C01	中国农学通报	15370	1.213	0.272	0.94	1465	0.87	14.95	7.4	13
C01	中国农业科技导报	2699	1.611	0.321	0.97	745	0.78	7.60	5.0	13
C01	中国农业科学	15168	2.707	0.434	0.94	995	0.87	10.15	7.5	23
C01	中国农业气象	2357	1.976	0.481	0.90	443	0.66	4.52	8.1	8
C01	中国农业信息	1636	1.321	0.250	0.98	457	0.77	4.66	4.7	5
C01	中国农业资源与区划	5332	2.745	0.297	0.86	1044	0.81	10.65	3.2	15
C01	中国热带农业	764	0.664	0.150	0.93	211	0.47	2.15	5.6	5
C01	中国生态农业学报	5967	2.674	0.873	0.94	831	0.80	8.48	7.0	14
C02	Journal of Northeast Agricultural University	67	0.159	—	1.00	60	0.11	1.71	6.7	2
C02	安徽农业大学学报	1513	0.898	0.102	0.98	587	0.63	16.77	6.5	6
C02	北京农学院学报	703	0.642	0.236	0.94	338	0.54	9.66	7.7	4
C02	北京农业职业学院学报	410	0.794	0.642	0.88	202	0.06	5.77	2.9	5
C02	东北农业大学学报	2012	1.098	0.202	0.95	612	0.77	17.49	8.0	7
C02	福建农林大学学报（自然科学版）	1245	0.869	0.203	0.94	464	0.57	13.26	8.2	5
C02	甘肃农业大学学报	1703	1.177	0.159	0.89	524	0.69	14.97	6.4	5
C02	河北农业大学学报	1391	0.901	0.074	0.94	504	0.63	14.40	9.5	5
C02	河南农业大学学报	1557	1.212	0.255	0.91	526	0.69	15.03	6.6	6
C02	黑龙江八一农垦大学学报	935	0.940	0.174	0.85	380	0.60	10.86	5.2	5
C02	湖南农业大学学报（自然科学版）	1690	1.185	0.100	0.94	490	0.69	14.00	8.8	7
C02	华南农业大学学报	1728	1.852	0.471	0.98	520	0.66	14.86	6.0	8
C02	华中农业大学学报	1885	1.439	0.272	0.95	541	0.71	15.46	8.5	7
C02	吉林农业大学学报	1672	1.382	0.258	0.88	522	0.69	14.91	7.9	7
C02	吉林农业科技学院学报	595	0.996	0.320	0.77	235	0.03	6.71	2.6	5
C02	江西农业大学学报	2123	1.146	0.091	0.96	563	0.80	16.09	7.8	6
C02	辽宁农业职业技术学院学报	474	0.704	0.385	0.97	243	0.09	6.94	3.1	5
C02	南京农业大学学报	2194	1.338	0.305	0.98	567	0.83	16.20	7.4	9
C02	青岛农业大学学报（自然科学版）	478	0.854	0.216	0.99	255	0.26	7.29	8.9	5
C02	山东农业大学学报（自然科学版）	1413	0.821	0.235	0.98	680	0.66	19.43	5.6	6
C02	山东农业工程学院学报	1857	0.600	0.351	0.99	629	0.14	17.97	2.4	7
C02	山西农业大学学报（自然科学版）	1042	0.996	0.141	0.98	414	0.63	11.83	5.5	5

2020 年中国科技期刊被引指标按类刊名字顺索引（续）

学科代码	期刊名称	扩展总被引频次	扩展影响因子	扩展即年指标	扩展他引率	扩展引用刊数	扩展学科影响指标	扩展学科扩散指标	扩展被引半衰期	扩展H指标
C02	沈阳农业大学学报	1674	1.170	0.176	0.95	527	0.74	15.06	≥10	7
C02	四川农业大学学报	1183	1.108	0.137	0.98	485	0.63	13.86	6.9	6
C02	天津农学院学报	457	0.689	0.160	0.87	251	0.37	7.17	4.3	4
C02	新疆农业大学学报	576	0.375	—	0.97	284	0.37	8.11	≥10	5
C02	信阳农林学院学报	363	0.452	0.103	0.99	252	0.09	7.20	3.4	4
C02	延边大学农学学报	477	0.911	0.129	0.91	201	0.31	5.74	5.9	4
C02	扬州大学学报（农业与生命科学版）	823	0.724	0.181	0.90	306	0.49	8.74	7.8	6
C02	云南农业大学学报（自然科学）	1758	0.843	0.188	0.96	509	0.66	14.54	7.5	6
C02	浙江大学学报（农业与生命科学版）	1428	1.118	0.213	0.99	524	0.63	14.97	≥10	7
C02	浙江农林大学学报	2208	1.774	0.351	0.93	588	0.87	7.74	6.4	7
C02	中国农业大学学报	3751	1.726	0.340	0.97	942	0.83	26.91	4.9	11
C02	仲恺农业工程学院学报	307	0.670	0.109	0.96	192	0.23	5.49	6.7	3
C03	Journal of Cotton Research	14	0.368	—	1.00	9	0.05	0.20	2.4	2
C03	Oil Crop Science	10	0.113	0.030	0.50	6	0.09	0.14	2.7	2
C03	Rice Science	251	0.667	0.185	0.86	114	0.34	2.59	6.2	4
C03	The Crop Journal	358	0.830	0.454	0.77	108	0.43	2.45	3.2	6
C03	北方水稻	607	0.498	0.162	0.86	160	0.41	3.64	7.2	5
C03	茶叶	542	0.508	0.222	0.84	157	0.16	3.57	≥10	4
C03	大豆科技	529	0.707	0.152	0.81	157	0.36	3.57	6.6	4
C03	大豆科学	2090	1.422	0.138	0.86	360	0.55	8.18	7.7	8
C03	大麦与谷类科学	431	0.828	0.153	0.88	150	0.36	3.41	4.0	4
C03	分子植物育种	4089	0.890	0.186	0.91	495	0.86	11.25	2.9	8
C03	福建稻麦科技	296	0.435	0.214	0.85	92	0.30	2.09	4.1	4
C03	福建热作科技	355	0.443	0.099	0.93	164	0.30	3.73	6.5	4
C03	甘蔗糖业	598	0.794	0.455	0.66	139	0.30	3.16	5.9	6
C03	耕作与栽培	767	0.425	0.092	0.96	243	0.59	5.52	8.8	5
C03	广西糖业	233	0.528	0.090	0.90	69	0.23	1.57	4.6	4
C03	花生学报	625	1.038	0.019	0.90	169	0.36	3.84	7.1	6
C03	麦类作物学报	3597	1.498	0.219	0.88	385	0.61	8.75	6.7	11
C03	棉花科学	300	0.700	0.277	0.67	82	0.36	1.86	4.0	5
C03	棉花学报	1227	1.682	0.353	0.90	209	0.43	4.75	8.0	8
C03	农业研究与应用	505	0.567	0.107	0.95	200	0.41	4.55	7.3	4
C03	热带农业科技	349	0.474	0.143	0.90	134	0.23	3.05	≥10	4

学科代码	期刊名称	扩展总被引频次	扩展影响因子	扩展即年指标	扩展他引率	扩展引用刊数	扩展学科影响指标	扩展学科扩散指标	扩展被引半衰期	扩展H指标
C03	热带作物学报	3505	1.342	0.378	0.91	560	0.70	12.73	4.9	8
C03	世界热带农业信息	212	0.670	0.079	1.00	103	0.16	2.34	3.7	3
C03	特种经济动植物	617	0.298	0.149	0.97	262	0.25	5.95	5.9	4
C03	亚热带农业研究	430	0.911	0.229	0.94	200	0.45	4.55	7.0	4
C03	玉米科学	3557	1.525	0.340	0.90	364	0.66	8.27	9.1	10
C03	杂交水稻	1180	0.735	0.105	0.81	189	0.57	4.30	7.1	6
C03	植物遗传资源学报	3018	2.266	0.471	0.86	359	0.80	8.16	5.8	11
C03	中国茶叶	1360	1.163	0.347	0.86	263	0.23	5.98	4.5	7
C03	中国稻米	1765	1.492	0.371	0.89	285	0.61	6.48	4.5	9
C03	中国麻业科学	564	0.783	0.133	0.70	155	0.23	3.52	9.0	5
C03	中国棉花	1215	0.875	0.242	0.71	187	0.36	4.25	5.4	7
C03	中国水稻科学	2021	2.346	0.407	0.94	292	0.64	6.64	9.5	9
C03	中国糖料	1037	1.317	0.722	0.76	237	0.41	5.39	5.0	8
C03	中国油料作物学报	2115	1.928	0.336	0.91	324	0.61	7.36	6.6	10
C03	中国种业	2587	1.018	0.359	0.80	476	0.77	10.82	4.7	6
C03	种业导刊	339	0.581	0.246	0.81	114	0.39	2.59	3.8	4
C03	种子	3818	1.101	0.156	0.81	471	0.84	10.70	5.7	7
C03	种子科技	4591	—	0.515	0.94	385	0.64	8.75	1.6	9
C03	作物学报	7196	2.594	0.570	0.95	505	0.91	11.48	9.3	16
C03	作物研究	1371	1.292	0.246	0.95	321	0.66	7.30	5.6	7
C03	作物杂志	2886	1.850	0.339	0.95	379	0.80	8.61	5.7	11
C04	Horticultural Plant Journal	113	1.063	0.159	0.83	49	0.20	1.20	2.7	4
C04	北方果树	636	0.344	0.191	0.95	195	0.49	4.76	7.9	4
C04	北方园艺	8127	1.061	0.227	0.94	917	0.88	22.37	5.8	10
C04	茶叶科学	1926	2.047	0.443	0.92	372	0.32	9.07	7.6	9
C04	长江蔬菜	2195	0.405	0.158	0.85	320	0.56	7.80	5.4	5
C04	东南园艺	416	0.446	—	0.96	166	0.46	4.05	7.1	3
C04	广东园林	573	0.620	0.130	0.90	188	0.17	4.59	6.2	5
C04	果农之友	463	0.245	0.066	1.00	132	0.41	3.22	5.2	4
C04	果树学报	4084	2.056	0.471	0.91	411	0.68	10.02	7.0	11
C04	河北果树	528	0.350	0.103	0.97	175	0.44	4.27	5.5	4
C04	吉林蔬菜	602	0.428	0.216	0.91	182	0.56	4.44	5.0	5
C04	景观设计学	256	0.743	0.205	0.90	106	0.10	2.59	3.1	4

2020 年中国科技期刊被引指标按类刊名字顺索引（续）

学科代码	期刊名称	扩展总被引频次	扩展影响因子	扩展即年指标	扩展他引率	扩展引用刊数	扩展学科影响指标	扩展学科扩散指标	扩展被引半衰期	扩展H指标
C04	辣椒杂志	285	0.395	0.079	0.93	105	0.29	2.56	9.0	3
C04	林业与生态科学	569	0.734	0.123	0.93	258	0.34	6.29	9.4	4
C04	落叶果树	773	0.693	0.071	0.95	209	0.39	5.10	5.4	6
C04	南方园艺	444	0.413	0.101	0.92	157	0.54	3.83	6.3	3
C04	人参研究	543	0.774	0.052	0.87	227	0.17	5.54	4.6	5
C04	上海蔬菜	669	0.352	0.119	0.98	178	0.44	4.34	5.7	4
C04	食用菌	1572	0.894	0.281	0.92	263	0.39	6.41	7.3	7
C04	食用菌学报	1017	1.393	0.103	0.89	220	0.34	5.37	8.1	8
C04	蔬菜	875	0.623	0.293	0.96	244	0.44	5.95	3.8	6
C04	西北园艺（果树）	253	0.213	0.037	1.00	117	0.34	2.85	5.6	3
C04	西北园艺（综合）	392	0.244	0.116	1.00	140	0.46	3.41	5.4	3
C04	烟草科技	3041	1.442	0.197	0.81	404	0.29	9.85	7.4	9
C04	烟台果树	287	0.348	0.126	0.98	119	0.39	2.90	5.3	4
C04	园艺学报	5793	1.629	0.316	0.91	495	0.83	12.07	8.3	10
C04	园艺与种苗	1183	0.423	0.098	0.95	339	0.63	8.27	7.2	6
C04	浙江柑橘	243	0.388	0.132	0.94	92	0.27	2.24	6.8	4
C04	中国瓜菜	1475	0.900	0.192	0.74	242	0.46	5.90	3.8	7
C04	中国果菜	1210	0.834	0.169	0.86	342	0.63	8.34	3.5	7
C04	中国果树	1617	1.208	0.172	0.90	289	0.61	7.05	5.5	7
C04	中国马铃薯	1073	1.560	0.207	0.84	206	0.29	5.02	7.0	7
C04	中国南方果树	2148	1.074	0.234	0.87	310	0.54	7.56	6.0	7
C04	中国食用菌	3066	1.904	0.604	0.54	384	0.41	9.37	1.9	10
C04	中国蔬菜	3441	1.425	0.548	0.91	426	0.63	10.39	5.8	9
C04	中国烟草科学	1951	1.956	0.290	0.85	262	0.29	6.39	7.5	9
C04	中国烟草学报	1650	1.618	0.170	0.90	327	0.27	7.98	6.9	10
C05	Pedosphere	1069	0.541	0.181	0.95	337	1.00	37.44	9.3	6
C05	土壤	4122	2.129	0.263	0.91	645	1.00	71.67	6.6	12
C05	土壤通报	4687	1.435	0.061	0.96	728	1.00	80.89	9.1	12
C05	土壤学报	6756	3.344	1.130	0.95	745	1.00	82.78	8.5	19
C05	土壤与作物	458	1.915	0.234	0.88	192	0.67	21.33	3.3	8
C05	植物医生	549	0.424	0.169	0.94	210	0.33	23.33	3.8	5
C05	植物营养与肥料学报	8084	3.027	0.407	0.92	561	1.00	62.33	6.9	18
C05	中国土地科学	4389	4.970	0.589	0.89	786	0.56	87.33	4.5	18

2020 年中国科技期刊被引指标按类刊名字顺索引（续）

学科代码	期刊名称	扩展总被引频次	扩展影响因子	扩展即年指标	扩展他引率	扩展引用刊数	扩展学科影响指标	扩展学科扩散指标	扩展被引半衰期	扩展H指标
C05	中国土壤与肥料	3447	2.294	0.295	0.92	471	0.78	52.33	5.8	12
C06	广西植保	232	0.694	0.100	0.96	116	0.75	7.25	6.6	4
C06	湖北植保	407	0.510	0.170	0.93	149	0.75	9.31	3.5	4
C06	环境昆虫学报	1764	1.652	0.346	0.85	311	0.88	19.44	4.3	11
C06	农药	2793	1.214	0.261	0.88	468	1.00	29.25	6.6	8
C06	农药科学与管理	925	0.598	0.189	0.92	267	0.94	16.69	6.2	6
C06	农药学学报	1574	1.862	0.399	0.86	361	0.88	22.56	5.3	7
C06	生物灾害科学	418	0.714	0.122	0.92	187	0.81	11.69	5.9	5
C06	世界农药	529	0.635	0.132	0.94	199	0.88	12.44	7.1	6
C06	现代农药	735	0.774	0.183	0.91	236	0.88	14.75	5.8	7
C06	杂草学报	728	1.770	0.042	0.84	173	0.75	10.81	7.8	5
C06	植物保护	5398	3.826	1.059	0.87	455	1.00	28.44	4.0	22
C06	植物保护学报	2669	1.503	0.233	0.88	339	1.00	21.19	5.8	10
C06	植物病理学报	1630	1.173	0.265	0.95	274	0.88	17.13	≥10	7
C06	植物检疫	979	0.671	0.321	0.80	246	0.81	15.38	8.3	6
C06	中国生物防治学报	2066	2.016	0.377	0.88	334	1.00	20.88	5.8	12
C06	中国植保导刊	2251	1.702	0.253	0.90	345	1.00	21.56	4.2	10
C07	Forest Ecosystems	113	0.382	0.031	0.81	63	0.26	0.83	8.1	3
C07	Journal of Forestry Research	814	0.529	0.073	0.80	254	0.58	3.34	5.8	4
C07	安徽林业科技	340	0.500	0.087	0.97	142	0.54	1.87	4.9	4
C07	桉树科技	326	0.945	0.116	0.87	121	0.49	1.59	7.1	5
C07	北京林业大学学报	3600	1.573	0.192	0.94	653	0.88	8.59	8.7	8
C07	东北林业大学学报	3629	1.240	0.262	0.93	677	0.89	8.91	7.6	7
C07	防护林科技	1600	0.510	0.073	0.92	339	0.79	4.46	4.7	5
C07	风景园林	1693	1.582	0.621	0.90	336	0.45	4.42	3.4	9
C07	福建林业科技	1328	0.540	0.220	0.95	375	0.88	4.93	9.8	5
C07	甘肃林业科技	317	0.290	0.016	0.90	137	0.36	1.80	≥10	4
C07	广西林业科学	885	0.879	0.093	0.87	241	0.71	3.17	6.8	5
C07	贵州林业科技	333	0.495	0.106	0.97	158	0.51	2.08	≥10	4
C07	河南林业科技	308	0.397	0.082	0.97	159	0.55	2.09	8.3	3
C07	黑龙江生态工程职业学院学报	845	0.523	0.253	0.98	404	0.36	5.32	3.2	5
C07	湖北林业科技	669	0.583	0.106	0.93	253	0.71	3.33	5.4	5
C07	湖南林业科技	879	0.671	0.094	0.85	270	0.76	3.55	7.9	5

学科代码	期刊名称	扩展总被引频次	扩展影响因子	扩展即年指标	扩展他引率	扩展引用刊数	扩展学科影响指标	扩展学科扩散指标	扩展被引半衰期	扩展H指标
C07	华东森林经理	322	0.451	0.283	0.94	131	0.59	1.72	5.7	4
C07	吉林林业科技	451	0.468	0.228	0.92	170	0.61	2.24	8.3	4
C07	江苏林业科技	643	0.840	0.114	0.93	231	0.72	3.04	8.5	4
C07	经济林研究	1865	2.042	0.300	0.88	352	0.64	4.63	6.0	9
C07	辽宁林业科技	690	0.448	0.128	0.91	232	0.63	3.05	6.6	5
C07	林产工业	2144	2.562	0.738	0.77	353	0.53	4.64	2.4	11
C07	林区教学	1333	0.499	0.436	0.98	337	0.05	4.43	2.6	6
C07	林业调查规划	1315	0.734	0.162	0.91	411	0.86	5.41	5.9	6
C07	林业工程学报	2129	1.673	0.353	0.89	488	0.82	6.42	6.0	9
C07	林业机械与木工设备	801	0.897	0.414	0.85	283	0.47	3.72	4.4	6
C07	林业建设	464	1.077	0.169	0.94	197	0.57	2.59	3.1	6
C07	林业经济	2151	—	0.240	0.88	501	0.78	6.59	3.5	4
C07	林业勘查设计	546	0.591	0.103	0.93	162	0.51	2.13	3.3	5
C07	林业勘察设计	336	0.390	0.041	0.94	136	0.54	1.79	5.3	4
C07	林业科技	777	1.054	0.220	0.95	263	0.78	3.46	6.0	4
C07	林业科技情报	755	1.037	0.274	0.87	221	0.46	2.91	2.5	6
C07	林业科技通讯	1482	0.487	0.099	0.94	357	0.87	4.70	6.9	4
C07	林业科学	6377	1.557	0.127	0.94	773	0.93	10.17	9.1	13
C07	林业科学研究	2949	1.485	0.203	0.92	439	0.86	5.78	9.7	9
C07	林业与环境科学	1078	1.055	0.299	0.83	286	0.82	3.76	5.4	6
C07	林业资源管理	1653	1.427	0.215	0.92	427	0.88	5.62	4.9	8
C07	木材科学与技术	582	0.765	0.231	0.81	179	0.45	2.36	7.1	4
C07	内蒙古林业	266	0.189	0.048	1.00	119	0.32	1.57	6.0	3
C07	内蒙古林业调查设计	718	0.500	0.185	0.97	226	0.67	2.97	4.7	4
C07	内蒙古林业科技	314	0.528	0.109	0.96	159	0.43	2.09	8.9	3
C07	南方林业科学	755	0.778	0.127	0.91	254	0.71	3.34	7.0	5
C07	南京林业大学学报（自然科学版）	2998	1.921	0.743	0.92	647	0.83	8.51	6.3	7
C07	热带林业	301	0.547	0.058	0.92	151	0.49	1.99	5.7	3
C07	森林防火	320	0.825	0.292	0.88	83	0.37	1.09	6.2	4
C07	森林工程	1134	1.781	0.705	0.91	415	0.64	5.46	4.5	7
C07	森林与环境学报	1233	1.685	0.416	0.91	327	0.82	4.30	7.0	7
C07	山东林业科技	1004	0.460	0.113	0.96	338	0.83	4.45	8.2	6
C07	山西林业	322	0.460	0.167	1.00	104	0.37	1.37	3.3	3

2020 年中国科技期刊被引指标按类刊名字顺索引（续）

学科代码	期刊名称	扩展总被引频次	扩展影响因子	扩展即年指标	扩展他引率	扩展引用刊数	扩展学科影响指标	扩展学科扩散指标	扩展被引半衰期	扩展H指标
C07	山西林业科技	431	0.577	0.033	0.91	189	0.49	2.49	6.0	3
C07	陕西林业科技	827	0.617	0.038	0.89	279	0.71	3.67	6.4	5
C07	世界林业研究	2190	2.126	0.587	0.96	538	0.89	7.08	7.0	11
C07	世界竹藤通讯	440	0.888	0.222	0.70	104	0.41	1.37	4.2	5
C07	四川林业科技	1058	0.684	0.124	0.89	343	0.79	4.51	6.7	6
C07	温带林业研究	112	0.813	0.087	0.92	75	0.30	0.99	2.6	3
C07	西北林学院学报	4084	1.730	0.317	0.84	718	0.88	9.45	5.8	8
C07	西部林业科学	1440	1.482	0.348	0.92	384	0.75	5.05	4.5	6
C07	西南林业大学学报	1888	1.832	0.534	0.92	551	0.86	7.25	3.9	6
C07	新疆林业	186	0.354	—	1.00	101	0.22	1.33	8.0	3
C07	园林	672	0.600	0.272	0.85	210	0.38	2.76	3.9	5
C07	浙江林业科技	921	0.703	0.040	0.94	302	0.76	3.97	8.9	6
C07	中国城市林业	838	1.246	0.272	0.82	277	0.67	3.64	4.3	7
C07	中国林副特产	1158	0.540	0.130	0.96	366	0.68	4.82	7.1	5
C07	中国林业经济	1155	1.360	0.633	0.79	282	0.58	3.71	1.8	10
C07	中国森林病虫	916	1.121	0.400	0.91	204	0.64	2.68	9.1	7
C07	中国园林	6314	2.441	0.535	0.88	746	0.74	9.82	5.9	15
C07	中南林业调查规划	441	0.611	0.125	0.92	167	0.62	2.20	7.7	5
C07	竹子学报	501	0.435	0.018	0.87	158	0.47	2.08	≥10	3
C08	Avian Research	117	0.362	0.020	0.75	31	0.03	0.34	5.3	3
C08	Journal of Animal Science and Biotechnology	404	0.632	0.125	0.88	112	0.36	1.24	4.0	4
C08	北方蚕业	243	0.449	0.156	0.74	81	0.17	0.90	6.3	4
C08	蚕桑茶叶通讯	300	0.532	0.183	0.95	124	0.16	1.38	4.3	4
C08	蚕桑通报	250	0.416	0.028	0.85	86	0.14	0.96	6.9	3
C08	蚕学通讯	139	0.363	0.027	0.92	76	0.14	0.84	6.5	3
C08	蚕业科学	1206	0.746	0.030	0.82	273	0.24	3.03	6.9	6
C08	草食家畜	477	0.507	0.114	0.95	169	0.60	1.88	7.7	4
C08	草学	710	0.859	0.300	0.90	250	0.48	2.78	7.5	4
C08	草原与草业	334	0.624	0.083	0.95	140	0.27	1.56	7.6	4
C08	畜禽业	2111	0.542	0.211	0.95	255	0.79	2.83	2.5	6
C08	当代畜禽养殖业	1141	0.416	0.179	0.97	174	0.66	1.93	2.9	6
C08	动物医学进展	2591	0.936	0.130	0.94	570	0.79	6.33	5.6	7
C08	动物营养学报	7031	2.087	0.567	0.85	527	0.81	5.86	3.6	11

学科代码	期刊名称	扩展总被引频次	扩展影响因子	扩展即年指标	扩展他引率	扩展引用刊数	扩展学科影响指标	扩展学科扩散指标	扩展被引半衰期	扩展H指标
C08	福建畜牧兽医	491	0.386	0.130	0.94	149	0.56	1.66	5.6	3
C08	甘肃畜牧兽医	958	0.476	0.105	0.99	205	0.74	2.28	4.0	5
C08	广东蚕业	1084	0.321	0.060	0.95	350	0.22	3.89	2.3	5
C08	广东饲料	574	0.574	0.157	0.99	182	0.58	2.02	4.2	4
C08	广东畜牧兽医科技	371	0.703	0.183	0.97	147	0.63	1.63	4.8	4
C08	广西蚕业	295	0.768	0.140	0.70	66	0.12	0.73	5.1	5
C08	广西畜牧兽医	337	0.327	0.093	0.94	124	0.61	1.38	5.6	3
C08	贵州畜牧兽医	452	0.455	0.111	0.95	157	0.64	1.74	5.0	4
C08	国外畜牧学—猪与禽	724	0.468	0.114	1.00	157	0.64	1.74	2.9	5
C08	河南畜牧兽医	292	0.071	0.034	1.00	87	0.56	0.97	9.3	3
C08	河南畜牧兽医（市场版）	94	0.066	0.012	1.00	42	0.34	0.47	4.3	2
C08	黑龙江畜牧兽医（上半月）	2777	—	0.146	0.94	569	0.80	6.32	4.4	6
C08	黑龙江畜牧兽医（下半月）	1894	—	0.156	0.93	437	0.83	4.86	3.2	6
C08	湖北畜牧兽医	789	0.441	0.133	0.98	161	0.64	1.79	4.3	4
C08	湖南饲料	287	0.664	0.156	1.00	134	0.51	1.49	4.0	4
C08	湖南畜牧兽医	325	0.423	0.091	0.94	117	0.58	1.30	4.1	4
C08	吉林畜牧兽医	1325	0.473	0.273	0.97	174	0.72	1.93	1.8	6
C08	家畜生态学报	1828	0.998	0.157	0.94	363	0.81	4.03	4.8	7
C08	家禽科学	605	0.473	0.117	0.93	150	0.62	1.67	4.3	4
C08	江西农业	2487	0.541	0.177	0.97	431	0.31	4.79	2.0	7
C08	江西畜牧兽医杂志	330	0.358	0.082	0.95	124	0.63	1.38	4.4	3
C08	今日畜牧兽医	1963	0.579	0.289	0.95	196	0.74	2.18	1.8	7
C08	今日养猪业	238	0.231	0.197	1.00	78	0.48	0.87	2.8	3
C08	经济动物学报	438	0.878	0.260	0.81	157	0.44	1.74	6.3	5
C08	粮油与饲料科技	213	0.617	0.099	0.99	106	0.44	1.18	5.4	4
C08	蜜蜂杂志	456	0.125	0.016	0.82	146	0.17	1.62	6.1	3
C08	青海草业	272	0.689	0.086	0.96	165	0.27	1.83	6.2	4
C08	青海畜牧兽医杂志	563	0.498	0.100	0.93	197	0.62	2.19	6.0	4
C08	山东畜牧兽医	1256	0.422	0.175	0.97	265	0.77	2.94	3.7	5
C08	上海畜牧兽医通讯	821	0.528	0.151	0.96	220	0.74	2.44	5.7	4
C08	四川蚕业	158	0.290	0.084	0.80	51	0.11	0.57	4.6	3
C08	四川畜牧兽医	651	0.300	0.064	0.99	185	0.73	2.06	5.8	4
C08	饲料博览	1324	0.396	0.109	0.94	261	0.73	2.90	3.9	5

2020 年中国科技期刊被引指标按类刊名字顺索引（续）

学科代码	期刊名称	扩展总被引频次	扩展影响因子	扩展即年指标	扩展他引率	扩展引用刊数	扩展学科影响指标	扩展学科扩散指标	扩展被引半衰期	扩展H指标
C08	饲料工业	3158	1.193	0.339	0.93	446	0.79	4.96	6.0	7
C08	饲料研究	2157	0.986	0.224	0.85	347	0.76	3.86	5.3	7
C08	现代牧业	253	0.558	0.105	0.99	160	0.41	1.78	3.9	4
C08	现代畜牧科技	3128	0.477	0.243	0.99	311	0.80	3.46	3.5	6
C08	现代畜牧兽医	739	0.707	0.087	0.91	211	0.70	2.34	5.0	4
C08	新疆畜牧业	522	0.361	0.016	0.95	178	0.59	1.98	5.9	4
C08	畜牧兽医学报	2804	1.226	0.171	0.86	356	0.76	3.96	5.2	8
C08	畜牧兽医杂志	1040	0.673	0.151	0.96	233	0.73	2.59	5.0	5
C08	畜牧与兽医	2552	0.869	0.157	0.96	407	0.79	4.52	5.6	6
C08	畜牧与饲料科学	2124	0.717	0.144	0.97	475	0.81	5.28	6.1	6
C08	养禽与禽病防治	347	0.181	0.019	0.93	97	0.56	1.08	7.6	3
C08	养殖与饲料	1304	0.385	0.127	0.97	239	0.72	2.66	3.0	5
C08	养猪	1155	0.685	0.263	0.88	180	0.68	2.00	4.2	5
C08	云南畜牧兽医	288	0.276	0.124	0.99	99	0.59	1.10	7.4	3
C08	浙江畜牧兽医	328	0.347	0.101	0.99	116	0.67	1.29	5.3	4
C08	中国蚕业	392	0.587	0.322	0.80	94	0.13	1.04	5.9	4
C08	中国草食动物科学	1104	0.886	0.223	0.93	208	0.66	2.31	6.5	6
C08	中国畜禽种业	3357	0.482	0.176	0.92	259	0.79	2.88	2.2	7
C08	中国动物保健	1236	0.489	0.244	0.96	218	0.71	2.42	3.3	5
C08	中国动物传染病学报	721	0.956	0.481	0.86	178	0.66	1.98	4.8	5
C08	中国动物检疫	1922	1.082	0.570	0.81	321	0.72	3.57	3.9	9
C08	中国蜂业	552	0.255	0.031	0.79	140	0.19	1.56	6.6	4
C08	中国工作犬业	119	0.093	0.035	1.00	62	0.33	0.69	4.7	2
C08	中国奶牛	1377	0.747	0.141	0.90	225	0.68	2.50	6.2	6
C08	中国牛业科学	773	0.510	0.101	0.86	154	0.61	1.71	6.2	5
C08	中国兽药杂志	1154	1.225	0.041	0.91	305	0.69	3.39	5.8	6
C08	中国兽医科学	1672	1.002	0.226	0.85	265	0.73	2.94	5.4	7
C08	中国兽医学报	2776	1.151	0.107	0.85	395	0.74	4.39	4.3	8
C08	中国兽医杂志	2127	0.498	0.005	0.93	369	0.72	4.10	5.7	5
C08	中国饲料	3019	1.285	0.291	0.84	427	0.79	4.74	3.2	9
C08	中国畜牧兽医	4869	1.452	0.225	0.89	537	0.82	5.97	5.3	9
C08	中国畜牧业	898	0.286	0.107	1.00	259	0.71	2.88	3.6	4
C08	中国畜牧杂志	3876	1.246	0.449	0.92	472	0.80	5.24	5.0	10

2020 年中国科技期刊被引指标按类刊名字顺索引（续）

学科代码	期刊名称	扩展总被引频次	扩展影响因子	扩展即年指标	扩展他引率	扩展引用刊数	扩展学科影响指标	扩展学科扩散指标	扩展被引半衰期	扩展H指标
C08	中国养兔	232	0.364	0.020	0.69	71	0.41	0.79	5.3	3
C08	中国预防兽医学报	1747	0.814	0.076	0.87	253	0.74	2.81	5.4	7
C08	中国猪业	587	0.635	0.218	0.95	164	0.59	1.82	3.7	5
C08	中兽医学杂志	1045	0.263	0.007	0.86	202	0.69	2.24	3.6	4
C08	中兽医医药杂志	797	0.520	0.135	0.94	313	0.69	3.48	5.1	5
C08	猪业科学	1234	0.551	0.231	0.89	203	0.71	2.26	3.7	6
C09	草地学报	3646	2.172	0.456	0.81	545	1.00	109.00	5.3	10
C09	草业科学	5030	1.477	0.170	0.91	665	1.00	133.00	6.4	12
C09	草业学报	5944	2.178	0.309	0.92	612	1.00	122.40	6.0	12
C09	草原与草坪	978	0.994	0.069	0.90	267	1.00	53.40	7.6	6
C09	中国草地学报	2282	1.970	0.270	0.81	356	1.00	71.20	7.3	9
C10	淡水渔业	1381	1.067	0.076	0.90	246	0.86	8.79	7.9	6
C10	海洋渔业	929	1.155	0.135	0.89	196	0.86	7.00	7.0	5
C10	河北渔业	696	0.377	0.101	0.94	240	0.86	8.57	6.2	5
C10	河南水产	168	0.156	0.044	0.81	87	0.64	3.11	4.8	3
C10	黑龙江水产	287	0.495	0.288	0.69	102	0.57	3.64	3.3	4
C10	江西水产科技	329	0.366	0.127	0.95	125	0.68	4.46	4.7	4
C10	科学养鱼	1066	0.222	0.041	1.00	229	0.86	8.18	4.7	5
C10	南方水产科学	1248	1.497	0.089	0.88	209	0.79	7.46	5.4	6
C10	齐鲁渔业	233	0.027	0.004	0.97	102	0.75	3.64	≥10	3
C10	水产科技情报	616	0.743	0.188	0.93	179	0.86	6.39	8.5	4
C10	水产科学	1760	1.113	0.119	0.86	284	0.82	10.14	8.1	6
C10	水产学报	3436	1.410	0.201	0.91	360	0.86	12.86	7.8	9
C10	水产学杂志	557	0.894	0.105	0.89	164	0.86	5.86	6.8	5
C10	水产养殖	631	0.417	0.057	0.90	170	0.86	6.07	5.7	4
C10	渔业科学进展	1689	1.374	0.336	0.82	247	0.82	8.82	6.9	8
C10	渔业现代化	908	1.132	0.224	0.84	244	0.82	8.71	7.6	7
C10	渔业信息与战略	482	0.816	0.132	0.92	159	0.79	5.68	9.5	5
C10	渔业研究	499	0.888	0.165	0.91	196	0.79	7.00	6.0	5
C10	中国水产	1273	0.822	0.220	1.00	306	0.86	10.93	5.6	7
C10	中国水产科学	2356	1.318	0.179	0.90	304	0.86	10.86	8.7	8
C10	中国渔业经济	775	0.754	0.345	0.86	250	0.79	8.93	7.1	6
C10	中国渔业质量与标准	404	1.165	0.145	0.89	152	0.75	5.43	4.5	5

2020 年中国科技期刊被引指标按类刊名字顺索引（续）

学科代码	期刊名称	扩展总被引频次	扩展影响因子	扩展即年指标	扩展他引率	扩展引用刊数	扩展学科影响指标	扩展学科扩散指标	扩展被引半衰期	扩展H指标
D01	Chinese Medical Journal	5383	1.141	0.851	0.94	1091	0.77	8.87	4.6	14
D01	Chinese Medical Sciences Journal	266	1.159	0.235	0.97	189	0.24	1.54	4.0	4
D01	Chronic Diseases and Translational Medicine	118	0.627	0.250	0.97	104	0.15	0.85	3.8	4
D01	Frontiers of Medicine	1165	3.667	2.671	0.98	580	0.53	4.72	2.8	9
D01	安徽医学	6247	3.040	0.359	0.95	770	0.83	6.26	3.2	16
D01	安徽医药	11931	4.525	0.616	0.95	979	0.83	7.96	2.8	25
D01	巴楚医学	144	0.551	0.130	0.97	87	0.16	0.71	1.9	4
D01	白求恩医学杂志	1965	1.195	0.047	0.99	396	0.65	3.22	3.5	7
D01	包头医学	727	1.213	0.373	1.00	187	0.33	1.52	3.1	6
D01	北京医学	3328	1.575	0.352	0.95	702	0.79	5.71	3.5	13
D01	兵团医学	358	0.584	0.019	0.99	148	0.23	1.20	3.3	4
D01	重庆医学	20047	2.250	0.728	0.99	1373	0.93	11.16	3.6	23
D01	大众医学	57	0.008	0.002	1.00	46	0.01	0.37	8.3	3
D01	东南国防医药	1659	1.911	0.503	0.87	452	0.67	3.67	3.4	9
D01	甘肃医药	1681	0.839	0.014	0.99	461	0.61	3.75	3.2	7
D01	高原医学杂志	284	0.406	0.016	0.89	130	0.25	1.06	8.0	3
D01	广东医学	13262	2.359	0.624	0.99	1110	0.88	9.02	3.8	21
D01	广西医学	6790	1.949	0.248	0.99	853	0.83	6.93	2.9	13
D01	广州医药	1088	1.224	0.109	0.98	399	0.46	3.24	3.3	7
D01	贵州医药	7995	2.950	0.501	0.97	718	0.74	5.84	2.4	18
D01	国际医药卫生导报	8605	1.918	0.241	0.92	645	0.74	5.24	2.7	14
D01	哈尔滨医药	1647	1.225	0.111	0.99	364	0.54	2.96	3.1	7
D01	海军医学杂志	2326	2.030	0.457	0.92	482	0.63	3.92	3.4	12
D01	海南医学	13454	2.318	0.459	0.96	963	0.84	7.83	3.4	18
D01	航空航天医学杂志	4799	1.480	0.255	0.99	536	0.69	4.36	2.7	10
D01	河北医学	9138	3.159	0.524	0.99	739	0.82	6.01	3.5	19
D01	河北医药	14152	2.833	0.359	0.99	942	0.85	7.66	3.4	21
D01	黑龙江医学	3229	1.324	0.277	0.99	556	0.63	4.52	2.8	8
D01	黑龙江医药	4588	1.469	0.343	0.95	615	0.64	5.00	2.9	9
D01	黑龙江医药科学	2800	1.080	0.151	0.89	515	0.60	4.19	2.9	7
D01	华南国防医学杂志	1547	1.088	0.040	0.95	482	0.67	3.92	4.0	6
D01	华西医学	3688	1.516	0.654	0.96	795	0.80	6.46	4.1	13
D01	华夏医学	1340	0.793	0.062	1.00	412	0.52	3.35	3.4	6

学科代码	期刊名称	扩展总被引频次	扩展影响因子	扩展即年指标	扩展他引率	扩展引用刊数	扩展学科影响指标	扩展学科扩散指标	扩展被引半衰期	扩展H指标
D01	淮海医药	1702	1.467	0.279	0.99	383	0.52	3.11	2.9	8
D01	基础医学与临床	2151	1.130	0.282	0.97	752	0.67	6.11	3.4	9
D01	吉林医学	11353	1.666	0.537	0.97	838	0.83	6.81	3.4	11
D01	继续医学教育	5659	1.257	0.399	0.95	690	0.67	5.61	2.8	10
D01	江苏医药	4867	1.451	0.184	0.98	760	0.78	6.18	4.1	12
D01	交通医学	930	0.787	0.103	0.99	352	0.45	2.86	3.5	5
D01	解放军医学杂志	3298	2.294	2.593	0.94	829	0.76	6.74	3.5	13
D01	解放军医药杂志	5167	3.345	0.881	0.97	743	0.82	6.04	3.0	16
D01	精准医学杂志	205	0.689	0.071	0.96	135	0.24	1.10	2.0	4
D01	空军医学杂志	1136	1.586	0.141	0.92	368	0.59	2.99	3.2	8
D01	辽宁医学杂志	903	1.396	0.233	1.00	250	0.37	2.03	2.5	7
D01	内蒙古医学杂志	3975	—	0.269	1.00	528	0.64	4.29	2.7	10
D01	宁夏医学杂志	2026	—	0.105	0.97	562	0.67	4.57	3.5	6
D01	农垦医学	485	0.559	0.021	0.98	216	0.33	1.76	3.7	4
D01	青岛医药卫生	1035	1.433	0.377	0.97	251	0.40	2.04	3.2	7
D01	人民军医	3071	1.360	0.298	0.83	693	0.72	5.63	4.2	8
D01	山东医药	16175	1.647	0.246	0.99	1129	0.88	9.18	3.8	19
D01	山西医药杂志	15810	3.179	0.696	0.98	880	0.80	7.15	2.7	22
D01	陕西医学杂志	8338	3.282	0.645	0.93	724	0.76	5.89	3.3	18
D01	伤害医学（电子版）	226	1.080	0.093	0.79	104	0.11	0.85	3.4	6
D01	上海医学	1532	0.904	0.988	0.99	586	0.67	4.76	4.2	9
D01	上海医药	3376	1.282	0.233	0.95	756	0.74	6.15	3.2	9
D01	社区医学杂志	2719	0.847	0.069	0.96	567	0.66	4.61	3.7	6
D01	实用医药杂志	2208	0.930	0.205	0.98	610	0.70	4.96	3.7	6
D01	世界复合医学	1353	1.162	0.157	0.98	245	0.40	1.99	1.7	7
D01	世界睡眠医学杂志	2296	1.537	0.199	0.86	347	0.54	2.82	1.9	11
D01	四川医学	4078	1.926	0.124	0.99	726	0.81	5.90	3.8	13
D01	天津医药	2456	1.328	0.323	0.98	695	0.76	5.65	3.8	11
D01	微创医学	1648	1.196	0.107	0.95	428	0.61	3.48	3.4	7
D01	武警医学	2515	1.432	0.425	0.94	618	0.70	5.02	3.3	10
D01	西北国防医学杂志	1704	1.685	0.333	0.82	466	0.63	3.79	3.6	9
D01	西部医学	5237	2.222	0.424	0.96	738	0.81	6.00	3.6	14
D01	西南国防医药	4018	1.414	0.192	0.99	702	0.78	5.71	3.6	10

2020 年中国科技期刊被引指标按类刊名字顺索引（续）

学科代码	期刊名称	扩展总被引频次	扩展影响因子	扩展即年指标	扩展他引率	扩展引用刊数	扩展学科影响指标	扩展学科扩散指标	扩展被引半衰期	扩展H指标
D01	西南军医	1230	0.988	0.210	0.99	440	0.51	3.58	3.8	6
D01	系统医学	5869	1.237	0.230	0.99	497	0.66	4.04	2.3	9
D01	现代生物医学进展	12347	1.321	0.165	0.96	1244	0.86	10.11	3.8	17
D01	现代实用医学	4652	1.099	0.222	0.99	723	0.79	5.88	3.3	10
D01	现代医学	2633	1.381	0.163	0.94	535	0.73	4.35	3.4	10
D01	协和医学杂志	1111	2.080	1.250	0.92	518	0.61	4.21	2.5	11
D01	新疆医学	2121	0.942	0.148	0.80	463	0.59	3.76	3.6	6
D01	新医学	1589	1.255	0.582	0.91	555	0.64	4.51	3.9	9
D01	医师在线	206	0.058	0.019	1.00	109	0.13	0.89	2.2	3
D01	医学新知	775	0.690	3.274	0.98	307	0.50	2.50	2.0	7
D01	医学信息	10978	1.020	0.159	0.99	1028	0.85	8.36	4.5	8
D01	医学研究生学报	3255	1.878	0.356	0.85	803	0.73	6.53	4.0	12
D01	医学研究杂志	3662	1.134	0.154	0.97	837	0.80	6.80	3.8	9
D01	医学与法学	445	0.808	0.179	0.90	199	0.16	1.62	3.0	5
D01	医学争鸣	548	0.919	0.588	0.86	254	0.18	2.07	2.9	8
D01	医学综述	11612	1.901	0.428	0.99	1178	0.84	9.58	4.0	15
D01	医药论坛杂志	3012	0.842	0.137	0.96	556	0.66	4.52	3.2	7
D01	英国医学杂志	144	0.083	0.052	0.98	111	0.18	0.90	3.5	4
D01	右江医学	1080	1.060	0.161	0.95	361	0.51	2.93	3.4	6
D01	云南医药	859	0.756	0.353	0.99	285	0.43	2.32	2.9	5
D01	浙江实用医学	610	—	0.013	0.98	281	0.45	2.28	3.9	5
D01	浙江医学	5829	1.861	0.415	0.99	1018	0.83	8.28	2.9	14
D01	中国高等医学教育	7229	1.375	0.119	0.93	780	0.57	6.34	3.9	11
D01	中国基层医药	7938	2.544	0.433	0.95	608	0.73	4.94	2.7	14
D01	中国急救复苏与灾害医学杂志	2869	1.737	0.238	0.78	450	0.71	3.66	3.1	11
D01	中国煤炭工业医学杂志	3102	2.100	0.184	0.99	533	0.69	4.33	4.4	13
D01	中国民族民间医药	5821	—	0.154	0.97	765	0.63	6.22	4.4	10
D01	中国实用医刊	5967	1.667	0.194	0.98	576	0.72	4.68	2.8	13
D01	中国现代医生	11950	1.529	0.198	0.96	962	0.84	7.82	3.3	12
D01	中国现代医学杂志	8530	1.921	0.442	0.99	1036	0.84	8.42	3.5	15
D01	中国乡村医药	3686	0.692	0.218	0.99	527	0.60	4.28	3.0	7
D01	中国研究型医院	332	1.092	0.259	0.94	177	0.29	1.44	2.6	5
D01	中国医疗保险	1233	0.934	0.534	0.85	311	0.22	2.53	2.9	7

2020 年中国科技期刊被引指标按类刊名字顺索引（续）

学科代码	期刊名称	扩展总被引频次	扩展影响因子	扩展即年指标	扩展他引率	扩展引用刊数	扩展学科影响指标	扩展学科扩散指标	扩展被引半衰期	扩展H指标
D01	中国医疗管理科学	661	1.822	0.436	0.91	256	0.26	2.08	2.9	8
D01	中国医学创新	11846	1.821	0.291	0.93	920	0.78	7.48	3.0	13
D01	中国医学科学院学报	1846	1.865	0.221	0.99	703	0.61	8.47	4.4	9
D01	中国医学前沿杂志（电子版）	4475	2.295	0.285	0.96	758	0.76	6.16	3.8	22
D01	中国医学人文	254	0.215	0.063	0.98	141	0.19	1.15	2.7	5
D01	中国医药导报	19374	2.304	0.313	0.95	1334	0.91	10.85	3.5	19
D01	中国医药科学	12766	1.809	0.341	0.96	949	0.83	7.72	2.8	13
D01	中国医院建筑与装备	928	1.085	0.335	0.70	219	0.10	1.78	2.9	5
D01	中华医学杂志	15014	2.820	0.767	0.96	1248	0.91	10.15	3.8	30
D01	中华重症医学电子杂志（网络版）	336	1.368	0.725	0.92	177	0.28	1.44	2.1	6
D01	中南医学科学杂志	1600	1.894	0.497	0.97	476	0.63	3.87	3.2	10
D01	中日友好医院学报	833	0.880	0.111	0.99	397	0.50	3.23	4.2	6
D01	转化医学杂志	501	1.316	0.235	0.94	270	0.30	2.20	2.8	6
D02	Journal of Hainan Medical University	189	—	0.011	0.99	119	0.09	5.17	3.6	2
D02	安徽医科大学学报	2955	1.159	0.095	0.96	778	0.71	9.37	3.8	9
D02	包头医学院学报	2672	0.742	0.075	0.98	584	0.41	7.04	3.6	7
D02	北京大学学报（医学版）	2794	1.623	0.492	0.98	852	0.66	10.27	4.8	11
D02	蚌埠医学院学报	5177	2.106	0.239	0.98	706	0.60	8.51	3.4	14
D02	滨州医学院学报	565	0.658	0.144	0.99	294	0.25	3.54	3.6	5
D02	长治医学院学报	621	0.922	0.140	0.99	269	0.19	3.24	3.5	5
D02	成都医学院学报	1796	1.981	0.837	0.99	553	0.45	6.66	3.0	10
D02	承德医学院学报	1267	1.338	0.267	0.99	422	0.28	5.08	3.3	7
D02	重庆医科大学学报	2439	1.203	0.189	0.99	739	0.67	8.90	3.7	9
D02	川北医学院学报	2645	2.302	0.291	0.97	538	0.46	6.48	3.0	13
D02	大连医科大学学报	1041	1.227	0.288	0.99	478	0.39	5.76	4.0	6
D02	东南大学学报（医学版）	1625	1.393	0.131	0.97	547	0.51	6.59	3.5	7
D02	福建医科大学学报	642	1.144	0.051	0.99	337	0.25	4.06	4.1	7
D02	复旦学报（医学版）	1544	1.549	1.033	0.98	679	0.54	8.18	3.8	10
D02	赣南医学院学报	1438	0.915	0.129	0.98	513	0.36	6.18	3.3	6
D02	广东药科大学学报	1304	1.003	0.446	0.98	509	0.29	6.13	4.3	7
D02	广东医科大学学报	1353	—	0.223	0.95	447	0.28	5.39	3.1	7
D02	广西医科大学学报	4895	2.204	0.147	0.99	753	0.65	9.07	3.3	13
D02	广州医科大学学报	1232	1.119	0.065	0.98	382	0.36	4.60	3.4	7

2020 年中国科技期刊被引指标按类刊名字顺索引（续）

学科代码	期刊名称	扩展总被引频次	扩展影响因子	扩展即年指标	扩展他引率	扩展引用刊数	扩展学科影响指标	扩展学科扩散指标	扩展被引半衰期	扩展H指标
D02	贵州医科大学学报	2252	1.398	0.261	0.97	612	0.48	7.37	3.3	10
D02	哈尔滨医科大学学报	900	0.919	0.006	0.99	390	0.31	4.70	3.9	7
D02	海军军医大学学报	2820	1.835	0.409	0.98	935	0.76	11.27	3.7	11
D02	海南医学院学报	8276	2.104	0.595	1.00	774	0.67	9.33	3.6	16
D02	河北医科大学学报	5309	3.501	0.405	0.95	749	0.65	9.02	3.0	17
D02	河南大学学报（医学版）	475	1.158	0.143	0.90	254	0.14	3.06	3.8	4
D02	河南医学高等专科学校学报	1131	0.989	0.252	0.94	299	0.18	3.60	2.8	6
D02	菏泽医学专科学校学报	530	1.028	0.093	0.99	202	0.16	2.43	2.9	5
D02	湖北科技学院学报（医学版）	1149	1.394	0.139	0.98	350	0.43	15.22	3.1	7
D02	湖南师范大学学报（医学版）	2918	2.220	0.348	0.94	537	0.46	6.47	2.7	10
D02	华北理工大学学报（医学版）	798	1.000	0.323	1.00	400	0.25	4.82	5.5	5
D02	华中科技大学学报（医学版）	1223	1.228	0.118	0.98	554	0.46	6.67	4.3	7
D02	吉林大学学报（医学版）	2050	1.415	0.463	0.98	714	0.53	8.60	3.6	9
D02	吉林医药学院学报	1054	1.269	0.472	0.99	499	0.25	6.01	2.8	7
D02	济宁医学院学报	612	1.019	0.154	0.91	344	0.27	4.14	3.9	4
D02	江苏大学学报（医学版）	652	0.903	0.250	0.97	367	0.35	4.42	3.9	6
D02	解放军医学院学报	2580	1.470	0.469	0.92	697	0.59	8.40	3.7	10
D02	锦州医科大学学报	1126	1.104	0.115	1.00	385	0.29	4.64	3.4	6
D02	昆明医科大学学报	3436	1.557	0.387	0.95	747	0.54	9.00	3.8	11
D02	兰州大学学报（医学版）	607	1.051	0.463	0.85	320	0.22	3.86	3.5	5
D02	陆军军医大学学报	4327	1.648	0.593	0.97	1000	0.81	12.05	4.2	11
D02	牡丹江医学院学报	1560	1.017	0.048	0.99	471	0.34	5.67	3.3	7
D02	内蒙古医科大学学报	1991	2.466	0.364	0.98	555	0.36	6.69	3.0	8
D02	南昌大学学报（医学版）	1144	0.935	0.065	0.99	492	0.40	5.93	5.6	6
D02	南方医科大学学报	3953	1.817	1.129	0.98	1049	0.89	12.64	4.4	11
D02	南通大学学报（医学版）	736	0.661	0.052	0.99	352	0.29	4.24	4.0	5
D02	齐齐哈尔医学院学报	9315	1.196	0.085	0.98	925	0.75	11.14	3.9	10
D02	黔南民族医专学报	418	1.005	0.107	0.95	177	0.06	2.13	2.8	4
D02	青岛大学学报（医学版）	963	0.801	0.139	0.97	463	0.43	5.58	3.9	5
D02	山东大学学报（医学版）	2174	1.603	0.889	0.96	756	0.66	9.11	3.4	10
D02	山东第一医科大学（山东省医学科学院）学报	2974	1.404	0.302	0.99	565	0.36	6.81	3.1	8
D02	山东医学高等专科学校学报	868	0.797	0.406	0.98	275	0.14	3.31	2.7	6

学科代码	期刊名称	扩展总被引频次	扩展影响因子	扩展即年指标	扩展他引率	扩展引用刊数	扩展学科影响指标	扩展学科扩散指标	扩展被引半衰期	扩展H指标
D02	山西医科大学学报	1805	0.955	0.139	0.98	641	0.61	7.72	3.8	7
D02	汕头大学医学院学报	246	0.563	0.076	0.98	168	0.14	2.02	3.8	4
D02	上海交通大学学报（医学版）	2641	1.207	0.231	0.98	860	0.60	10.36	4.4	9
D02	沈阳药科大学学报	1368	0.648	0.219	0.95	462	0.28	5.57	7.8	6
D02	沈阳医学院学报	818	1.206	0.199	0.99	365	0.24	4.40	3.1	7
D02	首都医科大学学报	2129	1.831	0.679	0.97	721	0.57	8.69	3.9	10
D02	四川大学学报（医学版）	1825	1.184	0.388	0.98	731	0.55	8.81	4.4	8
D02	天津医科大学学报	867	0.894	0.125	0.99	459	0.40	5.53	3.8	6
D02	同济大学学报（医学版）	1123	1.294	0.703	0.90	496	0.41	5.98	3.5	7
D02	皖南医学院学报	1356	1.721	0.207	0.98	438	0.35	5.28	3.1	8
D02	潍坊医学院学报	433	—	0.040	0.99	225	0.22	9.78	3.4	4
D02	温州医科大学学报	1355	1.200	0.575	0.94	564	0.49	6.80	3.3	7
D02	武汉大学学报（医学版）	1793	1.100	2.363	0.99	656	0.64	7.90	2.6	10
D02	西安交通大学学报（医学版）	1906	1.752	1.758	0.98	695	0.63	8.37	2.9	11
D02	西南医科大学学报	752	1.023	0.154	0.97	366	0.16	4.41	3.8	5
D02	湘南学院学报（医学版）	427	1.000	0.071	0.98	240	0.16	2.89	3.5	4
D02	新疆医科大学学报	3391	1.872	0.234	0.93	761	0.55	9.17	3.4	13
D02	新乡医学院学报	3204	2.941	0.222	0.95	607	0.47	7.31	2.9	15
D02	徐州医科大学学报	991	0.765	0.130	0.99	366	0.30	4.41	3.7	6
D02	延安大学学报（医学科学版）	722	1.161	0.128	1.00	289	0.18	3.48	3.3	6
D02	延边大学医学学报	352	0.457	0.009	0.98	214	0.11	2.58	4.9	3
D02	右江民族医学院学报	1289	1.210	0.215	0.86	421	0.28	5.07	4.2	6
D02	浙江大学学报（医学版）	1110	1.236	2.539	0.99	585	0.52	7.05	3.3	11
D02	郑州大学学报（医学版）	1754	1.408	0.507	0.95	635	0.54	7.65	3.8	8
D02	中国高原医学与生物学杂志	206	0.607	0.060	0.95	147	0.11	1.77	6.2	3
D02	中国药科大学学报	1083	1.054	0.113	0.94	451	0.30	5.43	6.7	7
D02	中国医科大学学报	3176	2.229	0.432	0.99	727	0.63	8.76	3.6	13
D02	中南大学学报（医学版）	2449	1.593	0.437	0.98	849	0.72	10.23	4.2	9
D02	中山大学学报（医学科学版）	1433	1.596	0.417	0.97	587	0.51	7.07	4.3	7
D03	Biomedical and Environmental Sciences	776	0.700	0.090	0.97	442	0.31	10.52	5.4	6
D03	Chinese Journal of Biomedical Engineering	18	0.020	—	1.00	13	—	0.31	6.3	2
D03	分子诊断与治疗杂志	1281	3.844	0.337	0.77	327	0.24	7.79	2.3	11
D03	国际免疫学杂志	910	1.385	0.153	0.89	377	0.29	8.98	3.3	7

2020 年中国科技期刊被引指标按类刊名字顺索引（续）

学科代码	期刊名称	扩展总被引频次	扩展影响因子	扩展即年指标	扩展他引率	扩展引用刊数	扩展学科影响指标	扩展学科扩散指标	扩展被引半衰期	扩展H指标
D03	国际遗传学杂志	242	0.548	0.097	0.95	168	0.21	4.00	3.7	4
D03	寄生虫病与感染性疾病	266	0.769	0.098	0.94	110	0.07	2.62	4.4	3
D03	寄生虫与医学昆虫学报	176	0.654	0.048	0.90	72	0.10	1.71	5.2	4
D03	解剖科学进展	835	0.919	0.064	0.74	344	0.33	8.19	3.4	5
D03	解剖学报	770	0.827	0.146	0.80	366	0.40	8.71	4.2	5
D03	解剖学研究	694	0.850	0.135	0.94	329	0.38	7.83	3.6	6
D03	解剖学杂志	1119	0.917	0.208	0.89	424	0.33	10.10	3.6	7
D03	临床心身疾病杂志	1786	0.839	0.238	0.77	352	0.21	8.38	4.2	5
D03	免疫学杂志	1539	1.666	0.321	0.87	533	0.40	12.69	3.5	8
D03	神经解剖学杂志	573	0.678	0.050	0.92	280	0.36	6.67	4.1	5
D03	生物医学工程学进展	372	1.152	0.242	0.97	190	0.07	4.52	3.2	5
D03	实验动物与比较医学	331	0.653	0.023	0.89	196	0.07	4.67	4.2	5
D03	数理医药学杂志	4824	1.435	0.412	0.99	608	0.24	14.48	2.5	9
D03	四川解剖学杂志	1221	1.503	0.388	0.99	310	0.19	7.38	1.9	7
D03	微循环学杂志	653	1.793	0.176	0.99	316	0.24	7.52	3.7	7
D03	细胞与分子免疫学杂志	1927	1.138	0.061	0.95	632	0.52	15.05	4.5	8
D03	现代免疫学	593	1.064	0.126	0.97	332	0.26	7.90	3.8	7
D03	医学分子生物学杂志	523	1.508	0.026	0.97	235	0.31	5.60	2.9	7
D03	医院管理论坛	1784	1.305	0.122	0.95	399	0.05	9.50	3.3	6
D03	中国比较医学杂志	1644	1.159	0.206	0.85	530	0.38	12.62	3.8	7
D03	中国病理生理杂志	3438	1.648	0.480	0.85	747	0.69	17.79	3.9	9
D03	中国寄生虫学与寄生虫病杂志	1488	1.808	0.413	0.73	251	0.12	5.98	4.3	11
D03	中国健康心理学杂志	7686	2.731	0.695	0.88	1109	0.29	26.40	4.3	14
D03	中国临床解剖学杂志	1650	1.029	0.119	0.91	442	0.38	10.52	5.9	7
D03	中国免疫学杂志	4080	1.829	0.287	0.86	831	0.74	19.79	3.1	13
D03	中国血液流变学杂志	513	0.489	0.035	0.97	247	0.19	5.88	4.2	5
D03	中国医学工程	2598	1.037	0.206	0.99	557	0.33	13.26	4.2	6
D03	中国医学物理学杂志	1534	1.209	0.190	0.92	525	0.21	12.50	3.2	7
D03	中国组织化学与细胞化学杂志	584	1.037	0.046	0.96	338	0.29	8.05	3.9	7
D03	中华病理学杂志	2601	1.516	0.523	0.91	635	0.57	15.12	4.0	13
D03	中华解剖与临床杂志	781	1.294	0.113	0.94	285	0.21	6.79	3.4	7
D03	中华临床实验室管理电子杂志	275	1.080	0.063	0.99	162	0.10	3.86	3.2	4
D03	中华临床医师杂志（电子版）	4218	1.048	0.103	0.99	899	0.55	21.40	5.8	7

2020 年中国科技期刊被引指标按类刊名字顺索引（续）

学科代码	期刊名称	扩展总被引频次	扩展影响因子	扩展即年指标	扩展他引率	扩展引用刊数	扩展学科影响指标	扩展学科扩散指标	扩展被引半衰期	扩展H指标
D03	中华微生物学和免疫学杂志	1115	1.207	0.532	0.90	407	0.31	9.69	3.7	9
D03	中华细胞与干细胞杂志（电子版）	183	0.752	0.016	0.97	131	0.14	3.12	2.8	4
D03	中华医学遗传学杂志	1725	0.886	0.110	0.82	400	0.33	9.52	3.7	8
D03	中华诊断学电子杂志	429	1.437	0.533	0.84	215	0.21	5.12	3.0	6
D05	World Journal of Emergency Medicine	313	1.402	0.460	0.85	135	0.27	2.29	3.5	5
D05	创伤与急危重病医学	785	1.627	0.377	0.98	287	0.47	4.86	2.4	7
D05	创伤与急诊电子杂志	156	0.753	0.025	0.98	107	0.24	1.81	3.2	4
D05	当代临床医刊	2217	—	0.345	1.00	264	0.36	4.47	2.8	9
D05	江西医药	3462	1.214	0.296	0.71	601	0.68	10.19	3.4	7
D05	临床和实验医学杂志	8990	2.164	0.373	0.95	924	0.86	15.66	3.4	16
D05	临床荟萃	2468	1.424	0.539	0.98	658	0.64	11.15	4.2	11
D05	临床急诊杂志	1907	2.012	0.332	0.93	509	0.71	8.63	3.1	10
D05	临床军医杂志	4953	2.242	0.397	0.99	722	0.85	12.24	2.9	16
D05	临床输血与检验	1657	1.564	0.550	0.95	345	0.54	5.85	3.4	8
D05	临床误诊误治	3636	2.316	0.619	0.96	644	0.83	10.92	3.1	13
D05	临床研究	6045	1.432	0.459	0.99	555	0.63	9.41	2.2	10
D05	临床医学	4103	1.247	0.240	0.97	664	0.75	11.25	3.3	7
D05	临床医药实践	2006	—	0.335	0.98	498	0.56	8.44	2.9	8
D05	临床与病理杂志	3211	1.495	0.228	0.99	724	0.71	12.27	3.1	12
D05	岭南急诊医学杂志	1136	1.097	0.131	0.98	310	0.44	5.25	3.1	6
D05	全科医学临床与教育	1900	1.241	0.335	0.97	505	0.69	8.56	3.2	11
D05	蛇志	1055	0.878	0.138	0.96	299	0.44	5.07	3.0	6
D05	实用临床医学	2678	—	0.096	1.00	547	0.64	9.27	3.7	7
D05	实用临床医药杂志	24170	3.756	0.348	0.99	890	0.90	15.08	3.6	24
D05	实用医技杂志	4601	1.414	0.185	0.99	626	0.69	10.61	2.7	9
D05	实用医学杂志	14842	2.513	0.479	0.94	1120	0.93	18.98	3.8	20
D05	实用医院临床杂志	5240	2.574	0.304	0.99	741	0.81	12.56	2.9	14
D05	现代临床医学	1036	1.104	0.422	0.99	399	0.64	6.76	3.4	6
D05	现代医药卫生	8844	1.168	0.366	0.97	1081	0.81	18.32	3.4	12
D05	医学临床研究	7500	2.056	0.160	0.97	658	0.78	11.15	2.9	16
D05	医学研究与教育	733	1.737	0.162	0.98	347	0.32	5.88	3.7	7
D05	疑难病杂志	3840	2.311	0.493	0.94	632	0.78	10.71	3.4	13
D05	浙江临床医学	3680	0.893	0.129	0.99	608	0.83	10.31	3.3	8

2020 年中国科技期刊被引指标按类刊名字顺索引（续）

学科代码	期刊名称	扩展总被引频次	扩展影响因子	扩展即年指标	扩展他引率	扩展引用刊数	扩展学科影响指标	扩展学科扩散指标	扩展被引半衰期	扩展H指标
D05	中国激光医学杂志	662	2.051	0.099	0.88	229	0.42	3.88	3.6	5
D05	中国急救医学	5086	3.615	0.284	0.98	666	0.88	11.29	3.8	14
D05	中国临床实用医学	948	1.549	0.317	0.97	298	0.49	5.05	3.0	7
D05	中国临床新医学	2508	1.449	0.296	0.88	555	0.69	9.41	3.2	8
D05	中国临床研究	5324	2.083	0.327	0.98	725	0.78	12.29	3.3	15
D05	中国临床医生杂志	7501	3.261	0.781	0.95	839	0.90	14.22	3.0	17
D05	中国临床医学	2066	1.224	1.618	0.94	651	0.78	11.03	3.4	11
D05	中国美容整形外科杂志	2027	1.875	0.195	0.88	338	0.49	5.73	3.1	9
D05	中国全科医学	20260	4.094	0.915	0.97	1362	0.90	23.08	3.6	23
D05	中国输血杂志	4562	1.555	0.101	0.80	486	0.69	8.24	4.3	10
D05	中国疼痛医学杂志	3951	2.694	0.671	0.86	600	0.73	10.17	4.2	17
D05	中国医刊	4798	2.603	0.604	0.95	763	0.80	12.93	3.1	15
D05	中国医疗美容	2076	1.397	0.228	0.85	274	0.47	4.64	2.9	7
D05	中国医师进修杂志	3078	2.073	0.336	0.92	544	0.75	9.22	3.5	12
D05	中国医师杂志	5948	2.547	0.411	0.95	762	0.81	12.92	2.9	17
D05	中国医药	6006	2.905	0.930	0.95	760	0.71	12.88	2.8	15
D05	中国真菌学杂志	685	1.337	0.157	0.84	266	0.31	4.51	4.1	7
D05	中国综合临床	2314	2.560	0.431	0.99	494	0.64	8.37	3.6	14
D05	中华急诊医学杂志	6008	3.754	0.828	0.91	755	0.86	12.80	3.2	21
D05	中华全科医师杂志	3317	3.057	0.529	0.95	653	0.75	11.07	2.7	18
D05	中华全科医学	11007	3.309	0.438	0.97	979	0.86	16.59	3.6	20
D05	中华危重病急救医学	5950	3.764	0.706	0.92	724	0.85	12.27	3.6	21
D05	中华危重症医学杂志（电子版）	957	1.580	0.226	0.92	376	0.53	6.37	3.8	9
D05	中华医学美学美容杂志	1186	1.328	0.140	0.78	201	0.29	3.41	3.9	8
D05	中华灾害救援医学	1273	1.508	0.522	0.97	377	0.41	6.39	2.8	8
D06	磁共振成像	1525	1.445	0.206	0.85	368	0.47	19.37	3.5	7
D06	国际检验医学杂志	9241	1.651	0.739	0.96	1002	0.95	52.74	3.6	11
D06	罕少疾病杂志	997	1.125	0.343	0.95	268	0.37	14.11	2.6	6
D06	检验医学	2942	1.823	0.268	0.94	632	0.74	33.26	3.9	10
D06	检验医学与临床	17506	2.476	0.585	0.98	1022	0.95	53.79	3.4	21
D06	临床检验杂志	1902	1.331	0.353	0.91	527	0.74	27.74	3.8	8
D06	临床与实验病理学杂志	3043	1.062	0.161	0.75	576	0.68	30.32	4.0	7
D06	实验与检验医学	2441	1.418	0.161	0.79	505	0.84	26.58	3.3	8

2020 年中国科技期刊被引指标按类刊名字顺索引（续）

学科代码	期刊名称	扩展总被引频次	扩展影响因子	扩展即年指标	扩展他引率	扩展引用刊数	扩展学科影响指标	扩展学科扩散指标	扩展被引半衰期	扩展H指标
D06	实用检验医师杂志	472	1.157	0.389	0.83	194	0.53	10.21	3.3	6
D06	现代检验医学杂志	2045	1.797	0.158	0.84	463	0.74	24.37	3.2	9
D06	现代诊断与治疗	12425	1.222	0.099	0.95	704	0.84	37.05	3.3	10
D06	循证医学	728	0.988	0.480	1.00	393	0.32	20.68	5.8	6
D06	医学检验与临床	816	0.759	0.103	0.69	213	0.47	11.21	3.2	4
D06	诊断病理学杂志	1467	0.864	0.075	0.91	429	0.63	22.58	4.1	6
D06	诊断学理论与实践	827	0.948	0.144	0.98	400	0.79	21.05	4.0	6
D06	中国实验诊断学	6411	1.599	0.299	0.98	891	0.89	46.89	3.4	13
D06	中国循证医学杂志	4048	2.530	1.949	0.96	918	0.68	48.32	4.2	16
D06	中华检验医学杂志	3847	2.941	2.261	0.94	698	0.84	36.74	3.6	16
D06	中华实用诊断与治疗杂志	4301	2.077	0.381	0.83	732	0.79	38.53	3.7	12
D07	保健医学研究与实践	1310	1.756	0.434	0.98	371	0.44	7.73	3.4	7
D07	反射疗法与康复医学	93	—	0.050	0.82	17	0.13	0.35	—	3
D07	国际老年医学杂志	885	2.419	0.434	0.97	302	0.42	6.29	2.7	10
D07	健康教育与健康促进	668	0.857	0.187	0.88	243	0.27	5.06	3.0	4
D07	健康研究	1192	0.878	0.901	0.98	416	0.35	8.67	3.2	6
D07	老年医学与保健	1693	1.915	0.371	0.87	427	0.48	8.90	2.7	9
D07	实用老年医学	2781	1.981	0.290	0.96	539	0.52	11.23	2.9	11
D07	现代养生（下半月版）	1616	0.257	0.018	1.00	251	0.21	5.23	2.7	4
D07	中国初级卫生保健	3050	1.327	0.237	0.96	610	0.40	12.71	3.5	9
D07	中国康复	3387	3.843	0.602	0.92	555	0.56	11.56	3.6	12
D07	中国康复理论与实践	5686	2.375	0.652	0.91	846	0.58	17.63	4.7	16
D07	中国康复医学杂志	7839	3.132	0.341	0.96	872	0.58	18.17	4.6	19
D07	中国老年保健医学	2135	1.304	0.252	0.99	458	0.56	9.54	3.0	9
D07	中国老年学杂志	27949	2.501	0.593	0.96	1553	0.63	32.35	3.5	20
D07	中国疗养医学	3484	1.312	0.418	0.95	562	0.42	11.71	3.0	8
D07	中国临床保健杂志	2450	2.351	0.721	0.96	538	0.54	11.21	3.0	10
D07	中国听力语言康复科学杂志	699	1.029	0.152	0.82	203	0.27	4.23	3.8	7
D07	中华保健医学杂志	2073	2.239	0.325	0.98	536	0.50	11.17	3.3	11
D07	中华老年病研究电子杂志	211	1.184	0.317	0.97	141	0.38	2.94	3.0	5
D07	中华老年多器官疾病杂志	2154	2.810	0.626	0.94	553	0.56	11.52	2.6	13
D07	中华老年骨科与康复电子杂志	467	1.474	0.115	0.94	198	0.38	4.13	3.2	7
D07	中华老年医学杂志	4766	3.074	0.345	0.95	721	0.58	15.02	3.2	17

学科代码	期刊名称	扩展总被引频次	扩展影响因子	扩展即年指标	扩展他引率	扩展引用刊数	扩展学科影响指标	扩展学科扩散指标	扩展被引半衰期	扩展H指标
D07	中华物理医学与康复杂志	6318	4.645	0.471	0.92	635	0.58	13.23	3.6	22
D07	中老年保健	34	0.009	0.005	1.00	31	0.04	0.65	5.7	1
D08	临床内科杂志	2021	1.354	0.158	0.88	498	0.79	35.57	3.6	9
D08	内科	2085	1.598	0.171	0.96	458	0.50	32.71	3.4	8
D08	内科急危重症杂志	1618	1.978	0.524	0.90	445	0.57	31.79	3.3	9
D08	内科理论与实践	438	0.753	0.093	0.99	283	0.43	20.21	4.6	6
D08	实用糖尿病杂志	1593	1.170	0.251	0.98	293	0.50	20.93	2.0	8
D08	糖尿病新世界	11156	1.427	0.173	0.78	457	0.64	32.64	2.6	11
D08	心血管病防治知识	3363	—	0.171	0.90	325	0.21	23.21	2.4	7
D08	中国肛肠病杂志	1520	0.988	0.202	0.90	281	0.43	20.07	2.4	6
D08	中国实用内科杂志	5133	3.989	0.226	0.99	858	0.93	61.29	3.6	18
D08	中华内科杂志	6920	3.691	0.787	0.98	915	0.93	65.36	5.3	30
D08	中华胃肠内镜电子杂志	234	1.184	0.486	0.89	123	0.21	8.79	3.3	6
D08	中华炎性肠病杂志	186	0.856	0.187	0.83	101	0.29	7.21	2.4	5
D09	国际呼吸杂志	3588	1.797	0.235	0.96	612	1.00	87.43	3.4	15
D09	结核与肺部疾病杂志	445	1.584	0.737	0.91	149	0.71	21.29	2.9	6
D09	临床肺科杂志	7768	2.185	0.473	0.98	768	1.00	109.71	3.6	15
D09	中国防痨杂志	3256	2.124	0.414	0.82	434	1.00	62.00	4.1	12
D09	中国呼吸与危重监护杂志	2051	2.084	3.048	0.98	556	1.00	79.43	3.5	15
D09	中华肺部疾病杂志（电子版）	1852	1.949	0.271	0.88	469	0.86	67.00	3.1	10
D09	中华结核和呼吸杂志	9269	3.877	3.639	0.97	879	1.00	125.57	4.7	33
D10	Journal of Pancreatology	1	0.056	—	1.00	1	—	0.06	—	1
D10	肝脏	2415	1.124	0.137	0.91	519	0.61	28.83	3.1	10
D10	国际消化病杂志	1060	1.918	0.192	0.97	402	0.78	22.33	3.6	9
D10	临床肝胆病杂志	6522	2.260	0.409	0.88	739	0.83	41.06	3.2	22
D10	临床消化病杂志	1062	1.358	0.058	0.99	371	0.72	20.61	4.0	9
D10	实用肝脏病杂志	3313	3.004	0.414	0.88	565	0.72	31.39	3.0	15
D10	胃肠病学	2477	1.437	0.056	0.98	541	0.83	30.06	4.9	17
D10	胃肠病学和肝病学杂志	3022	1.370	0.252	0.95	618	0.89	34.33	3.9	11
D10	现代消化及介入诊疗	4738	2.698	0.291	0.93	518	0.83	28.78	3.3	16
D10	中国肝脏病杂志（电子版）	696	1.435	0.153	0.93	284	0.50	15.78	4.7	10
D10	中华肝脏病杂志	3963	3.104	1.096	0.93	665	0.78	36.94	3.8	21
D10	中华肝脏外科手术学电子杂志	703	1.412	0.250	0.92	238	0.56	13.22	2.9	6

2020 年中国科技期刊被引指标按类刊名字顺索引（续）

学科代码	期刊名称	扩展总被引频次	扩展影响因子	扩展即年指标	扩展他引率	扩展引用刊数	扩展学科影响指标	扩展学科扩散指标	扩展被引半衰期	扩展H指标
D10	中华结直肠疾病电子杂志	1014	1.769	0.252	0.92	335	0.56	18.61	3.1	10
D10	中华胃食管反流病电子杂志	230	3.200	—	0.74	101	0.22	5.61	3.9	4
D10	中华消化病与影像杂志（电子版）	440	1.850	0.066	0.99	239	0.56	13.28	2.9	6
D10	中华消化内镜杂志	3364	2.290	0.275	0.94	501	0.83	27.83	3.9	16
D10	中华消化杂志	3812	2.660	0.875	0.96	632	0.94	35.11	4.3	22
D10	中华胰腺病杂志	775	1.460	0.123	0.96	268	0.50	14.89	3.0	9
D11	国际输血及血液学杂志	483	0.984	0.111	0.98	227	0.63	28.38	3.5	6
D11	临床肾脏病杂志	1536	1.841	0.201	0.95	406	0.50	50.75	3.0	10
D11	临床血液学杂志	1428	1.288	0.230	0.80	362	0.63	45.25	2.9	8
D11	血栓与止血学	3837	2.740	0.414	0.97	461	0.50	57.63	2.5	13
D11	中国实验血液学杂志	2880	1.675	0.155	0.90	593	1.00	74.13	3.6	11
D11	中国血液净化	2910	2.334	0.180	0.93	477	0.50	59.63	4.0	11
D11	中华肾脏病杂志	2402	2.329	0.527	0.92	513	0.63	64.13	3.9	14
D11	中华血液学杂志	2921	1.448	0.251	0.91	564	0.88	70.50	4.2	16
D12	风湿病与关节炎	2250	—	0.311	0.76	350	0.40	35.00	3.8	9
D12	国际内分泌代谢杂志	787	1.248	0.172	0.99	364	0.70	36.40	4.5	7
D12	中国骨质疏松杂志	5533	3.000	0.438	0.86	706	0.90	70.60	3.6	18
D12	中国糖尿病杂志	4040	2.464	0.358	0.97	711	0.80	71.10	4.5	17
D12	中华肥胖与代谢病电子杂志	229	—	0.150	0.78	90	0.30	9.00	2.8	5
D12	中华风湿病学杂志	2265	1.063	0.106	0.97	560	0.60	56.00	8.1	14
D12	中华骨质疏松和骨矿盐疾病杂志	1379	2.198	0.098	0.96	451	0.90	45.10	3.6	12
D12	中华临床免疫和变态反应杂志	528	0.840	0.080	0.96	291	0.30	29.10	4.0	6
D12	中华内分泌代谢杂志	3544	1.901	0.483	0.98	710	0.90	71.00	5.5	19
D12	中华糖尿病杂志	4151	6.920	0.441	0.95	668	0.70	66.80	2.8	18
D13	Infectious Diseases of Poverty	109	—	0.513	0.96	75	0.42	6.25	1.6	3
D13	传染病信息	1488	2.319	1.400	0.93	543	0.92	45.25	2.8	13
D13	感染、炎症、修复	466	1.432	0.236	0.90	218	0.25	18.17	3.6	6
D13	国际流行病学传染病学杂志	764	1.667	0.269	0.96	317	0.67	26.42	2.9	9
D13	微生物与感染	454	1.047	0.955	0.97	267	0.67	22.25	3.8	7
D13	新发传染病电子杂志	449	2.879	0.645	0.86	222	0.58	18.50	2.2	10
D13	中国感染控制杂志	5278	3.592	5.091	0.96	801	0.92	66.75	3.0	20
D13	中国感染与化疗杂志	2568	2.951	0.667	0.96	508	0.92	42.33	3.6	15
D13	中华传染病杂志	2333	1.957	1.772	0.94	572	0.92	47.67	3.2	17

2020 年中国科技期刊被引指标按类刊名字顺索引（续）

学科代码	期刊名称	扩展总被引频次	扩展影响因子	扩展即年指标	扩展他引率	扩展引用刊数	扩展学科影响指标	扩展学科扩散指标	扩展被引半衰期	扩展H指标
D13	中华临床感染病杂志	1348	3.460	1.149	0.97	447	0.75	37.25	3.1	15
D13	中华实验和临床感染病杂志（电子版）	1215	1.537	0.734	0.95	441	0.75	36.75	4.3	9
D13	中华医院感染学杂志	24946	3.826	1.498	0.95	1120	0.92	93.33	3.8	22
D14	Bone Research	294	1.443	0.211	0.89	151	0.07	5.03	3.6	4
D14	Hepatobiliary & Pancreatic Diseases International	840	1.194	0.294	0.94	328	0.67	10.93	4.2	8
D14	肠外与肠内营养	1848	2.492	0.361	0.93	482	0.43	16.07	4.3	11
D14	国际麻醉学与复苏杂志	2193	1.826	0.223	0.88	440	0.50	14.67	3.3	11
D14	国际外科学杂志	1910	2.179	0.749	0.96	518	0.87	17.27	2.9	12
D14	国际移植与血液净化杂志	394	1.522	0.056	0.98	141	0.17	4.70	2.6	7
D14	河南外科学杂志	3635	1.371	0.423	0.98	378	0.33	12.60	2.5	9
D14	局解手术学杂志	2053	1.879	0.345	0.94	532	0.63	17.73	3.2	10
D14	临床麻醉学杂志	6208	3.052	0.293	0.94	669	0.77	22.30	4.0	20
D14	临床普外科电子杂志	129	0.355	0.157	0.98	90	0.13	3.00	4.1	3
D14	临床外科杂志	3156	2.108	0.267	0.91	593	0.87	19.77	3.0	13
D14	岭南现代临床外科	761	0.831	0.163	0.96	296	0.50	9.87	3.4	5
D14	器官移植	747	1.837	0.491	0.86	237	0.33	7.90	2.4	8
D14	实用器官移植电子杂志	328	0.514	0.095	0.83	155	0.37	5.17	3.5	5
D14	外科理论与实践	712	0.780	0.381	0.96	332	0.50	11.07	4.3	6
D14	外科研究与新技术	314	0.937	0.100	0.92	153	0.27	5.10	3.0	5
D14	浙江创伤外科	3446	1.346	0.235	0.88	467	0.50	15.57	2.8	8
D14	中国内镜杂志	4824	3.327	0.503	0.94	574	0.70	19.13	3.7	16
D14	中国伤残医学	5915	0.637	0.176	0.95	532	0.30	17.73	3.6	8
D14	中国实用外科杂志	7097	3.241	0.921	0.90	761	0.80	25.37	3.9	21
D14	中国体外循环杂志	588	1.251	0.315	0.87	226	0.30	7.53	3.4	6
D14	中国微创外科杂志	5341	3.040	0.387	0.93	614	0.73	20.47	3.6	16
D14	中国现代手术学杂志	967	1.949	0.143	0.99	290	0.47	9.67	3.2	9
D14	中华麻醉学杂志	3828	1.863	0.231	0.93	558	0.70	18.60	3.5	15
D14	中华内分泌外科杂志	930	1.522	0.150	0.96	339	0.53	11.30	3.3	8
D14	中华器官移植杂志	782	0.682	0.223	0.85	254	0.47	8.47	3.9	6
D14	中华实验外科杂志	3327	0.904	0.065	0.87	672	0.77	22.40	3.4	8
D14	中华外科杂志	5250	3.188	0.847	0.97	788	0.93	26.27	4.8	21
D14	中华显微外科杂志	2917	2.410	0.195	0.69	309	0.53	10.30	4.1	10

2020 年中国科技期刊被引指标按类刊名字顺索引（续）

学科代码	期刊名称	扩展总被引频次	扩展影响因子	扩展即年指标	扩展他引率	扩展引用刊数	扩展学科影响指标	扩展学科扩散指标	扩展被引半衰期	扩展H指标
D14	中华移植杂志（电子版）	327	1.113	0.157	0.89	130	0.30	4.33	3.6	6
D15	Journal of Geriatric Cardiology	573	—	0.164	0.86	260	0.23	7.43	3.4	6
D15	World Journal of Otorhinolaryngology - Head and Neck Surgery	60	—	0.289	0.85	37	0.03	1.06	3.0	3
D15	腹部外科	741	1.395	0.148	0.96	264	0.54	7.54	3.2	7
D15	腹腔镜外科杂志	3219	2.641	0.482	0.94	420	0.51	12.00	3.3	14
D15	肝癌电子杂志	106	0.564	0.180	0.85	61	0.14	1.74	3.0	3
D15	肝胆外科杂志	1223	1.505	0.016	0.96	341	0.37	9.74	3.9	9
D15	肝胆胰外科杂志	1389	1.553	0.206	0.93	353	0.37	10.09	3.5	10
D15	结直肠肛门外科	2523	3.963	0.351	0.96	365	0.34	10.43	2.9	8
D15	临床心电学杂志	489	0.545	0.019	0.89	187	0.11	5.34	5.5	6
D15	实用心电学杂志	556	1.009	0.257	0.84	184	0.17	5.26	3.4	6
D15	心电与循环	405	0.674	0.133	0.91	183	0.11	5.23	3.1	5
D15	血管与腔内血管外科杂志	497	0.907	0.263	0.97	205	0.20	5.86	2.9	5
D15	中国普通外科杂志	3953	2.710	0.899	0.88	612	0.66	17.49	3.7	16
D15	中国普外基础与临床杂志	2499	1.381	0.491	0.83	552	0.63	15.77	4.1	11
D15	中国现代普通外科进展	2616	1.677	0.193	0.96	466	0.49	13.31	3.4	11
D15	中国心脏起搏与心电生理杂志	967	1.203	0.194	0.83	286	0.11	8.17	4.2	6
D15	中国胸心血管外科临床杂志	1810	1.299	0.660	0.90	465	0.40	13.29	3.4	10
D15	中国血管外科杂志（电子版）	692	1.181	0.144	0.88	262	0.34	7.49	3.7	7
D15	中华肝胆外科杂志	2349	2.031	0.225	0.85	438	0.46	12.51	3.4	11
D15	中华脑科疾病与康复杂志（电子版）	260	—	0.012	0.97	167	0.06	4.77	4.2	5
D15	中华普通外科学文献（电子版）	980	1.991	0.444	0.96	377	0.57	10.77	3.0	8
D15	中华普通外科杂志	3431	1.683	0.189	0.93	567	0.63	16.20	3.6	13
D15	中华普外科手术学杂志（电子版）	1454	2.109	0.534	0.86	326	0.49	9.31	2.6	8
D15	中华腔镜外科杂志（电子版）	958	1.851	0.128	0.92	275	0.60	7.86	3.6	9
D15	中华乳腺病杂志（电子版）	899	1.771	0.455	0.92	327	0.17	9.34	3.8	8
D15	中华疝和腹壁外科杂志（电子版）	1362	2.296	0.260	0.79	207	0.34	5.91	2.9	9
D15	中华胃肠外科杂志	5405	3.174	0.490	0.93	633	0.66	18.09	3.8	18
D15	中华消化外科杂志	4401	4.204	0.617	0.95	564	0.60	16.11	3.2	21
D15	中华心力衰竭和心肌病杂志	202	1.526	0.157	0.88	122	0.09	3.49	2.4	4
D15	中华胸部外科电子杂志	290	—	0.098	0.98	151	0.17	4.31	2.9	6
D15	中华胸心血管外科杂志	1598	1.177	0.181	0.94	421	0.40	12.03	4.1	9

2020 年中国科技期刊被引指标按类刊名字顺索引（续）

学科代码	期刊名称	扩展总被引频次	扩展影响因子	扩展即年指标	扩展他引率	扩展引用刊数	扩展学科影响指标	扩展学科扩散指标	扩展被引半衰期	扩展H指标
D15	中华血管外科杂志	236	0.876	0.053	0.89	132	0.26	3.77	3.0	5
D15	足踝外科电子杂志	260	0.992	0.068	0.73	87	0.03	2.49	3.0	5
D16	Chinese Journal of Evidence-Bases Cardiovascular Medicine	4278	1.831	0.209	0.95	638	0.91	29.00	3.5	16
D16	South China Journal of Cardiology	19	—	—	1.00	14	0.05	0.64	4.5	1
D16	国际心血管病杂志	855	0.939	0.242	0.99	339	0.82	15.41	3.8	5
D16	临床心血管病杂志	2543	1.894	0.554	0.85	520	0.95	23.64	3.2	11
D16	岭南心血管病杂志	1193	1.274	0.151	0.98	381	0.95	17.32	3.5	8
D16	实用心脑肺血管病杂志	7510	4.290	0.561	0.98	669	0.82	30.41	3.3	15
D16	实用休克杂志	99	0.385	0.095	0.89	64	0.05	2.91	2.0	3
D16	心肺血管病杂志	2150	1.495	0.348	0.80	516	0.91	23.45	3.3	10
D16	心脑血管病防治	2109	2.953	0.247	0.99	509	0.77	23.14	2.9	12
D16	心血管病学进展	1743	1.254	0.138	0.86	482	0.95	21.91	3.3	9
D16	心血管康复医学杂志	2153	2.424	0.371	0.99	422	0.59	19.18	3.2	12
D16	心脏杂志	851	0.745	0.550	0.97	382	0.82	17.36	3.8	6
D16	中国动脉硬化杂志	2353	2.084	0.490	0.94	553	0.77	25.14	3.6	10
D16	中国分子心脏病学杂志	382	0.626	0.075	0.95	240	0.73	10.91	4.1	4
D16	中国介入心脏病学杂志	1740	1.708	0.417	0.86	417	0.91	18.95	4.1	13
D16	中国心血管病研究	2206	2.069	0.212	0.87	450	0.77	20.45	2.9	11
D16	中国心血管杂志	2098	5.543	0.221	0.94	557	0.91	25.32	2.0	11
D16	中国循环杂志	7294	6.432	0.653	0.94	889	0.95	40.41	3.1	22
D16	中华高血压杂志	3500	1.969	0.238	0.91	618	0.91	28.09	4.9	15
D16	中华老年心脑血管病杂志	4692	2.521	0.495	0.98	676	0.91	30.73	3.5	16
D16	中华心律失常学杂志	1053	2.123	0.352	0.76	258	0.77	11.73	3.2	9
D16	中华心血管病杂志	9205	5.581	1.415	0.98	807	1.00	36.68	5.5	30
D17	国际泌尿系统杂志	2221	1.777	0.240	0.97	392	0.90	39.20	2.8	12
D17	临床泌尿外科杂志	2090	1.262	0.244	0.88	418	0.70	41.80	4.0	9
D17	泌尿外科杂志（电子版）	216	0.529	—	0.99	122	0.70	12.20	4.6	4
D17	肾脏病与透析肾移植杂志	1248	1.422	0.109	0.96	406	0.60	40.60	4.3	10
D17	透析与人工器官	95	—	0.159	0.95	62	0.10	6.20	4.0	2
D17	微创泌尿外科杂志	849	1.984	0.257	0.94	222	0.70	22.20	3.3	8
D17	现代泌尿外科杂志	1981	1.187	0.250	0.92	416	0.70	41.60	3.9	10
D17	中华泌尿外科杂志	4058	2.301	0.475	0.80	518	0.80	51.80	4.2	14

2020 年中国科技期刊被引指标按类刊名字顺索引（续）

学科代码	期刊名称	扩展总被引频次	扩展影响因子	扩展即年指标	扩展他引率	扩展引用刊数	扩展学科影响指标	扩展学科扩散指标	扩展被引半衰期	扩展H指标
D17	中华腔镜泌尿外科杂志（电子版）	1043	1.759	0.133	0.84	252	0.70	25.20	3.7	8
D17	中华肾病研究电子杂志	400	1.150	0.095	0.99	225	0.40	22.50	3.6	6
D18	骨科	843	1.794	0.412	0.96	283	0.89	15.72	2.9	7
D18	骨科临床与研究杂志	326	1.127	0.198	0.92	155	0.78	8.61	2.6	6
D18	国际骨科学杂志	959	1.430	0.238	0.99	365	0.94	20.28	5.1	6
D18	脊柱外科杂志	896	1.853	0.391	0.86	254	0.72	14.11	3.8	7
D18	颈腰痛杂志	2371	1.843	0.336	0.94	400	0.72	22.22	2.9	11
D18	临床骨科杂志	2754	2.155	0.310	0.86	359	0.94	19.94	2.9	11
D18	生物骨科材料与临床研究	928	1.416	0.224	0.95	271	0.78	15.06	3.5	7
D18	实用骨科杂志	2875	1.734	0.212	0.88	430	1.00	23.89	3.5	11
D18	实用手外科杂志	1004	1.434	0.105	0.77	215	0.67	11.94	2.8	7
D18	中国骨与关节损伤杂志	6457	2.502	0.381	0.86	507	1.00	28.17	3.3	13
D18	中国骨与关节杂志	1762	1.854	0.402	0.97	409	1.00	22.72	3.4	11
D18	中国脊柱脊髓杂志	2902	1.798	0.128	0.94	459	0.78	25.50	4.8	12
D18	中华创伤骨科杂志	4346	3.986	0.502	0.93	440	1.00	24.44	3.6	17
D18	中华骨科杂志	5343	4.308	0.374	0.93	627	1.00	34.83	4.0	18
D18	中华骨与关节外科杂志	1857	1.957	0.156	0.95	440	0.94	24.44	3.6	13
D18	中华关节外科杂志（电子版）	1959	1.633	0.158	0.92	449	0.83	24.94	5.3	10
D18	中华肩肘外科电子杂志	414	1.317	0.147	0.82	151	0.83	8.39	3.4	6
D18	中华手外科杂志	2841	1.721	0.099	0.73	302	0.83	16.78	5.3	11
D19	Chinese Journal of Traumatology	447	0.824	0.181	0.96	229	0.92	19.08	4.5	5
D19	创伤外科杂志	2953	2.413	0.365	0.97	482	0.92	40.17	3.1	12
D19	中国矫形外科杂志	6274	1.775	0.205	0.94	656	0.92	54.67	4.2	14
D19	中国美容医学	5031	1.719	0.305	0.82	586	0.75	48.83	3.5	9
D19	中国烧伤创疡杂志	689	1.514	0.405	0.88	261	0.50	21.75	3.3	6
D19	中国修复重建外科杂志	3700	2.318	0.586	0.88	572	0.83	47.67	3.6	12
D19	中华创伤杂志	3411	2.956	1.000	0.93	513	0.83	42.75	3.6	15
D19	中华烧伤与创面修复杂志	2264	2.329	0.529	0.83	410	0.92	34.17	3.2	12
D19	中华损伤与修复杂志（电子版）	1133	2.049	0.374	0.92	334	0.83	27.83	3.6	8
D19	中华整形外科杂志	1871	1.579	0.199	0.88	315	0.83	26.25	3.5	9
D19	组织工程与重建外科杂志	662	1.381	0.143	0.95	251	0.75	20.92	3.4	7
D20	妇产与遗传（电子版）	220	0.798	—	0.99	126	0.55	11.45	3.4	5
D20	国际妇产科学杂志	2032	2.139	0.360	0.98	473	1.00	43.00	3.6	13

学科代码	期刊名称	扩展总被引频次	扩展影响因子	扩展即年指标	扩展他引率	扩展引用刊数	扩展学科影响指标	扩展学科扩散指标	扩展被引半衰期	扩展H指标
D20	实用妇产科杂志	5074	2.929	0.327	0.99	635	1.00	57.73	3.9	16
D20	现代妇产科进展	3179	2.137	0.476	0.97	536	0.91	48.73	3.5	12
D20	中国产前诊断杂志（电子版）	297	0.710	0.051	0.97	138	0.82	12.55	4.1	5
D20	中国妇产科临床杂志	2816	3.074	0.354	0.98	492	0.91	44.73	3.0	15
D20	中国实用妇科与产科杂志	6150	3.528	0.868	0.94	673	1.00	61.18	3.5	18
D20	中华产科急救电子杂志	396	1.017	0.200	0.97	182	0.82	16.55	4.1	6
D20	中华妇产科杂志	7970	5.198	1.115	0.98	728	1.00	66.18	4.6	33
D20	中华妇幼临床医学杂志（电子版）	1501	2.048	0.155	0.97	427	0.82	38.82	3.9	9
D20	中华围产医学杂志	3179	2.355	1.081	0.95	490	1.00	44.55	4.0	18
D21	Chinese Journal of Neonatology	1553	1.992	0.229	0.93	348	0.78	19.33	4.2	10
D21	Pediatric Investigation	23	0.160	0.127	0.78	16	0.22	0.89	1.6	1
D21	World Journal of Pediatrics	587	1.060	1.547	0.92	263	0.89	14.61	2.9	8
D21	发育医学电子杂志	255	1.128	0.192	0.78	118	0.56	6.56	2.7	5
D21	国际儿科学杂志	1704	1.515	0.167	0.92	468	0.89	26.00	3.3	10
D21	临床儿科杂志	2928	1.438	0.163	0.98	641	0.94	35.61	5.0	11
D21	临床小儿外科杂志	1355	1.307	0.203	0.81	347	0.61	19.28	3.3	7
D21	中国当代儿科杂志	4177	2.951	1.565	0.97	694	1.00	38.56	3.7	18
D21	中国儿童保健杂志	4762	1.993	0.613	0.94	715	0.83	39.72	3.9	13
D21	中国实用儿科杂志	3636	2.217	0.267	0.94	681	1.00	37.83	4.3	16
D21	中国小儿急救医学	2050	1.851	0.350	0.89	433	0.83	24.06	3.3	10
D21	中国小儿血液与肿瘤杂志	409	0.966	0.043	0.94	197	0.67	10.94	4.1	5
D21	中国循证儿科杂志	1372	1.663	0.806	0.96	481	1.00	26.72	4.5	13
D21	中国中西医结合儿科学	1715	1.545	0.297	0.89	395	0.61	21.94	4.3	7
D21	中华儿科杂志	7803	2.665	2.019	0.97	862	1.00	47.89	5.4	32
D21	中华实用儿科临床杂志	7009	2.225	0.476	0.92	817	0.94	45.39	3.9	18
D21	中华小儿外科杂志	2013	1.271	0.185	0.89	463	0.94	25.72	4.5	11
D21	中医儿科杂志	1519	1.779	0.183	0.95	264	0.28	14.67	3.6	10
D22	Eye and Vision	13	0.167	—	1.00	13	0.27	1.18	2.8	1
D22	国际眼科杂志	6172	2.173	0.411	0.90	637	1.00	57.91	3.5	12
D22	国际眼科纵览	347	0.538	0.272	0.97	154	0.40	10.27	5.1	4
D22	临床眼科杂志	1199	1.240	0.110	0.97	299	0.91	27.18	3.8	8
D22	眼科	744	0.605	0.140	0.94	246	0.91	22.36	4.7	6
D22	眼科新进展	2730	1.715	0.190	0.95	470	0.91	42.73	3.9	11

学科代码	期刊名称	扩展总被引频次	扩展影响因子	扩展即年指标	扩展他引率	扩展引用刊数	扩展学科影响指标	扩展学科扩散指标	扩展被引半衰期	扩展H指标
D22	眼科学报	194	0.650	0.077	0.97	105	0.27	7.00	3.5	4
D22	中国斜视与小儿眼科杂志	569	1.221	0.080	0.91	175	0.82	15.91	4.7	6
D22	中华实验眼科杂志	2096	1.749	0.405	0.88	398	0.91	36.18	3.7	10
D22	中华眼底病杂志	1596	1.635	0.247	0.85	288	0.91	26.18	4.0	10
D22	中华眼科医学杂志（电子版）	368	1.365	0.203	0.91	166	0.91	15.09	3.6	5
D22	中华眼科杂志	3896	2.180	0.591	0.87	526	0.91	47.82	6.1	16
D22	中华眼视光学与视觉科学杂志	1316	1.479	0.243	0.82	282	0.91	25.64	3.8	7
D22	中华眼外伤职业眼病杂志	1137	0.883	0.084	0.85	239	0.67	15.93	3.7	5
D23	Journal of Otology	99	0.554	0.121	0.97	39	0.53	2.60	3.6	3
D23	国际耳鼻咽喉头颈外科杂志	449	0.749	0.105	0.98	217	0.67	14.47	3.9	6
D23	临床耳鼻咽喉头颈外科杂志	4458	1.634	0.278	0.92	635	0.87	42.33	4.2	11
D23	山东大学耳鼻喉眼学报	1432	1.835	0.192	0.90	372	0.80	24.80	3.1	8
D23	实用防盲技术	247	1.281	0.197	0.96	114	0.27	7.60	2.8	4
D23	听力学及言语疾病杂志	1774	1.469	0.216	0.86	358	0.67	23.87	4.8	9
D23	中国耳鼻咽喉颅底外科杂志	1060	1.126	0.156	0.91	327	0.73	21.80	4.1	6
D23	中国耳鼻咽喉头颈外科	1980	1.453	0.111	0.90	451	0.73	30.07	4.4	10
D23	中国眼耳鼻喉科杂志	918	1.162	0.179	0.98	323	0.93	21.53	4.0	7
D23	中华耳鼻咽喉头颈外科杂志	4596	2.010	0.519	0.93	620	0.93	41.33	5.4	21
D23	中华耳科学杂志	2099	1.773	0.301	0.75	372	0.73	24.80	4.1	11
D23	中医眼耳鼻喉杂志	156	0.417	0.013	0.94	93	0.20	6.20	3.2	3
D24	International Journal of Oral Science	294	1.000	1.553	0.95	162	0.87	7.04	3.8	5
D24	北京口腔医学	667	1.187	0.151	0.85	248	0.91	10.78	3.9	7
D24	国际口腔医学杂志	1179	1.077	0.561	0.98	373	0.91	16.22	4.4	8
D24	华西口腔医学杂志	1504	1.829	0.421	0.96	401	0.96	17.43	4.3	9
D24	口腔材料器械杂志	296	1.276	0.063	0.92	153	0.74	6.65	3.5	4
D24	口腔颌面外科杂志	789	0.725	0.519	0.98	254	0.87	11.04	5.2	6
D24	口腔颌面修复学杂志	570	1.125	0.089	0.93	193	0.83	8.39	4.0	7
D24	口腔疾病防治	990	1.352	0.315	0.92	294	0.87	12.78	3.2	7
D24	口腔生物医学	189	0.902	0.036	0.99	122	0.70	5.30	3.0	4
D24	口腔医学	1693	1.288	0.186	0.93	392	0.91	17.04	3.5	9
D24	口腔医学研究	2273	1.615	0.132	0.87	452	0.91	19.65	3.4	10
D24	临床口腔医学杂志	1884	1.641	0.373	0.84	380	0.96	16.52	3.6	10
D24	上海口腔医学	1381	1.673	0.168	0.97	372	0.96	16.17	3.8	9

2020 年中国科技期刊被引指标按类刊名字顺索引（续）

学科代码	期刊名称	扩展总被引频次	扩展影响因子	扩展即年指标	扩展他引率	扩展引用刊数	扩展学科影响指标	扩展学科扩散指标	扩展被引半衰期	扩展H指标
D24	实用口腔医学杂志	1933	1.401	0.695	0.84	410	0.96	17.83	3.7	10
D24	现代口腔医学杂志	583	0.723	0.123	0.97	252	0.83	10.96	5.6	5
D24	中国口腔颌面外科杂志	783	1.307	0.303	0.92	285	0.87	12.39	3.6	7
D24	中国口腔医学继续教育杂志	37	0.135	0.039	1.00	29	0.22	1.26	3.2	2
D24	中国口腔种植学杂志	315	0.889	0.224	0.95	116	0.65	5.04	3.8	5
D24	中国实用口腔科杂志	1616	1.583	0.083	0.91	349	0.96	15.17	4.0	9
D24	中华口腔医学研究杂志（电子版）	473	1.233	0.609	0.96	204	0.87	8.87	3.5	6
D24	中华口腔医学杂志	2402	2.184	0.781	0.90	452	1.00	19.65	3.9	12
D24	中华口腔正畸学杂志	427	1.255	0.060	0.94	126	0.74	5.48	4.6	6
D24	中华老年口腔医学杂志	674	1.348	0.167	0.90	233	0.83	10.13	3.9	7
D25	Inertnational Journal of Dermatology and Venereology	425	0.113	0.058	0.99	197	1.00	19.70	6.8	4
D25	临床皮肤科杂志	1916	0.700	0.089	0.87	422	1.00	42.20	6.2	8
D25	皮肤病与性病	2061	1.026	0.310	0.91	396	1.00	39.60	2.5	7
D25	皮肤科学通报	473	0.663	—	0.99	223	0.90	22.30	3.5	6
D25	皮肤性病诊疗学杂志	711	0.941	0.110	0.88	276	0.90	27.60	4.6	6
D25	实用皮肤病学杂志	807	0.964	0.091	0.93	276	0.90	27.60	3.9	6
D25	中国艾滋病性病	3553	1.997	0.167	0.81	406	0.90	40.60	3.4	12
D25	中国麻风皮肤病杂志	1570	0.794	0.111	0.93	397	1.00	39.70	4.3	7
D25	中国皮肤性病学杂志	2783	0.904	0.178	0.90	543	1.00	54.30	4.5	9
D25	中华皮肤科杂志	3157	1.715	0.319	0.93	569	1.00	56.90	4.8	18
D26	Asian Journal of Andrology	866	0.591	0.149	0.87	300	1.00	75.00	5.6	5
D26	中国男科学杂志	1054	1.050	0.094	0.92	325	0.75	81.25	5.0	7
D26	中国性科学	5998	2.296	0.201	0.94	591	0.75	147.75	3.2	15
D26	中华男科学杂志	2639	1.677	0.131	0.87	525	1.00	131.25	4.3	10
D27	Brain Science Advances	1	—	—	1.00	1	—	0.03	—	1
D27	Chinese Neurosurgical Journal	12	0.080	0.032	1.00	11	0.05	0.28	2.8	1
D27	General Psychiatry	19	—	0.154	1.00	16	0.05	0.41	—	2
D27	Neural Regeneration Research	2214	1.328	0.480	0.83	593	0.79	15.21	3.0	8
D27	Neuroscience Bulletin	793	1.439	0.297	0.62	288	0.62	7.38	3.0	6
D27	阿尔茨海默病及相关病杂志	70	0.698	0.050	0.94	51	0.13	1.31	1.7	3
D27	卒中与神经疾病	1401	1.668	0.156	0.99	413	0.72	10.59	2.9	9
D27	癫痫与神经电生理学杂志	340	0.655	0.077	0.78	154	0.44	3.95	3.5	5

2020 年中国科技期刊被引指标按类刊名字顺索引（续）

学科代码	期刊名称	扩展总被引频次	扩展影响因子	扩展即年指标	扩展他引率	扩展引用刊数	扩展学科影响指标	扩展学科扩散指标	扩展被引半衰期	扩展H指标
D27	癫痫杂志	149	0.617	0.150	0.88	93	0.31	2.38	2.1	4
D27	国际精神病学杂志	4190	2.447	0.341	0.89	545	0.41	13.97	3.3	15
D27	国际脑血管病杂志	1102	1.131	0.175	0.82	339	0.72	8.69	3.7	7
D27	国际神经病学神经外科学杂志	1253	1.381	0.115	0.94	455	0.72	11.67	3.8	9
D27	精神医学杂志	1298	1.628	0.044	0.95	379	0.33	9.72	4.7	7
D27	立体定向和功能性神经外科杂志	470	0.939	0.083	0.90	194	0.44	4.97	3.5	6
D27	临床精神医学杂志	2159	1.751	0.290	0.96	513	0.44	13.15	5.5	10
D27	临床神经病学杂志	1421	1.359	0.154	0.94	452	0.69	11.59	4.4	10
D27	临床神经外科杂志	778	1.245	0.245	0.84	263	0.56	6.74	3.4	6
D27	脑与神经疾病杂志	1302	1.375	0.200	0.99	414	0.64	10.62	3.3	8
D27	神经病学与神经康复学杂志	278	1.167	—	0.97	163	0.41	4.18	4.4	6
D27	神经疾病与精神卫生	996	0.645	0.082	0.95	351	0.56	9.00	4.0	7
D27	神经损伤与功能重建	1964	1.828	0.368	0.93	455	0.74	11.67	3.1	10
D27	四川精神卫生	913	0.929	0.766	0.89	330	0.28	8.46	3.7	7
D27	中国卒中杂志	2345	1.609	0.347	0.96	551	0.79	14.13	3.6	14
D27	中国临床神经科学	894	1.112	0.183	0.88	393	0.67	10.08	4.4	7
D27	中国临床神经外科杂志	2131	1.552	0.173	0.87	407	0.62	10.44	3.1	8
D27	中国脑血管病杂志	1921	2.537	0.550	0.96	466	0.62	11.95	3.6	12
D27	中国神经精神疾病杂志	2239	1.629	0.231	0.94	613	0.87	15.72	5.1	12
D27	中国神经免疫学和神经病学杂志	842	1.100	0.210	0.96	355	0.64	9.10	4.4	8
D27	中国实用神经疾病杂志	8545	1.915	0.406	0.93	731	0.74	18.74	4.2	11
D27	中国微侵袭神经外科杂志	1393	1.345	0.264	0.83	361	0.59	9.26	3.8	8
D27	中国现代神经疾病杂志	1650	1.694	0.152	0.98	536	0.77	13.74	3.8	12
D27	中华精神科杂志	2151	2.391	1.068	0.94	504	0.51	12.92	6.7	11
D27	中华脑血管病杂志（电子版）	100	—	0.073	0.97	83	0.26	2.13	8.5	3
D27	中华神经创伤外科电子杂志	588	1.519	0.330	0.89	237	0.41	6.08	2.8	7
D27	中华神经科杂志	9382	5.615	0.486	0.97	766	0.92	19.64	5.4	33
D27	中华神经外科杂志	3563	1.955	0.315	0.90	532	0.69	13.64	4.0	13
D27	中华神经医学杂志	2613	2.098	0.226	0.95	546	0.74	14.00	3.5	13
D27	中华行为医学与脑科学杂志	4129	2.931	0.407	0.89	761	0.79	19.51	4.8	15
D27	中风与神经疾病杂志	2089	1.252	0.180	0.97	536	0.82	13.74	3.7	9
D28	标记免疫分析与临床	3648	1.828	0.189	0.97	612	0.59	21.10	3.0	13
D28	放射学实践	3823	1.881	1.395	0.87	615	0.93	21.21	3.6	12

2020 年中国科技期刊被引指标按类刊名字顺索引（续）

学科代码	期刊名称	扩展总被引频次	扩展影响因子	扩展即年指标	扩展他引率	扩展引用刊数	扩展学科影响指标	扩展学科扩散指标	扩展被引半衰期	扩展H指标
D28	分子影像学杂志	564	0.977	0.283	0.91	247	0.45	8.52	2.9	6
D28	国际放射医学核医学杂志	348	0.791	0.157	0.86	158	0.52	5.45	2.9	5
D28	国际医学放射学杂志	1304	1.968	0.764	0.90	376	0.83	12.97	3.2	8
D28	介入放射学杂志	3625	2.213	0.208	0.84	581	0.83	20.03	3.8	13
D28	临床超声医学杂志	2853	1.553	0.179	0.95	510	0.76	17.59	3.4	11
D28	临床放射学杂志	4589	1.376	0.591	0.92	624	0.93	21.52	3.7	11
D28	实用放射学杂志	4530	1.126	0.134	0.76	522	0.90	18.00	4.1	9
D28	实用医学影像杂志	1451	1.304	0.212	0.98	297	0.72	10.24	2.7	7
D28	现代医用影像学	4264	1.309	0.275	0.96	430	0.76	14.83	2.3	8
D28	医学影像学杂志	6659	1.675	0.112	0.86	614	0.90	21.17	3.8	14
D28	影视制作	203	—	0.174	0.95	83	0.03	2.86	2.8	4
D28	影像诊断与介入放射学	700	0.949	0.129	0.91	269	0.79	9.28	4.3	6
D28	中国 CT 和 MRI 杂志	6849	2.665	0.520	0.86	521	0.90	17.97	3.1	14
D28	中国超声医学杂志	4496	1.974	0.224	0.88	559	0.83	19.28	3.8	11
D28	中国介入影像与治疗学	1856	1.911	0.349	0.90	428	0.86	14.76	3.3	10
D28	中国临床医学影像杂志	2716	1.507	0.294	0.97	496	0.90	17.10	3.9	11
D28	中国数字医学	4296	1.924	0.330	0.87	690	0.45	23.79	3.2	12
D28	中国体视学与图像分析	221	0.589	0.020	0.86	160	0.24	5.52	4.8	4
D28	中国医学计算机成像杂志	1185	1.397	0.284	0.94	347	0.83	11.97	3.9	8
D28	中国医学影像技术	5450	1.700	0.440	0.92	708	0.97	24.41	3.7	12
D28	中国医学影像学杂志	2585	1.748	0.177	0.91	531	0.93	18.31	4.1	10
D28	中华超声影像学杂志	3064	2.161	0.369	0.89	496	0.86	17.10	3.8	12
D28	中华放射学杂志	5224	2.087	3.035	0.93	644	0.93	22.21	4.2	17
D28	中华核医学与分子影像杂志	1596	1.692	0.444	0.83	381	0.76	13.14	3.3	10
D28	中华介入放射学电子杂志	512	1.805	0.139	0.97	240	0.59	8.28	2.7	7
D28	中华医学超声杂志（电子版）	2088	1.578	0.243	0.93	457	0.83	15.76	4.4	9
D29	Cancer Biology & Medicine	371	1.371	0.077	0.93	230	0.60	5.75	3.3	6
D29	Chinese Journal of Cancer Research	1250	4.186	0.347	0.93	504	0.98	12.60	3.0	11
D29	Journal of Nutritional Oncology	6	0.018	—	0.83	4	0.05	0.10	4.0	1
D29	Oncology and Translational Medicine	135	0.333	0.022	0.84	91	0.33	2.28	6.6	2
D29	癌变·畸变·突变	433	0.668	0.176	0.94	267	0.28	6.68	4.3	5
D29	癌症	995	0.333	0.042	0.97	477	0.83	11.93	8.9	6
D29	癌症进展	4226	1.969	0.280	0.96	635	0.78	15.88	2.3	12

2020 年中国科技期刊被引指标按类刊名字顺索引（续）

学科代码	期刊名称	扩展总被引频次	扩展影响因子	扩展即年指标	扩展他引率	扩展引用刊数	扩展学科影响指标	扩展学科扩散指标	扩展被引半衰期	扩展H指标
D29	白血病·淋巴瘤	615	0.629	0.097	0.83	222	0.45	5.55	3.4	4
D29	国际肿瘤学杂志	1030	1.221	0.077	0.98	387	0.68	9.68	3.4	9
D29	临床肿瘤学杂志	2542	1.583	0.263	0.96	640	0.80	16.00	4.3	13
D29	实用癌症杂志	5989	2.285	0.264	0.93	642	0.78	16.05	3.1	13
D29	实用肿瘤学杂志	669	1.196	0.427	0.89	306	0.53	7.65	3.1	7
D29	实用肿瘤杂志	1202	1.825	0.234	0.89	418	0.65	10.45	4.0	8
D29	现代泌尿生殖肿瘤杂志	515	1.014	—	0.95	201	0.20	5.03	3.4	7
D29	现代肿瘤医学	7254	1.375	0.433	0.95	885	0.88	22.13	3.3	13
D29	消化肿瘤杂志（电子版）	393	1.408	0.017	0.89	186	0.28	4.65	3.2	7
D29	中国癌症防治杂志	600	1.116	0.202	0.89	297	0.43	7.43	3.3	6
D29	中国癌症杂志	2722	3.288	0.448	0.98	644	0.83	16.10	3.8	16
D29	中国肺癌杂志	2729	3.376	0.456	0.97	622	0.83	15.55	3.7	17
D29	中国肿瘤	4019	5.063	0.745	0.93	774	0.90	19.35	3.5	19
D29	中国肿瘤临床	3972	2.215	0.128	0.99	765	0.90	19.13	4.0	18
D29	中国肿瘤临床与康复	4790	2.816	0.383	0.91	524	0.70	13.10	2.9	14
D29	中国肿瘤生物治疗杂志	1302	1.471	0.214	0.90	451	0.75	11.28	2.9	8
D29	中国肿瘤外科杂志	835	1.633	0.308	0.91	325	0.55	8.13	3.0	7
D29	中华放射肿瘤学杂志	2246	1.960	0.210	0.93	426	0.73	10.65	3.5	12
D29	中华肿瘤防治杂志	5202	3.520	0.199	0.91	755	0.85	18.88	3.3	11
D29	中华肿瘤杂志	4545	6.261	0.536	0.98	800	0.93	20.00	2.9	20
D29	中华转移性肿瘤杂志	22	0.354	0.031	0.86	18	0.08	0.45	1.8	2
D29	肿瘤	1287	1.193	0.156	0.99	510	0.70	12.75	4.9	7
D29	肿瘤代谢与营养电子杂志	677	1.226	0.170	0.87	227	0.45	5.68	3.6	9
D29	肿瘤防治研究	1583	1.259	0.173	0.97	536	0.75	13.40	3.9	9
D29	肿瘤基础与临床	1075	1.378	0.287	0.72	328	0.45	8.20	3.1	6
D29	肿瘤学杂志	1644	1.510	0.215	0.99	486	0.65	12.15	3.1	8
D29	肿瘤研究与临床	1563	1.737	0.208	0.93	395	0.70	9.88	3.0	10
D29	肿瘤药学	992	1.304	0.223	0.98	392	0.50	9.80	2.7	7
D29	肿瘤影像学	540	1.226	0.130	0.96	228	0.28	5.70	3.2	6
D29	肿瘤预防与治疗	1004	1.958	0.371	0.85	384	0.60	9.60	2.6	9
D29	肿瘤综合治疗电子杂志	519	4.283	0.405	0.99	297	0.65	7.43	1.6	9
D30	Chinese Nursing Frontiers	46	0.282	—	0.98	31	0.30	1.03	3.0	2
D30	International Journal of Nursing Sciences	207	0.610	0.342	0.84	89	0.83	2.97	3.1	3

学科代码	期刊名称	扩展总被引频次	扩展影响因子	扩展即年指标	扩展他引率	扩展引用刊数	扩展学科影响指标	扩展学科扩散指标	扩展被引半衰期	扩展H指标
D30	当代护士（上旬刊）	6383	1.715	0.547	0.94	381	0.93	12.70	2.4	10
D30	当代护士（下旬刊）	6902	1.585	0.423	0.93	470	0.93	15.67	2.8	10
D30	当代护士（中旬刊）	6568	1.489	0.430	0.95	487	0.93	16.23	2.9	10
D30	国际护理学杂志	15891	3.518	0.544	0.97	562	1.00	18.73	2.7	19
D30	护理管理杂志	6850	3.872	1.323	0.92	602	1.00	20.07	4.1	16
D30	护理实践与研究	22658	—	0.576	0.90	739	1.00	24.63	2.8	17
D30	护理学报	9592	3.324	0.615	0.92	769	1.00	25.63	3.9	16
D30	护理学杂志	19878	4.064	0.787	0.92	988	1.00	32.93	3.8	22
D30	护理研究	26765	3.768	1.465	0.97	1147	1.00	38.23	3.7	25
D30	护理与康复	3571	1.590	0.340	0.97	468	0.93	15.60	3.6	9
D30	护士进修杂志	15343	3.729	0.687	0.97	791	1.00	26.37	3.8	21
D30	解放军护理杂志	9323	3.567	0.828	0.98	726	1.00	24.20	4.2	18
D30	临床护理杂志	2073	2.126	0.314	0.99	350	1.00	11.67	3.4	8
D30	齐鲁护理杂志	21537	3.524	0.774	0.96	718	0.97	23.93	3.1	16
D30	全科护理	14017	1.603	0.619	0.94	792	1.00	26.40	3.0	13
D30	上海护理	2815	2.335	0.623	0.97	437	0.93	14.57	3.2	12
D30	天津护理	1969	1.395	0.228	0.94	342	0.93	11.40	3.4	7
D30	现代临床护理	3751	2.737	0.629	0.97	479	1.00	15.97	3.9	13
D30	循证护理	1290	1.369	0.274	0.99	307	0.93	10.23	2.4	8
D30	医药高职教育与现代护理	609	1.923	0.437	0.95	200	0.53	6.67	2.1	7
D30	中国护理管理	12092	5.069	0.523	0.97	774	1.00	25.80	4.0	23
D30	中国临床护理	1945	2.605	0.266	0.94	324	0.93	10.80	3.2	10
D30	中国实用护理杂志	14498	3.885	0.530	0.97	738	1.00	24.60	3.8	22
D30	中华护理教育	3714	2.539	0.255	0.93	427	0.97	14.23	4.1	12
D30	中华护理杂志	21148	6.375	1.664	0.93	940	1.00	31.33	4.9	33
D30	中华现代护理杂志	24057	4.542	0.544	0.91	827	1.00	27.57	3.2	27
D30	中西医结合护理	5178	1.957	0.180	0.97	450	0.97	15.00	2.7	12
D31	Animal Models and Experimental Medicine	47	0.419	0.289	0.96	40	0.02	0.83	2.0	4
D31	安徽预防医学杂志	636	0.808	0.133	0.91	252	0.65	5.25	3.6	5
D31	毒理学杂志	677	0.594	0.085	0.94	370	0.38	7.71	6.5	4
D31	公共卫生与预防医学	2518	2.265	0.596	0.85	602	0.83	12.54	3.3	11
D31	海峡预防医学杂志	1290	0.809	0.136	0.78	378	0.69	7.88	3.8	5
D31	河南预防医学杂志	1471	1.137	0.292	0.95	423	0.81	8.81	2.5	7

2020 年中国科技期刊被引指标按类刊名字顺索引（续）

学科代码	期刊名称	扩展总被引频次	扩展影响因子	扩展即年指标	扩展他引率	扩展引用刊数	扩展学科影响指标	扩展学科扩散指标	扩展被引半衰期	扩展H指标
D31	华南预防医学	1406	1.640	0.353	0.89	419	0.75	8.73	3.6	7
D31	疾病监测与控制	1457	1.051	0.144	0.99	419	0.67	8.73	3.7	6
D31	疾病预防控制通报	956	0.961	0.200	0.79	283	0.63	5.90	4.3	4
D31	江苏卫生事业管理	2238	1.483	0.297	0.91	400	0.50	8.33	2.7	6
D31	江苏预防医学	1854	1.386	0.205	0.75	430	0.75	8.96	3.7	7
D31	解放军预防医学杂志	6735	2.678	0.197	0.96	844	0.81	17.58	2.3	16
D31	口岸卫生控制	393	1.046	0.039	0.95	175	0.27	3.65	2.9	5
D31	临床医学工程	5798	1.633	0.414	0.98	617	0.48	12.85	2.8	11
D31	上海预防医学	2168	1.596	1.089	0.88	588	0.83	12.25	3.5	10
D31	实用预防医学	5828	2.443	0.683	0.88	905	0.85	18.85	3.4	15
D31	首都公共卫生	785	1.443	0.129	0.92	274	0.75	5.71	3.5	8
D31	微量元素与健康研究	1652	0.959	0.301	0.99	568	0.63	11.83	4.2	9
D31	现代预防医学	13346	2.198	0.304	0.88	1475	0.92	30.73	3.9	16
D31	应用预防医学	996	1.231	0.164	0.95	308	0.75	6.42	3.5	6
D31	营养学报	2053	1.222	0.139	0.98	708	0.65	14.75	7.1	10
D31	预防医学	3792	2.099	0.804	0.88	738	0.85	15.38	3.2	11
D31	预防医学论坛	1339	0.715	0.076	0.81	382	0.73	7.96	4.1	6
D31	预防医学情报杂志	2295	1.500	0.301	0.94	547	0.75	11.40	3.2	7
D31	职业卫生与病伤	842	1.516	0.195	0.98	257	0.65	5.35	3.6	7
D31	职业卫生与应急救援	1030	1.156	0.764	0.89	318	0.63	6.63	3.0	7
D31	中国城乡企业卫生	2694	0.771	0.259	0.98	430	0.71	8.96	2.0	6
D31	中国辐射卫生	1463	1.426	0.069	0.61	297	0.46	6.19	3.8	8
D31	中国公共卫生	7725	2.533	0.935	0.92	1407	0.90	29.31	4.6	17
D31	中国公共卫生管理	1871	1.444	0.152	0.95	539	0.79	11.23	3.7	8
D31	中国慢性病预防与控制	4035	2.922	0.403	0.96	678	0.79	14.13	3.6	15
D31	中国民康医学	7599	1.224	0.278	0.97	632	0.67	13.17	2.6	10
D31	中国实用乡村医生杂志	1382	0.646	0.058	1.00	411	0.60	8.56	4.5	13
D31	中国食品药品监管	496	0.910	0.249	1.00	226	0.19	4.71	2.2	5
D31	中国卫生	613	0.592	0.076	1.00	288	0.33	6.00	2.7	5
D31	中国卫生工程学	1475	1.062	0.089	0.87	444	0.65	9.25	2.7	6
D31	中国卫生事业管理	4078	2.556	0.449	0.90	838	0.75	17.46	3.9	13
D31	中国消毒学杂志	4423	1.973	1.544	0.89	744	0.83	15.50	3.7	12
D31	中国校医	2287	1.225	0.292	0.97	509	0.71	10.60	3.0	9

学科代码	期刊名称	扩展总被引频次	扩展影响因子	扩展即年指标	扩展他引率	扩展引用刊数	扩展学科影响指标	扩展学科扩散指标	扩展被引半衰期	扩展H指标
D31	中国冶金工业医学杂志	3106	1.201	0.536	0.99	401	0.46	8.35	2.1	8
D31	中国应急救援	330	0.685	0.224	0.95	170	0.17	3.54	3.6	4
D31	中国预防医学杂志	2213	1.764	0.060	0.97	643	0.83	13.40	3.7	9
D31	中华疾病控制杂志	4947	2.478	0.305	0.95	911	0.88	18.98	4.0	15
D31	中华临床营养杂志	1083	2.640	0.068	0.92	362	0.42	7.54	4.2	10
D31	中华卫生应急电子杂志	625	1.678	0.293	0.80	239	0.38	4.98	3.0	8
D31	中华预防医学杂志	5290	2.897	1.977	0.92	966	0.85	20.13	3.9	18
D32	工业卫生与职业病	1051	1.435	0.206	0.94	308	0.43	13.39	3.4	7
D32	环境与健康杂志	2453	0.608	0.033	0.90	745	0.70	32.39	7.0	8
D32	环境与职业医学	1869	1.330	0.365	0.91	575	0.74	25.00	4.4	8
D32	疾病监测	2973	2.083	0.293	0.95	513	0.78	22.30	4.0	15
D32	热带病与寄生虫学	438	0.897	0.226	0.94	161	0.57	7.00	4.0	6
D32	热带医学杂志	3464	1.456	1.197	0.88	755	0.91	32.83	3.2	11
D32	医学动物防制	1905	0.992	0.290	0.87	460	0.87	20.00	3.5	6
D32	职业与健康	6041	1.321	0.162	0.84	935	0.83	40.65	3.7	9
D32	中国地方病防治杂志	4396	1.495	0.158	0.96	659	0.78	28.65	3.6	14
D32	中国工业医学杂志	1117	0.686	0.067	0.89	318	0.48	13.83	4.5	7
D32	中国国境卫生检疫杂志	578	0.705	0.098	0.85	223	0.74	9.70	4.7	5
D32	中国检验检测	643	—	0.174	0.94	265	0.09	11.52	4.5	6
D32	中国媒介生物学及控制杂志	1918	1.355	0.317	0.75	249	0.70	10.83	5.4	9
D32	中国热带医学	2864	1.643	0.314	0.90	670	0.87	29.13	3.8	9
D32	中国人兽共患病学报	2060	1.363	0.851	0.94	509	0.74	22.13	4.4	9
D32	中国血吸虫病防治杂志	1989	2.214	0.644	0.71	258	0.65	11.22	3.9	12
D32	中国职业医学	1959	1.919	0.245	0.81	425	0.52	18.48	3.9	10
D32	中华地方病学杂志	2054	1.577	0.150	0.69	390	0.74	16.96	3.8	11
D32	中华劳动卫生职业病杂志	2241	1.272	0.275	0.81	443	0.61	19.26	4.3	10
D32	中华流行病学杂志	10139	3.891	5.422	0.94	1277	0.91	55.52	3.6	27
D32	中华卫生杀虫药械	944	0.714	0.205	0.63	167	0.61	7.26	5.2	4
D33	Reproductive and Developmental Medicine	33	0.088	0.105	0.91	27	0.42	2.25	5.1	2
D33	国际生殖健康/计划生育杂志	1200	1.987	0.316	0.96	393	0.83	32.75	3.6	10
D33	生殖医学杂志	2703	1.918	0.321	0.85	457	1.00	38.08	3.5	11
D33	中国妇幼保健	27760	2.860	0.389	0.93	1017	0.83	84.75	3.4	21
D33	中国妇幼健康研究	8534	2.187	0.309	0.97	695	0.83	57.92	3.5	12

2020 年中国科技期刊被引指标按类刊名字顺索引（续）

学科代码	期刊名称	扩展总被引频次	扩展影响因子	扩展即年指标	扩展他引率	扩展引用刊数	扩展学科影响指标	扩展学科扩散指标	扩展被引半衰期	扩展H指标
D33	中国妇幼卫生杂志	775	1.261	0.250	0.96	268	0.67	22.33	3.2	6
D33	中国计划生育和妇产科	3272	2.767	0.229	0.98	469	0.83	39.08	3.0	14
D33	中国计划生育学杂志	4565	3.156	0.255	0.95	556	0.83	46.33	2.7	15
D33	中国生育健康杂志	1608	2.322	0.494	0.99	405	0.83	33.75	3.0	10
D33	中国优生与遗传杂志	3577	1.163	0.034	0.89	539	0.83	44.92	3.7	8
D33	中华生殖与避孕杂志	2195	1.725	0.178	0.91	437	0.83	36.42	3.8	11
D34	Military Medical Research	341	0.795	4.021	0.93	222	0.43	31.71	—	5
D34	法医学杂志	1177	0.496	2.064	0.83	419	0.57	59.86	3.1	7
D34	航天医学与医学工程	576	0.604	0.088	0.75	258	0.43	36.86	7.4	4
D34	军事医学	1262	0.640	0.145	0.93	564	0.43	80.57	5.1	8
D34	中国法医学杂志	1095	0.678	0.093	0.79	279	0.29	39.86	5.1	5
D34	中华放射医学与防护杂志	1959	2.213	0.467	0.90	421	0.43	60.14	3.4	9
D34	中华航海医学与高气压医学杂志	1493	2.210	0.238	0.71	322	0.43	46.00	3.0	12
D35	Global Health Journal	20	0.486	—	0.75	14	0.02	0.27	2.2	2
D35	基础医学教育	3337	2.049	0.626	0.88	458	0.49	8.98	3.1	11
D35	解放军医院管理杂志	3446	1.636	0.238	0.93	527	0.71	10.33	3.7	10
D35	麻醉安全与质控	329	1.146	0.768	0.86	149	0.20	2.92	1.9	6
D35	卫生软科学	1523	1.536	0.398	0.93	469	0.75	9.20	2.9	8
D35	卫生研究	2121	1.172	0.250	0.96	712	0.33	13.96	5.7	7
D35	现代医学与健康研究（电子版）	3856	—	0.042	1.00	439	0.41	8.61	2.5	5
D35	现代医院	4457	1.591	0.557	0.83	717	0.76	14.06	3.2	9
D35	现代医院管理	1461	1.712	0.277	0.96	368	0.67	7.22	3.5	8
D35	心理与健康	69	0.026	0.006	1.00	51	—	1.00	8.2	2
D35	医疗卫生装备	3474	1.362	0.326	0.88	712	0.61	13.96	4.3	9
D35	医学教育研究与实践	3335	2.110	1.077	0.94	565	0.61	11.08	3.3	12
D35	医学与哲学	6123	1.550	0.342	0.91	1164	0.84	22.82	4.4	12
D35	浙江医学教育	670	1.238	0.179	0.99	259	0.39	5.08	3.1	5
D35	中国病案	4818	2.342	0.374	0.84	584	0.80	11.45	3.1	13
D35	中国健康教育	5041	2.818	0.392	0.94	792	0.69	15.53	4.2	16
D35	中国农村卫生	5898	1.090	0.254	1.00	461	0.47	9.04	2.0	9
D35	中国农村卫生事业管理	2449	1.051	0.310	0.97	564	0.75	11.06	3.5	7
D35	中国社会医学杂志	1750	1.986	0.324	0.96	559	0.73	10.96	3.4	10
D35	中国食品卫生杂志	2050	1.783	0.303	0.93	462	0.22	9.06	5.2	9

学科代码	期刊名称	扩展总被引频次	扩展影响因子	扩展即年指标	扩展他引率	扩展引用刊数	扩展学科影响指标	扩展学科扩散指标	扩展被引半衰期	扩展H指标
D35	中国卫生法制	457	0.644	0.409	0.92	221	0.39	4.33	3.0	4
D35	中国卫生监督杂志	574	0.582	0.030	0.86	197	0.43	3.86	4.7	5
D35	中国卫生检验杂志	8424	1.243	0.130	0.86	1109	0.55	21.75	4.2	10
D35	中国卫生经济	4271	2.423	0.423	0.90	681	0.67	13.35	3.9	14
D35	中国卫生人才	493	0.405	0.096	1.00	234	0.55	4.59	4.1	5
D35	中国卫生统计	4072	2.073	0.163	0.91	964	0.76	18.90	4.6	12
D35	中国卫生信息管理杂志	1847	2.272	0.564	0.77	390	0.67	7.65	3.3	11
D35	中国卫生政策研究	2469	2.366	0.442	0.93	580	0.75	11.37	4.3	12
D35	中国卫生质量管理	2269	1.950	0.349	0.91	462	0.75	9.06	3.4	10
D35	中国卫生资源	1405	2.194	0.480	0.93	410	0.67	8.04	3.8	10
D35	中国学校卫生	7442	1.969	0.445	0.86	957	0.61	18.76	4.3	12
D35	中国医疗器械杂志	828	1.032	0.252	0.96	331	0.37	6.49	4.6	7
D35	中国医疗设备	5865	1.886	0.367	0.87	834	0.67	16.35	3.4	11
D35	中国医学教育技术	2434	2.336	2.187	0.96	532	0.47	10.43	2.8	12
D35	中国医学装备	5133	2.044	0.355	0.89	774	0.75	15.18	3.1	13
D35	中国医院	4226	2.340	0.394	0.93	611	0.76	11.98	3.8	14
D35	中国医院管理	7495	3.832	1.317	0.91	842	0.82	16.51	3.7	18
D35	中国医院统计	966	1.376	0.143	0.90	329	0.49	6.45	3.3	6
D35	中华健康管理学杂志	1360	1.983	0.383	0.86	426	0.53	8.35	3.8	11
D35	中华医学教育探索杂志	3053	2.174	0.227	0.93	459	0.61	9.00	3.5	12
D35	中华医学教育杂志	2485	2.403	0.400	0.93	404	0.55	7.92	3.4	11
D35	中华医学科研管理杂志	628	1.107	0.327	0.84	201	0.47	3.94	3.5	5
D35	中华医院管理杂志	4298	2.805	1.021	0.90	590	0.76	11.57	3.8	12
D36	Acta Pharmaceutica Sinica B	904	2.051	0.642	0.67	313	0.51	4.54	2.7	7
D36	Acta Pharmacologica Sinica	1956	1.456	0.518	0.94	666	0.77	9.65	4.8	9
D36	Asian Journal of Pharmaceutical Sciences	103	—	0.364	1.00	68	0.25	0.99	3.9	1
D36	Chinese Journal of Drug Application and Monitoring	1033	1.573	0.235	0.88	309	0.67	4.48	3.9	6
D36	Chinese Journal of Natural Medicines	1282	1.201	0.570	0.92	415	0.62	6.01	6.3	7
D36	Journal of Chinese Pharmaceutical Sciences	363	0.463	0.067	0.91	193	0.52	2.80	5.9	4
D36	Journal of Pharmaceutical Analysis	188	0.700	0.400	0.87	114	0.22	1.65	2.8	4
D36	北方药学	9082	1.352	0.243	0.98	657	0.77	9.52	2.7	10
D36	儿科药学杂志	2489	1.873	0.678	0.89	510	0.74	7.39	3.4	10

2020 年中国科技期刊被引指标按类刊名字顺索引（续）

学科代码	期刊名称	扩展总被引频次	扩展影响因子	扩展即年指标	扩展他引率	扩展引用刊数	扩展学科影响指标	扩展学科扩散指标	扩展被引半衰期	扩展H指标
D36	福建医药杂志	2012	0.938	0.131	0.99	518	0.35	7.51	3.3	6
D36	国际药学研究杂志	1182	0.965	0.053	0.97	518	0.75	7.51	4.5	8
D36	国外医药（抗生素分册）	495	0.896	0.114	0.88	237	0.57	3.43	5.2	5
D36	海峡药学	8020	0.983	0.134	0.98	877	0.87	12.71	3.2	11
D36	华西药学杂志	1590	1.105	0.474	0.86	507	0.70	7.35	5.5	7
D36	家庭用药	33	0.013	—	1.00	24	—	0.35	3.1	1
D36	今日药学	1482	1.254	0.522	0.93	404	0.75	5.86	3.5	8
D36	抗感染药学	3411	1.317	0.215	0.90	451	0.61	6.54	2.5	11
D36	临床药物治疗杂志	2087	1.923	0.474	0.99	499	0.83	7.23	2.9	11
D36	实用药物与临床	3412	2.093	0.220	0.99	625	0.77	9.06	3.5	12
D36	世界临床药物	1440	1.611	0.121	0.99	498	0.78	7.22	3.6	8
D36	西北药学杂志	2199	1.947	0.171	0.84	552	0.77	8.00	4.0	9
D36	现代药物与临床	8388	2.831	0.537	0.98	739	0.80	10.71	2.8	15
D36	药品评价	2266	1.024	0.077	0.95	470	0.74	6.81	3.0	8
D36	药物不良反应杂志	1383	1.381	0.340	0.93	380	0.75	5.51	5.2	9
D36	药物分析杂志	3986	1.484	0.178	0.90	676	0.80	9.80	5.8	9
D36	药物流行病学杂志	1407	1.236	0.228	0.96	378	0.74	5.48	3.8	7
D36	药物评价研究	3880	1.877	0.621	0.94	659	0.84	9.55	3.0	16
D36	药物生物技术	773	0.971	0.016	0.91	382	0.58	5.54	4.6	7
D36	药学服务与研究	1070	1.275	0.270	0.97	368	0.67	5.33	4.1	7
D36	药学进展	680	0.725	0.105	0.99	376	0.74	5.45	4.9	6
D36	药学实践杂志	1124	1.514	0.302	0.98	455	0.75	6.59	4.5	10
D36	药学学报	4160	1.848	0.758	0.89	810	0.91	11.74	5.1	13
D36	药学研究	1479	1.063	0.192	0.97	515	0.78	7.46	4.8	8
D36	药学与临床研究	1145	1.233	0.129	0.99	426	0.75	6.17	4.5	8
D36	医药导报	4944	2.003	2.158	0.94	914	0.87	13.25	3.2	16
D36	中国处方药	6369	1.500	0.262	0.99	609	0.72	8.83	2.5	10
D36	中国海洋药物	543	0.577	0.085	0.90	213	0.26	3.09	8.7	4
D36	中国合理用药探索	2136	1.275	0.367	0.95	406	0.64	5.88	2.4	9
D36	中国抗生素杂志	2086	1.636	0.561	0.92	559	0.77	8.10	3.4	11
D36	中国临床药理学与治疗学	2525	1.729	0.467	0.94	651	0.83	9.43	4.2	10
D36	中国临床药理学杂志	10132	2.455	0.365	0.93	947	0.90	13.72	3.3	20
D36	中国临床药学杂志	755	1.152	0.182	0.97	300	0.68	4.35	3.9	5

学科代码	期刊名称	扩展总被引频次	扩展影响因子	扩展即年指标	扩展他引率	扩展引用刊数	扩展学科影响指标	扩展学科扩散指标	扩展被引半衰期	扩展H指标
D36	中国现代医药杂志	2289	—	0.169	0.99	588	0.51	8.52	3.3	7
D36	中国现代应用药学	3771	1.494	0.398	0.87	760	0.87	11.01	3.2	11
D36	中国新药与临床杂志	1862	1.745	0.331	0.96	533	0.86	7.72	4.4	10
D36	中国新药杂志	4966	1.435	0.172	0.94	915	0.93	13.26	4.8	14
D36	中国药房	15408	2.565	0.407	0.97	1233	0.93	17.87	4.0	20
D36	中国药理学通报	5073	2.342	0.849	0.81	869	0.84	12.59	4.1	12
D36	中国药理学与毒理学杂志	1521	1.169	0.106	0.98	555	0.74	8.04	4.8	9
D36	中国药品标准	488	0.709	0.108	0.95	190	0.58	2.75	6.6	5
D36	中国药师	5107	1.323	0.245	0.93	822	0.84	11.91	3.9	12
D36	中国药事	2221	1.365	0.290	0.94	537	0.78	7.78	4.3	9
D36	中国药物化学杂志	475	0.288	0.045	0.95	212	0.42	3.07	9.0	5
D36	中国药物经济学	3954	1.570	0.290	0.99	607	0.70	8.80	3.8	9
D36	中国药物警戒	2165	1.582	0.302	0.86	452	0.81	6.55	4.6	10
D36	中国药物滥用防治杂志	614	0.848	0.160	0.88	218	0.43	3.16	4.2	5
D36	中国药物评价	653	1.238	0.115	0.93	260	0.65	3.77	3.4	7
D36	中国药物依赖性杂志	709	0.860	0.090	0.83	252	0.30	3.65	5.7	5
D36	中国药学杂志	4957	1.377	0.518	0.93	928	0.91	13.45	5.9	12
D36	中国药业	7984	1.795	0.479	0.92	935	0.88	13.55	3.7	11
D36	中国医药导刊	4267	—	0.319	0.98	645	0.71	9.35	4.2	15
D36	中国医药工业杂志	1714	0.893	0.133	0.92	469	0.74	6.80	5.2	8
D36	中国医院药学杂志	7315	2.165	0.829	0.96	955	0.87	13.84	3.7	14
D36	中国医院用药评价与分析	5188	2.397	0.431	0.98	574	0.80	8.32	2.9	13
D36	中南药学	2786	1.067	0.248	0.89	641	0.83	9.29	3.6	10
D37	Chinese Journal of Integrative Medicine	1500	1.556	0.609	0.89	474	0.90	6.77	4.0	7
D37	Digital Chinese Medicine	36	0.630	0.036	0.81	27	0.17	0.39	2.2	2
D37	Journal of Acupuncture and Tuina Science	651	1.194	0.101	0.94	200	0.73	2.86	4.1	6
D37	Journal of Traditional Chinese Medicine	664	0.553	0.243	0.96	285	0.79	4.07	5.5	4
D37	Traditional Chinese Medical Sciences	84	0.372	0.080	0.94	65	0.24	0.93	3.1	2
D37	World Journal of Acupuncture-Moxibustion	354	0.863	0.075	0.88	136	0.69	1.94	4.2	4
D37	World Journal of Traditional Chinese Medicine	87	0.714	0.204	0.94	39	0.16	0.56	2.7	3
D37	按摩与康复医学	5886	—	0.470	0.90	512	0.86	7.31	2.5	10
D37	北京中医药	4519	1.515	1.310	0.92	515	0.97	7.36	4.6	13
D37	福建中医药	1338	0.963	0.297	0.93	347	0.89	4.96	4.7	6

2020 年中国科技期刊被引指标按类刊名字顺索引（续）

学科代码	期刊名称	扩展总被引频次	扩展影响因子	扩展即年指标	扩展他引率	扩展引用刊数	扩展学科影响指标	扩展学科扩散指标	扩展被引半衰期	扩展H指标
D37	光明中医	9910	1.334	0.223	0.91	580	0.97	8.29	3.3	9
D37	广西中医药	1387	1.075	0.166	0.99	297	0.91	4.24	5.2	6
D37	国际中医中药杂志	2822	2.002	0.244	0.96	472	0.89	6.74	3.1	13
D37	国医论坛	1106	0.814	0.180	0.96	243	0.87	3.47	4.6	6
D37	河北中医	5244	2.014	0.094	0.98	527	0.97	7.53	4.2	10
D37	河北中医药学报	1241	2.320	0.567	0.99	311	0.81	4.44	3.2	9
D37	河南中医	5764	—	0.378	0.97	536	0.97	7.66	4.7	9
D37	黑龙江中医药	2828	1.273	0.102	0.99	378	0.86	5.40	2.2	8
D37	湖南中医杂志	5984	1.232	0.160	0.98	584	0.97	8.34	3.4	9
D37	环球中医药	4948	1.651	0.167	0.93	538	0.96	7.69	3.6	11
D37	吉林中医药	5719	2.397	0.446	0.95	598	0.97	8.54	3.7	16
D37	江苏中医药	4730	1.730	0.670	0.98	516	0.97	7.37	4.6	11
D37	江西中医药	2601	1.062	0.202	0.97	471	0.94	6.73	4.8	8
D37	辽宁中医杂志	10818	1.640	0.295	0.96	732	0.99	10.46	4.7	13
D37	内蒙古中医药	9926	0.993	0.177	0.98	669	0.96	9.56	3.8	9
D37	山东中医杂志	3404	1.379	0.364	0.97	462	0.96	6.60	4.8	10
D37	山西中医	2140	1.150	0.166	0.99	372	0.94	5.31	4.4	6
D37	陕西中医	10214	3.149	0.671	0.93	622	0.94	8.89	3.7	14
D37	上海中医药杂志	5144	1.629	1.985	0.96	621	0.96	8.87	4.8	15
D37	时珍国医国药	12227	1.347	0.057	0.97	1148	0.99	16.40	5.7	12
D37	实用中西医结合临床	6165	1.466	0.179	0.98	543	0.83	7.76	2.7	10
D37	实用中医内科杂志	3375	1.217	0.420	0.95	416	0.94	5.94	5.1	7
D37	实用中医药杂志	5706	1.126	0.180	0.98	483	0.94	6.90	3.0	7
D37	世界科学技术—中医药现代化	4201	1.358	0.404	0.93	722	0.96	10.31	4.6	12
D37	世界中医药	10529	2.662	1.025	0.95	770	0.99	11.00	3.2	18
D37	四川中医	9302	1.794	0.177	0.95	609	0.97	8.70	3.7	12
D37	天津中医药	3390	1.798	1.857	0.94	538	0.91	7.69	3.5	13
D37	西部中医药	5850	1.916	0.376	0.88	634	0.96	9.06	3.6	13
D37	现代中医临床	1384	1.874	0.307	0.93	292	0.84	4.17	4.6	9
D37	现代中医药	1425	0.976	0.250	0.96	332	0.87	4.74	4.2	7
D37	新疆中医药	1756	1.243	0.089	0.99	385	0.90	5.50	3.4	7
D37	新中医	8199	1.193	0.238	0.97	596	0.99	8.51	4.5	9
D37	亚太传统医药	6497	0.985	0.066	0.98	802	0.96	11.46	4.1	13

学科代码	期刊名称	扩展总被引频次	扩展影响因子	扩展即年指标	扩展他引率	扩展引用刊数	扩展学科影响指标	扩展学科扩散指标	扩展被引半衰期	扩展H指标
D37	云南中医中药杂志	3458	1.048	0.164	0.97	484	0.96	6.91	4.1	7
D37	浙江中西医结合杂志	2643	1.066	0.237	0.98	559	0.91	7.99	4.1	7
D37	浙江中医杂志	3879	0.926	0.079	0.93	481	0.96	6.87	4.3	8
D37	中国民间疗法	4498	0.939	0.265	0.89	418	0.89	5.97	2.6	8
D37	中国民族医药杂志	2487	0.574	0.047	0.79	356	0.64	5.09	5.4	5
D37	中国中医基础医学杂志	7440	1.505	0.249	0.97	625	0.99	8.93	5.3	12
D37	中国中医急症	10195	2.292	0.463	0.95	674	0.97	9.63	4.1	14
D37	中国中医眼科杂志	1494	1.837	0.531	0.66	278	0.73	3.97	3.9	7
D37	中国中医药科技	3923	1.634	0.531	0.98	546	0.93	7.80	3.2	8
D37	中国中医药现代远程教育	9372	1.095	0.155	0.93	825	0.94	11.79	3.7	13
D37	中国中医药信息杂志	5622	1.984	0.755	0.97	777	0.99	11.10	4.8	11
D37	中华中医药学刊	14964	3.186	0.837	0.96	982	0.99	14.03	3.9	19
D37	中华中医药杂志	21407	2.429	0.140	0.87	1066	0.99	15.23	3.8	20
D37	中药药理与临床	4524	1.688	0.936	0.95	681	0.96	9.73	5.1	10
D37	中医临床研究	15302	1.418	0.189	0.86	737	0.97	10.53	3.3	15
D37	中医外治杂志	1547	1.264	0.151	0.94	288	0.87	4.11	4.2	7
D37	中医文献杂志	653	0.383	0.036	0.95	198	0.80	2.83	8.3	5
D37	中医学报	7532	1.975	0.923	0.97	701	0.96	10.01	3.6	14
D37	中医研究	3039	1.252	0.424	0.98	427	0.94	6.10	4.4	7
D37	中医药导报	7444	1.273	0.141	0.94	756	0.99	10.80	3.8	11
D37	中医药临床杂志	4924	1.435	0.140	0.96	526	0.96	7.51	3.5	8
D37	中医药通报	988	1.316	0.184	0.96	257	0.87	3.67	4.2	6
D37	中医药文化	399	0.510	0.169	0.94	159	0.56	2.27	6.2	5
D37	中医药信息	3665	3.153	0.688	0.99	583	0.94	8.33	3.9	14
D37	中医药学报	3015	1.889	0.258	0.98	547	0.94	7.81	4.8	11
D37	中医杂志	16501	2.899	5.831	0.96	852	0.99	12.17	4.4	34
D38	安徽中医药大学学报	2044	2.077	0.524	0.96	453	0.87	19.70	4.3	8
D38	北京中医药大学学报	4625	2.073	0.358	0.96	589	0.91	25.61	9.0	12
D38	长春中医药大学学报	5188	2.272	0.496	0.97	641	0.96	27.87	4.0	13
D38	成都中医药大学学报	1417	1.672	0.253	0.99	385	0.87	16.74	4.8	8
D38	甘肃中医药大学学报	1269	1.134	0.253	0.99	387	0.87	16.83	4.5	6
D38	广西中医药大学学报	1547	1.398	0.113	0.99	478	0.83	20.78	4.4	7
D38	广州中医药大学学报	4201	2.651	0.575	0.97	594	0.91	25.83	3.2	12

2020 年中国科技期刊被引指标按类刊名字顺索引（续）

学科代码	期刊名称	扩展总被引频次	扩展影响因子	扩展即年指标	扩展他引率	扩展引用刊数	扩展学科影响指标	扩展学科扩散指标	扩展被引半衰期	扩展H指标
D38	贵州中医药大学学报	1660	—	0.241	0.96	428	0.70	18.61	6.1	3
D38	湖北中医药大学学报	2684	2.266	0.246	0.95	486	0.87	21.13	3.7	12
D38	湖南中医药大学学报	4655	2.753	0.582	0.95	662	0.87	28.78	3.4	12
D38	江西中医药大学学报	1725	1.297	0.232	0.98	461	0.87	20.04	4.5	6
D38	康复学报	1203	2.050	1.373	0.92	387	0.83	16.83	4.3	8
D38	辽宁中医药大学学报	9910	2.303	0.432	0.97	852	0.96	37.04	3.9	15
D38	南京中医药大学学报	2969	2.446	1.594	0.98	536	0.91	23.30	4.6	11
D38	山东中医药大学学报	2098	1.507	0.365	0.97	398	0.91	17.30	6.4	8
D38	陕西中医药大学学报	1812	1.065	1.028	0.97	388	0.91	16.87	4.1	7
D38	上海中医药大学学报	1806	1.744	1.864	0.97	445	0.91	19.35	4.8	8
D38	天津中医药大学学报	1400	1.858	0.592	0.99	406	0.83	17.65	3.6	10
D38	云南中医学院学报	1413	1.361	0.080	0.95	373	0.87	16.22	5.2	6
D38	浙江中医药大学学报	3363	1.632	0.258	0.96	560	0.91	24.35	4.9	8
D39	Journal of Integrative Medicine	1249	0.569	0.438	0.99	380	0.82	22.35	≥10	9
D39	World Journal of Integrated Traditional and Western Medicine	48	0.515	0.057	0.88	23	0.06	1.35	2.3	3
D39	世界中西医结合杂志	6269	2.198	0.445	0.96	632	1.00	37.18	3.9	15
D39	现代中西医结合杂志	21856	3.188	0.501	0.98	955	1.00	56.18	3.6	20
D39	中国中西医结合耳鼻咽喉科杂志	1326	1.711	0.233	0.95	322	0.41	18.94	3.6	9
D39	中国中西医结合急救杂志	2751	2.615	0.692	0.94	472	0.65	27.76	3.5	13
D39	中国中西医结合皮肤性病学杂志	1751	1.582	0.232	0.97	344	0.47	20.24	3.5	11
D39	中国中西医结合肾病杂志	4324	1.732	0.225	0.89	549	0.59	32.29	4.1	11
D39	中国中西医结合外科杂志	2367	2.057	0.401	0.96	496	0.71	29.18	3.3	12
D39	中国中西医结合消化杂志	3396	2.782	0.302	0.95	468	0.76	27.53	3.5	19
D39	中国中西医结合影像学杂志	1379	1.094	0.326	0.95	378	0.47	22.24	3.6	7
D39	中国中西医结合杂志	8429	2.948	1.208	0.97	841	1.00	49.47	5.5	20
D39	中西医结合肝病杂志	1365	1.485	0.112	0.93	341	0.59	20.06	3.7	9
D39	中西医结合心脑血管病杂志	12089	2.301	0.257	0.96	737	0.82	43.35	3.1	16
D39	中西医结合研究	853	1.523	0.394	0.91	260	0.71	15.29	3.1	6
D40	Chinese Herbal Medicines	382	0.858	0.293	0.93	156	1.00	15.60	4.3	6
D40	天然产物研究与开发	4088	1.545	0.285	0.92	801	1.00	80.10	5.7	10
D40	现代中药研究与实践	1334	1.213	0.152	0.96	423	1.00	42.30	6.5	8
D40	中草药	17441	3.052	1.852	0.89	1295	1.00	129.50	4.0	29

学科代码	期刊名称	扩展总被引频次	扩展影响因子	扩展即年指标	扩展他引率	扩展引用刊数	扩展学科影响指标	扩展学科扩散指标	扩展被引半衰期	扩展H指标
D40	中成药	8845	1.994	0.282	0.93	949	1.00	94.90	4.7	13
D40	中国实验方剂学杂志	17146	3.149	1.133	0.90	1150	1.00	115.00	4.0	19
D40	中国现代中药	3123	1.562	0.365	0.94	652	1.00	65.20	4.2	11
D40	中国中药杂志	19519	3.111	1.554	0.86	1334	1.00	133.40	4.9	25
D40	中药材	8182	1.300	0.426	0.96	1018	1.00	101.80	5.8	13
D40	中药新药与临床药理	2392	1.691	0.455	0.95	537	1.00	53.70	4.7	11
D41	上海针灸杂志	5776	2.437	0.503	0.96	444	1.00	55.50	4.6	11
D41	针刺研究	3587	3.730	0.404	0.85	425	0.88	53.13	4.2	13
D41	针灸临床杂志	5406	2.751	0.384	0.95	420	1.00	52.50	4.5	12
D41	中国骨伤	4270	2.709	0.571	0.88	579	0.88	72.38	3.9	13
D41	中国针灸	10145	3.103	0.651	0.94	563	1.00	70.38	5.4	17
D41	中国中医骨伤科杂志	3426	1.905	0.402	0.89	452	0.88	56.50	4.1	11
D41	中华针灸电子杂志	333	1.682	0.259	0.99	128	0.75	16.00	3.2	5
D41	中医正骨	3282	2.173	0.369	0.87	438	0.88	54.75	4.2	11
E01	CT 理论与应用研究	562	0.961	0.209	0.95	280	0.05	3.64	4.0	6
E01	International Journal of Novation Studies	14	0.400	—	1.00	12	—	0.16	2.9	2
E01	Journal of Analysis and Testing	3	—	—	1.00	3	—	0.04	4.5	1
E01	Science China Technological Sciences	1863	1.019	0.194	0.82	639	0.18	8.30	6.3	6
E01	包装工程	8200	1.405	0.454	0.76	1109	0.39	14.40	3.5	12
E01	包装学报	310	0.722	0.143	0.88	168	0.09	2.18	4.1	5
E01	包装与设计	41	0.110	0.011	1.00	27	0.03	0.35	3.7	1
E01	标准科学	1369	0.745	0.263	0.81	551	0.31	7.16	3.4	6
E01	测试技术学报	514	0.688	0.301	0.93	297	0.17	3.86	6.0	5
E01	成组技术与生产现代化	117	0.213	—	0.95	83	0.06	1.08	5.3	3
E01	船舶标准化工程师	157	0.305	0.036	0.95	85	0.09	1.10	3.5	3
E01	电信工程技术与标准化	796	0.825	0.399	0.92	235	0.12	3.05	2.7	7
E01	福建质量技术监督	71	0.040	0.012	1.00	50	0.03	0.65	4.1	2
E01	工程爆破	936	1.048	0.297	0.86	185	0.10	2.40	6.0	6
E01	工程地球物理学报	1698	1.703	0.278	0.73	364	0.16	4.73	6.3	7
E01	工程建设	623	0.612	0.314	0.88	261	0.13	3.39	3.1	5
E01	工程科学学报	2739	1.553	0.289	0.91	725	0.22	9.42	6.8	10
E01	工程力学	6639	1.735	0.276	0.85	846	0.35	10.99	7.2	11
E01	工程数学学报	323	0.300	0.067	0.96	211	0.03	2.74	9.7	3

学科代码	期刊名称	扩展总被引频次	扩展影响因子	扩展即年指标	扩展他引率	扩展引用刊数	扩展学科影响指标	扩展学科扩散指标	扩展被引半衰期	扩展H指标
E01	工程与建设	873	0.563	0.162	0.96	281	0.12	3.65	3.2	6
E01	工程与试验	315	0.263	0.060	0.86	170	0.13	2.21	5.7	4
E01	工程造价管理	260	0.770	0.360	0.87	89	0.04	1.16	2.8	4
E01	工程质量	896	0.587	0.125	0.91	255	0.18	3.31	4.1	5
E01	工具技术	1308	0.412	0.091	0.84	372	0.17	4.83	5.0	5
E01	工业工程	736	0.851	0.115	0.93	340	0.09	4.42	6.4	5
E01	工业计量	584	0.458	0.086	0.92	213	0.21	2.77	4.9	4
E01	工业设计	2076	0.656	0.300	0.69	416	0.16	5.40	2.6	8
E01	航空标准化与质量	304	0.396	0.036	0.95	155	0.16	2.01	7.3	3
E01	航天标准化	147	0.355	0.020	0.86	80	0.12	1.04	7.3	3
E01	河北工业科技	429	0.791	0.179	0.93	307	0.10	3.99	5.4	4
E01	衡器	263	0.328	0.090	0.86	101	0.14	1.31	3.6	4
E01	计量科学与技术	810	0.444	0.031	0.77	255	0.21	3.31	7.4	4
E01	计量学报	1782	1.890	0.339	0.53	387	0.22	5.03	3.5	7
E01	计量与测试技术	1536	0.470	0.093	0.95	513	0.34	6.66	4.5	5
E01	冷藏技术	154	0.330	0.063	0.89	93	0.06	1.21	4.5	4
E01	宁夏工程技术	286	0.376	0.050	0.96	208	0.08	2.70	7.2	3
E01	热喷涂技术	217	0.558	0.045	0.86	90	0.08	1.17	5.3	3
E01	人类工效学	545	0.475	0.087	0.88	311	0.13	4.04	7.0	4
E01	润滑与密封	2398	0.730	0.149	0.82	521	0.21	6.77	7.3	7
E01	上海计量测试	423	0.494	0.142	0.88	191	0.17	2.48	4.9	5
E01	设计	4231	1.049	0.367	0.64	521	0.19	6.77	2.8	10
E01	声学与电子工程	176	0.264	0.017	0.96	102	0.04	1.32	6.8	3
E01	市政技术	1209	0.473	0.160	0.96	359	0.16	4.66	4.4	5
E01	市政设施管理	38	0.092	0.011	0.82	20	0.04	0.26	3.3	2
E01	室内设计与装修	154	0.038	0.021	0.92	78	0.08	1.01	8.8	2
E01	数字与缩微影像	134	0.485	0.071	0.79	54	0.03	0.70	3.8	3
E01	塑料包装	251	0.380	0.038	0.90	111	0.08	1.44	4.4	3
E01	新技术新工艺	1074	0.423	0.159	0.97	492	0.26	6.39	6.3	5
E01	新媒体研究	4248	0.617	0.169	0.97	909	0.26	11.81	3.7	10
E01	信息技术与标准化	540	0.329	0.058	0.97	289	0.16	3.75	3.9	6
E01	液晶与显示	956	1.043	0.253	0.71	239	0.13	3.10	4.1	7
E01	液压气动与密封	1242	0.527	0.161	0.77	337	0.16	4.38	5.0	5

2020 年中国科技期刊被引指标按类刊名字顺索引（续）

学科代码	期刊名称	扩展总被引频次	扩展影响因子	扩展即年指标	扩展他引率	扩展引用刊数	扩展学科影响指标	扩展学科扩散指标	扩展被引半衰期	扩展H指标
E01	仪器仪表标准化与计量	249	0.727	0.247	0.96	150	0.14	1.95	2.7	4
E01	应用基础与工程科学学报	1491	1.195	0.153	0.87	649	0.19	8.43	6.2	8
E01	真空	737	0.892	0.239	0.87	239	0.16	3.10	6.1	4
E01	真空科学与技术学报	864	0.562	0.074	0.82	304	0.16	3.95	5.5	5
E01	质量技术监督研究	234	0.469	0.087	0.96	142	0.14	1.84	4.1	4
E01	质量与标准化	217	0.158	0.021	0.99	139	0.08	1.81	5.2	3
E01	质量与可靠性	296	0.375	0.071	0.91	137	0.16	1.78	5.9	3
E01	质量与认证	310	0.344	0.145	0.94	163	0.12	2.12	2.7	3
E01	中国测试	1694	0.817	0.125	0.93	720	0.30	9.35	4.0	7
E01	中国工程科学	3199	3.170	0.508	0.98	1458	0.40	18.94	6.7	15
E01	中国惯性技术学报	1389	1.178	0.087	0.82	298	0.12	3.87	5.3	6
E01	中国科学（技术科学）	1804	1.270	0.376	0.96	751	0.22	9.75	6.2	9
E01	中国新技术新产品	7807	0.724	0.168	0.99	1028	0.40	13.35	3.7	9
E01	中国质量	578	—	0.051	0.96	313	0.12	4.06	≥10	4
E01	中国质量与标准导报	286	0.381	0.077	0.93	177	0.10	2.30	3.4	3
E02	Journal of Beijing Institute of Technology	152	0.174	0.015	0.89	107	0.12	0.75	6.4	2
E02	Journal of Central South University	1837	0.823	0.148	0.80	656	0.32	4.62	5.3	5
E02	Journal of Harbin Institute of Technology	130	0.128	0.090	0.92	104	0.06	0.73	6.9	2
E02	安徽工程大学学报	299	0.410	0.095	1.00	243	0.08	1.71	4.4	3
E02	安徽工业大学学报（自然科学版）	252	0.256	0.145	0.92	176	0.04	1.24	8.2	3
E02	安徽科技学院学报	770	0.747	0.126	0.88	380	0.12	2.60	5.1	4
E02	安徽理工大学学报（自然科学版）	350	0.424	0.075	0.98	237	0.37	5.78	7.0	3
E02	安阳工学院学报	506	0.466	0.245	0.97	285	0.04	2.01	3.1	4
E02	北方工业大学学报	231	0.278	0.053	0.99	178	0.04	1.25	4.5	4
E02	北京电子科技学院学报	97	0.088	—	1.00	73	0.01	0.50	7.4	2
E02	北京工业大学学报	1938	1.068	0.259	0.96	844	0.40	5.94	5.7	7
E02	北京理工大学学报	1908	1.050	0.141	0.87	683	0.43	4.81	5.8	6
E02	北京印刷学院学报	852	0.545	0.281	0.99	405	0.02	2.85	2.2	5
E02	长春工业大学学报	413	0.516	0.163	0.77	237	0.09	1.67	5.4	4
E02	长春理工大学学报（自然科学版）	825	0.617	0.044	0.79	392	0.17	2.76	5.1	6
E02	长江工程职业技术学院学报	346	1.142	0.213	0.99	176	0.02	1.24	2.6	3
E02	长沙理工大学学报（自然科学版）	314	0.580	0.089	0.96	209	0.11	1.47	5.8	3
E02	常熟理工学院学报	343	0.298	0.108	0.98	257	0.04	1.81	6.2	3

2020 年中国科技期刊被引指标按类刊名字顺索引（续）

学科代码	期刊名称	扩展总被引频次	扩展影响因子	扩展即年指标	扩展他引率	扩展引用刊数	扩展学科影响指标	扩展学科扩散指标	扩展被引半衰期	扩展H指标
E02	常州工学院学报	265	0.317	0.114	0.99	206	0.05	1.45	5.4	3
E02	成都信息工程大学学报	378	0.560	0.019	0.94	219	0.06	1.54	5.7	3
E02	重庆电子工程职业学院学报	475	0.468	0.097	1.00	219	0.04	1.54	3.6	4
E02	重庆理工大学学报（自然科学版）	2002	1.064	0.205	0.90	911	0.33	6.24	3.2	7
E02	大连工业大学学报	444	0.545	—	0.89	271	0.11	1.91	5.9	4
E02	大连理工大学学报	1039	0.789	0.146	0.99	602	0.32	4.24	9.7	6
E02	东莞理工学院学报	359	0.486	0.223	0.92	248	0.04	1.75	3.5	4
E02	纺织科学与工程学报	681	1.550	0.514	0.94	204	0.10	1.44	2.8	9
E02	福建工程学院学报	293	0.398	0.095	0.96	217	0.04	1.53	4.8	4
E02	工程科学与技术	2167	1.116	0.292	0.95	823	0.44	5.80	6.0	9
E02	广东工业大学学报	485	0.747	0.202	0.76	297	0.10	2.09	4.5	5
E02	广东轻工职业技术学院学报	250	0.700	0.556	1.00	153	0.01	1.08	2.8	3
E02	广西科技大学学报	405	0.993	0.444	0.66	216	0.08	1.52	3.6	4
E02	桂林理工大学学报	1156	0.932	0.330	0.84	453	0.08	3.19	5.9	6
E02	国防科技大学学报	1142	0.608	0.112	0.94	432	0.26	3.04	5.9	6
E02	哈尔滨工程大学学报	2081	0.863	0.199	0.94	722	0.36	5.08	5.0	7
E02	哈尔滨工业大学学报	3331	1.121	0.290	0.96	1080	0.58	7.61	5.8	8
E02	哈尔滨理工大学学报	833	0.880	0.056	0.81	400	0.19	2.82	4.4	6
E02	海军工程大学学报	632	0.465	0.018	0.93	294	0.15	2.07	6.7	4
E02	合肥工业大学学报（自然科学版）	1865	0.576	0.087	0.94	911	0.39	6.42	6.7	6
E02	河北工程大学学报（自然科学版）	442	0.503	0.179	0.97	305	0.29	2.31	5.9	4
E02	河北工业大学学报	551	0.502	0.041	0.97	401	0.15	2.82	7.3	4
E02	河北科技大学学报	508	0.782	0.281	0.92	345	0.09	2.36	5.3	5
E02	河北软件职业技术学院学报	273	0.788	0.380	0.99	156	0.02	1.10	2.7	4
E02	河南城建学院学报	252	0.489	0.079	0.96	173	0.09	1.22	5.0	3
E02	河南工业大学学报（自然科学版）	1398	1.357	0.234	0.90	337	0.65	5.62	5.6	7
E02	河南科技大学学报（自然科学版）	659	0.882	0.361	0.85	392	0.12	2.68	4.6	5
E02	河南理工大学学报（自然科学版）	1036	0.923	0.415	0.94	438	0.15	3.08	5.4	6
E02	黑龙江大学工程学报	360	0.840	0.293	0.84	209	0.03	1.47	6.4	3
E02	黑龙江工程学院学报	458	0.937	0.525	0.90	288	0.08	2.03	2.8	5
E02	黑龙江科技大学学报	522	0.491	0.181	0.84	271	0.12	1.91	4.9	4
E02	湖北工程学院学报	376	0.543	0.113	0.95	253	0.02	1.78	3.6	4
E02	湖北工业大学学报	506	0.431	0.104	0.98	374	0.08	2.63	5.0	4

2020 年中国科技期刊被引指标按类刊名字顺索引（续）

学科代码	期刊名称	扩展总被引频次	扩展影响因子	扩展即年指标	扩展他引率	扩展引用刊数	扩展学科影响指标	扩展学科扩散指标	扩展被引半衰期	扩展H指标
E02	湖北科技学院学报	908	0.359	0.073	0.97	408	0.05	2.79	5.9	4
E02	湖北理工学院学报	330	0.714	0.151	0.93	227	0.05	1.60	3.5	4
E02	湖南工业大学学报	422	0.620	0.094	0.96	309	0.15	2.18	6.1	4
E02	湖南科技大学学报（自然科学版）	482	0.567	0.176	0.97	298	0.12	2.10	8.8	4
E02	湖南科技学院学报	1428	0.487	0.049	0.99	609	0.13	4.17	4.9	5
E02	华北科技学院学报	564	0.516	0.101	0.91	256	0.06	1.80	5.6	4
E02	华北理工大学学报（自然科学版）	347	0.583	0.274	0.98	266	0.05	1.82	6.5	4
E02	华东理工大学学报（自然科学版）	841	0.695	0.126	0.87	463	0.17	3.26	6.6	6
E02	华南理工大学学报（自然科学版）	2103	0.700	0.175	0.95	889	0.45	6.26	7.5	5
E02	华中科技大学学报（自然科学版）	2730	0.987	0.258	0.94	1008	0.51	7.10	6.4	8
E02	淮阴工学院学报	275	0.333	0.036	0.98	210	0.06	1.48	4.6	3
E02	黄河科技学院学报	103	—	0.134	0.98	82	0.01	0.56	1.3	3
E02	吉林大学学报（工学版）	2512	0.992	0.331	0.87	805	0.51	5.67	6.0	7
E02	江苏工程职业技术学院学报	241	0.475	0.094	0.96	154	0.03	1.08	3.3	4
E02	江苏科技大学学报（自然科学版）	566	0.521	0.076	0.79	298	0.19	2.10	4.8	4
E02	江苏理工学院学报	426	0.404	0.025	0.99	281	0.08	1.98	4.7	4
E02	江西理工大学学报	787	1.026	0.133	0.93	373	0.10	2.63	4.7	7
E02	金陵科技学院学报	312	0.512	0.162	0.95	218	0.05	1.49	5.8	4
E02	空军工程大学学报（自然科学版）	552	0.615	0.110	0.93	265	0.14	1.87	5.0	4
E02	昆明理工大学学报（自然科学版）	748	0.565	0.132	0.97	490	0.10	3.36	8.1	4
E02	兰州工业学院学报	249	0.288	0.074	0.99	196	0.04	1.38	3.7	3
E02	兰州理工大学学报	989	0.590	0.087	0.87	508	0.21	3.58	5.8	4
E02	辽宁工业大学学报（自然科学版）	326	0.435	0.156	0.90	241	0.09	1.70	4.6	4
E02	辽宁科技大学学报	317	0.391	0.063	0.95	227	0.04	1.60	7.3	4
E02	辽宁科技学院学报	607	0.618	0.107	0.99	320	0.10	2.19	2.8	4
E02	美食研究	474	1.219	0.286	0.76	186	0.04	1.31	4.7	4
E02	内蒙古工业大学学报（自然科学版）	136	0.232	0.078	0.98	119	0.04	0.84	4.8	2
E02	南昌大学学报（工科版）	335	0.465	0.061	0.95	254	0.07	1.79	7.0	4
E02	南昌工程学院学报	424	0.671	0.124	0.88	292	0.06	2.06	3.7	4
E02	南京工业大学学报（自然科学版）	850	0.680	0.200	0.90	482	0.19	3.39	7.5	5
E02	南京理工大学学报（自然科学版）	1216	1.464	0.135	0.87	560	0.32	3.94	5.0	7
E02	南京师范大学学报（工程技术版）	232	0.439	0.196	0.97	183	0.04	2.44	6.0	4
E02	南京信息工程大学学报	529	0.739	0.138	0.95	295	0.11	2.08	5.7	6

2020年中国科技期刊被引指标按类刊名字顺索引（续）

学科代码	期刊名称	扩展总被引频次	扩展影响因子	扩展即年指标	扩展他引率	扩展引用刊数	扩展学科影响指标	扩展学科扩散指标	扩展被引半衰期	扩展H指标
E02	南阳理工学院学报	256	0.346	0.014	0.98	207	0.04	1.46	3.8	3
E02	宁波大学学报（理工版）	397	0.451	0.099	0.93	283	0.11	1.94	5.1	4
E02	宁波工程学院学报	308	0.398	0.300	0.97	198	0.03	1.39	4.5	5
E02	齐鲁工业大学学报	341	0.624	0.147	0.99	252	0.07	1.77	5.8	4
E02	青岛大学学报（工程技术版）	324	0.476	0.088	0.95	240	0.07	1.69	5.3	3
E02	青岛科技大学学报（自然科学版）	486	0.830	0.232	0.88	299	0.11	2.05	3.8	4
E02	青岛理工大学学报	629	0.616	0.225	0.92	364	0.11	2.56	6.1	4
E02	轻工学报	520	0.706	0.190	0.94	283	0.11	1.99	5.6	5
E02	山东大学学报（工学版）	860	0.940	0.240	0.98	500	0.29	3.52	5.3	5
E02	山东科技大学学报（自然科学版）	754	1.041	0.195	0.95	383	0.20	2.70	7.0	5
E02	山东理工大学学报（自然科学版）	413	0.612	0.391	0.98	314	0.12	2.21	4.5	4
E02	陕西科技大学学报	763	0.523	0.127	0.95	454	0.14	3.11	5.4	5
E02	陕西理工大学学报（自然科学版）	351	0.757	0.072	0.96	259	0.06	1.82	3.8	4
E02	上海第二工业大学学报	206	0.627	0.093	0.98	164	0.05	1.15	4.4	4
E02	上海工程技术大学学报	269	0.417	0.031	0.96	208	0.08	1.46	5.9	4
E02	上海理工大学学报	504	0.492	0.034	0.94	344	0.12	2.36	7.4	4
E02	深圳大学学报（理工版）	432	0.679	0.250	0.92	309	0.11	2.18	4.4	4
E02	沈阳工业大学学报	1000	1.439	0.274	0.86	445	0.19	3.13	3.9	7
E02	苏州科技大学学报（工程技术版）	203	0.436	0.022	0.98	153	0.04	1.08	6.5	3
E02	苏州科技大学学报（自然科学版）	238	0.647	0.111	0.62	128	0.04	0.88	4.0	3
E02	太原理工大学学报	973	0.770	0.286	0.94	558	0.18	3.93	6.9	6
E02	天津工业大学学报	522	0.722	0.038	0.89	284	0.13	2.00	6.5	4
E02	天津科技大学学报	431	0.494	0.127	0.97	299	0.04	2.11	6.4	4
E02	天津理工大学学报	318	0.421	0.056	0.99	259	0.11	1.82	6.7	3
E02	武汉大学学报（工学版）	1746	1.082	0.229	0.97	738	0.38	5.20	7.8	7
E02	武汉纺织大学学报	373	0.503	0.133	0.93	214	0.04	1.51	6.2	3
E02	武汉工程大学学报	731	0.679	0.138	0.92	441	0.08	3.11	7.2	4
E02	武汉工程职业技术学院学报	258	0.530	0.160	0.97	165	0.04	1.16	2.9	3
E02	武汉科技大学学报（自然科学版）	517	0.559	0.188	0.97	332	0.15	2.34	7.8	4
E02	武汉轻工大学学报	505	0.712	0.112	0.92	328	0.04	2.31	4.5	5
E02	武警工程大学学报	34	0.040	—	0.76	25	0.01	0.18	≥10	1
E02	西安工程大学学报	1120	1.690	0.591	0.87	373	0.14	2.63	3.6	7
E02	西安工业大学学报	450	0.445	0.183	0.98	323	0.15	2.27	5.9	4

学科代码	期刊名称	扩展总被引频次	扩展影响因子	扩展即年指标	扩展他引率	扩展引用刊数	扩展学科影响指标	扩展学科扩散指标	扩展被引半衰期	扩展H指标
E02	西安科技大学学报	1614	1.472	0.359	0.82	507	0.23	3.57	5.4	6
E02	西安理工大学学报	536	0.724	0.101	0.91	354	0.14	2.49	6.1	4
E02	西北工业大学学报	1138	0.827	0.107	0.95	435	0.28	3.06	5.5	7
E02	西北农林科技大学学报（自然科学版）	4341	1.351	0.507	0.97	893	0.94	25.51	7.7	8
E02	西南科技大学学报	321	0.521	0.203	0.99	253	0.06	1.78	6.6	4
E02	厦门理工学院学报	209	0.379	0.101	0.98	162	0.05	1.14	3.9	3
E02	信息工程大学学报	315	0.208	0.008	0.72	150	0.18	2.05	5.1	3
E02	应用技术学报	273	0.725	0.159	0.86	192	0.04	1.35	4.3	5
E02	浙江大学学报（工学版）	3170	1.203	0.206	0.96	1132	0.61	7.97	6.0	9
E02	浙江纺织服装职业技术学院学报	244	0.511	0.384	0.96	128	0.06	0.90	4.1	3
E02	浙江工业大学学报	992	1.122	0.181	0.74	510	0.24	3.59	4.9	5
E02	浙江科技学院学报	315	0.542	0.133	0.92	210	0.01	1.44	5.0	3
E02	浙江理工大学学报（自然科学版）	616	0.550	0.150	0.91	367	0.12	2.51	5.9	4
E02	郑州大学学报（工学版）	821	0.873	0.177	0.87	481	0.26	3.39	6.3	4
E02	中国计量大学学报	362	0.771	0.090	0.86	223	0.09	1.57	4.6	4
E02	中南林业科技大学学报	3938	2.318	0.488	0.90	714	0.87	9.39	5.0	8
E02	中原工学院学报	280	0.428	0.082	0.97	212	0.07	1.49	4.5	3
E03	Engineering	883	1.496	0.351	0.91	492	0.15	6.74	2.8	9
E03	Frontiers of Information Technology & Electronic Engineering	426	0.609	0.153	0.84	221	0.19	3.03	3.3	7
E03	IEEE/CAA Journal of Automatica Sinica	559	1.038	0.233	0.56	178	0.18	2.44	2.8	6
E03	Journal of Electronic Science and Technology	51	0.181	—	0.92	46	0.04	0.63	6.3	2
E03	Machine Intelligence Research	391	1.168	0.159	0.58	166	0.19	2.27	4.0	5
E03	Optoelectronics Letters	158	0.229	0.022	0.77	72	0.03	0.99	4.3	2
E03	Science China Information Sciences	1050	0.551	0.140	0.91	366	0.34	5.01	4.0	6
E03	The Journal of China Universities of Posts and Telecommunications	158	0.220	0.034	0.96	101	0.11	1.38	6.2	3
E03	ZTE Communications	32	0.147	—	0.84	24	0.05	0.33	4.2	2
E03	保密科学技术	395	—	0.075	0.93	171	0.18	2.34	3.3	2
E03	磁性材料及器件	346	0.333	—	0.74	157	0.05	2.15	7.4	4
E03	当代电视	971	0.427	0.385	0.96	235	0.15	3.22	2.6	6
E03	电脑与电信	531	0.416	0.070	0.98	243	0.25	3.33	3.3	5
E03	电气电子教学学报	1433	0.932	0.230	0.83	297	0.22	4.07	4.3	6

学科代码	期刊名称	扩展总被引频次	扩展影响因子	扩展即年指标	扩展他引率	扩展引用刊数	扩展学科影响指标	扩展学科扩散指标	扩展被引半衰期	扩展H指标
E03	电信快报	390	0.805	0.338	0.91	135	0.15	1.85	2.3	5
E03	光纤与电缆及其应用技术	218	0.247	0.125	0.93	129	0.10	1.77	7.0	3
E03	广播电视信息	648	0.443	0.284	0.93	159	0.25	2.18	2.6	5
E03	广播与电视技术	829	0.556	0.235	0.85	128	0.21	1.75	3.1	5
E03	红外	324	0.394	0.060	0.91	184	0.08	2.52	6.5	4
E03	机电产品开发与创新	727	0.427	0.056	0.97	390	0.15	5.34	5.9	5
E03	机器人	1965	2.297	0.557	0.95	477	0.40	6.53	5.8	10
E03	机器人技术与应用	384	0.642	0.067	0.97	229	0.25	3.14	9.3	5
E03	集成电路应用	1200	0.658	0.479	0.96	316	0.27	4.33	1.4	7
E03	计算机测量与控制	3898	0.767	0.212	0.90	933	0.53	12.78	4.3	7
E03	计算技术与自动化	500	0.649	0.214	0.97	295	0.30	4.04	3.9	4
E03	舰船电子对抗	573	0.402	0.090	0.91	165	0.19	2.26	6.0	4
E03	江苏通信	137	0.444	0.112	0.99	69	0.15	0.95	2.3	3
E03	决策与信息	469	0.458	0.260	0.99	281	0.08	3.85	3.5	4
E03	决策咨询	330	0.647	0.266	0.97	222	0.05	3.04	2.8	4
E03	控制工程	2606	1.116	0.169	0.88	740	0.36	10.14	4.1	10
E03	雷达与对抗	237	0.284	0.033	0.94	112	0.16	1.53	5.9	3
E03	模式识别与人工智能	1435	1.721	0.402	0.94	532	0.38	7.29	4.6	9
E03	人工智能	304	—	0.203	0.99	214	0.19	2.93	3.3	4
E03	山西电子技术	376	0.323	0.175	0.97	221	0.22	3.03	3.7	3
E03	数字传媒研究	366	0.331	0.151	0.97	101	0.21	1.38	2.9	5
E03	数字技术与应用	3828	0.545	0.336	0.99	818	0.45	11.21	2.8	8
E03	数字教育	444	0.938	0.521	0.98	214	0.12	2.93	2.9	7
E03	网络空间安全	899	0.868	0.265	0.79	290	0.34	3.97	3.0	5
E03	系统仿真学报	4280	1.002	0.306	0.94	1100	0.55	15.07	7.3	9
E03	现代电视技术	476	—	0.107	0.92	113	0.14	1.55	2.9	5
E03	现代电影技术	312	0.331	0.103	0.78	104	0.08	1.42	4.5	3
E03	现代信息科技	2236	0.686	0.159	0.94	582	0.34	7.97	1.6	8
E03	新一代信息技术	29	0.084	0.010	0.93	11	0.03	0.15	1.5	2
E03	信息安全与通信保密	749	0.918	0.418	0.96	382	0.32	5.23	3.6	7
E03	信息化研究	312	0.361	0.071	0.96	195	0.30	2.67	7.2	4
E03	信息技术	1895	0.812	0.307	0.92	632	0.44	8.66	3.5	6
E03	信息技术与信息化	1845	0.624	0.236	0.96	633	0.41	8.67	2.4	7

学科代码	期刊名称	扩展总被引频次	扩展影响因子	扩展即年指标	扩展他引率	扩展引用刊数	扩展学科影响指标	扩展学科扩散指标	扩展被引半衰期	扩展H指标
E03	信息通信技术与政策	928	0.892	0.359	0.94	364	0.41	4.99	2.6	7
E03	信息系统工程	2713	0.524	0.197	0.98	662	0.47	9.07	2.6	7
E03	遥测遥控	297	0.511	0.016	0.94	163	0.16	2.23	5.8	5
E03	印制电路信息	405	0.302	0.065	0.62	121	0.07	1.66	6.4	3
E03	应用科技	485	0.496	0.098	0.94	320	0.22	4.38	6.3	5
E03	制造业自动化	2659	0.699	0.205	0.94	789	0.34	10.81	5.6	7
E03	智能系统学报	1187	1.779	0.255	0.91	470	0.36	6.44	3.5	11
E03	中国电视	955	0.721	0.276	0.90	208	0.07	2.85	3.2	5
E03	中国电子科学研究院学报	1010	1.055	0.188	0.88	348	0.36	4.77	3.9	7
E03	中国广播	714	0.544	0.431	0.91	167	0.11	2.29	2.4	5
E03	中国信息安全	654	0.922	0.165	1.00	304	0.25	4.16	2.8	6
E03	中国信息化	646	0.589	0.174	1.00	317	0.25	4.34	2.7	6
E03	中国信息技术教育	2634	0.485	0.251	0.98	496	0.18	6.79	4.4	10
E03	中文信息学报	1806	1.519	0.101	0.91	410	0.34	5.62	4.5	10
E03	自动化技术与应用	1717	0.718	0.259	0.94	634	0.40	8.68	3.3	7
E03	自动化学报	5920	3.532	0.625	0.90	1226	0.64	16.79	4.5	22
E03	自动化应用	1660	0.544	0.177	0.97	483	0.30	6.62	2.6	6
E03	自动化与信息工程	168	0.375	0.242	0.90	122	0.10	1.67	4.0	3
E03	自动化与仪器仪表	3357	0.963	0.263	0.88	787	0.45	10.78	3.2	9
E04	Quantitative Biology	51	0.317	0.147	0.88	39	0.33	6.50	3.1	2
E04	化学与生物工程	1042	0.746	0.078	0.97	517	0.83	86.17	6.4	7
E04	生物工程学报	1528	1.133	0.303	0.92	578	1.00	96.33	4.6	8
E04	生物技术通报	2797	1.051	0.300	0.95	712	1.00	118.67	4.8	9
E04	生物加工过程	523	1.042	0.124	0.93	249	0.83	41.50	4.1	5
E04	中国生物工程杂志	1346	0.946	0.438	0.95	585	0.67	97.50	5.6	8
E05	International Soil and Water Conservation Research	124	0.533	0.045	0.72	58	0.18	1.05	3.8	3
E05	保鲜与加工	1521	1.212	0.271	0.85	349	0.22	6.35	4.3	7
E05	福建农机	141	0.479	0.125	0.82	79	0.25	1.44	4.3	3
E05	灌溉排水学报	2956	2.228	0.230	0.77	466	0.47	8.47	4.3	8
E05	广西农业机械化	316	0.482	0.136	0.99	109	0.31	1.98	1.8	5
E05	河北农机	1390	0.478	0.225	0.98	368	0.42	6.69	1.8	7
E05	江苏农机化	180	0.257	0.138	0.96	78	0.33	1.42	4.4	3

2020 年中国科技期刊被引指标按类刊名字顺索引（续）

学科代码	期刊名称	扩展总被引频次	扩展影响因子	扩展即年指标	扩展他引率	扩展引用刊数	扩展学科影响指标	扩展学科扩散指标	扩展被引半衰期	扩展H指标
E05	节水灌溉	2434	1.265	0.209	0.84	552	0.55	10.04	4.5	6
E05	林业和草原机械	302	0.393	0.222	0.90	127	0.11	2.31	6.9	4
E05	农产品加工（上半月）	2273	0.879	0.150	0.95	575	0.35	10.45	6.0	6
E05	农产品加工（下半月）	1418	0.843	0.132	0.94	398	0.35	7.24	3.0	7
E05	农机化研究	5558	1.018	0.490	0.76	808	0.80	14.69	5.4	10
E05	农机科技推广	397	0.307	0.081	1.00	135	0.58	2.45	4.0	4
E05	农机使用与维修	1772	0.449	0.452	0.93	290	0.47	5.27	1.6	6
E05	农业工程	1534	0.742	0.182	0.92	502	0.69	9.13	3.1	8
E05	农业工程技术	2031	0.570	0.154	0.93	416	0.55	7.56	2.2	7
E05	农业工程学报	27300	2.880	0.357	0.87	1842	0.89	33.49	5.9	23
E05	农业工程与装备	2978	0.511	0.306	0.99	569	0.51	10.35	2.7	7
E05	农业环境科学学报	7962	2.473	0.481	0.92	953	0.60	17.33	6.6	15
E05	农业机械学报	13281	2.989	0.627	0.81	1319	0.80	23.98	4.8	20
E05	农业技术与装备	1617	0.587	0.262	0.94	407	0.55	7.40	2.6	7
E05	农业开发与装备	5364	0.687	0.645	0.96	559	0.55	10.16	1.8	9
E05	农业科技与装备	1120	0.534	0.169	0.95	420	0.64	7.64	5.1	5
E05	农业现代化研究	2708	2.923	0.541	0.94	785	0.56	14.27	5.3	12
E05	农业装备技术	352	0.303	0.067	0.97	178	0.40	3.24	5.3	4
E05	农业装备与车辆工程	1292	0.787	0.211	0.95	479	0.45	8.71	3.3	5
E05	排灌机械工程学报	1786	1.288	0.358	0.88	417	0.33	7.58	4.8	7
E05	热带农业工程	441	0.421	0.133	1.00	217	0.27	3.95	2.9	4
E05	山西水土保持科技	174	0.355	0.045	0.99	97	0.20	1.76	4.8	3
E05	生态与农村环境学报	2952	2.483	0.453	0.90	773	0.47	14.05	4.7	12
E05	水土保持通报	4197	1.561	0.128	0.94	788	0.55	14.33	5.8	10
E05	水土保持学报	8055	2.509	0.324	0.92	776	0.56	14.11	6.9	12
E05	水土保持研究	5888	2.279	0.513	0.94	921	0.47	16.75	5.0	11
E05	水土保持应用技术	1093	0.825	0.158	0.79	173	0.29	3.15	5.1	14
E05	四川农业与农机	185	0.283	0.097	0.97	96	0.22	1.75	3.2	3
E05	拖拉机与农用运输车	324	0.375	0.061	0.77	127	0.25	2.31	7.4	3
E05	现代化农业	1096	0.411	0.180	0.98	368	0.51	6.69	4.1	5
E05	现代农机	213	0.230	0.403	0.97	95	0.35	1.73	1.4	5
E05	现代农业装备	453	1.223	0.337	0.81	167	0.49	3.04	3.2	6
E05	新疆农机化	391	0.539	0.148	0.88	141	0.44	2.56	6.1	4

2020 年中国科技期刊被引指标按类刊名字顺索引（续）

学科代码	期刊名称	扩展总被引频次	扩展影响因子	扩展即年指标	扩展他引率	扩展引用刊数	扩展学科影响指标	扩展学科扩散指标	扩展被引半衰期	扩展H指标
E05	新疆农垦经济	446	0.612	0.078	0.96	255	0.18	4.64	3.7	4
E05	亚热带水土保持	365	0.623	0.264	0.95	194	0.20	3.53	5.8	4
E05	中国农村水利水电	3739	0.995	0.164	0.90	775	0.49	14.09	5.3	7
E05	中国农机化学报	4242	1.807	0.294	0.63	640	0.75	11.64	4.1	11
E05	中国农垦	249	0.121	0.113	1.00	120	0.16	2.18	2.7	4
E05	中国农业文摘—农业工程	451	1.011	0.506	0.99	180	0.24	3.27	1.9	6
E05	中国水土保持科学	1958	1.615	0.183	0.95	479	0.40	8.71	7.2	9
E05	中国沼气	822	1.137	0.143	0.88	260	0.31	4.73	5.1	5
E06	北京生物医学工程	649	1.126	0.165	0.91	339	0.75	28.25	3.8	5
E06	国际生物医学工程杂志	419	1.062	0.078	0.98	250	0.50	20.83	3.0	7
E06	国际生物制品学杂志	134	0.237	0.075	0.90	76	0.25	6.33	4.9	2
E06	生物医学工程学杂志	1141	0.857	0.319	0.93	582	0.58	48.50	5.3	7
E06	生物医学工程研究	369	0.733	0.234	0.89	220	0.58	18.33	3.3	5
E06	生物医学工程与临床	759	0.977	0.314	0.98	349	0.50	29.08	3.3	6
E06	中国生物医学工程学报	768	1.084	0.074	0.92	412	0.67	34.33	4.9	7
E06	中国生物制品学杂志	1247	0.684	0.229	0.88	439	0.67	36.58	4.3	6
E06	中国医药生物技术	519	0.844	0.213	0.95	324	0.25	27.00	3.9	5
E06	中国疫苗和免疫	2344	2.508	0.557	0.85	282	0.25	23.50	4.0	14
E06	中国组织工程研究	13316	1.826	0.685	0.94	1440	0.83	120.00	4.8	16
E06	中华生物医学工程杂志	729	0.972	0.111	0.98	318	0.33	26.50	3.6	8
E07	Geodesy and Geodynamics	134	0.229	0.122	0.81	57	0.38	2.38	4.7	3
E07	北京测绘	2195	1.426	0.315	0.65	400	0.92	16.67	3.0	10
E07	测绘	295	0.512	0.033	0.97	132	0.67	5.50	6.4	4
E07	测绘标准化	242	0.617	0.122	0.95	110	0.67	4.58	3.5	4
E07	测绘工程	1377	1.307	0.287	0.95	445	0.92	18.54	5.0	7
E07	测绘技术装备	396	0.700	0.182	0.93	162	0.79	6.75	3.8	4
E07	测绘科学	4158	1.399	0.352	0.92	879	0.96	36.63	5.0	10
E07	测绘科学技术学报	952	0.718	0.093	0.87	298	0.92	12.42	5.9	6
E07	测绘通报	6278	2.245	0.365	0.89	983	0.96	40.96	4.2	13
E07	测绘学报	4587	1.963	0.256	0.89	667	1.00	27.79	5.1	18
E07	测绘与空间地理信息	4359	0.894	0.314	0.88	864	0.96	36.00	3.9	11
E07	导航定位学报	483	1.034	0.265	0.89	189	0.71	7.88	3.4	6
E07	导航定位与授时	465	1.116	0.242	0.80	168	0.33	7.00	2.7	6

2020年中国科技期刊被引指标按类刊名字顺索引（续）

学科代码	期刊名称	扩展总被引频次	扩展影响因子	扩展即年指标	扩展他引率	扩展引用刊数	扩展学科影响指标	扩展学科扩散指标	扩展被引半衰期	扩展H指标
E07	地矿测绘	332	0.949	0.500	0.95	150	0.58	6.25	3.8	5
E07	地理空间信息	2059	0.823	0.145	0.89	617	0.92	25.71	4.0	9
E07	海洋测绘	955	0.683	0.255	0.75	262	0.88	10.92	6.6	6
E07	江西测绘	229	0.530	0.208	0.98	106	0.63	4.42	3.7	4
E07	全球定位系统	653	0.843	0.114	0.88	237	0.83	9.88	4.6	6
E07	现代测绘	650	0.750	0.071	0.91	245	0.71	10.21	5.2	7
E07	遥感技术与应用	2149	1.680	0.245	0.90	584	0.79	24.33	6.0	10
E07	遥感信息	1398	1.096	0.108	0.95	502	0.88	20.92	6.3	8
E07	遥感学报	3511	2.789	0.691	0.93	705	0.79	29.38	7.3	16
E07	自然资源遥感	2008	2.061	0.292	0.90	569	0.88	23.71	5.3	9
E08	China’s Refractories	13	0.051	—	0.69	7	0.06	0.14	5.5	1
E08	Frontiers of Materials Science	109	0.272	0.133	0.83	60	0.18	1.18	5.7	3
E08	International Journal of Plant Engineering and Management	30	0.048	—	1.00	25	—	0.49	6.3	1
E08	Journal of Materials Science & Technology	2724	1.967	0.319	0.68	373	0.61	7.31	2.8	7
E08	Journal of Rare Earths	1227	0.892	0.234	0.78	286	0.53	5.61	5.2	5
E08	Journal of Wuhan University of Technology（Materials Science Edition）	715	0.339	0.033	0.78	283	0.47	5.55	5.9	4
E08	Nano Research	2041	0.920	0.156	0.74	332	0.43	6.51	3.4	6
E08	Science China Materials	1073	—	0.468	0.54	201	0.35	3.94	2.2	5
E08	玻璃	367	0.374	0.112	0.67	130	0.22	2.55	5.7	4
E08	玻璃搪瓷与眼镜	263	0.307	0.071	0.83	107	0.16	2.10	≥10	4
E08	玻璃纤维	239	0.333	—	0.75	95	0.16	1.86	8.5	4
E08	材料保护	1902	0.641	0.071	0.87	456	0.51	8.94	6.3	6
E08	材料导报	7606	1.414	0.238	0.93	1319	0.82	25.86	5.5	10
E08	材料工程	2818	1.297	0.211	0.89	620	0.67	12.16	5.9	8
E08	材料开发与应用	601	0.423	0.028	0.92	294	0.45	5.76	8.4	5
E08	材料科学与工程学报	1304	0.762	0.109	0.92	553	0.57	10.84	6.6	7
E08	材料科学与工艺	1078	0.866	0.139	0.97	374	0.49	7.33	8.9	5
E08	材料热处理学报	2546	0.750	0.167	0.86	398	0.43	7.80	5.8	5
E08	材料研究学报	914	0.807	0.171	0.88	340	0.47	6.67	5.6	5
E08	电工材料	255	0.403	0.198	0.92	132	0.16	2.59	5.2	4
E08	腐蚀与防护	1896	0.899	0.130	0.89	447	0.33	8.76	7.1	7

2020 年中国科技期刊被引指标按类刊名字顺索引（续）

学科代码	期刊名称	扩展总被引频次	扩展影响因子	扩展即年指标	扩展他引率	扩展引用刊数	扩展学科影响指标	扩展学科扩散指标	扩展被引半衰期	扩展H指标
E08	复合材料科学与工程	1469	0.687	0.146	0.78	378	0.43	7.41	5.8	6
E08	复合材料学报	3942	1.547	0.443	0.78	665	0.53	13.04	4.7	10
E08	高分子材料科学与工程	2634	0.800	0.134	0.91	530	0.49	10.39	6.1	6
E08	功能材料	3148	0.718	0.146	0.93	894	0.71	17.53	6.0	7
E08	合成材料老化与应用	691	0.721	0.167	0.83	276	0.35	5.41	3.5	6
E08	合成润滑材料	197	0.313	0.021	0.85	73	0.10	1.43	7.3	3
E08	化工新型材料	3399	0.727	0.136	0.87	801	0.69	15.71	4.2	6
E08	化学推进剂与高分子材料	537	0.485	0.159	0.92	204	0.20	4.00	7.6	4
E08	绝缘材料	1476	1.097	0.204	0.71	279	0.33	5.47	4.7	7
E08	耐火材料	891	0.689	0.064	0.56	149	0.20	2.92	7.6	6
E08	耐火与石灰	148	0.188	0.010	0.88	60	0.12	1.18	7.6	2
E08	全面腐蚀控制	1183	0.618	0.366	0.88	313	0.24	6.14	2.8	5
E08	人工晶体学报	1531	0.564	0.099	0.81	420	0.53	8.24	4.7	5
E08	人造纤维	97	0.263	0.070	0.90	49	0.10	0.96	4.7	3
E08	润滑油	462	0.465	0.156	0.76	128	0.14	2.51	8.1	4
E08	散装水泥	296	0.775	0.387	0.99	61	0.02	1.20	1.3	7
E08	石材	192	0.186	0.088	0.79	80	0.08	1.57	5.3	3
E08	无机材料学报	1519	0.913	0.200	0.88	442	0.57	8.67	6.5	6
E08	稀土	1077	0.664	0.176	0.80	280	0.31	5.49	7.3	8
E08	纤维复合材料	424	1.780	0.063	0.78	155	0.37	3.04	9.2	5
E08	纤维素科学与技术	315	0.917	0.103	0.90	176	0.18	3.45	6.9	5
E08	新材料产业	779	0.703	0.135	0.98	430	0.49	8.43	5.2	6
E08	新型炭材料	638	0.896	0.100	0.83	252	0.39	4.94	6.2	5
E08	信息记录材料	4027	0.726	0.275	0.98	694	0.25	13.61	2.0	9
E08	中国材料进展	1367	0.881	0.112	0.96	487	0.65	9.55	6.3	11
E08	中国腐蚀与防护学报	1064	0.857	0.139	0.92	276	0.35	5.41	9.2	6
E08	中国稀土学报	1108	0.984	0.179	0.82	328	0.37	6.43	8.5	7
E09	Acta Metallurgica Sinica	837	0.997	0.226	0.59	155	0.52	3.69	3.9	4
E09	International Journal of Minerals, Metallurgy and Materials	1021	0.861	0.394	0.70	232	0.64	5.52	4.5	6
E09	Journal of Iron and Steel Research, International	1005	0.435	0.110	0.83	205	0.52	4.88	6.8	4
E09	Rare Metals	931	1.045	0.235	0.66	209	0.60	4.98	3.8	6

2020 年中国科技期刊被引指标按类刊名字顺索引（续）

学科代码	期刊名称	扩展总被引频次	扩展影响因子	扩展即年指标	扩展他引率	扩展引用刊数	扩展学科影响指标	扩展学科扩散指标	扩展被引半衰期	扩展H指标
E09	Transactions of Nonferrous Metals Society of China	4527	1.450	0.313	0.79	585	0.83	13.93	6.2	7
E09	材料研究与应用	334	0.597	0.050	0.99	182	0.50	4.33	6.0	5
E09	粉末冶金材料科学与工程	623	0.647	0.053	0.94	209	0.48	4.98	6.4	5
E09	钢结构	1159	0.504	0.153	0.98	341	0.05	8.12	5.7	7
E09	钢铁	3672	2.170	0.465	0.78	374	0.64	8.90	6.6	9
E09	钢铁钒钛	830	0.637	0.083	0.80	201	0.64	4.79	5.4	5
E09	钢铁研究学报	1967	1.173	0.208	0.82	326	0.67	7.76	7.3	7
E09	贵金属	714	1.236	0.066	0.76	171	0.40	4.07	6.4	6
E09	湖南有色金属	607	0.482	0.116	0.94	218	0.48	5.19	6.7	5
E09	黄金	1487	0.643	0.186	0.84	266	0.55	6.33	7.1	5
E09	黄金科学技术	873	1.184	0.290	0.88	188	0.36	4.48	5.1	6
E09	金属功能材料	512	1.090	0.123	0.81	178	0.50	4.24	5.4	5
E09	金属学报	3543	1.542	0.545	0.91	476	0.74	11.33	8.3	11
E09	宽厚板	283	0.344	0.082	0.94	110	0.38	2.62	6.5	4
E09	南方金属	213	0.301	0.098	0.98	125	0.26	2.98	5.7	3
E09	轻金属	1047	0.383	0.019	0.84	250	0.45	5.95	9.9	5
E09	上海金属	731	1.099	0.044	0.90	235	0.48	5.60	5.3	5
E09	四川有色金属	309	0.651	0.195	0.86	141	0.43	3.36	5.4	5
E09	钛工业进展	585	0.741	0.020	0.93	180	0.50	4.29	8.8	6
E09	特殊钢	727	0.495	0.046	0.91	168	0.45	4.00	≥10	5
E09	铁合金	238	0.312	0.030	0.71	80	0.26	1.90	8.8	3
E09	稀有金属	2100	1.514	0.211	0.87	394	0.76	9.38	6.1	8
E09	稀有金属材料与工程	5018	0.748	0.070	0.80	601	0.76	14.31	6.6	7
E09	稀有金属与硬质合金	570	0.443	0.073	0.89	194	0.45	4.62	7.8	5
E09	新疆钢铁	119	0.248	0.045	0.94	74	0.19	1.76	4.8	2
E09	新疆有色金属	514	0.250	0.043	0.97	190	0.31	4.52	6.0	3
E09	硬质合金	440	0.548	0.067	0.75	111	0.43	2.64	8.9	4
E09	有色金属材料与工程	301	0.661	0.059	0.92	152	0.48	3.62	5.9	4
E09	有色金属工程	1058	0.747	0.123	0.89	314	0.64	7.48	5.4	6
E09	有色金属科学与工程	1034	1.213	0.192	0.83	316	0.57	7.52	5.0	7
E09	有色金属设计	253	0.482	0.105	0.98	120	0.17	2.86	2.7	3
E09	中国锰业	720	0.511	0.243	0.85	236	0.40	5.62	3.8	5

2020 年中国科技期刊被引指标按类刊名字顺索引（续）

学科代码	期刊名称	扩展总被引频次	扩展影响因子	扩展即年指标	扩展他引率	扩展引用刊数	扩展学科影响指标	扩展学科扩散指标	扩展被引半衰期	扩展H指标
E09	中国钼业	492	0.558	0.148	0.82	142	0.38	3.38	8.9	5
E09	中国钨业	507	0.638	0.075	0.80	182	0.38	4.33	6.7	6
E09	中国有色金属学报	4714	1.078	0.103	0.86	650	0.86	15.48	7.6	10
E10	International Journal of Mining Science and Technology	1053	0.971	0.231	0.77	280	0.61	6.83	5.5	5
E10	采矿技术	1286	0.758	0.283	0.83	248	0.66	6.05	4.3	5
E10	采矿与安全工程学报	4501	2.452	0.428	0.91	317	0.76	7.73	6.5	13
E10	当代矿工	41	0.016	0.003	1.00	19	0.07	0.46	5.9	2
E10	非金属矿	1138	0.793	0.180	0.85	322	0.41	7.85	5.5	5
E10	工矿自动化	3214	2.159	0.543	0.85	447	0.63	10.90	4.1	13
E10	华南地质	529	0.663	0.149	0.92	126	0.24	3.07	9.1	6
E10	化工矿物与加工	1096	0.755	0.293	0.82	287	0.66	7.00	5.0	5
E10	金属矿山	4813	1.257	0.257	0.85	626	0.88	15.27	6.1	9
E10	勘察科学技术	533	0.581	0.073	0.95	279	0.41	6.80	7.9	4
E10	矿产保护与利用	1254	1.590	0.277	0.85	317	0.54	7.73	3.5	8
E10	矿产勘查	1662	0.866	0.277	0.75	319	0.51	7.78	3.5	7
E10	矿产与地质	1310	0.586	0.048	0.88	239	0.44	5.83	≥10	6
E10	矿产综合利用	1121	0.765	0.164	0.87	282	0.49	6.88	4.9	6
E10	矿山测量	854	0.791	0.117	0.86	254	0.46	6.20	4.4	5
E10	矿山机械	1841	0.563	0.230	0.86	406	0.63	9.90	7.8	6
E10	矿物学报	2272	1.072	0.459	0.93	338	0.59	8.24	9.3	8
E10	矿业安全与环保	2256	1.822	0.262	0.85	300	0.66	7.32	5.6	8
E10	矿业工程	510	0.408	0.063	0.97	196	0.61	4.78	7.4	3
E10	矿业工程研究	251	0.760	0.125	0.89	123	0.44	3.00	4.9	4
E10	矿业科学学报	404	1.418	0.463	0.70	131	0.46	3.20	2.6	6
E10	矿业研究与开发	2545	1.234	0.337	0.75	422	0.83	10.29	3.7	8
E10	矿业装备	867	0.815	0.314	1.00	153	0.44	3.73	1.8	6
E10	露天采矿技术	1101	0.633	0.160	0.68	202	0.54	4.93	4.9	5
E10	煤矿安全	6257	1.312	0.336	0.84	504	0.78	12.29	4.3	10
E10	煤矿爆破	314	1.059	0.196	0.64	79	0.29	1.93	4.2	4
E10	煤矿机电	987	0.649	0.190	0.90	190	0.41	4.63	5.5	5
E10	煤矿机械	5558	0.915	0.252	0.79	617	0.63	15.05	5.8	8
E10	煤矿现代化	1260	0.664	0.465	0.96	199	0.54	4.85	2.7	5

2020 年中国科技期刊被引指标按类刊名字顺索引（续）

学科代码	期刊名称	扩展总被引频次	扩展影响因子	扩展即年指标	扩展他引率	扩展引用刊数	扩展学科影响指标	扩展学科扩散指标	扩展被引半衰期	扩展H指标
E10	煤田地质与勘探	2923	2.128	0.369	0.82	425	0.68	10.37	5.3	12
E10	西部探矿工程	2622	0.487	0.284	0.96	593	0.78	14.46	5.4	7
E10	现代矿业	2509	0.488	0.122	0.85	451	0.85	11.00	3.7	6
E10	铀矿冶	283	0.274	0.136	0.71	92	0.24	2.24	9.3	4
E10	有色金属（矿山部分）	903	1.078	0.353	0.86	233	0.63	5.68	5.0	5
E10	有色金属（选矿部分）	1195	1.357	0.239	0.84	141	0.51	3.44	5.7	6
E10	凿岩机械气动工具	138	0.365	—	0.90	81	0.22	1.98	6.0	3
E10	中国非金属矿工业导刊	779	0.883	0.255	0.78	244	0.51	5.95	7.4	6
E10	中国矿业	4529	1.708	0.561	0.89	895	0.90	21.83	4.2	10
E10	中国矿业大学学报	4597	2.878	0.802	0.92	701	0.80	17.10	7.4	15
E10	钻探工程	2183	1.133	0.374	0.55	351	0.49	8.56	5.9	9
E11	Baosteel Technical Research	25	0.057	—	0.96	19	0.04	0.41	7.5	2
E11	鞍钢技术	442	0.418	0.076	0.94	162	0.61	3.52	7.5	4
E11	包钢科技	372	0.263	0.026	0.95	203	0.50	4.41	6.0	4
E11	宝钢技术	482	—	0.022	0.97	198	0.70	4.30	≥10	4
E11	材料与冶金学报	324	0.440	0.043	0.99	160	0.54	3.48	9.6	4
E11	粉末冶金工业	1020	1.679	0.135	0.56	198	0.24	4.30	4.7	8
E11	粉末冶金技术	593	0.898	0.164	0.77	182	0.30	3.96	6.9	5
E11	福建冶金	106	0.320	0.120	0.93	65	0.24	1.41	2.1	3
E11	甘肃冶金	511	0.273	0.105	0.97	242	0.70	5.26	6.1	4
E11	河北冶金	951	0.584	0.132	0.70	202	0.63	4.39	4.8	5
E11	河南冶金	266	0.268	—	0.96	122	0.63	2.65	7.0	4
E11	江西冶金	198	0.213	0.062	0.89	109	0.50	2.37	7.9	2
E11	金属材料与冶金工程	386	0.453	0.091	0.94	203	0.74	4.41	7.8	3
E11	矿冶	965	0.692	0.145	0.93	263	0.59	5.72	6.6	6
E11	矿冶工程	1950	1.178	0.269	0.81	405	0.65	8.80	5.8	7
E11	昆明冶金高等专科学校学报	310	0.538	—	0.94	197	0.20	4.28	3.8	4
E11	理化检验—化学分册	2600	1.059	0.193	0.91	602	0.37	13.09	5.4	7
E11	理化检验—物理分册	1406	0.764	0.197	0.68	375	0.54	8.15	5.5	6
E11	连铸	574	0.562	0.232	0.51	72	0.52	1.57	4.3	4
E11	山东冶金	472	0.234	0.052	0.96	191	0.61	4.15	7.6	3
E11	山西冶金	608	0.390	0.115	0.96	246	0.83	5.35	2.7	4
E11	烧结球团	797	1.085	0.148	0.70	121	0.59	2.63	5.5	7

学科代码	期刊名称	扩展总被引频次	扩展影响因子	扩展即年指标	扩展他引率	扩展引用刊数	扩展学科影响指标	扩展学科扩散指标	扩展被引半衰期	扩展H指标
E11	湿法冶金	853	1.005	0.220	0.80	178	0.46	3.87	5.6	6
E11	四川冶金	229	0.198	0.059	0.97	137	0.59	2.98	8.3	3
E11	特钢技术	169	0.173	—	1.00	94	0.39	2.04	8.8	3
E11	天津冶金	285	0.260	0.115	0.95	142	0.50	3.09	5.9	3
E11	铜业工程	586	0.573	0.158	0.82	192	0.41	4.17	4.4	5
E11	现代交通与冶金材料	377	0.212	0.008	0.99	225	0.59	4.89	7.5	3
E11	冶金分析	1892	1.296	0.209	0.77	306	0.57	6.65	6.0	7
E11	冶金能源	486	0.695	0.191	0.84	179	0.59	3.89	5.3	4
E11	冶金设备管理与维修	56	0.057	0.008	0.96	41	0.20	0.89	8.0	1
E11	冶金与材料	970	0.607	0.246	0.99	313	0.61	6.80	1.8	7
E11	冶金自动化	613	0.847	0.284	0.73	203	0.59	4.41	5.2	5
E11	有色金属（冶炼部分）	1550	1.033	0.295	0.75	235	0.54	5.11	5.0	7
E11	有色矿冶	518	0.316	0.206	0.95	197	0.43	4.28	9.4	5
E11	有色冶金节能	250	0.478	0.178	0.93	118	0.39	2.57	4.8	4
E11	有色冶金设计与研究	497	0.515	0.128	0.94	226	0.37	4.91	5.4	4
E11	云南冶金	519	0.424	0.066	0.93	199	0.54	4.33	8.1	4
E11	轧钢	1272	1.331	0.232	0.65	162	0.59	3.52	6.0	7
E11	中国矿山工程	573	0.638	0.156	0.98	180	0.33	3.91	5.8	5
E11	中国冶金	1828	1.912	0.457	0.80	276	0.78	6.00	3.3	7
E11	中国有色冶金	741	0.566	0.150	0.90	150	0.46	3.26	7.3	5
E12	International Journal of Extreme Manufacturing	16	—	0.121	0.44	6	0.05	0.14	1.3	2
E12	Journal of Bionic Engineering	428	0.848	0.178	0.55	142	0.26	3.38	4.7	4
E12	Nanotechnology and Precision Engineering	264	0.246	0.444	0.94	142	0.29	3.38	5.7	3
E12	电子机械工程	628	0.448	0.089	0.81	236	0.48	5.62	8.1	5
E12	发电技术	906	3.087	0.644	0.85	279	0.19	6.64	2.4	9
E12	钢管	871	0.674	0.099	0.39	113	0.21	2.69	8.1	5
E12	工程设计学报	736	0.860	0.085	0.96	353	0.67	8.40	5.4	6
E12	机电工程	1773	1.170	0.151	0.93	591	0.71	14.07	4.7	8
E12	机电设备	236	0.302	0.040	0.96	136	0.31	3.24	7.0	3
E12	机电元件	225	0.274	0.130	0.90	114	0.26	2.71	6.1	4
E12	机械	912	0.581	0.135	0.80	373	0.71	8.88	6.1	5
E12	机械传动	2343	0.879	0.132	0.82	489	0.74	11.64	4.4	7

2020 年中国科技期刊被引指标按类刊名字顺索引（续）

学科代码	期刊名称	扩展总被引频次	扩展影响因子	扩展即年指标	扩展他引率	扩展引用刊数	扩展学科影响指标	扩展学科扩散指标	扩展被引半衰期	扩展H指标
E12	机械工程材料	1484	0.617	0.143	0.93	430	0.64	10.24	6.9	6
E12	机械工程师	2037	0.256	0.096	0.95	659	0.76	15.69	5.7	4
E12	机械工程学报	11898	1.729	0.175	0.90	1284	0.90	30.57	6.4	17
E12	机械工程与自动化	1688	0.489	0.119	0.95	620	0.74	14.76	4.3	6
E12	机械管理开发	3018	0.557	0.161	0.89	422	0.43	10.05	2.5	6
E12	机械科学与技术	2314	0.784	0.227	0.94	670	0.86	15.95	5.9	7
E12	机械设计	2757	1.451	0.215	0.85	668	0.76	15.90	4.9	7
E12	机械设计与研究	1905	1.036	0.118	0.66	486	0.76	11.57	4.8	7
E12	机械设计与制造	5563	0.742	0.168	0.84	1008	0.86	24.00	5.5	9
E12	机械设计与制造工程	1216	0.492	0.155	0.96	544	0.64	12.95	4.5	6
E12	机械研究与应用	1173	0.452	0.099	0.96	461	0.69	10.98	4.5	5
E12	机械与电子	836	0.647	0.211	0.96	398	0.60	9.48	4.3	5
E12	机械制造与自动化	1483	0.610	0.104	0.90	558	0.69	13.29	4.7	6
E12	教育与装备研究	718	0.516	0.100	0.88	177	0.05	4.21	3.1	5
E12	精密成形工程	610	0.741	0.203	0.84	171	0.40	4.07	3.6	5
E12	精密制造与自动化	201	0.483	0.094	0.91	111	0.31	2.64	5.5	3
E12	流体机械	2298	1.589	0.219	0.83	491	0.67	11.69	6.0	7
E12	摩擦学学报	1462	1.128	0.157	0.87	358	0.67	8.52	8.1	6
E12	失效分析与预防	467	0.638	0.081	0.76	188	0.24	4.48	5.9	4
E12	图学学报	1390	1.454	0.323	0.93	529	0.52	12.60	4.0	9
E12	现代机械	483	0.422	0.064	0.98	279	0.62	6.64	6.5	4
E12	压缩机技术	359	0.309	0.177	0.86	139	0.33	3.31	8.3	3
E12	液压与气动	2760	1.758	0.324	0.64	446	0.71	10.62	4.3	8
E12	噪声与振动控制	1943	1.000	0.115	0.86	564	0.71	13.43	5.3	7
E12	振动与冲击	9715	1.222	0.134	0.82	1063	0.81	25.31	5.2	14
E12	制造技术与机床	1853	0.653	0.130	0.87	448	0.79	10.67	4.4	6
E12	中国机械工程	5700	1.393	0.347	0.92	1060	0.88	25.24	6.2	11
E12	重型机械	493	0.519	0.098	0.76	187	0.45	4.45	6.9	5
E12	组合机床与自动化加工技术	2830	0.937	0.201	0.87	576	0.81	13.71	3.9	8
E13	Advances in Manufacturing	93	0.476	0.095	0.65	52	0.11	0.72	3.8	3
E13	China Foundry	241	0.569	0.121	0.74	59	0.18	0.82	4.5	4
E13	China Welding	260	1.847	0.139	0.92	45	0.14	0.63	2.9	4
E13	Chinese Journal of Mechanical Engineering	1023	0.813	0.044	0.94	331	0.33	4.60	5.7	6

2020 年中国科技期刊被引指标按类刊名字顺索引（续）

学科代码	期刊名称	扩展总被引频次	扩展影响因子	扩展即年指标	扩展他引率	扩展引用刊数	扩展学科影响指标	扩展学科扩散指标	扩展被引半衰期	扩展H指标
E13	Frontiers of Mechanical Engineering	147	0.567	0.061	0.86	89	0.18	1.24	3.8	3
E13	Journal of Measurement Science and Instrumentation	99	0.297	0.196	0.97	85	0.06	1.18	3.4	3
E13	大型铸锻件	254	0.237	0.109	0.86	96	0.36	1.33	6.9	3
E13	低温工程	519	0.607	0.095	0.91	189	0.13	2.63	9.1	4
E13	电焊机	1374	0.486	0.145	0.80	335	0.43	4.65	5.5	5
E13	电加工与模具	418	0.443	0.070	0.79	146	0.31	2.03	7.0	4
E13	锻压技术	2042	1.339	0.128	0.75	324	0.54	4.50	2.9	7
E13	锻压装备与制造技术	642	0.422	0.122	0.75	193	0.42	2.68	6.0	4
E13	锻造与冲压	85	—	0.046	1.00	47	0.18	0.65	3.0	2
E13	分析测试技术与仪器	322	0.735	0.200	0.91	188	0.01	2.61	7.1	4
E13	风机技术	561	0.776	0.119	0.64	157	0.15	2.18	6.2	3
E13	工程机械	751	0.392	0.079	0.86	255	0.38	3.54	9.2	3
E13	工程机械与维修	400	0.439	0.121	0.93	152	0.17	2.11	4.6	3
E13	管道技术与设备	643	0.405	0.130	0.90	229	0.22	3.18	8.0	4
E13	哈尔滨轴承	108	—	0.040	0.92	52	0.15	0.72	7.0	2
E13	焊接	1133	0.666	0.069	0.84	276	0.50	3.83	6.7	6
E13	焊接技术	1023	0.343	0.115	0.87	308	0.44	4.28	5.4	5
E13	焊接学报	2998	1.112	0.073	0.84	402	0.57	5.58	6.0	7
E13	机床与液压	4920	0.734	0.166	0.86	830	0.65	11.53	4.7	8
E13	机电工程技术	2327	0.685	0.192	0.92	645	0.39	8.96	2.5	7
E13	机电技术	620	0.460	0.113	0.96	318	0.28	4.42	4.2	4
E13	机械强度	1736	0.762	0.133	0.81	501	0.50	6.96	5.5	6
E13	机械制造	1432	0.653	0.104	0.74	454	0.51	6.31	4.9	6
E13	机械制造文摘—焊接分册	122	0.291	—	0.88	67	0.18	0.93	5.0	3
E13	金刚石与磨料磨具工程	546	0.567	0.119	0.79	159	0.26	2.21	8.0	5
E13	金属加工（冷加工）	530	0.093	0.084	0.96	189	0.31	2.63	6.0	3
E13	金属加工（热加工）	1069	0.266	0.228	0.86	303	0.61	4.21	5.7	5
E13	金属热处理	3788	0.891	0.168	0.69	479	0.75	6.65	5.0	7
E13	金属世界	327	0.260	0.108	0.92	184	0.35	2.56	6.4	4
E13	金属制品	443	—	0.128	0.68	140	0.31	1.94	8.8	4
E13	炼钢	893	0.882	0.125	0.88	141	0.28	1.96	7.4	6
E13	铝加工	357	0.421	0.146	0.87	122	0.36	1.69	7.5	4

2020 年中国科技期刊被引指标按类刊名字顺索引（续）

学科代码	期刊名称	扩展总被引频次	扩展影响因子	扩展即年指标	扩展他引率	扩展引用刊数	扩展学科影响指标	扩展学科扩散指标	扩展被引半衰期	扩展H指标
E13	模具工业	1012	0.604	0.195	0.62	187	0.33	2.60	4.9	5
E13	模具技术	298	0.372	0.233	0.93	100	0.26	1.39	5.5	4
E13	模具制造	500	0.262	0.089	0.80	150	0.33	2.08	4.4	3
E13	起重运输机械	1200	—	0.080	0.87	340	0.29	4.72	5.9	5
E13	气象水文海洋仪器	630	0.736	0.180	0.62	180	0.04	2.50	6.0	4
E13	轻工机械	624	0.729	0.202	0.96	320	0.33	4.44	5.4	5
E13	轻合金加工技术	891	0.511	0.080	0.89	205	0.39	2.85	7.6	6
E13	燃气涡轮试验与研究	472	0.373	0.029	0.89	147	0.21	2.04	8.9	5
E13	热处理	357	0.398	0.073	0.91	149	0.36	2.07	7.4	3
E13	热处理技术与装备	496	0.663	0.042	0.77	167	0.38	2.32	5.8	5
E13	热加工工艺	6248	0.538	0.146	0.84	736	0.79	10.22	5.0	7
E13	石油管材与仪器	556	0.419	0.076	0.89	165	0.18	2.29	5.6	4
E13	塑性工程学报	1549	1.226	0.144	0.76	301	0.54	4.18	3.5	7
E13	特种铸造及有色合金	1802	0.615	0.110	0.74	266	0.54	3.69	5.7	6
E13	无损检测	1531	0.622	0.139	0.87	432	0.46	6.00	7.2	6
E13	无损探伤	232	0.198	0.113	0.86	104	0.14	1.44	7.8	4
E13	现代制造工程	1827	0.686	0.135	0.92	595	0.44	8.26	5.3	6
E13	现代制造技术与装备	2313	0.494	0.118	0.98	574	0.49	7.97	2.6	7
E13	现代铸铁	621	1.332	0.872	0.41	83	0.25	1.15	2.7	10
E13	压力容器	1496	1.461	0.210	0.77	309	0.50	4.29	6.3	6
E13	一重技术	239	0.134	—	0.93	123	0.29	1.71	9.6	2
E13	有色金属加工	302	0.393	0.128	0.90	125	0.29	1.74	6.3	3
E13	有色设备	200	0.323	0.085	0.98	112	0.18	1.56	4.4	3
E13	中国表面工程	1043	1.052	—	0.92	290	0.43	4.03	5.8	8
E13	中国工程机械学报	749	0.938	0.139	0.96	329	0.31	4.57	5.3	5
E13	中国重型装备	140	0.178	0.208	0.92	96	0.26	1.33	5.1	3
E13	中国铸造装备与技术	335	0.286	0.175	0.88	120	0.31	1.67	6.5	3
E13	轴承	1134	0.453	0.135	0.79	281	0.40	3.90	7.5	6
E13	铸造	1497	0.556	0.078	0.74	238	0.51	3.31	8.4	6
E13	铸造工程	100	0.173	0.116	0.95	47	0.19	0.65	4.0	3
E13	铸造技术	1829	0.390	0.074	0.90	423	0.69	5.88	5.5	6
E13	铸造设备与工艺	286	0.201	0.036	0.87	111	0.28	1.54	6.8	3
E13	装备环境工程	1414	0.670	0.137	0.75	421	0.40	5.85	5.6	7

2020 年中国科技期刊被引指标按类刊名字顺索引（续）

学科代码	期刊名称	扩展总被引频次	扩展影响因子	扩展即年指标	扩展他引率	扩展引用刊数	扩展学科影响指标	扩展学科扩散指标	扩展被引半衰期	扩展H指标
E13	装备机械	206	0.453	0.186	0.85	129	0.22	1.79	4.5	4
E13	装备制造技术	2180	0.334	0.048	0.96	720	0.60	10.00	5.1	6
E14	Energy & Environmental Materials	3	—	0.048	1.00	3	—	0.07		1
E14	Friction	181	1.093	0.235	0.49	43	0.05	1.05	2.6	4
E14	Green Energy & Environment	58	0.368	0.102	1.00	37	—	0.90	2.6	2
E14	柴油机	237	0.253	0.039	0.91	110	0.32	2.68	6.4	3
E14	柴油机设计与制造	156	0.474	0.040	0.96	84	0.27	2.05	5.9	3
E14	车用发动机	544	0.639	0.095	0.88	174	0.37	4.24	6.0	4
E14	城市燃气	314	0.480	0.108	0.87	118	0.12	2.88	4.1	3
E14	电力与能源	646	0.610	0.213	0.97	279	0.34	6.80	3.4	5
E14	东方汽轮机	143	0.193	0.044	0.90	75	0.20	1.83	5.1	3
E14	动力工程学报	2073	1.294	0.110	0.88	478	0.66	11.66	6.6	8
E14	工程热物理学报	2920	0.519	0.063	0.92	681	0.83	16.61	7.7	6
E14	工业锅炉	370	0.452	0.113	0.85	134	0.32	3.27	5.6	5
E14	工业加热	450	0.390	0.124	0.94	215	0.29	5.24	6.7	4
E14	工业炉	321	0.360	0.104	0.92	161	0.24	3.93	5.6	3
E14	锅炉技术	738	0.915	0.115	0.93	211	0.44	5.15	6.4	5
E14	锅炉制造	390	0.331	0.244	0.95	161	0.37	3.93	6.0	3
E14	节能	1492	0.729	0.212	0.95	459	0.56	11.20	2.0	8
E14	内燃机	341	0.366	0.130	0.96	139	0.34	3.39	6.1	3
E14	内燃机工程	895	0.963	0.173	0.86	220	0.37	5.37	6.0	5
E14	内燃机学报	980	0.945	0.194	0.82	209	0.37	5.10	7.9	5
E14	内燃机与动力装置	298	0.424	0.052	0.80	114	0.37	2.78	5.0	3
E14	能源工程	428	0.485	0.054	0.95	258	0.54	6.29	7.7	4
E14	能源研究与管理	341	0.535	0.192	0.91	215	0.29	5.24	3.6	4
E14	能源与环境	901	0.526	0.173	0.98	421	0.41	10.27	3.5	5
E14	汽轮机技术	902	0.677	0.146	0.85	233	0.46	5.68	6.6	5
E14	区域供热	524	0.744	0.115	0.86	173	0.29	4.22	3.3	5
E14	燃气轮机技术	371	0.528	—	0.91	136	0.39	3.32	7.5	5
E14	燃烧科学与技术	665	0.786	0.077	0.88	249	0.63	6.07	7.0	5
E14	热力透平	368	0.423	0.076	0.83	117	0.29	2.85	6.4	4
E14	热能动力工程	1669	0.880	0.152	0.81	442	0.63	10.78	4.4	6
E14	特种设备安全技术	254	0.425	0.074	0.95	101	0.17	2.46	2.8	3

学科代码	期刊名称	扩展总被引频次	扩展影响因子	扩展即年指标	扩展他引率	扩展引用刊数	扩展学科影响指标	扩展学科扩散指标	扩展被引半衰期	扩展H指标
E14	现代车用动力	138	0.400	0.042	0.98	69	0.22	1.68	5.4	3
E14	小型内燃机与车辆技术	376	0.477	0.082	0.94	149	0.27	3.63	4.9	4
E14	冶金动力	437	0.247	0.092	0.91	210	0.29	5.12	4.0	3
E14	应用能源技术	627	0.595	0.201	0.96	300	0.59	7.32	4.1	5
E14	制冷	275	0.403	0.106	0.96	149	0.34	3.63	8.2	4
E14	制冷技术	677	1.019	0.088	0.60	163	0.27	3.98	5.3	5
E14	制冷学报	1249	1.174	0.144	0.81	287	0.34	7.00	5.5	8
E14	制冷与空调	1096	0.579	0.137	0.73	283	0.37	6.90	5.3	5
E14	制冷与空调（四川）	597	0.508	0.063	0.83	220	0.32	5.37	5.6	4
E15	CSEE Journal of Power and Energy Systems	307	1.673	0.167	0.75	69	0.30	0.61	2.5	5
E15	Journal of Modern Power Systems and Clean Energy	77	—	—	1.00	33	0.15	0.29	2.4	1
E15	安徽电气工程职业技术学院学报	249	0.392	0.122	0.97	132	0.01	0.93	4.4	3
E15	安徽水利水电职业技术学院学报	240	0.398	0.036	0.98	143	0.05	1.27	3.8	4
E15	安全与电磁兼容	201	0.198	0.055	0.85	108	0.12	0.96	5.5	3
E15	变压器	2184	2.106	0.476	0.58	257	0.58	2.27	3.2	9
E15	成都工业学院学报	268	0.602	0.211	0.97	194	0.04	1.72	3.0	4
E15	重庆电力高等专科学校学报	306	0.525	0.223	0.96	155	0.19	1.37	3.6	4
E15	大电机技术	591	0.486	0.076	0.77	164	0.41	1.45	8.3	4
E15	大众用电	385	—	0.150	1.00	151	0.25	1.34	3.3	3
E15	电池	650	0.905	0.167	0.82	240	0.22	2.12	4.7	5
E15	电池工业	249	0.577	0.127	0.94	133	0.09	1.18	7.3	4
E15	电动工具	56	0.269	0.179	0.84	39	0.04	0.35	3.5	2
E15	电工电能新技术	1514	1.977	0.426	0.80	321	0.66	2.84	3.8	8
E15	电工电气	633	0.529	0.193	0.93	220	0.55	1.95	3.5	5
E15	电工技术	2475	0.492	0.158	0.92	472	0.74	4.18	2.5	7
E15	电工技术学报	15393	3.835	0.506	0.79	878	0.86	7.77	4.4	20
E15	电机与控制学报	2663	2.169	0.364	0.80	462	0.62	4.09	4.6	11
E15	电机与控制应用	1273	1.000	0.179	0.79	324	0.52	2.87	3.6	8
E15	电力大数据	1062	1.805	0.389	0.76	253	0.50	2.24	2.5	9
E15	电力电子技术	1696	0.562	0.067	0.87	364	0.55	3.22	4.8	5
E15	电力工程技术	1573	2.573	0.259	0.87	271	0.66	2.40	2.8	9
E15	电力建设	3185	2.358	0.467	0.93	562	0.75	4.97	4.7	11

学科代码	期刊名称	扩展总被引频次	扩展影响因子	扩展即年指标	扩展他引率	扩展引用刊数	扩展学科影响指标	扩展学科扩散指标	扩展被引半衰期	扩展H指标
E15	电力勘测设计	538	0.436	0.202	0.94	242	0.35	2.14	3.9	5
E15	电力科学与工程	815	0.832	0.187	0.93	335	0.64	2.96	4.8	5
E15	电力科学与技术学报	1226	2.600	0.560	0.76	242	0.58	2.14	3.0	9
E15	电力系统保护与控制	13441	4.525	0.792	0.85	750	0.77	6.64	3.8	18
E15	电力系统及其自动化学报	2998	2.073	0.530	0.89	470	0.71	4.16	3.6	9
E15	电力系统自动化	21701	4.896	0.920	0.85	825	0.80	7.30	4.8	29
E15	电力信息与通信技术	1776	1.986	0.783	0.86	335	0.55	2.96	3.2	10
E15	电力需求侧管理	919	1.894	0.312	0.80	251	0.48	2.22	3.4	7
E15	电力学报	423	0.636	0.149	0.92	216	0.46	1.91	6.6	4
E15	电力自动化设备	7870	3.310	0.547	0.80	645	0.80	5.71	3.9	18
E15	电气传动	1181	0.877	0.216	0.85	362	0.54	3.20	4.0	5
E15	电气传动自动化	282	0.495	0.125	0.99	160	0.23	1.42	3.5	4
E15	电气防爆	122	0.274	0.044	0.84	54	0.08	0.48	5.5	3
E15	电气工程学报	554	1.056	0.240	0.80	229	0.51	2.03	4.5	6
E15	电气技术	1971	1.095	0.284	0.73	406	0.73	3.59	3.7	6
E15	电气技术与经济	450	0.857	0.472	0.89	120	0.24	1.06	2.4	6
E15	电气开关	419	0.328	0.138	0.95	180	0.45	1.59	4.9	5
E15	电气应用	1301	0.470	0.129	0.97	439	0.67	3.88	5.6	5
E15	电气自动化	888	0.862	0.107	0.96	348	0.61	3.08	3.5	5
E15	电器与能效管理技术	1766	1.086	0.258	0.69	360	0.64	3.19	3.4	8
E15	电世界	328	0.188	0.092	0.99	155	0.27	1.37	4.4	3
E15	电网技术	19519	4.698	0.866	0.86	862	0.81	7.63	4.8	26
E15	电网与清洁能源	2309	2.164	0.490	0.88	422	0.65	3.73	3.8	8
E15	电线电缆	451	0.503	0.056	0.91	159	0.38	1.41	8.5	5
E15	电源技术	2942	0.750	0.165	0.83	640	0.63	5.66	4.6	8
E15	电源学报	804	0.980	0.333	0.85	242	0.54	2.14	3.4	7
E15	电站辅机	129	0.267	—	0.91	72	0.14	0.64	7.1	3
E15	电站系统工程	872	0.513	0.215	0.93	257	0.36	2.27	6.5	5
E15	东北电力大学学报	638	1.199	0.138	0.90	305	0.47	2.70	4.4	6
E15	东北电力技术	892	0.558	0.260	0.78	256	0.57	2.27	4.9	4
E15	东方电气评论	237	0.349	0.067	0.97	137	0.16	1.21	5.5	4
E15	发电设备	579	0.650	0.110	0.90	206	0.31	1.82	5.6	5
E15	防爆电机	223	0.274	0.009	0.74	87	0.14	0.77	5.5	3

学科代码	期刊名称	扩展总被引频次	扩展影响因子	扩展即年指标	扩展他引率	扩展引用刊数	扩展学科影响指标	扩展学科扩散指标	扩展被引半衰期	扩展H指标
E15	高电压技术	12815	3.349	0.661	0.78	818	0.77	7.24	5.0	22
E15	高压电器	5620	1.857	0.302	0.73	486	0.71	4.30	4.5	13
E15	供用电	1754	2.658	0.624	0.83	261	0.61	2.31	2.8	9
E15	广东电力	2816	2.571	0.618	0.85	386	0.72	3.42	3.1	10
E15	广东水利电力职业技术学院学报	202	0.477	0.163	0.99	135	0.02	1.19	3.5	3
E15	广西电力	447	0.436	0.160	0.94	177	0.40	1.57	5.7	4
E15	广西电业	274	0.228	0.067	1.00	117	0.16	1.04	3.2	4
E15	河北电力技术	462	—	0.118	0.96	199	0.48	1.76	5.3	4
E15	河北水利电力学院学报	163	—	0.119	0.99	109	0.04	0.96	3.9	3
E15	河南工学院学报	227	0.202	0.072	0.99	140	0.05	1.24	5.5	3
E15	黑龙江电力	343	0.388	0.063	0.91	177	0.43	1.57	6.2	4
E15	湖北电力	817	1.599	0.231	0.56	200	0.51	1.77	4.0	6
E15	湖南电力	860	0.961	0.259	0.53	203	0.54	1.80	4.8	5
E15	华北电力大学学报（自然科学版）	878	1.224	0.286	0.93	362	0.65	3.20	6.2	5
E15	机电信息	3060	0.421	0.147	0.97	739	0.61	6.54	3.1	7
E15	吉林电力	284	0.400	0.099	0.96	142	0.42	1.26	5.5	4
E15	家电科技	427	0.362	0.180	0.83	171	0.09	1.51	3.9	3
E15	江西电力	371	0.421	0.092	0.98	185	0.35	1.64	3.4	4
E15	江西电力职业技术学院学报	1076	0.462	0.050	1.00	335	0.13	2.96	2.1	5
E15	洁净与空调技术	353	0.437	0.123	0.93	185	0.06	1.64	5.6	3
E15	内蒙古电力技术	773	0.899	0.221	0.93	235	0.48	2.08	3.7	6
E15	南方电网技术	2207	2.358	0.386	0.81	303	0.67	2.68	4.4	12
E15	宁夏电力	261	0.345	0.163	0.93	140	0.37	1.24	5.5	3
E15	农村电工	497	0.158	0.076	1.00	150	0.26	1.33	2.8	3
E15	农村电气化	683	0.491	0.203	0.92	175	0.40	1.55	2.7	5
E15	汽车电器	674	0.397	0.066	0.82	194	0.12	1.72	3.8	5
E15	汽车与新动力	95	0.123	0.050	0.97	46	0.01	0.41	4.6	3
E15	青海电力	193	0.407	0.079	0.94	111	0.29	0.98	5.4	3
E15	热力发电	3655	2.015	0.410	0.85	535	0.59	4.73	4.6	13
E15	日用电器	279	0.194	0.066	0.90	154	0.15	1.36	4.1	3
E15	山东电力高等专科学校学报	274	0.443	0.115	0.96	159	0.26	1.41	3.2	4
E15	山东电力技术	695	0.500	0.221	0.88	247	0.49	2.19	4.1	5
E15	山西电力	401	0.603	0.196	0.97	177	0.39	1.57	4.2	4

2020 年中国科技期刊被引指标按类刊名字顺索引（续）

学科代码	期刊名称	扩展总被引频次	扩展影响因子	扩展即年指标	扩展他引率	扩展引用刊数	扩展学科影响指标	扩展学科扩散指标	扩展被引半衰期	扩展H指标
E15	上海大中型电机	98	0.183	0.050	0.95	50	0.13	0.44	7.3	2
E15	上海电力大学学报	550	0.873	0.112	0.79	276	0.42	2.44	4.1	4
E15	上海电气技术	196	0.672	0.115	0.81	114	0.14	1.01	3.4	4
E15	四川电力技术	447	0.670	0.159	0.95	167	0.46	1.48	4.4	4
E15	微电机	1082	0.761	0.106	0.77	293	0.35	2.59	5.5	5
E15	微特电机	849	0.489	0.163	0.85	267	0.31	2.36	4.8	4
E15	现代电力	900	1.816	0.274	0.94	271	0.61	2.40	4.3	7
E15	现代建筑电气	441	0.449	0.156	0.95	177	0.18	1.57	3.5	5
E15	移动电源与车辆	113	0.239	0.042	0.91	66	0.08	0.58	6.6	2
E15	云南电力技术	760	0.489	0.096	0.78	205	0.55	1.81	4.9	5
E15	浙江电力	1750	1.664	0.299	0.86	315	0.64	2.79	3.2	9
E15	浙江水利水电学院学报	623	1.355	0.443	0.64	208	0.06	1.84	2.7	6
E15	智慧电力	2413	3.271	0.636	0.82	319	0.65	2.82	2.5	11
E15	中国电机工程学报	29977	3.609	0.727	0.88	1226	0.90	10.85	5.7	36
E15	中国电力	5121	2.334	0.676	0.88	667	0.73	5.90	4.4	12
E15	中国核电	284	0.417	0.013	0.92	115	0.06	1.02	3.8	4
E16	Frontiers in Energy	128	0.270	0.030	0.64	62	0.07	1.35	4.5	3
E16	Global Energy Interconnection	166	1.289	—	0.69	35	0.07	0.76	2.1	4
E16	International Journal of Coal Science & Technology	395	1.474	0.229	0.91	56	0.20	1.22	3.6	6
E16	储能科学与技术	1218	1.715	0.469	0.78	330	0.35	7.17	2.9	10
E16	分布式能源	272	1.383	0.267	0.91	119	0.17	2.59	2.5	6
E16	建筑科技	379	0.343	0.025	0.99	187	0.13	4.07	5.7	4
E16	江西煤炭科技	702	0.642	0.229	0.94	139	0.46	3.02	2.6	5
E16	节能技术	811	0.831	0.101	0.85	307	0.46	6.67	6.8	6
E16	洁净煤技术	1554	1.595	0.390	0.91	340	0.61	7.39	5.0	8
E16	可再生能源	2461	1.489	0.268	0.79	662	0.43	14.39	3.9	9
E16	煤	1407	0.612	0.280	0.90	203	0.52	4.41	3.2	5
E16	煤气与热力	1217	0.603	0.174	0.87	377	0.48	8.20	6.1	5
E16	煤炭工程	6139	2.062	0.406	0.85	621	0.61	13.50	4.2	11
E16	煤炭技术	5651	0.714	0.228	0.94	773	0.65	16.80	4.4	7
E16	煤炭加工与综合利用	1402	0.909	0.280	0.79	253	0.59	5.50	3.6	6
E16	煤炭科技	1119	1.014	0.332	0.87	182	0.50	3.96	3.3	6

2020年中国科技期刊被引指标按类刊名字顺索引（续）

学科代码	期刊名称	扩展总被引频次	扩展影响因子	扩展即年指标	扩展他引率	扩展引用刊数	扩展学科影响指标	扩展学科扩散指标	扩展被引半衰期	扩展H指标
E16	煤炭科学技术	10599	3.415	0.981	0.89	664	0.70	14.43	4.8	23
E16	煤炭学报	16499	3.927	1.329	0.88	985	0.74	21.41	6.1	28
E16	煤炭与化工	1778	0.618	0.147	0.93	477	0.54	10.37	3.7	6
E16	煤炭转化	770	0.771	0.282	0.88	231	0.52	5.02	9.9	5
E16	煤质技术	886	1.056	0.238	0.77	189	0.50	4.11	5.6	5
E16	南方能源建设	494	1.165	0.171	0.76	207	0.22	4.50	3.3	6
E16	能源技术与管理	1393	0.686	0.314	0.92	261	0.48	5.67	2.8	5
E16	能源研究与利用	220	0.291	0.104	0.99	160	0.11	3.48	5.8	4
E16	能源研究与信息	189	0.457	0.027	0.93	136	0.20	2.96	7.3	4
E16	能源与环保	2155	0.944	0.288	0.86	412	0.54	8.96	2.9	6
E16	全球能源互联网	370	2.221	0.814	0.73	115	0.20	2.50	1.9	7
E16	燃料化学学报	1953	0.857	0.189	0.85	376	0.54	8.17	7.2	7
E16	山东煤炭科技	2683	0.581	0.187	0.91	291	0.48	6.33	3.1	6
E16	山西焦煤科技	579	0.436	0.072	0.93	146	0.46	3.17	5.6	4
E16	山西煤炭	404	0.711	0.259	0.96	112	0.39	2.43	6.1	3
E16	陕西煤炭	1415	1.103	0.562	0.74	197	0.50	4.28	2.3	7
E16	上海节能	500	0.561	0.243	0.91	258	0.33	5.61	2.7	5
E16	上海煤气	160	0.291	0.169	0.99	86	0.15	1.87	4.9	3
E16	水电能源科学	3894	0.883	0.128	0.88	801	0.37	17.41	4.8	7
E16	太阳能学报	3797	0.812	0.145	0.82	803	0.54	17.46	5.4	8
E16	同煤科技	220	0.464	0.097	0.99	94	0.43	2.04	3.5	3
E16	新能源进展	381	0.916	0.159	0.93	210	0.26	4.57	3.8	6
E16	选煤技术	1225	1.071	0.133	0.76	165	0.50	3.59	5.7	8
E16	中国煤层气	396	0.504	0.113	0.92	116	0.43	2.52	7.3	5
E16	中国煤炭	2459	1.080	0.560	0.95	454	0.70	9.87	5.1	9
E16	中国煤炭地质	1835	1.085	0.122	0.88	355	0.57	7.72	6.7	8
E16	中国能源	975	1.437	0.467	0.92	471	0.50	10.24	4.8	7
E16	中外能源	1155	0.691	0.266	0.94	408	0.41	8.87	5.6	6
E17	China Petroleum Processing and Petrochemical Technology	164	0.442	—	0.70	53	0.14	0.58	4.3	3
E17	Journal of Energy Chemistry	1548	1.641	0.695	0.55	247	0.15	2.68	2.0	5
E17	Petroleum Exploration and Development	306	0.470	0.041	0.91	77	0.18	0.84	4.9	2
E17	Petroleum Science	418	0.607	0.097	0.73	157	0.46	1.71	5.6	4

2020 年中国科技期刊被引指标按类刊名字顺索引（续）

学科代码	期刊名称	扩展总被引频次	扩展影响因子	扩展即年指标	扩展他引率	扩展引用刊数	扩展学科影响指标	扩展学科扩散指标	扩展被引半衰期	扩展H指标
E17	北京石油化工学院学报	251	0.435	0.087	0.91	178	0.26	1.93	6.8	3
E17	测井技术	1368	0.622	0.041	0.83	215	0.57	2.34	9.0	5
E17	承德石油高等专科学校学报	269	0.351	0.075	0.88	150	0.21	1.63	3.7	3
E17	大庆石油地质与开发	1968	1.598	0.248	0.87	228	0.71	2.48	6.1	7
E17	当代石油石化	519	0.794	0.216	0.97	212	0.49	2.30	4.2	5
E17	东北石油大学学报	1121	1.574	0.053	0.84	266	0.68	2.89	6.6	5
E17	断块油气田	2633	2.397	0.204	0.79	245	0.68	2.66	5.3	8
E17	非常规油气	944	1.876	0.157	0.49	131	0.57	1.42	3.2	7
E17	广东石油化工学院学报	289	0.291	0.115	0.97	203	0.20	2.21	4.3	3
E17	国际石油经济	1130	1.247	0.544	0.85	332	0.52	3.61	3.0	8
E17	海相油气地质	803	1.631	0.098	0.94	142	0.46	1.54	8.2	9
E17	海洋石油	621	0.618	0.080	0.87	155	0.61	1.68	8.5	5
E17	焊管	983	0.618	0.130	0.75	214	0.33	2.33	7.1	7
E17	江汉石油职工大学学报	477	0.394	0.135	0.94	167	0.43	1.82	3.8	5
E17	精细石油化工进展	589	0.465	0.013	0.96	209	0.48	2.27	9.4	4
E17	炼油技术与工程	1164	0.642	0.120	0.90	239	0.50	2.60	7.0	4
E17	炼油与化工	395	0.347	0.049	0.97	186	0.33	2.02	5.5	4
E17	辽宁石油化工大学学报	572	0.938	0.052	0.89	271	0.07	1.91	4.5	5
E17	录井工程	495	0.513	0.071	0.58	93	0.49	1.01	6.5	4
E17	内蒙古石油化工	1662	0.289	0.051	0.96	528	0.74	5.74	7.2	4
E17	能源化工	503	0.564	0.067	0.97	248	0.39	2.70	6.2	4
E17	齐鲁石油化工	302	0.401	0.100	0.98	124	0.24	1.35	7.5	4
E17	石油地球物理勘探	3418	2.313	0.171	0.74	271	0.54	2.95	6.8	9
E17	石油地质与工程	1303	1.029	0.115	0.82	218	0.72	2.37	5.4	6
E17	石油工程建设	772	0.614	0.126	0.87	256	0.46	2.78	7.0	6
E17	石油工业技术监督	716	0.649	0.081	0.79	196	0.50	2.13	4.3	5
E17	石油化工	1768	0.696	0.120	0.89	379	0.57	4.12	7.5	6
E17	石油化工安全环保技术	437	0.542	0.085	0.98	176	0.34	1.91	5.6	4
E17	石油化工腐蚀与防护	683	0.677	0.074	0.93	193	0.46	2.10	8.0	5
E17	石油化工高等学校学报	599	0.911	0.117	0.95	205	0.50	2.23	4.7	4
E17	石油化工技术与经济	362	0.503	0.122	0.97	167	0.32	1.82	5.8	4
E17	石油化工设备	693	0.388	0.191	0.92	248	0.32	2.70	9.5	4
E17	石油化工设备技术	516	0.571	0.183	0.97	193	0.30	2.10	8.2	4

学科代码	期刊名称	扩展总被引频次	扩展影响因子	扩展即年指标	扩展他引率	扩展引用刊数	扩展学科影响指标	扩展学科扩散指标	扩展被引半衰期	扩展H指标
E17	石油化工设计	275	0.299	0.062	0.96	127	0.28	1.38	8.1	3
E17	石油化工应用	1248	0.421	0.123	0.94	333	0.72	3.62	4.8	5
E17	石油机械	3110	1.215	0.139	0.76	381	0.63	4.14	6.6	8
E17	石油勘探与开发	7606	6.150	1.225	0.94	395	0.79	4.29	6.9	26
E17	石油科技论坛	613	1.712	0.397	0.85	202	0.66	2.20	4.0	7
E17	石油科学通报	253	1.317	0.288	0.83	106	0.46	1.15	3.1	6
E17	石油库与加油站	254	0.594	0.015	0.95	115	0.15	1.25	5.3	3
E17	石油矿场机械	1306	0.680	0.122	0.91	273	0.53	2.97	8.8	5
E17	石油沥青	565	0.641	0.041	0.88	158	0.10	1.72	7.6	5
E17	石油炼制与化工	2215	1.220	0.183	0.78	320	0.50	3.48	6.2	7
E17	石油商技	264	0.308	0.064	0.89	93	0.18	1.01	5.9	3
E17	石油石化节能	746	0.598	0.149	0.79	212	0.60	2.30	4.5	5
E17	石油石化绿色低碳	214	0.541	0.074	0.96	106	0.25	1.15	3.2	4
E17	石油物探	1847	2.088	0.130	0.79	208	0.51	2.26	6.7	8
E17	石油学报	7908	4.248	0.582	0.88	487	0.82	5.29	7.9	20
E17	石油学报（石油加工）	1487	0.826	0.155	0.84	332	0.55	3.61	6.7	7
E17	石油与天然气地质	4706	4.325	0.742	0.89	272	0.61	2.96	6.7	15
E17	石油与天然气化工	1592	1.457	0.307	0.78	281	0.70	3.05	6.4	7
E17	石油钻采工艺	2569	1.506	0.113	0.92	295	0.71	3.21	8.1	8
E17	石油钻探技术	2523	2.223	0.608	0.84	274	0.73	2.98	6.4	10
E17	世界石油工业	44	—	0.239	0.66	26	0.10	0.28	1.6	2
E17	特种油气藏	2966	2.603	0.142	0.91	260	0.72	2.83	5.2	9
E17	天然气地球科学	3887	1.669	0.274	0.89	322	0.71	3.50	5.8	13
E17	天然气工业	8195	3.617	0.763	0.90	648	0.85	7.04	7.0	19
E17	天然气技术与经济	750	1.141	0.466	0.69	208	0.61	2.26	3.8	7
E17	天然气勘探与开发	740	1.528	0.066	0.84	172	0.58	1.87	5.0	6
E17	天然气与石油	1104	0.915	0.119	0.82	263	0.70	2.86	6.2	7
E17	西安石油大学学报（自然科学版）	1352	1.004	0.110	0.93	340	0.73	3.70	7.8	5
E17	西南石油大学学报（自然科学版）	2179	1.438	0.101	0.92	375	0.76	4.08	8.6	7
E17	新疆石油地质	2414	2.441	0.142	0.83	232	0.65	2.52	7.4	11
E17	新疆石油天然气	356	0.370	0.120	0.96	144	0.62	1.57	6.7	3
E17	岩性油气藏	1915	2.452	0.462	0.77	198	0.54	2.15	4.6	8
E17	乙烯工业	210	0.297	0.048	0.81	58	0.14	0.63	8.2	2

2020年中国科技期刊被引指标按类刊名字顺索引（续）

学科代码	期刊名称	扩展总被引频次	扩展影响因子	扩展即年指标	扩展他引率	扩展引用刊数	扩展学科影响指标	扩展学科扩散指标	扩展被引半衰期	扩展H指标
E17	油气藏评价与开发	769	2.078	0.289	0.93	144	0.60	1.57	2.9	8
E17	油气储运	4004	1.693	1.429	0.71	475	0.73	5.16	5.7	13
E17	油气地质与采收率	2669	3.184	0.648	0.89	252	0.72	2.74	6.1	10
E17	油气井测试	929	1.362	0.169	0.58	132	0.57	1.43	5.9	5
E17	油气田地面工程	2008	0.733	0.225	0.86	379	0.73	4.12	6.9	6
E17	油气田环境保护	647	0.716	0.109	0.90	211	0.37	2.29	6.6	5
E17	油气与新能源	489	0.689	0.195	0.95	170	0.41	1.85	6.6	5
E17	油田化学	1656	1.255	0.163	0.82	199	0.65	2.16	6.5	6
E17	中国海上油气	2029	1.461	0.248	0.88	318	0.73	3.46	6.1	11
E17	中国海洋平台	557	0.470	0.083	0.87	188	0.23	2.04	8.6	5
E17	中国石化	257	0.302	0.080	1.00	129	0.23	1.40	2.8	3
E17	中国石油大学胜利学院学报	237	0.459	0.088	0.98	151	0.22	1.64	4.2	4
E17	中国石油大学学报（自然科学版）	2911	1.409	0.159	0.90	511	0.80	5.55	9.0	8
E17	中国石油勘探	2212	4.521	1.709	0.79	215	0.62	2.34	4.0	16
E17	钻采工艺	2496	1.346	0.145	0.84	272	0.72	2.96	6.7	7
E17	钻井液与完井液	1879	1.388	0.098	0.80	185	0.62	2.01	6.8	7
E18	Matter and Radiation at Extremes（MRE）	71	0.434	0.205	1.00	15	0.06	0.88	2.6	2
E18	Nuclear Science and Techniques	471	0.416	0.395	0.74	96	0.65	5.65	3.3	4
E18	辐射防护	615	0.587	0.020	0.87	195	0.76	11.47	9.3	4
E18	辐射防护通讯	270	0.387	0.017	0.96	137	0.65	8.06	≥10	3
E18	辐射研究与辐射工艺学报	333	0.750	0.246	0.81	174	0.53	10.24	5.7	4
E18	核安全	354	0.562	0.023	0.79	123	0.65	7.24	5.9	4
E18	核电子学与探测技术	809	0.203	—	0.79	258	0.71	15.18	7.9	4
E18	核动力工程	1510	0.418	0.095	0.84	360	0.65	21.18	8.0	5
E18	核化学与放射化学	442	0.467	0.087	0.83	115	0.65	6.76	8.1	3
E18	核技术	982	0.699	0.301	0.84	302	0.76	17.76	6.3	5
E18	核科学与工程	686	0.353	0.033	0.90	201	0.65	11.82	8.9	4
E18	世界核地质科学	383	0.730	0.089	0.94	114	0.41	6.71	8.6	5
E18	太阳能	774	0.622	0.422	0.96	342	0.06	20.12	4.4	4
E18	同位素	275	0.746	0.093	0.87	119	0.53	7.00	6.7	4
E18	应用泛函分析学报	86	0.250	—	0.80	44	0.06	2.59	5.0	3
E18	原子能科学技术	1898	0.452	0.121	0.72	416	0.76	24.47	6.9	5
E19	Chinese Journal of Electronics	472	0.618	0.076	0.61	161	0.38	2.68	3.1	5

学科代码	期刊名称	扩展总被引频次	扩展影响因子	扩展即年指标	扩展他引率	扩展引用刊数	扩展学科影响指标	扩展学科扩散指标	扩展被引半衰期	扩展H指标
E19	Journal of Semiconductors	400	0.182	0.112	0.89	165	0.43	2.75	7.6	3
E19	Journal of Systems Engineering and Electronics	653	—	0.049	0.91	261	0.33	4.35	4.7	5
E19	Nano-Micro Letters	549	2.145	0.187	0.57	140	0.17	2.33	2.0	3
E19	Photonic Sensors	100	0.638	0.179	0.84	47	0.08	0.78	2.7	3
E19	安徽电子信息职业技术学院学报	409	0.517	0.208	1.00	224	0.12	3.73	3.1	4
E19	半导体光电	696	0.681	0.124	0.91	279	0.52	4.65	4.1	5
E19	半导体技术	702	0.487	0.079	0.81	262	0.55	4.37	6.7	4
E19	常州信息职业技术学院学报	621	0.836	0.295	0.99	245	0.10	4.08	3.0	6
E19	传感技术学报	2634	1.281	0.088	0.87	693	0.52	11.55	4.6	8
E19	传感器与微系统	3535	1.080	0.261	0.74	850	0.58	14.17	3.9	9
E19	灯与照明	215	0.394	0.115	0.93	117	0.10	1.95	5.8	4
E19	电瓷避雷器	1689	0.963	0.234	0.63	220	0.27	3.67	4.5	6
E19	电力电容器与无功补偿	1599	1.706	0.424	0.61	208	0.25	3.47	3.3	7
E19	电声技术	595	0.456	0.082	0.89	255	0.28	4.25	4.0	4
E19	电视技术	1172	—	0.119	0.97	363	0.42	6.05	3.9	6
E19	电子测量技术	3467	1.076	0.182	0.70	717	0.58	11.95	3.1	9
E19	电子测量与仪器学报	3635	2.391	0.288	0.86	672	0.58	11.20	3.3	12
E19	电子测试	4384	0.652	0.377	0.98	825	0.48	13.75	2.7	9
E19	电子产品可靠性与环境试验	499	0.658	0.164	0.85	210	0.43	3.50	6.5	4
E19	电子产品世界	460	—	0.106	0.92	251	0.37	4.18	3.6	4
E19	电子工业专用设备	281	0.241	0.033	0.88	145	0.30	2.42	8.3	3
E19	电子工艺技术	527	0.619	0.305	0.68	153	0.35	2.55	5.3	5
E19	电子技术应用	2414	1.137	0.349	0.88	612	0.70	10.20	3.5	9
E19	电子科技	1666	0.917	0.378	0.88	548	0.55	9.13	4.2	7
E19	电子科技大学学报	1401	0.892	1.546	0.95	633	0.62	10.55	4.5	11
E19	电子器件	1276	0.783	0.114	0.86	430	0.62	7.17	3.6	6
E19	电子设计工程	5191	1.063	0.314	0.85	970	0.78	16.17	3.2	10
E19	电子显微学报	908	1.064	0.133	0.65	360	0.12	6.00	6.0	6
E19	电子信息对抗技术	449	0.458	0.099	0.88	142	0.35	2.37	5.5	4
E19	电子学报	4467	1.477	0.135	0.89	861	0.75	14.35	5.6	12
E19	电子与封装	627	0.754	0.094	0.66	175	0.48	2.92	4.9	5
E19	电子与信息学报	3838	1.564	0.386	0.87	684	0.63	11.40	4.1	10

2020 年中国科技期刊被引指标按类刊名字顺索引（续）

学科代码	期刊名称	扩展总被引频次	扩展影响因子	扩展即年指标	扩展他引率	扩展引用刊数	扩展学科影响指标	扩展学科扩散指标	扩展被引半衰期	扩展H指标
E19	电子元件与材料	901	0.565	0.107	0.86	356	0.58	5.93	6.0	4
E19	电子元器件与信息技术	2155	2.045	0.509	0.36	232	0.27	3.87	1.6	9
E19	电子制作	3102	0.512	0.226	0.98	678	0.50	11.30	4.2	8
E19	电子质量	576	0.370	0.088	0.93	282	0.43	4.70	4.0	4
E19	固体电子学研究与进展	213	0.290	0.077	0.81	104	0.35	1.73	5.3	3
E19	桂林电子科技大学学报	210	0.333	0.021	0.93	154	0.15	2.57	5.0	3
E19	国外电子测量技术	2165	1.455	0.304	0.81	448	0.52	7.47	2.9	8
E19	杭州电子科技大学学报	297	0.393	0.113	0.92	191	0.28	3.18	5.2	3
E19	吉林大学学报（信息科学版）	568	1.049	0.133	0.91	326	0.28	5.43	3.7	6
E19	密码学报	284	0.828	0.141	0.86	127	0.15	2.12	3.5	7
E19	上海电机学院学报	165	0.432	0.050	0.96	128	0.13	2.13	5.6	3
E19	太赫兹科学与电子信息学报	613	0.529	0.039	0.68	225	0.42	3.75	4.2	5
E19	微电子学	494	0.341	0.058	0.88	199	0.55	3.32	5.3	4
E19	微电子学与计算机	1548	0.911	0.102	0.96	477	0.58	7.95	4.1	6
E19	微纳电子技术	463	0.460	0.060	0.90	238	0.43	3.97	5.5	4
E19	武汉大学学报（信息科学版）	5324	1.948	0.603	0.89	927	1.00	38.63	6.4	14
E19	武汉理工大学学报（信息与管理工程版）	885	0.966	0.156	0.91	518	0.17	8.63	5.3	5
E19	西安电子科技大学学报（自然科学版）	941	0.811	0.165	0.86	349	0.45	5.82	4.8	6
E19	系统工程与电子技术	3821	1.255	0.246	0.89	762	0.53	12.70	5.4	10
E19	现代电子技术	6544	1.139	0.325	0.90	1232	0.78	20.53	3.5	9
E19	照明工程学报	1189	1.072	0.309	0.66	296	0.27	4.93	3.8	7
E19	真空电子技术	335	0.351	0.045	0.76	131	0.23	2.18	6.0	4
E19	中国集成电路	238	—	0.061	0.95	146	0.40	2.43	5.1	3
E19	中国有线电视	724	0.436	0.264	0.90	124	0.13	2.07	1.9	5
E19	中国照明电器	372	0.520	0.237	0.77	147	0.15	2.45	3.5	4
E19	综合智慧能源	1296	0.873	0.535	0.79	352	0.10	5.87	3.7	6
E20	Chinese Optics Letters	893	0.871	0.151	0.60	150	0.90	7.14	3.4	3
E20	Frontiers of Optoelectronics	87	0.253	0.738	0.56	38	0.29	1.81	1.9	2
E20	Light: Science & Applications	634	0.764	0.233	1.00	126	0.67	6.00	3.8	3
E20	Opto-Electronic Advances	47	1.000	0.083	1.00	22	0.29	1.05	2.3	4
E20	光电工程	1263	1.436	0.181	0.90	396	0.90	18.86	5.2	7
E20	光电技术应用	418	0.894	0.080	0.76	187	0.67	8.90	4.5	4
E20	光电子·激光	1105	0.614	0.043	0.86	403	0.81	19.19	5.9	6

2020 年中国科技期刊被引指标按类刊名字顺索引（续）

学科代码	期刊名称	扩展总被引频次	扩展影响因子	扩展即年指标	扩展他引率	扩展引用刊数	扩展学科影响指标	扩展学科扩散指标	扩展被引半衰期	扩展H指标
E20	光电子技术	187	0.469	0.037	0.91	111	0.52	5.29	5.1	4
E20	光学技术	1039	1.008	0.107	0.92	372	0.81	17.71	6.7	6
E20	光学仪器	383	0.619	0.060	0.98	216	0.62	10.29	6.1	5
E20	光学与光电技术	419	0.564	0.069	0.85	203	0.76	9.67	5.5	4
E20	红外技术	1344	1.165	0.169	0.86	396	0.76	18.86	4.2	7
E20	红外与激光工程	4041	1.158	0.219	0.81	647	0.86	30.81	4.4	9
E20	激光技术	1105	1.146	0.250	0.78	304	0.76	14.48	4.0	6
E20	激光与光电子学进展	4503	1.707	0.286	0.68	706	0.81	33.62	2.5	11
E20	激光与红外	1804	1.002	0.086	0.83	475	0.81	22.62	4.6	9
E20	激光杂志	1904	0.748	0.118	0.92	669	0.81	31.86	3.7	8
E20	压电与声光	899	0.601	0.081	0.80	341	0.62	16.24	5.1	5
E20	应用激光	915	1.011	0.077	0.80	283	0.62	13.48	3.8	6
E20	中国光学	1065	1.646	0.266	0.90	292	0.81	13.90	3.9	9
E20	中国激光	4651	1.625	0.325	0.77	619	0.90	29.48	4.2	10
E21	Journal of Communications and Information Networks	46	0.583	0.048	0.65	24	0.16	0.56	2.6	2
E21	北京邮电大学学报	869	1.142	0.174	0.95	382	0.58	8.88	3.8	7
E21	长江信息通信	3820	0.522	0.247	0.96	761	0.63	17.70	2.7	8
E21	重庆邮电大学学报（自然科学版）	740	1.092	0.260	0.94	301	0.47	7.00	4.0	7
E21	电波科学学报	762	0.556	0.153	0.85	270	0.53	6.28	7.2	5
E21	电信科学	2578	2.029	0.785	0.86	575	0.70	13.37	3.3	12
E21	电讯技术	1249	0.841	0.145	0.82	352	0.53	8.19	4.4	6
E21	光通信技术	627	0.646	0.230	0.86	197	0.47	4.58	3.6	5
E21	光通信研究	410	0.923	0.087	0.91	163	0.42	3.79	3.5	6
E21	广西通信技术	71	0.417	—	0.99	39	0.14	0.91	2.8	2
E21	湖南邮电职业技术学院学报	626	1.085	0.407	0.80	220	0.16	5.12	2.5	6
E21	互联网天地	259	—	0.117	0.99	177	0.23	4.12	4.0	4
E21	江西通信科技	81	0.396	0.082	0.98	55	0.19	1.28	2.7	3
E21	空军预警学院学报	337	0.343	0.049	0.87	137	0.23	3.19	5.7	4
E21	雷达科学与技术	584	0.592	0.037	0.86	184	0.37	4.28	5.1	5
E21	雷达学报	728	1.849	0.408	0.74	185	0.35	4.30	3.4	10
E21	南京邮电大学学报（自然科学版）	699	1.525	0.216	0.98	364	0.49	8.47	3.5	10
E21	山东通信技术	66	0.301	0.085	0.95	41	0.23	0.95	3.0	2

2020 年中国科技期刊被引指标按类刊名字顺索引（续）

学科代码	期刊名称	扩展总被引频次	扩展影响因子	扩展即年指标	扩展他引率	扩展引用刊数	扩展学科影响指标	扩展学科扩散指标	扩展被引半衰期	扩展H指标
E21	数据采集与处理	886	0.859	0.077	0.92	406	0.42	9.44	4.5	7
E21	数据通信	202	0.639	0.246	0.95	115	0.28	2.67	2.8	4
E21	数字经济	246	0.541	0.136	1.00	167	—	3.88	2.2	4
E21	通信技术	1597	0.567	0.200	0.90	499	0.70	11.60	3.4	6
E21	通信学报	3163	2.163	0.556	0.92	657	0.79	15.28	3.9	13
E21	通信与信息技术	281	0.851	0.218	0.96	134	0.30	3.12	2.2	5
E21	微波学报	784	0.674	0.114	0.82	239	0.49	5.56	6.1	5
E21	无线电工程	1129	0.814	0.191	0.70	323	0.56	7.51	4.2	6
E21	无线电通信技术	541	0.698	0.352	0.93	228	0.56	5.30	4.1	5
E21	无线通信技术	109	0.240	0.083	0.98	82	0.21	1.91	4.7	2
E21	西安邮电大学学报	499	0.644	0.030	0.76	248	0.28	5.77	5.2	4
E21	现代传输	89	0.240	0.069	0.87	47	0.21	1.09	3.8	3
E21	现代雷达	1456	0.701	0.150	0.81	299	0.47	6.95	5.6	6
E21	信号处理	1361	1.089	0.126	0.80	373	0.58	8.67	3.9	7
E21	信息通信技术	417	1.285	0.181	0.94	204	0.28	4.74	3.0	8
E21	移动通信	1453	1.451	0.713	0.92	321	0.63	7.47	2.9	10
E21	应用科学学报	505	1.031	0.587	0.96	333	0.37	7.74	3.8	7
E21	邮电设计技术	1117	1.070	0.620	0.81	239	0.60	5.56	2.7	8
E21	中国通信（英文版）	911	1.129	0.158	0.72	251	0.63	5.84	2.8	6
E21	中兴通讯技术	716	2.461	0.587	0.94	272	0.58	6.33	2.7	9
E22	Computional Visual Media	51	0.306	0.059	0.69	25	0.16	0.40	3.3	2
E22	Frontiers of Computer Science	286	0.465	0.210	0.83	127	0.52	2.02	3.9	4
E22	Journal of Computer Science & Technology	440	0.645	0.135	0.91	190	0.49	3.02	5.6	4
E22	办公自动化	858	0.627	0.357	0.96	357	0.32	5.67	1.9	6
E22	大数据	590	2.214	0.700	0.88	312	0.41	4.95	2.9	9
E22	单片机与嵌入式系统应用	1063	0.709	0.250	0.91	364	0.48	5.78	3.5	7
E22	电脑编程技巧与维护	1867	0.554	0.374	0.96	456	0.54	7.24	2.4	7
E22	电脑与信息技术	422	0.640	0.426	0.98	229	0.41	3.63	2.5	5
E22	福建电脑	1858	0.406	0.263	0.94	544	0.51	8.63	3.0	6
E22	工业控制计算机	2042	0.466	0.134	0.95	692	0.63	10.98	3.5	6
E22	集成技术	174	0.371	0.043	0.99	146	0.21	2.32	5.3	4
E22	计算机仿真	5633	0.712	0.101	0.84	1190	0.68	18.89	4.3	8
E22	计算机辅助工程	397	0.465	0.018	0.94	219	0.17	3.48	7.1	4

2020 年中国科技期刊被引指标按类刊名字顺索引（续）

学科代码	期刊名称	扩展总被引频次	扩展影响因子	扩展即年指标	扩展他引率	扩展引用刊数	扩展学科影响指标	扩展学科扩散指标	扩展被引半衰期	扩展H指标
E22	计算机辅助设计与图形学学报	2415	1.357	0.182	0.92	654	0.67	10.38	4.8	10
E22	计算机工程	5908	1.471	0.436	0.92	1138	0.83	18.06	4.7	12
E22	计算机工程与科学	2302	1.389	0.208	0.92	704	0.76	11.17	3.8	9
E22	计算机工程与设计	4330	1.207	0.240	0.94	1016	0.78	16.13	4.2	11
E22	计算机工程与应用	9706	1.806	0.496	0.90	1556	0.81	24.70	3.8	16
E22	计算机集成制造系统	4543	1.888	0.463	0.84	810	0.67	12.86	4.7	15
E22	计算机技术与发展	2963	0.978	0.319	0.91	906	0.75	14.38	4.1	9
E22	计算机教育	4121	1.628	0.603	0.85	554	0.41	8.79	3.4	11
E22	计算机科学	7599	1.994	0.316	0.96	1368	0.84	21.71	4.1	15
E22	计算机科学与探索	1253	1.603	0.472	0.84	374	0.59	5.94	2.7	9
E22	计算机时代	1355	0.938	0.418	0.95	494	0.59	7.84	2.5	8
E22	计算机系统应用	2649	1.088	0.207	0.94	842	0.70	13.37	3.4	9
E22	计算机学报	5316	3.802	0.357	0.98	1081	0.79	17.16	4.8	20
E22	计算机研究与发展	4674	2.654	0.498	0.94	983	0.86	15.60	4.6	20
E22	计算机应用	6856	1.905	0.360	0.94	1265	0.81	20.08	3.9	15
E22	计算机应用研究	7040	1.285	0.365	0.92	1334	0.76	21.17	4.1	16
E22	计算机应用与软件	4272	1.251	0.238	0.92	1083	0.83	17.19	3.5	9
E22	计算机与数字工程	2040	0.752	0.095	0.96	730	0.73	11.59	3.3	7
E22	计算机与现代化	1390	0.835	0.209	0.91	558	0.68	8.86	4.4	6
E22	金融科技时代	547	0.553	0.266	0.87	221	0.37	3.51	2.6	4
E22	软件	3126	1.376	0.267	0.54	628	0.63	9.97	2.8	10
E22	软件导刊	2912	0.878	0.227	0.81	860	0.70	13.65	3.3	7
E22	软件工程	867	1.180	0.543	0.93	365	0.59	5.79	2.2	8
E22	软件和集成电路	156	0.383	0.095	1.00	121	0.13	1.92	2.4	4
E22	软件学报	5550	3.183	0.470	0.91	1015	0.83	16.11	5.0	24
E22	数值计算与计算机应用	100	0.250	0.348	0.85	66	0.13	1.05	≥10	2
E22	网络安全技术与应用	3416	0.882	0.681	0.93	580	0.62	9.21	2.1	8
E22	网络新媒体技术	276	0.683	0.158	0.89	156	0.46	2.48	4.8	4
E22	网络与信息安全学报	439	1.165	0.120	0.83	198	0.48	3.14	3.3	6
E22	微处理机	305	0.405	0.171	0.97	181	0.30	2.87	4.6	4
E22	微型电脑应用	1397	0.888	0.314	0.90	530	0.54	8.41	2.1	7
E22	物联网技术	1696	0.755	0.436	0.84	568	0.62	9.02	2.7	7
E22	物联网学报	254	1.394	1.055	0.81	119	0.27	1.89	2.1	6

2020 年中国科技期刊被引指标按类刊名字顺索引（续）

学科代码	期刊名称	扩展总被引频次	扩展影响因子	扩展即年指标	扩展他引率	扩展引用刊数	扩展学科影响指标	扩展学科扩散指标	扩展被引半衰期	扩展H指标
E22	现代计算机	1590	0.493	0.096	0.95	604	0.70	9.59	2.9	7
E22	小型微型计算机系统	3019	1.412	0.249	0.78	627	0.75	9.95	3.2	9
E22	信息技术与网络安全	1465	0.596	0.351	0.98	610	0.71	9.68	4.2	6
E22	信息网络安全	1293	1.043	0.320	0.99	427	0.68	6.78	4.0	10
E22	智能计算机与应用	953	0.659	0.098	0.95	462	0.65	7.33	2.4	6
E22	中国金融电脑	303	0.293	0.116	1.00	136	0.24	2.16	3.1	3
E22	中国图象图形学报	2805	1.934	0.218	0.92	702	0.62	11.14	5.4	13
E22	中国自动识别技术	63	0.389	0.080	0.98	52	0.08	0.83	2.4	3
E23	Chinese Journal of Chemical Engineering	1224	0.597	0.074	0.80	408	0.48	4.34	4.8	5
E23	Particuology	614	0.368	0.108	0.77	252	0.24	2.68	6.4	5
E23	Petroleum Research	12	0.333	0.063	0.50	6	0.01	0.06	1.8	1
E23	安徽化工	650	0.452	0.094	0.97	341	0.44	3.63	3.6	4
E23	北京化工大学学报（自然科学版）	727	0.655	0.059	0.98	423	0.50	4.50	8.1	5
E23	纯碱工业	181	0.270	0.044	0.93	89	0.17	0.95	6.3	3
E23	大氮肥	304	0.228	0.079	0.91	115	0.32	1.22	7.8	3
E23	氮肥技术	166	0.220	0.040	0.98	61	0.23	0.65	5.8	3
E23	氮肥与合成气	160	0.213	0.032	0.77	59	0.19	0.63	3.9	3
E23	当代化工	3143	0.682	0.147	0.77	735	0.69	7.82	4.2	7
E23	当代化工研究	3902	—	0.423	0.95	700	0.59	7.45	1.8	9
E23	电镀与精饰	673	0.566	0.541	0.88	245	0.33	2.61	5.7	4
E23	发酵科技通讯	375	1.237	0.298	0.66	126	0.13	1.34	4.2	5
E23	佛山陶瓷	432	0.310	0.105	0.81	134	0.23	1.43	5.8	3
E23	高校化学工程学报	1226	0.704	0.052	0.82	429	0.56	4.56	6.1	6
E23	工业催化	884	0.555	0.076	0.88	242	0.50	2.57	6.5	5
E23	广州化工	5771	0.580	0.179	0.91	1277	0.78	13.59	4.2	8
E23	硅酸盐通报	4865	1.023	0.164	0.86	823	0.55	8.76	4.5	10
E23	硅酸盐学报	3495	1.045	0.197	0.90	711	0.54	7.56	8.3	9
E23	过程工程学报	1371	0.743	0.141	0.92	470	0.56	5.00	8.1	6
E23	杭州化工	104	0.101	—	0.98	90	0.19	0.96	9.3	3
E23	合成技术及应用	209	0.505	0.125	0.88	106	0.20	1.13	6.8	3
E23	河南化工	848	0.389	0.153	0.96	370	0.52	3.94	6.0	5
E23	湖南包装	692	1.074	0.415	0.67	164	0.06	1.74	2.0	6
E23	化肥设计	385	0.500	0.115	0.96	159	0.36	1.69	6.2	4

2020 年中国科技期刊被引指标按类刊名字顺索引（续）

学科代码	期刊名称	扩展总被引频次	扩展影响因子	扩展即年指标	扩展他引率	扩展引用刊数	扩展学科影响指标	扩展学科扩散指标	扩展被引半衰期	扩展H指标
E23	化工机械	666	0.396	0.063	0.92	290	0.40	3.09	6.8	4
E23	化工技术与开发	809	0.411	0.065	0.97	411	0.54	4.37	6.6	4
E23	化工进展	6522	1.276	0.339	0.88	1116	0.81	11.87	4.9	12
E23	化工科技	501	0.606	0.104	0.95	284	0.52	3.02	6.9	4
E23	化工设备与管道	537	0.510	0.019	0.91	211	0.33	2.24	8.1	4
E23	化工设计	375	0.398	0.128	0.97	177	0.41	1.88	7.5	4
E23	化工设计通讯	4860	0.597	0.336	0.95	717	0.57	7.63	2.1	8
E23	化工时刊	987	0.598	0.186	0.96	450	0.48	4.79	4.9	6
E23	化工学报	6209	1.246	0.252	0.83	1062	0.80	11.30	5.5	10
E23	化工装备技术	411	0.437	0.030	0.97	210	0.31	2.23	8.4	4
E23	化工自动化及仪表	896	0.360	0.139	0.97	406	0.31	4.32	6.5	5
E23	化学反应工程与工艺	321	0.149	—	0.94	154	0.37	1.64	≥10	3
E23	化学工程	1016	0.513	0.085	0.92	405	0.55	4.31	8.1	5
E23	化学工程师	1082	0.607	0.144	0.97	505	0.54	5.37	5.0	6
E23	化学工业与工程	478	0.657	0.207	0.96	273	0.45	2.90	9.1	5
E23	化学世界	826	0.462	0.248	0.97	418	0.44	4.45	9.2	5
E23	吉林化工学院学报	1189	0.923	0.264	0.74	480	0.31	5.11	3.1	6
E23	江苏陶瓷	503	0.235	0.282	0.64	78	0.17	0.83	3.4	5
E23	江西化工	1472	0.647	0.319	0.98	521	0.44	5.54	2.5	7
E23	聚氨酯工业	643	0.796	0.172	0.67	154	0.23	1.64	6.2	5
E23	口腔护理用品工业	158	0.194	0.099	0.83	82	0.10	0.87	4.9	3
E23	离子交换与吸附	394	0.466	0.034	0.83	198	0.32	2.11	9.1	4
E23	辽宁化工	1242	0.390	0.124	0.97	550	0.52	5.85	5.4	5
E23	林产化学与工业	1066	0.881	0.110	0.89	409	0.39	4.35	7.7	7
E23	磷肥与复肥	1055	0.627	0.116	0.84	281	0.35	2.99	6.0	6
E23	硫磷设计与粉体工程	200	0.082	0.013	0.92	111	0.26	1.18	9.4	3
E23	硫酸工业	558	0.535	0.114	0.78	150	0.35	1.60	4.0	4
E23	氯碱工业	350	0.140	0.046	0.79	132	0.32	1.40	8.3	4
E23	轮胎工业	683	0.660	0.071	0.70	115	0.16	1.22	4.2	5
E23	膜科学与技术	888	0.848	0.147	0.74	249	0.35	2.65	6.2	6
E23	清洗世界	856	0.669	0.174	0.93	272	0.29	2.89	2.3	6
E23	燃料与化工	465	0.376	0.091	0.86	143	0.32	1.52	6.3	4
E23	热固性树脂	494	0.667	0.133	0.87	192	0.29	2.04	7.0	5

学科代码	期刊名称	扩展总被引频次	扩展影响因子	扩展即年指标	扩展他引率	扩展引用刊数	扩展学科影响指标	扩展学科扩散指标	扩展被引半衰期	扩展H指标
E23	日用化学工业	1162	0.964	0.203	0.88	353	0.36	3.76	6.0	5
E23	山东陶瓷	147	0.126	0.061	0.95	73	0.19	0.78	6.3	3
E23	山西化工	904	0.501	0.162	0.96	362	0.45	3.85	2.8	4
E23	沈阳化工大学学报	170	0.324	0.016	0.94	131	0.26	1.39	6.9	3
E23	生物质化学工程	562	0.752	0.133	0.94	303	0.32	3.22	8.7	5
E23	石油化工自动化	695	—	0.167	0.85	220	0.22	2.34	5.8	4
E23	四川化工	409	0.575	0.138	0.95	243	0.43	2.59	4.9	4
E23	四川轻化工大学学报（自然科学版）	6	—	0.045	0.83	4	0.01	—	—	1
E23	炭素	422	1.024	0.176	0.98	141	0.17	1.50	6.9	3
E23	炭素技术	494	0.448	0.045	0.84	189	0.28	2.01	7.8	4
E23	陶瓷	506	0.415	0.224	0.84	204	0.33	2.17	3.5	4
E23	陶瓷科学与艺术	356	0.139	0.016	0.87	87	0.16	0.93	4.2	4
E23	陶瓷学报	611	0.502	0.160	0.86	233	0.31	2.48	5.0	4
E23	陶瓷研究	220	0.218	0.048	0.70	74	0.13	0.79	3.8	3
E23	天津化工	492	0.478	0.120	0.98	298	0.46	3.17	6.2	5
E23	无机盐工业	1847	0.830	0.248	0.80	467	0.54	4.97	5.4	7
E23	现代化工	3298	0.825	0.229	0.91	848	0.73	9.02	4.3	7
E23	现代技术陶瓷	212	0.692	—	0.92	109	0.23	1.16	5.6	5
E23	盐科学与化工	695	0.524	0.132	0.78	254	0.40	2.70	4.6	4
E23	应用化工	3366	0.908	0.192	0.91	920	0.69	9.79	3.8	8
E23	影像技术	649	1.057	0.410	0.99	191	0.03	2.03	3.0	6
E23	有机氟工业	220	0.433	0.160	0.84	110	0.26	1.17	7.5	4
E23	有机硅材料	536	0.818	0.115	0.76	175	0.27	1.86	5.6	4
E23	云南化工	1760	0.472	0.163	0.95	566	0.52	6.02	2.3	7
E23	浙江化工	479	0.410	0.159	0.96	259	0.41	2.76	5.5	5
E23	中氮肥	323	0.278	0.150	0.91	101	0.36	1.07	4.8	3
E23	中国化工装备	115	0.220	0.086	0.98	68	0.10	0.72	5.1	2
E23	中国陶瓷	1016	0.441	0.098	0.87	306	0.33	3.26	6.8	5
E23	中国陶瓷工业	269	0.382	0.148	0.95	130	0.22	1.38	6.9	4
E23	中国洗涤用品工业	431	0.576	0.126	0.66	135	0.20	1.44	3.9	5
E24	高科技纤维与应用	459	0.567	0.107	0.95	190	0.42	10.00	9.0	5
E24	工程塑料应用	2400	1.045	0.226	0.79	453	0.84	23.84	4.4	8
E24	合成树脂及塑料	793	0.799	0.254	0.86	207	0.74	10.89	5.1	5

2020 年中国科技期刊被引指标按类刊名字顺索引（续）

学科代码	期刊名称	扩展总被引频次	扩展影响因子	扩展即年指标	扩展他引率	扩展引用刊数	扩展学科影响指标	扩展学科扩散指标	扩展被引半衰期	扩展H指标
E24	合成橡胶工业	678	0.563	0.080	0.86	177	0.68	9.32	8.8	5
E24	胶体与聚合物	199	0.486	0.085	0.95	120	0.53	6.32	5.0	4
E24	聚氯乙烯	479	0.265	0.095	0.84	187	0.68	9.84	6.2	4
E24	聚酯工业	331	0.294	0.045	0.85	119	0.47	6.26	7.6	3
E24	塑料	1268	0.930	0.095	0.78	288	0.84	15.16	4.9	6
E24	塑料工业	2624	0.978	0.221	0.85	497	0.84	26.16	4.3	7
E24	塑料科技	1504	0.880	0.131	0.87	355	0.84	18.68	4.2	6
E24	塑料助剂	326	0.581	0.075	0.93	138	0.79	7.26	7.0	4
E24	弹性体	657	0.635	0.135	0.85	194	0.89	10.21	7.2	5
E24	特种橡胶制品	478	0.369	0.054	0.88	160	0.63	8.42	≥10	4
E24	现代塑料加工应用	507	0.691	0.198	0.93	154	0.79	8.11	5.3	4
E24	橡胶工业	1566	1.489	0.256	0.80	294	0.74	15.47	3.6	8
E24	橡胶科技	480	0.685	0.218	0.66	114	0.53	6.00	3.3	4
E24	橡塑技术与装备	625	0.298	0.103	0.94	247	0.79	13.00	4.4	4
E24	中国塑料	1650	0.985	0.133	0.89	360	0.95	18.95	5.0	6
E25	表面技术	3120	1.219	0.236	0.78	591	0.70	29.55	3.4	8
E25	电镀与涂饰	1161	0.650	0.136	0.74	298	0.55	14.90	5.1	6
E25	化学与粘合	587	0.636	0.074	0.95	271	0.55	13.55	6.5	4
E25	精细化工	1976	0.959	0.230	0.86	552	0.85	27.60	4.6	7
E25	精细化工中间体	412	0.282	0.087	0.83	184	0.30	9.20	9.1	4
E25	精细石油化工	547	0.390	0.122	0.93	201	0.60	10.05	8.4	5
E25	精细与专用化学品	714	0.567	0.137	0.95	341	0.60	17.05	6.6	5
E25	上海染料	44	0.051	0.047	0.86	27	0.20	1.35	9.0	2
E25	上海涂料	481	0.452	0.065	0.96	183	0.55	9.15	7.4	4
E25	涂层与防护	449	0.518	0.101	0.90	138	0.55	6.90	4.3	4
E25	涂料工业	1393	0.882	0.174	0.88	351	0.85	17.55	6.1	5
E25	现代涂料与涂装	828	0.361	0.053	0.84	241	0.60	12.05	6.2	5
E25	香料香精化妆品	713	0.745	0.078	0.91	259	0.40	12.95	6.5	6
E25	印染助剂	880	0.646	0.064	0.89	246	0.60	12.30	4.5	5
E25	粘接	974	0.716	0.185	0.91	327	0.65	16.35	2.5	5
E25	中国胶粘剂	839	0.648	0.144	0.82	274	0.65	13.70	6.0	5
E25	中国氯碱	414	0.283	0.085	0.88	155	0.25	7.75	5.1	3
E25	中国生漆	185	0.320	0.044	0.81	69	0.10	3.45	7.9	3

2020 年中国科技期刊被引指标按类刊名字顺索引（续）

学科代码	期刊名称	扩展总被引频次	扩展影响因子	扩展即年指标	扩展他引率	扩展引用刊数	扩展学科影响指标	扩展学科扩散指标	扩展被引半衰期	扩展H指标
E25	中国涂料	620	0.366	0.049	0.86	185	0.65	9.25	5.4	4
E26	China Detergent & Cosmetics	3	0.049	—	0.67	3	0.02	0.06	2.3	1
E26	Journal of Advanced Ceramics	179	1.097	0.063	0.58	50	0.02	1.02	2.7	3
E26	Paper and Biomaterials	151	—	0.120	0.94	44	0.16	0.90	5.9	3
E26	宝石和宝石学杂志	424	0.451	0.034	0.85	96	0.10	1.96	7.4	4
E26	超硬材料工程	264	0.253	0.027	0.76	109	0.06	2.22	7.6	3
E26	黑龙江造纸	159	0.194	0.143	0.97	72	0.20	1.47	6.9	3
E26	混凝土与水泥制品	1978	1.144	0.397	0.83	393	0.14	8.02	4.3	7
E26	粮食储藏	785	1.124	0.143	0.89	151	0.04	3.08	9.0	6
E26	煤化工	644	0.711	0.153	0.89	188	0.12	3.84	5.8	5
E26	木工机床	95	0.358	0.122	0.94	55	0.02	1.12	3.4	3
E26	皮革科学与工程	714	1.129	0.262	0.66	153	0.14	3.12	4.9	5
E26	皮革与化工	296	0.778	0.250	0.87	107	0.16	2.18	5.9	4
E26	日用化学品科学	760	0.486	0.252	0.89	228	0.16	4.65	5.7	6
E26	石化技术与应用	552	0.531	0.107	0.91	197	0.06	4.02	7.3	5
E26	石油和化工设备	839	0.332	0.088	0.93	307	0.14	6.27	4.8	4
E26	石油化工建设	281	0.316	0.046	0.96	133	0.12	2.71	5.6	3
E26	水泥	658	0.218	0.046	0.85	216	0.16	4.41	6.8	4
E26	水泥工程	332	0.193	0.123	0.94	156	0.14	3.18	5.0	3
E26	水泥技术	223	0.293	0.080	0.94	110	0.14	2.24	5.8	3
E26	丝网印刷	104	0.101	—	1.00	66	0.10	1.35	7.4	3
E26	天津造纸	77	0.221	—	0.92	48	0.18	0.98	5.8	3
E26	天然气化工—C1 化学与化工	669	0.465	0.155	0.84	204	0.14	4.16	6.1	4
E26	现代面粉工业	282	0.617	0.313	0.86	73	0.02	1.49	3.6	4
E26	新世纪水泥导报	228	0.277	0.127	0.74	81	0.16	1.65	5.5	3
E26	蓄电池	299	0.571	0.063	0.70	90	0.02	1.84	5.5	4
E26	印刷技术	196	0.176	0.006	1.00	92	0.16	1.88	5.4	2
E26	印刷杂志	121	0.096	0.080	1.00	70	0.04	1.43	4.8	2
E26	造纸化学品	106	0.016	0.034	0.87	41	0.20	0.84	≥10	2
E26	造纸科学与技术	437	0.580	0.273	0.78	163	0.24	3.33	4.9	4
E26	造纸装备及材料	344	0.415	0.332	0.92	120	0.18	2.45	—	4
E26	中国宝玉石	33	0.047	0.021	0.73	17	0.08	0.35	≥10	2
E26	中国皮革	1077	0.747	0.616	0.83	205	0.16	4.18	6.4	5

2020 年中国科技期刊被引指标按类刊名字顺索引（续）

学科代码	期刊名称	扩展总被引频次	扩展影响因子	扩展即年指标	扩展他引率	扩展引用刊数	扩展学科影响指标	扩展学科扩散指标	扩展被引半衰期	扩展H指标
E26	中国人造板	349	0.593	0.129	0.85	115	0.08	2.35	3.9	4
E26	中国水泥	329	0.175	0.078	0.95	139	0.12	2.84	4.8	3
E26	中国造纸	1256	0.957	0.434	0.73	281	0.31	5.73	5.1	7
E26	中国造纸学报	531	1.219	0.453	0.89	142	0.29	2.90	5.8	6
E26	中国制笔	56	0.286	0.152	0.50	15	0.10	0.31	≥10	2
E27	电测与仪表	5568	1.935	0.526	0.79	652	0.61	36.22	3.3	11
E27	阀门	301	0.234	0.102	0.82	123	0.17	6.83	9.0	3
E27	分析仪器	821	0.836	0.105	0.95	374	0.39	20.78	3.8	6
E27	工业仪表与自动化装置	790	0.684	0.308	0.93	360	0.50	20.00	3.8	5
E27	光学精密工程	4411	1.887	0.430	0.82	699	0.61	38.83	4.7	11
E27	生命科学仪器	320	0.548	0.108	0.97	234	0.22	13.00	6.9	5
E27	水泵技术	292	0.307	0.075	0.85	125	0.06	6.94	≥10	3
E27	现代科学仪器	600	0.136	0.024	0.98	353	0.56	19.61	≥10	4
E27	现代仪器与医疗	1915	1.484	0.182	0.99	591	0.22	32.83	3.6	8
E27	仪表技术	501	0.453	0.106	0.96	264	0.50	14.67	4.8	5
E27	仪表技术与传感器	2398	1.037	0.119	0.88	659	0.78	36.61	4.5	8
E27	仪器仪表学报	6675	2.623	0.311	0.87	1015	0.67	56.39	4.7	17
E27	仪器仪表用户	716	0.344	0.177	0.93	305	0.50	16.94	3.5	4
E27	仪器仪表与分析监测	171	0.551	0.196	0.98	127	0.39	7.06	5.3	3
E27	中国仪器仪表	428	0.366	0.189	0.98	240	0.56	13.33	5.8	4
E27	自动化仪表	1823	1.193	0.223	0.81	580	0.72	32.22	3.8	8
E27	自动化与仪表	1160	0.890	0.349	0.95	484	0.61	26.89	2.9	6
E28	Defence Technology	286	0.613	0.175	0.80	148	0.55	4.77	3.0	4
E28	爆破	1585	1.935	0.455	0.65	248	0.55	8.00	5.5	8
E28	爆破器材	440	0.536	0.123	0.88	139	0.52	4.48	6.9	5
E28	爆炸与冲击	1844	1.031	0.200	0.87	359	0.71	11.58	7.0	9
E28	兵工学报	3159	1.118	0.089	0.85	618	0.97	19.94	5.6	8
E28	兵工自动化	1358	0.770	0.075	0.86	422	0.84	13.61	5.0	5
E28	兵器材料科学与工程	991	0.653	0.179	0.88	351	0.65	11.32	6.6	6
E28	兵器装备工程学报	2096	0.714	0.098	0.84	585	1.00	18.87	3.8	6
E28	弹道学报	492	0.359	0.017	0.90	146	0.90	4.71	8.6	4
E28	弹箭与制导学报	1216	—	0.036	0.92	322	0.97	10.39	8.8	4
E28	防护工程	219	0.788	0.143	0.72	97	0.39	3.13	2.7	3

学科代码	期刊名称	扩展总被引频次	扩展影响因子	扩展即年指标	扩展他引率	扩展引用刊数	扩展学科影响指标	扩展学科扩散指标	扩展被引半衰期	扩展H指标
E28	国防科技	733	0.612	0.072	0.91	313	0.77	10.10	5.3	7
E28	含能材料	1384	0.810	0.125	0.69	174	0.61	5.61	6.8	6
E28	航空兵器	666	1.137	0.278	0.82	211	0.74	6.81	4.4	6
E28	火工品	366	0.335	0.045	0.81	93	0.61	3.00	7.8	3
E28	火控雷达技术	284	0.423	0.025	0.90	125	0.42	4.03	5.6	4
E28	火力与指挥控制	2898	0.876	0.081	0.73	458	0.77	14.77	4.8	7
E28	火炮发射与控制学报	462	0.469	0.134	0.85	141	0.55	4.55	6.3	4
E28	火炸药学报	1074	0.685	0.134	0.78	165	0.61	5.32	8.5	6
E28	军民两用技术与产品	953	0.115	0.104	0.99	351	0.23	11.32	3.4	5
E28	空天防御	155	1.460	0.106	0.67	56	0.32	1.81	1.9	5
E28	空天技术	1572	0.912	0.378	0.81	327	0.90	10.55	4.6	7
E28	数字海洋与水下攻防	171	0.364	0.047	0.80	75	0.42	2.42	4.6	3
E28	水下无人系统学报	537	0.764	0.061	0.85	172	0.65	5.55	4.6	7
E28	探测与控制学报	600	0.626	0.096	0.83	206	0.74	6.65	4.7	5
E28	无人系统技术	131	1.512	0.071	0.76	68	0.32	2.19	2.1	5
E28	现代防御技术	814	0.594	0.080	0.90	215	0.74	6.94	5.4	5
E28	战术导弹技术	729	1.175	0.248	0.85	198	0.68	6.39	4.1	7
E28	指挥控制与仿真	926	0.825	0.144	0.90	258	0.74	8.32	4.6	7
E28	指挥信息系统与技术	809	1.166	0.336	0.90	226	0.65	7.29	3.7	7
E28	指挥与控制学报	515	2.080	0.375	0.67	111	0.45	3.58	3.4	9
E29	产业用纺织品	638	0.585	0.030	0.94	186	0.85	5.47	8.1	5
E29	纺织报告	403	0.386	0.062	0.87	131	0.79	3.85	2.8	4
E29	纺织标准与质量	31	0.034	0.014	0.84	16	0.26	0.47	7.8	1
E29	纺织导报	1289	0.900	0.195	0.91	283	0.94	8.32	4.3	7
E29	纺织高校基础科学学报	321	0.771	0.282	0.84	126	0.65	3.71	3.4	5
E29	纺织科技进展	715	0.348	0.222	0.94	221	0.91	6.50	5.5	4
E29	纺织器材	272	0.323	0.047	0.70	59	0.65	1.74	5.9	3
E29	纺织学报	3631	1.305	0.229	0.80	465	0.91	13.68	5.1	9
E29	服饰导刊	192	0.474	0.103	0.73	74	0.35	2.18	3.7	3
E29	福建轻纺	366	0.782	0.247	0.96	194	0.29	5.71	3.2	4
E29	国际纺织导报	285	0.246	0.038	0.98	106	0.82	3.12	5.8	3
E29	合成纤维	692	0.547	0.155	0.87	199	0.76	5.85	6.2	4
E29	合成纤维工业	721	0.708	0.157	0.76	188	0.71	5.53	6.4	5

2020 年中国科技期刊被引指标按类刊名字顺索引（续）

学科代码	期刊名称	扩展总被引频次	扩展影响因子	扩展即年指标	扩展他引率	扩展引用刊数	扩展学科影响指标	扩展学科扩散指标	扩展被引半衰期	扩展H指标
E29	江苏丝绸	115	0.324	0.127	0.96	62	0.62	1.82	6.6	3
E29	辽宁丝绸	206	0.358	0.106	0.98	94	0.68	2.76	3.5	3
E29	毛纺科技	1345	1.015	0.220	0.67	225	0.88	6.62	3.8	6
E29	棉纺织技术	1247	0.656	0.193	0.71	173	0.91	5.09	4.7	5
E29	轻纺工业与技术	1291	0.596	0.347	0.95	355	0.91	10.44	1.6	7
E29	染料与染色	371	0.531	0.044	0.87	144	0.56	4.24	9.4	4
E29	染整技术	734	0.407	0.088	0.93	215	0.88	6.32	3.6	5
E29	山东纺织经济	593	0.418	0.113	0.97	235	0.68	6.91	3.9	4
E29	山东纺织科技	298	0.333	0.102	0.96	116	0.85	3.41	5.0	3
E29	上海纺织科技	1107	0.655	0.096	0.91	253	1.00	7.44	5.1	5
E29	丝绸	1536	1.031	0.269	0.83	285	0.85	8.38	5.2	7
E29	天津纺织科技	422	1.019	0.198	0.70	94	0.79	2.76	3.5	5
E29	现代纺织技术	452	0.652	0.172	0.90	118	0.82	3.47	4.6	4
E29	现代丝绸科学与技术	215	0.490	0.102	0.94	85	0.74	2.50	4.5	3
E29	印染	1653	0.619	0.161	0.77	248	0.91	7.29	5.7	6
E29	针织工业	1337	0.825	0.241	0.66	170	0.85	5.00	4.9	5
E29	质量安全与检验检测	755	0.858	0.259	0.95	323	0.26	9.50	2.5	6
E29	中国棉花加工	115	0.187	0.013	0.88	43	0.24	1.26	7.2	3
E29	中国纤检	826	0.370	0.077	0.90	228	0.97	6.71	5.3	4
E30	Grain & Oil Science and Technology	13	—	0.045	1.00	9	0.10	0.15	2.2	1
E30	包装与食品机械	901	1.599	0.126	0.82	255	0.58	4.25	4.8	6
E30	茶业通报	294	0.416	0.120	0.93	115	0.35	1.92	≥10	3
E30	茶叶通讯	649	1.196	0.364	0.83	183	0.42	3.05	5.2	6
E30	茶叶学报	479	0.865	0.029	0.95	139	0.40	2.32	6.8	6
E30	广东茶业	216	0.524	0.100	0.90	89	0.27	1.48	5.8	3
E30	江苏调味副食品	248	0.510	0.200	0.99	113	0.53	1.88	6.1	4
E30	粮食加工	818	0.560	0.143	0.94	216	0.58	3.60	7.0	5
E30	粮食科技与经济	1330	0.806	0.232	0.80	375	0.62	6.25	2.4	7
E30	粮食问题研究	126	0.386	0.033	0.94	78	0.30	1.30	3.7	3
E30	粮食与食品工业	692	0.636	0.158	0.99	224	0.63	3.73	5.6	5
E30	粮食与饲料工业	1656	0.927	0.103	0.98	371	0.67	6.18	7.6	5
E30	粮食与油脂	2294	1.146	0.222	0.93	456	0.75	7.60	4.1	7
E30	粮油仓储科技通讯	532	0.580	0.096	0.80	97	0.37	1.62	5.5	5

学科代码	期刊名称	扩展总被引频次	扩展影响因子	扩展即年指标	扩展他引率	扩展引用刊数	扩展学科影响指标	扩展学科扩散指标	扩展被引半衰期	扩展H指标
E30	粮油食品科技	1336	1.204	0.316	0.93	323	0.70	5.38	5.9	6
E30	酿酒	1486	0.662	0.077	0.89	207	0.57	3.45	7.6	7
E30	酿酒科技	3206	0.915	0.191	0.80	336	0.60	5.60	6.7	7
E30	肉类工业	1054	0.638	0.139	0.90	184	0.58	3.07	6.8	4
E30	肉类研究	1855	1.471	0.319	0.85	272	0.63	4.53	4.9	7
E30	乳品与人类	29	0.064	0.027	1.00	15	0.10	0.25	3.2	2
E30	乳业科学与技术	488	1.065	0.117	0.95	155	0.52	2.58	6.3	6
E30	食品安全导刊	4391	—	0.277	0.83	607	0.82	10.12	2.3	7
E30	食品安全质量检测学报	7206	1.395	0.298	0.80	908	0.80	15.13	2.8	11
E30	食品工程	556	0.891	0.082	0.99	215	0.60	3.58	6.6	5
E30	食品工业	6298	1.131	0.185	0.90	866	0.85	14.43	3.7	9
E30	食品工业科技	17986	1.718	0.452	0.88	1203	0.83	20.05	4.7	12
E30	食品科技	7077	1.145	0.159	0.95	842	0.83	14.03	5.8	8
E30	食品科学	26038	2.336	0.646	0.90	1360	0.83	22.67	5.9	18
E30	食品科学技术学报	1194	2.006	0.565	0.97	369	0.73	6.15	4.1	7
E30	食品研究与开发	10076	1.652	0.348	0.92	1055	0.87	17.58	4.1	12
E30	食品与发酵工业	8100	1.600	0.431	0.84	768	0.80	12.80	4.4	11
E30	食品与发酵科技	1218	1.199	0.179	0.96	332	0.72	5.53	4.7	6
E30	食品与机械	4859	1.483	0.257	0.82	739	0.82	12.32	4.1	9
E30	食品与生物技术学报	1820	0.683	0.049	0.90	463	0.68	7.72	6.4	7
E30	食品与药品	1059	1.068	0.103	0.98	449	0.60	7.48	5.9	7
E30	现代食品	3752	0.836	0.223	0.88	588	0.80	9.80	2.3	9
E30	现代食品科技	5745	1.410	0.298	0.94	788	0.78	13.13	5.1	9
E30	现代盐化工	928	0.544	0.408	0.99	353	0.30	5.88	1.9	7
E30	盐业史研究	277	0.234	0.059	0.65	69	0.02	1.15	≥10	4
E30	饮料工业	687	0.811	0.095	0.94	234	0.63	3.90	5.8	5
E30	中国茶叶加工	527	1.132	0.203	0.94	145	0.45	2.42	5.4	5
E30	中国井矿盐	293	0.211	0.086	0.93	116	0.18	1.93	7.4	3
E30	中国粮油学报	4022	1.535	0.196	0.89	548	0.77	9.13	6.0	10
E30	中国酿造	5613	1.645	0.205	0.80	622	0.77	10.37	4.6	10
E30	中国乳品工业	1490	0.939	0.231	0.93	274	0.58	4.57	6.3	5
E30	中国乳业	735	0.494	0.172	0.87	204	0.45	3.40	4.8	6
E30	中国食品添加剂	2422	1.072	0.186	0.95	518	0.75	8.63	5.4	8

学科代码	期刊名称	扩展总被引频次	扩展影响因子	扩展即年指标	扩展他引率	扩展引用刊数	扩展学科影响指标	扩展学科扩散指标	扩展被引半衰期	扩展H指标
E30	中国食品学报	5329	1.613	0.278	0.94	718	0.75	11.97	4.6	10
E30	中国食物与营养	2884	1.694	0.272	0.96	795	0.75	13.25	5.2	11
E30	中国甜菜糖业	178	0.284	0.268	0.61	59	0.25	0.98	≥10	3
E30	中国调味品	5292	2.326	0.305	0.57	447	0.73	7.45	3.1	11
E30	中国盐业	210	0.175	0.044	0.98	71	0.12	1.18	2.9	3
E30	中国油脂	3690	1.231	0.260	0.83	615	0.73	10.25	5.0	9
E30	中外葡萄与葡萄酒	1156	0.948	0.271	0.76	199	0.37	3.32	7.6	5
E31	Building Simulation	375	0.661	0.316	0.48	88	0.12	0.67	4.1	4
E31	Frontiers of Architectural Research	90	0.256	0.083	0.68	49	0.10	0.37	4.5	3
E31	安徽建筑	2280	0.610	0.259	0.98	442	0.58	3.35	2.1	9
E31	安徽建筑大学学报	437	0.411	0.073	0.97	293	0.36	2.22	5.6	4
E31	安装	422	—	0.057	0.97	161	0.23	1.22	3.8	6
E31	北方建筑	256	0.674	0.300	0.98	124	0.27	0.94	2.0	5
E31	北京建筑大学学报	351	0.676	0.309	0.96	224	0.31	1.70	5.9	5
E31	城建档案	2094	1.146	0.481	0.92	197	0.11	1.49	2.3	8
E31	城市发展研究	4848	2.263	0.514	0.95	1168	0.60	8.85	5.0	14
E31	城市规划	5804	2.708	1.230	0.94	881	0.61	6.67	6.5	17
E31	城市规划学刊	3780	3.840	0.612	0.94	641	0.52	4.86	6.6	17
E31	城市建筑空间	1596	0.824	0.422	0.82	277	0.48	2.10	1.5	8
E31	城市勘测	1520	1.039	0.194	0.84	389	0.36	2.95	4.0	8
E31	城市设计	93	0.245	0.021	0.90	48	0.19	0.36	3.4	3
E31	城乡规划	390	1.242	0.113	0.95	162	0.26	1.23	2.6	7
E31	城乡建设	700	0.337	0.198	1.00	311	0.37	2.36	2.8	4
E31	城镇供水	319	0.381	0.082	0.96	161	0.14	1.22	4.8	3
E31	重庆建筑	636	0.610	0.335	0.94	284	0.53	2.15	3.3	6
E31	低温建筑技术	1269	0.371	0.091	0.96	452	0.61	3.42	5.2	4
E31	地基处理	61	0.109	0.052	0.67	33	0.08	0.25	3.2	1
E31	粉煤灰综合利用	611	0.666	0.088	0.93	241	0.38	1.83	4.8	5
E31	福建建材	1549	0.579	0.336	0.96	304	0.41	2.30	2.7	7
E31	福建建设科技	430	0.418	0.177	0.98	195	0.33	1.48	3.7	4
E31	福建建筑	966	—	0.103	0.96	358	0.59	2.71	5.1	4
E31	给水排水	3987	1.383	0.416	0.93	766	0.61	5.80	5.4	12
E31	工程抗震与加固改造	799	0.517	0.062	0.90	258	0.39	1.95	7.0	5

2020 年中国科技期刊被引指标按类刊名字顺索引（续）

学科代码	期刊名称	扩展总被引频次	扩展影响因子	扩展即年指标	扩展他引率	扩展引用刊数	扩展学科影响指标	扩展学科扩散指标	扩展被引半衰期	扩展H指标
E31	工业建筑	3792	0.843	0.211	0.93	741	0.76	5.61	6.7	9
E31	供水技术	312	0.410	0.042	0.93	166	0.14	1.26	4.5	4
E31	古建园林技术	274	0.199	0.041	0.90	112	0.23	0.85	≥10	3
E31	广东建材	1027	0.526	0.183	0.97	280	0.45	2.12	5.0	5
E31	广州建筑	366	1.041	0.274	0.57	110	0.24	0.83	4.3	5
E31	规划师	4772	2.105	0.394	0.88	748	0.58	5.67	4.7	13
E31	国际城市规划	2649	2.390	0.734	0.95	575	0.45	4.36	5.6	13
E31	河北建筑工程学院学报	232	0.329	0.040	0.96	160	0.19	1.21	4.4	4
E31	河南建材	3628	1.022	0.416	0.99	396	0.45	3.00	1.9	12
E31	华中建筑	2106	0.586	0.204	0.90	474	0.61	3.59	7.3	6
E31	混凝土	4576	0.980	0.178	0.88	580	0.57	4.39	6.6	9
E31	混凝土世界	561	0.528	0.320	0.97	197	0.40	1.49	4.4	6
E31	吉林建筑大学学报	429	0.379	0.045	0.99	274	0.30	2.08	5.3	3
E31	家具与室内装饰	2621	2.120	0.593	0.48	195	0.19	1.48	2.1	11
E31	建材技术与应用	408	0.574	0.202	0.99	175	0.27	1.33	5.9	4
E31	建材世界	635	0.565	0.038	0.95	276	0.33	2.09	5.1	5
E31	建井技术	360	0.322	0.041	0.89	127	0.09	0.96	6.5	4
E31	建设监理	628	0.474	0.087	0.97	175	0.33	1.33	3.2	4
E31	建筑安全	1024	0.696	0.336	0.96	237	0.36	1.80	3.3	6
E31	建筑材料学报	3255	1.672	0.407	0.93	510	0.49	3.86	7.2	10
E31	建筑电气	636	0.596	0.207	0.89	210	0.23	1.59	4.0	5
E31	建筑钢结构进展	520	1.041	0.183	0.84	172	0.36	1.30	4.8	6
E31	建筑机械	693	0.429	0.023	0.95	249	0.27	1.89	4.1	4
E31	建筑机械化	737	0.401	0.125	0.93	247	0.34	1.87	5.5	5
E31	建筑技术	3094	1.267	0.145	0.92	569	0.71	4.31	4.0	10
E31	建筑技术开发	5463	0.973	0.419	0.92	456	0.59	3.45	1.9	11
E31	建筑技艺	613	0.529	0.227	0.95	199	0.47	1.51	2.9	5
E31	建筑节能	1676	0.795	0.237	0.85	424	0.60	3.21	3.7	6
E31	建筑结构	4917	1.235	0.426	0.80	566	0.67	4.29	5.2	10
E31	建筑结构学报	5639	1.852	0.520	0.89	555	0.57	4.20	6.9	13
E31	建筑经济	2739	1.661	0.543	0.96	625	0.58	4.73	4.3	12
E31	建筑科学	2614	1.193	0.165	0.91	627	0.72	4.75	5.3	9
E31	建筑科学与工程学报	960	1.102	0.233	0.94	334	0.46	2.53	5.8	7

2020 年中国科技期刊被引指标按类刊名字顺索引（续）

学科代码	期刊名称	扩展总被引频次	扩展影响因子	扩展即年指标	扩展他引率	扩展引用刊数	扩展学科影响指标	扩展学科扩散指标	扩展被引半衰期	扩展H指标
E31	建筑热能通风空调	774	0.280	0.083	0.94	314	0.39	2.38	5.8	4
E31	建筑设计管理	572	0.435	0.136	0.99	199	0.39	1.51	4.2	5
E31	建筑师	790	0.805	0.053	0.90	166	0.34	1.26	7.9	5
E31	建筑施工	2293	0.633	0.147	0.89	348	0.59	2.64	3.4	6
E31	建筑学报	3924	1.527	0.480	0.97	552	0.66	4.18	7.3	11
E31	建筑遗产	171	0.563	0.018	0.94	68	0.24	0.52	3.8	5
E31	建筑与预算	864	1.190	0.453	0.99	199	0.31	1.51	1.9	8
E31	江苏建材	290	0.527	0.127	0.99	176	0.27	1.33	3.7	3
E31	江苏建筑	561	0.501	0.080	0.98	263	0.48	1.99	4.0	4
E31	江苏建筑职业技术学院学报	225	0.512	0.118	0.97	141	0.11	1.07	3.8	4
E31	江西建材	11735	1.152	0.649	0.99	659	0.61	4.99	3.5	13
E31	结构工程师	1159	0.672	0.060	0.87	331	0.48	2.51	5.9	7
E31	净水技术	1561	1.170	0.280	0.86	455	0.25	3.45	3.3	8
E31	居业	3992	0.914	0.405	0.99	320	0.40	2.42	1.9	10
E31	空间结构	387	0.456	0.041	0.89	140	0.27	1.06	8.9	4
E31	绿色建筑	398	0.396	0.073	0.99	211	0.40	1.60	4.9	4
E31	南方建筑	1066	1.147	0.188	0.92	290	0.54	2.20	4.9	7
E31	暖通空调	3058	0.880	0.243	0.89	516	0.54	3.91	7.4	8
E31	山东建筑大学学报	617	0.874	0.202	0.92	363	0.39	2.75	5.9	5
E31	上海城市规划	1289	1.472	0.421	0.91	337	0.47	2.55	4.0	10
E31	上海建设科技	512	0.444	0.200	0.98	225	0.41	1.70	3.9	5
E31	沈阳建筑大学学报（自然科学版）	1118	0.918	0.123	0.92	478	0.52	3.62	6.4	5
E31	施工技术	8264	1.884	0.598	0.85	742	0.68	5.62	3.7	13
E31	时代建筑	1187	0.743	0.267	0.86	219	0.44	1.66	5.3	7
E31	四川建材	3824	0.657	0.430	0.98	476	0.53	3.61	2.1	9
E31	四川建筑	1307	0.425	0.099	0.97	434	0.57	3.29	4.1	5
E31	四川建筑科学研究	1171	0.514	0.280	0.96	421	0.63	3.19	7.7	4
E31	特种结构	534	0.429	0.102	0.90	231	0.37	1.75	7.2	4
E31	天津城建大学学报	308	0.527	0.103	0.98	227	0.26	1.72	4.8	3
E31	天津建设科技	391	0.476	0.121	0.93	159	0.33	1.20	3.7	4
E31	土工基础	677	0.520	0.124	0.94	290	0.36	2.20	5.5	4
E31	西安建筑科技大学学报（自然科学版）	1125	0.716	0.057	0.95	501	0.57	3.80	6.9	6
E31	现代城市研究	2517	1.322	0.283	0.88	699	0.54	5.30	5.2	11

学科代码	期刊名称	扩展总被引频次	扩展影响因子	扩展即年指标	扩展他引率	扩展引用刊数	扩展学科影响指标	扩展学科扩散指标	扩展被引半衰期	扩展H指标
E31	小城镇建设	1123	1.164	0.189	0.83	313	0.36	2.37	3.6	7
E31	新建筑	1284	0.688	0.110	0.92	278	0.52	2.11	6.1	6
E31	新型建筑材料	2746	0.853	0.209	0.82	521	0.53	3.95	4.7	7
E31	云南建筑	25	0.019	0.012	0.80	13	0.03	0.10	3.1	1
E31	浙江建筑	460	0.442	0.158	0.99	215	0.39	1.63	6.2	4
E31	智能建筑	361	0.390	0.043	0.95	182	0.27	1.38	3.1	4
E31	智能建筑电气技术	345	0.469	0.080	0.93	119	0.15	0.90	3.4	4
E31	智能建筑与智慧城市	1495	0.929	0.649	0.97	353	0.45	2.67	1.9	7
E31	中国电梯	573	0.432	0.138	0.77	100	0.11	0.76	2.1	5
E31	中国粉体技术	553	0.428	0.176	0.95	301	0.06	2.28	6.5	5
E31	中国给水排水	6277	1.040	0.166	0.87	850	0.59	6.44	6.0	10
E31	中国建材科技	1494	0.851	0.400	0.98	409	0.45	3.10	2.7	8
E31	中国建筑防水	763	0.473	0.218	0.80	196	0.32	1.48	4.6	4
E31	中国建筑金属结构	537	0.183	0.344	0.99	160	0.31	1.21	6.5	4
E31	中国建筑装饰装修	381	0.761	0.407	0.97	105	0.23	0.80	1.5	6
E31	中国勘察设计	523	0.548	0.259	0.98	245	0.36	1.86	3.0	5
E31	中国市政工程	838	0.553	0.201	0.98	298	0.42	2.26	5.3	5
E31	中国住宅设施	2408	—	0.490	0.99	242	0.43	1.83	1.9	9
E31	中外建筑	1750	0.507	0.106	0.96	501	0.59	3.80	3.3	7
E31	住区	230	0.431	0.025	0.93	100	0.24	0.76	3.6	4
E31	住宅科技	533	0.426	0.144	0.95	220	0.51	1.67	5.1	4
E32	Frontiers of Structural and Civil Engineering	173	0.491	0.010	0.61	75	0.27	5.00	3.5	3
E32	地下空间与工程学报	5152	2.085	0.279	0.84	710	0.93	47.33	6.6	11
E32	工程勘察	1901	1.000	0.218	0.88	511	0.87	34.07	7.7	6
E32	广东土木与建筑	824	0.688	0.373	0.83	225	0.53	15.00	2.5	5
E32	土木工程学报	6860	2.158	0.350	0.97	765	1.00	51.00	8.4	15
E32	土木工程与管理学报	1413	1.570	0.127	0.94	529	0.67	35.27	3.6	9
E32	土木建筑工程信息技术	1406	1.776	0.573	0.75	313	0.47	20.87	4.3	10
E32	土木与环境工程学报	158	—	0.173	0.87	101	0.27	6.73	1.4	4
E32	岩石力学与工程学报	20102	3.775	0.445	0.95	979	0.93	65.27	9.8	26
E32	岩土工程技术	517	0.912	0.173	0.91	232	0.67	15.47	7.0	5
E32	岩土工程学报	12403	2.572	0.378	0.93	863	1.00	57.53	8.4	16
E32	岩土力学	17781	2.451	0.647	0.92	1010	1.00	67.33	8.0	18

学科代码	期刊名称	扩展总被引频次	扩展影响因子	扩展即年指标	扩展他引率	扩展引用刊数	扩展学科影响指标	扩展学科扩散指标	扩展被引半衰期	扩展H指标
E32	筑路机械与施工机械化	1286	0.732	0.096	0.81	298	0.33	19.87	4.6	6
E32	砖瓦	1277	0.579	0.881	0.59	207	0.20	13.80	—	8
E33	Journal of Hydrodynamics	795	0.925	0.178	0.69	218	0.32	3.07	5.8	7
E33	Water Science and Engineering	193	0.688	0.030	0.91	105	0.32	1.48	4.8	3
E33	北京水务	410	0.586	0.213	0.88	194	0.49	2.73	5.8	4
E33	长江科学院院报	3251	1.212	0.290	0.87	734	0.90	10.34	4.9	7
E33	大坝与安全	374	0.514	0.071	0.94	140	0.62	1.97	6.0	3
E33	东北水利水电	1013	0.441	0.197	0.93	313	0.86	4.41	5.0	5
E33	甘肃水利水电技术	633	0.424	0.092	0.77	209	0.69	2.94	5.4	3
E33	广东水利水电	933	0.662	0.212	0.69	248	0.69	3.49	4.3	5
E33	广西水利水电	364	0.362	0.084	0.94	165	0.63	2.32	4.6	4
E33	海河水利	474	0.436	0.096	0.94	205	0.68	2.89	5.6	4
E33	河北水利	374	0.211	0.090	1.00	175	0.54	2.46	3.0	4
E33	河海大学学报（自然科学版）	1658	1.503	0.275	0.94	581	0.83	8.18	9.9	7
E33	河南水利与南水北调	1655	0.598	0.198	0.94	330	0.80	4.65	3.6	6
E33	黑龙江水利科技	2881	0.622	0.194	0.83	374	0.82	5.27	3.3	12
E33	红水河	415	0.299	0.131	0.88	180	0.61	2.54	5.4	4
E33	湖南水利水电	485	0.444	0.142	0.96	195	0.69	2.75	3.5	5
E33	吉林水利	556	0.346	0.202	0.96	231	0.68	3.25	4.9	4
E33	江淮水利科技	200	0.243	0.057	0.93	92	0.42	1.30	4.2	3
E33	江苏水利	672	0.555	0.157	0.85	232	0.66	3.27	4.3	4
E33	江西水利科技	335	0.529	0.282	0.94	146	0.58	2.06	4.0	5
E33	内蒙古水利	877	0.449	0.139	0.98	255	0.68	3.59	2.9	6
E33	南水北调与水利科技	1936	1.534	0.361	0.92	538	0.83	7.58	5.2	7
E33	泥沙研究	1251	0.972	0.203	0.85	245	0.62	3.45	≥10	7
E33	人民长江	5107	1.378	0.301	0.86	902	0.96	12.70	5.3	8
E33	人民黄河	3838	1.223	0.422	0.89	724	0.93	10.20	5.1	9
E33	人民珠江	1264	0.922	0.268	0.75	374	0.82	5.27	3.4	6
E33	三峡大学学报（自然科学版）	832	0.813	0.252	0.97	477	0.66	6.72	4.7	4
E33	山东水利	546	0.260	0.079	0.93	196	0.66	2.76	3.6	4
E33	山西水利	312	0.234	0.024	0.98	139	0.45	1.96	4.5	3
E33	山西水利科技	326	0.366	0.011	0.99	168	0.63	2.37	5.9	4
E33	陕西水利	1300	0.423	0.106	0.92	279	0.85	3.93	2.5	5

学科代码	期刊名称	扩展总被引频次	扩展影响因子	扩展即年指标	扩展他引率	扩展引用刊数	扩展学科影响指标	扩展学科扩散指标	扩展被引半衰期	扩展H指标
E33	水电与抽水蓄能	669	0.622	0.194	0.87	218	0.62	3.07	4.9	5
E33	水电与新能源	584	0.434	0.092	0.93	231	0.62	3.25	3.9	5
E33	水电站机电技术	689	0.381	0.089	0.82	189	0.51	2.66	4.2	4
E33	水电站设计	355	0.446	0.176	0.97	164	0.63	2.31	6.8	3
E33	水动力学研究与进展 A 辑	1008	0.560	0.084	0.95	354	0.52	4.99	≥10	6
E33	水科学进展	3745	2.444	0.468	0.92	594	0.89	8.37	8.6	13
E33	水科学与工程技术	618	0.479	0.227	0.98	293	0.69	4.13	6.0	5
E33	水力发电	2149	0.824	0.181	0.92	504	0.85	7.10	6.0	6
E33	水力发电学报	2728	1.381	0.427	0.90	487	0.89	6.86	6.7	9
E33	水利发展研究	1100	0.916	0.338	0.87	304	0.76	4.28	3.7	7
E33	水利规划与设计	4498	1.888	0.629	0.72	377	0.87	5.31	3.0	10
E33	水利技术监督	2539	1.397	0.433	0.65	271	0.75	3.82	2.8	9
E33	水利建设与管理	928	0.747	0.295	0.80	227	0.77	3.20	3.5	5
E33	水利经济	809	1.812	0.329	0.77	245	0.59	3.45	3.5	7
E33	水利科技	216	0.374	0.101	0.95	117	0.52	1.65	5.8	4
E33	水利科技与经济	1017	0.533	0.116	0.96	350	0.83	4.93	6.2	5
E33	水利科学与寒区工程	452	—	0.116	0.94	185	0.51	2.61	3.0	5
E33	水利水电工程设计	224	0.331	—	0.98	122	0.61	1.72	7.1	3
E33	水利水电技术	3237	1.448	0.501	0.94	686	0.96	9.66	4.4	8
E33	水利水电科技进展	1602	1.424	0.271	0.89	441	0.90	6.21	7.0	8
E33	水利水电快报	480	0.489	0.176	0.94	211	0.76	2.97	3.5	4
E33	水利水运工程学报	1065	1.310	0.188	0.89	319	0.85	4.49	6.4	6
E33	水利信息化	627	1.143	0.284	0.85	193	0.69	2.72	4.6	6
E33	水利学报	6829	2.908	0.500	0.93	913	0.96	12.86	9.2	16
E33	水利与建筑工程学报	1836	1.081	0.199	0.70	468	0.75	6.59	4.3	6
E33	水资源保护	1998	2.615	0.638	0.84	468	0.77	6.59	4.7	10
E33	水资源开发与管理	776	1.007	0.309	0.70	248	0.66	3.49	2.3	6
E33	水资源与水工程学报	2281	1.408	0.135	0.86	601	0.87	8.46	4.8	7
E33	四川水力发电	758	0.396	0.124	0.95	250	0.68	3.52	4.7	4
E33	四川水利	449	0.403	0.153	0.96	185	0.65	2.61	3.1	4
E33	西北水电	626	0.510	0.088	0.81	244	0.63	3.44	5.3	4
E33	小水电	252	0.278	0.177	0.90	102	0.48	1.44	4.1	3
E33	浙江水利科技	564	0.559	0.168	0.93	239	0.75	3.37	5.3	4

学科代码	期刊名称	扩展总被引频次	扩展影响因子	扩展即年指标	扩展他引率	扩展引用刊数	扩展学科影响指标	扩展学科扩散指标	扩展被引半衰期	扩展H指标
E33	治淮	741	0.375	0.058	0.99	258	0.63	3.63	3.4	4
E33	中国防汛抗旱	822	0.773	0.169	0.80	227	0.77	3.20	3.3	7
E33	中国水利	3600	1.138	0.457	0.90	604	0.87	8.51	4.1	10
E33	中国水利水电科学研究院学报	663	1.263	0.121	0.92	271	0.72	3.82	5.6	7
E33	中国水能及电气化	513	0.519	0.157	0.87	151	0.52	2.13	4.1	5
E33	中国水土保持	2206	1.018	0.229	0.88	521	0.68	7.34	6.1	8
E34	Automotive Innovation	6	—	—	1.00	5	—	0.07	2.4	1
E34	Journal of Shanghai Jiaotong University（Science）	242	0.319	0.051	0.93	169	0.13	1.19	5.3	3
E34	Journal of Traffic and Transportation Engineering	142	0.615	0.167	0.78	80	0.14	1.16	3.3	3
E34	Railway Engineering Science	130	0.264	0.200	0.87	84	0.12	1.22	7.3	3
E34	北方交通	1113	0.457	0.108	0.96	269	0.45	3.90	4.5	5
E34	北京交通大学学报	1293	1.307	0.111	0.93	595	0.25	4.19	6.5	7
E34	北京汽车	188	0.303	0.051	0.97	102	0.19	1.48	6.2	3
E34	车辆与动力技术	253	0.531	—	0.94	133	0.13	1.93	7.5	3
E34	城市道桥与防洪	2526	—	0.073	0.94	463	0.52	6.71	3.8	7
E34	重庆交通大学学报（自然科学版）	2271	1.303	0.280	0.89	689	0.70	9.99	5.0	6
E34	大连交通大学学报	620	0.533	0.124	0.88	347	0.43	5.03	5.2	4
E34	公路交通技术	1350	1.084	0.257	0.82	335	0.58	4.86	5.6	6
E34	公路交通科技	4319	1.570	0.244	0.91	742	0.72	10.75	7.5	9
E34	公路与汽运	1176	0.538	0.204	0.85	361	0.65	5.23	4.9	5
E34	广东公路交通	428	0.657	0.217	0.96	155	0.42	2.25	3.5	5
E34	广东交通职业技术学院学报	343	0.638	0.129	0.97	192	0.23	2.78	3.2	4
E34	国防交通工程与技术	479	0.559	0.231	0.96	191	0.26	2.77	4.8	3
E34	黑龙江交通科技	5035	0.853	0.306	0.94	387	0.51	5.61	2.4	8
E34	湖北汽车工业学院学报	213	0.467	0.136	0.92	128	0.17	1.86	4.8	4
E34	湖南交通科技	668	0.564	0.153	0.97	231	0.45	3.35	4.1	4
E34	华东交通大学学报	827	1.047	0.165	0.89	460	0.49	6.67	4.8	5
E34	集美大学学报	514	0.939	0.221	0.95	299	0.24	1.52	4.5	4
E34	集装箱化	166	0.144	0.050	0.98	79	0.06	1.14	6.1	2
E34	减速顶与调速技术	37	0.167	0.025	1.00	23	0.01	0.33	4.5	2
E34	建筑与文化	1964	0.395	0.156	0.92	488	0.09	7.07	2.9	6

2020 年中国科技期刊被引指标按类刊名字顺索引（续）

学科代码	期刊名称	扩展总被引频次	扩展影响因子	扩展即年指标	扩展他引率	扩展引用刊数	扩展学科影响指标	扩展学科扩散指标	扩展被引半衰期	扩展H指标
E34	交通工程	322	0.638	0.050	0.97	192	0.41	2.78	4.5	4
E34	交通节能与环保	512	0.631	0.225	0.90	226	0.38	3.28	2.7	5
E34	交通科技	1002	0.550	0.104	0.92	319	0.51	4.62	5.2	5
E34	交通科技与经济	659	0.876	0.379	0.77	265	0.39	3.84	5.2	4
E34	交通科学与工程	474	1.044	0.059	0.84	217	0.51	3.14	6.2	4
E34	交通信息与安全	1026	1.166	0.136	0.90	382	0.54	5.54	6.1	7
E34	交通与运输	584	0.838	0.281	0.70	223	0.32	3.23	3.2	5
E34	交通运输工程学报	1873	1.490	0.437	0.90	537	0.70	7.78	7.8	8
E34	交通运输工程与信息学报	472	0.701	0.205	0.89	222	0.43	3.22	4.9	5
E34	交通运输系统工程与信息	2368	1.485	0.144	0.92	563	0.55	8.16	4.7	8
E34	交通运输研究	1548	1.319	1.218	0.98	431	0.62	6.25	6.9	8
E34	军事交通学院学报	410	0.309	0.070	0.81	184	0.14	2.67	3.6	3
E34	客车技术与研究	454	0.576	0.070	0.75	150	0.20	2.17	5.2	4
E34	控制与信息技术	447	0.778	0.295	0.86	189	0.09	2.74	3.7	5
E34	兰州交通大学学报	858	0.697	0.107	0.90	493	0.32	7.14	6.5	5
E34	辽宁省交通高等专科学校学报	358	0.516	0.140	0.99	187	0.17	2.71	3.6	4
E34	路基工程	1486	0.718	0.201	0.93	387	0.46	5.61	5.6	5
E34	内蒙古公路与运输	270	0.457	0.253	0.96	125	0.23	1.81	4.6	4
E34	汽车工程师	616	0.557	0.165	0.96	217	0.29	3.14	4.4	5
E34	汽车工艺师	315	0.290	0.058	0.98	133	0.14	1.93	5.8	3
E34	汽车工艺与材料	948	0.538	0.155	0.89	279	0.20	4.04	6.8	5
E34	汽车零部件	629	0.422	0.132	0.93	224	0.20	3.25	3.6	4
E34	汽车实用技术	2992	0.424	0.203	0.86	591	0.43	8.57	2.1	7
E34	汽车维修	195	0.183	0.022	0.97	61	0.12	0.88	4.3	3
E34	青海交通科技	347	0.350	0.099	0.96	127	0.20	1.84	3.4	4
E34	人民公交	118	0.148	0.048	1.00	59	0.14	0.86	2.6	3
E34	山东交通科技	461	0.401	0.052	0.96	191	0.38	2.77	3.4	4
E34	山东交通学院学报	183	0.354	0.082	0.93	138	0.32	2.00	7.0	3
E34	山西交通科技	543	0.428	0.083	0.88	181	0.38	2.62	4.8	4
E34	上海公路	286	0.527	0.030	0.95	119	0.39	1.72	6.1	4
E34	上海交通大学学报	2681	1.014	0.120	0.97	996	0.52	7.01	8.0	8
E34	上海汽车	625	0.389	0.081	0.94	214	0.32	3.10	6.8	4
E34	时代汽车	1910	—	0.162	0.86	321	0.26	4.65	1.7	6

2020 年中国科技期刊被引指标按类刊名字顺索引（续）

学科代码	期刊名称	扩展总被引频次	扩展影响因子	扩展即年指标	扩展他引率	扩展引用刊数	扩展学科影响指标	扩展学科扩散指标	扩展被引半衰期	扩展H指标
E34	世界桥梁	1452	2.424	0.731	0.79	244	0.43	3.54	4.0	9
E34	武汉交通职业学院学报	327	0.968	0.676	0.98	211	0.09	3.06	2.3	5
E34	武汉理工大学学报（交通科学与工程版）	1655	1.053	0.224	0.86	612	0.65	8.87	5.4	6
E34	西安交通大学学报	2887	1.076	0.278	0.91	880	0.45	6.20	5.9	9
E34	西部交通科技	1263	0.523	0.068	0.92	292	0.48	4.23	2.7	6
E34	西南交通大学学报	2441	1.448	0.381	0.94	713	0.43	5.02	5.8	9
E34	现代城市轨道交通	1250	0.969	0.358	0.70	267	0.29	3.87	3.4	6
E34	现代交通技术	531	0.647	0.027	0.91	225	0.46	3.26	5.4	4
E34	浙江交通职业技术学院学报	192	0.630	0.078	0.98	126	0.13	1.83	3.3	3
E34	中国船检	289	0.388	0.118	1.00	141	0.09	2.04	3.3	4
E34	中国海事	341	0.273	0.063	0.87	134	0.09	1.94	4.1	3
E34	中国交通信息化	747	0.712	0.364	0.87	202	0.45	2.93	2.8	5
E34	重型汽车	170	0.260	0.017	1.00	88	0.10	1.28	5.5	3
E35	城市交通	1110	1.277	0.594	0.91	303	0.52	14.43	5.6	8
E35	公路	5767	1.039	0.255	0.93	724	0.57	34.48	5.2	8
E35	公路工程	3567	1.924	0.298	0.91	535	0.48	25.48	3.8	9
E35	交通世界（上旬刊）	3310	0.903	0.235	0.96	289	0.38	13.76	2.3	8
E35	交通世界（下旬刊）	2271	0.673	0.179	0.95	266	0.29	12.67	2.4	7
E35	交通世界（中旬刊）	1828	0.525	0.169	0.95	197	0.38	9.38	2.3	7
E35	汽车安全与节能学报	610	0.872	0.066	0.95	245	0.29	11.67	4.8	9
E35	汽车工程	3233	1.381	0.208	0.91	566	0.48	26.95	6.4	9
E35	汽车工程学报	468	0.877	0.210	0.97	197	0.33	9.38	4.8	6
E35	汽车技术	1363	1.100	0.185	0.95	383	0.38	18.24	6.7	6
E35	汽车科技	363	0.340	0.100	0.96	157	0.38	7.48	6.8	4
E35	隧道建设	4450	2.734	0.618	0.84	546	0.48	26.00	3.9	15
E35	现代隧道技术	3150	2.364	0.232	0.88	463	0.48	22.05	5.3	10
E35	中国公路	1075	0.425	0.214	1.00	326	0.52	15.52	2.5	6
E35	中国公路学报	5018	2.391	0.508	0.90	754	0.76	35.90	4.7	15
E35	中外公路	3944	1.481	0.105	0.80	506	0.48	24.10	4.7	8
E35	专用汽车	273	0.303	0.066	0.90	120	0.14	5.71	5.9	3
E36	城市轨道交通研究	3489	1.159	0.203	0.89	571	0.82	15.03	4.7	9
E36	电力机车与城轨车辆	756	0.425	0.084	0.89	211	0.74	5.55	7.0	6
E36	电气化铁道	602	0.747	0.226	0.78	163	0.68	4.29	3.8	4

学科代码	期刊名称	扩展总被引频次	扩展影响因子	扩展即年指标	扩展他引率	扩展引用刊数	扩展学科影响指标	扩展学科扩散指标	扩展被引半衰期	扩展H指标
E36	都市快轨交通	1750	1.472	0.294	0.93	397	0.87	10.45	5.1	9
E36	高速铁路技术	595	0.690	0.431	0.88	201	0.63	5.29	4.2	6
E36	轨道交通装备与技术	213	0.242	0.062	0.93	104	0.34	2.74	4.5	3
E36	国外机车车辆工艺	74	0.046	0.049	1.00	45	0.24	1.18	≥10	2
E36	国外铁道机车与动车	54	0.043	0.014	0.96	40	0.18	1.05	≥10	2
E36	机车车辆工艺	272	0.158	0.043	0.95	128	0.37	3.37	6.9	3
E36	机车电传动	1141	0.802	0.072	0.86	271	0.76	7.13	5.9	7
E36	石家庄铁道大学学报（自然科学版）	616	0.921	0.117	0.93	286	0.50	7.53	7.0	3
E36	石家庄铁路职业技术学院学报	290	0.548	0.063	0.98	161	0.21	4.24	3.7	4
E36	铁道标准设计	4491	1.574	0.602	0.79	572	0.84	15.05	4.7	11
E36	铁道车辆	779	0.251	0.088	0.91	210	0.71	5.53	7.8	4
E36	铁道工程学报	3585	1.713	0.157	0.94	596	0.71	15.68	6.0	10
E36	铁道货运	559	0.844	0.361	0.65	118	0.47	3.11	2.8	5
E36	铁道机车车辆	877	0.470	0.051	0.90	242	0.84	6.37	6.6	5
E36	铁道技术监督	471	0.330	0.072	0.91	198	0.68	5.21	5.4	4
E36	铁道建筑	3639	1.021	0.205	0.83	534	0.76	14.05	5.2	7
E36	铁道建筑技术	2641	1.191	0.131	0.70	367	0.68	9.66	4.0	6
E36	铁道勘察	928	0.786	0.353	0.95	261	0.58	6.87	4.5	6
E36	铁道科学与工程学报	2474	0.973	0.205	0.91	624	0.74	16.42	3.9	7
E36	铁道通信信号	955	0.421	0.064	0.80	175	0.61	4.61	4.7	4
E36	铁道学报	3953	1.442	0.167	0.89	675	0.82	17.76	6.6	11
E36	铁道运输与经济	1793	1.222	0.404	0.82	394	0.66	10.37	3.7	7
E36	铁道运营技术	154	0.224	0.235	0.97	85	0.53	2.24	4.7	3
E36	铁路采购与物流	422	0.358	0.157	0.93	156	0.42	4.11	3.3	3
E36	铁路工程技术与经济	349	0.793	0.141	0.89	133	0.47	3.50	4.2	4
E36	铁路计算机应用	1061	1.021	0.301	0.74	258	0.71	6.79	3.7	7
E36	铁路技术创新	819	1.120	0.128	0.80	184	0.74	4.84	4.8	8
E36	铁路节能环保与安全卫生	342	0.699	0.221	0.73	160	0.42	4.21	4.1	4
E36	铁路通信信号工程技术	986	0.926	0.258	0.55	163	0.63	4.29	2.8	5
E36	郑州铁路职业技术学院学报	380	0.832	0.179	0.82	182	0.18	4.79	2.9	4
E36	智慧轨道交通	162	0.130	0.048	0.99	92	0.55	2.42	9.0	3
E36	中国铁道科学	2821	1.766	0.304	0.91	564	0.82	14.84	8.2	9
E36	中国铁路	2229	1.875	0.416	0.75	384	0.87	10.11	3.5	12

2020 年中国科技期刊被引指标按类刊名字顺索引（续）

学科代码	期刊名称	扩展总被引频次	扩展影响因子	扩展即年指标	扩展他引率	扩展引用刊数	扩展学科影响指标	扩展学科扩散指标	扩展被引半衰期	扩展H指标
E37	Journal of Marine Science and Application	172	0.276	0.232	0.79	83	0.30	1.80	7.0	3
E37	产业创新研究	1524	0.666	0.268	0.99	444	0.24	9.65	1.5	6
E37	船舶	509	0.642	0.086	0.87	158	0.59	3.43	5.4	4
E37	船舶工程	1541	0.680	0.135	0.89	436	0.80	9.48	5.0	5
E37	船舶力学	1160	0.534	0.070	0.86	262	0.50	5.70	7.3	5
E37	船舶设计通讯	105	0.208	0.053	0.85	39	0.41	0.85	8.7	2
E37	船舶与海洋工程	348	0.372	0.060	0.90	137	0.61	2.98	5.8	4
E37	船舶职业教育	259	0.492	0.115	0.97	131	0.11	2.85	2.4	4
E37	船电技术	515	0.354	0.059	0.89	242	0.41	5.26	5.2	4
E37	船海工程	1150	0.538	0.070	0.90	343	0.72	7.46	5.9	5
E37	大连海事大学学报	694	0.755	0.133	0.96	321	0.65	6.98	7.0	4
E37	港工技术	593	0.453	0.164	0.93	247	0.43	5.37	4.8	4
E37	港口科技	270	0.319	0.043	0.96	123	0.33	2.67	4.6	3
E37	港口装卸	291	0.284	0.109	0.87	106	0.28	2.30	6.0	4
E37	广船科技	66	0.055	0.016	0.98	36	0.24	0.78	6.3	2
E37	广东造船	220	0.189	0.032	0.94	110	0.52	2.39	5.1	3
E37	航海	165	0.283	0.145	0.96	84	0.52	1.83	3.2	3
E37	航海技术	434	0.225	0.030	0.93	126	0.67	2.74	7.9	3
E37	黄河水利职业技术学院学报	292	0.555	0.398	0.97	187	0.04	4.07	2.9	3
E37	机电兵船档案	617	0.653	0.475	0.95	117	0.02	2.54	2.3	5
E37	舰船电子工程	1798	0.486	0.047	0.88	474	0.37	10.30	5.3	6
E37	舰船科学技术	2943	1.166	0.069	0.81	652	0.67	14.17	4.2	6
E37	江苏船舶	211	0.280	0.065	0.96	88	0.48	1.91	7.1	3
E37	江苏航运职业技术学院学报	276	0.612	0.022	0.99	177	0.30	3.85	3.4	4
E37	桥梁建设	3199	3.912	0.992	0.80	318	0.22	6.91	4.5	12
E37	青岛远洋船员职业学院学报	146	0.366	0.066	0.98	85	0.28	1.85	3.9	3
E37	上海船舶运输科学研究所学报	190	0.504	0.159	0.92	116	0.39	2.52	4.3	4
E37	上海海事大学学报	495	0.954	0.215	0.93	267	0.50	5.80	4.3	4
E37	世界海运	379	0.312	0.120	0.95	194	0.54	4.22	6.5	3
E37	水道港口	684	0.703	0.153	0.73	202	0.46	4.39	6.0	5
E37	水运工程	2441	0.631	0.122	0.79	452	0.67	9.83	5.6	6
E37	水运管理	275	0.255	0.114	0.96	139	0.54	3.02	4.4	3
E37	天津航海	170	0.246	0.073	0.96	84	0.43	1.83	4.9	2

学科代码	期刊名称	扩展总被引频次	扩展影响因子	扩展即年指标	扩展他引率	扩展引用刊数	扩展学科影响指标	扩展学科扩散指标	扩展被引半衰期	扩展H指标
E37	武汉船舶职业技术学院学报	340	0.478	0.093	0.98	182	0.22	3.96	3.8	4
E37	造船技术	463	0.425	0.103	0.90	160	0.52	3.48	5.9	4
E37	中国港口	360	0.290	0.085	1.00	203	0.37	4.41	4.4	3
E37	中国港湾建设	1145	0.640	0.170	0.75	294	0.41	6.39	5.4	5
E37	中国航海	780	0.893	0.117	0.90	247	0.74	5.37	5.4	5
E37	中国舰船研究	964	1.068	0.150	0.83	293	0.57	6.37	4.7	6
E37	中国水运（上半月）	910	0.517	0.058	0.93	321	0.57	6.98	3.0	5
E37	中国水运（下半月）	3030	0.343	0.090	0.94	726	0.83	15.78	4.4	6
E37	中国修船	246	0.274	0.152	0.93	132	0.50	2.87	6.3	2
E37	中国造船	1207	0.693	0.087	0.89	286	0.67	6.22	8.1	6
E37	珠江水运	1908	0.608	0.225	0.93	372	0.65	8.09	2.1	7
E38	Aerospace China	33	0.214	—	0.88	26	0.13	0.39	3.2	2
E38	Chinese Journal of Aeronautics	1841	1.192	0.231	0.70	384	0.66	5.73	4.9	8
E38	Transactions of Nanjing University of Aeronautics and Astronautics	239	0.290	0.032	0.79	120	0.28	1.79	5.0	3
E38	北华航天工业学院学报	270	0.427	0.192	0.99	188	0.10	2.81	3.6	3
E38	北京航空航天大学学报	2973	1.163	0.252	0.94	813	0.84	12.13	5.6	8
E38	测控技术	2146	0.917	0.156	0.82	663	0.58	9.90	4.4	7
E38	长沙航空职业技术学院学报	244	0.489	0.212	0.95	148	0.13	2.21	2.8	3
E38	成都航空职业技术学院学报	235	0.394	0.077	0.96	128	0.03	1.91	3.6	3
E38	导弹与航天运载技术	718	0.436	0.109	0.91	236	0.54	3.52	6.8	5
E38	导航与控制	303	0.782	0.054	0.83	148	0.22	2.21	2.9	5
E38	电光与控制	1465	0.834	0.199	0.82	413	0.51	6.16	4.7	7
E38	飞机设计	403	0.275	0.028	0.96	186	0.49	2.78	9.3	3
E38	飞控与探测	96	0.833	0.083	0.56	30	0.18	0.45	1.8	4
E38	飞行力学	747	0.592	0.128	0.90	231	0.58	3.45	8.2	5
E38	固体火箭技术	1036	0.492	0.035	0.82	246	0.43	3.67	8.4	5
E38	桂林航天工业学院学报	219	0.274	0.093	0.99	158	0.06	2.36	4.8	2
E38	国际太空	404	—	0.104	0.94	157	0.39	2.34	3.7	5
E38	海军航空大学学报	416	0.466	0.017	0.95	210	0.39	3.13	7.8	4
E38	航空材料学报	1272	1.447	0.171	0.92	342	0.40	5.10	6.8	8
E38	航空电子技术	172	0.416	0.120	0.95	109	0.24	1.63	6.5	3
E38	航空动力学报	3453	0.827	0.090	0.82	512	0.66	7.64	7.2	8

学科代码	期刊名称	扩展总被引频次	扩展影响因子	扩展即年指标	扩展他引率	扩展引用刊数	扩展学科影响指标	扩展学科扩散指标	扩展被引半衰期	扩展H指标
E38	航空发动机	816	0.590	0.066	0.86	224	0.45	3.34	7.1	6
E38	航空工程进展	398	0.622	0.068	0.90	205	0.54	3.06	4.8	5
E38	航空计算技术	907	0.564	0.083	0.85	314	0.61	4.69	4.9	5
E38	航空精密制造技术	375	0.328	0.094	0.97	193	0.43	2.88	8.5	4
E38	航空科学技术	931	0.688	0.279	0.76	307	0.58	4.58	5.3	7
E38	航空维修与工程	608	0.211	0.053	0.92	246	0.39	3.67	5.5	3
E38	航空学报	4883	1.418	0.472	0.83	717	0.90	10.70	6.1	12
E38	航空制造技术	3362	1.127	0.136	0.89	585	0.72	8.73	5.9	10
E38	航天电子对抗	482	0.548	0.026	0.91	163	0.33	2.43	6.3	5
E38	航天返回与遥感	692	0.931	0.088	0.80	208	0.39	3.10	6.3	7
E38	航天工业管理	271	0.328	0.066	1.00	132	0.15	1.97	3.2	3
E38	航天控制	487	0.674	0.125	0.81	187	0.40	2.79	5.8	4
E38	航天器工程	974	0.744	0.158	0.85	275	0.48	4.10	5.8	6
E38	航天器环境工程	687	0.363	0.079	0.84	249	0.60	3.72	7.9	6
E38	航天制造技术	493	0.397	0.074	0.94	242	0.42	3.61	6.5	5
E38	火箭推进	627	0.711	0.107	0.64	166	0.46	2.48	6.6	5
E38	计测技术	606	0.788	0.055	0.87	259	0.28	3.87	6.3	5
E38	教练机	121	0.208	0.018	0.97	85	0.28	1.27	6.9	3
E38	空间电子技术	330	0.308	0.049	0.82	151	0.25	2.25	4.9	4
E38	空间控制技术与应用	293	0.578	0.030	0.94	131	0.36	1.96	4.5	5
E38	空间碎片研究	23	0.298	0.074	0.78	14	0.07	0.21	2.5	2
E38	空气动力学学报	1219	0.828	0.168	0.86	301	0.54	4.49	7.3	7
E38	民航学报	112	0.352	0.113	0.96	75	0.09	1.12	1.8	3
E38	民用飞机设计与研究	343	—	0.133	0.85	130	0.37	1.94	7.1	4
E38	南京航空航天大学学报	1370	0.835	0.158	0.95	545	0.67	8.13	7.0	7
E38	强度与环境	379	0.589	0.091	0.77	144	0.42	2.15	7.6	4
E38	上海航天	668	0.909	0.117	0.82	268	0.51	4.00	4.0	7
E38	深空探测学报	364	0.834	0.194	0.76	113	0.36	1.69	3.4	8
E38	沈阳航空航天大学学报	420	0.405	0.070	0.97	288	0.27	4.30	6.5	4
E38	实验流体力学	750	0.516	0.103	0.91	255	0.49	3.81	8.2	4
E38	推进技术	2076	0.630	0.173	0.73	293	0.57	4.37	5.4	6
E38	卫星应用	484	0.900	0.169	0.89	219	0.22	3.27	3.3	6
E38	西安航空学院学报	316	0.465	0.042	0.98	218	0.18	3.25	4.6	4

学科代码	期刊名称	扩展总被引频次	扩展影响因子	扩展即年指标	扩展他引率	扩展引用刊数	扩展学科影响指标	扩展学科扩散指标	扩展被引半衰期	扩展H指标
E38	现代导航	229	0.386	0.046	0.93	123	0.18	1.84	3.9	4
E38	宇航材料工艺	953	0.665	0.068	0.92	325	0.49	4.85	8.3	6
E38	宇航计测技术	457	0.473	0.102	0.89	233	0.31	3.48	6.5	5
E38	宇航学报	2638	1.183	0.189	0.75	416	0.64	6.21	8.0	9
E38	宇航总体技术	171	0.817	0.192	0.83	84	0.31	1.25	2.7	5
E38	载人航天	521	0.395	0.085	0.85	197	0.45	2.94	4.8	6
E38	振动、测试与诊断	1655	1.036	0.086	0.88	515	0.46	7.69	5.2	9
E38	郑州航空工业管理学院学报	258	0.445	0.109	1.00	169	0.03	2.52	4.9	4
E38	直升机技术	239	0.380	0.033	0.90	115	0.33	1.72	8.5	3
E38	中国航天	363	0.291	0.046	1.00	186	0.46	2.78	5.3	4
E38	中国空间科学技术	523	0.661	0.253	0.67	182	0.45	2.72	6.1	5
E38	中国民航大学学报	417	0.464	0.056	0.96	237	0.33	3.54	7.6	3
E38	中国民航飞行学院学报	349	0.425	0.170	0.95	198	0.24	2.96	5.3	5
E39	Chinese Journal of Population Resources and Environment	74	0.194	—	0.82	49	0.08	0.75	6.3	2
E39	Frontiers of Environmental Science & Engineering	567	1.016	0.180	0.70	208	0.45	3.20	4.1	5
E39	Journal of Environmental Sciences	3303	1.217	0.345	0.85	737	0.72	11.34	5.5	8
E39	长江流域资源与环境	6032	3.296	0.223	0.94	1093	0.68	16.82	4.9	14
E39	低碳世界	10631	0.862	0.465	0.99	908	0.55	13.97	3.0	11
E39	电镀与环保	454	0.425	0.127	0.93	161	0.23	2.48	6.1	4
E39	电力科技与环保	923	1.169	0.220	0.85	279	0.38	4.29	5.2	8
E39	干旱环境监测	310	0.797	0.122	0.97	194	0.38	2.98	8.5	4
E39	干旱区资源与环境	7140	2.385	0.646	0.94	1299	0.69	19.98	5.0	11
E39	工业水处理	2962	1.090	0.276	0.90	627	0.68	9.65	5.7	9
E39	工业用水与废水	1102	0.960	0.271	0.79	342	0.52	5.26	6.5	6
E39	海洋环境科学	1760	1.110	0.124	0.93	488	0.57	7.51	6.9	6
E39	化工环保	1303	1.282	0.167	0.90	414	0.54	6.37	5.7	7
E39	环保科技	388	0.631	0.096	0.97	233	0.49	3.58	4.6	4
E39	环境保护	4286	2.080	0.723	0.97	1142	0.80	17.57	3.8	13
E39	环境保护科学	1259	1.155	0.410	0.98	550	0.77	8.46	5.2	7
E39	环境保护与循环经济	894	0.493	0.153	0.95	408	0.60	6.28	4.6	4
E39	环境工程	4836	1.559	0.258	0.91	1068	0.83	16.43	4.3	10

学科代码	期刊名称	扩展总被引频次	扩展影响因子	扩展即年指标	扩展他引率	扩展引用刊数	扩展学科影响指标	扩展学科扩散指标	扩展被引半衰期	扩展H指标
E39	环境工程技术学报	842	1.413	0.486	0.91	370	0.63	5.69	3.6	8
E39	环境工程学报	7088	1.520	0.323	0.93	1138	0.80	17.51	5.4	11
E39	环境化学	4205	1.614	0.277	0.89	900	0.78	13.85	5.0	12
E39	环境技术	623	0.525	0.195	0.92	323	0.40	4.97	5.0	4
E39	环境监测管理与技术	1330	1.576	0.228	0.82	410	0.69	6.31	6.0	7
E39	环境监控与预警	610	1.125	0.296	0.92	232	0.57	3.57	4.0	6
E39	环境科技	1071	1.142	0.363	0.84	420	0.60	6.46	6.8	7
E39	环境科学	15652	3.159	0.848	0.84	1370	0.89	21.08	5.1	17
E39	环境科学导刊	1050	1.054	0.407	0.96	447	0.65	6.88	6.1	5
E39	环境科学学报	9347	2.030	0.382	0.92	1325	0.80	20.38	5.5	15
E39	环境科学研究	4762	2.312	0.595	0.90	998	0.82	15.35	5.6	12
E39	环境科学与管理	3330	0.669	0.222	0.98	1013	0.80	15.58	5.7	8
E39	环境科学与技术	6739	1.439	0.154	0.97	1303	0.91	20.05	6.8	9
E39	环境生态学	141	—	0.276	0.86	84	0.23	1.29	1.3	4
E39	环境卫生工程	916	0.920	0.303	0.91	316	0.51	4.86	4.4	7
E39	环境卫生学杂志	845	0.940	0.095	0.93	352	0.38	5.42	5.6	5
E39	环境污染与防治	2910	1.235	0.226	0.95	839	0.80	12.91	5.6	8
E39	环境影响评价	1045	1.383	0.537	0.87	378	0.74	5.82	4.2	7
E39	环境与发展	5679	0.989	0.460	0.90	840	0.72	12.92	2.0	11
E39	环境与可持续发展	1729	1.117	0.313	0.95	698	0.68	10.74	4.0	9
E39	能源环境保护	587	0.660	0.226	0.95	293	0.54	4.51	6.7	5
E39	农业资源与环境学报	1521	2.623	0.667	0.98	506	0.57	7.78	4.7	10
E39	青海环境	153	0.547	0.146	0.98	99	0.25	1.52	5.0	4
E39	三峡生态环境监测	168	1.215	0.579	0.92	101	0.23	1.55	2.2	5
E39	世界环境	433	0.619	0.140	1.00	290	0.45	4.46	4.0	5
E39	水处理技术	3051	1.132	0.241	0.90	608	0.60	9.35	5.1	9
E39	四川环境	1457	0.975	0.265	0.82	522	0.69	8.03	5.6	6
E39	西部人居环境学刊	935	2.093	0.750	0.84	262	0.17	4.03	2.9	8
E39	消防科学与技术	3033	0.948	0.166	0.68	544	0.14	8.37	4.2	8
E39	新疆环境保护	195	0.437	0.030	0.95	134	0.38	2.06	≥10	2
E39	亚热带资源与环境学报	438	0.856	0.196	0.89	237	0.31	3.65	6.5	4
E39	应用与环境生物学报	2735	1.508	0.379	0.91	615	0.55	9.46	6.3	10
E39	再生资源与循环经济	590	0.842	0.298	0.96	312	0.49	4.80	3.8	5

2020 年中国科技期刊被引指标按类刊名字顺索引（续）

学科代码	期刊名称	扩展总被引频次	扩展影响因子	扩展即年指标	扩展他引率	扩展引用刊数	扩展学科影响指标	扩展学科扩散指标	扩展被引半衰期	扩展H指标
E39	植物资源与环境学报	1060	1.379	0.200	0.94	313	0.14	4.82	7.5	6
E39	中国环保产业	1040	0.736	0.200	0.95	443	0.62	6.82	5.0	7
E39	中国环境监测	2914	2.204	0.442	0.89	676	0.85	10.40	5.7	11
E39	中国环境科学	9623	2.216	0.302	0.83	1324	0.88	20.37	4.8	16
E39	中国人口·资源与环境	11842	5.530	0.671	0.96	1706	0.69	26.25	5.5	23
E39	中国特种设备安全	970	0.717	0.083	0.87	246	0.08	3.78	4.2	7
E39	中国资源综合利用	2651	1.034	0.364	0.96	735	0.74	11.31	2.3	9
E39	资源节约与环保	4790	0.866	0.508	0.96	760	0.72	11.69	2.4	9
E39	资源科学	9109	3.784	1.332	0.94	1435	0.69	22.08	6.1	20
E39	资源信息与工程	1228	0.677	0.192	0.96	335	0.23	5.15	2.7	7
E39	自然资源学报	9314	5.171	1.127	0.91	1241	0.66	19.09	6.0	22
E40	安全	725	0.652	0.317	0.91	316	0.39	13.74	3.2	5
E40	安全、健康和环境	854	0.780	0.168	0.70	237	0.39	10.30	4.4	4
E40	安全与环境工程	1861	1.539	0.328	0.83	694	0.48	30.17	4.7	8
E40	安全与环境学报	3716	1.418	0.259	0.88	1094	0.57	47.57	4.6	9
E40	城市与减灾	207	0.542	0.158	1.00	127	0.26	5.52	3.3	4
E40	电力安全技术	801	0.427	0.082	0.83	239	0.26	10.39	5.8	5
E40	防灾减灾工程学报	1306	0.985	0.102	0.95	448	0.43	19.48	6.6	7
E40	防灾科技学院学报	339	0.689	0.170	0.92	209	0.30	9.09	5.9	4
E40	工业安全与环保	1827	0.678	0.221	0.94	671	0.48	29.17	5.6	6
E40	火灾科学	373	0.522	—	0.97	185	0.39	8.04	≥10	4
E40	劳动保障世界	2466	0.507	0.221	0.97	624	0.04	27.13	2.2	8
E40	现代职业安全	375	0.180	0.054	1.00	199	0.39	8.65	4.6	4
E40	信息安全学报	268	1.149	0.192	0.94	114	0.09	4.96	3.2	7
E40	信息安全研究	703	0.884	0.426	0.95	309	0.22	13.43	2.9	10
E40	震灾防御技术	557	0.607	—	0.82	150	0.30	6.52	5.9	5
E40	中国安防	416	0.451	0.171	1.00	198	0.04	8.61	3.3	4
E40	中国安全防范技术与应用	116	0.548	0.120	0.97	83	0.13	3.61	2.2	4
E40	中国安全科学学报	5691	1.671	0.197	0.85	1169	0.70	50.83	6.5	11
E40	中国安全生产科学技术	4692	1.669	0.321	0.89	987	0.70	42.91	4.9	10
E40	自然灾害学报	3105	1.377	0.194	0.86	779	0.52	33.87	8.7	10
F01	Frontiers of Engineering Management	82	0.324	0.078	0.74	55	0.16	1.00	3.1	3

2020 年中国科技期刊被引指标按类刊名字顺索引（续）

学科代码	期刊名称	扩展总被引频次	扩展影响因子	扩展即年指标	扩展他引率	扩展引用刊数	扩展学科影响指标	扩展学科扩散指标	扩展被引半衰期	扩展H指标
F01	Journal of Management Science and Engineering	7	0.161	—	0.71	5	0.04	0.09	—	1
F01	创新科技	598	0.459	0.158	0.97	345	0.16	6.27	3.8	4
F01	当代经济管理	2099	2.921	1.373	0.99	847	0.60	15.40	2.7	11
F01	工程管理学报	1626	1.392	0.218	0.91	503	0.24	9.15	4.3	11
F01	工程研究—跨学科视野中的工程	359	0.496	0.329	0.88	250	0.16	4.55	4.7	6
F01	工业工程与管理	1508	1.356	0.374	0.90	538	0.53	9.78	4.7	7
F01	公共管理评论	245	2.682	0.418	0.96	164	0.22	2.98	1.9	4
F01	公共管理学报	2980	6.108	1.037	0.96	871	0.60	15.84	5.2	18
F01	公共管理与政策评论	431	2.381	1.089	0.96	232	0.29	4.22	2.4	6
F01	管理案例研究与评论	412	1.598	0.208	0.87	210	0.47	3.82	3.9	6
F01	管理工程师	170	0.443	0.131	0.99	110	0.09	2.00	3.7	3
F01	管理工程学报	2291	2.238	0.541	0.95	682	0.65	12.40	5.7	11
F01	管理科学	2380	2.807	0.100	0.92	646	0.62	11.75	5.6	12
F01	管理科学学报	3307	2.750	0.189	0.91	741	0.64	13.47	6.2	16
F01	管理评论	7074	3.270	0.497	0.87	1191	0.73	21.65	4.3	17
F01	管理世界	24895	9.912	3.242	0.98	1642	0.78	29.85	6.5	44
F01	管理现代化	1298	1.228	0.845	0.97	606	0.60	11.02	3.2	7
F01	管理学报	4860	3.145	0.552	0.90	1000	0.69	18.18	4.7	15
F01	管理学刊	512	3.273	0.397	0.96	309	0.31	5.62	2.8	7
F01	技术与创新管理	766	1.087	0.471	0.79	358	0.38	6.51	4.0	6
F01	交通企业管理	577	0.494	0.242	1.00	252	0.13	4.58	3.6	5
F01	科技成果管理与研究	134	0.109	0.019	0.97	104	0.13	1.89	4.2	2
F01	科技管理研究	9966	1.743	0.323	0.90	1853	0.84	33.69	4.3	13
F01	科技进步与对策	8849	2.527	0.641	0.92	1529	0.84	27.80	4.6	14
F01	科技与管理	583	0.783	0.025	0.91	356	0.31	6.47	6.2	4
F01	科学管理研究	1937	1.690	0.148	0.95	707	0.58	12.85	4.7	8
F01	科学学研究	8102	3.378	0.508	0.95	1482	0.73	26.95	5.7	19
F01	科学学与科学技术管理	5206	2.759	0.400	0.95	998	0.75	18.15	6.6	14
F01	科学与管理	379	0.801	0.221	0.99	276	0.35	5.02	4.5	5
F01	科研管理	7486	3.285	0.570	0.89	1151	0.76	20.93	5.0	17
F01	南开管理评论	6658	5.670	0.509	0.97	887	0.65	16.13	5.9	25
F01	上海城市管理	423	0.707	0.388	0.98	271	0.09	4.93	3.6	5

2020年中国科技期刊被引指标按类刊名字顺索引（续）

学科代码	期刊名称	扩展总被引频次	扩展影响因子	扩展即年指标	扩展他引率	扩展引用刊数	扩展学科影响指标	扩展学科扩散指标	扩展被引半衰期	扩展H指标
F01	上海管理科学	436	0.544	0.097	0.99	281	0.33	5.11	4.9	4
F01	施工企业管理	353	0.169	0.069	1.00	151	0.07	2.75	2.7	4
F01	实验技术与管理	12878	2.673	0.686	0.83	1410	0.25	25.64	3.8	19
F01	实验室研究与探索	11602	1.935	0.179	0.85	1462	0.18	26.58	4.8	18
F01	项目管理技术	1243	0.745	0.388	0.85	411	0.31	7.47	3.4	7
F01	研究与发展管理	2048	2.852	0.483	0.95	582	0.67	10.58	5.3	11
F01	云南科技管理	209	0.297	0.048	0.90	139	0.09	2.53	4.1	3
F01	智库理论与实践	366	1.069	0.240	0.77	145	0.15	2.64	2.9	6
F01	中国管理科学	5772	2.525	0.584	0.88	1074	0.71	19.53	4.9	15
F01	中国环境管理	1169	2.489	0.613	0.92	492	0.24	8.95	2.8	10
F01	中国科技成果	382	0.088	0.014	0.98	275	0.09	5.00	4.7	3
F01	中国科技论坛	3772	2.127	0.338	0.95	1020	0.78	18.55	4.6	11
F01	中国软科学	8892	5.416	0.578	0.97	1594	0.84	28.98	5.5	23
F01	中国卫生标准管理	15535	1.644	0.329	0.94	902	0.05	16.40	3.1	12
H01	Social Sciences in China	134	0.286	0.053	0.87	91	0.09	0.71	≥10	2
H01	北方论丛	509	0.285	0.218	0.99	338	0.28	2.64	≥10	4
H01	北京社会科学	1251	1.042	0.263	0.99	748	0.46	5.84	5.2	9
H01	长白学刊	814	1.049	0.315	0.99	501	0.38	3.91	3.7	7
H01	长江论坛	216	0.463	0.064	0.98	154	0.05	1.20	3.2	3
H01	重庆社会科学	1438	—	0.496	0.97	766	0.50	5.98	3.5	10
H01	船山学刊	263	0.215	0.013	0.94	167	0.16	1.30	9.4	3
H01	创新	227	0.439	0.200	0.99	176	0.09	1.38	4.5	4
H01	创新创业理论研究与实践	2955	0.718	0.302	0.95	508	0.08	3.97	1.5	8
H01	大庆社会科学	467	0.389	0.149	0.98	230	0.09	1.80	2.6	4
H01	当代韩国	135	0.407	0.051	0.95	77	0.08	0.60	6.3	3
H01	道德与文明	762	0.511	0.228	0.98	412	0.41	3.22	7.0	4
H01	德国研究	299	0.904	0.167	0.92	202	0.13	1.58	6.4	5
H01	邓小平研究	107	0.277	0.094	0.98	86	0.09	0.67	2.5	3
H01	东方论坛	294	0.388	0.152	0.94	204	0.17	1.59	6.4	4
H01	东疆学刊	205	0.241	0.014	0.98	134	0.08	1.05	8.1	3
H01	东南学术	1601	1.336	0.788	0.99	852	0.59	6.66	4.7	10
H01	东岳论丛	2238	—	0.381	0.99	1114	0.63	8.70	5.0	10
H01	发明与创新·初中生	610	0.160	0.168	0.99	141	0.05	1.10	1.2	3

学科代码	期刊名称	扩展总被引频次	扩展影响因子	扩展即年指标	扩展他引率	扩展引用刊数	扩展学科影响指标	扩展学科扩散指标	扩展被引半衰期	扩展H指标
H01	发明与创新·高中生	23	0.015	0.009	1.00	19	—	0.15	6.5	1
H01	福建论坛（人文社会科学版）	2134	1.025	0.484	0.99	1036	0.55	8.09	4.8	9
H01	甘肃社会科学	2322	1.763	0.451	0.98	1080	0.72	8.44	5.1	12
H01	关东学刊	94	0.197	0.017	0.95	65	0.01	0.51	3.1	3
H01	观察与思考	421	0.443	0.128	0.98	276	0.25	2.16	3.6	4
H01	广东社会科学	1618	1.330	0.391	0.99	837	0.52	6.54	5.1	8
H01	广西社会科学	2619	0.993	0.188	0.99	1135	0.70	8.87	3.9	8
H01	贵州社会科学	2721	1.432	0.449	0.98	1125	0.63	8.79	4.6	15
H01	桂海论丛	268	0.308	0.040	0.99	195	0.17	1.52	4.6	3
H01	河北学刊	1753	0.924	0.244	0.98	908	0.59	7.09	6.2	8
H01	河南社会科学	1928	1.476	0.517	0.98	920	0.52	7.19	3.8	9
H01	黑河学刊	1191	0.510	0.422	0.99	446	0.12	3.48	2.9	7
H01	黑龙江社会科学	606	0.544	0.257	1.00	425	0.26	3.32	5.3	5
H01	宏观质量研究	484	3.592	0.685	0.90	290	0.13	2.27	2.6	8
H01	湖北社会科学	2559	1.141	0.224	0.99	1165	0.63	9.10	4.7	10
H01	湖南社会科学	1715	1.478	0.380	0.99	942	0.58	7.36	5.2	9
H01	湖湘论坛	796	1.741	0.671	0.99	474	0.38	3.70	2.9	8
H01	江海学刊	2164	0.935	0.315	0.99	1016	0.66	7.94	6.9	10
H01	江汉论坛	1905	0.835	0.189	0.99	958	0.63	7.48	5.9	9
H01	江汉学术	534	0.888	0.718	0.96	359	0.23	2.80	3.8	5
H01	江淮论坛	1512	1.448	0.408	0.98	846	0.48	6.61	4.1	8
H01	江南论坛	357	0.310	0.119	1.00	222	0.16	1.73	2.7	3
H01	江苏社会科学	2571	1.482	0.807	0.97	1088	0.70	8.50	6.7	12
H01	江西社会科学	3472	1.020	0.442	0.99	1407	0.73	10.99	6.1	11
H01	晋阳学刊	651	0.538	0.160	0.98	410	0.38	3.20	7.9	4
H01	荆楚学刊	184	0.242	0.024	0.99	136	0.04	1.06	5.6	3
H01	开发研究	874	0.832	0.107	0.98	491	0.29	3.84	5.6	5
H01	科学·经济·社会	294	0.427	0.116	0.99	231	0.13	1.80	8.1	4
H01	科学决策	709	1.842	0.179	0.96	393	0.16	3.07	3.9	8
H01	科学与社会	465	1.576	0.229	0.95	284	0.16	2.22	4.7	7
H01	克拉玛依学刊	95	0.196	0.043	0.98	74	0.07	0.58	3.9	4
H01	兰州学刊	1888	1.145	0.705	0.99	988	0.63	7.72	5.2	9
H01	老区建设	594	0.297	0.078	0.98	331	0.18	2.59	3.2	6

2020年中国科技期刊被引指标按类刊名字顺索引（续）

学科代码	期刊名称	扩展总被引频次	扩展影响因子	扩展即年指标	扩展他引率	扩展引用刊数	扩展学科影响指标	扩展学科扩散指标	扩展被引半衰期	扩展H指标
H01	理论观察	1374	0.391	0.128	0.99	567	0.18	4.43	3.6	6
H01	理论界	705	0.258	0.022	1.00	456	0.22	3.56	8.7	5
H01	理论学刊	1385	1.463	0.167	0.99	754	0.48	5.89	5.3	10
H01	理论与现代化	436	0.436	0.148	1.00	317	0.27	2.48	6.5	5
H01	理论月刊	2179	0.985	0.382	0.99	1064	0.62	8.31	4.8	11
H01	岭南学刊	356	0.596	0.217	0.95	241	0.16	1.88	3.4	4
H01	民主与科学	239	—	—	1.00	193	0.16	1.51	3.1	4
H01	内蒙古社会科学	1444	1.523	0.413	0.98	748	0.52	5.84	4.2	9
H01	南都学坛	451	0.381	0.219	0.98	311	0.23	2.43	6.9	5
H01	南海学刊	157	0.924	0.130	0.83	83	0.07	0.65	2.4	4
H01	南京社会科学	3760	2.029	0.707	0.99	1395	0.77	10.90	4.6	15
H01	南亚东南亚研究	211	0.287	0.100	0.95	134	0.10	1.05	8.2	3
H01	南洋资料译丛	98	0.220	—	0.99	54	0.07	0.42	8.9	3
H01	宁夏社会科学	1307	1.121	0.310	0.97	687	0.56	5.37	4.0	7
H01	品牌与标准化	361	0.468	0.187	0.97	199	0.02	1.55	4.5	3
H01	齐鲁学刊	848	0.537	0.094	0.96	505	0.45	3.95	9.3	5
H01	前沿	1126	0.500	0.140	1.00	618	0.47	4.83	8.3	5
H01	青海社会科学	1219	1.033	0.388	0.98	702	0.52	5.48	4.5	8
H01	青藏高原论坛	58	0.090	0.013	0.97	42	0.04	0.33	4.3	2
H01	求是学刊	1122	1.306	0.434	1.00	654	0.48	5.11	6.3	7
H01	求索	2632	1.917	0.956	0.98	1162	0.61	9.08	6.3	11
H01	求知	293	0.270	0.404	1.00	186	0.16	1.45	1.8	5
H01	人文杂志	1689	1.138	0.732	0.98	837	0.66	6.54	5.7	9
H01	软科学	4940	2.362	0.441	0.96	1161	0.41	9.07	4.4	12
H01	山西高等学校社会科学学报	884	0.608	0.298	0.98	434	0.17	3.39	3.8	6
H01	社会工作与管理	493	0.876	0.368	0.91	271	0.20	2.12	4.6	5
H01	社会科学	3681	1.891	0.618	0.99	1327	0.78	10.37	6.6	15
H01	社会科学辑刊	1456	0.947	0.514	1.00	821	0.60	6.41	6.8	7
H01	社会科学家	2325	1.207	0.193	0.98	1083	0.53	8.46	4.8	9
H01	社会科学论坛	633	0.239	0.063	0.99	448	0.30	3.50	9.0	4
H01	社会科学研究	2273	1.887	0.525	0.99	1042	0.69	8.14	6.7	12
H01	社会科学战线	3878	1.209	0.341	0.98	1448	0.82	11.31	6.5	10
H01	社科纵横	1032	0.483	0.147	1.00	559	0.30	4.37	4.5	4

2020 年中国科技期刊被引指标按类刊名字顺索引（续）

学科代码	期刊名称	扩展总被引频次	扩展影响因子	扩展即年指标	扩展他引率	扩展引用刊数	扩展学科影响指标	扩展学科扩散指标	扩展被引半衰期	扩展H指标
H01	深圳社会科学	117	0.726	0.267	0.79	71	0.09	0.55	1.5	5
H01	世界科技研究与发展	923	1.529	0.161	0.98	632	0.05	4.94	7.7	8
H01	思想战线	1867	1.686	0.362	0.98	769	0.55	6.01	7.0	10
H01	唐都学刊	278	0.198	0.061	0.94	196	0.18	1.53	9.0	3
H01	天府新论	548	0.481	0.114	0.99	401	0.29	3.13	7.0	5
H01	天津社会科学	1479	0.941	0.291	0.99	770	0.65	6.02	9.0	9
H01	天中学刊	395	0.245	0.075	0.98	258	0.11	2.02	5.8	4
H01	未来与发展	1109	1.103	0.338	0.78	503	0.16	3.93	2.8	6
H01	文史哲	1258	0.817	0.488	0.96	570	0.50	4.45	≥10	7
H01	西部学刊	558	0.246	0.088	0.98	280	0.09	2.19	1.8	5
H01	西域研究	511	0.641	0.129	0.82	161	0.14	1.26	≥10	5
H01	西藏研究	659	0.463	0.080	0.89	218	0.11	1.70	≥10	4
H01	新疆社会科学（汉文版）	729	0.789	0.123	0.99	461	0.28	3.60	5.6	4
H01	新疆社科论坛	231	0.239	0.066	0.97	163	0.11	1.27	4.4	4
H01	新西部	837	1.324	0.390	0.98	325	0.10	2.54	2.0	4
H01	学会	323	0.507	0.152	0.84	155	0.10	1.21	3.9	4
H01	学术交流	1941	0.737	0.062	0.98	1021	0.52	7.98	6.1	9
H01	学术界	2037	1.093	0.288	0.98	986	0.67	7.70	4.8	11
H01	学术论坛	2426	2.142	0.472	0.99	1143	0.59	8.93	5.8	9
H01	学术探索	1395	0.579	0.368	0.99	779	0.48	6.09	5.2	8
H01	学术研究	2805	1.098	0.307	0.98	1204	0.69	9.41	6.8	13
H01	学术月刊	3686	2.448	0.419	0.99	1214	0.73	9.48	6.7	15
H01	学习与探索	2669	1.224	0.627	0.99	1134	0.69	8.86	4.9	11
H01	阴山学刊	254	0.230	0.042	0.96	175	0.09	1.37	9.0	3
H01	殷都学刊	237	0.099	0.027	0.95	158	0.13	1.23	≥10	2
H01	原生态民族文化学刊	396	0.731	0.186	0.85	199	0.06	1.55	3.6	5
H01	阅江学刊	264	0.516	0.200	0.97	195	0.09	1.52	4.2	4
H01	云梦学刊	408	0.434	0.180	0.98	281	0.16	2.20	6.6	3
H01	云南社会科学	1563	1.348	0.757	0.99	807	0.54	6.30	5.0	9
H01	浙江社会科学	3047	1.648	0.409	0.99	1186	0.70	9.27	5.0	14
H01	浙江学刊	1829	1.580	0.525	0.99	945	0.67	7.38	6.3	10
H01	中国高校社会科学	743	1.621	0.381	0.99	490	0.40	3.83	3.0	10
H01	中国国情国力	742	0.580	0.331	0.99	481	0.19	3.76	2.8	6

2020 年中国科技期刊被引指标按类刊名字顺索引（续）

学科代码	期刊名称	扩展总被引频次	扩展影响因子	扩展即年指标	扩展他引率	扩展引用刊数	扩展学科影响指标	扩展学科扩散指标	扩展被引半衰期	扩展H指标
H01	中国社会科学	15003	10.008	1.496	0.99	1894	0.89	14.80	7.7	38
H01	中州学刊	3462	1.708	0.278	0.98	1292	0.73	10.09	4.2	13
H02	安徽大学学报（哲学社会科学版）	1052	1.417	0.323	0.96	625	0.41	2.37	5.7	8
H02	安徽工业大学学报（社会科学版）	745	0.491	0.035	0.97	357	0.09	1.35	4.6	4
H02	安徽理工大学学报（社会科学版）	300	0.494	0.063	0.96	209	0.08	0.79	4.2	4
H02	安徽农业大学学报（社会科学版）	554	0.613	0.154	0.97	366	0.15	1.39	4.8	5
H02	安徽商贸职业技术学院学报（社会科学版）	163	0.484	0.151	0.99	114	0.03	0.43	2.8	3
H02	安康学院学报	302	0.238	0.122	0.98	192	0.06	0.73	6.2	3
H02	百色学院学报	385	0.384	0.098	0.93	211	0.09	0.80	5.5	4
H02	宝鸡文理学院学报（社会科学版）	308	0.293	0.034	0.96	211	0.10	0.80	5.7	3
H02	保山学院学报	278	0.324	0.091	0.97	191	0.03	0.72	4.8	3
H02	北方民族大学学报（哲学社会科学版）	809	0.963	0.400	0.94	416	0.21	1.58	3.8	7
H02	北华大学学报（社会科学版）	516	0.602	0.097	0.95	305	0.12	1.16	5.1	5
H02	北京大学学报（哲学社会科学版）	3323	1.645	0.323	0.99	1294	0.68	4.90	≥10	15
H02	北京工商大学学报（社会科学版）	1234	2.504	0.734	0.97	504	0.27	1.91	4.7	8
H02	北京工业大学学报（社会科学版）	858	3.180	1.647	0.96	529	0.26	2.00	2.5	9
H02	北京航空航天大学学报（社会科学版）	763	1.075	0.406	0.99	499	0.22	1.89	3.6	7
H02	北京化工大学学报（社会科学版）	258	0.736	0.129	0.99	201	0.12	0.76	3.6	4
H02	北京交通大学学报（社会科学版）	836	2.058	0.951	0.98	517	0.20	1.96	4.0	8
H02	北京教育学院学报（社会科学版）	319	0.405	0.230	0.99	206	0.06	0.78	4.8	4
H02	北京科技大学学报（社会科学版）	516	0.540	0.567	0.93	326	0.17	1.23	5.9	6
H02	北京理工大学学报（社会科学版）	1518	2.088	0.560	0.96	802	0.33	3.04	4.3	8
H02	北京联合大学学报（人文社会科学版）	663	2.107	0.661	0.95	429	0.23	1.63	3.4	8
H02	北京林业大学学报（社会科学版）	628	1.342	0.163	0.98	299	0.08	1.13	7.8	5
H02	北京邮电大学学报（社会科学版）	621	0.935	0.122	0.97	408	0.16	1.55	4.9	6
H02	滨州学院学报	190	0.202	0.022	0.97	142	0.03	0.54	7.4	2
H02	渤海大学学报（哲学社会科学版）	492	0.351	0.115	0.98	325	0.14	1.23	5.0	5
H02	长安大学学报（社会科学版）	341	0.912	0.367	0.97	244	0.11	0.92	3.9	4
H02	长春大学学报	364	0.468	0.150	0.99	220	0.07	0.83	3.6	4
H02	长春工程学院学报（社会科学版）	416	0.646	0.061	0.94	221	0.07	0.84	2.9	4
H02	长春理工大学学报（社会科学版）	952	0.617	0.119	0.98	480	0.19	1.82	7.4	4
H02	长江大学学报（社会科学版）	793	0.506	0.031	0.95	430	0.19	1.63	7.2	4
H02	长沙大学学报	756	0.615	0.213	0.99	445	0.18	2.26	3.8	4

2020 年中国科技期刊被引指标按类刊名字顺索引（续）

学科代码	期刊名称	扩展总被引频次	扩展影响因子	扩展即年指标	扩展他引率	扩展引用刊数	扩展学科影响指标	扩展学科扩散指标	扩展被引半衰期	扩展H指标
H02	长沙理工大学学报（社会科学版）	519	0.771	0.426	0.85	328	0.13	1.24	3.7	4
H02	长治学院学报	274	0.253	0.084	0.98	173	0.04	0.66	4.0	3
H02	常州大学学报（社会科学版）	329	0.669	0.194	0.90	211	0.09	0.80	5.0	4
H02	常州工学院学报（社会科学版）	260	0.207	0.070	0.97	162	0.05	0.61	5.8	3
H02	巢湖学院学报	378	0.335	0.103	0.94	235	0.04	0.89	4.5	3
H02	成都大学学报（社会科学版）	503	0.540	0.327	0.99	316	0.09	1.20	5.7	5
H02	成都理工大学学报（社会科学版）	266	0.276	0.026	1.00	179	0.05	0.68	6.1	3
H02	城市学刊	350	0.484	0.125	0.97	239	0.06	0.91	4.6	4
H02	赤峰学院学报（哲学社会科学版）	1340	0.412	0.129	0.97	516	0.16	1.95	4.5	5
H02	重庆大学学报（社会科学版）	1756	2.594	1.734	0.98	947	0.42	3.59	3.6	9
H02	重庆工商大学学报（社会科学版）	635	1.172	0.643	0.98	402	0.17	1.52	3.4	6
H02	重庆交通大学学报（社会科学版）	509	0.574	0.284	0.97	323	0.11	1.22	4.5	5
H02	重庆科技学院学报（社会科学版）	1178	0.507	0.235	1.00	557	0.20	2.11	6.5	5
H02	重庆理工大学学报（社会科学版）	1200	1.193	0.415	0.86	624	0.28	2.36	3.0	7
H02	重庆三峡学院学报	340	0.323	0.125	0.92	231	0.09	0.88	6.8	3
H02	重庆文理学院学报（社会科学版）	475	0.688	0.382	0.89	285	0.11	1.08	4.5	4
H02	重庆邮电大学学报（社会科学版）	817	1.443	0.380	0.90	433	0.21	1.64	3.6	7
H02	滁州学院学报	478	0.379	0.103	0.99	284	0.06	1.08	4.3	4
H02	大理大学学报	995	0.662	0.225	0.92	525	0.10	1.99	3.7	6
H02	大连大学学报	483	0.341	0.077	0.99	327	0.13	1.66	6.5	4
H02	大连海事大学学报（社会科学版）	371	0.498	0.202	0.95	260	0.10	0.98	4.8	4
H02	大连理工大学学报（社会科学版）	971	1.876	0.761	0.97	603	0.30	2.28	3.4	7
H02	大连民族大学学报	411	0.557	0.202	0.99	287	0.14	1.46	4.2	4
H02	电子科技大学学报（社会科学版）	600	1.010	0.622	0.99	405	0.11	1.53	3.8	5
H02	东北大学学报（社会科学版）	989	1.746	0.505	0.98	604	0.32	2.29	4.2	8
H02	东北农业大学学报（社会科学版）	433	0.610	0.512	0.99	292	0.07	1.11	5.2	5
H02	东华大学学报（社会科学版）	249	0.674	0.206	0.99	154	0.05	0.58	4.0	3
H02	东华理工大学学报（社会科学版）	625	1.042	0.367	0.69	263	0.06	1.00	4.1	6
H02	东南大学学报（哲学社会科学版）	1413	1.603	0.231	0.99	835	0.35	3.16	5.3	7
H02	鄂州大学学报	602	0.682	0.150	0.99	316	0.14	1.60	2.7	6
H02	佛山科学技术学院学报（社会科学版）	193	0.318	0.132	0.98	133	0.03	0.50	5.3	4
H02	福建江夏学院学报	137	0.407	0.074	0.97	103	0.06	0.39	2.8	3
H02	福建农林大学学报（哲学社会科学版）	480	0.606	0.224	1.00	329	0.13	1.25	5.1	4

学科代码	期刊名称	扩展总被引频次	扩展影响因子	扩展即年指标	扩展他引率	扩展引用刊数	扩展学科影响指标	扩展学科扩散指标	扩展被引半衰期	扩展H指标
H02	福建医科大学学报（社会科学版）	315	1.033	0.078	0.95	198	0.04	0.75	3.9	5
H02	福州大学学报（哲学社会科学版）	428	0.507	0.099	0.99	318	0.12	1.20	6.0	4
H02	复旦学报（社会科学版）	1734	1.157	0.298	0.99	887	0.50	3.36	≥10	8
H02	广西大学学报（哲学社会科学版）	735	1.018	0.112	0.98	467	0.20	1.77	5.7	5
H02	广西民族大学学报（哲学社会科学版）	1918	1.123	0.213	0.95	772	0.39	2.92	7.3	8
H02	广州大学学报（社会科学版）	918	1.037	0.649	0.99	572	0.27	2.17	4.8	7
H02	贵阳学院学报（社会科学版）	302	0.388	0.076	0.97	203	0.08	0.77	4.0	3
H02	贵州大学学报（社会科学版）	555	0.618	0.376	0.98	365	0.19	1.38	5.5	4
H02	贵州工程应用技术学院学报	321	0.265	0.057	0.91	189	0.07	0.72	6.0	3
H02	贵州民族大学学报（哲学社会科学版）	525	0.835	0.225	0.93	306	0.20	1.16	7.4	5
H02	哈尔滨工业大学学报（社会科学版）	735	0.955	0.373	0.97	513	0.25	1.94	4.0	6
H02	哈尔滨商业大学学报（社会科学版）	525	1.581	0.305	0.99	313	0.13	1.19	3.5	6
H02	哈尔滨师范大学社会科学学报	373	0.341	0.064	0.99	249	0.10	0.94	2.9	5
H02	海军工程大学学报（综合版）	139	0.331	—	0.94	95	0.02	0.36	3.5	3
H02	海南大学学报（人文社会科学版）	629	0.869	0.160	0.96	420	0.23	1.59	4.4	5
H02	邯郸学院学报	156	0.292	0.053	0.88	91	0.06	0.34	5.5	2
H02	杭州电子科技大学学报（社会科学版）	241	0.589	0.260	0.98	187	0.07	0.71	3.2	3
H02	合肥工业大学学报（社会科学版）	551	0.531	0.133	0.99	363	0.15	1.38	6.3	4
H02	河北北方学院学报（社会科学版）	353	0.467	0.072	0.98	213	0.05	0.81	3.5	4
H02	河北大学学报（哲学社会科学版）	1125	1.193	0.224	0.97	684	0.31	2.59	5.2	7
H02	河北工程大学学报（社会科学版）	481	0.797	0.184	0.98	261	0.06	0.99	2.7	5
H02	河北工业大学学报（社会科学版）	211	0.632	0.444	0.99	162	0.06	0.61	3.4	4
H02	河北经贸大学学报（综合版）	261	0.672	0.265	1.00	192	0.06	0.73	4.1	4
H02	河北科技大学学报（社会科学版）	230	0.576	0.453	0.99	166	0.06	0.63	3.5	4
H02	河北科技师范学院学报（社会科学版）	190	0.322	0.034	0.98	141	0.05	0.53	4.5	3
H02	河北农业大学学报（社会科学版）	160	—	0.319	0.79	83	0.03	2.37	1.4	4
H02	河海大学学报（哲学社会科学版）	1009	2.885	0.350	0.97	588	0.31	2.23	3.0	9
H02	河南大学学报（社会科学版）	1068	1.013	0.359	0.98	645	0.38	2.44	7.3	6
H02	河南工程学院学报（社会科学版）	140	0.307	0.209	0.99	101	0.02	0.38	3.8	3
H02	河南工业大学学报（社会科学版）	426	0.908	0.114	0.97	274	0.11	1.04	3.1	5
H02	河南教育学院学报（哲学社会科学版）	498	0.696	0.077	0.99	296	0.11	1.12	4.5	6
H02	河南科技大学学报（社会科学版）	256	0.372	0.157	0.97	202	0.10	0.77	4.6	3
H02	河南科技学院学报	669	0.501	0.176	0.99	336	0.06	1.27	4.1	5

2020 年中国科技期刊被引指标按类刊名字顺索引（续）

学科代码	期刊名称	扩展总被引频次	扩展影响因子	扩展即年指标	扩展他引率	扩展引用刊数	扩展学科影响指标	扩展学科扩散指标	扩展被引半衰期	扩展H指标
H02	河南理工大学学报（社会科学版）	264	0.452	0.305	0.96	191	0.07	0.72	4.2	5
H02	菏泽学院学报	510	0.587	0.169	0.95	288	0.05	1.09	3.2	5
H02	贺州学院学报	207	0.254	0.054	0.96	139	0.05	0.53	5.0	3
H02	黑龙江工业学院学报（综合版）	985	0.600	0.150	0.90	467	0.20	2.37	3.0	6
H02	衡水学院学报	306	0.376	0.116	0.92	195	0.04	0.74	4.5	3
H02	红河学院学报	371	0.315	0.188	0.95	231	0.06	0.88	3.2	3
H02	湖北大学学报（哲学社会科学版）	1079	1.075	0.770	0.99	655	0.34	2.48	5.0	8
H02	湖北经济学院学报（人文社会科学版）	1945	0.546	0.328	0.99	666	0.20	2.52	3.9	6
H02	湖北理工学院学报（人文社会科学版）	308	0.560	0.256	0.93	194	0.04	0.73	3.6	5
H02	湖南大学学报（社会科学版）	1155	1.277	0.477	0.96	661	0.34	2.50	5.0	7
H02	湖南工程学院学报（社会科学版）	259	0.409	0.062	0.99	178	0.04	0.67	4.1	3
H02	湖南工业大学学报（社会科学版）	358	0.434	0.210	0.88	226	0.06	0.86	4.5	4
H02	湖南科技大学学报（社会科学版）	963	1.154	0.391	0.98	592	0.26	2.24	3.6	7
H02	湖南农业大学学报（社会科学版）	984	1.665	0.348	0.98	538	0.23	2.04	4.4	7
H02	湖南人文科技学院学报	406	0.430	0.179	0.94	244	0.08	0.92	4.7	3
H02	华北电力大学学报（社会科学版）	528	0.829	0.165	0.98	340	0.12	1.29	4.6	6
H02	华北理工大学学报（社会科学版）	672	0.662	0.497	0.99	383	0.11	1.45	3.6	5
H02	华北水利水电大学学报（社会科学版）	564	0.659	0.193	0.99	340	0.09	1.29	3.6	5
H02	华东理工大学学报（社会科学版）	825	1.561	0.400	0.96	487	0.26	1.84	4.9	7
H02	华南理工大学学报（社会科学版）	585	1.131	0.387	0.96	405	0.17	1.53	4.7	4
H02	华南农业大学学报（社会科学版）	1329	3.537	0.859	0.98	559	0.26	2.12	3.5	10
H02	华侨大学学报（哲学社会科学版）	527	1.127	0.209	0.95	368	0.20	1.39	3.6	6
H02	华中科技大学学报（社会科学版）	1325	1.636	0.621	0.99	758	0.40	2.87	5.2	8
H02	华中农业大学学报（社会科学版）	2251	3.604	0.935	0.97	842	0.41	3.19	3.8	13
H02	吉林大学社会科学学报	1979	1.672	0.662	0.99	940	0.53	3.56	6.5	12
H02	吉首大学学报（社会科学版）	1640	2.903	0.690	0.99	855	0.43	3.24	3.4	8
H02	集美大学学报（哲学社会科学版）	204	0.263	0.096	0.96	148	0.06	0.56	5.6	3
H02	济南大学学报（社会科学版）	504	0.981	0.271	0.98	331	0.16	1.25	3.5	7
H02	暨南学报（哲学社会科学版）	1536	1.433	0.408	0.99	819	0.43	3.10	5.3	9
H02	江汉大学学报（社会科学版）	428	0.955	0.406	0.99	305	0.12	1.16	3.6	5
H02	江南大学学报（人文社会科学版）	409	0.450	0.337	0.91	281	0.12	1.06	6.2	4
H02	江南社会学院学报	156	0.333	0.021	0.98	111	0.05	0.42	4.7	4
H02	江苏大学学报（社会科学版）	573	1.459	0.471	0.99	389	0.20	1.47	4.0	7

2020 年中国科技期刊被引指标按类刊名字顺索引（续）

学科代码	期刊名称	扩展总被引频次	扩展影响因子	扩展即年指标	扩展他引率	扩展引用刊数	扩展学科影响指标	扩展学科扩散指标	扩展被引半衰期	扩展H指标
H02	江苏海洋大学学报（人文社会科学版）	1083	0.543	0.404	0.99	503	0.12	1.91	3.2	6
H02	江苏科技大学学报（社会科学版）	162	0.374	0.046	0.98	128	0.06	0.48	4.9	3
H02	焦作大学学报	280	0.361	0.091	0.99	193	0.08	0.98	3.8	4
H02	金陵科技学院学报（社会科学版）	276	0.822	0.243	0.95	172	0.03	0.65	2.8	5
H02	锦州医科大学学报（社会科学版）	689	0.966	0.257	0.99	326	0.05	1.23	2.8	6
H02	晋中学院学报	287	0.306	0.148	0.99	183	0.06	0.69	4.8	4
H02	井冈山大学学报（社会科学版）	336	0.294	0.019	0.98	227	0.07	0.86	5.5	4
H02	景德镇学院学报	400	0.438	0.134	0.98	221	0.03	0.84	3.6	4
H02	九江学院学报（社会科学版）	214	0.197	0.038	0.95	143	0.03	0.54	8.5	3
H02	喀什大学学报	413	0.388	0.221	0.74	183	0.04	2.29	6.0	4
H02	开封大学学报	207	0.289	0.042	1.00	153	0.08	0.78	4.4	3
H02	昆明理工大学学报（社会科学版）	548	0.887	0.289	0.97	359	0.13	1.36	4.6	6
H02	兰州大学学报（社会科学版）	1249	1.097	0.275	0.99	766	0.40	2.90	6.8	9
H02	兰州文理学院学报（社会科学版）	290	0.280	0.151	0.99	182	0.08	0.69	5.1	3
H02	辽东学院学报（社会科学版）	277	0.365	0.173	0.95	177	0.07	0.67	3.4	5
H02	辽宁大学学报（哲学社会科学版）	1020	1.337	0.104	0.98	648	0.23	2.45	4.9	7
H02	辽宁工业大学学报（社会科学版）	946	0.742	0.422	0.98	434	0.10	1.64	3.1	6
H02	聊城大学学报（社会科学版）	277	0.233	0.071	0.97	209	0.10	0.79	9.4	3
H02	临沂大学学报	429	0.460	0.115	0.89	250	0.15	1.27	6.4	4
H02	鲁东大学学报（哲学社会科学版）	269	0.286	0.069	0.98	198	0.10	0.75	7.7	3
H02	洛阳理工学院学报（社会科学版）	285	0.408	0.269	0.99	190	0.06	0.72	4.5	4
H02	牡丹江大学学报	849	0.269	0.222	0.99	411	0.23	2.09	3.9	4
H02	内蒙古大学学报（哲学社会科学版）	449	0.320	0.076	0.98	315	0.19	1.19	≥10	3
H02	内蒙古民族大学学报（社会科学版）	339	0.295	0.020	0.95	204	0.08	0.77	7.5	3
H02	内蒙古农业大学学报（社会科学版）	776	—	0.273	0.93	401	0.14	1.52	6.6	4
H02	南昌大学学报（人文社会科学版）	691	0.719	0.073	0.97	461	0.22	1.75	7.1	5
H02	南昌航空大学学报（社会科学版）	243	0.715	0.139	0.92	168	0.06	0.64	3.6	4
H02	南华大学学报（社会科学版）	390	0.564	0.117	0.96	278	0.13	1.05	5.4	5
H02	南京大学学报（哲学·人文科学·社会科学）	1538	1.463	0.100	0.99	821	0.44	3.11	9.3	10
H02	南京工程学院学报（社会科学版）	238	0.638	0.050	1.00	170	0.04	0.64	4.6	3
H02	南京工业大学学报（社会科学版）	552	2.086	0.569	0.95	357	0.18	1.35	3.0	7
H02	南京航空航天大学学报（社会科学版）	325	0.638	0.132	1.00	245	0.07	0.93	4.4	4
H02	南京理工大学学报（社会科学版）	617	1.369	0.337	0.97	364	0.14	1.38	3.0	7

学科代码	期刊名称	扩展总被引频次	扩展影响因子	扩展即年指标	扩展他引率	扩展引用刊数	扩展学科影响指标	扩展学科扩散指标	扩展被引半衰期	扩展H指标
H02	南京林业大学学报（人文社会科学版）	448	1.862	0.257	0.95	223	0.12	0.84	3.1	6
H02	南京农业大学学报（社会科学版）	2974	5.968	1.990	0.97	855	0.46	3.24	3.4	17
H02	南京晓庄学院学报	402	0.357	0.058	0.97	244	0.06	0.92	6.1	4
H02	南京医科大学学报（社会科学版）	1157	1.727	0.512	0.84	415	0.06	1.57	3.6	7
H02	南京邮电大学学报（社会科学版）	305	0.860	0.148	0.98	212	0.11	0.80	4.5	5
H02	南京中医药大学学报（社会科学版）	415	0.952	0.214	0.98	227	0.05	0.86	5.6	4
H02	南开学报（哲学社会科学版）	1360	1.341	0.302	0.99	770	0.39	2.92	6.1	11
H02	南通大学学报（社会科学版）	772	1.137	0.402	0.98	514	0.29	1.95	3.8	7
H02	宁波大学学报（人文科学版）	433	0.356	0.115	0.97	287	0.17	1.09	7.4	4
H02	宁夏大学学报（人文社会科学版）	570	0.231	0.032	0.98	367	0.18	1.39	9.5	4
H02	齐齐哈尔大学学报（哲学社会科学版）	1142	0.380	0.119	0.99	542	0.22	2.05	3.2	6
H02	青岛科技大学学报（社会科学版）	301	0.733	0.143	0.99	221	0.08	0.84	4.1	4
H02	青岛农业大学学报（社会科学版）	173	0.511	0.030	0.98	131	0.07	0.50	3.7	3
H02	青海民族大学学报（社会科学版）	342	0.206	0.036	0.96	196	0.11	0.74	≥10	3
H02	清华大学学报（哲学社会科学版）	1919	1.276	0.400	0.99	972	0.49	3.68	7.0	11
H02	三峡大学学报（人文社会科学版）	521	0.392	0.173	0.98	337	0.17	1.28	4.7	4
H02	山东大学学报（哲学社会科学版）	1496	2.124	0.676	0.99	866	0.48	3.28	4.4	10
H02	山东科技大学学报（社会科学版）	387	1.092	0.244	0.98	263	0.15	1.00	2.8	5
H02	山东理工大学学报（社会科学版）	434	0.412	0.172	0.99	285	0.09	1.08	5.6	4
H02	山东农业大学学报（社会科学版）	344	0.638	0.085	0.96	242	0.08	0.92	4.3	4
H02	山西大同大学学报（社会科学版）	314	0.354	0.091	0.95	197	0.07	0.75	4.3	4
H02	山西大学学报（哲学社会科学版）	992	1.065	0.380	0.99	629	0.29	2.38	6.8	6
H02	山西农业大学学报（社会科学版）	596	0.947	0.211	0.99	374	0.15	1.42	4.6	6
H02	陕西理工大学学报（社会科学版）	289	0.538	0.123	0.91	200	0.07	0.76	4.7	4
H02	汕头大学学报（人文社会科学版）	484	0.314	0.027	0.94	278	0.14	1.05	6.4	5
H02	上海财经大学学报（哲学社会科学版）	1012	2.496	0.797	0.97	530	0.26	2.01	4.3	9
H02	上海大学学报（社会科学版）	961	2.150	0.646	0.99	550	0.27	2.08	5.2	8
H02	上海交通大学学报（哲学社会科学版）	851	1.550	0.809	0.95	520	0.31	1.97	4.9	7
H02	上海理工大学学报（社会科学版）	308	0.855	0.059	0.96	180	0.06	0.68	3.7	4
H02	韶关学院学报	791	0.376	0.104	0.98	450	0.06	1.70	5.2	4
H02	邵阳学院学报（社会科学版）	333	0.446	0.130	0.92	201	0.09	0.76	6.6	3
H02	绍兴文理学院学报	603	0.336	0.049	0.97	382	0.09	1.45	5.8	4
H02	深圳大学学报（人文社会科学版）	1176	1.756	0.909	0.98	695	0.34	2.63	4.0	9

2020 年中国科技期刊被引指标按类刊名字顺索引（续）

学科代码	期刊名称	扩展总被引频次	扩展影响因子	扩展即年指标	扩展他引率	扩展引用刊数	扩展学科影响指标	扩展学科扩散指标	扩展被引半衰期	扩展H指标
H02	沈阳大学学报（社会科学版）	751	0.842	0.282	0.78	344	0.11	1.30	3.9	6
H02	沈阳工程学院学报（社会科学版）	452	0.882	0.279	0.75	213	0.05	0.81	3.0	5
H02	沈阳工业大学学报（社会科学版）	366	0.800	0.552	0.76	201	0.10	0.76	2.9	4
H02	沈阳建筑大学学报（社会科学版）	531	0.790	0.192	0.98	282	0.04	1.07	4.1	7
H02	沈阳农业大学学报（社会科学版）	703	0.742	0.109	0.83	350	0.09	1.33	5.1	5
H02	石河子大学学报（哲学社会科学版）	267	0.459	0.075	0.97	193	0.10	0.73	4.4	3
H02	石家庄铁道大学学报（社会科学版）	201	0.574	0.181	0.84	135	0.05	0.51	3.2	4
H02	四川大学学报（哲学社会科学版）	1416	1.626	0.605	0.99	804	0.44	3.05	5.7	8
H02	苏州大学学报（社会科学版）	1511	1.181	0.252	0.99	781	0.46	2.96	5.8	10
H02	苏州科技大学学报（社会科学版）	242	0.351	0.140	0.92	180	0.08	0.68	4.7	3
H02	太原理工大学学报（社会科学版）	208	0.298	0.118	0.99	169	0.05	0.64	6.1	3
H02	太原学院学报（社会科学版）	215	0.343	0.059	0.94	152	0.07	0.58	4.3	3
H02	体育学研究	1843	3.346	2.429	0.97	354	0.10	1.34	3.9	10
H02	天津大学学报（社会科学版）	640	1.006	0.410	0.93	407	0.10	1.54	5.3	5
H02	天津职业院校联合学报	1049	0.804	0.251	0.96	354	0.03	1.34	2.6	7
H02	同济大学学报（社会科学版）	798	0.901	0.440	0.98	492	0.25	1.86	6.5	8
H02	温州大学学报（社会科学版）	253	0.288	0.082	0.99	187	0.09	0.71	7.5	3
H02	五邑大学学报（社会科学版）	152	0.258	0.160	0.94	102	0.06	0.39	5.0	3
H02	武汉大学学报（哲学社会科学版）	2321	3.371	1.587	1.00	1068	0.56	4.05	4.3	14
H02	武汉科技大学学报（社会科学版）	470	0.771	0.244	0.99	335	0.16	1.27	4.5	6
H02	武汉理工大学学报（社会科学版）	811	0.630	0.177	1.00	557	0.29	2.11	5.3	6
H02	西安电子科技大学学报（社会科学版）	392	0.652	0.045	0.99	291	0.10	1.10	5.9	4
H02	西安建筑科技大学学报（社会科学版）	331	0.541	0.111	0.99	225	0.06	0.85	4.4	4
H02	西安交通大学学报（社会科学版）	1533	2.403	1.720	0.95	828	0.33	3.14	3.8	11
H02	西安石油大学学报（社会科学版）	285	0.469	0.138	0.91	180	0.07	0.68	4.0	4
H02	西安文理学院学报（社会科学版）	354	0.301	0.280	0.99	230	0.06	0.87	5.2	3
H02	西北大学学报（哲学社会科学版）	1463	2.077	1.167	0.98	854	0.45	3.23	4.7	10
H02	西北工业大学学报（社会科学版）	411	1.173	0.444	0.99	303	0.11	1.15	4.2	5
H02	西北民族大学学报（哲学社会科学版）	955	0.834	0.440	0.99	531	0.27	2.01	5.4	6
H02	西北农林科技大学学报（社会科学版）	2269	3.835	1.223	0.97	812	0.42	3.08	3.3	14
H02	西昌学院学报（社会科学版）	325	0.572	0.194	0.98	221	0.08	0.84	3.7	4
H02	西华大学学报（哲学社会科学版）	454	0.760	0.370	0.97	315	0.13	1.19	5.3	5
H02	西南大学学报（社会科学版）	1952	1.722	0.672	0.98	944	0.44	3.58	6.6	10

2020 年中国科技期刊被引指标按类刊名字顺索引（续）

学科代码	期刊名称	扩展总被引频次	扩展影响因子	扩展即年指标	扩展他引率	扩展引用刊数	扩展学科影响指标	扩展学科扩散指标	扩展被引半衰期	扩展H指标
H02	西南交通大学学报（社会科学版）	637	0.726	0.073	0.99	444	0.18	1.68	6.0	6
H02	西南科技大学学报（哲学社会科学版）	306	0.453	0.095	0.97	223	0.09	0.84	5.7	4
H02	西南民族大学学报（人文社科版）	4655	1.604	0.652	0.97	1511	0.71	5.72	4.9	12
H02	西南石油大学学报（社会科学版）	332	0.660	0.185	0.97	241	0.09	0.91	3.5	5
H02	西藏大学学报（社会科学版）	536	0.545	0.093	0.94	263	0.13	1.00	6.2	4
H02	西藏民族大学学报（哲学社会科学版）	523	0.483	0.061	0.87	225	0.09	0.85	6.3	5
H02	厦门大学学报（哲学社会科学版）	1527	1.542	0.537	0.98	834	0.45	3.16	7.3	9
H02	湘南学院学报	337	0.312	0.075	0.95	214	0.04	0.81	4.6	3
H02	湘潭大学学报（哲学社会科学版）	1374	1.043	0.261	0.98	772	0.44	2.92	4.9	8
H02	新疆大学学报（哲学社会科学版）	742	—	0.216	0.95	442	0.22	1.67	6.0	6
H02	徐州工程学院学报（社会科学版）	241	0.412	0.062	0.89	160	0.06	0.61	4.8	4
H02	烟台大学学报（哲学社会科学版）	419	0.506	0.082	0.99	317	0.22	1.20	7.6	5
H02	燕山大学学报（哲学社会科学版）	331	0.536	0.286	0.96	236	0.12	0.89	4.6	4
H02	延安大学学报（社会科学版）	445	0.621	0.048	0.99	279	0.14	1.06	4.9	6
H02	延边大学学报（社会科学版）	470	0.810	0.301	0.96	299	0.15	1.13	3.9	5
H02	盐城工学院学报（社会科学版）	143	0.298	0.085	0.99	95	0.02	0.36	3.5	2
H02	扬州大学学报（人文社会科学版）	590	0.988	0.548	0.99	352	0.21	1.33	5.3	6
H02	应用型高等教育研究	248	0.363	0.073	0.99	175	0.05	0.66	5.2	4
H02	榆林学院学报	431	0.424	0.224	0.99	270	0.05	1.02	3.8	4
H02	云南大学学报（社会科学版）	477	0.682	0.300	0.98	322	0.20	1.22	4.1	5
H02	云南民族大学学报（哲学社会科学版）	1397	1.593	0.762	0.99	692	0.39	2.62	4.7	8
H02	云南农业大学学报（社会科学版）	634	0.960	0.432	0.98	380	0.11	1.44	3.1	5
H02	肇庆学院学报	274	0.280	0.071	0.96	185	0.05	0.70	5.4	3
H02	浙江大学学报（人文社会科学版）	2001	1.119	0.098	0.99	1023	0.51	3.88	8.5	10
H02	浙江工业大学学报（社会科学版）	382	0.564	0.132	0.99	250	0.08	0.95	4.9	6
H02	浙江海洋大学学报（人文科学版）	282	0.505	0.122	0.94	185	0.07	0.70	4.1	4
H02	浙江理工大学学报（社会科学版）	396	1.034	0.489	0.96	256	0.07	0.97	2.5	6
H02	浙江树人大学学报	469	0.766	0.275	0.96	304	0.04	1.15	4.2	3
H02	郑州大学学报（哲学社会科学版）	1307	0.944	0.095	0.99	748	0.45	2.83	7.1	6
H02	郑州航空工业管理学院学报（社会科学版）	337	0.304	0.038	0.99	213	0.06	0.81	6.2	4
H02	郑州轻工业大学学报（社会科学版）	339	0.686	0.140	0.99	220	0.08	0.83	4.7	5
H02	中北大学学报（社会科学版）	438	0.439	0.351	0.96	278	0.09	1.05	4.0	4
H02	中国地质大学学报（社会科学版）	1627	2.626	0.355	0.98	796	0.38	3.02	4.7	10

学科代码	期刊名称	扩展总被引频次	扩展影响因子	扩展即年指标	扩展他引率	扩展引用刊数	扩展学科影响指标	扩展学科扩散指标	扩展被引半衰期	扩展H指标
H02	中国海洋大学学报（社会科学版）	802	0.957	0.455	0.96	456	0.19	1.73	4.9	5
H02	中国矿业大学学报（社会科学版）	414	1.254	0.684	0.95	301	0.11	1.14	3.0	6
H02	中国农业大学学报（社会科学版）	1893	3.717	0.415	0.98	723	0.44	2.74	4.1	14
H02	中国人民大学学报	3027	3.087	0.526	0.99	1224	0.61	4.64	6.8	16
H02	中国人民公安大学学报（社会科学版）	1475	1.729	0.228	0.94	370	0.22	1.40	5.8	8
H02	中国社会科学院大学学报	829	0.879	0.304	1.00	577	0.31	2.19	8.2	6
H02	中国石油大学学报（社会科学版）	543	0.758	0.212	0.87	331	0.12	1.25	4.5	5
H02	中南大学学报（社会科学版）	1244	1.196	0.320	0.96	676	0.34	2.56	4.9	8
H02	中南林业科技大学学报（社会科学版）	1032	1.989	0.413	0.82	486	0.17	1.84	4.0	6
H02	中南民族大学学报（人文社会科学版）	2148	1.342	0.478	0.98	886	0.45	3.36	5.7	10
H02	中山大学学报（社会科学版）	1614	0.839	0.450	0.99	855	0.50	3.24	9.4	9
H02	中央民族大学学报（哲学社会科学版）	1425	1.125	0.450	0.96	588	0.37	2.23	8.5	7
H02	中州大学学报	458	0.615	0.133	0.98	296	0.13	1.50	3.3	5
H03	Journal of Hubei University of Education	840	0.463	0.129	0.99	441	0.05	5.88	4.2	4
H03	阿坝师范学院学报	243	0.461	0.353	0.97	158	0.09	1.98	3.7	4
H03	安徽师范大学学报（人文社会科学版）	796	0.832	0.281	0.99	524	0.34	6.55	7.0	5
H03	安庆师范大学学报（社会科学版）	455	0.327	0.060	0.99	280	0.18	3.50	7.4	4
H03	安阳师范学院学报	516	0.401	0.137	0.98	284	0.11	3.55	3.9	4
H03	鞍山师范学院学报	429	0.474	0.217	0.96	264	0.10	3.30	4.4	4
H03	北京师范大学学报（社会科学版）	3008	1.914	0.784	0.99	1207	0.73	15.09	≥10	14
H03	沧州师范学院学报	298	0.362	0.224	0.96	170	0.05	2.13	4.2	3
H03	长春师范大学学报	900	0.544	0.302	0.99	425	0.09	5.67	3.1	6
H03	长江师范学院学报	417	0.605	0.256	0.93	243	0.11	3.04	4.7	5
H03	重庆师范大学学报（社会科学版）	338	0.363	0.158	0.96	236	0.05	3.15	8.4	4
H03	楚雄师范学院学报	335	0.247	0.043	0.95	232	0.08	2.90	5.8	3
H03	大庆师范学院学报	402	0.345	0.137	0.98	262	0.09	3.28	4.6	5
H03	福建技术师范学院学报	313	0.439	0.230	0.98	215	0.13	2.69	3.9	4
H03	福建师范大学学报（哲学社会科学版）	1310	1.559	0.922	0.99	756	0.38	9.45	5.4	9
H03	阜阳师范大学学报（社会科学版）	374	0.269	0.076	0.94	216	0.14	2.70	6.4	3
H03	赣南师范大学学报	527	0.366	0.115	0.95	325	0.18	4.06	6.1	4
H03	广东技术师范大学学报	514	0.582	0.150	0.98	298	0.19	3.73	5.0	4
H03	广西科技师范学院学报	621	0.709	0.171	0.86	270	0.18	3.38	2.8	6
H03	广西民族师范学院学报	595	0.467	0.182	0.92	297	0.14	3.71	3.6	4

学科代码	期刊名称	扩展总被引频次	扩展影响因子	扩展即年指标	扩展他引率	扩展引用刊数	扩展学科影响指标	扩展学科扩散指标	扩展被引半衰期	扩展H指标
H03	广西师范大学学报（哲学社会科学版）	848	0.740	1.155	0.99	524	0.20	6.99	6.0	5
H03	贵州师范大学学报（社会科学版）	678	1.056	0.291	0.99	419	0.23	5.24	4.6	6
H03	桂林师范高等专科学校学报	497	0.519	0.103	0.99	233	0.08	2.91	3.1	5
H03	韩山师范学院学报	278	0.291	0.090	0.95	185	0.10	2.31	7.8	4
H03	汉江师范学院学报	331	0.315	0.044	0.97	192	0.06	2.40	4.3	4
H03	合肥师范学院学报	517	0.392	0.056	0.99	305	0.11	3.81	4.9	4
H03	和田师范专科学校学报	384	0.363	0.067	0.99	202	0.09	2.53	8.6	4
H03	河北科技师范学院学报	367	0.404	0.057	0.94	200	0.03	2.50	8.0	4
H03	河北民族师范学院学报	294	0.547	0.390	0.96	168	0.05	2.10	4.6	3
H03	河北师范大学学报（哲学社会科学版）	502	0.224	0.162	1.00	372	0.12	4.96	9.4	4
H03	河南师范大学学报（哲学社会科学版）	1305	1.174	0.351	0.98	758	0.30	9.48	5.6	7
H03	衡阳师范学院学报	456	0.327	0.119	0.96	301	0.14	3.76	5.6	3
H03	湖北师范大学学报（哲学社会科学版）	689	0.643	0.441	0.98	362	0.19	4.53	3.1	6
H03	湖南第一师范学院学报	551	0.617	0.066	0.98	226	0.16	2.83	5.4	6
H03	湖南师范大学社会科学学报	1318	1.282	0.465	0.98	753	0.36	9.41	6.2	8
H03	湖州师范学院学报	688	0.495	0.084	0.83	366	0.19	4.58	4.0	4
H03	华东师范大学学报（哲学社会科学版）	1327	1.213	0.340	0.98	741	0.31	9.26	6.6	9
H03	华南师范大学学报（社会科学版）	1609	1.694	0.957	0.99	915	0.34	11.44	4.3	11
H03	华中师范大学学报（人文社会科学版）	2882	2.039	0.481	0.99	1236	0.59	15.45	7.2	16
H03	淮北师范大学学报（哲学社会科学版）	494	0.274	0.110	0.99	288	0.08	3.84	6.7	4
H03	淮南师范学院学报	399	0.389	0.053	0.99	263	0.16	3.29	4.3	3
H03	淮阴师范学院学报（哲学社会科学版）	237	0.148	—	0.98	182	0.16	2.28	≥10	3
H03	黄冈师范学院学报	496	0.458	0.092	0.98	290	0.15	3.63	3.8	4
H03	吉林工程技术师范学院学报	1159	0.725	0.209	0.99	445	0.13	5.56	2.8	6
H03	吉林师范大学学报（人文社会科学版）	499	0.512	0.225	0.98	324	0.12	4.32	6.8	5
H03	集宁师范学院学报	203	0.295	0.027	0.95	132	0.06	1.65	3.2	3
H03	江苏第二师范学院学报	687	0.299	0.068	1.00	358	0.20	4.48	7.1	4
H03	江苏师范大学学报（哲学社会科学版）	706	0.731	0.206	1.00	448	0.17	5.97	7.2	6
H03	江西科技师范大学学报	364	0.454	0.099	0.97	239	0.14	1.21	4.5	4
H03	江西师范大学学报（哲学社会科学版）	941	1.461	0.239	0.97	565	0.12	7.53	4.2	7
H03	焦作师范高等专科学校学报	190	0.329	0.171	0.96	104	0.05	1.30	3.9	4
H03	廊坊师范学院学报（社会科学版）	226	0.326	0.054	0.98	159	0.08	1.99	5.3	3
H03	乐山师范学院学报	670	0.278	0.091	0.97	397	0.30	4.96	5.7	4

学科代码	期刊名称	扩展总被引频次	扩展影响因子	扩展即年指标	扩展他引率	扩展引用刊数	扩展学科影响指标	扩展学科扩散指标	扩展被引半衰期	扩展H指标
H03	连云港师范高等专科学校学报	198	0.365	0.045	0.97	127	0.06	1.59	4.2	3
H03	辽宁师范大学学报（社会科学版）	676	0.502	0.317	0.97	400	0.11	5.33	6.0	5
H03	辽宁师专学报（社会科学版）	658	0.375	0.130	0.99	251	0.10	3.14	3.5	3
H03	岭南师范学院学报	312	0.307	0.074	0.99	244	0.18	3.05	5.7	3
H03	六盘水师范学院学报	363	0.672	0.151	0.85	199	0.08	2.49	2.8	4
H03	洛阳师范学院学报	651	0.352	0.183	0.98	414	0.24	5.18	4.6	4
H03	绵阳师范学院学报	658	0.310	0.124	0.97	434	0.19	5.43	4.4	4
H03	闽南师范大学学报（哲学社会科学版）	352	0.576	0.049	0.98	211	0.13	2.64	3.8	5
H03	牡丹江师范学院学报（哲学社会科学版）	583	1.050	0.500	0.66	241	0.15	3.01	3.3	5
H03	内江师范学院学报	893	0.535	0.228	0.77	443	0.24	5.54	4.0	6
H03	内蒙古师范大学学报（哲学社会科学版）	566	0.303	0.054	0.97	354	0.09	4.72	8.9	4
H03	南昌师范学院学报	498	0.374	0.071	0.99	292	0.14	3.65	5.2	3
H03	南京师范大学文学院学报	351	0.275	0.080	1.00	226	0.24	2.83	9.2	4
H03	南阳师范学院学报	477	0.447	0.151	0.97	318	0.16	3.98	7.7	4
H03	宁德师范学院学报（哲学社会科学版）	264	0.453	0.389	0.98	168	0.08	2.10	3.2	4
H03	宁夏师范学院学报	440	0.326	0.070	0.95	250	0.18	3.13	5.1	3
H03	齐齐哈尔师范高等专科学校学报	706	0.454	0.074	0.99	276	0.08	3.45	3.2	5
H03	黔南民族师范学院学报	353	0.383	0.152	0.95	226	0.10	2.83	3.9	4
H03	青海师范大学民族师范学院学报	84	0.275	0.225	0.99	61	0.05	0.76	3.8	2
H03	青海师范大学学报（哲学社会科学版）	443	0.340	0.020	0.97	284	0.20	3.55	7.4	4
H03	曲靖师范学院学报	436	0.454	0.125	0.97	266	0.10	3.33	4.8	4
H03	泉州师范学院学报	322	0.351	0.064	0.98	240	0.10	3.00	5.1	3
H03	山东师范大学学报（社会科学版）	792	0.958	0.282	0.98	519	0.13	6.92	9.7	6
H03	陕西师范大学学报（哲学社会科学版）	1582	1.943	0.459	0.97	819	0.46	10.24	6.7	9
H03	商丘师范学院学报	648	0.387	0.183	0.97	410	0.24	5.13	4.5	3
H03	上海师范大学学报（哲学社会科学版）	1106	1.353	0.341	0.99	634	0.43	7.93	6.9	8
H03	上饶师范学院学报	312	0.393	0.043	0.97	217	0.10	2.71	5.3	3
H03	首都师范大学学报（社会科学版）	1212	0.956	0.183	0.99	714	0.21	9.52	8.4	7
H03	四川师范大学学报（社会科学版）	1171	1.401	0.353	0.97	689	0.17	9.19	4.8	8
H03	唐山师范学院学报	449	0.258	0.032	0.92	289	0.16	3.61	6.1	3
H03	天津师范大学学报（社会科学版）	566	0.697	0.184	1.00	409	0.19	5.45	≥10	5
H03	天水师范学院学报	323	0.208	0.045	0.91	216	0.10	2.70	9.0	3
H03	通化师范学院学报	985	0.533	0.296	0.92	477	0.26	5.96	3.6	6

2020年中国科技期刊被引指标按类刊名字顺索引（续）

学科代码	期刊名称	扩展总被引频次	扩展影响因子	扩展即年指标	扩展他引率	扩展引用刊数	扩展学科影响指标	扩展学科扩散指标	扩展被引半衰期	扩展H指标
H03	渭南师范学院学报	588	0.332	0.152	0.93	349	0.23	4.36	4.3	5
H03	西华师范大学学报（哲学社会科学版）	397	0.301	0.085	0.98	260	0.09	3.47	9.0	3
H03	咸阳师范学院学报	267	0.194	0.063	0.94	188	0.09	2.35	6.1	3
H03	忻州师范学院学报	326	0.234	0.183	0.99	220	0.07	2.93	5.7	4
H03	新疆师范大学学报（哲学社会科学版）	2237	5.027	5.118	0.99	1019	0.41	12.74	2.6	16
H03	信阳师范学院学报（哲学社会科学版）	534	0.592	0.236	0.84	300	0.20	3.75	3.7	4
H03	兴义民族师范学院学报	291	0.363	0.119	0.95	182	0.13	2.28	3.6	4
H03	盐城师范学院学报（人文社会科学版）	340	0.403	0.071	0.91	196	0.05	2.45	3.8	5
H03	玉溪师范学院学报	281	0.189	0.010	0.97	199	0.18	2.49	6.9	3
H03	云南师范大学学报（哲学社会科学版）	1383	1.611	0.624	0.95	639	0.17	8.52	5.7	10
H03	浙江师范大学学报（社会科学版）	625	0.446	0.233	0.99	389	0.08	5.19	8.5	5
H03	周口师范学院学报	384	0.265	0.053	0.94	268	0.16	3.35	4.9	3
H03	遵义师范学院学报	916	0.729	0.154	0.76	359	0.24	4.49	3.4	5
J01	高校马克思主义理论研究	115	0.423	0.088	0.98	80	0.40	8.00	2.5	4
J01	理论探讨	1979	2.208	0.863	0.99	840	0.50	84.00	3.6	11
J01	理论与改革	1534	2.138	0.835	0.99	731	0.60	73.10	4.6	10
J01	马克思主义研究	2553	1.829	0.483	0.94	778	1.00	77.80	4.2	11
J01	马克思主义与现实	2113	1.471	0.303	0.99	821	1.00	82.10	6.8	11
J01	毛泽东邓小平理论研究	1299	1.323	0.156	0.98	607	0.90	60.70	3.9	9
J01	毛泽东思想研究	521	0.643	0.045	0.95	283	0.40	28.30	4.3	5
J01	毛泽东研究	209	—	0.188	0.87	102	0.50	10.20	1.9	4
J01	社会主义研究	1778	2.422	0.420	0.98	746	0.80	74.60	4.0	11
J02	Frontiers of Philosophy in China	15	0.023	0.026	0.73	9	0.18	0.53	7.5	1
J02	管子学刊	292	0.238	0.016	0.91	156	0.18	9.18	≥10	2
J02	科学技术哲学研究	680	0.479	0.146	0.97	406	0.65	23.88	9.7	5
J02	科学与无神论	172	0.366	0.127	0.42	47	0.06	2.76	3.6	3
J02	孔子研究	556	0.298	0.041	0.94	304	0.53	17.88	≥10	4
J02	伦理学研究	825	0.916	0.100	0.96	448	0.59	26.35	4.6	7
J02	世界哲学	767	0.613	0.148	0.97	376	0.82	22.12	≥10	6
J02	系统科学学报	821	1.396	0.461	0.80	433	0.18	25.47	4.0	6
J02	现代哲学	516	0.475	0.088	0.95	298	0.53	17.53	7.5	5
J02	学海	1855	1.241	0.330	0.99	856	0.35	50.35	5.0	10
J02	哲学动态	1265	0.690	0.144	0.98	607	0.94	35.71	7.5	8

2020 年中国科技期刊被引指标按类刊名字顺索引（续）

学科代码	期刊名称	扩展总被引频次	扩展影响因子	扩展即年指标	扩展他引率	扩展引用刊数	扩展学科影响指标	扩展学科扩散指标	扩展被引半衰期	扩展H指标
J02	哲学分析	273	0.429	0.182	0.98	173	0.59	10.18	3.6	6
J02	哲学研究	3027	1.377	0.232	0.98	947	0.94	55.71	≥10	10
J02	中国哲学史	562	0.529	0.062	0.97	272	0.53	16.00	≥10	4
J02	周易研究	314	0.311	0.025	0.74	120	0.59	7.06	≥10	3
J02	自然辩证法通讯	1066	0.769	0.144	0.95	565	0.59	33.24	6.1	6
J02	自然辩证法研究	2132	0.688	0.288	0.94	895	0.88	52.65	6.9	11
J03	法音	157	0.058	0.025	0.85	95	0.56	10.56	≥10	2
J03	世界宗教文化	418	0.366	0.043	0.93	197	0.56	21.89	4.9	4
J03	世界宗教研究	725	0.386	0.060	0.87	286	0.67	31.78	8.6	5
J03	五台山研究	97	0.070	—	0.91	48	0.44	5.33	≥10	2
J03	中国道教	313	0.423	0.042	0.97	198	0.33	22.00	≥10	4
J03	中国穆斯林	98	0.057	0.030	0.79	39	0.33	4.33	9.5	2
J03	中国宗教	239	0.096	0.031	1.00	129	0.56	14.33	4.7	3
J03	宗教学研究	623	0.199	0.032	0.88	277	0.67	30.78	8.7	5
K01	辞书研究	450	0.272	0.052	0.83	155	0.31	2.67	≥10	4
K01	当代外语研究	800	0.954	0.634	0.94	318	0.33	5.48	4.4	8
K01	当代修辞学	1019	1.383	0.480	0.87	297	0.48	5.12	8.2	9
K01	当代语言学	940	1.123	0.053	0.96	266	0.47	4.59	≥10	7
K01	东北亚外语研究	160	0.287	0.127	0.91	81	0.09	1.40	5.4	4
K01	方言	1112	0.470	0.089	0.89	196	0.40	3.38	≥10	8
K01	古汉语研究	446	0.299	0.091	0.95	171	0.40	2.95	≥10	4
K01	国际汉学	178	0.261	0.058	0.88	96	0.16	1.66	4.2	2
K01	汉语学报	459	0.893	0.325	0.96	149	0.43	2.57	8.5	6
K01	汉语学习	1210	0.593	0.106	0.92	256	0.57	4.41	≥10	5
K01	汉语言文学研究	104	0.234	0.015	0.98	71	0.05	1.22	4.1	3
K01	汉字汉语研究	484	0.273	0.036	0.99	125	0.26	2.16	4.0	5
K01	课外语文	2142	0.276	0.223	0.99	101	0.14	1.74	2.7	6
K01	课外语文（下）	1332	0.135	0.117	0.99	93	0.09	1.60	3.3	6
K01	满语研究	124	0.176	0.067	0.90	54	0.09	0.93	≥10	3
K01	民族语文	694	0.400	0.032	0.87	144	0.38	2.48	≥10	4
K01	上海翻译	1788	2.025	0.534	0.87	395	0.26	6.81	5.6	10
K01	世界汉语教学	1893	3.194	0.843	0.96	335	0.59	5.78	≥10	10
K01	外语电化教学	2590	2.327	0.582	0.96	572	0.41	9.86	5.8	14

2020 年中国科技期刊被引指标按类刊名字顺索引（续）

学科代码	期刊名称	扩展总被引频次	扩展影响因子	扩展即年指标	扩展他引率	扩展引用刊数	扩展学科影响指标	扩展学科扩散指标	扩展被引半衰期	扩展H指标
K01	外语与翻译	145	0.488	0.098	0.97	94	0.16	1.62	3.2	3
K01	现代语文	647	0.173	0.026	0.97	246	0.36	4.24	5.5	3
K01	英语广场（下旬刊）	1777	2.339	0.354	0.97	225	0.12	3.88	2.5	8
K01	英语教师	3516	0.982	0.359	0.94	271	0.16	4.67	2.5	11
K01	英语学习	545	0.723	0.140	0.92	147	0.12	2.53	3.4	7
K01	语文建设	2863	1.168	0.248	0.98	484	0.52	8.34	4.2	10
K01	语文教学通讯·A 刊	362	0.294	0.095	0.95	86	0.17	1.48	2.5	6
K01	语文教学通讯·B 刊	270	0.211	0.078	0.87	60	0.16	1.03	2.5	3
K01	语文教学通讯·C 刊	388	0.229	0.148	1.00	95	0.17	1.64	2.6	5
K01	语文教学通讯·D 刊（学术刊）	1968	1.509	0.763	0.99	141	0.17	2.43	2.3	13
K01	语文教学与研究（上半月）	186	0.080	0.007	0.94	55	0.19	0.95	3.6	2
K01	语文教学与研究（下半月）	619	0.115	0.058	0.99	94	0.12	1.62	2.9	4
K01	语文教学之友	386	0.300	0.267	0.97	81	0.16	1.40	2.5	5
K01	语文世界（教师之窗）	193	0.091	0.034	1.00	41	0.07	0.71	2.7	4
K01	语文天地	449	0.127	0.077	1.00	75	0.14	1.29	3.5	3
K01	语文研究	696	0.870	0.182	0.97	224	0.53	3.86	≥10	5
K01	语言教学与研究	1927	1.194	0.422	0.95	402	0.64	6.93	≥10	8
K01	语言科学	887	0.708	0.060	0.95	259	0.52	4.47	≥10	7
K01	语言文字应用	1574	1.496	0.393	0.94	432	0.50	7.45	≥10	9
K01	语言研究	1107	0.289	0.029	0.96	273	0.45	4.71	≥10	7
K01	语言战略研究	653	1.500	1.623	0.87	207	0.33	3.57	2.7	10
K01	中国翻译	4182	1.635	0.290	0.95	574	0.26	9.90	≥10	17
K01	中国科技翻译	800	0.674	0.176	0.94	262	0.19	4.52	≥10	6
K01	中国文学研究	365	0.290	0.186	0.99	230	0.09	3.97	9.3	3
K01	中国语文	3290	0.814	0.177	0.97	429	0.59	7.40	≥10	13
K01	中学语文（上旬·教学大参考）	230	0.136	0.041	0.99	70	0.17	1.21	3.8	2
K01	中学语文（下旬·大语文论坛）	301	0.038	0.003	1.00	62	0.14	1.07	4.0	3
K03	北京第二外国语学院学报	902	1.009	0.474	0.98	426	0.70	18.52	9.3	8
K03	广东外语外贸大学学报	509	0.408	0.076	0.97	285	0.10	28.50	6.9	5
K03	基础外语教育	629	0.960	0.202	0.97	131	0.17	5.70	5.7	6
K03	解放军外国语学院学报	1762	1.236	0.246	0.97	472	0.96	20.52	8.6	8
K03	山东外语教学	1186	—	0.321	0.93	388	0.87	16.87	7.7	8
K03	天津外国语大学学报	531	0.770	0.402	0.89	224	0.74	9.74	4.8	5

2020 年中国科技期刊被引指标按类刊名字顺索引（续）

学科代码	期刊名称	扩展总被引频次	扩展影响因子	扩展即年指标	扩展他引率	扩展引用刊数	扩展学科影响指标	扩展学科扩散指标	扩展被引半衰期	扩展H指标
K03	外国语	1991	1.441	0.338	0.95	491	0.96	21.35	≥10	12
K03	外国语文	1556	1.163	0.125	0.96	472	0.87	20.52	7.9	9
K03	外国语言文学	337	0.784	0.067	0.99	175	0.78	7.61	≥10	4
K03	外语教学	2978	2.563	0.732	0.96	613	0.96	26.65	7.1	13
K03	外语教学理论与实践	1315	1.548	0.216	0.96	374	0.87	16.26	7.7	10
K03	外语教学与研究	4257	1.670	0.291	0.98	718	0.96	31.22	≥10	19
K03	外语界	4352	4.055	1.079	0.96	618	0.91	26.87	7.5	17
K03	外语学刊	2039	1.141	0.317	0.95	530	0.87	23.04	8.6	9
K03	外语研究	2097	1.418	0.196	0.97	537	0.87	23.35	8.4	13
K03	外语与外语教学	3071	1.744	0.235	0.98	632	0.96	27.48	≥10	13
K03	西安外国语大学学报	1029	1.203	0.276	0.98	349	0.91	15.17	5.2	8
K03	现代外语	2485	2.250	0.473	0.96	462	0.87	20.09	5.4	17
K03	云南师范大学学报（对外汉语教学与研究版）	527	0.545	0.167	0.94	200	0.39	8.70	8.3	4
K03	浙江外国语学院学报	399	0.860	0.083	0.95	218	0.19	1.11	4.4	5
K03	中国俄语教学	257	0.462	0.095	0.88	98	0.43	4.26	9.0	3
K03	中国外语	2687	2.301	0.535	0.96	573	0.87	24.91	6.6	15
K04	Frontiers of Literary Studies in China	11	—	0.040	1.00	7	0.01	0.09	9.1	1
K04	曹雪芹研究	86	0.288	0.014	0.79	24	0.07	0.32	3.9	2
K04	长江学术	176	0.291	0.039	0.98	124	0.18	1.63	8.3	3
K04	大观	487	0.089	0.073	0.99	170	0.14	2.24	2.4	3
K04	当代	80	0.068	0.441	1.00	38	0.12	0.50	≥10	4
K04	当代文坛	754	0.556	0.200	0.97	317	0.45	4.17	5.6	5
K04	当代作家评论	1093	0.370	0.061	0.95	301	0.38	3.96	≥10	7
K04	杜甫研究学刊	232	0.492	0.034	0.66	75	0.17	0.99	9.5	3
K04	国学学刊	81	0.115	0.030	0.99	59	0.09	0.78	5.4	2
K04	红楼梦学刊	686	0.409	0.042	0.73	178	0.28	2.34	≥10	3
K04	剧作家	84	0.133	0.055	0.99	39	0.12	0.51	7.6	2
K04	鲁迅研究月刊	718	0.456	0.096	0.85	196	0.32	2.58	≥10	4
K04	民族文学研究	673	0.473	0.054	0.90	250	0.33	3.29	9.1	4
K04	名家名作	133	—	0.007	0.92	55	0.13	0.72	2.3	3
K04	名作欣赏	1502	—	0.262	1.00	453	0.51	5.96	5.2	3
K04	明清小说研究	414	0.381	0.082	0.94	188	0.32	2.47	≥10	3

2020 年中国科技期刊被引指标按类刊名字顺索引（续）

学科代码	期刊名称	扩展总被引频次	扩展影响因子	扩展即年指标	扩展他引率	扩展引用刊数	扩展学科影响指标	扩展学科扩散指标	扩展被引半衰期	扩展H指标
K04	南方文坛	753	0.383	0.097	0.96	271	0.41	3.57	8.3	6
K04	青年记者	3616	—	0.176	0.94	701	0.16	9.22	2.7	8
K04	三峡论坛（三峡文学·理论版）	220	0.302	0.055	0.97	139	0.12	1.83	3.8	3
K04	文学评论	2462	1.046	0.179	0.97	637	0.63	8.38	≥10	8
K04	文学遗产	1391	0.453	0.078	0.96	450	0.49	5.92	≥10	5
K04	文学与文化	124	0.183	0.032	0.97	84	0.21	1.11	5.1	3
K04	文艺研究	2418	0.798	0.183	0.98	671	0.59	8.83	≥10	8
K04	戏剧文学	411	0.146	0.016	0.91	171	0.26	2.25	6.2	3
K04	小说评论	751	0.396	0.090	0.95	265	0.39	3.49	9.7	5
K04	校园心理	355	0.418	0.082	0.95	179	0.07	2.36	3.6	4
K04	新文学史料	591	0.205	0.075	0.98	203	0.33	2.67	≥10	4
K04	雪莲	50	0.006	—	1.00	28	0.05	0.37	5.5	2
K04	鸭绿江	160	0.045	0.007	0.99	72	0.25	0.95	5.1	2
K04	扬子江文学评论	277	0.521	0.140	0.97	119	0.33	1.57	3.6	4
K04	中国比较文学	494	0.395	0.221	0.97	243	0.28	3.20	8.9	5
K04	中国现代文学研究丛刊	1201	0.552	0.080	0.95	364	0.47	4.79	8.5	5
K04	中国韵文学刊	160	0.114	0.027	0.94	99	0.22	1.30	≥10	3
K05	当代外国文学	554	0.266	0.011	0.95	223	0.80	22.30	8.5	6
K05	俄罗斯文艺	235	0.210	0.029	0.86	111	0.50	11.10	7.5	3
K05	国际比较文学	30	0.431	0.083	0.67	16	0.20	1.60	1.6	2
K05	国外文学	401	0.272	0.031	0.98	200	1.00	20.00	≥10	4
K05	外国文学	936	0.556	0.107	0.98	368	1.00	36.80	9.8	8
K05	外国文学动态研究	195	0.252	0.095	0.94	111	0.70	11.10	6.4	4
K05	外国文学评论	658	0.596	0.049	0.96	280	1.00	28.00	≥10	5
K05	外国文学研究	981	0.474	0.130	0.97	350	1.00	35.00	≥10	6
K05	外文研究	103	0.229	—	0.95	67	0.10	6.70	5.2	3
K06	北京电影学院学报	778	0.706	0.147	0.96	215	0.38	2.19	5.8	7
K06	北京舞蹈学院学报	694	0.551	0.031	0.83	153	0.36	1.56	6.5	4
K06	大舞台	1036	0.188	0.048	1.00	251	0.35	2.56	7.6	3
K06	当代电影	2800	0.825	0.357	0.92	399	0.51	4.07	5.3	9
K06	当代戏剧	137	0.144	0.068	0.96	66	0.17	0.67	7.5	2
K06	当代音乐	1838	0.504	0.232	0.98	176	0.30	1.80	2.6	6
K06	电影评介	1352	0.296	0.038	0.92	300	0.38	3.06	5.2	4

学科代码	期刊名称	扩展总被引频次	扩展影响因子	扩展即年指标	扩展他引率	扩展引用刊数	扩展学科影响指标	扩展学科扩散指标	扩展被引半衰期	扩展H指标
K06	电影文学	1946	0.232	0.087	0.86	326	0.42	3.33	5.4	5
K06	电影新作	358	0.441	0.081	0.89	106	0.28	1.08	3.6	3
K06	电影艺术	1697	1.344	0.554	0.95	280	0.50	2.86	8.5	10
K06	雕塑	189	0.185	0.052	0.94	74	0.21	0.76	7.2	2
K06	东方艺术	161	0.080	0.029	1.00	73	0.29	0.74	9.4	2
K06	福建艺术	123	0.088	0.008	0.99	64	0.24	0.65	≥10	3
K06	歌海	295	0.233	0.056	0.93	107	0.30	1.09	6.5	3
K06	贵州大学学报（艺术版）	226	0.242	0.057	0.98	128	0.41	1.31	6.5	2
K06	湖北美术学院学报	160	0.218	0.015	0.94	88	0.22	0.90	5.0	2
K06	黄钟—中国·武汉音乐学院学报	654	0.350	0.030	0.96	142	0.48	1.45	≥10	4
K06	吉林艺术学院学报	190	0.134	0.074	0.99	91	0.28	0.93	7.5	2
K06	交响—西安音乐学院学报	413	0.195	0.032	0.93	117	0.44	1.19	≥10	3
K06	流行色	104	0.056	0.027	0.96	51	0.04	0.52	1.5	2
K06	美术	1064	0.224	0.067	0.82	217	0.51	2.21	≥10	4
K06	美术大观	1677	0.413	0.073	0.96	392	0.38	4.00	4.9	5
K06	美术观察	1113	0.268	0.092	0.98	323	0.52	3.30	4.6	4
K06	美术界	124	0.039	0.021	0.99	67	0.19	0.68	5.9	2
K06	美术文献	187	0.072	0.018	0.98	71	0.13	0.72	2.4	2
K06	美术学报	209	0.210	0.051	0.92	101	0.30	1.03	5.9	3
K06	美术研究	688	0.374	0.227	0.97	215	0.44	2.19	≥10	4
K06	美与时代（上旬刊）	841	0.291	0.050	0.97	261	0.23	2.66	3.8	4
K06	美与时代（下旬刊）	542	0.181	0.034	0.96	195	0.32	1.99	5.0	4
K06	美与时代（中旬刊）·美术学刊	882	0.268	0.060	0.93	178	0.21	1.82	2.9	5
K06	美与时代·城市	976	0.361	0.132	0.95	292	0.23	2.98	2.6	4
K06	民族艺林	63	0.205	—	1.00	45	0.05	0.46	2.8	2
K06	民族艺术	953	0.843	0.230	0.91	358	0.51	3.65	6.3	7
K06	民族艺术研究	725	0.805	0.312	0.95	269	0.56	2.74	5.7	5
K06	内蒙古艺术学院学报	186	0.138	0.033	0.90	97	0.24	0.99	7.9	2
K06	南京艺术学院学报（美术与设计版）	1122	0.642	0.103	0.96	345	0.56	3.52	5.7	7
K06	南京艺术学院学报（音乐与表演版）	593	0.263	0.192	0.80	135	0.52	1.38	≥10	4
K06	齐鲁艺苑	285	0.235	0.057	0.98	147	0.40	1.50	6.5	3
K06	人民音乐	1438	0.385	0.103	0.94	224	0.55	2.29	≥10	5
K06	人文天下	642	0.357	0.083	1.00	277	0.26	2.83	2.6	5

2020 年中国科技期刊被引指标按类刊名字顺索引（续）

学科代码	期刊名称	扩展总被引频次	扩展影响因子	扩展即年指标	扩展他引率	扩展引用刊数	扩展学科影响指标	扩展学科扩散指标	扩展被引半衰期	扩展H指标
K06	上海艺术评论	159	0.187	0.099	0.99	89	0.30	0.91	3.5	3
K06	设计艺术	237	0.290	0.026	0.97	100	0.20	1.02	6.2	3
K06	世界电影	343	0.265	0.023	0.98	105	0.28	1.07	≥10	3
K06	世界美术	150	0.124	0.013	0.98	68	0.26	0.69	≥10	3
K06	书画世界	84	0.065	0.041	0.94	48	0.15	0.49	3.6	2
K06	四川戏剧	1103	0.401	0.086	0.93	317	0.44	3.23	3.6	6
K06	天津音乐学院学报	277	0.356	0.043	0.98	78	0.32	0.80	≥10	4
K06	文艺理论研究	976	0.599	0.154	0.98	428	0.47	4.37	8.0	6
K06	文艺理论与批评	522	0.535	0.300	0.97	278	0.27	2.84	7.8	5
K06	文艺评论	457	0.140	0.135	0.99	245	0.34	2.50	7.9	4
K06	文艺争鸣	1862	0.496	0.181	0.96	548	0.48	5.59	7.0	6
K06	西北美术	151	0.156	—	0.99	86	0.22	0.88	5.0	3
K06	西藏艺术研究	182	0.167	—	0.91	70	0.17	0.71	≥10	3
K06	戏剧艺术	481	0.579	0.146	0.91	191	0.47	1.95	≥10	4
K06	戏剧之家	6888	0.922	0.601	0.98	629	0.56	6.42	2.1	6
K06	戏剧—中央戏剧学院学报	365	0.448	0.188	0.93	133	0.40	1.36	9.0	3
K06	戏曲艺术	307	0.204	0.048	0.92	122	0.39	1.24	≥10	3
K06	新疆艺术学院学报	140	0.289	0.045	1.00	78	0.24	0.80	6.8	2
K06	新美术	643	0.316	0.030	0.98	239	0.47	2.44	7.9	5
K06	星海音乐学院学报	112	0.509	0.167	0.98	107	0.37	1.09	≥10	3
K06	演艺科技	265	—	0.122	0.80	99	0.15	1.01	3.8	3
K06	艺海	1014	0.249	0.161	0.97	243	0.40	2.48	3.4	6
K06	艺术百家	1868	0.720	0.087	0.97	566	0.73	5.78	7.1	7
K06	艺术传播研究	140	0.259	0.018	0.99	66	0.23	0.67	3.9	3
K06	艺术工作	426	0.551	0.116	0.88	144	0.36	1.47	4.2	4
K06	艺术科技	5595	0.448	0.069	0.95	674	0.45	6.88	2.9	10
K06	艺术评鉴	3760	0.442	0.172	0.94	334	0.50	3.41	2.8	8
K06	艺术探索	443	0.383	0.068	0.99	194	0.51	1.98	9.5	4
K06	音乐创作	752	0.360	0.033	1.00	153	0.33	1.56	4.2	4
K06	音乐生活	342	0.202	0.170	0.83	78	0.27	0.80	3.9	3
K06	音乐探索	411	0.387	0.205	0.94	116	0.39	1.18	≥10	3
K06	音乐天地	296	0.265	0.070	0.99	72	0.20	0.73	6.1	3
K06	音乐文化研究	33	0.265	0.059	0.97	21	0.13	0.21	1.9	2

学科代码	期刊名称	扩展总被引频次	扩展影响因子	扩展即年指标	扩展他引率	扩展引用刊数	扩展学科影响指标	扩展学科扩散指标	扩展被引半衰期	扩展H指标
K06	音乐研究	1083	0.819	0.253	0.95	166	0.50	1.69	≥10	6
K06	音乐艺术	709	0.630	0.111	0.95	120	0.44	1.22	≥10	5
K06	乐府新声	567	0.503	0.039	0.92	103	0.33	1.05	9.3	4
K06	云南艺术学院学报	195	0.270	0.013	0.94	90	0.31	0.92	8.8	3
K06	中国京剧	86	0.078	0.004	1.00	38	0.18	0.39	7.0	2
K06	中国美术	164	0.122	0.023	0.98	83	0.28	0.85	6.3	3
K06	中国书法	578	0.163	0.020	0.84	157	0.27	1.60	3.8	4
K06	中国书画	192	0.119	0.011	0.96	83	0.28	0.85	6.8	2
K06	中国戏剧	515	0.141	0.049	0.91	163	0.49	1.66	≥10	3
K06	中国音乐	1308	0.633	0.279	0.93	222	0.54	2.27	≥10	6
K06	中国音乐学	899	0.537	0.190	0.94	158	0.49	1.61	≥10	5
K06	中央音乐学院学报	803	0.455	0.125	0.97	125	0.46	1.28	≥10	6
K06	装饰	3081	0.896	0.131	0.95	549	0.47	5.60	5.9	8
K08	Chinese Annals of History of Science and Technology	3	—	—	0.67	2	0.02	0.04	1.5	1
K08	Frontiers of History in China	14	0.036	—	0.71	10	0.04	0.22	5.8	1
K08	安徽史学	617	0.279	0.009	0.95	289	0.35	6.28	9.0	5
K08	北方文物	679	0.321	0.167	0.89	153	0.37	3.33	≥10	5
K08	草原文物	231	0.125	—	0.95	75	0.17	1.63	≥10	4
K08	当代中国史研究	583	0.583	0.052	0.93	321	0.17	6.98	9.8	6
K08	敦煌学辑刊	546	0.345	0.043	0.86	173	0.24	3.76	≥10	4
K08	敦煌研究	1218	0.336	0.123	0.92	307	0.41	6.67	≥10	5
K08	古代文明	248	0.404	0.136	0.97	144	0.28	3.13	7.3	4
K08	广西地方志	107	0.202	0.018	0.90	40	0.07	0.87	≥10	3
K08	贵州文史丛刊	225	0.162	0.017	0.97	152	0.15	3.30	≥10	2
K08	郭沫若学刊	125	0.096	0.017	0.48	36	0.04	0.78	≥10	2
K08	海交史研究	228	0.207	0.065	0.81	88	0.11	1.91	≥10	3
K08	黑龙江史志	950	—	0.007	0.99	329	0.24	7.15	6.6	4
K08	华侨华人历史研究	361	0.740	0.174	0.87	131	0.11	2.85	9.4	4
K08	江淮文史	64	0.036	0.011	1.00	48	0.09	1.04	≥10	2
K08	近代史研究	1426	1.194	0.344	0.96	438	0.52	9.52	≥10	7
K08	军事历史	178	0.169	0.019	0.96	95	0.13	2.07	9.7	3
K08	历史研究	2990	1.358	0.147	0.98	707	0.72	15.37	≥10	8

2020 年中国科技期刊被引指标按类刊名字顺索引（续）

学科代码	期刊名称	扩展总被引频次	扩展影响因子	扩展即年指标	扩展他引率	扩展引用刊数	扩展学科影响指标	扩展学科扩散指标	扩展被引半衰期	扩展H指标
K08	岭南文史	112	0.120	0.015	0.97	80	0.11	1.74	≥10	2
K08	南方文物	1011	0.361	0.081	0.85	292	0.48	6.35	7.9	6
K08	蒲松龄研究	147	0.140	0.023	0.61	41	0.02	0.89	≥10	2
K08	清史研究	673	0.839	0.219	0.87	258	0.43	5.61	≥10	5
K08	人文地理	4675	2.710	0.243	0.95	966	0.15	21.00	7.3	16
K08	史林	866	0.444	0.018	0.96	373	0.57	8.11	≥10	4
K08	史学集刊	694	0.484	0.141	0.99	335	0.59	7.28	≥10	6
K08	史学理论研究	657	0.482	0.153	0.87	258	0.39	5.61	≥10	6
K08	史学史研究	481	0.254	0.038	0.89	195	0.35	4.24	≥10	4
K08	史学月刊	1726	0.536	0.064	0.98	619	0.67	13.46	≥10	6
K08	世界历史	854	0.591	0.048	0.94	317	0.41	6.89	≥10	5
K08	文史	376	0.500	0.039	0.97	151	0.41	3.28	7.4	4
K08	文史杂志	283	0.073	—	0.99	186	0.24	4.04	≥10	3
K08	西部蒙古论坛	51	0.162	—	0.94	32	0.07	0.70	4.8	2
K08	西夏研究	153	0.190	0.050	0.82	57	0.13	1.24	5.7	3
K08	新疆地方志	74	0.279	—	1.00	40	0.07	0.87	7.0	3
K08	中国地方志	375	0.345	0.038	0.86	105	0.22	2.28	≥10	5
K08	中国历史地理论丛	779	0.624	0.049	0.88	293	0.46	6.37	≥10	5
K08	中国名城	720	0.760	0.191	0.93	328	0.09	7.13	3.9	6
K08	中国史研究	1038	0.445	0.125	0.98	332	0.59	7.22	≥10	5
K08	中国史研究动态	209	0.141	—	1.00	111	0.33	2.41	≥10	3
K08	中国文物科学研究	274	0.456	0.082	0.96	137	0.15	2.98	6.8	4
K08	中华文史论丛	357	0.392	0.167	0.96	168	0.39	3.65	9.3	3
K08	中华医史杂志	343	—	0.052	0.97	184	0.22	4.00	≥10	3
K10	华夏考古	800	0.488	0.087	0.91	153	0.78	8.50	≥10	5
K10	江汉考古	1096	0.624	0.423	0.87	185	0.83	10.28	9.6	7
K10	考古	5668	0.963	0.429	0.95	472	0.89	26.22	≥10	8
K10	考古学报	2160	2.525	0.350	0.97	340	0.83	18.89	≥10	8
K10	考古与文物	1533	0.560	0.149	0.93	251	0.89	13.94	≥10	7
K10	民俗研究	1310	1.380	0.475	0.86	458	0.50	25.44	7.0	9
K10	农业考古	1497	0.346	0.087	0.88	518	0.67	28.78	≥10	5
K10	四川文物	653	0.477	0.104	0.90	193	0.78	10.72	≥10	4
K10	文物	6583	1.016	0.241	0.97	582	0.94	32.33	≥10	10

2020 年中国科技期刊被引指标按类刊名字顺索引（续）

学科代码	期刊名称	扩展总被引频次	扩展影响因子	扩展即年指标	扩展他引率	扩展引用刊数	扩展学科影响指标	扩展学科扩散指标	扩展被引半衰期	扩展H指标
K10	文物保护与考古科学	781	0.719	0.095	0.80	222	0.67	12.33	7.3	5
K10	文物春秋	434	0.224	0.051	0.87	145	0.72	8.06	≥10	3
K10	文物季刊	391	0.279	0.099	0.95	163	0.67	9.06	6.8	4
K10	文物鉴定与鉴赏	1519	0.434	0.140	0.78	244	0.50	13.56	1.7	6
K10	寻根	166	0.076	0.017	1.00	124	0.17	6.89	≥10	3
K10	中国边疆史地研究	776	0.778	0.079	0.90	230	0.17	12.78	9.5	6
K10	中国国家博物馆馆刊	778	0.414	0.089	0.96	282	0.89	15.67	8.5	5
K10	中原文物	1165	0.572	0.163	0.94	257	0.83	14.28	≥10	5
L01	China & World Economy	309	0.930	0.270	0.86	177	0.21	1.18	6.6	3
L01	Frontiers of Business Research in China	79	0.348	0.160	0.61	43	0.03	0.29	9.1	2
L01	Frontiers of Economics in China	72	0.321	0.077	0.81	45	0.10	0.30	5.0	3
L01	Practice and Theory of Seas	276	0.317	0.123	0.95	163	0.15	1.09	3.7	4
L01	北方经济	662	0.382	0.102	0.94	356	0.26	2.37	7.1	4
L01	边疆经济与文化	885	0.309	0.123	0.98	380	0.19	2.53	4.0	4
L01	财经研究	4690	4.235	1.152	0.98	844	0.57	5.63	5.2	17
L01	财政研究	3085	3.596	1.566	0.94	743	0.56	4.95	4.3	16
L01	产经评论	602	1.511	0.266	0.96	350	0.37	2.33	3.9	6
L01	产权导刊	109	0.125	0.060	0.97	72	0.09	0.48	4.0	2
L01	长江技术经济	216	1.053	0.895	0.96	114	0.03	0.76	1.5	5
L01	城市	414	0.514	0.042	0.93	255	0.17	1.70	4.8	5
L01	城市观察	558	1.022	0.261	0.95	319	0.25	2.13	4.1	6
L01	创造	122	0.180	0.042	0.96	84	0.07	0.56	2.8	3
L01	当代经济	2857	0.435	0.234	1.00	895	0.43	5.97	4.0	6
L01	当代经济科学	1419	2.610	0.813	0.98	557	0.45	3.71	5.4	10
L01	当代经济研究	1232	1.356	0.323	0.97	545	0.41	3.63	5.0	8
L01	当代县域经济	165	—	0.084	1.00	110	0.09	0.73	1.8	2
L01	发展	716	0.370	0.252	0.99	280	0.13	1.87	2.6	6
L01	发展研究	670	0.652	0.278	0.98	411	0.29	2.74	3.7	5
L01	改革	5159	6.813	3.660	0.95	1143	0.64	7.62	2.7	22
L01	改革与开放	2632	0.457	0.197	0.99	790	0.27	5.27	3.2	8
L01	改革与战略	1655	0.771	0.479	0.99	726	0.40	4.84	4.2	7
L01	广东经济	399	0.510	0.397	0.99	225	0.21	1.50	2.8	5
L01	广义虚拟经济研究	105	0.247	0.156	0.63	44	0.04	0.29	5.7	3

2020 年中国科技期刊被引指标按类刊名字顺索引（续）

学科代码	期刊名称	扩展总被引频次	扩展影响因子	扩展即年指标	扩展他引率	扩展引用刊数	扩展学科影响指标	扩展学科扩散指标	扩展被引半衰期	扩展H指标
L01	国际经济合作	1127	1.211	0.866	0.98	504	0.41	3.36	4.1	7
L01	国际经济评论	1470	2.949	1.642	0.97	573	0.47	3.82	5.3	12
L01	海峡科技与产业	815	0.485	0.137	1.00	326	0.15	2.17	2.7	5
L01	海峡科学	839	0.398	0.130	0.97	461	0.11	3.07	4.4	5
L01	合作经济与科技	4039	0.504	0.375	0.98	947	0.39	6.31	2.3	7
L01	河北企业	1881	0.546	0.320	0.98	434	0.19	2.89	2.1	8
L01	河北职业教育	1188	1.363	0.540	0.90	373	0.11	2.49	3.6	7
L01	宏观经济管理	2033	2.320	0.679	0.98	860	0.55	5.73	3.2	10
L01	宏观经济研究	2906	2.352	0.515	0.98	924	0.55	6.16	4.3	12
L01	华东经济管理	3501	2.062	0.946	0.98	1041	0.51	6.94	3.9	11
L01	环渤海经济瞭望	2183	0.441	0.239	0.99	427	0.22	2.85	1.9	7
L01	交通与港航	264	0.522	0.071	0.97	171	0.05	1.14	3.6	3
L01	经济	350	0.251	0.087	1.00	205	0.17	1.37	3.8	4
L01	经济管理	5033	4.035	1.067	0.94	1004	0.59	6.69	5.0	15
L01	经济界	197	0.384	0.275	0.98	134	0.18	0.89	3.6	3
L01	经济经纬	2088	2.613	0.720	0.92	699	0.45	4.66	4.2	10
L01	经济科学	1901	3.258	0.800	0.99	596	0.44	3.97	6.1	12
L01	经济理论与经济管理	2257	2.558	0.411	0.98	703	0.53	4.69	5.7	12
L01	经济论坛	1280	0.637	0.157	1.00	619	0.38	4.13	4.5	6
L01	经济评论	2120	3.649	0.970	0.99	670	0.48	4.47	5.8	12
L01	经济社会史评论	59	0.241	—	0.88	43	0.03	0.29	4.1	3
L01	经济社会体制比较	2509	2.177	0.448	0.98	874	0.57	5.83	6.4	13
L01	经济师	5117	0.625	0.326	0.98	994	0.32	6.63	2.6	8
L01	经济数学	286	0.703	0.155	0.87	174	0.13	1.16	4.1	5
L01	经济问题	3630	2.832	0.880	0.97	1071	0.55	7.14	3.8	13
L01	经济问题探索	3865	2.482	0.399	0.98	1057	0.60	7.05	4.4	12
L01	经济学（季刊）	6272	7.188	1.206	0.98	860	0.57	5.73	6.9	20
L01	经济学报	269	1.032	0.156	0.94	175	0.21	1.17	4.3	5
L01	经济学动态	4210	3.143	0.739	0.98	937	0.59	6.25	5.3	17
L01	经济学家	4239	4.554	1.286	0.97	988	0.59	6.59	4.1	21
L01	经济研究	32404	12.293	1.341	0.98	1499	0.71	9.99	7.8	57
L01	经济研究参考	2871	—	0.213	0.98	1043	0.53	6.95	4.5	9
L01	经济与管理	1134	2.159	0.829	0.99	594	0.42	3.96	4.2	8

学科代码	期刊名称	扩展总被引频次	扩展影响因子	扩展即年指标	扩展他引率	扩展引用刊数	扩展学科影响指标	扩展学科扩散指标	扩展被引半衰期	扩展H指标
L01	经济与管理研究	2648	3.046	0.557	0.99	856	0.54	5.71	4.4	12
L01	经济资料译丛	80	0.244	—	0.98	70	0.11	0.47	5.3	3
L01	经济纵横	3473	2.997	1.562	0.99	1053	0.59	7.02	3.8	16
L01	经纬天地	217	0.619	0.045	0.94	92	0.03	0.61	2.0	3
L01	经营与管理	1404	0.638	0.477	1.00	550	0.30	3.67	2.7	6
L01	决策探索	2683	1.046	0.784	1.00	679	0.29	4.53	1.8	7
L01	开放导报	653	0.754	0.475	0.98	375	0.36	2.50	3.6	6
L01	开放时代	2948	2.333	0.932	0.96	785	0.27	5.23	8.5	17
L01	科技创业月刊	1791	0.529	0.193	0.97	699	0.25	4.66	3.9	6
L01	科技和产业	932	0.517	0.177	0.96	512	0.26	3.41	4.1	5
L01	空运商务	155	0.319	0.149	0.99	89	0.07	0.59	2.4	3
L01	理财（审计版）	105	0.102	0.014	1.00	40	0.07	0.27	1.7	3
L01	辽宁经济	840	0.441	0.321	1.00	313	0.18	2.09	2.2	6
L01	秘书工作	221	0.146	0.010	1.00	103	0.06	0.69	4.8	4
L01	秘书之友	216	0.139	0.098	0.93	76	0.04	0.51	5.6	3
L01	南方经济	1687	—	0.433	0.92	593	0.45	3.95	4.8	10
L01	南开经济研究	1856	2.492	0.409	0.98	571	0.47	3.81	6.5	14
L01	宁波经济（三江论坛）	159	0.277	0.082	0.97	108	0.07	0.72	2.5	3
L01	农林经济管理学报	1071	2.169	0.405	0.97	472	0.23	3.15	3.6	10
L01	企业管理	1143	0.408	0.171	0.98	416	0.25	2.77	3.6	5
L01	企业科技与发展	2986	0.544	0.270	0.98	680	0.21	4.53	2.2	8
L01	清华金融评论	712	0.457	0.147	1.00	322	0.29	2.15	2.9	6
L01	区域经济评论	1129	1.973	0.921	0.96	528	0.39	3.52	2.7	8
L01	全球化	406	0.952	0.288	0.95	262	0.25	1.75	2.6	7
L01	全球科技经济瞭望	508	0.646	0.070	0.91	252	0.17	1.68	3.9	5
L01	商场现代化	7630	0.603	0.294	0.97	935	0.33	6.23	3.3	7
L01	生产力研究	1688	0.468	0.199	0.99	774	0.37	5.16	7.1	5
L01	世界经济	7781	6.146	0.729	0.97	872	0.60	5.81	6.5	28
L01	世界经济文汇	1020	1.829	0.163	0.97	428	0.35	2.85	7.3	9
L01	世界经济研究	2959	3.086	0.743	0.96	644	0.55	4.29	4.8	12
L01	世界经济与政治论坛	603	1.453	0.489	0.93	333	0.32	2.22	4.7	6
L01	特区经济	1588	0.438	0.245	0.98	671	0.37	4.47	4.9	5
L01	天津经济	243	0.435	0.125	0.98	141	0.17	0.94	3.4	4

2020 年中国科技期刊被引指标按类刊名字顺索引（续）

学科代码	期刊名称	扩展总被引频次	扩展影响因子	扩展即年指标	扩展他引率	扩展引用刊数	扩展学科影响指标	扩展学科扩散指标	扩展被引半衰期	扩展H指标
L01	外国经济与管理	2972	2.625	0.835	0.96	812	0.42	5.41	5.4	13
L01	卫生经济研究	3221	3.267	1.502	0.90	634	0.23	4.23	2.5	14
L01	西部论坛	745	1.830	0.734	0.97	436	0.31	2.91	3.4	6
L01	现代工业经济和信息化	2246	0.745	0.277	0.99	527	0.19	3.51	2.5	8
L01	现代经济探讨	2172	2.044	0.789	0.96	835	0.48	5.57	3.4	11
L01	现代企业	1485	0.554	0.365	1.00	356	0.25	2.37	1.7	8
L01	现代日本经济	477	1.521	0.442	0.90	261	0.23	1.74	4.7	5
L01	新经济	829	0.398	0.154	0.99	301	0.21	2.01	4.7	5
L01	新经济导刊	290	0.864	0.177	0.99	210	0.15	1.40	3.1	4
L01	信息资源管理学报	553	2.129	0.704	0.97	256	0.09	1.71	3.1	8
L01	行政事业资产与财务	4492	0.936	0.429	0.94	387	0.21	2.58	2.4	9
L01	亚太经济	1145	1.796	0.568	0.96	494	0.42	3.29	3.9	9
L01	冶金企业文化	183	0.396	0.163	1.00	51	0.03	0.34	2.4	4
L01	印度洋经济体研究	191	0.830	0.429	0.80	72	0.05	0.48	2.9	4
L01	招标采购管理	274	0.362	0.167	1.00	122	0.09	0.81	2.4	4
L01	浙江经济	608	0.205	0.182	1.00	334	0.28	2.23	3.2	5
L01	政法学刊	398	0.687	0.216	0.98	217	0.06	1.45	4.8	4
L01	政治经济学评论	729	1.901	0.710	0.91	317	0.28	2.11	3.3	9
L01	中国大学生就业（理论版）	194	0.482	0.557	0.94	98	0.07	0.65	1.6	6
L01	中国大学生就业（综合版）	671	1.314	0.478	0.97	262	0.13	1.75	3.9	5
L01	中国发展	391	0.802	0.292	0.98	279	0.18	1.86	3.6	5
L01	中国发展观察	1053	0.759	0.345	1.00	594	0.35	3.96	2.8	6
L01	中国房地产（上旬刊）	337	0.316	0.150	0.97	148	0.11	0.99	3.3	4
L01	中国房地产（下旬刊）	178	0.291	0.173	0.96	114	0.10	0.76	2.9	4
L01	中国房地产（中旬刊）	119	0.201	0.067	0.99	74	0.08	0.49	2.1	3
L01	中国工程咨询	504	0.382	0.142	0.99	264	0.15	1.76	3.5	4
L01	中国工业和信息化	296	0.505	0.150	1.00	213	0.19	1.42	3.6	4
L01	中国经济报告	458	0.483	0.653	0.99	321	0.20	2.14	2.8	6
L01	中国经济史研究	1034	0.755	0.219	0.91	373	0.18	2.49	≥10	6
L01	中国经济问题	1008	2.153	0.582	0.96	475	0.41	3.17	4.8	9
L01	中国科技资源导刊	407	0.898	0.218	0.86	169	0.11	1.13	3.2	5
L01	中国煤炭工业	335	0.216	0.071	1.00	107	0.07	0.71	3.5	5
L01	中国社会经济史研究	637	0.433	—	0.95	256	0.04	1.71	≥10	4

学科代码	期刊名称	扩展总被引频次	扩展影响因子	扩展即年指标	扩展他引率	扩展引用刊数	扩展学科影响指标	扩展学科扩散指标	扩展被引半衰期	扩展H指标
L01	中国统计	635	0.279	0.073	0.99	406	0.19	2.71	4.8	6
L02	长春金融高等专科学校学报	490	1.025	1.110	0.90	195	0.15	3.61	2.8	7
L02	东北财经大学学报	432	0.895	0.533	0.99	291	0.28	5.39	4.8	5
L02	福建商学院学报	273	0.690	0.061	0.99	179	0.09	3.31	3.3	5
L02	广东财经大学学报	905	2.538	0.646	0.96	442	0.48	8.19	3.3	9
L02	广西财经学院学报	377	1.368	0.400	0.96	202	0.20	3.74	2.6	5
L02	贵州财经大学学报	661	1.843	0.597	0.97	388	0.39	7.19	3.5	6
L02	贵州商学院学报	100	0.595	0.156	0.97	68	0.07	1.26	2.9	3
L02	国际商务—对外经济贸易大学学报	730	1.548	0.295	0.98	378	0.50	7.00	4.1	6
L02	海关与经贸研究	238	0.631	0.193	0.91	117	0.11	2.17	4.0	4
L02	河北经贸大学学报	733	1.694	0.859	0.99	410	0.28	7.59	3.5	6
L02	河南财政税务高等专科学校学报	275	0.451	0.092	0.99	162	0.04	3.00	3.4	3
L02	河南牧业经济学院学报	219	0.405	0.107	0.98	155	0.07	2.87	4.3	2
L02	湖北经济学院学报	437	1.204	0.653	0.98	312	0.15	5.78	2.1	4
L02	湖南财政经济学院学报	566	1.214	0.338	1.00	295	0.22	5.46	3.8	6
L02	湖南税务高等专科学校学报	159	0.320	0.129	0.97	105	0.07	1.94	3.2	2
L02	吉林工商学院学报	492	0.748	0.152	0.99	284	0.09	5.26	2.9	5
L02	江西财经大学学报	1089	2.156	0.429	0.97	595	0.44	11.02	4.0	8
L02	兰州财经大学学报	277	0.503	0.059	0.99	198	0.15	3.67	4.5	3
L02	内蒙古财经大学学报	721	0.726	0.129	0.98	395	0.11	7.31	3.0	6
L02	南京财经大学学报	372	0.849	0.113	0.97	248	0.30	4.59	4.4	4
L02	南京审计大学学报	728	2.252	0.470	0.98	354	0.43	6.56	3.2	8
L02	农银学刊	162	0.379	0.051	0.94	83	0.02	1.54	2.9	3
L02	山东财经大学学报	426	1.081	0.431	0.89	249	0.28	4.61	3.4	5
L02	山东工商学院学报	238	0.485	0.077	0.97	173	0.13	3.20	4.3	4
L02	山西财经大学学报	3181	4.317	1.203	0.98	865	0.72	16.02	4.7	10
L02	山西财政税务专科学校学报	168	0.285	0.036	0.99	98	0.04	1.81	3.7	3
L02	上海对外经贸大学学报	489	1.642	1.933	0.98	315	0.28	5.83	2.4	6
L02	上海立信会计金融学院学报	199	0.616	0.052	0.98	142	0.06	2.63	3.8	4
L02	上海商学院学报	235	0.591	0.294	0.97	174	0.11	3.22	3.9	3
L02	首都经济贸易大学学报	700	1.868	0.579	0.99	428	0.39	7.93	3.9	7
L02	四川旅游学院学报	511	0.578	0.543	0.97	265	0.15	4.91	3.5	5
L02	天津商业大学学报	236	0.536	0.258	1.00	177	0.11	3.28	4.8	3

2020 年中国科技期刊被引指标按类刊名字顺索引（续）

学科代码	期刊名称	扩展总被引频次	扩展影响因子	扩展即年指标	扩展他引率	扩展引用刊数	扩展学科影响指标	扩展学科扩散指标	扩展被引半衰期	扩展H指标
L02	天津中德应用技术大学学报	456	0.681	0.389	0.98	219	0.06	4.06	2.5	4
L02	武汉商学院学报	294	0.491	0.104	0.99	189	0.09	3.50	3.8	4
L02	西安财经大学学报	840	1.560	1.141	0.96	435	0.31	8.06	2.8	7
L02	西部经济管理论坛（原四川经济管理学院学报）	213	0.696	0.293	0.99	155	0.06	2.87	2.8	3
L02	现代财经—天津财经大学学报	1130	1.833	0.402	0.98	481	0.54	8.91	4.2	7
L02	新疆财经大学学报	120	0.493	0.469	0.94	92	0.04	1.70	3.5	3
L02	云南财经大学学报	921	1.457	0.547	0.97	482	0.46	8.93	3.2	6
L02	浙江工商大学学报	671	2.066	0.291	0.98	404	0.13	7.48	3.0	8
L02	中南财经政法大学学报	1731	2.440	0.534	0.98	635	0.72	11.76	5.2	10
L02	中央财经大学学报	2391	2.147	0.880	0.98	766	0.74	14.19	4.7	11
L04	财会研究	1275	1.157	0.261	0.99	274	0.48	11.91	3.9	7
L04	财会月刊	4521	1.653	0.696	0.94	775	0.74	33.70	2.8	14
L04	城市问题	2826	2.369	0.383	0.97	932	0.39	40.52	5.4	10
L04	工程管理科技前沿	972	1.389	0.224	0.97	430	0.57	18.70	5.3	6
L04	环境经济研究	198	1.566	0.265	0.90	122	0.26	5.30	2.5	5
L04	技术经济与管理研究	2418	1.551	0.508	0.97	926	0.61	40.26	3.7	9
L04	交通财会	702	0.680	0.364	0.94	167	0.30	7.26	3.0	6
L04	教育财会研究	702	1.641	0.306	0.93	182	0.30	7.91	2.9	7
L04	教育与经济	1227	2.993	0.710	0.95	474	0.26	20.61	4.1	10
L04	经济体制改革	2131	2.091	0.422	0.97	797	0.65	34.65	4.1	10
L04	经济与管理评论	1199	2.976	1.100	0.95	542	0.70	23.57	3.1	10
L04	经济与社会发展	569	0.538	0.468	0.99	324	0.22	14.09	8.3	4
L04	企业经济	2687	1.665	0.519	0.98	934	0.65	40.61	3.9	11
L04	商业经济	2980	0.728	0.418	0.96	672	0.39	29.22	2.7	7
L04	商业经济研究	9599	1.610	0.593	0.76	1354	0.70	58.87	3.0	13
L04	商业经济与管理	1748	2.062	0.289	0.98	650	0.70	28.26	5.6	10
L04	数量经济技术经济研究	6347	6.689	1.102	0.96	1024	0.78	44.52	6.2	22
L04	西部财会	585	0.496	0.131	0.99	150	0.39	6.52	2.7	5
L04	冶金财会	261	0.364	0.157	1.00	76	0.13	3.30	3.2	3
L04	中国改革	156	0.072	0.068	1.00	120	0.09	5.22	≥10	3
L04	中国资产评估	421	0.777	0.185	0.69	126	0.39	5.48	3.2	5
L05	财务与会计	3208	1.234	0.333	0.96	378	0.88	23.63	2.7	11

学科代码	期刊名称	扩展总被引频次	扩展影响因子	扩展即年指标	扩展他引率	扩展引用刊数	扩展学科影响指标	扩展学科扩散指标	扩展被引半衰期	扩展H指标
L05	当代会计	2258	0.516	0.199	0.89	209	0.56	13.06	1.7	7
L05	会计师	2782	—	0.200	0.96	277	0.69	17.31	2.6	7
L05	会计研究	11066	5.396	0.462	0.95	738	0.88	46.13	6.5	31
L05	会计与经济研究	651	2.300	0.250	0.97	245	0.81	15.31	4.1	8
L05	会计之友	7390	2.043	0.977	0.91	854	0.88	53.38	3.2	17
L05	商业会计	4440	1.132	0.528	0.82	521	0.88	32.56	2.5	9
L05	审计研究	3918	4.476	0.739	0.93	480	0.88	30.00	5.8	17
L05	审计与经济研究	2059	3.535	0.617	0.95	481	0.88	30.06	4.8	10
L05	现代审计与经济	166	0.297	0.138	1.00	74	0.44	4.63	3.9	3
L05	中国内部审计	1285	0.809	0.549	0.96	232	0.75	14.50	3.2	7
L05	中国农业会计	686	0.524	0.139	0.95	184	0.63	11.50	2.2	6
L05	中国审计	246	0.044	0.030	1.00	94	0.63	5.88	4.9	2
L05	中国乡镇企业会计	5514	0.680	0.865	0.98	396	0.63	24.75	1.9	9
L05	中国注册会计师	1619	1.280	0.389	0.97	300	0.88	18.75	2.9	10
L05	中国总会计师	2707	0.940	0.387	0.97	341	0.75	21.31	2.4	9
L06	当代农村财经	313	0.390	0.086	0.95	183	0.34	6.31	2.8	4
L06	调研世界	1114	1.525	0.569	0.97	578	0.52	19.93	3.8	8
L06	国土资源信息化	340	0.918	0.682	0.76	122	0.10	4.21	3.5	5
L06	江苏农村经济	328	0.240	0.088	1.00	159	0.14	5.48	3.3	4
L06	林业经济问题	1221	2.225	0.750	0.79	323	0.34	11.14	3.8	7
L06	南方农村	268	0.704	0.275	0.97	160	0.28	5.52	4.9	4
L06	农场经济管理	338	0.383	0.131	0.98	173	0.14	5.97	2.5	5
L06	农村金融研究	970	1.426	0.624	0.95	363	0.31	12.52	2.7	8
L06	农村经济	4431	3.267	0.498	0.95	1062	0.62	36.62	4.1	16
L06	农村经营管理	540	0.571	0.222	1.00	234	0.38	8.07	3.5	5
L06	农民科技培训	302	0.381	0.142	1.00	130	0.21	4.48	3.0	4
L06	农业发展与金融	202	0.112	0.055	1.00	116	0.17	4.00	2.9	3
L06	农业技术经济	4876	4.097	0.580	0.94	821	0.59	28.31	5.2	15
L06	农业经济	5305	1.907	0.784	0.95	1035	0.62	35.69	2.6	12
L06	农业经济问题	7674	6.146	1.461	0.95	1177	0.69	40.59	4.9	23
L06	农业经济与管理	683	1.889	0.491	0.98	341	0.48	11.76	3.8	9
L06	农业科研经济管理	214	0.783	0.174	0.91	90	0.10	3.10	3.8	4
L06	上海农村经济	208	0.352	0.145	1.00	117	0.17	4.03	3.1	3

2020 年中国科技期刊被引指标按类刊名字顺索引（续）

学科代码	期刊名称	扩展总被引频次	扩展影响因子	扩展即年指标	扩展他引率	扩展引用刊数	扩展学科影响指标	扩展学科扩散指标	扩展被引半衰期	扩展H指标
L06	生态经济	5125	1.710	0.497	0.95	1408	0.66	48.55	4.1	11
L06	台湾农业探索	291	0.581	0.187	0.89	182	0.17	6.28	4.2	3
L06	中国农村观察	3157	6.277	1.075	0.97	790	0.52	27.24	5.9	17
L06	中国农村金融	190	—	0.023	1.00	107	0.28	3.69	4.5	2
L06	中国农村经济	7822	10.262	2.175	0.97	1122	0.62	38.69	5.1	26
L06	中国土地	1506	1.523	0.644	0.96	391	0.38	13.48	2.6	10
L06	资源开发与市场	2533	1.379	0.366	0.96	990	0.48	34.14	4.2	8
L06	资源与产业	869	1.333	0.302	0.91	428	0.21	14.76	5.9	6
L08	北方经贸	1739	0.457	0.228	0.99	529	0.47	8.97	3.3	6
L08	产业经济评论	408	—	0.804	0.99	279	0.32	4.73	3.7	6
L08	产业经济研究	1823	4.175	0.783	0.93	549	0.63	9.31	4.9	13
L08	对外经贸	1652	0.575	0.318	0.86	527	0.47	8.93	3.3	5
L08	对外经贸实务	1359	1.225	0.287	0.86	473	0.51	8.02	2.8	7
L08	工程经济	620	0.709	0.137	0.97	224	0.15	3.80	2.8	7
L08	工业技术创新	367	0.458	0.110	0.90	233	0.07	3.95	3.7	5
L08	工业技术经济	2883	2.339	0.603	0.98	936	0.71	15.86	3.6	10
L08	国际经贸探索	1377	2.458	0.702	0.93	492	0.56	8.34	3.9	9
L08	国际贸易	1395	2.306	0.413	0.93	473	0.54	8.02	2.9	9
L08	国际贸易问题	4479	3.028	0.359	0.97	729	0.63	12.36	5.2	18
L08	国际商务研究	356	1.127	0.389	0.97	229	0.39	3.88	4.0	5
L08	技术经济	2060	1.365	0.193	0.92	779	0.58	13.20	4.8	10
L08	技术与市场	5141	0.697	0.551	0.99	859	0.32	14.56	2.9	10
L08	价格理论与实践	3400	1.391	0.424	0.78	947	0.69	16.05	3.2	9
L08	价格月刊	1165	1.250	0.349	0.96	479	0.51	8.12	3.2	7
L08	江苏商论	1161	0.560	0.310	0.98	440	0.54	7.46	2.8	6
L08	科技经济市场	3159	0.778	0.235	0.98	620	0.37	10.51	2.8	8
L08	旅游导刊	109	0.939	0.152	0.93	80	0.17	1.36	2.3	4
L08	旅游科学	1390	2.000	0.079	0.97	458	0.37	7.76	8.1	11
L08	旅游论坛	752	1.157	0.125	0.95	332	0.27	5.63	5.7	6
L08	旅游学刊	7883	3.396	0.841	0.92	1105	0.59	18.73	6.8	18
L08	旅游研究	558	1.214	0.457	0.98	314	0.34	5.32	4.7	6
L08	煤炭经济研究	956	1.040	0.289	0.86	280	0.34	4.75	3.4	6
L08	欧亚经济	240	0.763	0.163	0.94	125	0.24	2.12	4.1	3

2020 年中国科技期刊被引指标按类刊名字顺索引（续）

学科代码	期刊名称	扩展总被引频次	扩展影响因子	扩展即年指标	扩展他引率	扩展引用刊数	扩展学科影响指标	扩展学科扩散指标	扩展被引半衰期	扩展H指标
L08	企业家	276	0.102	0.119	1.00	87	0.19	1.47	1.5	3
L08	商业评论	81	0.101	0.024	1.00	59	0.05	1.00	4.8	3
L08	商业研究	2808	1.400	0.233	0.99	949	0.71	16.08	5.6	8
L08	上海经济	279	1.283	0.233	0.98	191	0.34	3.24	2.8	6
L08	上海经济研究	2344	2.808	0.833	0.98	859	0.68	14.56	4.1	12
L08	市场论坛	773	0.486	0.163	0.99	314	0.37	5.32	3.1	5
L08	铁道经济研究	308	0.685	0.323	0.94	129	0.19	2.19	4.6	4
L08	物流工程与管理	3183	1.004	0.432	0.86	707	0.51	11.98	2.4	11
L08	物流技术	2380	0.678	0.198	0.93	691	0.53	11.71	5.7	6
L08	物流技术与应用	596	0.739	0.221	1.00	250	0.32	4.24	3.3	4
L08	物流科技	1627	0.618	0.331	0.92	519	0.47	8.80	3.0	6
L08	现代营销	10084	1.576	1.186	0.99	887	0.47	15.03	1.6	9
L08	消费经济	1088	1.711	2.081	0.96	479	0.49	8.12	4.7	7
L08	冶金经济与管理	208	0.408	0.119	0.89	110	0.15	1.86	3.6	4
L08	邮政研究	91	0.249	0.075	0.84	51	0.15	0.86	2.5	2
L08	债券	253	0.339	0.139	0.91	121	0.25	2.05	2.1	4
L08	中国储运	444	0.498	0.164	0.98	239	0.27	4.05	3.3	3
L08	中国工业经济	14322	14.875	1.992	0.98	1249	0.80	21.17	5.2	42
L08	中国经贸导刊	2204	0.537	0.259	0.97	845	0.54	14.32	2.5	8
L08	中国流通经济	3755	4.006	1.937	0.97	894	0.68	15.15	3.5	17
L08	中国商人	28	0.019	0.037	1.00	23	0.05	0.39	2.3	2
L08	中国市场监管研究	511	0.493	0.195	0.95	237	0.20	4.02	2.9	5
L08	中国物价	688	0.442	0.268	0.93	370	0.53	6.27	2.8	4
L10	保险研究	2014	2.181	0.486	0.86	472	0.66	7.04	5.0	11
L10	北方金融	410	0.297	0.097	0.92	179	0.40	2.67	2.9	3
L10	财经科学	2525	2.817	1.049	0.98	803	0.79	11.99	4.4	13
L10	财经理论研究	362	1.038	0.197	0.98	223	0.25	3.33	3.7	4
L10	财经理论与实践	1562	1.916	0.373	0.95	596	0.76	8.90	4.1	8
L10	财经论丛（浙江财经学院学报）	1499	1.794	0.489	0.98	566	0.72	8.45	4.0	9
L10	财经问题研究	3094	2.096	0.517	0.98	959	0.79	14.31	4.9	11
L10	财贸经济	5281	5.410	1.024	0.98	831	0.82	12.40	5.1	19
L10	财贸研究	1773	2.158	0.147	0.98	620	0.66	9.25	4.8	10
L10	财务研究	366	1.304	0.154	0.95	135	0.22	2.01	3.3	6

2020 年中国科技期刊被引指标按类刊名字顺索引（续）

学科代码	期刊名称	扩展总被引频次	扩展影响因子	扩展即年指标	扩展他引率	扩展引用刊数	扩展学科影响指标	扩展学科扩散指标	扩展被引半衰期	扩展H指标
L10	财务与金融	404	0.876	0.245	0.99	182	0.33	2.72	3.2	5
L10	财政科学	641	0.880	0.480	0.97	290	0.46	4.33	2.3	6
L10	当代财经	2616	2.648	0.426	0.92	700	0.78	10.45	4.6	11
L10	当代金融研究	132	0.893	0.095	0.94	77	0.31	1.15	2.3	5
L10	地方财政研究	1030	1.123	0.267	0.93	430	0.60	6.42	3.4	6
L10	福建金融	331	0.352	0.462	0.96	162	0.40	2.42	2.5	4
L10	甘肃金融	346	0.401	0.143	0.97	164	0.36	2.45	3.0	3
L10	国际金融研究	2990	3.479	0.491	0.96	541	0.73	8.07	4.8	16
L10	国际融资	150	5.462	0.140	1.00	113	0.16	1.69	2.4	2
L10	国际商务财会	805	0.677	0.245	0.89	180	0.27	2.69	2.9	6
L10	国际税收	1031	1.125	0.600	0.84	234	0.37	3.49	3.2	7
L10	海南金融	512	0.782	0.402	0.96	233	0.46	3.48	2.8	6
L10	河北金融	335	0.357	0.275	0.98	141	0.34	2.10	2.3	4
L10	华北金融	394	0.454	0.440	0.92	171	0.42	2.55	3.2	4
L10	吉林金融研究	318	0.379	0.066	0.98	159	0.37	2.37	2.8	3
L10	金融发展研究	960	1.201	0.341	0.98	389	0.67	5.81	3.2	8
L10	金融会计	362	0.575	0.160	0.95	126	0.43	1.88	3.3	4
L10	金融监管研究	1045	2.683	0.512	0.91	353	0.75	5.27	3.2	11
L10	金融教育研究	329	0.893	1.094	0.89	180	0.34	2.69	2.9	5
L10	金融经济学研究	978	2.827	0.406	0.96	368	0.67	5.49	3.5	10
L10	金融理论与实践	1737	1.477	1.251	0.96	554	0.75	8.27	3.1	10
L10	金融论坛	1464	3.007	0.521	0.86	437	0.79	6.52	4.5	11
L10	金融研究	13409	8.711	0.795	0.97	921	0.85	13.75	6.1	35
L10	金融与经济	1175	1.423	0.467	0.95	432	0.73	6.45	2.9	7
L10	科技与金融	111	0.474	0.147	0.91	75	0.06	1.12	1.6	3
L10	绿色财会	318	0.515	0.043	0.96	130	0.10	1.94	3.6	4
L10	南方金融	1456	1.949	1.132	0.89	502	0.75	7.49	3.4	10
L10	农村财务会计	116	0.150	0.060	1.00	56	0.07	0.84	2.7	2
L10	青海金融	221	0.354	0.068	0.94	107	0.28	1.60	2.7	3
L10	区域金融研究	587	0.714	0.371	0.90	239	0.49	3.57	2.7	5
L10	上海金融	1387	1.288	0.215	0.97	495	0.78	7.39	4.7	8
L10	审计与理财	574	0.484	0.194	0.99	150	0.18	2.24	2.5	5
L10	时代金融（上旬）	2061	2.957	0.547	1.00	369	0.45	5.51	2.8	5

学科代码	期刊名称	扩展总被引频次	扩展影响因子	扩展即年指标	扩展他引率	扩展引用刊数	扩展学科影响指标	扩展学科扩散指标	扩展被引半衰期	扩展H指标
L10	税收经济研究	309	0.968	0.271	0.94	152	0.22	2.27	2.8	4
L10	税务研究	3407	2.392	0.742	0.76	498	0.63	7.43	3.3	11
L10	税务与经济	761	1.449	0.415	0.98	406	0.57	6.06	3.6	7
L10	投资研究	1037	1.318	0.243	0.81	328	0.69	4.90	4.3	7
L10	投资与创业	572	0.148	0.036	0.99	131	0.10	1.96	1.7	5
L10	武汉金融	918	0.951	0.485	0.95	359	0.63	5.36	3.2	7
L10	西部金融	479	0.420	0.052	0.96	213	0.54	3.18	3.5	4
L10	西南金融	1393	2.481	2.422	0.96	455	0.73	6.79	2.1	11
L10	新疆财经	194	0.810	0.286	0.96	139	0.07	2.07	3.2	4
L10	新金融	890	1.337	0.481	0.95	323	0.69	4.82	3.2	9
L10	新理财—政府理财	130	0.154	0.097	1.00	85	0.10	1.27	2.7	3
L10	银行家	882	0.504	0.172	1.00	323	0.70	4.82	2.6	4
L10	浙江金融	537	0.640	0.126	0.97	236	0.49	3.52	4.6	5
L10	证券市场导报	1669	2.137	0.535	0.96	422	0.72	6.30	4.8	11
L10	中国保险	341	0.504	0.253	1.00	184	0.31	2.75	2.8	4
L10	中国财政	882	0.381	0.139	1.00	369	0.45	5.51	3.4	4
L10	中国金融	3172	0.638	0.217	1.00	668	0.81	9.97	3.5	10
L10	中国钱币	255	0.268	0.016	0.69	70	0.06	1.04	≥10	4
M01	北京观察	163	0.119	0.083	1.00	132	0.03	1.71	3.1	2
M01	重庆行政（公共论坛）	322	0.388	0.178	0.99	181	0.06	2.35	2.2	4
M01	大连干部学刊	164	0.266	0.129	0.97	112	0.06	1.45	3.0	3
M01	党的文献	726	0.793	0.142	0.98	362	0.30	4.70	6.0	6
M01	党建	842	0.595	0.158	1.00	455	0.30	5.91	3.5	8
M01	党史博采（理论版）	648	0.442	0.219	0.98	197	0.05	2.56	2.3	5
M01	党史研究与教学	382	0.414	0.079	0.88	177	0.08	2.30	8.2	4
M01	党政干部论坛	106	0.125	0.036	1.00	73	0.05	0.95	3.0	2
M01	党政干部学刊	296	0.368	0.119	0.97	185	0.10	2.40	3.6	4
M01	党政论坛	420	0.516	0.234	0.98	238	0.22	3.09	2.4	4
M01	党政研究	458	1.144	0.663	0.98	308	0.23	4.00	2.5	7
M01	福建党史月刊	190	0.176	0.023	0.98	98	0.08	1.27	8.9	2
M01	甘肃理论学刊	354	0.339	0.163	0.99	263	0.16	3.42	6.3	4
M01	国际安全研究	519	1.913	0.915	0.96	238	0.08	3.09	4.8	6
M01	科学社会主义	936	1.065	0.167	0.98	470	0.36	6.10	4.5	7

2020 年中国科技期刊被引指标按类刊名字顺索引（续）

学科代码	期刊名称	扩展总被引频次	扩展影响因子	扩展即年指标	扩展他引率	扩展引用刊数	扩展学科影响指标	扩展学科扩散指标	扩展被引半衰期	扩展H指标
M01	理论导刊	1581	1.079	0.434	0.99	789	0.35	10.25	4.2	8
M01	理论视野	873	0.847	0.227	0.98	505	0.31	6.56	3.6	7
M01	理论探索	1382	2.096	0.813	0.99	713	0.32	9.26	3.7	10
M01	理论学习与探索	270	0.324	0.064	0.99	116	0.05	1.51	3.1	4
M01	理论研究	258	0.601	0.177	1.00	178	0.13	2.31	4.0	3
M01	廉政文化研究	192	0.477	0.162	0.93	120	0.09	1.56	3.4	4
M01	领导科学	1992	0.600	0.165	0.87	741	0.31	9.62	2.5	7
M01	内蒙古统战理论研究	55	0.226	0.014	0.98	40	0.03	0.52	2.2	2
M01	前进	314	0.263	0.147	1.00	201	0.13	2.61	3.2	6
M01	前线	894	0.607	0.176	0.98	519	0.26	6.74	3.3	8
M01	求实	1713	4.277	0.980	0.99	816	0.34	10.60	4.9	13
M01	求是	7082	5.957	14.636	1.00	1484	0.56	19.27	1.7	36
M01	人大研究	258	0.275	0.025	0.83	141	0.09	1.83	5.2	4
M01	山东工会论坛	512	0.724	0.280	0.96	180	0.03	2.34	4.2	4
M01	上海党史与党建	369	0.333	0.264	0.94	195	0.22	2.53	4.1	4
M01	上海人大月刊	98	0.120	0.037	1.00	82	0.05	1.06	3.3	2
M01	社会主义论坛	339	0.273	0.159	1.00	212	0.05	2.75	1.8	5
M01	石油政工研究	102	0.168	—	1.00	43	0.01	0.56	4.1	2
M01	实践（思想理论版）	328	0.330	0.121	1.00	206	0.04	2.68	3.1	6
M01	实事求是	252	0.461	0.111	0.96	171	0.05	2.22	3.5	3
M01	思想教育研究	4792	2.179	0.840	0.98	973	0.36	12.64	3.8	16
M01	思想政治课教学	698	0.416	0.126	0.97	195	0.05	2.53	3.5	8
M01	探求	208	0.321	0.076	0.98	148	0.12	1.92	4.3	4
M01	探索	2156	2.920	1.274	0.97	886	0.38	11.51	3.7	13
M01	团结	109	0.133	0.105	1.00	91	0.06	1.18	4.0	3
M01	唯实	507	0.315	0.129	1.00	313	0.14	4.06	3.6	4
M01	新视野	971	1.360	0.759	0.98	543	0.26	7.05	3.9	9
M01	行政科学论坛	393	0.528	0.162	0.96	248	0.10	3.22	3.7	4
M01	学习论坛	978	1.073	0.616	0.99	533	0.26	6.92	3.3	6
M01	学校党建与思想教育	7959	2.502	1.030	0.97	1136	0.32	14.75	2.7	16
M01	预防青少年犯罪研究	411	1.025	0.485	0.87	138	0.06	1.79	3.7	7
M01	政策瞭望	200	0.257	0.112	1.00	150	0.09	1.95	2.9	3
M01	政治学研究	2813	4.053	0.891	0.96	764	0.42	9.92	5.5	16

学科代码	期刊名称	扩展总被引频次	扩展影响因子	扩展即年指标	扩展他引率	扩展引用刊数	扩展学科影响指标	扩展学科扩散指标	扩展被引半衰期	扩展H指标
M01	中共党史研究	1222	0.837	0.300	0.91	460	0.29	5.97	7.4	8
M01	中国党政干部论坛	1299	0.798	0.503	1.00	660	0.38	8.57	2.9	8
M01	中国青年研究	3394	2.756	0.802	0.94	982	0.26	12.75	4.1	12
M01	中国特色社会主义研究	1478	3.224	0.736	0.98	737	0.40	9.57	3.4	10
M02	安徽行政学院学报	301	0.427	0.303	0.97	214	0.15	2.02	4.1	3
M02	北京经济管理职业学院学报	177	0.616	0.196	0.98	117	0.01	1.10	3.4	3
M02	北京劳动保障职业学院学报	156	0.620	0.170	0.97	118	0.01	1.11	3.2	4
M02	北京石油管理干部学院学报	249	0.543	0.144	0.96	103	0.04	0.97	2.8	5
M02	北京市工会干部学院学报	121	0.582	0.073	0.89	62	0.04	0.58	3.3	3
M02	北京行政学院学报	1048	1.610	0.396	0.99	602	0.42	5.68	4.9	8
M02	兵团党校学报	162	0.341	0.082	0.94	96	0.08	0.91	2.6	5
M02	长春市委党校学报	148	0.354	0.200	0.99	121	0.11	1.14	3.4	3
M02	长沙民政职业技术学院学报	374	0.514	0.097	0.97	213	0.05	2.01	3.0	4
M02	成都行政学院学报	199	0.404	0.105	0.96	136	0.08	1.28	3.2	3
M02	地方治理研究	207	1.438	0.458	0.99	158	0.13	1.49	4.1	4
M02	东北亚经济研究	338	1.017	0.207	0.94	202	0.02	1.91	4.1	4
M02	福建金融管理干部学院学报	70	0.352	0.167	0.97	51	0.02	0.48	3.4	3
M02	福建省社会主义学院学报	184	0.290	0.021	0.98	139	0.21	1.31	4.4	3
M02	福州党校学报	163	0.380	0.066	1.00	105	0.09	0.99	3.1	3
M02	甘肃行政学院学报	776	1.813	0.373	0.97	406	0.30	3.83	4.2	7
M02	工会理论研究—上海工会管理干部学院学报	174	0.842	0.575	0.92	79	0.06	0.75	2.3	4
M02	公共治理研究	366	0.755	0.181	0.96	247	0.21	2.33	4.9	4
M02	广东省社会主义学院学报	176	0.345	0.117	0.98	120	0.24	1.13	3.3	4
M02	广西青年干部学院学报	416	0.490	0.740	0.99	208	0.08	1.96	2.9	4
M02	广西社会主义学院学报	215	0.370	0.026	0.98	134	0.19	1.26	3.8	3
M02	广西政法管理干部学院学报	290	0.326	0.101	0.98	174	0.08	1.64	4.6	4
M02	广西职业师范学院学报	173	0.472	0.068	0.98	124	0.02	1.17	3.8	4
M02	广州社会主义学院学报	90	0.160	0.072	1.00	69	0.10	0.65	4.4	2
M02	广州市公安管理干部学院学报	104	0.323	0.045	0.96	64	0.03	0.60	4.3	3
M02	贵阳市委党校学报	103	0.308	0.031	1.00	74	0.04	0.70	3.3	3
M02	贵州社会主义学院学报	49	0.139	0.039	0.98	33	0.06	0.31	4.4	2
M02	贵州省党校学报	321	0.600	0.105	0.98	233	0.19	2.20	3.7	5
M02	国家教育行政学院学报	2806	2.869	0.690	0.98	841	0.12	7.93	4.1	13

2020年中国科技期刊被引指标按类刊名字顺索引（续）

学科代码	期刊名称	扩展总被引频次	扩展影响因子	扩展即年指标	扩展他引率	扩展引用刊数	扩展学科影响指标	扩展学科扩散指标	扩展被引半衰期	扩展H指标
M02	国家林业和草原局管理干部学院学报	187	0.625	0.313	0.98	111	0.02	1.05	3.8	3
M02	哈尔滨市委党校学报	143	0.367	0.154	0.99	111	0.10	1.05	3.7	3
M02	河北青年管理干部学院学报	344	0.591	0.415	0.99	198	0.12	1.87	2.4	5
M02	河北省社会主义学院学报	129	0.397	0.246	0.95	75	0.11	0.71	2.9	3
M02	黑龙江省社会主义学院学报	75	0.240	0.037	1.00	62	0.11	0.58	3.5	3
M02	黑龙江省政法管理干部学院学报	451	0.369	0.053	0.98	231	0.08	2.18	3.7	4
M02	湖北省社会主义学院学报	196	0.435	0.058	0.93	108	0.23	1.02	2.9	4
M02	湖北行政学院学报	317	0.615	0.093	0.99	222	0.27	2.09	4.6	4
M02	湖南省社会主义学院学报	247	0.382	0.084	0.94	155	0.23	1.46	2.8	3
M02	湖南行政学院学报	354	0.695	0.438	0.99	217	0.16	2.05	2.8	5
M02	佳木斯大学社会科学学报	685	0.391	0.141	0.99	348	0.08	3.28	3.6	4
M02	江苏省社会主义学院学报	212	0.519	0.181	0.95	111	0.23	1.05	3.4	5
M02	江苏行政学院学报	1090	1.458	0.271	0.99	601	0.40	5.67	4.8	9
M02	辽宁公安司法管理干部学院学报	170	0.379	0.134	0.98	93	0.08	0.88	3.0	2
M02	辽宁经济职业技术学院·辽宁经济管理干部学院学报	581	0.490	0.291	0.99	242	0.04	2.28	2.6	4
M02	辽宁省社会主义学院学报	118	0.295	0.065	0.98	88	0.15	0.83	3.2	2
M02	辽宁行政学院学报	634	0.471	0.263	0.98	345	0.17	3.25	7.6	4
M02	闽台关系研究	290	0.544	0.233	0.97	225	0.15	2.12	4.4	5
M02	宁夏党校学报	205	0.418	0.097	0.97	151	0.17	1.42	2.9	3
M02	青年学报	206	0.639	0.193	0.97	132	0.07	1.25	3.5	4
M02	青少年研究与实践	205	0.559	0.129	0.97	129	0.10	1.22	3.8	3
M02	山东女子学院学报	217	0.316	0.149	0.84	131	0.05	1.24	5.4	3
M02	山东青年政治学院学报	497	0.492	0.296	1.00	268	0.09	2.53	6.3	5
M02	山东省社会主义学院学报	80	0.460	0.094	0.99	61	0.12	0.58	2.0	3
M02	山东行政学院学报	395	0.912	0.043	0.97	263	0.12	2.48	3.7	4
M02	山西经济管理干部学院学报	298	0.561	0.224	0.99	176	0.06	1.66	3.1	4
M02	山西能源学院学报	826	0.704	0.163	0.95	285	0.03	2.69	3.3	5
M02	山西青年职业学院学报	231	0.361	0.045	0.99	147	0.06	1.39	3.6	3
M02	山西社会主义学院学报	90	0.327	—	0.99	53	0.15	0.50	3.8	2
M02	山西省政法管理干部学院学报	186	0.372	0.177	0.97	105	0.06	0.99	2.3	3
M02	陕西青年职业学院学报	189	0.491	0.131	1.00	118	0.03	1.11	3.1	4
M02	陕西社会主义学院学报	88	0.385	0.262	0.98	61	0.14	0.58	2.2	3

2020 年中国科技期刊被引指标按类刊名字顺索引（续）

学科代码	期刊名称	扩展总被引频次	扩展影响因子	扩展即年指标	扩展他引率	扩展引用刊数	扩展学科影响指标	扩展学科扩散指标	扩展被引半衰期	扩展H指标
M02	陕西行政学院学报	242	0.541	0.198	0.96	181	0.11	1.71	3.1	4
M02	上海市经济管理干部学院学报	119	0.443	0.191	0.94	82	0.06	0.77	3.3	3
M02	上海市社会主义学院学报	134	0.422	0.211	0.95	69	0.20	0.65	3.1	3
M02	上海行政学院学报	1127	2.641	0.778	0.98	566	0.39	5.34	4.1	9
M02	石油化工管理干部学院学报	216	0.556	0.095	0.97	93	0.01	0.88	2.9	3
M02	四川省干部函授学院学报	222	0.375	—	1.00	130	0.01	1.23	3.0	3
M02	四川省社会主义学院学报	78	0.286	0.077	1.00	62	0.14	0.58	3.0	2
M02	四川行政学院学报	255	0.547	0.145	0.99	198	0.21	1.87	4.1	4
M02	天津市工会管理干部学院学报	102	0.443	0.196	0.99	50	0.02	0.47	2.9	2
M02	天津市社会主义学院学报	62	0.287	—	0.97	41	0.10	0.39	3.1	2
M02	天津行政学院学报	708	1.873	0.983	0.99	450	0.40	4.25	3.4	8
M02	天水行政学院学报	273	0.396	0.166	0.94	172	0.12	1.62	2.9	3
M02	统一战线学研究	353	1.047	0.557	0.86	149	0.31	1.41	2.8	5
M02	武汉公安干部学院学报	173	0.500	0.099	0.91	77	0.02	0.73	3.4	3
M02	延边党校学报	193	0.272	0.204	0.98	136	0.10	1.28	3.6	3
M02	云南社会主义学院学报	265	0.374	0.015	0.98	172	0.15	1.62	6.0	3
M02	云南行政学院学报	972	1.057	0.234	0.97	510	0.38	4.81	4.0	7
M02	治理研究	1273	3.073	1.829	0.97	623	0.41	5.88	2.8	11
M02	中共成都市委党校学报	162	0.292	0.052	0.99	125	0.13	1.18	3.9	2
M02	中共福建省委党校（福建行政学院）学报	1158	1.444	0.356	0.98	629	0.43	5.93	4.0	9
M02	中共桂林市委党校学报	88	0.177	0.044	0.98	62	0.03	0.58	4.4	2
M02	中共杭州市委党校学报	345	0.739	0.257	0.99	241	0.25	2.27	3.9	6
M02	中共合肥市委党校学报	85	0.317	0.043	0.98	76	0.07	0.72	2.4	2
M02	中共济南市委党校学报	259	0.338	0.063	0.99	193	0.17	1.82	3.3	4
M02	中共乐山市委党校学报	205	0.272	0.191	0.99	132	0.08	1.25	3.5	3
M02	中共南昌市委党校学报	115	0.241	0.094	0.99	79	0.05	0.75	3.4	3
M02	中共南京市委党校学报	282	0.629	0.095	0.99	214	0.20	2.02	3.2	5
M02	中共南宁市委党校学报	101	0.336	0.047	0.98	68	0.05	0.64	3.2	2
M02	中共宁波市委党校学报	254	0.359	0.129	0.99	187	0.17	1.76	5.0	4
M02	中共山西省委党校学报	521	0.601	0.274	0.99	286	0.28	2.70	3.1	5
M02	中共石家庄市委党校学报	217	0.357	0.322	0.95	146	0.11	1.38	2.5	3
M02	中共太原市委党校学报	214	—	0.081	0.98	131	0.06	1.24	2.6	4
M02	中共天津市委党校学报	516	1.430	0.444	0.97	313	0.41	2.95	3.1	7

2020 年中国科技期刊被引指标按类刊名字顺索引（续）

学科代码	期刊名称	扩展总被引频次	扩展影响因子	扩展即年指标	扩展他引率	扩展引用刊数	扩展学科影响指标	扩展学科扩散指标	扩展被引半衰期	扩展H指标
M02	中共乌鲁木齐市委党校学报	60	0.273	0.044	0.95	51	0.06	0.48	3.1	3
M02	中共伊犁州委党校学报	119	0.234	0.009	0.98	66	0.02	0.62	3.3	3
M02	中共云南省委党校学报	533	0.627	0.118	0.75	236	0.20	2.23	3.2	5
M02	中共郑州市委党校学报	264	0.444	0.131	0.99	158	0.12	1.49	2.9	3
M02	中共中央党校学报	1396	2.481	1.170	0.99	685	0.58	6.46	3.7	10
M02	中国井冈山干部学院学报	372	0.714	0.277	0.95	209	0.17	1.97	3.0	5
M02	中国劳动关系学院学报	633	1.268	0.243	0.95	303	0.14	2.86	4.8	6
M02	中国青年社会科学	1556	2.068	0.942	0.97	690	0.41	6.51	4.1	9
M02	中国延安干部学院学报	326	0.592	0.115	0.99	235	0.19	2.22	4.6	6
M02	中华女子学院学报	454	0.475	0.110	0.92	236	0.07	2.23	6.7	3
M02	中央社会主义学院学报	643	0.799	0.205	0.97	326	0.40	3.08	3.4	6
M03	公共行政评论	1519	2.632	0.369	0.95	562	0.75	140.50	5.0	13
M03	机构与行政	114	0.067	0.023	1.00	70	—	17.50	3.5	3
M03	行政论坛	1934	3.561	0.983	0.97	733	0.75	183.25	3.1	12
M03	中国行政管理	8691	3.856	0.823	0.96	1522	0.75	380.50	4.6	21
M04	Contemporary International Relations	14	0.040	—	0.79	8	0.03	0.21	5.3	1
M04	阿拉伯世界研究	280	0.674	0.191	0.84	123	0.50	3.24	6.8	4
M04	当代世界	783	0.839	0.625	0.96	328	0.92	8.63	2.9	5
M04	当代世界社会主义问题	259	0.730	0.057	0.95	167	0.26	4.39	4.0	5
M04	当代世界与社会主义	1406	1.461	0.357	0.97	603	0.79	15.87	4.5	9
M04	当代亚太	770	3.083	0.844	0.92	236	0.84	6.21	6.0	8
M04	东北亚论坛	765	2.101	1.500	0.92	350	0.71	9.21	3.8	8
M04	东南亚研究	603	1.280	0.391	0.88	244	0.66	6.42	6.2	5
M04	东南亚纵横	449	0.500	—	0.96	249	0.29	6.55	8.4	3
M04	俄罗斯东欧中亚研究	393	0.973	0.269	0.91	172	0.58	4.53	4.9	4
M04	俄罗斯研究	301	1.148	0.275	0.86	118	0.55	3.11	4.8	5
M04	国际观察	622	1.635	0.972	0.96	289	0.84	7.61	5.0	6
M04	国际论坛	557	1.333	0.759	0.93	239	0.87	6.29	4.9	5
M04	国际问题研究	1004	3.324	0.945	0.97	348	0.92	9.16	3.8	10
M04	国际研究参考	226	0.307	0.055	0.97	150	0.61	3.95	4.5	3
M04	国际展望	531	2.074	0.867	0.96	270	0.82	7.11	3.4	7
M04	国际政治科学	457	2.940	1.040	0.96	134	0.74	3.53	4.2	5
M04	国际政治研究	664	1.605	0.386	0.94	264	0.76	6.95	5.6	8

学科代码	期刊名称	扩展总被引频次	扩展影响因子	扩展即年指标	扩展他引率	扩展引用刊数	扩展学科影响指标	扩展学科扩散指标	扩展被引半衰期	扩展H指标
M04	国外理论动态	1085	0.705	0.148	0.99	501	0.63	13.18	5.6	8
M04	国外社会科学	1192	1.064	0.573	0.98	665	0.58	17.50	8.9	8
M04	和平与发展	231	1.108	0.319	0.95	116	0.71	3.05	2.7	5
M04	拉丁美洲研究	357	0.922	0.061	0.81	133	0.42	3.50	5.5	4
M04	美国研究	666	2.032	0.209	0.96	262	0.76	6.89	5.6	7
M04	南亚研究	429	2.089	0.385	0.91	164	0.61	4.32	5.4	6
M04	南亚研究季刊	331	0.963	0.055	0.90	131	0.39	3.45	4.8	4
M04	南洋问题研究	404	1.339	0.424	0.96	166	0.45	4.37	6.5	4
M04	欧洲研究	638	1.807	0.405	0.90	275	0.87	7.24	6.3	6
M04	日本侵华南京大屠杀研究	32	0.397	0.077	0.47	15	0.03	0.39	1.9	3
M04	日本问题研究	251	0.798	0.120	0.91	162	0.29	4.26	4.7	4
M04	日本学刊	520	1.684	0.560	0.88	220	0.66	5.79	4.8	5
M04	日本研究	241	0.349	0.139	0.98	166	0.32	4.37	8.8	3
M04	世界经济与政治	2740	4.039	1.367	0.90	611	0.92	16.08	5.7	13
M04	太平洋学报	1273	2.386	0.816	0.83	430	0.87	11.32	3.5	8
M04	外国问题研究	151	0.169	0.017	0.99	106	0.24	2.79	≥10	3
M04	外交评论	948	3.437	0.818	0.96	335	0.92	8.82	5.7	9
M04	西伯利亚研究	188	0.291	0.031	0.98	113	0.21	2.97	4.9	3
M04	西亚非洲	515	1.321	0.488	0.87	186	0.71	4.89	6.6	5
M04	现代国际关系	1114	1.905	0.525	0.96	351	0.97	9.24	3.9	8
M05	Forensic Sciences Research	22	0.147	0.182	0.64	10	0.01	0.13	1.4	2
M05	Frontiers of Law in China	6	0.033	—	1.00	5	0.01	0.06	5.0	1
M05	The Journal of Human Rights	4	0.012	—	0.50	3	0.01	0.04	5.0	1
M05	安徽警官职业学院学报	177	0.227	0.031	0.98	100	0.22	1.28	3.4	3
M05	北方法学	923	1.732	0.175	0.99	399	0.83	5.12	4.8	7
M05	北京警察学院学报	496	0.750	0.222	0.96	171	0.42	2.19	3.7	5
M05	北京政法职业学院学报	207	0.314	0.241	0.99	137	0.32	1.76	4.4	4
M05	比较法研究	3060	7.205	2.457	0.98	644	0.92	8.26	3.7	17
M05	当代法学	2812	4.397	1.161	0.97	603	0.92	7.73	4.7	13
M05	电子知识产权	1112	2.000	0.287	0.94	366	0.58	4.69	4.1	8
M05	东方法学	2577	7.635	2.814	0.96	603	0.91	7.73	2.5	19
M05	法律科学—西北政法大学学报	4452	5.214	1.107	0.99	818	0.94	10.49	4.6	20
M05	法商研究	3954	4.707	1.714	0.98	781	0.90	10.01	6.0	16

2020 年中国科技期刊被引指标按类刊名字顺索引（续）

学科代码	期刊名称	扩展总被引频次	扩展影响因子	扩展即年指标	扩展他引率	扩展引用刊数	扩展学科影响指标	扩展学科扩散指标	扩展被引半衰期	扩展H指标
M05	法学	6768	4.828	1.083	0.98	975	0.95	12.50	5.3	20
M05	法学家	3821	5.650	1.013	0.97	709	0.92	9.09	5.7	17
M05	法学论坛	2670	4.362	1.011	0.99	720	0.91	9.23	4.7	14
M05	法学评论	3812	5.473	1.455	0.98	843	0.92	10.81	4.6	17
M05	法学研究	7685	11.481	1.910	0.98	937	0.95	12.01	7.5	27
M05	法学杂志	3893	3.723	0.802	0.98	889	0.95	11.40	4.7	15
M05	法制与经济	820	0.318	0.127	0.97	288	0.31	3.69	2.4	4
M05	法制与社会发展	2651	4.523	1.630	0.93	614	0.87	7.87	5.4	12
M05	法治研究	1207	2.497	0.835	0.98	445	0.85	5.71	3.8	9
M05	犯罪研究	375	1.270	0.164	0.94	152	0.51	1.95	3.7	5
M05	福建警察学院学报	229	0.331	0.041	0.99	126	0.44	1.62	5.0	3
M05	甘肃政法大学学报	841	1.580	0.243	0.98	373	0.72	4.78	5.6	7
M05	公安学刊—浙江警察学院学报	460	0.876	0.202	0.88	171	0.42	2.19	3.2	4
M05	公安研究	311	0.147	0.022	0.92	107	0.33	1.37	8.9	3
M05	广西警察学院学报	316	0.473	0.123	0.96	146	0.36	1.87	3.3	3
M05	贵州警察学院学报	261	0.401	0.078	0.99	132	0.40	1.69	4.2	3
M05	国家检察官学院学报	1826	4.319	1.507	0.97	428	0.86	5.49	3.8	13
M05	海峡法学	123	0.301	0.070	0.93	94	0.35	1.21	4.0	3
M05	河北法学	3030	2.057	0.926	0.86	809	0.94	10.37	5.5	9
M05	河北公安警察职业学院学报	161	0.407	0.169	0.89	93	0.27	1.19	3.4	2
M05	河南财经政法大学学报	805	0.830	0.119	0.99	368	0.71	4.72	6.8	6
M05	河南警察学院学报	286	0.718	0.120	0.95	138	0.41	1.77	3.2	4
M05	河南司法警官职业学院学报	163	0.303	0.156	0.92	86	0.26	1.10	3.5	3
M05	湖北警官学院学报	703	0.991	0.327	0.79	253	0.53	3.24	5.1	5
M05	湖南警察学院学报	284	0.508	0.074	0.97	153	0.44	1.96	4.5	3
M05	华东政法大学学报	2253	4.081	1.000	0.98	602	0.90	7.72	4.0	13
M05	环球法律评论	2425	4.779	1.500	0.98	589	0.90	7.55	4.5	15
M05	江苏警官学院学报	408	0.447	0.056	0.99	205	0.51	2.63	5.9	3
M05	江西警察学院学报	379	0.540	0.136	0.97	153	0.47	1.96	4.2	3
M05	交大法学	622	2.167	0.479	0.99	285	0.63	3.65	3.6	7
M05	科技与法律	721	1.793	0.448	0.97	331	0.53	4.24	4.0	7
M05	辽宁警察学院学报	352	0.575	0.190	0.94	159	0.32	2.04	2.9	4
M05	清华法学	2764	5.923	1.642	0.99	615	0.85	7.88	4.5	17

学科代码	期刊名称	扩展总被引频次	扩展影响因子	扩展即年指标	扩展他引率	扩展引用刊数	扩展学科影响指标	扩展学科扩散指标	扩展被引半衰期	扩展H指标
M05	山东警察学院学报	661	0.835	0.176	0.97	243	0.67	3.12	4.3	5
M05	山西警察学院学报	235	0.695	0.237	0.98	125	0.38	1.60	2.1	3
M05	上海政法学院学报	620	1.430	0.486	0.97	313	0.73	4.01	3.6	6
M05	时代法学	542	1.103	0.171	0.98	302	0.71	3.87	5.2	5
M05	四川警察学院学报	294	0.448	0.071	0.93	160	0.37	2.05	3.9	3
M05	苏州大学学报（法学版）	262	0.946	0.175	0.98	153	0.56	1.96	3.4	5
M05	天津法学	205	0.581	0.246	1.00	131	0.36	1.68	3.4	4
M05	铁道警察学院学报	287	0.381	0.040	0.91	126	0.37	1.62	3.8	4
M05	西部法学评论	380	0.765	0.119	0.99	222	0.58	2.85	5.4	4
M05	西南政法大学学报	715	1.372	0.514	0.99	397	0.83	5.09	4.4	6
M05	现代法学	3640	4.911	1.407	0.99	772	0.95	9.90	6.8	13
M05	行政法学研究	2032	4.368	1.276	0.96	537	0.82	6.88	4.2	14
M05	行政与法	810	0.717	0.321	0.98	446	0.54	5.72	3.9	5
M05	云南警官学院学报	379	0.434	0.071	0.93	153	0.35	1.96	4.4	4
M05	征信	1210	1.482	0.611	0.75	357	0.23	4.58	2.4	9
M05	政法论丛	1287	2.675	0.580	0.97	511	0.90	6.55	3.9	9
M05	政法论坛	3156	3.482	0.659	0.98	721	0.92	9.24	5.9	15
M05	政治与法律	4551	4.489	1.095	0.97	794	0.92	10.18	4.4	18
M05	知识产权	2726	3.082	0.969	0.90	528	0.72	6.77	4.5	13
M05	中国版权	276	0.333	0.060	0.89	122	0.26	1.56	4.8	6
M05	中国法学	9038	9.592	1.922	0.98	1046	0.95	13.41	6.2	28
M05	中国人民警察大学学报	795	0.527	0.125	0.86	249	0.24	3.19	4.6	5
M05	中国应用法学	433	1.692	0.355	0.98	199	0.68	2.55	2.4	7
M05	中外法学	4083	5.301	2.104	0.98	685	0.91	8.78	5.6	19
M05	专利代理	56	0.167	0.068	0.98	28	0.06	0.36	2.8	2
M07	广东公安科技	154	0.150	0.048	0.96	92	0.43	6.57	6.4	3
M07	警察技术	504	0.705	0.280	0.79	190	0.43	13.57	3.4	5
M07	青少年犯罪问题	772	1.268	0.316	0.83	213	0.43	15.21	4.6	7
M07	人民检察	1799	0.479	0.084	0.94	387	0.64	27.64	4.8	9
M07	人民论坛	8137	0.921	0.464	0.99	1850	0.36	132.14	2.6	14
M07	森林公安	75	0.146	0.067	1.00	46	0.21	3.29	3.6	2
M07	刑事技术	787	0.811	0.119	0.74	189	0.50	13.50	5.9	5
M07	证据科学	638	1.375	0.560	0.87	200	0.64	14.29	5.9	6

学科代码	期刊名称	扩展总被引频次	扩展影响因子	扩展即年指标	扩展他引率	扩展引用刊数	扩展学科影响指标	扩展学科扩散指标	扩展被引半衰期	扩展H指标
M07	中国海商法研究	352	0.911	0.333	0.83	104	0.14	7.43	5.3	4
M07	中国检察官	892	0.335	0.076	0.95	285	0.50	20.36	3.4	5
M07	中国司法	920	0.771	0.237	0.94	340	0.57	24.29	3.6	6
M07	中国司法鉴定	833	0.728	0.133	0.81	227	0.50	16.21	5.7	6
M07	中国刑警学院学报	523	0.964	0.204	0.68	143	0.50	10.21	3.0	5
M07	中国刑事法杂志	2101	7.352	1.129	0.95	389	0.50	27.79	4.2	15
M08	军事运筹与系统工程	421	0.972	0.156	0.90	130	0.50	65.00	5.5	5
M08	抗日战争研究	532	0.707	0.151	0.92	161	0.50	80.50	≥10	5
N01	China International Studies	37	0.128	0.055	0.70	16	0.05	0.37	3.3	2
N01	八桂侨刊	168	0.298	0.091	0.67	63	0.07	1.47	7.5	3
N01	残疾人研究	446	1.632	0.327	0.91	164	0.07	3.81	3.7	6
N01	柴达木开发研究	70	0.120	0.015	1.00	48	0.02	1.12	6.4	2
N01	创意设计源	146	0.379	0.086	0.98	92	0.05	2.14	2.9	3
N01	创意与设计	243	0.291	0.069	0.96	105	0.05	2.44	5.0	4
N01	大家	204	0.048	—	1.00	110	0.02	2.56	9.6	2
N01	当代青年研究	1014	1.213	0.143	0.98	478	0.42	11.12	5.7	7
N01	妇女研究论丛	1279	1.945	0.706	0.90	431	0.37	10.02	5.7	9
N01	科学发展	718	0.932	0.439	0.95	373	0.09	8.67	3.0	6
N01	科学观察	148	0.672	0.064	0.97	108	0.02	2.51	4.9	3
N01	科学教育与博物馆	94	0.285	0.148	0.84	47	0.05	1.09	2.2	3
N01	南方论刊	821	0.367	0.131	0.99	377	0.16	8.77	3.3	5
N01	攀登（汉文版）	200	0.280	0.071	0.95	142	0.09	3.30	4.3	3
N01	青年探索	547	0.904	0.656	0.95	283	0.26	6.58	5.1	6
N01	青年研究	1237	1.683	0.208	0.96	529	0.37	12.30	8.3	10
N01	青少年学刊	282	0.597	0.203	0.99	170	0.14	3.95	3.8	4
N01	人民论坛·学术前沿	2511	1.563	0.520	0.98	1028	0.26	23.91	2.6	13
N01	人与生物圈	47	0.092	0.019	1.00	41	—	0.95	4.2	2
N01	社会	3251	3.693	0.745	0.97	829	0.37	19.28	7.2	19
N01	社会工作	726	0.870	0.515	0.89	307	0.33	7.14	6.4	7
N01	社会学评论	515	1.800	0.554	0.97	323	0.23	7.51	3.9	7
N01	社会学研究	7676	6.099	1.000	0.97	1219	0.44	28.35	≥10	27
N01	社会主义核心价值观研究	174	0.682	0.070	0.97	112	0.05	2.60	2.6	4
N01	世纪桥	600	0.249	0.024	1.00	262	0.09	6.09	4.2	5

2020 年中国科技期刊被引指标按类刊名字顺索引（续）

学科代码	期刊名称	扩展总被引频次	扩展影响因子	扩展即年指标	扩展他引率	扩展引用刊数	扩展学科影响指标	扩展学科扩散指标	扩展被引半衰期	扩展H指标
N01	视听	2041	0.390	0.171	0.96	403	0.19	9.37	2.1	7
N01	台湾研究	243	0.672	0.094	0.77	75	0.05	1.74	3.9	4
N01	台湾研究集刊	302	0.639	0.081	0.79	117	0.14	2.72	5.8	4
N01	文化软实力	95	0.408	0.151	0.97	64	0.05	1.49	2.5	3
N01	无线互联科技	3808	0.568	0.190	0.97	805	0.09	18.72	2.5	9
N01	武陵学刊	355	0.329	0.121	0.96	243	0.14	5.65	7.2	3
N01	医学与社会	3447	1.857	0.352	0.90	765	0.21	17.79	3.8	10
N01	知与行	269	0.293	0.076	0.97	174	0.12	4.05	3.2	4
N01	中国机关后勤	116	0.249	0.067	1.00	57	—	1.33	2.6	3
N01	中国医学伦理学	3403	1.797	0.686	0.90	657	0.26	15.28	3.4	11
N02	劳动保护	459	0.466	0.107	1.00	240	0.09	10.91	3.5	4
N02	南方人口	596	1.469	0.132	0.96	319	0.45	14.50	6.3	6
N02	人才资源开发	2996	—	0.340	1.00	537	0.23	24.41	3.2	8
N02	人口学刊	2019	3.637	0.604	0.97	733	0.50	33.32	5.6	13
N02	人口研究	3451	4.796	0.680	0.97	874	0.50	39.73	7.2	19
N02	人口与发展	1543	2.287	0.456	0.97	627	0.45	28.50	5.5	10
N02	人口与经济	2151	3.415	0.569	0.97	770	0.55	35.00	6.2	12
N02	人口与社会	517	1.246	0.196	0.97	328	0.50	14.91	4.5	7
N02	人类居住	43	0.223	—	1.00	30	—	1.36	3.1	2
N02	人力资源	1253	0.487	0.239	0.98	255	0.14	11.59	1.5	6
N02	社会保障研究	1068	2.541	0.698	0.95	454	0.45	20.64	3.8	9
N02	西北人口	1164	1.717	0.591	0.98	574	0.50	26.09	5.0	8
N02	职业技术	1676	0.864	1.030	0.97	434	0.18	19.73	2.9	8
N02	中国劳动	674	0.795	0.436	0.98	340	0.36	15.45	4.9	6
N02	中国人口科学	3132	4.714	0.431	0.97	826	0.55	37.55	6.9	16
N02	中国人力资源开发	2297	2.068	0.658	0.89	670	0.36	30.45	4.3	11
N02	中国社会保障	476	0.367	0.085	1.00	214	0.32	9.73	4.0	4
N04	China Tibetology	7	0.036	—	0.71	5	0.06	0.16	4.8	1
N04	地方文化研究	125	0.260	0.082	0.90	82	0.13	2.56	3.9	3
N04	东南文化	1449	1.159	0.195	0.88	410	0.22	12.81	≥10	7
N04	俄罗斯学刊	189	0.640	0.326	0.88	93	0.09	2.91	3.5	4
N04	广西民族研究	1358	1.331	0.136	0.94	495	0.44	15.47	6.1	8
N04	贵州民族研究	2849	0.822	0.176	0.89	791	0.47	24.72	4.4	7

2020年中国科技期刊被引指标按类刊名字顺索引（续）

学科代码	期刊名称	扩展总被引频次	扩展影响因子	扩展即年指标	扩展他引率	扩展引用刊数	扩展学科影响指标	扩展学科扩散指标	扩展被引半衰期	扩展H指标
N04	黑龙江民族丛刊	854	0.384	0.034	0.93	358	0.31	11.19	7.4	5
N04	华夏文化	107	0.076	0.024	1.00	88	0.06	2.75	≥10	2
N04	回族研究	268	0.143	0.029	0.78	90	0.22	2.81	≥10	3
N04	科学文化评论	180	0.241	—	0.93	98	0.03	3.06	7.8	4
N04	老龄科学研究	622	0.756	0.062	0.93	318	0.06	9.94	5.1	7
N04	民族大家庭	40	0.070	—	1.00	28	0.06	0.88	4.0	2
N04	民族学刊	323	0.860	0.144	0.96	182	0.31	5.69	3.5	5
N04	民族研究	1857	2.007	0.197	0.97	533	0.53	16.66	9.9	11
N04	鄱阳湖学刊	221	0.451	0.074	0.90	157	0.09	4.91	3.8	4
N04	青海民族研究	721	0.493	0.119	0.94	284	0.38	8.88	6.2	4
N04	世界民族	634	0.615	0.029	0.89	260	0.34	8.13	≥10	5
N04	文化遗产	789	1.110	0.200	0.93	367	0.34	11.47	4.4	8
N04	文化纵横	618	1.427	0.678	0.97	357	0.22	11.16	3.4	6
N04	西北民族研究	1035	1.471	0.495	0.92	409	0.44	12.78	7.5	8
N04	艺苑	269	0.223	0.017	0.98	131	0.03	4.09	5.2	3
N04	中国文化	326	0.109	0.026	0.99	191	0.19	5.97	≥10	4
N04	中国文化研究	492	0.433	0.076	0.98	322	0.19	10.06	≥10	6
N04	中国藏学	890	0.449	0.118	0.83	229	0.34	7.16	≥10	6
N04	中华文化论坛	786	0.364	0.079	0.99	448	0.31	14.00	5.9	5
N04	中原文化研究	313	0.517	0.235	0.99	204	0.16	6.38	3.4	5
N05	编辑学报	3018	2.926	0.976	0.79	403	0.53	8.22	3.5	10
N05	编辑学刊	513	0.633	0.270	0.97	207	0.71	4.22	3.8	4
N05	编辑之友	2074	1.895	0.739	0.95	524	0.92	10.69	3.1	10
N05	采写编	714	0.364	0.158	0.97	159	0.59	3.24	2.4	5
N05	出版参考	719	0.466	0.141	0.91	195	0.61	3.98	3.4	4
N05	出版发行研究	1983	1.367	0.500	0.93	467	0.84	9.53	3.2	9
N05	出版广角	3153	1.196	0.501	0.89	618	0.84	12.61	2.3	11
N05	出版科学	1136	1.712	0.842	0.89	317	0.61	6.47	3.0	9
N05	出版与印刷	180	0.651	0.208	0.94	83	0.39	1.69	2.4	4
N05	传媒	2445	0.839	0.427	0.95	587	0.94	11.98	2.1	8
N05	传媒观察	638	0.803	0.500	0.94	225	0.76	4.59	2.2	6
N05	传媒评论	428	0.239	0.185	0.98	129	0.76	2.63	2.7	5
N05	当代传播	1866	1.790	0.427	0.97	511	0.94	10.43	4.6	10

学科代码	期刊名称	扩展总被引频次	扩展影响因子	扩展即年指标	扩展他引率	扩展引用刊数	扩展学科影响指标	扩展学科扩散指标	扩展被引半衰期	扩展H指标
N05	电视研究	924	0.594	0.036	0.98	226	0.69	4.61	3.2	7
N05	东南传播	1432	0.522	0.146	0.95	397	0.76	8.10	3.2	9
N05	公关世界	392	—	0.211	0.98	192	0.24	3.92	—	4
N05	国际新闻界	3421	3.393	0.879	0.95	658	0.90	13.43	5.5	17
N05	红旗文稿	1768	1.144	0.357	1.00	770	0.41	15.71	3.3	10
N05	教育传媒研究	319	0.578	0.556	0.80	133	0.67	2.71	1.7	6
N05	今传媒	1355	0.411	0.133	0.98	392	0.78	8.00	3.1	8
N05	科技与出版	2381	1.446	0.835	0.91	467	0.71	9.53	2.8	10
N05	科普研究	684	1.065	0.802	0.86	248	0.43	5.06	4.9	7
N05	全球传媒学刊	293	1.977	0.561	0.96	127	0.61	2.59	2.3	6
N05	声屏世界	611	0.316	0.070	0.94	155	0.57	3.16	2.6	4
N05	现代出版	518	0.858	0.849	0.94	172	0.67	3.51	2.7	5
N05	现代传播	5095	2.221	0.584	0.95	914	0.94	18.65	4.4	16
N05	新闻爱好者	2075	1.044	0.407	0.90	499	0.82	10.18	2.5	9
N05	新闻春秋	116	0.500	0.041	0.95	72	0.39	1.47	2.7	3
N05	新闻大学	1720	2.256	0.600	0.97	438	0.90	8.94	4.9	9
N05	新闻界	2096	2.534	1.044	0.97	569	0.90	11.61	3.9	11
N05	新闻前哨	699	0.281	0.144	0.99	200	0.57	4.08	1.8	5
N05	新闻与传播评论	428	—	0.847	0.96	172	0.73	3.51	2.1	6
N05	新闻与传播研究	2624	4.464	0.560	0.96	553	0.90	11.29	5.0	15
N05	新闻与写作	2553	1.598	0.983	0.97	530	0.92	10.82	2.7	13
N05	新闻知识	932	0.551	0.121	0.98	312	0.76	6.37	4.7	7
N05	中国报业	1900	0.430	0.307	0.95	421	0.84	8.59	2.1	7
N05	中国编辑	1245	1.610	0.749	0.88	335	0.88	6.84	2.2	9
N05	中国出版	2529	1.233	0.478	0.93	604	0.90	12.33	3.1	9
N05	中国传媒科技	1511	0.666	0.304	0.95	273	0.71	5.57	2.6	7
N05	中国广播电视学刊	1312	0.512	0.206	0.97	304	0.82	6.20	2.9	6
N05	中国记者	961	0.414	0.190	0.99	260	0.82	5.31	3.9	7
N05	中国科技期刊研究	3579	2.765	0.708	0.71	528	0.57	10.78	4.3	12
N06	大学图书馆学报	2762	3.726	0.835	0.96	416	0.86	14.86	4.6	13
N06	大学图书情报学刊	903	1.292	0.580	0.98	261	0.79	9.32	2.8	6
N06	高校图书馆工作	932	1.181	1.122	0.97	252	0.82	9.00	3.5	8
N06	古籍整理研究学刊	368	0.160	0.032	0.97	217	0.29	7.75	≥10	3

2020年中国科技期刊被引指标按类刊名字顺索引（续）

学科代码	期刊名称	扩展总被引频次	扩展影响因子	扩展即年指标	扩展他引率	扩展引用刊数	扩展学科影响指标	扩展学科扩散指标	扩展被引半衰期	扩展H指标
N06	国家图书馆学刊	1441	3.359	0.742	0.97	320	0.89	11.43	4.0	9
N06	河北科技图苑	509	0.987	0.184	0.99	152	0.75	5.43	3.0	5
N06	河南图书馆学刊	2151	0.869	0.255	0.91	322	0.86	11.50	2.6	7
N06	农业图书情报学报	1575	0.874	0.455	0.97	426	0.86	15.21	3.9	6
N06	山东图书馆学刊	577	0.616	0.097	0.97	172	0.86	6.14	4.6	6
N06	数据分析与知识发现	1929	1.900	0.264	0.93	546	0.79	19.50	4.9	12
N06	数字图书馆论坛	966	1.564	0.624	0.92	288	0.82	10.29	3.2	7
N06	四川图书馆学报	770	0.936	0.425	0.98	207	0.82	7.39	3.7	6
N06	图书馆	2935	2.478	0.826	0.95	536	0.82	19.14	3.7	11
N06	图书馆工作与研究	4444	3.898	0.973	0.87	557	0.86	19.89	2.9	13
N06	图书馆建设	2903	2.684	0.837	0.96	387	0.86	13.82	4.2	11
N06	图书馆界	541	0.765	0.116	0.97	168	0.82	6.00	3.9	5
N06	图书馆理论与实践	2185	1.520	0.229	0.98	423	0.86	15.11	3.8	9
N06	图书馆论坛	3605	2.367	1.051	0.94	548	0.86	19.57	3.7	14
N06	图书馆学刊	2459	1.485	0.333	0.96	391	0.82	13.96	3.2	8
N06	图书馆学研究	4381	2.416	0.475	0.93	660	0.86	23.57	3.6	13
N06	图书馆研究	810	1.205	0.229	0.98	223	0.82	7.96	3.9	6
N06	图书馆研究与工作	1028	1.334	0.622	0.97	231	0.82	8.25	2.0	8
N06	图书馆杂志	2816	1.632	0.635	0.95	510	0.89	18.21	4.8	12
N06	新世纪图书馆	1367	1.139	0.138	0.96	313	0.86	11.18	3.8	7
N06	中国图书馆学报	3575	7.380	2.647	0.97	600	0.86	21.43	5.9	21
N06	中国图书评论	431	0.185	0.073	0.99	285	0.25	10.18	7.7	4
N07	晋图学刊	391	0.790	0.370	0.96	138	0.47	7.26	3.9	6
N07	竞争情报	169	0.504	0.278	0.96	95	0.74	5.00	3.4	3
N07	情报工程	350	1.089	0.123	0.94	199	0.68	10.47	3.2	6
N07	情报科学	5523	2.776	0.630	0.90	1174	0.89	61.79	3.9	14
N07	情报理论与实践	5445	2.698	0.935	0.89	978	0.89	51.47	3.8	14
N07	情报探索	1481	0.918	0.266	0.96	459	0.89	24.16	4.0	7
N07	情报学报	2847	3.830	0.433	0.92	583	0.84	30.68	4.0	13
N07	情报杂志	6915	2.404	0.742	0.91	1331	0.89	70.05	4.8	14
N07	情报资料工作	1726	3.024	0.779	0.97	412	0.84	21.68	4.6	11
N07	图书情报导刊	2607	0.921	0.302	0.99	900	0.84	47.37	9.6	7
N07	图书情报工作	9708	3.096	0.407	0.92	1154	0.89	60.74	4.8	18

学科代码	期刊名称	扩展总被引频次	扩展影响因子	扩展即年指标	扩展他引率	扩展引用刊数	扩展学科影响指标	扩展学科扩散指标	扩展被引半衰期	扩展H指标
N07	图书情报知识	2057	3.717	0.439	0.97	501	0.89	26.37	4.5	13
N07	图书与情报	2734	3.487	1.065	0.98	586	0.95	30.84	4.1	14
N07	文献	643	0.314	0.054	0.95	278	0.21	14.63	≥10	3
N07	现代情报	4417	2.785	0.799	0.95	1066	0.89	56.11	3.8	13
N07	医学信息学杂志	1551	1.315	0.122	0.91	481	0.68	25.32	3.7	9
N07	中国典籍与文化	322	0.135	0.038	0.98	199	0.16	10.47	≥10	3
N07	中国中医药图书情报杂志	430	0.982	0.420	0.94	208	0.47	10.95	2.5	5
N07	中华医学图书情报杂志	1151	1.013	0.082	0.93	429	0.89	22.58	4.5	7
N08	北京档案	1107	0.863	0.429	0.90	205	0.79	10.79	3.8	6
N08	博物院	151	0.464	0.120	0.89	56	0.21	2.95	2.3	4
N08	档案	373	0.369	0.045	0.94	99	0.74	5.21	6.2	3
N08	档案管理	1642	1.407	0.722	0.89	213	0.74	11.21	3.3	9
N08	档案学通讯	2411	2.822	1.090	0.93	248	0.84	13.05	5.5	11
N08	档案学研究	2339	3.167	0.489	0.92	259	0.79	13.63	3.8	12
N08	档案与建设	1344	0.900	0.277	0.92	257	0.74	13.53	3.3	9
N08	故宫博物院院刊	980	0.587	0.237	0.94	287	0.37	15.11	≥10	6
N08	黑龙江档案	1341	0.498	0.297	0.97	178	0.74	9.37	3.1	6
N08	兰台世界	3518	0.918	0.341	0.95	573	0.79	30.16	4.7	7
N08	历史档案	638	0.336	0.018	0.97	220	0.58	11.58	≥10	6
N08	民国档案	359	0.165	0.057	0.94	159	0.32	8.37	≥10	3
N08	山东档案	567	0.744	0.155	0.99	120	0.68	6.32	2.9	5
N08	山西档案	1586	1.207	0.924	0.92	334	0.79	17.58	2.8	9
N08	陕西档案	374	0.468	0.127	1.00	94	0.63	4.95	2.9	4
N08	文博	685	0.234	0.074	0.95	224	0.21	11.79	≥10	3
N08	云南档案	421	0.166	0.089	1.00	124	0.74	6.53	5.6	5
N08	浙江档案	1275	1.019	0.500	0.93	220	0.79	11.58	3.3	9
N08	中国档案	1637	0.816	0.527	0.99	205	0.79	10.79	4.5	8
P01	Frontiers of Education in China	55	0.258	0.273	0.67	28	0.04	0.14	3.8	2
P01	安顺学院学报	379	0.376	0.039	0.92	222	0.13	1.13	4.4	3
P01	保定学院学报	277	0.292	0.238	0.97	185	0.13	0.94	4.3	4
P01	北京大学教育评论	1675	1.918	0.605	0.99	566	0.51	2.87	7.8	11
P01	比较教育研究	2687	1.506	0.497	0.95	738	0.64	3.75	6.6	9
P01	兵团教育学院学报	299	0.557	0.453	1.00	154	0.13	0.78	3.4	4

2020 年中国科技期刊被引指标按类刊名字顺索引（续）

学科代码	期刊名称	扩展总被引频次	扩展影响因子	扩展即年指标	扩展他引率	扩展引用刊数	扩展学科影响指标	扩展学科扩散指标	扩展被引半衰期	扩展H指标
P01	成都师范学院学报	1054	0.614	0.172	0.98	458	0.24	2.32	5.2	6
P01	池州学院学报	574	0.407	0.086	0.97	352	0.18	1.79	4.2	4
P01	重庆第二师范学院学报	519	0.483	0.281	1.00	286	0.15	1.45	4.3	6
P01	创新人才教育	233	0.543	0.167	0.97	123	0.15	0.62	3.3	5
P01	创新与创业教育	1103	1.053	0.486	0.97	378	0.24	1.92	3.3	7
P01	大连教育学院学报	393	0.625	0.225	0.97	146	0.15	0.74	3.7	6
P01	当代教师教育	310	0.593	0.107	0.96	184	0.27	0.93	4.7	5
P01	当代教育科学	2551	1.185	0.434	0.98	764	0.67	3.88	5.6	9
P01	当代教育理论与实践	1408	0.822	0.431	0.99	510	0.36	2.59	4.9	6
P01	当代教育论坛	1676	2.275	1.121	0.91	537	0.46	2.73	9.1	8
P01	当代教育与文化	671	1.293	0.467	0.98	342	0.44	1.74	3.1	6
P01	电化教育研究	8832	5.541	2.707	0.93	1163	0.71	5.90	4.9	25
P01	纺织服装教育	495	0.696	0.429	0.84	154	0.11	0.78	2.8	4
P01	福建教育学院学报	1805	0.719	0.419	0.99	375	0.25	1.90	2.9	8
P01	复旦教育论坛	2111	1.884	0.604	0.98	712	0.55	3.61	6.2	11
P01	工业和信息化教育	1058	1.164	0.520	0.92	354	0.20	1.80	2.5	8
P01	广东第二师范学院学报	337	0.488	0.247	0.96	209	0.15	1.06	5.1	5
P01	广西教育学院学报	871	0.564	0.207	0.99	350	0.23	1.78	3.5	6
P01	哈尔滨学院学报	849	0.421	0.216	0.91	424	0.21	2.15	2.9	4
P01	海南热带海洋学院学报	415	0.570	0.248	0.70	199	0.08	1.01	4.3	3
P01	航海教育研究	464	0.995	0.342	0.77	146	0.08	0.74	3.3	5
P01	河北师范大学学报（教育科学版）	1448	1.227	1.660	0.99	622	0.51	3.16	4.7	9
P01	河池学院学报	293	—	0.056	0.97	224	0.12	1.14	5.7	3
P01	河西学院学报	336	0.356	0.040	0.97	224	0.14	1.14	5.6	3
P01	呼伦贝尔学院学报	388	0.346	0.197	0.94	214	0.11	1.09	3.5	4
P01	湖北工业职业技术学院学报	364	0.613	0.080	0.96	192	0.09	0.97	3.7	5
P01	湖南师范大学教育科学学报	1506	1.963	1.000	0.96	561	0.59	2.85	4.7	10
P01	华东师范大学学报（教育科学版）	2925	3.756	2.833	0.97	839	0.69	4.26	3.7	20
P01	华文教学与研究	380	0.690	—	0.94	144	0.13	0.73	8.5	5
P01	济宁学院学报	263	0.263	0.066	0.98	193	0.08	0.98	5.5	3
P01	继续教育研究	2187	0.907	0.808	0.99	691	0.48	3.51	4.8	7
P01	佳木斯职业学院学报	6327	0.527	0.695	0.99	879	0.39	4.46	2.5	9
P01	教学管理与教育研究	1298	0.256	0.140	0.85	124	0.10	0.63	2.2	6

2020 年中国科技期刊被引指标按类刊名字顺索引（续）

学科代码	期刊名称	扩展总被引频次	扩展影响因子	扩展即年指标	扩展他引率	扩展引用刊数	扩展学科影响指标	扩展学科扩散指标	扩展被引半衰期	扩展H指标
P01	教学研究	1052	1.114	0.463	0.95	403	0.37	2.05	4.6	6
P01	教学与研究	1799	1.876	0.193	0.99	813	0.33	4.13	5.1	11
P01	教育测量与评价	659	0.933	0.458	0.88	248	0.28	1.26	4.0	6
P01	教育导刊	1222	0.705	0.327	0.99	438	0.43	2.22	5.4	8
P01	教育导刊（下半月）	522	0.210	0.067	0.92	131	0.19	0.66	6.1	4
P01	教育发展研究	6104	1.946	0.363	0.97	1137	0.77	5.77	5.1	17
P01	教育科学	1944	2.198	1.734	0.98	656	0.57	3.33	5.6	10
P01	教育科学论坛	1819	0.488	0.428	0.96	443	0.40	2.25	2.6	8
P01	教育科学探索	389	0.893	0.103	0.96	196	0.15	0.99	3.9	4
P01	教育科学研究	2279	1.793	0.304	0.98	656	0.62	3.33	4.8	11
P01	教育评论	3160	1.030	0.381	0.97	893	0.69	4.53	4.2	11
P01	教育生物学杂志	127	0.644	0.115	0.91	80	0.02	0.41	3.1	4
P01	教育实践与研究	1612	0.402	0.074	0.99	258	0.23	1.31	4.3	8
P01	教育史研究	62	—	0.107	0.97	45	0.05	0.23	4.0	2
P01	教育探索	3871	1.676	0.175	0.99	911	0.71	4.62	6.9	12
P01	教育文化论坛	433	0.536	0.188	0.99	256	0.23	1.30	3.7	4
P01	教育信息技术	1063	0.863	0.343	0.97	252	0.19	1.28	3.0	7
P01	教育学报	1747	2.069	0.468	0.99	595	0.56	3.02	5.9	13
P01	教育学术月刊	1941	1.531	0.362	0.97	693	0.58	3.52	5.6	8
P01	教育研究	12012	5.492	1.228	0.97	1471	0.86	7.47	5.9	25
P01	教育研究与评论	100	0.232	0.019	0.96	58	0.06	0.29	2.2	3
P01	教育研究与实验	1853	1.754	0.413	0.99	658	0.58	3.34	6.7	9
P01	教育艺术	503	0.100	0.092	1.00	110	0.10	0.56	3.1	3
P01	教育与教学研究	1628	1.053	0.905	0.96	541	0.45	2.75	4.9	8
P01	教育与考试	199	0.267	0.071	0.94	123	0.14	0.62	5.2	3
P01	金融理论探索	309	0.944	0.314	0.96	178	0.06	0.90	3.8	4
P01	金融理论与教学	569	0.688	0.599	0.95	255	0.11	1.29	2.4	5
P01	荆楚理工学院学报	205	0.255	0.024	0.99	164	0.06	0.83	5.8	3
P01	凯里学院学报	483	0.353	0.072	0.98	296	0.15	1.50	5.7	3
P01	昆明学院学报	422	0.429	0.142	0.92	274	0.08	1.39	5.0	3
P01	历史教学	740	0.287	0.110	0.94	292	0.22	1.48	≥10	5
P01	龙岩学院学报	383	0.392	0.087	0.96	255	0.08	1.29	6.3	3
P01	陇东学院学报	337	0.376	0.076	0.98	244	0.08	1.24	3.3	3

2020年中国科技期刊被引指标按类刊名字顺索引（续）

学科代码	期刊名称	扩展总被引频次	扩展影响因子	扩展即年指标	扩展他引率	扩展引用刊数	扩展学科影响指标	扩展学科扩散指标	扩展被引半衰期	扩展H指标
P01	吕梁学院学报	208	0.204	0.122	0.99	141	0.12	0.72	4.8	3
P01	逻辑学研究	333	0.157	0.200	0.95	216	0.07	1.10	≥10	4
P01	美术教育研究	7103	0.706	0.457	0.92	490	0.24	2.49	2.6	11
P01	美育学刊	266	0.415	0.197	0.97	137	0.14	0.70	3.5	5
P01	民族教育研究	1306	1.690	0.772	0.89	425	0.38	2.16	4.2	8
P01	闽江学院学报	264	0.317	0.060	0.99	193	0.08	1.32	7.5	3
P01	牡丹江教育学院学报	949	0.582	0.138	0.99	340	0.23	1.73	3.6	5
P01	内蒙古电大学刊	347	0.405	0.075	0.98	194	0.12	0.98	3.7	5
P01	内蒙古师范大学学报（教育科学版）	1914	0.749	0.262	0.99	614	0.53	3.12	5.8	7
P01	宁波大学学报（教育科学版）	920	0.842	0.333	0.98	481	0.42	2.44	5.7	6
P01	宁波教育学院学报	811	0.834	0.156	0.99	328	0.31	1.66	3.0	7
P01	萍乡学院学报	280	0.347	0.078	0.93	184	0.04	1.26	3.9	3
P01	普洱学院学报	595	0.501	0.175	0.99	307	0.12	1.56	2.7	4
P01	齐鲁师范学院学报	560	0.717	0.152	0.91	285	0.15	1.45	3.7	6
P01	青海教育	890	0.520	0.455	1.00	169	0.14	0.86	2.4	6
P01	清华大学教育研究	3227	2.841	0.202	0.98	899	0.64	4.56	6.0	15
P01	全球教育展望	3522	2.156	0.726	0.98	769	0.69	3.90	6.4	15
P01	陕西学前师范学院学报	1372	1.159	0.409	0.78	345	0.31	1.75	2.6	7
P01	上海教育科研	2320	1.002	0.319	0.98	618	0.57	3.14	6.3	9
P01	上海课程教学研究	284	0.544	0.141	0.96	111	0.13	0.56	1.8	5
P01	设计艺术研究	693	0.644	0.169	0.92	284	0.17	1.44	6.6	5
P01	沈阳师范大学学报（教育科学版）	689	0.604	0.123	1.00	300	0.21	1.52	8.7	5
P01	思想理论教育	5119	4.922	1.892	0.99	1093	0.66	5.55	2.9	21
P01	思想政治教育研究	2270	2.370	0.645	0.93	672	0.44	3.41	3.2	10
P01	思想政治课研究	640	0.825	0.134	0.99	248	0.19	1.26	2.5	8
P01	四川民族学院学报	299	0.391	0.196	0.93	176	0.10	0.89	4.4	3
P01	四川文理学院学报	472	0.594	0.170	0.92	276	0.16	1.40	4.3	5
P01	苏州大学学报（教育科学版）	379	1.150	0.683	0.99	228	0.27	1.16	2.7	6
P01	苏州教育学院学报	231	0.282	0.022	0.99	159	0.12	0.81	7.4	3
P01	宿州教育学院学报	933	0.622	0.139	0.99	321	0.16	1.63	3.4	7
P01	唐山学院学报	197	0.309	0.039	0.98	157	0.07	0.80	4.9	3
P01	天津教育（上旬刊）	564	0.236	0.154	1.00	114	0.13	0.58	1.5	3
P01	天津师范大学学报（基础教育版）	704	1.948	1.108	0.86	217	0.27	1.10	3.1	7

2020 年中国科技期刊被引指标按类刊名字顺索引（续）

学科代码	期刊名称	扩展总被引频次	扩展影响因子	扩展即年指标	扩展他引率	扩展引用刊数	扩展学科影响指标	扩展学科扩散指标	扩展被引半衰期	扩展H指标
P01	天津市教科院学报	630	0.798	0.133	0.98	272	0.28	1.38	4.5	6
P01	天津职业技术师范大学学报	165	0.285	0.089	0.99	124	0.06	0.63	5.5	2
P01	铜仁学院学报	383	0.390	0.153	0.96	240	0.14	1.22	3.5	4
P01	潍坊工程职业学院学报	339	0.445	0.144	0.98	202	0.12	1.03	4.4	3
P01	武夷学院学报	449	0.301	0.033	0.95	288	0.16	1.46	4.1	4
P01	物理教学	837	0.619	0.183	0.84	123	0.09	0.62	3.0	6
P01	西藏教育	401	0.374	0.188	0.96	141	0.13	0.72	3.0	4
P01	厦门城市职业学院学报	285	0.691	0.203	0.99	161	0.12	0.82	3.7	4
P01	现代大学教育	1267	1.919	0.302	0.95	518	0.50	2.63	5.9	8
P01	现代教育管理	3549	2.969	1.297	0.89	844	0.65	4.28	2.9	15
P01	现代教育技术	6545	3.958	1.619	0.97	1128	0.71	5.73	4.2	23
P01	现代教育论丛	440	0.568	0.125	0.99	238	0.32	1.21	6.1	4
P01	现代远程教育研究	2700	4.937	2.575	0.96	729	0.53	3.70	4.3	18
P01	现代远距离教育	1315	3.588	0.676	0.93	453	0.39	2.30	3.9	10
P01	现代中文学刊	235	0.206	0.093	0.94	120	0.04	0.61	7.5	3
P01	新余学院学报	419	0.338	0.129	0.98	261	0.09	1.32	4.5	3
P01	邢台学院学报	399	0.420	0.194	0.97	239	0.12	1.21	2.9	4
P01	学理论	2659	0.303	0.123	1.00	887	0.42	4.50	5.7	6
P01	延边教育学院学报	897	0.563	0.095	0.99	207	0.15	1.05	3.0	6
P01	扬州大学学报（高教研究版）	882	1.422	0.523	0.98	393	0.30	1.99	3.5	6
P01	扬州教育学院学报	226	0.364	0.057	0.98	132	0.07	0.67	4.3	3
P01	药学教育	1023	1.477	0.345	0.83	228	0.13	1.16	4.0	6
P01	医学教育管理	911	1.715	0.544	0.94	278	0.09	1.41	2.9	8
P01	语文学刊	1235	—	0.035	0.99	329	0.25	1.67	7.0	6
P01	语文学习	697	0.454	0.039	0.94	168	0.19	0.85	4.1	8
P01	远程教育杂志	4385	8.714	2.262	0.95	942	0.64	4.78	4.7	26
P01	运城学院学报	344	0.461	0.148	0.96	224	0.10	1.14	5.2	4
P01	昭通学院学报	226	0.303	0.021	0.98	154	0.12	0.78	3.5	3
P01	政治思想史	137	0.366	—	0.72	74	0.03	0.38	6.8	4
P01	职大学报	211	0.258	0.074	0.98	146	0.07	0.74	3.4	4
P01	职教通讯	2124	0.853	0.153	0.98	485	0.30	2.46	3.8	9
P01	中国毕业后医学教育	571	1.581	0.102	0.73	117	0.05	0.59	2.2	6
P01	中国地质教育	812	1.191	0.627	0.77	204	0.15	1.04	5.0	5

学科代码	期刊名称	扩展总被引频次	扩展影响因子	扩展即年指标	扩展他引率	扩展引用刊数	扩展学科影响指标	扩展学科扩散指标	扩展被引半衰期	扩展H指标
P01	中国电化教育	11275	5.864	5.277	0.95	1255	0.78	6.37	4.3	32
P01	中国教师	1878	1.111	0.188	1.00	390	0.37	1.98	2.9	6
P01	中国教育科学	107	2.720	0.354	0.93	68	0.11	0.35	1.4	3
P01	中国教育信息化·基础教育	1311	0.784	0.466	0.98	415	0.30	2.11	3.3	8
P01	中国教育学刊	7418	1.302	0.443	0.98	1101	0.77	5.59	4.1	18
P01	中国考试	1320	2.026	0.678	0.93	338	0.32	1.72	2.6	13
P01	中国林业教育	790	1.122	0.349	0.90	262	0.17	1.33	4.1	6
P01	中国农业教育	723	1.821	0.598	0.92	301	0.18	1.53	2.9	7
P01	中国轻工教育	468	0.619	0.126	0.96	212	0.15	1.08	4.2	4
P01	中国特殊教育	3275	1.641	0.311	0.89	606	0.44	3.08	6.8	9
P01	中国现代教育装备	3243	0.740	0.546	0.93	642	0.35	3.26	3.2	10
P01	中国冶金教育	806	0.661	0.253	0.84	247	0.15	1.25	3.1	5
P01	中国音乐教育	458	0.587	0.085	0.94	107	0.12	0.54	6.0	5
P01	中国远程教育（综合版）	3433	4.800	1.446	0.95	757	0.53	3.84	4.4	18
P01	中医教育	961	0.902	0.290	0.91	265	0.10	1.35	4.5	6
P03	北京教育（高教版）	1316	0.972	0.672	0.98	500	0.12	2.76	2.6	10
P03	北京教育（普教版）	500	0.195	0.044	0.99	208	0.34	1.15	3.1	4
P03	比较教育学报	946	0.873	0.093	0.98	367	0.30	2.03	6.0	7
P03	初中生世界（初中教学研究）	79	0.075	0.027	0.99	30	0.07	0.17	2.0	2
P03	地理教学	1188	0.698	0.223	0.80	202	0.23	1.12	2.4	6
P03	地理教育	607	0.394	0.238	0.82	164	0.19	0.91	3.4	6
P03	福建基础教育研究	1536	0.532	0.241	0.96	240	0.43	1.33	2.9	7
P03	福建中学数学	270	0.237	0.055	0.90	69	0.20	0.38	3.2	4
P03	甘肃高师学报	531	0.459	0.180	0.97	310	0.09	1.71	3.5	5
P03	高师理科学刊	884	—	0.155	0.90	397	0.07	2.19	3.7	5
P03	高校后勤研究	863	0.644	0.283	0.81	216	0.03	1.19	2.6	5
P03	广东教育（高中版）	34	0.026	0.004	1.00	21	0.03	0.12	3.3	1
P03	广东教育（职教版）	348	0.092	0.049	0.99	150	0.08	0.83	3.2	3
P03	广东教育（综合版）	208	0.081	0.025	0.99	93	0.17	0.51	4.5	3
P03	广西教育（义务教育）	730	0.140	0.053	0.99	155	0.18	0.86	3.6	3
P03	广西教育（中等教育）	439	0.088	0.044	0.95	109	0.09	0.60	3.2	3
P03	贵州教育	448	0.248	0.118	1.00	122	0.17	0.67	2.8	4
P03	河北理科教学研究	54	0.098	—	0.96	28	0.08	0.15	4.7	2

学科代码	期刊名称	扩展总被引频次	扩展影响因子	扩展即年指标	扩展他引率	扩展引用刊数	扩展学科影响指标	扩展学科扩散指标	扩展被引半衰期	扩展H指标
P03	河南教育（高校版）	782	0.629	0.264	0.97	318	0.07	1.76	2.5	6
P03	河南教育（基教版）	143	0.040	0.045	1.00	51	0.13	0.28	4.7	3
P03	河南教育（教师教育版）	404	0.448	0.339	1.00	148	0.07	0.82	1.8	5
P03	黑河教育	1797	0.926	0.697	1.00	164	0.20	0.91	1.9	9
P03	黑龙江教育（理论与实践）	1760	1.042	0.540	0.85	451	0.18	2.49	2.2	10
P03	湖北教育（教育教学）	133	0.039	0.012	1.00	54	0.11	0.30	3.7	3
P03	湖北教育（科学课）	75	0.053	0.018	1.00	29	0.06	0.16	3.1	2
P03	湖北教育（政务宣传）	85	0.032	0.011	1.00	40	0.06	0.22	4.0	2
P03	化学教学	1896	1.118	0.227	0.82	258	0.33	1.43	4.2	8
P03	化学教与学	801	0.415	0.182	0.91	138	0.26	0.76	3.4	4
P03	基础教育	789	1.423	0.647	0.99	351	0.34	1.94	4.0	6
P03	基础教育参考	1110	0.338	0.102	0.99	272	0.38	1.50	3.2	6
P03	基础教育课程	914	0.911	0.498	0.98	263	0.45	1.45	1.8	8
P03	基础教育研究	2683	0.595	0.105	1.00	343	0.41	1.90	3.2	9
P03	家教世界·现代幼教	140	0.065	0.020	0.98	45	0.09	0.25	5.7	3
P03	家长（上旬刊）	230	—	0.108	1.00	39	0.08	0.22	—	3
P03	江苏高教	3925	2.642	0.705	0.97	938	0.15	5.18	3.7	14
P03	江苏教育（教育管理版）	244	0.135	0.075	1.00	125	0.20	0.69	3.1	2
P03	江苏教育（小学教学版）	631	0.322	0.058	0.98	201	0.27	1.11	4.1	5
P03	江苏教育（职业教育版）	367	0.214	0.128	0.97	165	0.05	0.91	3.2	4
P03	江苏教育（中学教学版）	256	0.217	0.025	0.97	115	0.24	0.64	2.7	4
P03	江西教育	2101	0.300	0.190	1.00	239	0.33	1.32	2.6	7
P03	教书育人（教师新概念）	1151	0.416	0.213	0.99	142	0.24	0.78	1.9	6
P03	教书育人（校长参考）	572	0.290	0.107	0.99	129	0.21	0.71	2.0	5
P03	教师博览（科研版）	416	0.150	0.093	1.00	93	0.18	0.51	3.2	3
P03	教师发展研究	190	1.069	0.159	0.92	116	0.11	0.64	2.3	5
P03	教师教育论坛	820	0.559	0.287	0.97	320	0.24	1.77	3.2	5
P03	教学与管理（理论版）	2470	1.185	0.424	0.98	642	0.45	3.55	3.0	9
P03	教学与管理（小学版）	956	0.577	0.313	0.98	223	0.34	1.23	3.0	7
P03	教学与管理（中学版）	1432	0.815	0.216	0.97	408	0.43	2.25	3.4	8
P03	教学月刊（小学版）数学	113	0.114	0.030	0.83	43	0.13	0.24	3.2	2
P03	教学月刊（小学版）语文	230	0.205	0.033	0.95	58	0.17	0.32	3.4	4
P03	教学月刊（小学版）综合	328	0.330	0.228	0.99	95	0.22	0.52	2.3	4

2020 年中国科技期刊被引指标按类刊名字顺索引（续）

学科代码	期刊名称	扩展总被引频次	扩展影响因子	扩展即年指标	扩展他引率	扩展引用刊数	扩展学科影响指标	扩展学科扩散指标	扩展被引半衰期	扩展H指标
P03	教学月刊·中学版（教学参考）	316	0.493	0.163	0.97	99	0.24	0.55	2.5	4
P03	教学月刊·中学版（教学管理）	138	0.147	0.039	0.94	57	0.12	0.31	3.2	3
P03	教学月刊·中学版（外语教学）	113	0.146	0.084	0.90	49	0.13	0.27	2.1	4
P03	教育研究与评论（课堂观察）	76	0.097	0.070	0.84	39	0.12	0.22	2.9	2
P03	教育研究与评论（小学教育教学版）	204	0.117	0.054	0.92	73	0.19	0.40	3.7	3
P03	教育研究与评论（中学教育教学版）	479	0.421	0.061	0.93	159	0.34	0.88	3.1	6
P03	课程·教材·教法	7484	3.282	0.528	0.96	846	0.66	4.67	5.0	22
P03	课程教学研究	619	0.510	0.356	0.99	224	0.34	1.24	3.2	6
P03	课堂内外（小学教研）	251	0.046	0.013	1.00	49	0.11	0.27	2.7	2
P03	理科考试研究（初中版）	247	0.092	0.045	0.95	54	0.11	0.30	4.3	4
P03	理科考试研究（高中版）	160	0.057	0.026	0.91	49	0.15	0.27	4.4	2
P03	历史教学问题	430	0.335	0.112	0.95	244	0.08	1.35	8.3	4
P03	辽宁教育	1073	0.339	0.247	0.96	231	0.27	1.28	2.4	6
P03	七彩语文（教师论坛）	87	0.032	0.024	1.00	29	0.09	0.16	3.6	2
P03	上海中学数学	204	0.250	0.017	0.93	56	0.16	0.31	3.1	3
P03	少男少女	85	0.021	0.006	1.00	28	0.06	0.15	2.5	2
P03	生物学教学	1417	0.517	0.128	0.88	438	0.25	2.42	3.8	8
P03	师道·教研	364	0.044	0.034	1.00	91	0.14	0.50	2.4	3
P03	师道·人文	39	0.023	0.010	1.00	20	0.06	0.11	4.3	2
P03	实验教学与仪器	1030	0.476	0.209	0.86	203	0.23	1.12	3.2	6
P03	数理化学习（初中版）	284	0.237	0.068	0.65	43	0.13	0.24	3.1	3
P03	数理化学习（高一二版）	94	0.091	0.028	0.63	27	0.08	0.15	2.6	3
P03	数理化学习（教育理论）	301	0.119	0.038	0.98	56	0.15	0.31	3.5	4
P03	思想理论教育导刊	5370	2.367	0.552	0.99	1036	0.19	5.72	3.5	17
P03	外国教育研究	1737	1.115	0.102	0.97	594	0.29	3.28	9.3	7
P03	现代中小学教育	1588	0.873	0.182	0.99	376	0.42	2.08	4.5	8
P03	小学教学	294	—	0.012	0.89	85	0.23	0.47	4.0	3
P03	小学教学参考	3467	0.322	0.208	0.99	210	0.33	1.16	2.7	7
P03	小学教学设计（数学）	54	0.029	0.019	1.00	28	0.09	0.15	3.2	2
P03	小学教学设计（英语）	70	0.048	0.034	1.00	28	0.07	0.15	2.3	2
P03	小学教学设计（语文）	89	0.069	0.018	0.97	30	0.10	0.17	2.8	3
P03	小学教学研究（教学版）	483	0.242	0.089	0.99	103	0.21	0.57	3.2	4
P03	小学教学研究（教研版）	347	—	0.234	1.00	72	0.16	0.40	1.5	6

学科代码	期刊名称	扩展总被引频次	扩展影响因子	扩展即年指标	扩展他引率	扩展引用刊数	扩展学科影响指标	扩展学科扩散指标	扩展被引半衰期	扩展H指标
P03	小学教学研究（理论版）	763	0.344	0.133	1.00	108	0.20	0.60	2.8	6
P03	小学生作文辅导（读写双赢）	737	0.207	0.055	0.97	67	0.14	0.37	2.1	5
P03	小学生作文辅导（看图读写）	467	0.147	0.063	0.97	48	0.11	0.27	1.7	4
P03	小学时代（奥妙）	197	0.057	0.097	0.99	23	0.08	0.13	1.3	2
P03	新教师	740	0.371	0.141	1.00	156	0.27	0.86	2.3	5
P03	新课程研究（上旬）	2030	0.705	0.227	0.99	216	0.36	1.19	2.8	7
P03	新课程研究（下旬）	1155	0.310	0.206	0.99	216	0.27	1.19	3.1	6
P03	新课程研究（中旬—单）	1501	0.993	0.383	1.00	326	0.16	1.80	2.5	7
P03	新课程研究（中旬—双）	957	0.844	0.293	1.00	215	0.17	1.19	1.8	7
P03	学前教育研究	3915	3.344	0.618	0.89	517	0.29	2.86	7.3	12
P03	学语文	214	0.217	0.081	1.00	75	0.11	0.41	2.7	4
P03	幼儿教育·教育教学	413	0.122	0.029	0.99	100	0.15	0.55	7.7	4
P03	幼儿教育·教育科学	358	0.228	0.031	0.89	121	0.14	0.67	7.2	4
P03	幼儿教育研究	299	0.721	0.130	0.99	86	0.13	0.48	2.7	5
P03	语文天地（高中版）	191	0.069	0.071	1.00	44	0.08	0.24	2.3	3
P03	语文天地（小教版）	263	0.084	0.064	1.00	43	0.10	0.24	2.9	4
P03	早期教育（家教版）	30	0.029	0.014	1.00	13	0.01	0.07	5.3	2
P03	早期教育（教育教学）	318	0.097	0.037	0.99	86	0.14	0.48	7.5	4
P03	早期教育（艺术教育）	48	0.030	0.018	1.00	23	0.04	0.13	4.3	2
P03	中等数学	72	0.114	0.009	0.32	13	0.05	0.07	4.0	2
P03	中国数学教育（初中版）	273	0.336	0.101	0.74	57	0.17	0.31	3.4	3
P03	中国数学教育（高中版）	293	0.505	0.109	0.70	59	0.17	0.33	2.8	4
P03	中小学管理	1060	0.706	0.227	0.97	347	0.44	1.92	4.3	8
P03	中小学教师培训	1458	1.185	0.448	0.97	326	0.47	1.80	3.5	10
P03	中小学教学研究	783	0.627	0.180	1.00	134	0.33	0.74	3.6	5
P03	中小学实验与装备	237	0.312	0.019	1.00	83	0.17	0.46	3.3	3
P03	中小学外语教学（中学）	1423	2.394	0.341	0.84	101	0.23	0.56	3.0	10
P03	中小学校长	115	0.075	0.037	0.99	52	0.09	0.29	3.5	2
P03	中小学英语教学与研究	737	0.525	0.137	0.90	92	0.22	0.51	4.0	6
P03	中学地理教学参考	1417	0.881	0.215	0.93	220	0.25	1.22	3.1	6
P03	中学化学教学参考	1807	1.466	0.118	0.88	179	0.35	0.99	3.1	8
P03	中学教研（数学）	226	0.298	0.174	0.82	60	0.18	0.33	2.7	3
P03	中学课程资源	1151	0.786	0.433	0.98	120	0.25	0.66	2.1	7

2020年中国科技期刊被引指标按类刊名字顺索引（续）

学科代码	期刊名称	扩展总被引频次	扩展影响因子	扩展即年指标	扩展他引率	扩展引用刊数	扩展学科影响指标	扩展学科扩散指标	扩展被引半衰期	扩展H指标
P03	中学理科园地	317	0.545	0.156	0.98	68	0.14	0.38	2.2	5
P03	中学生数理化（教与学）	771	—	0.185	0.99	80	0.17	0.44	2.2	4
P03	中学生物学	755	0.354	0.037	0.91	146	0.25	0.81	3.5	5
P03	中学数学	1759	0.425	0.268	0.81	156	0.32	0.86	2.2	6
P03	中学数学教学	195	0.251	0.049	0.92	58	0.17	0.32	3.1	4
P03	中学数学教学参考	1243	1.146	0.168	0.96	139	0.35	0.77	3.1	4
P03	中学数学研究	267	0.172	0.046	0.83	72	0.19	0.40	3.5	3
P03	中学数学月刊	472	0.374	0.077	0.93	108	0.26	0.60	3.4	4
P03	中学数学杂志（初中版）	145	0.248	0.185	0.80	38	0.12	0.21	2.4	3
P03	中学数学杂志（高中版）	108	0.200	0.103	0.90	42	0.12	0.23	2.4	3
P03	中学物理（初中版）	423	0.274	0.152	0.83	64	0.17	0.35	3.4	4
P03	中学物理（高中版）	393	0.238	0.158	0.86	82	0.19	0.45	4.0	5
P03	中学物理教学参考	1514	1.570	0.225	0.95	170	0.28	0.94	2.8	6
P03	中学语文教学	976	0.522	0.173	0.96	174	0.24	0.96	3.9	8
P03	中学政史地（高中文综）	23	0.022	0.043	1.00	11	0.02	0.06	2.9	2
P03	中学政史地（教学指导版）	222	0.096	0.077	1.00	39	0.08	0.22	2.3	3
P03	中学政治教学参考	1248	0.685	0.200	0.98	332	0.24	1.83	2.5	4
P03	综合实践活动研究	47	0.056	0.035	0.87	22	0.04	0.12	2.0	2
P04	重庆高教研究	1321	3.119	1.652	0.98	556	0.81	15.44	3.1	11
P04	大学教育	4247	1.219	0.832	0.95	850	0.69	23.61	2.5	11
P04	大学教育科学	1659	2.178	0.905	0.92	613	0.78	17.03	3.7	11
P04	大学物理实验	1034	0.870	0.105	0.69	245	0.11	6.81	4.5	5
P04	高等工程教育研究	9119	6.361	2.131	0.95	1100	0.89	30.56	3.7	31
P04	高等继续教育学报	499	1.118	0.353	0.97	251	0.22	6.97	3.2	6
P04	高等建筑教育	1754	1.636	0.318	0.84	367	0.39	10.19	4.7	8
P04	高等教育研究	5549	2.973	0.869	0.97	1107	0.92	30.75	6.8	17
P04	高等教育研究学报	794	1.405	0.250	0.95	316	0.50	8.78	5.2	7
P04	高等理科教育	1242	1.173	0.259	0.87	382	0.69	10.61	6.0	7
P04	高教发展与评估	901	1.785	0.362	0.98	437	0.75	12.14	3.8	7
P04	高教论坛	2170	0.985	0.358	0.98	639	0.75	17.75	3.8	9
P04	高教探索	4009	1.779	0.611	0.98	1025	0.89	28.47	3.8	15
P04	高教学刊	7377	1.198	0.538	0.94	1041	0.81	28.92	2.2	13
P04	高校辅导员	574	—	0.422	0.99	244	0.28	6.78	2.9	6

2020 年中国科技期刊被引指标按类刊名字顺索引（续）

学科代码	期刊名称	扩展总被引频次	扩展影响因子	扩展即年指标	扩展他引率	扩展引用刊数	扩展学科影响指标	扩展学科扩散指标	扩展被引半衰期	扩展H指标
P04	高校辅导员学刊	724	1.012	0.653	0.95	274	0.25	7.61	3.3	6
P04	高校教育管理	1964	3.754	1.744	0.98	691	0.78	19.19	3.5	13
P04	高校生物学教学研究（电子版）	464	1.449	0.189	0.79	143	0.17	3.97	2.9	5
P04	高校医学教学研究（电子版）	560	—	0.974	0.83	162	0.11	4.50	2.5	7
P04	高校招生	37	—	—	1.00	33	0.08	0.92	≥10	2
P04	黑龙江高教研究	5723	2.225	0.578	0.98	1149	0.97	31.92	4.2	15
P04	黑龙江教育（高教研究与评估版）	2023	1.038	0.454	0.96	554	0.61	15.39	3.0	8
P04	化工高等教育	1477	1.664	0.524	0.85	263	0.50	7.31	4.2	8
P04	教书育人（高教论坛）	1408	0.622	0.301	0.98	461	0.42	12.81	2.6	6
P04	煤炭高等教育	524	0.597	0.030	0.97	255	0.58	7.08	4.8	5
P04	民族高等教育研究	475	0.646	0.247	0.84	237	0.31	6.58	5.0	4
P04	山东高等教育	327	0.574	0.065	0.98	206	0.50	5.72	4.6	5
P04	现代教育科学	2305	1.092	0.395	0.99	721	0.81	20.03	4.5	7
P04	学位与研究生教育	3101	2.650	0.447	0.92	617	0.86	17.14	5.2	11
P04	研究生教育研究	1389	2.479	0.833	0.94	415	0.72	11.53	3.8	9
P04	中国大学教学	8613	6.937	0.612	0.98	1195	0.94	33.19	4.1	30
P04	中国高教研究	8606	5.167	2.626	0.98	1336	0.92	37.11	4.2	29
P04	中国教育信息化	1390	0.910	0.529	0.96	474	0.39	13.17	3.4	7
P04	中国校外教育	11560	1.775	0.424	0.99	495	0.36	13.75	3.0	13
P04	中国校外教育（下旬刊）	5805	0.988	0.397	0.99	520	0.33	14.44	2.6	12
P04	中国校外教育（中旬刊）	6896	1.180	0.541	1.00	318	0.14	8.83	2.5	13
P05	安徽开放大学学报	250	0.497	0.541	0.98	175	0.21	1.46	2.8	4
P05	安徽冶金科技职业学院学报	260	0.286	0.044	0.91	140	0.37	3.04	4.4	3
P05	安徽医专学报	1806	0.990	0.194	0.95	345	0.28	4.16	2.9	7
P05	安徽职业技术学院学报	157	0.363	0.165	0.97	105	0.08	0.88	2.7	3
P05	包头职业技术学院学报	243	0.516	0.231	0.99	128	0.08	1.07	2.7	3
P05	保险职业学院学报	223	0.396	0.066	0.93	133	0.15	2.46	3.5	3
P05	北京财贸职业学院学报	503	1.694	1.066	0.74	189	0.15	3.50	1.9	7
P05	北京工业职业技术学院学报	540	1.022	0.795	0.99	265	0.12	1.35	2.4	7
P05	北京宣武红旗业余大学学报	115	0.431	0.149	0.88	72	0.01	0.27	3.2	3
P05	长春教育学院学报	1498	0.759	0.075	1.00	455	0.30	3.79	5.5	6
P05	成人教育	2305	2.101	1.016	0.95	599	0.73	4.99	3.1	9
P05	重庆广播电视大学学报	136	0.271	0.063	0.98	97	0.13	0.81	4.8	2

2020 年中国科技期刊被引指标按类刊名字顺索引（续）

学科代码	期刊名称	扩展总被引频次	扩展影响因子	扩展即年指标	扩展他引率	扩展引用刊数	扩展学科影响指标	扩展学科扩散指标	扩展被引半衰期	扩展H指标
P05	滁州职业技术学院学报	240	0.500	0.094	0.99	132	0.16	1.10	2.8	4
P05	当代职业教育	1075	1.507	1.233	0.95	349	0.44	2.91	4.0	8
P05	福建广播电视大学学报	270	0.356	0.096	0.99	160	0.21	1.33	3.6	3
P05	阜阳职业技术学院学报	170	0.339	0.108	0.99	105	0.09	0.88	2.9	3
P05	甘肃广播电视大学学报	163	0.288	0.055	1.00	113	0.08	0.94	3.4	3
P05	高等职业教育探索	638	2.080	0.895	0.99	270	0.38	2.25	2.4	8
P05	工业技术与职业教育	442	0.959	0.409	0.96	222	0.25	1.85	2.5	5
P05	广播电视大学学报（哲学社会科学版）	141	0.204	0.069	0.99	104	0.09	0.87	6.1	2
P05	广东开放大学学报	335	0.508	0.195	0.97	192	0.24	1.60	3.5	3
P05	广东农工商职业技术学院学报	184	0.476	0.200	0.98	125	0.06	2.31	3.4	3
P05	广东职业技术教育与研究	1216	0.704	0.412	0.99	328	0.26	2.73	2.2	7
P05	广西广播电视大学学报	394	0.910	0.260	0.98	210	0.26	1.75	2.2	5
P05	广西教育（高等教育）	491	0.105	0.044	0.91	186	0.13	1.55	4.0	3
P05	广州城市职业学院学报	185	0.503	0.145	0.98	126	0.14	1.05	3.1	4
P05	广州广播电视大学学报	260	0.436	0.080	0.95	152	0.18	1.27	3.6	3
P05	哈尔滨职业技术学院学报	905	0.650	0.183	0.98	340	0.33	2.83	2.8	5
P05	海南开放大学学报	217	0.302	0.069	0.98	138	0.12	1.15	4.2	3
P05	邯郸职业技术学院学报	165	0.307	0.056	0.99	113	0.08	0.94	4.1	3
P05	河北大学成人教育学院学报	312	0.459	0.082	0.97	170	0.23	1.42	5.3	4
P05	河北开放大学学报	266	0.378	0.118	0.97	154	0.18	1.28	3.9	3
P05	河北旅游职业学院学报	263	0.380	0.132	0.98	166	0.04	3.07	4.4	3
P05	河北能源职业技术学院学报	292	0.592	0.174	1.00	167	0.11	1.39	2.6	4
P05	河南广播电视大学学报	247	0.472	0.116	0.99	152	0.21	1.27	4.2	4
P05	湖北成人教育学院学报	503	0.725	0.213	0.98	219	0.20	1.83	3.4	4
P05	湖北开放大学学报	624	0.723	0.338	0.97	270	0.26	2.25	7.7	4
P05	湖北职业技术学院学报	207	0.445	0.165	0.95	142	0.19	1.18	3.2	3
P05	湖南工业职业技术学院学报	504	0.496	0.080	0.98	254	0.18	2.12	3.7	4
P05	湖南广播电视大学学报	173	0.453	0.375	0.98	127	0.18	1.06	3.4	4
P05	湖州职业技术学院学报	167	0.385	0.044	0.99	107	0.07	0.89	3.3	3
P05	淮北职业技术学院学报	534	0.564	0.154	0.98	262	0.16	2.18	2.9	6
P05	淮南职业技术学院学报	902	0.678	0.324	0.99	345	0.28	2.88	2.0	6
P05	黄冈职业技术学院学报	544	0.728	0.210	0.98	272	0.26	2.27	2.8	5
P05	机械职业教育	851	0.881	0.523	0.99	291	0.41	2.43	2.9	6

2020 年中国科技期刊被引指标按类刊名字顺索引（续）

学科代码	期刊名称	扩展总被引频次	扩展影响因子	扩展即年指标	扩展他引率	扩展引用刊数	扩展学科影响指标	扩展学科扩散指标	扩展被引半衰期	扩展H指标
P05	吉林广播电视大学学报	1787	0.541	0.183	0.99	515	0.36	4.29	2.6	6
P05	济南职业学院学报	593	0.552	0.192	1.00	236	0.23	1.97	2.8	4
P05	济源职业技术学院学报	201	0.514	0.099	0.92	123	0.13	1.03	3.7	3
P05	江苏经贸职业技术学院学报	392	0.652	0.259	0.99	206	0.11	3.81	2.5	4
P05	江西广播电视大学学报	217	0.746	0.313	0.98	141	0.20	1.18	2.5	4
P05	教师教育学报	833	0.929	0.563	0.98	468	0.18	3.90	6.7	5
P05	教师教育研究	2403	2.326	0.429	0.97	585	0.45	4.88	6.2	10
P05	教育与职业	10290	3.419	1.311	0.97	1147	0.87	9.56	4.2	17
P05	金华职业技术学院学报	337	0.665	0.124	0.99	208	0.18	1.73	3.3	5
P05	晋城职业技术学院学报	346	0.563	0.278	0.98	189	0.20	1.58	2.2	4
P05	九江职业技术学院学报	537	1.416	0.175	0.97	194	0.19	1.62	2.4	6
P05	开放教育研究	3726	5.420	1.697	0.98	807	0.58	6.73	5.4	20
P05	开放学习研究	394	1.437	0.519	0.90	210	0.28	1.75	3.3	7
P05	兰州石化职业技术学院学报	180	0.442	0.067	0.95	124	0.07	1.03	3.3	3
P05	兰州职业技术学院学报	1684	0.450	0.227	1.00	539	0.38	4.49	3.2	7
P05	黎明职业大学学报	152	0.549	0.059	1.00	113	0.07	0.94	3.0	3
P05	理论学习—山东干部函授大学学报	374	0.273	0.036	0.99	245	0.22	2.31	4.4	5
P05	连云港职业技术学院学报	199	0.511	0.092	0.97	129	0.09	1.08	3.0	3
P05	两岸终身教育	146	0.441	0.032	1.00	84	0.10	0.70	4.6	3
P05	辽宁高职学报	1699	0.983	0.602	0.95	399	0.47	3.33	2.8	8
P05	辽宁广播电视大学学报	347	0.374	0.162	0.98	165	0.17	1.38	3.5	3
P05	柳州职业技术学院学报	310	0.302	0.181	0.97	189	0.16	1.58	3.6	4
P05	漯河职业技术学院学报	542	0.530	0.233	0.96	254	0.21	2.12	3.7	5
P05	闽西职业技术学院学报	246	0.484	0.048	0.99	168	0.12	1.40	3.4	4
P05	南方职业教育学刊	344	0.826	0.160	0.91	171	0.20	1.43	3.1	4
P05	南京开放大学学报	262	0.599	0.667	0.98	153	0.28	1.28	2.8	4
P05	南宁职业技术学院学报	384	0.547	0.137	0.96	211	0.18	1.76	3.5	4
P05	南通职业大学学报	314	0.692	0.085	0.96	188	0.17	1.57	3.4	4
P05	宁波开放大学学报	234	0.546	0.173	0.98	147	0.21	1.23	2.8	3
P05	宁波职业技术学院学报	476	0.716	0.434	1.00	237	0.23	1.98	2.9	5
P05	濮阳职业技术学院学报	289	0.210	0.108	0.93	173	0.08	1.44	5.1	4
P05	青岛职业技术学院学报	298	0.473	0.054	0.98	163	0.16	1.36	4.1	4
P05	青年发展论坛	274	0.862	0.067	0.96	152	0.12	1.27	3.5	5

2020年中国科技期刊被引指标按类刊名字顺索引（续）

学科代码	期刊名称	扩展总被引频次	扩展影响因子	扩展即年指标	扩展他引率	扩展引用刊数	扩展学科影响指标	扩展学科扩散指标	扩展被引半衰期	扩展H指标
P05	清远职业技术学院学报	253	0.435	0.143	0.97	166	0.11	1.38	3.5	3
P05	三门峡职业技术学院学报	234	0.445	0.095	0.97	142	0.09	1.18	3.4	4
P05	沙洲职业工学院学报	142	0.466	0.111	0.95	92	0.10	0.77	3.8	3
P05	山东开放大学学报	245	0.536	0.446	0.96	141	0.21	1.18	2.4	5
P05	山东商业职业技术学院学报	401	0.510	0.130	1.00	216	0.09	4.00	3.5	5
P05	山西广播电视大学学报	236	0.337	0.041	0.99	149	0.18	1.24	5.3	3
P05	陕西开放大学学报	173	0.333	0.116	0.98	106	0.14	0.88	3.5	3
P05	商丘职业技术学院学报	274	0.335	0.026	0.99	188	0.08	1.57	4.5	3
P05	深圳信息职业技术学院学报	230	0.627	0.120	0.99	131	0.13	1.09	3.0	4
P05	深圳职业技术学院学报	264	0.595	0.333	0.99	178	0.13	1.48	3.1	4
P05	石家庄职业技术学院学报	362	0.614	0.270	0.96	197	0.18	1.64	2.9	4
P05	顺德职业技术学院学报	177	0.420	0.041	0.98	126	0.13	1.05	4.8	4
P05	四川职业技术学院学报	425	0.335	0.153	0.99	243	0.18	2.03	4.1	4
P05	苏州工艺美术职业技术学院学报	103	0.177	0.037	0.98	70	0.10	0.71	4.7	2
P05	苏州市职业大学学报	281	0.699	0.272	0.97	181	0.17	1.51	3.4	4
P05	太原城市职业技术学院学报	2068	0.462	0.150	0.98	569	0.13	10.54	3.0	6
P05	泰州职业技术学院学报	422	0.724	0.060	0.98	220	0.10	1.83	2.9	4
P05	天津电大学报	250	0.929	0.016	0.97	150	0.30	1.25	3.3	5
P05	天津商务职业学院学报	258	0.421	0.488	0.98	147	0.09	2.72	3.4	3
P05	天津职业大学学报	617	1.063	0.295	0.99	250	0.38	2.08	3.4	5
P05	铜陵职业技术学院学报	285	0.604	0.184	0.99	158	0.10	1.32	3.0	4
P05	卫生职业教育	9623	1.158	0.447	0.93	980	0.45	8.17	2.7	10
P05	温州职业技术学院学报	208	0.487	0.068	0.89	134	0.13	1.12	3.9	3
P05	乌鲁木齐职业大学学报	123	0.309	0.075	0.98	89	0.06	0.74	3.9	3
P05	无锡商业职业技术学院学报	363	0.631	0.089	0.98	211	0.13	3.91	3.1	4
P05	无锡职业技术学院学报	383	0.577	0.242	0.99	207	0.22	1.73	3.1	4
P05	芜湖职业技术学院学报	236	0.546	0.190	1.00	154	0.09	1.28	3.0	4
P05	武汉冶金管理干部学院学报	276	0.524	0.230	1.00	154	0.02	3.35	2.4	4
P05	武汉职业技术学院学报	458	0.684	0.246	0.97	244	0.24	2.03	2.8	4
P05	西北成人教育学院学报	543	0.800	0.326	0.99	232	0.22	1.93	3.6	6
P05	现代特殊教育	1338	0.478	0.105	0.86	225	0.10	1.88	3.7	5
P05	襄阳职业技术学院学报	498	0.515	0.115	0.98	250	0.18	2.08	3.0	5
P05	新疆广播电视大学学报	254	0.938	0.469	0.47	81	0.14	0.68	2.5	4

2020 年中国科技期刊被引指标按类刊名字顺索引（续）

学科代码	期刊名称	扩展总被引频次	扩展影响因子	扩展即年指标	扩展他引率	扩展引用刊数	扩展学科影响指标	扩展学科扩散指标	扩展被引半衰期	扩展H指标
P05	新疆教育学院学报	187	0.658	0.071	1.00	114	0.03	0.95	8.1	4
P05	新疆职业大学学报	169	0.457	0.134	1.00	111	0.08	0.93	5.7	3
P05	新疆职业教育研究	195	0.479	0.164	0.98	116	0.13	0.97	3.7	3
P05	邢台职业技术学院学报	362	0.512	0.130	0.98	181	0.17	1.51	3.3	5
P05	烟台职业学院学报	196	0.414	0.033	0.99	121	0.08	1.01	3.5	4
P05	延安职业技术学院学报	437	0.461	0.074	0.99	234	0.12	1.95	3.6	4
P05	扬州职业大学学报	139	0.491	0.036	0.96	107	0.06	0.89	4.0	3
P05	杨凌职业技术学院学报	348	0.826	0.236	0.97	192	0.13	1.60	2.5	4
P05	岳阳职业技术学院学报	422	0.541	0.146	0.98	230	0.20	1.92	3.5	4
P05	云南开放大学学报	187	0.597	0.286	0.95	123	0.23	1.03	3.2	3
P05	张家口职业技术学院学报	184	0.471	0.063	0.99	103	0.09	0.86	2.8	4
P05	漳州职业技术学院学报	162	0.250	0.065	0.98	118	0.05	0.98	4.4	3
P05	浙江工商职业技术学院学报	273	0.584	0.124	0.99	162	0.06	3.00	3.2	5
P05	浙江艺术职业学院学报	192	0.226	0.011	0.99	97	0.35	0.99	7.3	3
P05	职教论坛	7000	3.082	0.880	0.96	914	0.89	7.62	4.0	18
P05	职业技术教育	6364	2.292	0.525	0.95	897	0.82	7.48	3.7	15
P05	职业教育	848	0.587	0.162	1.00	242	0.28	2.02	3.0	4
P05	职业教育（下旬）	395	—	0.153	0.99	165	0.21	1.38	5.6	5
P05	职业教育研究	2114	1.126	0.682	0.99	525	0.56	4.38	6.1	9
P05	中国成人教育	5956	—	0.255	0.92	1061	0.87	8.84	4.0	10
P05	中国职业技术教育	11338	4.574	1.264	0.95	1045	0.93	8.71	2.8	28
P05	终身教育研究	504	1.496	0.461	0.94	228	0.38	1.90	3.3	6
P07	Journal of Sport and Health Science（JSHS）	295	0.500	0.318	0.83	125	0.70	2.84	3.7	6
P07	安徽体育科技	490	0.576	0.102	0.97	157	0.75	3.57	4.7	4
P07	北京体育大学学报	6327	2.863	0.296	0.96	751	0.95	17.07	6.3	14
P07	冰雪运动	1706	3.147	0.134	0.35	130	0.75	2.95	3.4	11
P07	成都体育学院学报	2450	2.378	0.557	0.98	458	0.93	10.41	6.4	9
P07	福建体育科技	475	0.658	0.204	0.98	156	0.77	3.55	5.0	5
P07	广州体育学院学报	2140	1.922	0.572	0.96	381	0.93	8.66	4.2	9
P07	哈尔滨体育学院学报	1016	1.738	0.408	0.85	232	0.93	5.27	4.5	6
P07	河北体育学院学报	550	0.827	0.360	0.95	172	0.89	3.91	4.7	4
P07	湖北体育科技	1238	0.817	0.161	0.92	273	0.89	6.20	3.9	7
P07	吉林体育学院学报	806	0.963	0.239	0.98	252	0.95	5.73	6.0	5

2020 年中国科技期刊被引指标按类刊名字顺索引（续）

学科代码	期刊名称	扩展总被引频次	扩展影响因子	扩展即年指标	扩展他引率	扩展引用刊数	扩展学科影响指标	扩展学科扩散指标	扩展被引半衰期	扩展H指标
P07	辽宁体育科技	765	0.666	0.150	0.98	215	0.77	4.89	4.8	5
P07	南京体育学院学报	2300	3.327	0.803	0.96	320	0.11	2.19	3.3	13
P07	青少年体育	2278	0.789	0.361	0.89	223	0.80	5.07	2.5	7
P07	山东体育科技	589	0.564	0.176	0.97	179	0.89	4.07	6.1	4
P07	山东体育学院学报	1520	1.392	0.462	0.97	353	0.93	8.02	6.2	7
P07	上海体育学院学报	2720	3.932	1.217	0.95	404	0.93	9.18	5.3	13
P07	沈阳体育学院学报	2035	2.434	1.325	0.94	411	0.93	9.34	4.1	9
P07	首都体育学院学报	1780	2.476	0.484	0.97	366	0.93	8.32	5.0	9
P07	四川体育科学	893	0.682	0.284	0.97	240	0.84	5.45	4.7	6
P07	体育教学	1040	0.466	0.214	0.93	163	0.68	3.70	2.8	6
P07	体育教育学刊	779	1.122	0.676	0.91	205	0.84	4.66	3.6	5
P07	体育科技	1247	0.615	0.070	0.97	304	0.82	6.91	3.2	5
P07	体育科技文献通报	2571	0.619	0.424	0.95	392	0.86	8.91	2.7	7
P07	体育科学	5534	6.185	0.765	0.95	673	0.95	15.30	5.0	20
P07	体育科学研究	475	0.812	0.080	0.99	163	0.84	3.70	5.0	5
P07	体育科研	727	0.655	0.373	0.96	236	0.91	5.36	8.1	6
P07	体育师友	524	0.545	0.236	0.98	102	0.34	2.32	3.2	5
P07	体育文化导刊	5204	2.945	0.306	0.95	569	0.93	12.93	4.2	13
P07	体育学刊	3664	3.000	1.127	0.96	505	0.93	11.48	5.4	15
P07	体育研究与教育	760	0.931	0.247	0.98	234	0.93	5.32	5.4	5
P07	体育与科学	2052	2.405	1.000	0.96	399	0.93	9.07	5.9	10
P07	天津体育学院学报	1786	2.652	0.835	0.94	348	0.93	7.91	6.1	9
P07	武汉体育学院学报	3761	2.712	0.770	0.95	549	0.93	12.48	5.1	13
P07	武术研究	1500	0.474	0.218	0.82	271	0.80	6.16	3.4	5
P07	西安体育学院学报	1923	2.180	0.748	0.95	372	0.93	8.45	5.0	9
P07	运动精品	526	0.384	0.074	0.97	116	0.34	2.64	1.8	4
P07	浙江体育科学	750	0.830	0.296	0.97	238	0.84	5.41	5.4	6
P07	中国体育教练员	341	0.432	0.081	0.91	92	0.70	2.09	5.4	4
P07	中国体育科技	2502	2.640	0.712	0.95	454	0.91	10.32	5.6	10
P07	中国运动医学杂志	2224	1.570	0.145	0.95	589	0.86	13.39	5.2	9
Q07	内蒙古统计	159	0.309	0.029	0.94	109	0.50	18.17	2.7	4
Q07	统计科学与实践	325	0.319	0.079	0.96	219	0.83	36.50	4.9	5
Q07	统计研究	4307	2.861	0.388	0.96	1058	1.00	176.33	6.7	17

2020 年中国科技期刊被引指标按类刊名字顺索引（续）

学科代码	期刊名称	扩展总被引频次	扩展影响因子	扩展即年指标	扩展他引率	扩展引用刊数	扩展学科影响指标	扩展学科扩散指标	扩展被引半衰期	扩展H指标
Q07	统计与管理	1035	0.336	0.213	0.99	463	0.50	77.17	3.8	5
Q07	统计与决策	9197	1.403	0.385	0.94	1985	1.00	330.83	4.1	12
Q07	统计与信息论坛	2150	1.769	0.411	0.91	939	0.67	156.50	4.4	11

6　2020年中国科技期刊来源指标

按类刊名字顺索引

2020 年中国科技期刊来源指标按类刊名字顺索引

学科代码	期刊名称	来源文献量	文献选出率	平均引文数	平均作者数	地区分布数	机构分布数	海外论文比	基金论文比	引用半衰期
A01	High Technology Letters	56	1.00	21.1	4.5	17	40	—	1.00	6.7
A01	Journal of Systems Science and Systems Engineering	39	0.87	39.6	3.0	11	36	0.44	0.72	≥10
A01	National Science Review	224	0.86	42.7	7.5	21	83	0.48	0.69	6.6
A01	Progress in Natural Science: Materials International	106	0.95	45.6	5.7	18	77	0.26	0.94	6.0
A01	Research	127	0.98	64.1	7.2	16	85	0.28	0.98	5.2
A01	Science Bulletin	346	0.94	34.5	7.2	24	168	0.08	0.92	4.7
A01	安徽科技	236	0.91	2.8	1.8	15	125	—	0.14	4.9
A01	大众科技	560	0.98	11.8	3.1	26	211	—	0.51	5.1
A01	大自然	98	0.80	—	1.4	22	67	0.02	0.03	—
A01	电大理工	76	0.88	6.4	1.4	14	35	—	0.55	3.7
A01	福建分析测试	73	0.97	9.9	2.4	15	51	—	0.23	7.1
A01	甘肃科技	1292	0.97	8.5	2.1	28	584	0.00	0.21	5.1
A01	甘肃科技纵横	346	0.94	9.4	2.0	26	211	—	0.25	4.2
A01	甘肃科学学报	152	1.00	14.4	2.9	21	75	0.00	0.49	6.8
A01	高技术通讯	147	0.95	20.7	4.2	15	44	0.03	0.95	6.2
A01	广西科学	82	0.89	29.3	5.3	13	41	0.00	0.87	7.2
A01	广西科学院学报	61	0.90	29.1	5.3	5	23	—	0.97	8.7
A01	贵州科学	120	1.00	14.2	4.6	6	54	—	0.74	8.7
A01	河北省科学院学报	60	0.94	12.2	3.1	7	26	—	0.47	6.1
A01	河南科技	1485	0.84	6.5	2.0	31	803	0.00	0.19	5.4
A01	河南科学	281	0.95	21.9	3.5	22	124	0.01	0.81	6.3
A01	黑龙江科学	1794	1.00	5.3	1.7	31	955	0.00	0.32	3.8
A01	江苏科技信息	818	0.96	7.2	2.0	30	457	—	0.47	3.9
A01	江西科学	179	1.00	16.9	3.6	20	100	0.01	0.79	6.1
A01	科技传播	1624	0.85	5.5	1.4	31	967	0.01	0.16	3.7
A01	科技创新发展战略研究	61	1.00	11.8	2.5	7	39	—	0.62	2.5
A01	科技创新与生产力	323	0.97	7.7	2.0	29	192	0.00	0.53	4.1
A01	科技促进发展	196	0.91	21.3	3.0	20	64	—	0.81	4.7
A01	科技导报	393	0.83	26.1	3.2	28	225	0.01	0.60	7.0
A01	科技通报	275	0.92	13.9	3.2	29	207	0.00	0.47	6.6
A01	科技与创新	1658	1.00	5.3	2.2	30	1048	0.00	0.29	4.6

2020 年中国科技期刊来源指标按类刊名字顺索引（续）

学科代码	期刊名称	来源文献量	文献选出率	平均引文数	平均作者数	地区分布数	机构分布数	海外论文比	基金论文比	引用半衰期
A01	科技与经济	132	1.00	13.7	2.4	20	78	—	0.82	6.1
A01	科技中国	278	0.91	—	1.8	22	103	0.01	0.25	—
A01	科学（上海）	83	0.84	9.5	2.0	19	61	0.04	0.21	8.7
A01	科学通报	424	0.88	48.9	4.5	28	200	0.05	0.76	6.8
A01	内蒙古科技与经济	1649	1.00	6.2	1.7	31	777	0.00	0.28	4.7
A01	前沿科学	83	0.94	4.3	2.6	13	45	—	0.01	4.6
A01	青海科技	119	0.90	6.8	2.8	11	73	—	0.39	6.3
A01	山东科学	105	1.00	20.0	4.5	18	57	0.01	0.67	6.2
A01	山西科技	244	0.99	6.1	1.9	20	160	—	0.32	5.6
A01	石河子科技	169	0.92	3.8	1.7	25	132	—	0.17	4.2
A01	实验科学与技术	186	1.00	14.2	3.9	22	84	—	0.91	5.3
A01	实验室科学	385	1.00	11.7	3.7	29	168	—	0.80	5.8
A01	天津科技	341	0.99	6.5	3.0	16	151	—	0.27	6.2
A01	通讯世界	1598	0.99	3.9	1.6	31	1076	—	0.08	2.7
A01	武夷科学	16	1.00	24.7	3.2	2	10	0.06	0.75	≥10
A01	西藏科技	270	0.99	8.8	2.6	17	109	—	0.46	5.9
A01	厦门科技	92	0.95	3.6	1.2	3	52	—	0.11	7.2
A01	中国发明与专利	231	0.99	11.6	2.0	19	107	0.01	0.30	7.8
A01	中国高新科技	1318	0.89	2.1	1.6	31	973	0.00	0.08	3.3
A01	中国基础科学	54	0.95	22.6	4.2	12	43	0.00	0.76	4.7
A01	中国科技论文	456	1.00	9.1	2.6	29	286	0.00	0.58	5.7
A01	中国科技史杂志	48	0.89	31.6	1.6	13	26	0.04	0.33	≥10
A01	中国科技术语	94	0.81	15.0	2.1	21	75	0.07	0.48	≥10
A01	中国科技信息	976	0.86	—	2.3	30	540	0.00	0.23	—
A01	中国科学基金	100	0.88	29.8	4.3	17	54	0.03	0.43	5.2
A01	中国科学院院刊	159	0.76	18.8	3.7	15	65	0.03	0.73	6.6
A01	中国西部	75	0.90	16.1	1.9	15	42	—	0.59	6.1
A01	自然科学史研究	38	0.90	49.0	1.3	12	26	0.05	0.37	≥10
A01	自然杂志	61	0.79	37.4	3.3	12	32	0.00	0.23	6.7
A02	Journal of Central South University（Science and Technology）	361	0.98	23.8	4.7	24	115	0.02	0.97	7.0
A02	Journal of Donghua University	73	1.00	23.8	3.6	21	43	0.01	0.84	5.6
A02	Journal of Southeast University	61	1.00	23.2	3.5	15	18	—	0.95	6.6

学科代码	期刊名称	来源文献量	文献选出率	平均引文数	平均作者数	地区分布数	机构分布数	海外论文比	基金论文比	引用半衰期
A02	Transactions of Tianjin University	44	1.00	54.2	5.6	6	13	0.02	0.75	4.9
A02	Tsinghua Science and Technology	69	0.92	31.4	4.6	17	47	0.15	0.84	7.0
A02	Wuhan University Journal of Natural Sciences	71	1.00	25.4	3.4	19	52	0.03	0.94	7.6
A02	安徽大学学报（自然科学版）	90	1.00	19.3	3.4	20	52	0.01	0.84	6.5
A02	宝鸡文理学院学报（自然科学版）	61	0.94	19.1	2.8	9	19	—	0.87	9.0
A02	北华大学学报（自然科学版）	170	1.00	16.3	4.1	20	61	0.00	0.91	5.8
A02	北京城市学院学报	110	0.98	8.5	1.7	20	75	0.01	0.75	4.8
A02	北京大学学报（自然科学版）	124	0.98	30.2	4.6	10	31	0.06	0.82	8.9
A02	北京服装学院学报（自然科学版）	58	0.98	21.0	3.5	10	14	—	0.72	5.9
A02	北京联合大学学报（自然科学版）	56	1.00	17.3	2.7	12	21	0.04	0.79	6.0
A02	北京信息科技大学学报（自然科学版）	106	0.95	13.2	2.9	6	12	—	0.85	5.8
A02	蚌埠学院学报	166	0.93	11.1	1.9	17	71	—	0.75	5.9
A02	渤海大学学报（自然科学版）	62	0.89	20.1	3.7	9	13	—	0.69	6.0
A02	长安大学学报（自然科学版）	77	0.94	28.8	4.2	18	38	0.01	1.00	6.3
A02	长春大学学报（自然科学版）	169	0.96	6.6	1.4	25	117	—	0.89	5.4
A02	长春工程学院学报（自然科学版）	110	0.96	9.9	2.1	20	70	—	0.48	5.5
A02	长江大学学报（自然科学版）	116	0.95	20.5	4.8	16	44	—	1.00	7.4
A02	常州大学学报（自然科学版）	76	1.00	19.2	4.6	6	12	0.01	0.86	7.3
A02	成都大学学报（自然科学版）	83	0.95	15.5	4.6	8	18	—	0.72	6.0
A02	成都理工大学学报（自然科学版）	73	1.00	28.1	5.5	13	37	0.00	0.86	≥10
A02	赤峰学院学报（自然科学版）	367	0.95	10.8	2.7	23	117	0.01	0.69	5.3
A02	重庆大学学报	145	0.94	20.9	4.0	25	78	0.03	0.87	6.4
A02	重庆工商大学学报（自然科学版）	110	1.00	15.6	2.6	14	42	0.01	0.86	6.9
A02	重庆科技学院学报（自然科学版）	148	0.96	9.7	3.1	21	85	—	0.99	6.9
A02	德州学院学报	141	0.96	13.2	2.2	19	54	—	0.53	9.8
A02	东北大学学报（自然科学版）	288	1.00	14.3	3.6	17	35	0.01	0.99	6.8
A02	东华大学学报（自然科学版）	150	0.96	17.6	3.9	9	15	0.00	0.67	8.2
A02	东华理工大学学报（自然科学版）	77	0.94	21.6	5.1	12	30	—	1.00	8.4
A02	东南大学学报（自然科学版）	150	0.99	21.6	4.1	18	38	0.01	0.97	7.0
A02	佛山科学技术学院学报（自然科学版）	88	0.96	11.3	3.3	15	44	—	0.73	6.6
A02	服装学报	92	1.00	20.2	2.9	18	32	—	0.77	7.4
A02	福州大学学报（自然科学版）	122	0.96	18.0	3.6	15	34	0.01	0.94	5.9
A02	复旦学报（自然科学版）	90	0.93	25.2	3.9	18	36	0.04	0.72	8.0

2020年中国科技期刊来源指标按类刊名字顺索引（续）

学科代码	期刊名称	来源文献量	文献选出率	平均引文数	平均作者数	地区分布数	机构分布数	海外论文比	基金论文比	引用半衰期
A02	广西大学学报（自然科学版）	180	0.97	17.6	4.4	24	74	0.01	0.97	6.0
A02	广西民族大学学报（自然科学版）	71	0.93	14.1	1.9	15	36	—	0.66	≥10
A02	广州大学学报（自然科学版）	67	0.99	29.3	3.1	13	28	0.02	0.76	6.3
A02	贵阳学院学报（自然科学版）	100	0.99	10.0	2.2	12	62	—	0.74	5.4
A02	贵州大学学报（自然科学版）	121	0.95	19.1	3.5	14	40	0.00	0.93	6.3
A02	哈尔滨商业大学学报（自然科学版）	131	0.96	15.9	4.0	19	48	—	0.77	5.0
A02	海南大学学报（自然科学版）	54	1.00	19.7	3.9	11	20	—	0.98	6.7
A02	合肥学院学报（综合版）	159	0.98	11.8	2.0	14	59	—	0.84	6.3
A02	河北北方学院学报（自然科学版）	186	0.94	14.0	3.7	12	68	—	0.63	5.0
A02	河北大学学报（自然科学版）	91	1.00	20.2	4.4	10	25	0.01	0.89	7.2
A02	河北地质大学学报	135	0.94	17.7	2.9	24	64	—	0.71	8.2
A02	河南大学学报（自然科学版）	84	1.00	26.3	4.2	10	21	0.00	0.98	6.7
A02	河南工程学院学报（自然科学版）	68	1.00	11.6	3.1	9	28	—	0.88	6.3
A02	河南教育学院学报（自然科学版）	76	1.00	9.7	1.9	13	35	0.01	0.63	5.3
A02	河南科技学院学报（自然科学版）	73	1.00	20.1	4.9	7	18	—	0.99	8.3
A02	黑河学院学报	776	0.97	8.1	1.5	29	292	0.01	0.62	7.7
A02	黑龙江大学自然科学学报	105	1.00	18.3	3.3	21	45	0.01	0.98	7.7
A02	湖北大学学报（自然科学版）	111	0.99	18.3	3.9	12	36	0.01	0.72	7.9
A02	湖北民族大学学报（自然科学版）	92	0.98	18.4	3.4	18	41	0.01	0.94	6.3
A02	湖北文理学院学报	183	1.00	16.0	1.6	25	88	—	0.50	9.5
A02	湖南城市学院学报（自然科学版）	95	1.00	14.6	2.8	17	50	—	0.72	5.8
A02	湖南大学学报（自然科学版）	204	1.00	19.9	4.0	20	50	0.01	0.90	7.6
A02	湖南大众传媒职业技术学院学报	118	0.96	6.8	1.3	24	80	—	0.58	4.7
A02	湖南工程学院学报（自然科学版）	69	0.96	11.2	3.2	6	19	—	0.68	6.2
A02	湖南理工学院学报（自然科学版）	75	0.95	10.5	3.0	11	32	0.01	0.71	6.3
A02	湖南文理学院学报（自然科学版）	70	1.00	15.8	4.1	14	46	—	0.81	6.5
A02	华北水利水电大学学报（自然科学版）	82	1.00	20.7	3.9	16	36	0.01	0.87	7.2
A02	华侨大学学报（自然科学版）	116	0.97	19.2	3.4	17	28	0.01	0.97	5.7
A02	怀化学院学报	171	1.00	14.2	1.8	23	89	—	0.72	9.8
A02	黄山学院学报	189	0.99	10.2	2.0	14	70	—	0.75	7.6
A02	惠州学院学报	135	0.96	13.3	2.0	20	69	—	0.71	8.1
A02	吉林大学学报（理学版）	220	0.97	15.7	3.1	28	96	0.00	0.95	6.3
A02	吉首大学学报（自然科学版）	101	1.00	14.0	3.2	15	47	—	0.87	6.8

学科代码	期刊名称	来源文献量	文献选出率	平均引文数	平均作者数	地区分布数	机构分布数	海外论文比	基金论文比	引用半衰期
A02	集美大学学报（自然科学版）	69	0.93	17.9	3.6	4	12	—	0.90	7.6
A02	济南大学学报（自然科学版）	94	1.00	20.0	4.2	24	54	0.01	0.98	6.3
A02	暨南大学学报（自然科学与医学版）	75	0.99	22.4	5.6	19	57	0.05	0.76	5.3
A02	佳木斯大学学报（自然科学版）	252	1.00	9.1	2.7	24	106	—	0.84	5.2
A02	嘉兴学院学报	121	0.96	17.5	1.8	14	53	—	0.64	≥10
A02	嘉应学院学报	110	1.00	14.0	2.0	13	37	0.01	0.76	9.4
A02	江汉大学学报（自然科学版）	76	0.99	16.5	3.7	12	31	—	0.70	5.5
A02	江苏大学学报（自然科学版）	113	1.00	13.6	4.0	23	49	0.01	0.79	5.5
A02	井冈山大学学报（自然科学版）	114	0.99	16.1	3.5	15	56	—	0.85	6.7
A02	九江学院学报（自然科学版）	133	0.98	8.0	2.0	10	82	0.02	0.81	4.2
A02	兰州大学学报（自然科学版）	106	0.98	30.5	4.6	13	35	0.03	0.64	8.4
A02	兰州文理学院学报（自然科学版）	154	0.96	10.7	2.3	15	67	—	0.79	5.4
A02	丽水学院学报	118	0.95	13.3	2.2	7	34	—	0.64	8.0
A02	辽东学院学报（自然科学版）	57	0.93	10.5	2.0	10	28	—	0.56	4.5
A02	辽宁大学学报（自然科学版）	56	0.88	19.8	3.7	9	26	0.02	0.84	6.7
A02	辽宁工程技术大学学报（自然科学版）	87	1.00	16.4	3.4	18	35	0.00	0.75	7.2
A02	辽宁师专学报（自然科学版）	108	1.00	6.1	1.6	13	49	—	0.20	4.1
A02	聊城大学学报（自然科学版）	92	1.00	25.0	3.8	20	47	—	1.00	5.8
A02	鲁东大学学报（自然科学版）	56	0.93	25.4	3.8	8	21	—	0.96	6.0
A02	洛阳理工学院学报（自然科学版）	77	0.99	10.5	2.7	13	23	—	0.43	6.6
A02	内蒙古大学学报（自然科学版）	89	0.94	20.8	3.7	12	32	0.02	0.87	9.3
A02	内蒙古科技大学学报	80	0.94	13.7	3.8	4	5	—	0.93	5.7
A02	内蒙古民族大学学报（自然科学版）	104	0.95	16.2	3.4	10	38	0.01	0.92	5.6
A02	内蒙古农业大学学报（自然科学版）	104	0.95	20.7	4.0	18	41	0.01	0.94	8.6
A02	南昌大学学报（理科版）	98	1.00	20.6	3.9	17	41	0.01	0.87	7.7
A02	南华大学学报（自然科学版）	91	0.94	18.5	4.0	8	18	—	0.81	7.2
A02	南京大学学报（自然科学版）	90	0.96	28.1	4.1	17	42	0.03	0.84	7.9
A02	南京工程学院学报（自然科学版）	64	1.00	15.6	3.8	6	13	—	0.66	6.0
A02	南京医科大学学报（自然科学版）	361	0.98	20.9	4.8	21	112	0.01	0.70	4.6
A02	南开大学学报（自然科学版）	106	1.00	16.1	3.8	16	33	0.00	0.83	9.6
A02	南通大学学报（自然科学版）	48	0.94	27.4	3.7	6	18	—	0.94	6.7
A02	宁夏大学学报（自然科学版）	76	0.99	16.0	3.4	22	51	0.00	0.88	8.5
A02	攀枝花学院学报	116	0.96	14.2	1.9	20	81	—	0.72	6.8

2020 年中国科技期刊来源指标按类刊名字顺索引（续）

学科代码	期刊名称	来源文献量	文献选出率	平均引文数	平均作者数	地区分布数	机构分布数	海外论文比	基金论文比	引用半衰期
A02	平顶山学院学报	140	1.00	14.5	1.7	22	81	—	0.48	≥10
A02	莆田学院学报	112	0.96	15.1	2.1	16	42	—	0.72	6.3
A02	齐齐哈尔大学学报（自然科学版）	121	1.00	10.8	3.3	13	57	—	0.75	5.4
A02	青岛大学学报（自然科学版）	85	1.00	18.5	2.9	5	14	—	0.80	5.4
A02	青海大学学报（自然科学版）	87	0.99	18.5	3.8	8	22	—	0.86	7.7
A02	清华大学学报（自然科学版）	128	1.00	23.4	4.4	18	47	0.03	0.84	8.1
A02	三明学院学报	90	0.90	16.6	2.1	13	29	—	0.73	8.7
A02	山东大学学报（理学版）	181	0.99	16.1	2.7	26	94	0.00	0.87	9.5
A02	山西大同大学学报（自然科学版）	176	0.96	9.5	2.6	18	52	—	0.64	6.4
A02	山西大学学报（自然科学版）	127	1.00	23.0	3.6	20	45	0.01	0.90	6.5
A02	汕头大学学报（自然科学版）	34	0.81	16.4	2.8	12	20	—	0.65	8.1
A02	商洛学院学报	103	0.97	15.8	1.8	11	35	—	0.71	6.5
A02	上海大学学报（自然科学版）	95	0.93	24.4	4.0	5	13	0.02	0.78	7.7
A02	邵阳学院学报（自然科学版）	96	0.94	18.8	3.5	15	45	—	0.88	5.5
A02	沈阳大学学报（自然科学版）	86	0.96	16.9	3.7	16	33	0.02	0.63	5.1
A02	沈阳工程学院学报（自然科学版）	74	0.95	10.7	3.4	8	18	—	0.37	6.0
A02	石河子大学学报（自然科学版）	121	0.95	21.7	5.0	16	29	0.01	0.79	6.4
A02	石家庄学院学报	155	0.97	14.9	2.0	23	80	—	0.63	≥10
A02	四川大学学报（自然科学版）	182	0.97	19.5	4.0	19	49	0.01	0.84	6.9
A02	宿州学院学报	225	1.00	11.7	2.0	11	79	—	0.75	6.2
A02	绥化学院学报	515	1.00	9.5	1.8	28	243	0.01	0.67	6.5
A02	塔里木大学学报	54	1.00	20.8	4.8	3	6	—	1.00	7.0
A02	台州学院学报	98	0.97	14.7	1.9	11	26	—	0.68	≥10
A02	太原科技大学学报	86	1.00	14.8	3.7	3	11	—	0.81	7.4
A02	太原学院学报（自然科学版）	64	1.00	8.5	1.9	12	46	—	0.58	5.3
A02	泰山学院学报	129	0.94	16.3	1.4	20	77	0.01	0.42	≥10
A02	天津大学学报	159	0.93	20.8	4.4	16	24	0.03	0.89	7.5
A02	同济大学学报（自然科学版）	212	0.95	20.8	3.6	15	29	0.01	0.86	7.9
A02	铜陵学院学报	174	0.97	11.3	1.8	7	48	—	0.79	5.4
A02	皖西学院学报	184	0.95	12.9	2.2	15	61	0.01	0.86	6.1
A02	温州大学学报（自然科学版）	32	0.89	15.3	2.5	5	8	—	0.63	8.4
A02	文山学院学报	145	1.00	12.1	1.8	19	57	—	0.50	≥10
A02	梧州学院学报	104	0.97	10.6	1.8	19	65	0.01	0.70	6.2

2020 年中国科技期刊来源指标按类刊名字顺索引（续）

学科代码	期刊名称	来源文献量	文献选出率	平均引文数	平均作者数	地区分布数	机构分布数	海外论文比	基金论文比	引用半衰期
A02	五邑大学学报（自然科学版）	52	0.98	11.7	3.4	7	11	—	0.81	7.6
A02	武汉大学学报（理学版）	69	0.97	25.2	4.1	17	36	0.00	0.87	7.0
A02	西安文理学院学报（自然科学版）	103	0.97	10.4	2.3	14	68	—	0.62	6.0
A02	西北大学学报（自然科学版）	108	0.95	29.5	4.2	15	51	0.03	0.95	8.3
A02	西北民族大学学报（自然科学版）	69	0.96	16.5	3.8	11	27	—	0.75	6.2
A02	西昌学院学报（自然科学版）	109	0.97	12.3	3.0	12	58	—	0.85	5.3
A02	西华大学学报（自然科学版）	91	0.98	25.2	4.1	11	22	0.11	0.71	6.1
A02	西南大学学报（自然科学版）	228	0.97	22.2	4.2	28	125	0.00	0.96	7.7
A02	西南民族大学学报（自然科学版）	85	0.93	22.8	3.8	18	45	0.00	0.76	7.4
A02	厦门大学学报（自然科学版）	126	0.92	33.7	4.2	16	39	0.01	0.80	8.7
A02	湘潭大学学报（自然科学学报）	76	0.99	17.5	4.1	13	31	0.03	0.67	8.1
A02	新疆大学学报（自然科学版）	74	0.97	21.7	3.8	10	17	—	1.00	6.7
A02	新乡学院学报	211	0.96	10.7	1.6	25	124	0.01	0.54	7.9
A02	徐州工程学院学报（自然科学版）	58	1.00	16.6	3.8	11	33	0.02	0.90	6.1
A02	许昌学院学报	187	0.97	12.9	1.8	21	84	0.01	0.65	≥10
A02	烟台大学学报（自然科学与工程版）	72	1.00	18.3	4.5	5	5	—	0.90	8.5
A02	燕山大学学报	73	0.95	17.7	4.1	13	22	0.03	1.00	6.6
A02	延安大学学报（自然科学版）	104	0.99	13.4	3.1	5	13	—	0.75	7.2
A02	延边大学学报（自然科学版）	66	0.96	15.0	3.0	5	24	—	0.82	7.8
A02	盐城工学院学报（自然科学版）	69	1.00	9.7	2.2	13	51	—	0.62	8.0
A02	扬州大学学报（自然科学版）	84	1.00	13.1	3.8	13	32	—	1.00	4.2
A02	宜宾学院学报	165	1.00	17.0	1.7	23	104	—	0.61	9.3
A02	宜春学院学报	288	1.00	15.4	2.1	26	158	0.00	0.69	9.0
A02	云南大学学报（自然科学版）	147	0.97	24.1	4.4	24	78	0.01	0.89	7.1
A02	云南民族大学学报（自然科学版）	103	0.98	16.0	4.1	15	38	0.00	0.82	5.7
A02	枣庄学院学报	135	0.98	12.2	1.8	17	72	—	0.56	8.1
A02	浙江大学学报（理学版）	96	1.00	23.4	3.4	22	57	0.00	0.81	9.0
A02	浙江万里学院学报	115	0.97	12.1	1.8	11	32	—	0.63	6.9
A02	镇江高专学报	128	0.99	11.3	1.4	13	64	0.01	0.41	9.3
A02	郑州大学学报（理学版）	69	1.00	20.2	3.9	16	37	0.03	0.93	6.5
A02	中北大学学报（自然科学版）	93	0.89	16.2	3.8	12	25	—	0.70	6.7
A02	中国科学技术大学学报	171	0.98	28.3	3.4	20	56	0.02	0.75	9.7
A02	中国科学院大学学报	104	0.95	24.4	4.0	14	33	0.02	0.94	8.8

2020 年中国科技期刊来源指标按类刊名字顺索引（续）

学科代码	期刊名称	来源文献量	文献选出率	平均引文数	平均作者数	地区分布数	机构分布数	海外论文比	基金论文比	引用半衰期
A02	中国人民公安大学学报（自然科学版）	65	1.00	14.4	2.6	15	23	—	0.71	6.4
A02	中南民族大学学报（自然科学版）	107	0.98	15.5	4.1	7	11	—	1.00	5.9
A02	中山大学学报（自然科学版）	104	0.91	23.4	4.1	19	48	0.04	0.89	8.1
A02	中央民族大学学报（自然科学版）	57	0.92	15.7	3.3	12	25	—	0.79	7.0
A03	安徽师范大学学报（自然科学版）	93	0.98	18.3	3.1	12	44	0.00	0.89	8.3
A03	安庆师范大学学报（自然科学版）	100	1.00	12.6	2.6	11	46	—	0.87	7.0
A03	北京师范大学学报（自然科学版）	108	0.92	28.4	4.3	19	45	0.02	0.91	7.0
A03	长春师范大学学报（自然科学版）	267	1.00	10.7	2.4	22	140	—	0.67	5.8
A03	重庆师范大学学报（自然科学版）	112	0.98	21.7	3.5	17	42	0.00	0.99	7.6
A03	东北师大学报（哲学社会科学版）	145	0.96	22.7	1.6	23	65	—	0.92	≥10
A03	东北师大学报（自然科学版）	95	1.00	19.9	3.6	19	47	0.00	0.99	8.6
A03	福建师范大学学报（自然科学版）	84	0.95	24.0	3.6	11	24	0.01	0.92	7.6
A03	阜阳师范大学学报（自然科学版）	94	0.95	21.9	3.5	6	24	—	0.51	5.0
A03	广西师范大学学报（自然科学版）	100	0.94	23.2	3.9	21	52	0.01	0.67	6.8
A03	贵州师范大学学报（自然科学版）	107	0.99	24.7	3.6	17	41	0.00	0.69	7.6
A03	海南师范大学学报（社会科学版）	102	0.99	30.9	1.4	23	62	—	0.56	≥10
A03	海南师范大学学报（自然科学版）	68	1.00	20.6	3.9	12	32	0.02	0.88	7.0
A03	杭州师范大学学报（社会科学版）	101	0.94	29.1	1.3	12	48	0.09	0.52	≥10
A03	杭州师范大学学报（自然科学版）	102	0.91	19.4	4.3	10	23	0.00	0.73	8.3
A03	河北师范大学学报（自然科学版）	75	0.90	18.2	3.4	23	50	0.00	0.88	7.3
A03	河南师范大学学报（自然科学版）	106	0.93	22.1	4.4	22	55	0.02	0.96	7.7
A03	湖北师范大学学报（自然科学版）	80	1.00	11.4	2.7	10	22	—	0.74	5.5
A03	湖南师范大学自然科学学报	81	0.98	20.9	4.1	25	47	0.00	0.96	5.6
A03	华东师范大学学报（自然科学版）	100	0.96	23.6	3.3	18	39	0.01	0.89	9.9
A03	华南师范大学学报（自然科学版）	102	0.98	26.1	4.1	15	46	0.00	0.98	7.5
A03	华中师范大学学报（自然科学版）	136	0.94	21.7	3.8	25	80	0.01	0.88	6.5
A03	淮北师范大学学报（自然科学版）	67	0.96	18.9	3.5	3	12	—	0.90	6.6
A03	淮阴师范学院学报（自然科学版）	78	0.98	9.8	2.2	12	44	—	0.78	6.2
A03	吉林师范大学学报（自然科学版）	85	0.97	21.5	4.1	9	22	—	1.00	6.1
A03	江苏师范大学学报（自然科学版）	67	0.96	20.4	4.0	9	21	—	0.96	6.5
A03	江西师范大学学报（自然科学版）	105	0.96	23.3	3.8	18	49	0.01	0.97	8.3
A03	廊坊师范学院学报（自然科学版）	118	0.98	10.9	3.0	14	48	—	0.87	4.9
A03	辽宁师范大学学报（自然科学版）	79	1.00	16.9	3.2	3	10	—	0.81	6.7

学科代码	期刊名称	来源文献量	文献选出率	平均引文数	平均作者数	地区分布数	机构分布数	海外论文比	基金论文比	引用半衰期
A03	闽南师范大学学报（自然科学版）	84	0.95	13.6	2.6	3	19	—	0.77	7.5
A03	牡丹江师范学院学报（自然科学版）	74	0.94	10.6	3.3	15	36	—	1.00	6.0
A03	内蒙古师范大学学报（自然科学汉文版）	91	1.00	17.8	3.0	18	30	0.00	0.76	9.5
A03	南京师大学报（社会科学版）	88	0.98	36.3	1.3	16	50	0.01	0.76	≥10
A03	南京师大学报（自然科学版）	86	1.00	22.4	3.5	10	29	0.02	0.91	7.0
A03	宁德师范学院学报（自然科学版）	77	0.94	11.3	2.6	7	37	—	0.69	6.5
A03	青海师范大学学报（自然科学版）	68	1.00	12.3	2.2	14	36	—	0.54	6.5
A03	曲阜师范大学学报（自然科学版）	86	0.91	16.6	2.7	17	41	0.01	0.79	8.8
A03	山东师范大学学报（自然科学版）	65	1.00	23.3	2.7	7	18	—	0.97	7.8
A03	山西师大学报（社会科学版）	100	0.95	18.4	1.3	17	51	0.01	0.68	≥10
A03	山西师范大学学报（自然科学版）	82	0.96	15.6	2.5	12	35	—	0.61	7.8
A03	陕西师范大学学报（自然科学版）	90	0.89	30.7	3.9	17	41	0.02	0.93	8.4
A03	上海师范大学学报（自然科学版）	85	0.97	23.5	3.9	12	22	—	0.85	7.9
A03	沈阳师范大学学报（自然科学版）	100	1.00	17.3	3.4	8	18	0.02	0.99	6.6
A03	首都师范大学学报（自然科学版）	96	0.91	18.2	3.3	18	40	0.01	0.38	7.9
A03	四川师范大学学报（自然科学版）	112	0.89	24.1	3.2	21	61	0.01	0.96	8.6
A03	太原师范学院学报（自然科学版）	80	0.95	9.9	2.3	11	36	—	0.59	6.6
A03	天津师范大学学报（自然科学版）	78	0.96	24.1	4.3	9	17	0.01	0.86	7.6
A03	西北师范大学学报（自然科学版）	121	0.95	21.8	3.2	24	62	0.01	0.94	8.8
A03	西华师范大学学报（自然科学版）	66	0.94	20.9	3.2	9	18	—	0.96	7.7
A03	西南师范大学学报（自然科学版）	304	1.00	16.5	2.9	27	168	0.00	0.80	6.6
A03	新疆师范大学学报（自然科学版）	31	0.97	12.2	2.6	4	9	—	0.81	6.4
A03	信阳师范学院学报（自然科学版）	112	0.93	18.1	4.1	19	58	0.01	0.97	6.5
A03	伊犁师范大学学报（自然科学版）	49	0.89	14.7	3.8	11	19	—	0.84	7.6
A03	云南师范大学学报（自然科学版）	85	0.94	16.3	4.0	7	14	0.00	0.89	7.2
A03	浙江师范大学学报（自然科学版）	70	0.96	21.2	4.3	1	4	—	0.91	8.4
B01	Acta Mathematica Scientia	124	1.00	27.3	2.2	22	77	0.27	0.44	≥10
B01	Acta Mathematica Sinica	96	0.91	22.6	2.4	22	61	0.25	0.57	≥10
B01	Acta Mathematicae Applicatae Sinica	71	0.95	26.0	2.5	19	50	0.18	0.79	≥10
B01	Analysis in Theory and Applications	28	1.00	24.7	2.3	9	26	0.39	0.21	≥10
B01	Applied Mathematics: A Journal of Chinese Universities	34	0.97	27.1	2.4	13	30	0.12	0.62	≥10
B01	Applied Mathematics and Mechanics	121	0.91	36.6	3.3	19	72	0.41	0.62	7.5

2020 年中国科技期刊来源指标按类刊名字顺索引（续）

学科代码	期刊名称	来源文献量	文献选出率	平均引文数	平均作者数	地区分布数	机构分布数	海外论文比	基金论文比	引用半衰期
B01	Chinese Annals of Mathematics, Series B	59	0.91	20.5	1.9	16	39	0.14	0.76	≥10
B01	Chinese Quarterly Journal of Mathematics	36	0.90	26.1	2.4	15	28	—	0.83	≥10
B01	Communication on Applied Mathematics and Computation	30	1.00	35.8	2.6	9	28	0.67	0.73	9.9
B01	Frontiers of Mathematics in China	72	0.99	23.5	2.3	17	50	0.15	0.64	≥10
B01	Journal of Computational Mathematics	48	0.92	29.5	2.6	14	40	0.38	0.77	≥10
B01	Journal of Mathematical Research with Applications	55	0.90	20.2	2.1	23	46	0.09	0.89	≥10
B01	Journal of Mathematical Study	22	0.96	31.1	3.0	9	20	0.46	0.73	≥10
B01	Journal of Partial Differential Equations	22	0.88	29.8	2.1	9	22	0.36	0.68	≥10
B01	Journal of Systems Science and Complexity	112	0.96	32.3	2.9	24	91	0.19	0.86	≥10
B01	Science China（Mathematics）	125	0.92	31.0	2.4	18	83	0.22	0.94	≥10
B01	纯粹数学与应用数学	46	0.92	15.5	2.1	16	30	—	0.72	≥10
B01	大学数学	135	0.96	8.4	2.1	22	88	—	0.85	9.6
B01	高等数学研究	154	0.98	5.5	2.1	24	96	—	0.63	≥10
B01	高等学校计算数学学报	24	0.89	19.8	2.6	14	20	0.00	0.67	≥10
B01	高校应用数学学报	48	0.98	17.5	2.5	19	38	0.02	0.90	≥10
B01	计算数学	32	0.86	34.1	2.7	15	25	0.09	0.81	≥10
B01	模糊系统与数学	105	0.99	20.4	2.3	26	75	0.00	0.85	9.7
B01	数理统计与管理	88	0.91	26.3	2.9	21	57	0.03	0.75	9.9
B01	数学的实践与认识	887	0.99	16.1	2.7	31	439	0.00	0.79	8.0
B01	数学建模及其应用	44	0.98	14.4	2.9	16	32	—	0.66	7.7
B01	数学教学通讯	1489	0.97	0.6	1.1	29	1101	—	0.07	4.9
B01	数学教学研究	95	0.96	3.3	1.5	20	78	—	0.38	4.2
B01	数学教育学报	97	0.94	24.6	2.5	21	53	0.06	0.63	7.6
B01	数学进展	66	0.96	20.9	2.1	21	47	0.05	0.89	≥10
B01	数学理论与应用	41	1.00	20.6	2.8	13	22	0.02	0.83	≥10
B01	数学年刊 A 辑	32	0.89	20.0	2.3	16	26	0.09	0.66	≥10
B01	数学通报	150	0.91	7.2	1.6	23	105	—	0.51	7.7
B01	数学物理学报	139	0.99	21.7	2.3	28	106	0.02	0.88	≥10
B01	数学学报	57	0.90	22.2	1.9	23	49	0.02	0.89	≥10
B01	数学研究通讯	23	1.00	29.0	3.0	9	20	0.26	0.83	≥10
B01	数学杂志	82	0.96	15.1	2.4	27	57	0.04	0.82	≥10

2020 年中国科技期刊来源指标按类刊名字顺索引（续）

学科代码	期刊名称	来源文献量	文献选出率	平均引文数	平均作者数	地区分布数	机构分布数	海外论文比	基金论文比	引用半衰期
B01	应用概率统计	44	0.90	23.0	2.5	19	40	0.05	0.86	≥10
B01	应用数学	100	0.99	16.2	2.4	26	75	0.01	0.99	≥10
B01	应用数学学报	75	0.99	19.9	3.0	23	61	0.12	0.88	≥10
B01	运筹学学报	49	0.96	30.6	2.9	20	41	0.02	0.96	≥10
B01	运筹与管理	326	0.94	24.5	2.8	25	152	0.02	0.91	7.7
B01	中国科学（数学）	108	0.87	43.7	2.6	26	71	0.22	0.86	≥10
B02	Control Theory and Technology	41	0.93	30.2	3.1	10	34	0.46	0.78	8.1
B02	Journal of Control and Decision	20	1.00	39.4	2.8	10	18	0.30	0.70	8.2
B02	复杂系统与复杂性科学	39	0.93	31.5	3.3	14	28	0.03	0.92	6.5
B02	控制理论与应用	283	0.98	25.6	3.6	28	142	0.04	0.80	6.7
B02	控制与决策	356	0.99	23.7	3.6	26	163	0.01	0.94	6.8
B02	数据与计算发展前沿	70	0.97	24.7	4.0	12	41	0.01	0.79	5.3
B02	系统工程	91	0.91	26.2	2.9	18	66	0.02	0.87	6.1
B02	系统工程理论与实践	243	0.91	39.1	3.2	25	126	0.07	0.96	7.6
B02	系统工程学报	69	0.91	30.4	2.9	18	43	0.00	1.00	7.7
B02	系统管理学报	123	0.94	30.1	3.0	22	70	0.03	0.97	8.2
B02	系统科学与数学	169	0.94	24.9	2.9	26	101	0.01	0.94	7.8
B02	信息与控制	90	0.95	28.8	3.4	20	56	0.01	0.71	6.1
B02	中国科学（信息科学）	118	0.82	48.7	4.5	19	71	0.08	0.83	6.8
B02	中国科学数据（中英文网络版）	97	1.00	12.7	5.6	15	32	—	0.06	8.6
B03	Acta Mechanica Sinica	106	0.98	43.1	4.0	20	46	0.29	0.69	8.9
B03	Acta Mechanica Solida Sinica	60	1.00	34.7	4.0	18	40	0.02	0.90	9.5
B03	Journal of Rock Mechanics and Geotechnical Engineering	110	0.99	50.8	3.8	13	26	0.75	0.37	≥10
B03	Theoretical & Applied Mechanics Letters	59	1.00	29.2	3.1	11	48	0.53	0.70	9.3
B03	动力学与控制学报	76	1.00	20.5	3.4	19	48	0.03	0.80	≥10
B03	固体力学学报	50	0.85	41.5	3.7	15	35	0.02	0.88	9.2
B03	计算力学学报	108	1.00	19.5	3.6	25	67	0.01	0.81	9.1
B03	力学季刊	77	0.95	24.1	3.4	19	47	0.00	0.87	≥10
B03	力学学报	159	0.96	39.0	3.8	22	85	0.04	0.93	7.6
B03	力学与实践	132	0.87	12.2	3.0	22	83	0.01	0.42	9.5
B03	气体物理	34	1.00	34.6	3.7	10	19	0.09	0.56	9.8
B03	实验力学	125	1.00	21.0	4.5	20	64	0.01	0.91	9.4

2020 年中国科技期刊来源指标按类刊名字顺索引（续）

学科代码	期刊名称	来源文献量	文献选出率	平均引文数	平均作者数	地区分布数	机构分布数	海外论文比	基金论文比	引用半衰期
B03	医用生物力学	120	0.98	24.5	4.7	25	68	0.06	0.73	7.5
B03	应用力学学报	371	0.98	18.2	3.7	28	160	0.00	0.82	9.1
B03	应用数学和力学	121	0.90	21.8	3.1	27	76	0.01	0.84	9.4
B03	振动工程学报	144	0.97	20.6	4.1	22	82	0.03	0.89	9.6
B04	Chinese Journal of Acoustics	41	0.91	24.8	4.0	12	24	0.00	0.85	≥10
B04	Chinese Physics B	941	1.00	42.8	5.4	28	277	0.13	0.87	7.5
B04	Chinese Physics C	225	0.93	56.8	4.7	26	95	0.33	0.70	≥10
B04	Chinese Physics Letters	295	0.95	33.9	6.2	24	114	0.14	0.90	7.5
B04	Communications in Theoretical Physics	192	1.00	48.2	3.1	26	80	0.39	0.48	8.7
B04	Frontiers of Physics	61	0.98	77.1	5.7	17	38	0.38	0.74	8.3
B04	Journal of Thermal Science	133	0.97	39.9	4.5	19	77	0.16	0.83	7.5
B04	Journal of Zhejiang University Science A: Applied Physics & Engineering	73	0.97	39.9	4.7	13	27	0.25	0.79	7.3
B04	Plasma Science and Technology	194	0.94	33.2	6.3	19	116	0.21	0.89	8.6
B04	Science China Physics, Mechanics & Astronomy	184	0.99	49.3	6.2	21	96	0.09	0.87	7.8
B04	波谱学杂志	53	0.96	27.6	4.1	18	41	0.02	0.75	7.9
B04	大学物理	204	0.99	9.5	3.2	27	130	—	0.76	≥10
B04	低温物理学报	38	1.00	25.9	4.7	14	28	0.00	0.37	8.8
B04	低温与超导	219	1.00	12.6	4.8	22	108	—	0.72	7.6
B04	低温与特气	73	0.83	7.6	3.9	16	51	—	0.11	≥10
B04	发光学报	180	0.99	34.6	5.5	28	122	0.03	0.93	4.9
B04	高压物理学报	99	0.99	25.6	4.4	18	49	0.01	0.74	≥10
B04	光散射学报	57	0.95	21.1	4.2	21	52	0.00	0.63	7.2
B04	光学学报	611	1.00	23.0	5.0	28	216	0.01	0.87	6.7
B04	光子学报	266	1.00	23.4	5.3	24	141	0.03	0.93	6.5
B04	核聚变与等离子体物理	57	0.98	14.5	6.1	9	19	0.04	0.60	9.5
B04	红外与毫米波学报	105	1.00	23.8	5.7	19	56	0.09	0.83	7.8
B04	计算物理	80	0.94	25.6	3.4	25	47	0.01	0.78	9.9
B04	量子电子学报	89	0.94	25.2	4.5	24	61	0.00	0.74	8.9
B04	量子光学学报	52	0.95	25.4	3.8	15	27	—	0.92	8.2
B04	强激光与粒子束	222	0.94	25.1	6.3	19	82	0.00	0.57	8.8
B04	热科学与技术	85	0.93	16.5	4.5	22	59	0.01	0.56	7.7

2020 年中国科技期刊来源指标按类刊名字顺索引（续）

学科代码	期刊名称	来源文献量	文献选出率	平均引文数	平均作者数	地区分布数	机构分布数	海外论文比	基金论文比	引用半衰期
B04	声学技术	129	0.98	14.4	3.5	23	87	0.02	0.62	9.1
B04	声学学报	101	0.94	25.6	4.1	20	49	0.03	0.88	≥10
B04	物理	154	0.94	15.2	1.6	15	57	0.08	0.19	9.5
B04	物理测试	74	0.93	9.7	4.1	18	52	—	0.12	8.6
B04	物理教师	350	0.99	4.4	1.6	26	262	—	0.40	4.8
B04	物理教学探讨	285	1.00	3.8	1.7	27	218	—	0.46	4.4
B04	物理实验	148	0.97	11.8	4.1	29	81	—	0.58	7.9
B04	物理通报	420	1.00	4.7	2.0	28	301	—	0.39	5.6
B04	物理学报	794	1.00	42.4	5.1	29	286	0.04	0.88	7.0
B04	物理学进展	17	1.00	52.7	2.6	5	9	0.06	0.47	7.0
B04	物理与工程	125	0.94	9.6	3.2	24	70	0.02	0.33	9.9
B04	现代物理知识	86	0.92	3.8	1.9	11	25	0.01	0.06	7.3
B04	现代应用物理	60	0.97	18.9	5.3	11	27	0.00	0.48	9.3
B04	应用光学	184	0.96	18.0	4.7	25	104	0.01	0.65	6.7
B04	应用声学	121	0.92	17.7	4.2	22	79	0.00	0.69	8.9
B04	原子核物理评论	115	0.97	38.9	6.6	18	44	0.05	0.83	9.5
B04	原子与分子物理学报	151	0.96	24.3	4.2	23	91	0.01	0.91	9.7
B04	真空与低温	77	0.99	21.9	5.1	13	35	0.01	0.69	8.6
B04	中国科学（物理学 力学 天文学）	148	0.89	45.5	5.4	21	73	0.07	0.86	8.7
B05	Chemical Research in Chinese Universities	194	0.95	47.8	5.0	27	90	0.18	0.78	4.8
B05	Chinese Chemical Letters	630	0.99	48.2	6.4	27	224	0.11	0.89	4.7
B05	Chinese Journal of Catalysis	189	0.97	60.8	6.3	24	102	0.22	0.78	4.9
B05	Chinese Journal of Chemical Physics	104	0.90	45.1	5.1	18	45	0.15	0.86	8.4
B05	Chinese Journal of Chemistry	230	0.97	58.2	4.8	24	88	0.09	0.79	6.1
B05	Chinese Journal of Polymer Science	154	0.92	50.1	5.8	18	65	0.20	0.86	6.5
B05	Chinese Journal of Structural Chemistry	257	0.99	32.4	4.5	27	152	0.03	0.91	6.5
B05	Frontiers of Chemical Science and Engineering	55	0.96	59.3	4.8	12	21	0.69	0.38	7.6
B05	Science China（Chemistry）	236	1.00	49.0	6.7	24	102	0.10	0.86	4.5
B05	大学化学	360	0.97	11.4	4.1	29	125	0.01	0.77	5.5
B05	电化学	78	0.92	47.4	4.5	21	52	0.04	0.91	6.1
B05	分析测试学报	233	0.91	28.8	5.3	27	175	0.02	0.80	5.3
B05	分析化学	211	0.94	34.6	5.5	27	157	0.01	0.90	5.2

2020 年中国科技期刊来源指标按类刊名字顺索引（续）

学科代码	期刊名称	来源文献量	文献选出率	平均引文数	平均作者数	地区分布数	机构分布数	海外论文比	基金论文比	引用半衰期
B05	分析科学学报	147	0.88	22.8	5.0	27	107	0.01	0.78	6.2
B05	分析试验室	277	0.96	19.6	5.1	29	206	0.00	0.67	4.7
B05	分子催化	54	0.87	44.9	4.4	19	34	0.02	0.81	6.8
B05	分子科学学报	78	0.93	23.3	4.7	17	50	0.01	0.74	6.6
B05	高等学校化学学报	322	0.96	42.4	5.1	28	154	0.01	0.92	5.8
B05	高分子通报	134	0.98	27.8	4.4	26	99	0.01	0.56	6.1
B05	高分子学报	131	0.98	50.9	4.5	18	55	0.02	0.89	5.9
B05	功能高分子学报	74	0.96	27.8	4.2	13	29	0.00	0.82	6.2
B05	光谱学与光谱分析	658	0.97	15.1	5.5	30	290	0.05	0.94	5.4
B05	广州化学	69	0.93	19.3	4.0	19	33	—	0.48	6.6
B05	合成化学	171	0.97	23.0	4.8	25	105	0.04	0.87	7.5
B05	化学分析计量	189	0.97	18.5	4.2	27	150	0.01	0.29	6.5
B05	化学进展	185	0.95	79.2	4.6	26	115	0.03	0.86	5.7
B05	化学试剂	272	0.87	21.1	4.8	29	188	0.00	0.60	6.1
B05	化学通报（印刷版）	157	0.95	41.1	4.2	28	118	0.01	0.76	6.1
B05	化学学报	142	0.99	62.6	4.8	23	90	0.03	0.97	5.2
B05	化学研究	79	0.94	31.3	4.3	22	46	0.00	0.73	6.0
B05	化学研究与应用	348	1.00	21.0	4.7	29	208	0.01	0.64	6.5
B05	色谱	182	0.97	42.1	5.1	25	131	0.00	0.82	5.0
B05	无机化学学报	267	0.98	37.6	5.3	29	173	0.02	0.89	5.8
B05	物理化学学报	207	0.92	44.5	3.9	23	97	0.04	0.58	5.7
B05	应用化学	172	0.96	29.0	5.2	28	111	0.02	0.83	5.5
B05	影像科学与光化学	184	0.97	18.6	3.6	25	152	0.00	0.23	3.8
B05	有机化学	499	0.99	50.5	4.8	29	199	0.02	0.76	6.0
B05	质谱学报	61	0.86	24.6	5.8	15	43	0.02	0.70	8.1
B05	中国科学（化学）	138	0.89	76.8	4.3	20	63	0.02	0.87	6.5
B05	中国无机分析化学	99	1.00	9.6	3.4	27	68	0.02	0.52	5.8
B06	Research in Astronomy and Astrophysics	211	0.95	56.9	6.1	18	45	0.32	0.61	≥10
B06	空间科学学报	121	0.79	22.7	4.6	20	60	0.04	0.75	7.1
B06	时间频率学报	32	0.89	20.7	4.8	5	9	—	0.94	7.8
B06	天文学报	67	0.89	21.9	4.9	16	30	0.03	0.94	9.8
B06	天文学进展	28	0.93	58.4	3.7	10	19	0.07	0.96	≥10
B06	天文研究与技术—国家天文台台刊	65	1.00	15.9	5.2	18	27	—	0.95	9.3

2020 年中国科技期刊来源指标按类刊名字顺索引（续）

学科代码	期刊名称	来源文献量	文献选出率	平均引文数	平均作者数	地区分布数	机构分布数	海外论文比	基金论文比	引用半衰期
B07	Earth and Planetary Physics	68	0.93	39.1	6.2	12	28	0.13	0.93	≥10
B07	Frontiers of Earth Science	60	1.00	53.9	4.8	14	31	0.43	0.60	9.5
B07	Journal of Arid Land	78	1.00	53.4	5.0	16	37	0.37	0.65	9.1
B07	Journal of Earth Science	105	1.00	63.9	4.8	16	29	0.35	0.50	≥10
B07	Sciences in Cold and Arid Regions	45	1.00	46.1	5.0	9	20	0.02	0.93	8.7
B07	大地测量与地球动力学	243	0.95	14.2	4.1	26	103	0.01	0.69	8.9
B07	地球化学	54	0.93	50.8	6.6	18	33	0.07	0.94	≥10
B07	地球环境学报	65	0.90	38.7	4.5	19	38	0.03	0.86	9.3
B07	地球科学	325	0.95	69.1	5.9	26	89	0.02	0.91	9.9
B07	地球科学进展	108	0.91	61.6	4.6	20	58	0.03	0.70	9.4
B07	地球科学与环境学报	65	0.90	48.1	5.5	15	40	0.00	0.92	8.6
B07	地球信息科学学报	212	0.93	38.1	4.6	25	94	0.03	0.94	6.6
B07	地球学报	81	0.93	74.3	6.3	16	31	0.04	0.85	≥10
B07	地球与环境	84	0.98	39.2	5.3	23	54	0.00	0.89	8.2
B07	地学前缘	150	0.96	70.0	5.7	22	66	0.10	0.86	≥10
B07	复杂油气藏	72	0.96	14.4	4.0	15	44	—	0.58	9.3
B07	吉林大学学报（地球科学版）	154	0.99	36.6	5.4	24	87	0.03	0.76	≥10
B07	矿物岩石地球化学通报	103	0.81	65.6	4.8	21	55	0.02	0.89	9.3
B07	中国科学（地球科学）	136	0.91	77.9	5.6	17	58	0.17	0.89	≥10
B08	Advances in Atmospheric Sciences	110	0.92	46.7	6.1	15	27	0.33	0.69	8.9
B08	Advances in Climate Change Research	50	0.98	45.2	4.3	8	39	0.20	0.70	6.0
B08	Advances in Meteorological Science and Technology	170	0.83	14.0	3.5	21	81	0.02	0.50	8.5
B08	Atmospheric and Oceanic Science Letters	76	0.94	26.9	4.5	11	30	0.01	0.96	8.0
B08	International Journal of Disaster Risk Science	43	0.90	53.5	3.8	4	35	0.72	0.72	7.2
B08	Journal of Meteorological Research（JMR）	89	0.99	64.3	5.3	13	33	0.17	0.91	9.2
B08	暴雨灾害	78	0.95	26.9	4.6	23	52	0.03	0.71	8.9
B08	大气科学	90	1.00	41.1	4.5	18	33	0.02	0.94	≥10
B08	大气科学学报	98	0.97	40.4	4.6	14	30	0.10	0.88	9.0
B08	大气与环境光学学报	51	0.89	25.2	4.7	14	40	—	0.94	8.1
B08	干旱气象	120	0.94	30.4	4.7	28	86	0.00	0.63	7.6
B08	高原气象	120	0.99	37.6	4.7	24	50	0.00	0.83	9.0
B08	高原山地气象研究	59	0.98	20.3	3.5	7	28	0.00	0.31	6.9

学科代码	期刊名称	来源文献量	文献选出率	平均引文数	平均作者数	地区分布数	机构分布数	海外论文比	基金论文比	引用半衰期
B08	广东气象	118	0.95	11.9	4.3	6	52	—	0.75	7.1
B08	海洋气象学报	60	1.00	26.9	3.9	13	33	—	0.98	9.2
B08	黑龙江气象	62	0.94	3.9	3.8	10	36	—	0.11	9.5
B08	内蒙古气象	63	0.93	10.9	2.7	6	32	—	0.22	8.1
B08	气候变化研究进展	75	0.86	33.9	3.7	17	42	0.01	0.79	6.9
B08	气候与环境研究	54	1.00	34.9	4.7	13	25	0.04	0.94	≥10
B08	气象	143	0.92	29.0	4.8	23	70	0.00	0.78	8.3
B08	气象科技	119	0.97	22.1	4.2	26	97	0.00	0.61	8.3
B08	气象科学	92	0.98	26.9	4.2	20	45	0.03	0.86	9.7
B08	气象学报	73	0.99	36.5	5.6	15	37	0.01	0.96	≥10
B08	气象研究与应用	81	0.98	21.1	4.1	12	44	—	0.86	8.0
B08	气象与环境科学	74	0.95	28.6	4.2	23	61	0.00	0.77	6.7
B08	气象与环境学报	89	0.97	25.8	5.1	26	62	0.01	0.71	7.2
B08	气象与减灾研究	42	0.91	17.9	4.5	16	34	—	0.95	6.3
B08	气象灾害防御	38	0.90	11.1	3.5	6	20	—	0.42	≥10
B08	热带气象学报	76	0.97	30.4	5.0	16	41	0.01	0.89	8.0
B08	沙漠与绿洲气象	109	0.95	25.3	4.6	25	74	0.00	0.53	7.9
B08	陕西气象	92	0.97	11.6	3.7	21	62	—	0.53	6.6
B08	应用气象学报	65	1.00	40.0	4.8	13	22	0.02	0.80	8.5
B08	浙江气象	38	0.97	10.2	3.5	2	24	—	0.34	8.8
B08	中低纬山地气象	107	0.96	12.7	4.1	14	71	—	0.62	8.9
B09	Applied Geophysics	52	0.95	29.7	6.4	17	34	0.02	0.96	≥10
B09	Earthquake Science	28	1.00	36.4	5.0	8	17	0.11	0.93	≥10
B09	Journal of Palaeogeography	29	0.91	80.8	5.1	9	28	0.59	0.97	≥10
B09	地球物理学报	352	0.97	57.6	5.0	25	104	0.05	0.89	≥10
B09	地球物理学进展	307	1.00	43.6	4.4	29	151	0.01	0.77	8.9
B09	地震	59	0.98	29.5	4.3	17	33	0.00	0.51	≥10
B09	地震地磁观测与研究	173	0.95	12.9	4.7	28	70	—	0.81	≥10
B09	地震地质	92	0.96	43.4	5.4	18	37	0.03	0.65	≥10
B09	地震工程学报	226	0.97	18.7	3.8	29	135	0.00	0.69	8.0
B09	地震工程与工程振动	145	0.97	20.8	3.7	23	63	0.00	0.90	8.7
B09	地震学报	65	0.94	24.2	4.1	19	36	0.00	0.71	≥10
B09	地震研究	89	0.94	27.3	4.4	18	38	0.00	0.63	≥10

学科代码	期刊名称	来源文献量	文献选出率	平均引文数	平均作者数	地区分布数	机构分布数	海外论文比	基金论文比	引用半衰期
B09	华北地震科学	60	0.92	17.9	4.3	17	43	0.00	0.70	9.2
B09	华南地震	78	0.94	16.2	3.6	20	52	0.01	0.28	8.7
B09	内陆地震	49	1.00	20.6	3.8	6	14	—	0.82	≥10
B09	世界地震工程	99	0.97	22.1	3.8	22	61	0.00	0.80	9.6
B09	灾害学	167	1.00	22.9	3.4	26	131	0.01	0.89	5.4
B09	中国地震	86	0.99	30.8	5.2	19	36	—	0.95	≥10
B10	Advances in Polar Science	32	0.84	39.1	4.2	8	27	0.59	0.81	9.8
B10	Chinese Geographical Science	79	0.99	54.3	4.7	17	49	0.19	0.89	7.6
B10	Geoscience Frontiers	157	0.96	92.6	5.3	17	34	0.76	0.26	≥10
B10	Geospatial Information Science	31	0.89	35.9	4.2	4	27	0.65	0.58	5.4
B10	International Journal of Sediment Research	59	0.95	50.4	4.1	6	52	0.76	0.63	≥10
B10	Journal of Geographical Sciences	120	0.92	47.1	4.5	18	38	0.13	0.89	8.2
B10	Journal of Mountain Science	213	0.95	57.3	4.6	21	60	0.51	0.43	9.4
B10	冰川冻土	134	0.96	44.4	5.0	25	70	0.02	0.89	8.4
B10	测绘地理信息	186	1.00	14.7	3.3	22	102	0.01	0.79	6.8
B10	地理科学	222	0.98	32.5	3.6	26	101	0.03	0.96	6.5
B10	地理科学进展	178	0.89	50.0	3.8	24	93	0.02	0.95	7.2
B10	地理信息世界	135	0.99	17.2	4.0	21	87	0.00	0.55	5.6
B10	地理学报	183	0.90	49.1	4.6	26	70	0.04	0.91	8.1
B10	地理研究	193	0.94	41.0	3.7	24	79	0.06	0.90	7.6
B10	地理与地理信息科学	115	0.93	30.5	3.8	22	76	0.03	0.92	7.0
B10	地域研究与开发	178	0.97	27.3	3.1	27	126	0.01	0.90	6.8
B10	干旱区地理	175	0.96	30.2	4.6	23	94	0.01	0.89	7.3
B10	干旱区研究	180	0.99	33.2	5.0	21	71	0.01	0.87	7.7
B10	国土与自然资源研究	154	0.97	13.4	3.0	28	81	0.01	0.35	6.3
B10	国土资源导刊	74	0.89	7.9	2.7	8	45	—	0.23	7.8
B10	国土资源科技管理	60	0.90	24.5	2.9	16	40	0.00	0.60	6.4
B10	国土资源情报	113	0.90	11.1	3.2	19	52	—	0.44	3.8
B10	华东地质	50	0.94	27.6	4.5	9	26	—	0.72	≥10
B10	经济地理	308	0.95	33.0	3.4	27	129	0.01	0.94	6.2
B10	南方自然资源	135	0.61	2.4	2.1	7	59	—	0.13	6.0
B10	热带地理	99	0.96	42.1	4.0	18	55	0.07	0.88	7.7
B10	山地学报	86	0.97	34.7	4.2	19	50	0.00	0.88	7.2

2020 年中国科技期刊来源指标按类刊名字顺索引（续）

学科代码	期刊名称	来源文献量	文献选出率	平均引文数	平均作者数	地区分布数	机构分布数	海外论文比	基金论文比	引用半衰期
B10	山东国土资源	142	1.00	21.5	3.4	5	60	—	0.77	7.2
B10	上海国土资源	76	0.96	17.8	2.4	17	51	—	0.91	5.3
B10	湿地科学	95	0.99	25.6	5.8	25	66	0.02	0.77	7.6
B10	湿地科学与管理	66	0.92	14.6	4.3	21	55	0.00	0.39	9.4
B10	世界地理研究	122	0.98	31.6	3.4	22	78	0.06	0.85	8.1
B10	西部资源	334	0.93	5.9	1.8	29	206	—	0.07	7.1
B10	云南地理环境研究	61	0.84	26.5	2.5	16	34	—	0.69	6.9
B10	浙江国土资源	267	0.70	—	1.5	1	101	—	—	—
B10	中国国土资源经济	170	0.93	13.3	2.4	26	76	—	0.89	3.5
B10	中国沙漠	154	0.97	36.0	5.1	20	64	0.01	0.88	9.6
B10	资源导刊	547	0.76	—	1.3	8	138	—	0.00	—
B10	资源导刊·信息化测绘版	230	0.60	1.4	1.4	17	96	—	0.02	3.9
B10	资源环境与工程	124	0.95	9.8	4.5	17	58	—	0.54	8.8
B11	Acta Geochimica	65	1.00	65.6	4.5	16	42	0.31	0.80	≥10
B11	Acta Geologica Sinica	172	0.97	59.5	6.1	24	61	0.22	0.53	≥10
B11	China Geology	65	0.92	35.9	6.7	12	33	0.05	0.95	9.6
B11	Earthquake Engineering and Engineering Vibration	66	0.94	40.7	3.5	14	56	0.50	0.58	≥10
B11	Earthquake Research Advances	42	0.95	29.6	5.3	12	25	—	0.93	9.4
B11	Global Geology	25	0.93	24.0	4.2	3	5	0.08	0.84	≥10
B11	Guizhou Geology	78	0.95	15.9	4.8	7	29	—	0.77	8.6
B11	Science China（Earth Sciences）	154	0.99	80.3	5.4	15	71	0.01	0.97	≥10
B11	安徽地质	67	0.96	12.0	3.2	5	31	—	0.51	8.9
B11	沉积学报	109	0.98	38.7	6.0	21	63	0.05	0.92	≥10
B11	沉积与特提斯地质	48	0.98	38.7	6.0	12	19	—	0.98	≥10
B11	城市地质	68	0.91	15.1	4.0	15	35	—	0.49	7.9
B11	大地构造与成矿学	87	0.98	56.5	6.3	18	45	0.00	0.93	≥10
B11	地层学杂志	42	0.91	57.6	5.7	17	28	0.07	0.83	≥10
B11	地球与行星物理论评	49	0.91	41.9	6.2	1	1	—	0.61	≥10
B11	地下水	639	1.00	7.1	1.8	27	345	—	0.14	6.4
B11	地质科技通报	132	0.97	35.8	5.2	17	38	0.00	0.92	8.2
B11	地质科学	80	0.98	42.7	5.7	17	51	0.05	0.80	≥10
B11	地质力学学报	77	0.94	78.4	5.6	15	38	0.01	0.92	≥10

2020 年中国科技期刊来源指标按类刊名字顺索引（续）

学科代码	期刊名称	来源文献量	文献选出率	平均引文数	平均作者数	地区分布数	机构分布数	海外论文比	基金论文比	引用半衰期
B11	地质论评	123	0.91	78.9	5.5	22	63	0.02	0.76	≥10
B11	地质通报	176	0.97	45.0	5.9	25	94	0.00	0.94	≥10
B11	地质学报	264	0.97	79.9	6.2	27	119	0.01	0.87	≥10
B11	地质学刊	58	0.95	25.8	3.6	11	36	—	1.00	≥10
B11	地质与勘探	124	1.00	62.1	5.3	22	82	0.01	0.65	8.6
B11	地质与资源	88	0.96	24.0	4.7	16	41	0.00	0.58	≥10
B11	地质灾害与环境保护	70	0.95	12.4	3.2	18	43	—	0.39	9.0
B11	地质找矿论丛	59	0.97	21.6	4.6	20	44	0.00	0.59	≥10
B11	地质装备	56	0.54	6.8	3.2	14	42	—	0.18	7.6
B11	第四纪研究	138	0.96	58.4	5.5	23	66	0.09	0.94	≥10
B11	防灾减灾学报	56	0.98	10.2	4.1	16	34	—	0.61	8.2
B11	福建地质	33	0.89	12.7	1.0	2	13	—	0.36	≥10
B11	高校地质学报	61	0.98	47.9	5.3	15	36	0.07	0.92	≥10
B11	高原地震	42	1.00	12.9	4.4	12	24	—	0.64	8.2
B11	工程地质学报	148	0.99	45.5	4.8	23	67	0.03	0.84	7.1
B11	古地理学报	85	0.91	53.3	5.6	20	45	0.06	0.89	≥10
B11	古脊椎动物学报	20	0.95	40.9	3.4	2	2	0.20	0.90	≥10
B11	古生物学报	46	0.87	57.5	3.2	9	16	0.04	0.70	≥10
B11	华北地质	40	0.89	43.1	6.3	5	13	—	0.80	≥10
B11	化工矿产地质	63	0.85	14.7	3.0	18	37	—	0.35	9.3
B11	吉林地质	70	0.97	9.3	3.0	6	36	—	0.11	≥10
B11	矿床地质	68	0.99	95.8	6.2	17	32	0.01	0.81	≥10
B11	矿物岩石	44	0.94	29.8	5.9	13	23	0.02	0.86	≥10
B11	山西地震	53	0.98	10.3	3.3	8	27	—	0.57	8.7
B11	陕西地质	30	1.00	6.7	2.9	2	18	—	0.23	≥10
B11	石油实验地质	119	0.89	33.4	5.4	14	55	0.01	0.82	8.1
B11	世界地质	100	0.99	25.5	4.5	18	44	0.00	0.75	≥10
B11	四川地震	35	0.97	9.8	3.6	8	18	—	0.57	≥10
B11	四川地质学报	142	0.99	11.7	3.8	19	85	—	0.35	≥10
B11	微体古生物学报	33	0.89	64.0	4.8	12	22	0.12	0.76	≥10
B11	物探化探计算技术	105	0.99	18.0	4.4	24	77	0.00	0.54	≥10
B11	物探与化探	189	0.99	21.5	4.7	28	126	0.00	0.77	≥10
B11	西北地质	98	0.99	28.4	5.3	21	70	0.02	0.76	≥10

2020 年中国科技期刊来源指标按类刊名字顺索引（续）

学科代码	期刊名称	来源文献量	文献选出率	平均引文数	平均作者数	地区分布数	机构分布数	海外论文比	基金论文比	引用半衰期
B11	现代地质	116	0.97	41.7	6.1	25	72	0.01	0.79	≥10
B11	新疆地质	89	0.74	23.0	4.8	11	38	0.00	0.57	≥10
B11	岩矿测试	80	0.82	45.3	5.1	18	44	0.00	0.79	6.4
B11	岩石矿物学杂志	56	0.98	75.5	4.8	17	36	0.00	0.88	≥10
B11	岩石学报	219	0.97	119.3	5.6	20	61	0.06	0.87	≥10
B11	铀矿地质	63	0.93	20.1	5.2	10	20	0.03	0.24	≥10
B11	云南地质	92	0.98	8.3	3.0	8	42	—	0.14	≥10
B11	中国地质	165	0.91	58.8	6.8	25	76	0.03	0.90	≥10
B11	中国地质调查	83	1.00	23.2	5.1	21	49	—	0.94	9.2
B11	中国地质灾害与防治学报	110	0.95	16.7	3.9	29	82	0.00	0.75	8.0
B11	中国岩溶	107	0.99	28.8	5.0	15	53	0.02	0.52	9.0
B12	Acta Oceanologica Sinica	176	1.00	43.0	5.4	14	57	0.17	0.83	≥10
B12	China Ocean Engineering	80	0.95	30.1	4.3	13	27	0.26	0.74	9.9
B12	Journal of Ocean University of China	149	0.99	41.6	5.6	11	41	0.15	0.71	≥10
B12	Journal of Oceanology and Limnology	157	0.99	49.5	5.4	15	42	0.10	0.82	≥10
B12	Marine Science Bulletin	17	1.00	20.4	4.2	5	10	—	0.29	≥10
B12	大连海洋大学学报	126	1.00	36.2	5.9	15	37	0.01	0.81	≥10
B12	广东海洋大学学报	103	0.94	25.7	5.6	13	31	0.02	0.74	8.7
B12	海岸工程	36	0.95	18.1	3.7	12	26	—	0.81	9.7
B12	海洋地质前沿	120	0.98	25.9	5.4	12	38	0.01	0.88	9.1
B12	海洋地质与第四纪地质	118	0.98	43.1	5.4	17	53	0.01	0.78	≥10
B12	海洋工程	102	1.00	19.9	3.9	15	49	0.00	0.83	9.1
B12	海洋工程装备与技术	71	0.92	9.3	3.8	10	29	—	0.37	7.0
B12	海洋湖沼通报	127	0.95	25.1	5.0	19	71	0.02	0.70	≥10
B12	海洋技术学报	91	0.94	18.4	4.4	15	62	0.00	0.64	8.5
B12	海洋经济	46	0.96	20.2	3.0	7	10	—	0.67	4.7
B12	海洋开发与管理	191	0.96	16.6	3.5	13	74	—	0.86	6.3
B12	海洋科学	218	1.00	39.0	5.0	18	86	0.03	0.84	≥10
B12	海洋科学进展	66	0.94	31.9	5.2	9	24	0.02	0.83	≥10
B12	海洋通报	85	1.00	28.2	4.9	13	52	0.04	0.55	8.1
B12	海洋学报	169	0.99	36.1	5.4	12	61	0.02	0.86	≥10
B12	海洋学研究	39	0.91	28.1	4.6	10	22	0.00	0.79	≥10
B12	海洋与湖沼	154	0.97	37.6	5.1	16	54	0.01	0.88	≥10

2020年中国科技期刊来源指标按类刊名字顺索引（续）

学科代码	期刊名称	来源文献量	文献选出率	平均引文数	平均作者数	地区分布数	机构分布数	海外论文比	基金论文比	引用半衰期
B12	海洋预报	65	0.96	22.7	4.2	14	47	0.00	0.68	≥10
B12	湖泊科学	159	0.95	46.9	5.6	25	73	0.02	0.96	8.7
B12	极地研究	53	0.87	31.5	4.3	13	33	0.02	0.81	≥10
B12	江苏海洋大学学报（自然科学版）	63	0.97	19.9	4.7	7	19	—	0.86	6.3
B12	热带海洋学报	70	1.00	37.5	4.9	10	37	0.03	0.79	≥10
B12	上海海洋大学学报	102	1.00	32.4	5.0	6	16	0.00	0.87	9.2
B12	水文	92	1.00	19.4	4.1	24	69	0.02	0.73	8.4
B12	水文地质工程地质	138	0.97	23.2	4.8	22	78	0.01	0.86	8.0
B12	盐湖研究	57	0.90	28.6	5.7	6	12	0.00	0.53	≥10
B12	应用海洋学学报	69	0.92	27.7	5.0	13	46	0.00	0.59	≥10
B12	浙江海洋大学学报（自然科学版）	84	1.00	24.5	4.8	9	19	—	0.99	9.3
B12	中国海洋大学学报（自然科学版）	204	0.98	33.3	4.7	13	25	0.00	0.80	≥10
B13	Acta Biochimica et Biophysica Sinica	177	0.98	45.8	6.9	24	119	0.06	0.88	6.1
B13	Acta Biophysica Sinica	24	1.00	72.9	5.5	10	22	0.21	1.00	6.8
B13	Asian Herpetological Research	37	1.00	53.7	5.7	12	23	0.11	0.97	≥10
B13	Bio-Design and Manufacturing	36	1.00	55.5	5.6	7	26	0.36	0.81	5.8
B13	Biosafety and Health	43	1.00	28.1	5.6	12	34	0.21	0.74	4.8
B13	Cell Research	145	0.97	46.4	10.2	14	45	0.62	0.32	6.3
B13	Genomics, Proteomics & Bioinformatics	63	0.95	53.3	10.3	14	40	0.35	0.57	7.4
B13	Journal of Bio-X Research	31	1.00	49.3	5.2	7	23	—	0.77	4.1
B13	Journal of Genetics and Genomics	81	0.99	57.0	8.5	14	45	0.31	0.62	7.7
B13	Journal of Molecular Cell Biology	97	0.98	51.7	8.1	16	37	0.54	0.52	7.4
B13	Journal of Zhejiang University Science B: Biomedicine & Biotechnology	92	0.88	53.6	6.3	17	40	0.21	0.67	6.2
B13	Protein & Cell	93	1.00	44.8	8.8	13	49	0.31	0.49	6.7
B13	Science China（Life Sciences）	202	0.99	53.6	7.8	20	128	0.02	0.88	6.5
B13	The Journal of Biomedical Research	52	0.98	41.9	4.8	3	36	0.56	0.58	8.5
B13	工业微生物	60	1.00	24.4	4.9	9	28	—	0.70	7.7
B13	化石	41	0.60	—	1.2	11	16	0.02	—	—
B13	基因组学与应用生物学	798	0.99	20.9	4.7	31	415	0.01	0.64	8.4
B13	激光生物学报	77	1.00	33.4	5.3	15	38	0.00	0.94	6.3
B13	热带生物学报	66	0.97	25.7	5.6	10	17	0.02	0.85	8.1
B13	人类学学报	62	0.95	42.5	4.0	15	30	0.11	0.84	≥10

2020 年中国科技期刊来源指标按类刊名字顺索引（续）

学科代码	期刊名称	来源文献量	文献选出率	平均引文数	平均作者数	地区分布数	机构分布数	海外论文比	基金论文比	引用半衰期
B13	生理科学进展	94	0.88	30.3	3.6	26	78	0.00	0.80	4.3
B13	生理学报	85	0.92	53.4	4.1	21	68	0.08	0.16	7.3
B13	生命的化学	336	0.94	37.7	3.8	28	165	0.01	0.69	4.8
B13	生命科学	164	0.93	66.6	3.9	27	111	0.01	0.91	5.5
B13	生命科学研究	71	1.00	39.7	5.2	21	58	0.01	0.79	6.2
B13	生命世界	151	0.69	—	1.6	21	56	0.01	0.03	—
B13	生物安全学报	48	0.92	31.0	4.9	17	38	0.00	0.81	9.4
B13	生物多样性	160	0.91	45.4	6.1	26	91	0.05	0.70	8.7
B13	生物化工	280	0.98	11.5	3.1	29	211	—	0.36	7.8
B13	生物化学与生物物理进展	104	0.90	66.4	5.4	24	76	0.03	0.48	6.1
B13	生物技术	97	0.99	24.4	5.1	25	70	0.00	0.63	4.7
B13	生物技术进展	96	0.95	36.2	5.4	21	60	0.00	0.73	6.9
B13	生物技术通讯	133	0.96	26.8	4.8	23	82	0.00	0.64	5.8
B13	生物信息学	33	1.00	25.3	4.1	15	29	0.06	0.67	7.0
B13	生物学通报	244	0.98	7.1	2.5	24	164	0.04	0.44	8.3
B13	生物学杂志	173	0.98	23.5	4.6	29	112	0.02	0.84	7.1
B13	生物资源	91	0.93	34.2	5.3	23	62	0.02	0.81	6.3
B13	水生生物学报	156	0.99	33.6	5.8	26	67	0.01	0.85	≥10
B13	四川生理科学杂志	127	0.99	12.9	3.2	14	87	—	0.28	3.9
B13	现代电生理学杂志	62	0.94	13.9	2.6	18	50	—	0.16	5.9
B13	遗传	102	0.93	59.4	4.8	23	78	0.01	0.80	6.4
B13	中国科学（生命科学）	118	0.87	70.7	5.9	19	76	0.02	0.81	6.9
B13	中国生物化学与分子生物学报	179	0.93	41.4	4.3	29	129	0.01	0.86	5.5
B13	中国细胞生物学学报	271	0.94	40.5	4.7	28	165	0.01	0.79	5.8
B13	中国野生植物资源	175	0.94	26.6	5.1	26	107	—	0.86	8.0
B13	中国应用生理学杂志	139	0.99	18.6	5.6	24	100	0.00	0.55	5.1
B13	中学生物教学	327	0.96	3.4	1.4	26	260	—	0.28	4.2
B13	蛛形学报	30	0.97	9.5	2.8	10	13	—	0.67	≥10
B14	Journal of Resources and Ecology	65	0.94	40.0	3.8	20	36	0.17	0.86	7.7
B14	生态毒理学报	183	0.99	41.9	5.4	26	121	0.02	0.65	7.4
B14	生态环境学报	283	0.96	38.2	5.3	30	190	0.01	0.93	6.9
B14	生态科学	176	0.99	35.0	4.9	27	111	0.02	0.89	8.4
B14	生态学报	857	0.99	42.9	5.2	31	277	0.01	0.91	7.9

2020 年中国科技期刊来源指标按类刊名字顺索引（续）

学科代码	期刊名称	来源文献量	文献选出率	平均引文数	平均作者数	地区分布数	机构分布数	海外论文比	基金论文比	引用半衰期
B14	生态学杂志	447	1.00	41.0	5.6	31	210	0.01	0.89	8.1
B14	水生态学杂志	97	0.99	30.3	5.5	28	76	0.00	0.87	≥10
B14	应用生态学报	482	1.00	38.3	5.6	31	203	0.00	0.91	7.8
B14	中国微生态学杂志	312	0.98	22.6	4.3	28	252	0.00	0.39	4.9
B15	Journal of Integrative Plant Biology	131	0.97	60.8	7.2	19	54	0.27	0.61	8.8
B15	Journal of Systematics and Evolution	68	0.97	87.0	5.5	10	18	0.71	0.21	≥10
B15	Molecular Plant	168	0.90	57.6	8.6	17	43	0.67	0.51	7.5
B15	Plant Diversity	55	0.90	53.6	5.0	12	25	0.31	0.53	9.6
B15	广西植物	201	1.00	29.5	5.1	28	115	0.03	0.94	9.4
B15	热带亚热带植物学报	86	0.99	29.1	5.5	18	51	0.03	0.83	8.8
B15	西北植物学报	244	0.98	32.8	5.1	31	115	0.00	0.84	8.6
B15	亚热带植物科学	93	0.96	23.4	4.9	15	61	—	0.94	7.0
B15	植物科学学报	96	1.00	33.2	5.0	23	55	0.00	0.75	8.6
B15	植物生理学报	280	0.98	40.7	5.4	30	127	0.01	0.88	7.7
B15	植物生态学报	106	0.97	61.4	6.2	25	58	0.05	0.94	9.4
B15	植物生态学报（英文版）	93	0.96	55.4	5.3	14	69	0.43	0.97	≥10
B15	植物学报	80	0.79	46.7	4.7	21	54	0.04	0.89	8.5
B15	植物研究	118	0.98	27.1	5.1	28	55	0.00	0.80	9.3
B16	Current Zoology	80	0.99	62.6	4.5	10	65	0.78	0.76	≥10
B16	Entomotaxonomia	36	0.90	16.0	3.2	18	27	0.08	0.83	≥10
B16	Insect Science	108	1.00	62.9	5.4	16	27	0.58	0.45	≥10
B16	Zoological Research	81	1.00	49.9	7.9	18	44	0.23	0.81	8.1
B16	Zoological Systematics	30	0.88	39.6	3.1	12	16	0.10	0.73	≥10
B16	动物学杂志	99	0.86	30.7	5.2	23	70	0.02	0.73	≥10
B16	昆虫学报	158	1.00	40.1	5.8	27	77	0.03	0.93	8.9
B16	实验动物科学	88	0.98	19.0	5.2	25	68	0.00	0.60	7.5
B16	兽类学报	69	0.92	50.2	6.4	21	47	0.04	0.78	≥10
B16	四川动物	81	0.78	32.9	5.5	23	55	0.05	0.67	≥10
B16	野生动物学报	173	1.00	21.4	5.6	30	102	—	0.76	≥10
B16	应用昆虫学报	149	0.97	44.0	5.2	28	70	0.01	0.77	9.6
B16	中国实验动物学报	124	1.00	29.1	5.8	23	90	0.02	0.82	6.4
B17	Virologica Sinica	106	0.96	35.2	8.3	16	49	0.28	0.44	6.3
B17	病毒学报	161	0.96	26.0	6.1	29	122	0.01	0.66	5.6

学科代码	期刊名称	来源文献量	文献选出率	平均引文数	平均作者数	地区分布数	机构分布数	海外论文比	基金论文比	引用半衰期
B17	国际病毒学杂志	105	0.81	15.8	6.0	20	65	0.00	0.49	4.9
B17	菌物学报	214	0.94	46.0	5.4	26	105	0.05	0.82	7.3
B17	菌物研究	40	0.91	38.6	4.3	12	24	0.13	0.60	≥10
B17	微生物学报	219	0.94	44.4	5.6	30	130	0.02	0.91	7.6
B17	微生物学免疫学进展	93	0.88	25.0	4.6	17	50	0.01	0.42	4.9
B17	微生物学通报	412	0.96	37.3	5.4	30	226	0.02	0.83	6.4
B17	微生物学杂志	107	0.96	31.0	4.9	26	77	0.01	0.80	7.0
B17	中国病毒病杂志	76	0.79	20.5	5.4	19	59	0.00	0.63	4.9
B17	中国病原生物学杂志	310	0.99	21.2	5.8	30	193	0.00	0.67	6.1
B17	中华实验和临床病毒学杂志	133	0.96	18.4	6.5	27	95	0.00	0.62	5.4
B18	心理发展与教育	87	1.00	53.1	3.9	23	50	0.03	0.83	9.3
B18	心理技术与应用	90	0.97	36.9	3.0	24	48	—	0.77	9.0
B18	心理科学	206	0.99	36.4	3.5	24	81	0.03	0.86	8.3
B18	心理科学进展	175	0.93	81.7	3.6	23	83	0.03	0.89	7.7
B18	心理学报	112	0.97	58.6	3.9	24	59	0.08	0.92	≥10
B18	心理学探新	86	0.99	30.2	3.1	21	49	—	0.74	≥10
B18	心理研究	73	0.95	39.1	2.7	20	44	—	0.53	9.1
B18	心理与行为研究	126	1.00	32.9	3.5	25	69	—	0.97	9.6
B18	应用心理学	36	1.00	44.7	3.5	12	23	0.06	0.89	8.4
B18	中国临床心理学杂志	265	1.00	31.3	4.0	27	118	0.03	0.78	7.9
B18	中国心理卫生杂志	190	0.95	23.5	5.2	27	117	0.03	0.54	8.0
B18	中小学心理健康教育	919	0.98	4.5	1.4	29	656	0.00	0.10	8.0
C01	Frontiers Agricultural Science and Engineering	70	0.88	40.2	4.2	10	45	0.53	0.54	6.2
C01	Journal of Integrative Agriculture	284	1.00	44.1	6.8	27	89	0.19	0.72	9.7
C01	安徽农学通报	1498	0.99	9.5	3.1	31	882	—	0.48	6.7
C01	安徽农业科学	1871	1.00	18.2	4.5	31	1093	0.00	0.74	7.4
C01	北方农业学报	130	0.96	21.0	6.3	15	49	—	0.92	7.0
C01	东北农业科学	172	0.96	17.7	5.2	27	90	0.00	0.90	7.1
C01	福建农业科技	150	0.94	17.8	3.8	9	69	—	0.72	6.7
C01	福建农业学报	178	1.00	27.2	5.9	24	81	0.01	0.85	7.2
C01	干旱地区农业研究	222	0.98	30.7	5.8	25	91	0.00	0.86	7.5
C01	甘肃农业	436	0.78	2.6	1.7	20	262	—	0.18	4.4

学科代码	期刊名称	来源文献量	文献选出率	平均引文数	平均作者数	地区分布数	机构分布数	海外论文比	基金论文比	引用半衰期
C01	甘肃农业科技	257	0.96	13.7	4.4	13	88	—	0.80	7.1
C01	高等农业教育	141	0.96	10.9	3.0	22	62	—	0.87	4.0
C01	高原农业	100	0.98	18.9	4.6	8	12	—	0.89	7.5
C01	古今农业	50	0.96	36.2	1.5	17	37	0.04	0.40	≥10
C01	广东农业科学	259	0.97	33.2	5.5	27	104	0.01	0.75	6.0
C01	广西农学报	119	0.92	10.0	3.6	16	84	—	0.77	4.9
C01	贵州农业科学	430	1.00	21.7	5.1	30	233	0.00	0.59	7.5
C01	河北农业科学	151	0.97	18.0	5.3	17	72	0.01	0.38	7.6
C01	河南农业	1274	0.95	2.8	1.7	30	685	—	0.18	3.8
C01	河南农业科学	280	0.99	28.9	6.1	27	131	0.02	0.76	6.9
C01	核农学报	329	0.85	35.8	6.0	29	118	0.01	0.82	6.8
C01	黑龙江农业科学	440	0.97	13.1	4.6	29	199	—	0.81	7.5
C01	湖北农业科学	1087	0.99	17.5	4.4	31	495	0.00	0.56	7.8
C01	湖南农业	307	0.60	—	1.4	7	128	—	—	—
C01	湖南农业科学	344	0.97	15.3	5.0	27	210	—	0.84	6.9
C01	湖南生态科学学报	44	0.96	22.2	3.7	12	29	0.02	0.82	8.0
C01	华北农学报	173	1.00	29.7	6.6	23	73	0.01	0.86	6.9
C01	江苏农业科学	1424	0.99	20.9	5.1	31	652	0.00	0.77	8.0
C01	江苏农业学报	204	1.00	29.7	6.0	29	124	0.00	0.82	6.9
C01	江西农业学报	298	1.00	24.8	5.4	25	173	0.00	0.66	7.9
C01	辽宁农业科学	149	0.94	10.7	3.6	12	57	0.00	0.65	6.7
C01	南方农业学报	380	1.00	29.3	6.5	27	168	0.01	0.96	6.9
C01	宁夏农林科技	262	0.99	10.0	3.9	18	113	—	0.55	6.4
C01	农产品质量与安全	95	0.90	28.1	5.3	20	55	0.00	0.76	6.2
C01	农村·农业·农民 B	363	0.92	2.5	1.4	29	256	0.01	0.18	2.8
C01	农村科技	164	0.99	1.0	2.4	4	87	—	0.18	6.0
C01	农村实用技术	1338	0.99	4.7	1.6	31	946	—	0.14	2.9
C01	农电管理	419	0.90	0.3	1.8	29	243	—	—	3.7
C01	农技服务	650	0.97	6.4	3.3	30	395	—	0.43	5.9
C01	农学学报	209	0.97	28.8	5.1	28	164	0.00	0.59	7.8
C01	农业大数据学报	49	0.96	24.1	4.7	14	25	—	0.55	4.1
C01	农业科技管理	152	1.00	12.3	3.8	22	62	—	0.49	3.3
C01	农业科技通讯	1328	1.00	5.2	4.2	31	747	—	0.39	7.5

学科代码	期刊名称	来源文献量	文献选出率	平均引文数	平均作者数	地区分布数	机构分布数	海外论文比	基金论文比	引用半衰期
C01	农业科技与信息	1283	0.98	2.2	1.6	20	513	—	0.08	3.9
C01	农业科学研究	74	0.95	15.6	3.8	15	31	—	0.53	6.6
C01	农业生物技术学报	217	1.00	34.0	6.7	25	86	0.00	0.85	7.9
C01	农业与技术	1488	0.99	7.8	2.6	31	1053	0.00	0.32	5.5
C01	农业展望	292	0.96	15.8	3.0	28	120	0.00	0.78	3.8
C01	青海农技推广	102	0.88	3.0	1.6	8	55	—	0.02	7.5
C01	青海农林科技	115	0.99	9.5	2.2	14	70	—	0.22	8.5
C01	热带农业科学	258	0.97	21.6	4.6	18	144	0.01	0.61	7.2
C01	山地农业生物学报	86	1.00	27.3	5.2	9	22	0.00	0.73	7.9
C01	山东农业科学	368	0.98	22.8	6.5	21	104	0.01	0.85	7.6
C01	山西农业科学	446	0.98	22.8	5.4	20	86	0.00	0.66	7.4
C01	陕西农业科学	349	0.98	12.4	4.1	21	162	0.00	0.37	7.8
C01	上海农业科技	388	0.99	3.6	3.9	10	231	—	0.18	6.9
C01	上海农业学报	158	1.00	22.5	5.5	16	55	0.01	0.84	8.7
C01	世界农业	203	0.73	21.9	2.3	24	102	0.06	0.72	6.4
C01	四川农业科技	334	0.86	6.5	4.7	12	151	—	0.59	5.8
C01	特产研究	98	0.96	28.6	5.8	17	31	0.00	0.65	7.6
C01	天津农林科技	106	0.95	5.7	3.6	12	44	—	0.44	5.7
C01	天津农业科学	233	0.95	18.5	4.7	27	131	—	0.70	6.9
C01	西北农业学报	216	1.00	29.7	6.0	29	80	0.00	0.82	7.6
C01	西南农业学报	439	1.00	25.2	6.4	30	190	0.01	0.80	8.0
C01	西藏农业科技	102	0.96	8.5	3.6	7	25	—	0.52	7.6
C01	现代农村科技	1240	0.99	2.0	1.9	28	541	—	0.15	5.1
C01	现代农业	928	0.99	2.1	1.4	31	449	—	0.08	6.2
C01	现代农业研究	765	0.99	4.0	1.7	30	503	—	0.22	3.6
C01	新疆农业科技	120	1.00	5.1	2.3	2	66	—	0.15	6.1
C01	新疆农业科学	264	0.98	24.1	6.4	13	48	0.00	0.84	8.1
C01	新农村	225	0.54	—	1.4	11	120	—	—	—
C01	新农业	1303	0.90	—	1.4	31	849	—	0.04	—
C01	云南农业	351	0.67	1.6	2.1	2	246	—	0.02	8.5
C01	云南农业科技	157	1.00	3.5	3.8	11	116	—	0.20	7.6
C01	浙江农业科学	772	0.99	11.9	4.6	28	417	—	0.69	6.7
C01	浙江农业学报	260	0.99	28.1	5.7	28	125	0.00	0.81	7.3

学科代码	期刊名称	来源文献量	文献选出率	平均引文数	平均作者数	地区分布数	机构分布数	海外论文比	基金论文比	引用半衰期
C01	智慧农业	48	0.98	43.4	5.5	12	30	0.04	0.98	4.0
C01	中国农技推广	382	0.87	2.1	3.4	29	289	—	0.15	6.6
C01	中国农民合作社	264	0.62	—	1.5	25	135	—	0.09	—
C01	中国农史	82	0.99	64.8	1.5	18	53	0.02	0.76	≥10
C01	中国农学通报	895	0.96	30.6	5.3	31	449	0.00	0.79	8.2
C01	中国农业科技导报	252	0.95	28.9	5.9	30	128	0.00	0.79	7.9
C01	中国农业科学	430	1.00	41.6	7.0	29	127	0.01	0.96	8.0
C01	中国农业气象	79	0.91	29.1	5.7	23	43	0.00	0.77	6.7
C01	中国农业信息	48	0.87	24.7	4.4	11	30	—	0.54	4.8
C01	中国农业资源与区划	380	0.82	24.1	3.4	29	219	0.00	0.82	6.3
C01	中国热带农业	121	0.93	11.2	5.2	9	60	0.00	0.58	8.1
C01	中国生态农业学报	189	0.94	37.4	5.6	27	91	0.01	0.92	7.0
C02	Journal of Northeast Agricultural University	41	0.95	28.4	5.8	6	9	—	0.95	≥10
C02	安徽农业大学学报	157	0.96	26.7	5.6	21	62	0.00	0.68	7.2
C02	北京农学院学报	89	0.97	19.2	5.0	4	6	—	1.00	7.8
C02	北京农业职业学院学报	81	0.89	10.8	1.9	15	42	—	0.58	3.9
C02	东北农业大学学报	129	1.00	22.4	6.2	17	33	0.03	0.93	7.5
C02	福建农林大学学报（自然科学版）	128	0.99	26.4	5.5	22	42	0.01	0.88	8.2
C02	甘肃农业大学学报	164	0.98	28.4	5.6	26	69	—	1.00	7.4
C02	河北农业大学学报	122	0.95	23.3	5.4	13	24	0.00	0.86	7.4
C02	河南农业大学学报	139	0.99	27.2	5.5	26	60	0.00	0.88	7.1
C02	黑龙江八一农垦大学学报	115	0.97	24.7	4.6	9	18	—	0.92	6.3
C02	湖南农业大学学报（自然科学版）	110	1.00	22.4	5.6	21	58	0.02	0.90	7.7
C02	华南农业大学学报	104	0.95	29.4	6.1	19	32	0.02	0.81	6.7
C02	华中农业大学学报	136	0.99	26.2	5.7	15	32	0.01	0.97	6.9
C02	吉林农业大学学报	97	0.96	29.2	5.0	8	17	0.00	0.92	8.7
C02	吉林农业科技学院学报	194	0.97	8.1	1.7	17	98	—	0.89	3.5
C02	江西农业大学学报	143	1.00	29.4	6.4	24	52	0.01	0.97	7.4
C02	辽宁农业职业技术学院学报	122	1.00	6.5	2.2	15	46	—	0.63	3.5
C02	南京农业大学学报	141	0.96	31.7	5.9	12	18	0.02	0.96	7.3
C02	青岛农业大学学报（自然科学版）	51	0.98	19.5	4.3	6	13	—	0.86	8.1
C02	山东农业大学学报（自然科学版）	242	1.00	15.3	3.4	27	172	0.00	0.51	6.9
C02	山东农业工程学院学报	555	0.98	8.1	1.7	29	271	0.00	0.76	4.7

2020 年中国科技期刊来源指标按类刊名字顺索引（续）

学科代码	期刊名称	来源文献量	文献选出率	平均引文数	平均作者数	地区分布数	机构分布数	海外论文比	基金论文比	引用半衰期
C02	山西农业大学学报（自然科学版）	97	0.89	24.4	5.4	18	33	0.01	0.89	7.3
C02	沈阳农业大学学报	102	0.91	30.1	5.2	14	27	0.00	0.96	7.8
C02	四川农业大学学报	102	1.00	29.1	6.2	18	46	—	1.00	7.4
C02	天津农学院学报	94	0.92	16.7	4.7	5	6	—	0.68	6.2
C02	新疆农业大学学报	63	1.00	28.1	5.8	2	6	—	0.83	6.5
C02	信阳农林学院学报	146	1.00	10.1	2.0	26	88	—	0.57	5.9
C02	延边大学农学学报	62	0.97	23.7	4.8	6	9	—	1.00	7.2
C02	扬州大学学报（农业与生命科学版）	127	1.00	23.7	6.3	15	51	0.00	0.91	6.9
C02	云南农业大学学报（自然科学）	154	0.96	27.6	6.2	23	69	0.00	0.81	8.1
C02	浙江大学学报（农业与生命科学版）	80	0.89	34.1	5.6	20	46	0.01	0.88	7.4
C02	浙江农林大学学报	154	1.00	27.9	5.3	22	51	0.01	0.86	8.3
C02	中国农业大学学报	254	0.94	31.7	5.0	28	86	0.02	0.92	7.2
C02	仲恺农业工程学院学报	46	1.00	23.5	6.5	2	7	—	0.89	7.3
C03	Journal of Cotton Research	30	1.00	57.2	6.3	10	23	0.27	0.83	8.6
C03	Oil Crop Science	33	0.97	38.2	6.8	14	20	0.03	1.00	7.5
C03	Rice Science	54	0.95	54.9	6.9	14	25	0.35	0.50	9.4
C03	The Crop Journal	97	0.94	50.8	8.0	18	38	0.29	0.68	8.2
C03	北方水稻	136	1.00	7.7	4.3	11	65	0.00	0.32	9.4
C03	茶叶	54	0.87	14.5	3.7	13	37	0.04	0.48	7.8
C03	大豆科技	92	1.00	9.5	5.0	19	64	—	0.75	7.2
C03	大豆科学	128	0.98	26.2	5.9	21	62	0.01	0.87	8.4
C03	大麦与谷类科学	85	0.94	10.0	5.6	16	53	—	0.61	6.9
C03	分子植物育种	1038	0.98	22.2	5.7	31	312	0.01	0.82	8.3
C03	福建稻麦科技	112	0.77	3.1	2.3	6	72	—	0.21	3.9
C03	福建热作科技	91	0.96	8.2	2.8	3	57	—	0.45	8.9
C03	甘蔗糖业	99	0.96	14.5	5.1	9	57	0.00	0.39	6.6
C03	耕作与栽培	142	1.00	9.3	4.4	23	103	—	0.68	7.7
C03	广西糖业	67	0.88	6.0	3.7	7	41	—	0.33	7.3
C03	花生学报	54	1.00	20.1	8.1	14	24	0.00	0.89	6.7
C03	麦类作物学报	184	0.86	28.7	7.1	20	71	0.00	0.90	9.0
C03	棉花科学	65	0.96	11.7	5.8	8	33	—	0.83	5.3
C03	棉花学报	51	0.89	35.8	7.8	11	21	0.08	0.92	8.7
C03	农业研究与应用	84	0.93	15.7	5.1	13	44	0.01	0.80	6.2

学科代码	期刊名称	来源文献量	文献选出率	平均引文数	平均作者数	地区分布数	机构分布数	海外论文比	基金论文比	引用半衰期
C03	热带农业科技	42	0.95	13.0	4.7	4	13	—	0.69	7.9
C03	热带作物学报	332	0.98	30.6	6.3	20	99	0.01	0.83	8.0
C03	世界热带农业信息	229	0.77	1.2	1.7	27	174	—	0.04	2.7
C03	特种经济动植物	316	0.96	4.8	2.6	28	229	—	0.16	6.6
C03	亚热带农业研究	48	0.98	29.9	4.6	7	26	0.00	0.77	7.2
C03	玉米科学	160	0.99	24.2	7.4	23	64	0.01	0.84	9.1
C03	杂交水稻	196	0.97	7.3	6.4	20	117	0.00	0.77	8.7
C03	植物遗传资源学报	171	0.97	35.7	7.3	31	81	0.02	0.81	8.6
C03	中国茶叶	193	0.89	9.3	3.8	20	123	—	0.52	6.4
C03	中国稻米	159	0.98	16.9	6.2	22	98	0.02	0.71	8.5
C03	中国麻业科学	45	0.98	24.1	7.0	8	16	0.00	0.67	6.7
C03	中国棉花	174	0.96	9.5	6.4	18	73	0.00	0.75	7.5
C03	中国水稻科学	59	0.98	39.1	7.5	11	33	0.02	0.93	7.7
C03	中国糖料	54	1.00	27.0	5.7	9	24	—	0.96	6.6
C03	中国油料作物学报	131	0.97	33.9	7.1	22	57	0.00	0.90	8.1
C03	中国种业	432	1.00	6.5	5.1	31	255	—	0.57	4.9
C03	种业导刊	61	0.60	6.9	2.5	9	39	—	0.28	5.3
C03	种子	429	0.96	18.9	5.7	31	227	0.00	0.77	8.0
C03	种子科技	1915	0.96	3.0	1.6	31	1295	—	0.05	2.8
C03	作物学报	186	0.96	36.6	7.7	26	78	0.03	0.88	8.9
C03	作物研究	126	1.00	18.9	5.6	21	64	0.00	0.70	7.0
C03	作物杂志	183	0.97	28.3	6.5	27	120	0.00	0.81	8.4
C04	Horticultural Plant Journal	44	0.98	59.3	6.8	15	24	0.18	0.73	8.6
C04	北方果树	157	0.94	3.6	3.0	13	86	—	0.33	7.3
C04	北方园艺	679	0.99	20.9	4.5	31	340	—	0.94	7.7
C04	茶叶科学	79	0.94	35.3	6.1	17	40	0.00	0.76	6.6
C04	长江蔬菜	626	0.98	4.2	4.2	25	306	—	0.44	6.2
C04	东南园艺	89	0.90	9.1	3.4	5	46	—	0.53	9.0
C04	广东园林	108	0.82	15.3	2.3	10	53	0.05	0.37	6.4
C04	果农之友	289	0.95	0.1	2.4	21	131	—	0.07	5.5
C04	果树学报	223	0.98	28.0	6.4	27	80	0.01	0.72	8.1
C04	河北果树	174	0.99	2.1	2.8	12	98	—	0.19	8.9
C04	吉林蔬菜	231	0.86	4.0	2.2	18	118	—	0.16	6.5

2020 年中国科技期刊来源指标按类刊名字顺索引（续）

学科代码	期刊名称	来源文献量	文献选出率	平均引文数	平均作者数	地区分布数	机构分布数	海外论文比	基金论文比	引用半衰期
C04	景观设计学	78	0.96	27.8	4.0	11	49	0.44	0.26	9.6
C04	辣椒杂志	38	1.00	15.4	5.2	14	27	0.05	0.95	7.5
C04	林业与生态科学	65	0.98	21.1	4.6	9	25	—	0.97	7.8
C04	落叶果树	155	0.96	5.0	4.0	18	94	0.01	0.54	7.8
C04	南方园艺	129	0.99	7.4	4.6	16	67	—	0.73	8.6
C04	人参研究	96	1.00	13.3	5.2	10	45	—	0.62	6.7
C04	上海蔬菜	227	1.00	2.1	3.7	17	145	—	0.35	7.3
C04	食用菌	167	0.97	9.1	4.7	25	130	0.02	0.80	6.7
C04	食用菌学报	68	1.00	33.4	6.1	16	34	0.04	0.87	7.5
C04	蔬菜	232	0.83	7.4	4.2	27	142	—	0.47	6.7
C04	西北园艺（果树）	162	0.94	—	3.1	11	97	—	0.08	—
C04	西北园艺（综合）	199	0.96	—	2.4	8	116	0.01	0.08	—
C04	烟草科技	178	0.98	23.7	8.0	18	69	0.00	0.28	7.6
C04	烟台果树	111	0.97	2.5	4.4	11	62	—	0.37	7.3
C04	园艺学报	256	1.00	31.9	6.2	29	103	0.01	0.90	8.1
C04	园艺与种苗	295	0.97	8.6	3.4	26	163	—	0.52	7.6
C04	浙江柑橘	53	1.00	5.7	4.2	6	35	—	0.25	9.2
C04	中国瓜菜	338	0.99	13.7	4.7	30	193	—	0.79	6.9
C04	中国果菜	284	0.97	19.4	4.0	29	198	—	0.57	5.6
C04	中国果树	203	0.80	18.4	5.3	28	107	0.00	0.70	6.8
C04	中国马铃薯	58	0.94	22.8	5.8	20	41	0.02	0.98	8.0
C04	中国南方果树	189	0.82	18.9	6.1	24	104	0.00	0.67	7.5
C04	中国食用菌	944	0.99	9.7	1.9	31	550	0.00	0.85	3.8
C04	中国蔬菜	284	0.85	13.0	5.5	29	141	0.00	0.76	8.1
C04	中国烟草科学	93	1.00	27.2	7.7	15	40	0.00	0.22	6.7
C04	中国烟草学报	100	0.93	24.6	7.3	21	65	0.00	0.25	8.4
C05	Pedosphere	83	0.93	60.7	5.6	17	30	0.61	0.48	≥10
C05	土壤	175	0.98	36.5	5.9	29	95	0.01	0.87	8.3
C05	土壤通报	193	0.95	31.6	5.4	29	120	0.01	0.84	7.6
C05	土壤学报	145	0.99	41.0	5.8	25	70	0.02	0.96	7.5
C05	土壤与作物	47	0.98	39.8	4.9	12	21	0.00	0.74	8.9
C05	植物医生	89	0.96	15.6	4.0	14	46	—	0.52	7.5
C05	植物营养与肥料学报	216	0.95	41.1	6.6	28	82	0.00	0.91	7.9

学科代码	期刊名称	来源文献量	文献选出率	平均引文数	平均作者数	地区分布数	机构分布数	海外论文比	基金论文比	引用半衰期
C05	中国土地科学	150	0.95	32.3	3.1	21	76	0.01	0.88	4.6
C05	中国土壤与肥料	210	0.98	27.6	6.1	27	103	0.00	0.80	8.0
C06	广西植保	40	0.87	9.5	3.9	5	29	—	0.43	5.9
C06	湖北植保	147	0.95	3.7	3.7	10	94	—	0.11	5.4
C06	环境昆虫学报	185	1.00	36.0	5.5	26	89	0.02	0.84	9.3
C06	农药	218	0.89	17.9	5.6	27	130	0.00	0.55	6.0
C06	农药科学与管理	127	0.76	8.2	4.6	24	69	0.00	0.20	7.0
C06	农药学学报	142	0.97	28.6	6.0	25	76	0.01	0.86	7.1
C06	生物灾害科学	74	0.99	21.0	5.3	18	39	—	0.81	7.1
C06	世界农药	129	0.90	8.1	3.1	12	77	—	0.14	6.4
C06	现代农药	71	1.00	19.6	5.3	21	50	0.00	0.59	7.1
C06	杂草学报	48	0.98	21.6	5.6	20	38	0.00	0.79	8.1
C06	植物保护	298	0.96	26.5	6.2	30	135	0.01	0.87	8.6
C06	植物保护学报	176	0.98	30.2	5.2	28	72	0.02	0.90	7.8
C06	植物病理学报	98	0.98	25.2	6.5	26	59	0.00	0.90	8.9
C06	植物检疫	108	0.66	22.8	5.0	25	80	0.02	0.58	≥10
C06	中国生物防治学报	138	1.00	29.9	6.1	28	62	0.01	0.86	9.1
C06	中国植保导刊	281	0.95	13.4	5.5	29	173	—	0.63	7.7
C07	Forest Ecosystems	64	1.00	64.2	5.3	10	56	0.66	0.91	≥10
C07	Journal of Forestry Research	234	1.00	52.2	5.2	21	46	0.64	0.35	≥10
C07	安徽林业科技	104	0.87	6.4	2.4	13	79	—	0.22	7.5
C07	桉树科技	42	0.89	18.1	4.5	3	19	0.00	0.74	9.0
C07	北京林业大学学报	192	0.99	33.8	5.0	23	39	0.01	0.91	8.0
C07	东北林业大学学报	282	0.98	24.6	4.6	29	82	0.01	0.81	8.6
C07	防护林科技	386	0.99	7.9	2.5	25	240	—	0.28	9.6
C07	风景园林	204	0.89	26.9	2.5	21	67	0.20	0.53	8.6
C07	福建林业科技	100	0.95	17.6	3.1	13	73	—	0.84	8.6
C07	甘肃林业科技	62	0.97	9.4	3.5	8	47	—	0.39	≥10
C07	广西林业科学	118	0.98	16.3	5.6	9	33	0.00	0.81	8.4
C07	贵州林业科技	47	0.89	15.2	4.3	3	31	—	0.19	8.1
C07	河南林业科技	73	0.97	6.7	3.2	7	52	—	0.30	9.5
C07	黑龙江生态工程职业学院学报	277	0.99	9.5	1.8	29	191	—	0.55	4.9
C07	湖北林业科技	151	0.97	9.5	4.3	17	93	—	0.35	8.4

2020 年中国科技期刊来源指标按类刊名字顺索引（续）

学科代码	期刊名称	来源文献量	文献选出率	平均引文数	平均作者数	地区分布数	机构分布数	海外论文比	基金论文比	引用半衰期
C07	湖南林业科技	127	0.95	20.5	5.4	8	61	—	0.84	8.1
C07	华东森林经理	53	0.96	8.3	3.1	9	37	—	0.09	6.3
C07	吉林林业科技	79	1.00	6.9	4.4	10	50	—	0.34	8.9
C07	江苏林业科技	70	0.95	19.5	3.9	10	35	—	0.79	7.7
C07	经济林研究	120	1.00	27.8	5.9	26	77	0.01	0.92	6.4
C07	辽宁林业科技	148	1.00	9.2	2.4	9	71	—	0.38	9.2
C07	林产工业	223	0.98	25.3	3.1	25	112	0.01	0.81	4.8
C07	林区教学	436	1.00	5.7	1.4	30	235	—	0.50	4.8
C07	林业调查规划	221	0.97	13.6	3.5	27	137	0.00	0.27	7.5
C07	林业工程学报	156	0.98	24.4	4.7	17	36	0.01	0.96	6.0
C07	林业机械与木工设备	152	0.94	14.4	3.3	19	43	—	0.66	4.2
C07	林业建设	83	0.89	7.9	2.8	18	44	—	0.10	6.6
C07	林业经济	179	1.00	24.8	2.2	27	102	0.01	0.53	5.7
C07	林业勘查设计	165	0.95	4.4	2.1	14	93	—	0.06	8.3
C07	林业勘察设计	98	0.99	8.4	2.3	8	74	0.01	0.22	8.9
C07	林业科技	100	0.94	11.2	3.2	22	65	—	0.42	8.8
C07	林业科技情报	208	1.00	6.8	1.6	25	121	—	0.07	3.9
C07	林业科技通讯	355	0.97	10.1	4.0	29	221	—	0.58	≥10
C07	林业科学	252	0.99	37.0	5.3	28	84	0.01	0.86	9.3
C07	林业科学研究	133	0.99	32.5	5.6	22	46	0.01	0.83	9.5
C07	林业与环境科学	117	0.98	20.3	5.8	11	66	—	0.85	8.5
C07	林业资源管理	144	1.00	21.1	4.2	26	81	—	0.76	6.2
C07	木材科学与技术	77	0.80	13.1	4.5	12	34	0.00	0.68	7.9
C07	内蒙古林业	187	0.76	—	2.1	10	103	—	0.01	—
C07	内蒙古林业调查设计	200	0.96	5.1	2.3	20	106	—	0.10	8.5
C07	内蒙古林业科技	55	0.96	17.3	5.3	4	24	—	0.75	8.0
C07	南方林业科学	102	0.93	17.6	4.8	15	59	—	0.95	8.0
C07	南京林业大学学报（自然科学版）	183	0.99	33.3	5.0	24	53	0.02	0.93	8.3
C07	热带林业	69	0.91	13.7	3.7	9	36	—	0.58	7.6
C07	森林防火	48	0.92	8.5	3.5	14	33	—	0.29	7.5
C07	森林工程	95	0.96	22.5	4.0	11	28	0.05	0.84	5.2
C07	森林与环境学报	89	1.00	27.2	4.9	20	42	0.00	0.90	7.0
C07	山东林业科技	151	0.96	11.9	4.1	21	103	0.01	0.50	8.5

2020 年中国科技期刊来源指标按类刊名字顺索引（续）

学科代码	期刊名称	来源文献量	文献选出率	平均引文数	平均作者数	地区分布数	机构分布数	海外论文比	基金论文比	引用半衰期
C07	山西林业	132	0.86	0.3	1.1	1	68	—	0.02	4.7
C07	山西林业科技	92	0.98	7.6	2.1	8	49	0.01	0.38	8.6
C07	陕西林业科技	182	0.96	9.7	3.3	21	126	—	0.33	8.3
C07	世界林业研究	150	0.93	27.3	3.3	25	70	—	0.83	7.6
C07	世界竹藤通讯	90	0.88	12.0	3.6	17	53	—	0.73	7.3
C07	四川林业科技	137	0.99	21.1	5.2	14	75	—	0.77	8.7
C07	温带林业研究	46	0.94	27.3	4.2	14	31	—	0.80	≥10
C07	西北林学院学报	246	0.98	27.2	5.1	29	105	0.00	0.81	8.2
C07	西部林业科学	152	0.94	25.8	4.9	25	75	0.00	0.75	8.3
C07	西南林业大学学报	148	0.94	29.2	4.9	23	55	0.01	0.83	8.0
C07	新疆林业	54	0.50	—	1.6	2	32	—	—	—
C07	园林	184	0.92	14.5	2.7	21	91	—	0.50	6.4
C07	浙江林业科技	101	1.00	21.1	5.2	15	59	—	0.87	9.7
C07	中国城市林业	136	1.00	20.4	3.7	19	43	—	0.82	6.5
C07	中国林副特产	254	1.00	6.8	2.4	23	164	—	0.29	7.9
C07	中国林业经济	237	0.97	12.0	2.3	18	41	—	0.53	3.5
C07	中国森林病虫	55	1.00	21.0	4.7	23	42	0.00	0.53	≥10
C07	中国园林	290	0.94	25.1	3.0	21	109	0.07	0.70	≥10
C07	中南林业调查规划	56	0.93	12.8	3.6	9	17	—	0.27	7.3
C07	竹子学报	58	0.95	23.6	4.2	12	31	0.02	0.48	7.8
C08	Avian Research	49	0.98	56.3	5.5	12	43	0.51	0.90	≥10
C08	Journal of Animal Science and Biotechnology	96	0.99	57.0	7.5	12	14	0.63	0.43	8.5
C08	北方蚕业	64	0.96	8.9	4.0	11	23	—	0.67	8.5
C08	蚕桑茶叶通讯	82	0.94	5.6	3.1	18	54	—	0.40	7.9
C08	蚕桑通报	71	0.92	5.4	3.9	5	38	—	0.32	≥10
C08	蚕学通讯	75	0.83	4.0	2.9	11	35	—	0.69	7.5
C08	蚕业科学	101	0.94	26.6	6.3	17	45	0.01	0.88	8.1
C08	草食家畜	70	0.97	14.8	5.2	4	29	—	0.79	7.6
C08	草学	90	0.94	18.4	5.5	19	55	—	0.88	9.6
C08	草原与草业	48	0.79	19.2	4.3	7	17	—	0.67	≥10
C08	畜禽业	960	0.99	3.7	1.8	31	737	—	0.11	3.6
C08	当代畜禽养殖业	459	0.98	4.7	2.3	28	344	—	0.14	5.8
C08	动物医学进展	337	0.96	20.6	6.7	29	125	0.00	0.77	4.9

2020 年中国科技期刊来源指标按类刊名字顺索引（续）

学科代码	期刊名称	来源文献量	文献选出率	平均引文数	平均作者数	地区分布数	机构分布数	海外论文比	基金论文比	引用半衰期
C08	动物营养学报	645	1.00	41.2	5.8	31	138	0.01	0.86	6.7
C08	福建畜牧兽医	193	0.99	5.3	2.2	8	119	—	0.23	6.9
C08	甘肃畜牧兽医	305	0.69	4.3	2.6	15	170	—	0.26	7.0
C08	广东蚕业	943	1.00	4.9	1.6	30	520	—	0.21	2.7
C08	广东饲料	127	0.76	1.6	3.1	17	81	—	0.19	7.5
C08	广东畜牧兽医科技	82	1.00	13.4	4.9	10	46	—	0.45	5.5
C08	广西蚕业	57	0.93	11.2	5.2	5	19	0.02	0.44	8.1
C08	广西畜牧兽医	118	0.99	5.0	4.2	1	64	—	0.35	6.7
C08	贵州畜牧兽医	135	0.98	9.1	5.0	16	71	—	0.56	5.9
C08	国外畜牧学—猪与禽	334	1.00	1.3	2.0	22	127	—	0.11	6.1
C08	河南畜牧兽医	357	0.88	0.4	1.9	18	197	—	0.01	9.7
C08	河南畜牧兽医（市场版）	248	0.75	0.1	2.2	11	116	—	0.04	≥10
C08	黑龙江畜牧兽医（上半月）	458	0.99	18.1	6.0	31	173	—	0.91	6.5
C08	黑龙江畜牧兽医（下半月）	450	0.99	12.9	5.5	31	191	—	0.86	6.1
C08	湖北畜牧兽医	263	0.90	4.4	2.3	31	222	—	0.16	4.4
C08	湖南饲料	64	0.63	—	2.8	12	29	—	—	—
C08	湖南畜牧兽医	132	0.94	5.6	3.2	6	82	—	0.21	4.9
C08	吉林畜牧兽医	1230	0.98	1.2	1.8	31	758	—	0.05	3.1
C08	家畜生态学报	220	0.96	24.8	5.7	30	105	0.00	0.80	7.5
C08	家禽科学	230	0.84	4.8	3.4	16	143	—	0.31	6.0
C08	江西农业	1416	0.92	3.6	1.9	31	957	—	0.10	3.3
C08	江西畜牧兽医杂志	134	0.81	6.1	4.6	15	75	—	0.40	7.8
C08	今日畜牧兽医	1110	0.99	2.8	1.9	31	772	—	0.09	3.6
C08	今日养猪业	198	0.86	—	1.8	19	98	0.01	0.03	—
C08	经济动物学报	46	0.85	24.9	5.3	14	20	0.00	0.41	9.5
C08	粮油与饲料科技	81	0.51	9.3	2.3	19	63	—	0.19	7.2
C08	蜜蜂杂志	444	0.95	2.2	1.5	27	119	—	0.08	9.0
C08	青海草业	58	0.97	9.9	2.7	4	27	—	0.24	≥10
C08	青海畜牧兽医杂志	90	0.98	20.2	4.2	5	31	—	0.73	≥10
C08	山东畜牧兽医	515	0.98	4.3	2.6	27	256	—	0.19	6.9
C08	上海畜牧兽医通讯	152	1.00	8.4	5.0	17	83	—	0.51	8.3
C08	四川蚕业	83	0.94	3.7	4.0	8	47	—	0.41	7.8
C08	四川畜牧兽医	344	0.91	1.4	2.2	23	169	—	0.10	7.9

2020 年中国科技期刊来源指标按类刊名字顺索引（续）

学科代码	期刊名称	来源文献量	文献选出率	平均引文数	平均作者数	地区分布数	机构分布数	海外论文比	基金论文比	引用半衰期
C08	饲料博览	598	0.98	5.9	2.1	30	310	0.00	0.11	6.3
C08	饲料工业	279	1.00	27.4	5.0	30	127	0.04	0.65	7.7
C08	饲料研究	476	1.00	24.0	4.5	31	264	0.00	0.61	6.7
C08	现代牧业	57	0.93	13.2	4.5	5	19	—	0.60	6.6
C08	现代畜牧科技	1039	1.00	0.7	1.3	29	357	—	0.04	5.9
C08	现代畜牧兽医	252	0.95	10.8	3.6	26	142	—	0.41	5.9
C08	新疆畜牧业	62	0.69	7.6	3.1	2	28	—	0.34	8.4
C08	畜牧兽医学报	336	0.99	34.6	7.0	28	93	0.00	0.85	5.9
C08	畜牧兽医杂志	185	0.99	6.9	3.4	26	133	—	0.32	7.9
C08	畜牧与兽医	323	0.96	20.3	6.4	31	140	0.01	0.81	7.5
C08	畜牧与饲料科学	146	0.97	22.0	6.3	29	63	—	0.92	7.3
C08	养禽与禽病防治	157	1.00	7.9	3.3	16	68	—	0.23	7.8
C08	养殖与饲料	708	0.99	4.3	2.5	31	488	0.00	0.20	5.7
C08	养猪	247	0.77	10.5	4.4	29	120	0.01	0.42	6.7
C08	云南畜牧兽医	97	0.97	5.2	4.6	11	58	—	0.39	7.7
C08	浙江畜牧兽医	148	0.99	2.9	2.7	12	83	—	0.09	8.5
C08	中国蚕业	59	0.87	12.6	5.1	16	41	—	0.78	7.6
C08	中国草食动物科学	130	0.96	18.1	5.8	23	77	—	0.80	7.3
C08	中国畜禽种业	1920	1.00	2.8	1.8	31	1250	—	0.07	3.8
C08	中国动物保健	704	0.98	2.6	1.8	30	503	0.00	0.06	4.4
C08	中国动物传染病学报	106	1.00	20.2	7.0	23	59	0.00	0.71	7.7
C08	中国动物检疫	272	1.00	14.1	6.2	29	145	—	0.61	5.5
C08	中国蜂业	256	0.63	4.4	2.8	27	127	—	0.26	9.3
C08	中国工作犬业	199	0.62	—	2.3	28	92	—	0.08	—
C08	中国奶牛	192	0.96	15.7	4.6	27	107	—	0.57	7.7
C08	中国牛业科学	178	0.98	9.3	4.7	22	108	—	0.55	6.4
C08	中国兽药杂志	147	1.00	15.3	6.6	24	78	0.00	0.44	7.3
C08	中国兽医科学	221	0.97	22.3	7.5	26	84	0.00	0.89	6.3
C08	中国兽医学报	401	1.00	22.8	7.1	28	94	0.00	0.88	7.2
C08	中国兽医杂志	434	1.00	12.1	6.3	31	208	0.00	0.72	6.8
C08	中国饲料	884	0.98	11.9	2.7	31	511	0.00	0.42	6.1
C08	中国畜牧兽医	463	0.98	32.3	6.8	28	125	0.00	0.83	6.4
C08	中国畜牧业	680	0.60	—	2.6	30	433	—	0.08	—

2020 年中国科技期刊来源指标按类刊名字顺索引（续）

学科代码	期刊名称	来源文献量	文献选出率	平均引文数	平均作者数	地区分布数	机构分布数	海外论文比	基金论文比	引用半衰期
C08	中国畜牧杂志	478	0.99	25.3	5.7	31	173	0.01	0.82	7.5
C08	中国养兔	101	0.94	5.4	3.6	19	54	—	0.39	8.6
C08	中国预防兽医学报	216	0.76	19.4	6.8	27	84	0.00	0.63	6.6
C08	中国猪业	119	0.66	8.2	3.6	25	89	0.02	0.41	5.1
C08	中兽医学杂志	1185	0.99	1.8	1.4	23	448	—	0.02	4.3
C08	中兽医医药杂志	170	0.97	15.6	5.0	25	77	—	0.82	6.1
C08	猪业科学	355	0.81	8.0	3.2	27	160	0.01	0.40	5.1
C09	草地学报	216	1.00	37.8	6.1	24	69	0.01	0.81	7.6
C09	草业科学	267	0.89	37.1	5.5	29	102	0.00	0.82	8.2
C09	草业学报	240	0.98	36.9	5.9	26	84	0.00	0.82	8.7
C09	草原与草坪	100	0.99	28.2	5.4	16	35	0.01	0.75	9.0
C09	中国草地学报	134	0.96	28.5	5.5	21	67	0.00	0.73	7.6
C10	淡水渔业	92	0.98	27.7	6.2	24	49	0.00	0.75	9.7
C10	海洋渔业	74	1.00	34.6	5.9	11	26	0.00	0.77	≥10
C10	河北渔业	189	0.93	11.2	4.3	22	123	—	0.55	9.5
C10	河南水产	91	0.88	5.2	3.9	4	34	—	0.50	8.5
C10	黑龙江水产	104	0.85	3.4	1.9	11	44	—	0.06	7.5
C10	江西水产科技	110	0.95	6.4	2.6	25	87	—	0.31	6.5
C10	科学养鱼	617	0.98	—	3.3	30	320	—	0.28	—
C10	南方水产科学	90	1.00	37.5	6.1	18	34	0.01	0.78	7.6
C10	齐鲁渔业	278	0.92	2.0	3.2	15	152	—	0.15	≥10
C10	水产科技情报	69	0.86	19.3	5.3	20	48	—	0.87	9.5
C10	水产科学	126	0.98	35.6	6.0	22	71	0.00	0.86	9.4
C10	水产学报	194	0.98	36.2	6.3	17	61	0.04	0.93	9.6
C10	水产学杂志	86	0.95	29.4	5.4	24	58	—	0.97	≥10
C10	水产养殖	299	0.96	7.3	4.2	28	192	—	0.55	8.7
C10	渔业科学进展	134	0.99	35.6	6.3	16	35	0.01	0.72	≥10
C10	渔业现代化	76	0.93	30.6	4.9	11	23	0.03	0.68	7.6
C10	渔业信息与战略	38	0.90	24.5	4.5	9	21	—	0.53	6.6
C10	渔业研究	79	1.00	24.0	3.9	10	47	—	0.91	8.5
C10	中国水产	209	0.50	—	3.5	27	132	0.01	0.13	—
C10	中国水产科学	145	0.98	37.9	6.0	18	42	0.01	0.99	9.6
C10	中国渔业经济	87	1.00	18.1	2.7	11	26	—	0.70	7.3

2020年中国科技期刊来源指标按类刊名字顺索引（续）

学科代码	期刊名称	来源文献量	文献选出率	平均引文数	平均作者数	地区分布数	机构分布数	海外论文比	基金论文比	引用半衰期
C10	中国渔业质量与标准	55	0.71	30.1	5.6	14	29	—	0.96	6.1
D01	Chinese Medical Journal	562	0.99	25.9	6.5	29	224	0.10	0.48	5.4
D01	Chinese Medical Sciences Journal	50	0.96	29.7	5.4	13	32	0.04	0.26	7.3
D01	Chronic Diseases and Translational Medicine	32	0.94	47.9	5.3	11	23	0.22	0.44	5.2
D01	Frontiers of Medicine	76	1.00	62.6	7.4	11	43	0.24	0.51	5.7
D01	安徽医学	427	0.97	14.9	4.2	21	238	0.00	0.27	4.2
D01	安徽医药	636	0.99	18.8	4.0	29	424	0.00	0.33	4.4
D01	巴楚医学	115	0.99	19.6	4.0	10	34	—	0.57	4.7
D01	白求恩医学杂志	297	0.99	6.8	3.0	20	197	—	0.16	3.2
D01	包头医学	118	0.97	9.1	1.8	5	89	—	—	3.5
D01	北京医学	325	0.89	16.7	4.3	20	139	0.00	0.25	5.3
D01	兵团医学	160	1.00	8.2	3.1	4	49	—	0.01	5.1
D01	重庆医学	950	0.99	19.5	4.5	30	599	0.01	0.57	4.1
D01	大众医学	560	0.83	—	1.4	24	168	—	0.00	—
D01	东南国防医药	162	0.95	19.4	4.5	20	96	0.00	0.36	4.6
D01	甘肃医药	423	0.97	13.1	3.2	26	234	—	0.22	4.8
D01	高原医学杂志	61	0.95	14.1	3.8	4	18	—	0.36	6.4
D01	广东医学	561	1.00	19.8	4.4	28	360	—	0.49	4.1
D01	广西医学	813	1.00	19.8	4.5	30	440	0.00	0.54	5.0
D01	广州医药	174	0.98	15.0	3.9	12	86	—	0.36	4.7
D01	贵州医药	959	1.00	10.8	3.0	19	385	—	0.13	3.4
D01	国际医药卫生导报	1204	0.99	13.7	3.2	27	501	—	0.28	3.4
D01	哈尔滨医药	315	0.98	7.2	2.8	17	194	—	0.14	3.5
D01	海军医学杂志	252	0.95	12.5	4.0	22	145	0.00	0.17	4.9
D01	海南医学	912	1.00	19.7	3.5	28	482	—	0.40	4.0
D01	航空航天医学杂志	886	0.98	7.1	1.9	24	441	—	0.04	3.3
D01	河北医学	492	1.00	10.3	3.8	27	351	0.00	0.82	3.0
D01	河北医药	953	1.00	19.9	4.3	27	494	0.00	0.29	4.3
D01	黑龙江医学	715	0.98	10.4	2.4	27	422	—	0.20	3.6
D01	黑龙江医药	694	1.00	7.9	2.3	21	431	—	0.12	3.2
D01	黑龙江医药科学	550	1.00	8.9	2.3	18	208	—	0.17	3.7
D01	华南国防医学杂志	225	0.96	20.4	4.8	23	117	0.00	0.44	4.3
D01	华西医学	291	0.96	24.6	5.1	26	136	0.00	0.63	4.8

2020 年中国科技期刊来源指标按类刊名字顺索引（续）

学科代码	期刊名称	来源文献量	文献选出率	平均引文数	平均作者数	地区分布数	机构分布数	海外论文比	基金论文比	引用半衰期
D01	华夏医学	323	0.99	11.8	2.5	9	202	—	0.28	3.1
D01	淮海医药	240	1.00	13.5	2.0	10	149	—	0.13	3.6
D01	基础医学与临床	343	0.82	12.7	4.9	28	196	0.00	0.62	4.0
D01	吉林医学	1425	0.99	9.3	2.7	29	787	—	0.17	4.0
D01	继续医学教育	1074	0.99	12.0	2.3	29	345	—	0.25	3.3
D01	江苏医药	353	0.99	17.4	4.5	27	233	—	0.63	5.1
D01	交通医学	223	0.98	12.9	3.7	12	97	—	0.40	4.8
D01	解放军医学杂志	201	0.93	30.0	5.5	27	156	0.01	0.67	4.1
D01	解放军医药杂志	317	0.94	20.8	4.6	26	222	0.00	0.85	3.8
D01	精准医学杂志	140	1.00	24.5	5.4	14	51	0.01	0.51	4.4
D01	空军医学杂志	148	0.87	14.6	5.6	17	61	0.00	0.47	5.8
D01	辽宁医学杂志	189	0.98	14.9	1.8	18	140	—	0.02	3.4
D01	内蒙古医学杂志	839	1.00	6.1	1.7	13	363	—	0.31	3.6
D01	宁夏医学杂志	430	0.95	11.7	4.5	10	73	—	0.55	4.2
D01	农垦医学	146	0.97	12.2	4.1	12	37	—	0.47	3.8
D01	青岛医药卫生	154	0.96	11.4	1.9	7	105	—	0.08	3.3
D01	人民军医	346	0.97	20.3	4.6	28	160	0.00	0.23	4.9
D01	山东医药	1092	0.99	20.5	4.3	30	621	0.00	0.53	4.2
D01	山西医药杂志	1475	0.99	8.1	2.6	30	784	—	0.15	3.6
D01	陕西医学杂志	439	1.00	18.3	3.9	23	180	—	0.62	3.7
D01	伤害医学（电子版）	43	1.00	21.3	4.8	12	28	—	0.35	4.9
D01	上海医学	159	0.90	17.4	4.1	16	82	0.01	0.32	5.4
D01	上海医药	528	0.95	12.6	3.0	19	304	—	0.32	4.2
D01	社区医学杂志	432	0.93	20.9	3.3	26	308	—	0.27	3.3
D01	实用医药杂志	361	0.98	13.8	3.2	26	166	—	0.14	4.5
D01	世界复合医学	776	0.98	11.1	1.9	27	519	—	0.07	2.7
D01	世界睡眠医学杂志	956	0.99	6.7	1.9	26	331	—	0.05	3.1
D01	四川医学	301	0.97	19.2	4.4	17	143	0.00	0.24	4.8
D01	天津医药	257	0.99	21.2	5.0	26	157	0.00	0.61	3.5
D01	微创医学	271	0.98	14.3	3.3	16	163	—	0.39	3.9
D01	武警医学	307	0.96	17.6	4.2	28	133	0.00	0.25	5.0
D01	西北国防医学杂志	165	0.94	25.3	4.8	25	63	0.01	0.88	5.1
D01	西部医学	395	0.96	23.5	4.9	28	237	0.00	0.59	4.0

2020 年中国科技期刊来源指标按类刊名字顺索引（续）

学科代码	期刊名称	来源文献量	文献选出率	平均引文数	平均作者数	地区分布数	机构分布数	海外论文比	基金论文比	引用半衰期
D01	西南国防医药	408	0.94	13.6	4.3	28	206	0.00	0.35	4.7
D01	西南军医	214	0.98	12.8	3.4	23	128	—	0.27	5.8
D01	系统医学	1561	0.99	11.6	1.8	29	818	—	0.05	2.7
D01	现代生物医学进展	1042	0.98	30.2	5.6	31	568	0.00	0.93	3.0
D01	现代实用医学	847	1.00	8.8	3.4	8	269	—	0.32	4.0
D01	现代医学	367	0.96	18.3	3.9	28	283	0.00	0.27	4.6
D01	协和医学杂志	119	0.81	27.8	4.3	13	41	0.00	0.41	6.3
D01	新疆医学	379	1.00	14.7	3.5	18	136	—	0.50	4.5
D01	新医学	194	0.98	17.7	4.6	25	132	0.00	0.44	4.1
D01	医师在线	1059	0.77	0.1	1.2	26	228	—	0.01	5.1
D01	医学新知	62	0.95	25.5	8.0	14	34	0.03	0.87	3.7
D01	医学信息	1514	0.98	13.5	2.9	31	782	—	0.28	3.9
D01	医学研究生学报	249	0.96	27.3	4.4	28	168	0.00	0.73	4.0
D01	医学研究杂志	478	0.97	20.0	4.7	28	252	0.00	0.73	4.3
D01	医学与法学	140	0.89	12.6	1.9	24	87	0.01	0.40	6.7
D01	医学争鸣	114	0.95	19.7	3.4	24	71	—	0.78	5.6
D01	医学综述	933	0.99	40.3	3.4	29	444	0.00	0.41	5.0
D01	医药论坛杂志	593	0.98	16.6	2.7	15	243	—	0.23	3.5
D01	英国医学杂志	271	0.94	8.0	3.4	14	145	0.47	0.13	5.5
D01	右江医学	211	0.97	18.1	4.2	17	109	—	0.70	3.7
D01	云南医药	286	0.98	7.9	2.5	12	188	—	0.16	3.7
D01	浙江实用医学	153	0.99	11.7	3.4	1	86	—	0.28	4.3
D01	浙江医学	690	0.99	17.9	4.5	21	283	0.00	0.38	5.1
D01	中国高等医学教育	930	0.99	5.6	4.1	30	367	—	0.64	3.9
D01	中国基层医药	720	0.98	16.9	2.9	27	398	—	0.35	3.7
D01	中国急救复苏与灾害医学杂志	402	0.97	17.2	4.3	28	294	0.02	0.47	4.1
D01	中国煤炭工业医学杂志	141	0.96	18.5	4.4	15	95	0.00	0.81	3.7
D01	中国民族民间医药	766	0.96	14.8	3.7	30	357	—	0.51	5.8
D01	中国实用医刊	833	0.98	13.1	3.1	25	302	—	0.16	3.3
D01	中国现代医生	1782	1.00	19.7	3.4	30	658	—	0.55	3.6
D01	中国现代医学杂志	533	0.90	18.7	4.3	31	388	0.00	0.32	4.1
D01	中国乡村医药	1181	1.00	3.8	2.8	23	381	—	0.11	4.4
D01	中国研究型医院	116	0.95	15.8	4.0	18	60	—	0.35	4.1

2020 年中国科技期刊来源指标按类刊名字顺索引（续）

学科代码	期刊名称	来源文献量	文献选出率	平均引文数	平均作者数	地区分布数	机构分布数	海外论文比	基金论文比	引用半衰期
D01	中国医疗保险	268	0.88	5.1	2.0	24	159	—	0.19	3.4
D01	中国医疗管理科学	94	0.96	11.0	3.3	21	73	—	0.49	3.2
D01	中国医学创新	1540	1.00	20.7	3.2	29	730	—	0.49	3.2
D01	中国医学科学院学报	135	0.99	24.3	5.2	24	89	0.00	0.50	5.9
D01	中国医学前沿杂志（电子版）	307	0.90	23.3	3.8	26	201	0.00	0.57	4.3
D01	中国医学人文	284	0.83	1.1	1.5	27	173	0.00	0.06	4.8
D01	中国医药导报	1684	0.95	24.4	4.3	30	891	0.00	0.84	3.7
D01	中国医药科学	1780	0.99	17.0	3.1	31	935	0.00	0.39	3.6
D01	中国医院建筑与装备	337	0.81	5.3	2.4	27	182	0.01	0.13	4.4
D01	中华医学杂志	743	0.87	17.5	5.9	30	341	0.01	0.49	5.2
D01	中华重症医学电子杂志（网络版）	102	0.98	21.4	3.9	23	61	—	0.44	5.6
D01	中南医学科学杂志	167	0.99	16.4	4.2	19	113	0.01	0.31	3.6
D01	中日友好医院学报	115	0.79	13.1	4.3	6	22	0.00	0.14	4.4
D01	转化医学杂志	92	0.94	17.4	4.3	19	58	0.00	0.49	4.6
D02	Journal of Hainan Medical University	348	1.00	24.5	5.2	27	182	0.00	0.95	3.9
D02	安徽医科大学学报	390	0.99	14.1	5.3	27	137	0.00	0.96	4.4
D02	包头医学院学报	496	0.98	12.2	3.5	17	198	—	0.40	4.0
D02	北京大学学报（医学版）	193	0.97	21.1	6.2	12	34	0.01	0.47	6.7
D02	蚌埠医学院学报	458	0.97	16.1	4.2	18	234	0.00	0.42	4.7
D02	滨州医学院学报	132	0.98	14.9	4.3	8	33	—	0.57	5.2
D02	长治医学院学报	121	0.99	14.5	3.4	11	61	—	0.29	3.5
D02	成都医学院学报	189	0.99	17.3	4.5	17	107	0.00	0.29	4.6
D02	承德医学院学报	180	0.97	12.3	3.0	15	105	—	0.26	4.0
D02	重庆医科大学学报	364	0.97	21.3	4.8	27	155	0.01	0.55	5.8
D02	川北医学院学报	285	1.00	17.4	4.2	26	215	0.00	0.49	3.6
D02	大连医科大学学报	125	0.95	14.4	4.1	14	58	0.00	0.30	5.2
D02	东南大学学报（医学版）	166	0.95	24.5	4.0	22	116	0.00	0.40	5.2
D02	福建医科大学学报	99	0.94	17.8	4.3	9	51	0.00	0.43	5.7
D02	复旦学报（医学版）	134	0.87	22.9	5.2	7	31	0.01	0.62	5.9
D02	赣南医学院学报	294	1.00	21.3	4.1	13	87	—	0.56	4.7
D02	广东药科大学学报	166	0.82	19.1	5.1	19	84	0.01	0.51	5.3
D02	广东医科大学学报	211	1.00	15.9	4.2	7	97	—	0.45	4.4
D02	广西医科大学学报	343	0.83	20.5	4.9	22	157	0.01	0.79	4.6

2020 年中国科技期刊来源指标按类刊名字顺索引（续）

学科代码	期刊名称	来源文献量	文献选出率	平均引文数	平均作者数	地区分布数	机构分布数	海外论文比	基金论文比	引用半衰期
D02	广州医科大学学报	139	0.99	14.9	4.2	11	81	—	0.42	4.4
D02	贵州医科大学学报	272	0.98	23.9	5.4	23	123	0.01	0.82	3.4
D02	哈尔滨医科大学学报	156	0.98	13.9	4.4	17	50	0.00	0.43	5.2
D02	海军军医大学学报	256	0.99	21.3	5.4	21	96	0.00	0.57	5.7
D02	海南医学院学报	343	0.98	24.8	5.2	27	181	0.00	0.71	3.9
D02	河北医科大学学报	330	0.96	19.0	4.4	22	167	0.01	0.50	3.5
D02	河南大学学报（医学版）	105	0.97	18.4	4.0	12	54	0.01	0.71	4.8
D02	河南医学高等专科学校学报	218	1.00	15.6	2.7	12	135	—	0.25	3.8
D02	菏泽医学专科学校学报	129	0.97	8.6	2.6	6	87	—	0.19	3.5
D02	湖北科技学院学报（医学版）	187	0.97	12.1	3.0	14	93	—	0.29	4.2
D02	湖南师范大学学报（医学版）	353	1.00	16.0	3.6	23	277	0.00	0.15	4.0
D02	华北理工大学学报（医学版）	99	0.95	17.3	4.2	9	26	—	0.50	4.9
D02	华中科技大学学报（医学版）	153	0.96	23.3	5.3	20	82	0.00	0.64	5.2
D02	吉林大学学报（医学版）	217	0.99	25.2	5.5	25	87	0.00	0.94	4.4
D02	吉林医药学院学报	212	1.00	9.7	3.4	14	53	0.01	0.52	5.7
D02	济宁医学院学报	104	1.00	17.3	3.9	6	22	—	0.56	4.1
D02	江苏大学学报（医学版）	96	0.91	22.9	5.3	8	29	0.00	0.79	4.3
D02	解放军医学院学报	287	0.99	24.0	5.2	23	94	0.00	0.57	4.6
D02	锦州医科大学学报	165	0.98	14.4	3.2	9	60	—	0.49	3.7
D02	昆明医科大学学报	386	0.98	20.0	5.2	20	134	0.00	0.82	5.0
D02	兰州大学学报（医学版）	101	0.87	23.8	5.3	13	38	0.00	0.68	5.0
D02	陆军军医大学学报	353	0.97	21.6	6.0	23	105	0.00	0.66	4.8
D02	牡丹江医学院学报	289	0.98	17.3	4.1	21	112	—	0.56	4.3
D02	内蒙古医科大学学报	184	0.97	14.7	3.6	23	88	0.00	0.30	4.5
D02	南昌大学学报（医学版）	139	0.97	20.7	4.3	19	76	0.00	0.49	4.3
D02	南方医科大学学报	276	0.98	32.1	6.0	26	145	0.01	0.81	4.4
D02	南通大学学报（医学版）	172	0.99	16.5	4.2	10	57	—	0.62	5.2
D02	齐齐哈尔医学院学报	1222	1.00	13.5	3.4	28	563	—	0.41	3.9
D02	黔南民族医专学报	131	0.99	9.6	2.6	11	88	—	0.31	3.7
D02	青岛大学学报（医学版）	180	1.00	27.2	4.8	7	40	0.01	0.81	5.2
D02	山东大学学报（医学版）	251	0.99	26.6	5.5	23	109	0.01	0.47	4.4
D02	山东第一医科大学（山东省医学科学院）学报	315	1.00	11.9	3.1	17	170	—	0.33	4.7

2020 年中国科技期刊来源指标按类刊名字顺索引（续）

学科代码	期刊名称	来源文献量	文献选出率	平均引文数	平均作者数	地区分布数	机构分布数	海外论文比	基金论文比	引用半衰期
D02	山东医学高等专科学校学报	266	1.00	4.5	2.1	3	100	—	0.10	3.8
D02	山西医科大学学报	237	0.96	16.3	4.9	23	135	0.00	0.65	4.6
D02	汕头大学医学院学报	66	0.94	13.9	4.4	4	23	—	0.52	5.6
D02	上海交通大学学报（医学版）	281	0.97	26.2	4.9	22	75	0.01	0.75	5.8
D02	沈阳药科大学学报	169	0.99	22.7	4.8	23	68	0.01	0.49	7.3
D02	沈阳医学院学报	151	0.99	20.1	3.8	14	74	—	0.56	4.6
D02	首都医科大学学报	177	0.95	19.6	4.9	9	55	0.00	0.58	4.9
D02	四川大学学报（医学版）	152	0.97	23.9	5.5	18	59	0.01	0.64	5.1
D02	天津医科大学学报	136	0.96	21.7	3.8	7	27	—	0.58	5.5
D02	同济大学学报（医学版）	137	0.98	25.4	4.6	6	44	0.00	0.81	5.5
D02	皖南医学院学报	169	0.97	13.8	4.8	6	40	0.00	0.63	4.9
D02	潍坊医学院学报	149	0.99	12.5	4.3	5	18	—	0.32	6.4
D02	温州医科大学学报	220	1.00	17.2	5.0	6	71	0.01	0.40	5.9
D02	武汉大学学报（医学版）	215	1.00	16.1	4.5	18	65	0.00	0.37	4.9
D02	西安交通大学学报（医学版）	174	0.95	19.3	6.6	21	58	0.01	0.76	5.1
D02	西南医科大学学报	136	0.98	23.7	3.8	11	52	—	0.63	4.1
D02	湘南学院学报（医学版）	98	0.97	11.7	4.5	8	37	—	0.70	4.4
D02	新疆医科大学学报	355	0.99	16.7	4.7	18	132	0.00	0.75	4.2
D02	新乡医学院学报	266	1.00	21.2	4.6	21	138	0.00	0.52	3.8
D02	徐州医科大学学报	207	0.95	15.4	4.7	18	94	0.00	0.48	5.0
D02	延安大学学报（医学科学版）	117	0.98	12.7	3.6	10	55	—	0.27	4.4
D02	延边大学医学学报	117	1.00	10.5	3.1	4	9	—	0.30	5.5
D02	右江民族医学院学报	195	0.98	18.4	4.7	17	88	—	0.74	4.2
D02	浙江大学学报（医学版）	100	0.77	32.1	5.6	16	41	0.00	0.72	6.3
D02	郑州大学学报（医学版）	206	1.00	17.3	6.2	12	61	0.00	0.86	4.8
D02	中国高原医学与生物学杂志	50	1.00	18.8	5.8	5	17	—	0.90	5.8
D02	中国药科大学学报	97	0.91	28.4	4.5	16	33	0.01	0.66	4.8
D02	中国医科大学学报	241	1.00	17.3	4.1	16	66	0.00	0.68	5.2
D02	中南大学学报（医学版）	222	0.91	26.4	5.1	16	58	0.00	0.55	5.7
D02	中山大学学报（医学科学版）	123	0.96	23.8	5.3	14	53	0.01	0.77	4.8
D03	Biomedical and Environmental Sciences	133	1.00	24.2	8.4	24	106	0.10	0.86	6.8
D03	Chinese Journal of Biomedical Engineering	27	0.96	24.6	5.4	8	22	0.04	0.22	4.0
D03	分子诊断与治疗杂志	395	0.97	17.1	4.2	26	298	0.00	0.65	3.1

学科代码	期刊名称	来源文献量	文献选出率	平均引文数	平均作者数	地区分布数	机构分布数	海外论文比	基金论文比	引用半衰期
D03	国际免疫学杂志	131	0.96	29.1	3.5	22	83	0.00	0.53	4.9
D03	国际遗传学杂志	62	0.91	28.7	4.0	17	41	—	0.57	5.7
D03	寄生虫病与感染性疾病	51	0.94	13.4	4.5	12	42	—	0.12	4.7
D03	寄生虫与医学昆虫学报	42	0.95	22.4	5.6	15	33	0.00	0.76	7.7
D03	解剖科学进展	187	0.98	15.1	4.3	14	72	0.00	0.84	4.1
D03	解剖学报	157	0.97	20.7	5.2	29	105	0.01	0.75	6.0
D03	解剖学研究	133	0.94	15.9	4.4	26	111	0.00	0.41	4.2
D03	解剖学杂志	142	0.80	14.5	5.0	27	100	0.01	0.49	5.8
D03	临床心身疾病杂志	303	0.97	15.7	3.6	20	145	—	0.28	4.2
D03	免疫学杂志	168	0.93	23.2	5.0	30	133	0.00	0.56	4.6
D03	神经解剖学杂志	119	0.98	26.4	5.1	25	76	0.00	0.83	4.3
D03	生物医学工程学进展	66	0.96	13.0	3.2	5	41	—	0.41	4.0
D03	实验动物与比较医学	77	0.84	22.4	4.8	17	65	0.00	0.65	6.1
D03	数理医药学杂志	881	0.99	6.5	1.9	18	501	—	0.06	3.6
D03	四川解剖学杂志	381	0.98	8.1	2.2	17	203	—	0.05	3.3
D03	微循环学杂志	68	0.86	19.9	3.9	16	51	0.00	0.31	4.3
D03	细胞与分子免疫学杂志	179	0.94	30.4	5.7	28	111	0.01	0.79	2.4
D03	现代免疫学	95	0.97	24.4	4.3	26	85	0.00	0.61	5.0
D03	医学分子生物学杂志	78	1.00	21.6	3.7	18	64	0.00	0.72	4.2
D03	医院管理论坛	327	0.96	10.2	4.0	15	107	—	0.35	3.9
D03	中国比较医学杂志	250	0.99	26.0	5.2	27	187	0.01	0.64	5.2
D03	中国病理生理杂志	329	1.00	23.8	5.6	30	242	0.01	0.86	4.9
D03	中国寄生虫学与寄生虫病杂志	142	0.95	26.0	6.3	27	83	0.00	0.61	6.4
D03	中国健康心理学杂志	420	1.00	24.6	3.8	30	259	0.01	0.78	6.3
D03	中国临床解剖学杂志	155	0.92	18.2	5.6	25	119	0.00	0.59	5.9
D03	中国免疫学杂志	611	0.99	23.4	4.6	29	382	0.00	0.64	4.5
D03	中国血液流变学杂志	143	0.98	12.2	3.6	9	50	—	0.18	5.4
D03	中国医学工程	431	0.97	11.7	2.4	20	264	—	0.10	3.7
D03	中国医学物理学杂志	289	1.00	22.7	5.0	26	178	0.01	0.73	5.5
D03	中国组织化学与细胞化学杂志	108	1.00	17.2	4.2	22	74	0.00	0.34	5.7
D03	中华病理学杂志	287	0.86	15.4	5.4	23	175	0.03	0.34	5.6
D03	中华解剖与临床杂志	130	0.95	20.1	6.0	23	103	0.00	0.52	5.5
D03	中华临床实验室管理电子杂志	48	0.98	16.5	5.0	13	32	0.02	0.40	5.0

2020 年中国科技期刊来源指标按类刊名字顺索引（续）

学科代码	期刊名称	来源文献量	文献选出率	平均引文数	平均作者数	地区分布数	机构分布数	海外论文比	基金论文比	引用半衰期
D03	中华临床医师杂志（电子版）	223	1.00	18.1	4.6	26	151	—	0.41	5.1
D03	中华微生物学和免疫学杂志	154	0.95	28.6	5.8	25	112	0.01	0.59	5.1
D03	中华细胞与干细胞杂志（电子版）	61	0.95	33.0	4.5	18	56	0.00	0.56	4.0
D03	中华医学遗传学杂志	306	0.72	15.5	5.9	28	175	0.01	0.47	7.5
D03	中华诊断学电子杂志	60	0.97	23.2	5.1	14	37	—	0.77	5.1
D05	World Journal of Emergency Medicine	50	0.96	21.2	5.7	9	39	0.40	0.44	7.2
D05	创伤与急危重病医学	137	0.99	16.9	4.1	21	97	0.00	0.42	3.4
D05	创伤与急诊电子杂志	40	0.82	15.9	3.7	4	9	—	0.23	5.4
D05	当代临床医刊	403	0.99	5.3	1.5	18	131	—	0.02	3.3
D05	江西医药	626	1.00	14.8	3.9	15	217	—	0.48	4.4
D05	临床和实验医学杂志	781	0.97	16.2	4.3	27	453	0.00	0.85	3.6
D05	临床荟萃	228	1.00	24.1	4.1	25	156	—	0.39	4.5
D05	临床急诊杂志	191	0.92	19.4	4.2	24	155	0.00	0.27	3.9
D05	临床军医杂志	545	0.99	14.3	4.8	30	268	0.00	0.42	4.2
D05	临床输血与检验	155	0.96	17.5	4.6	25	124	0.00	0.30	5.1
D05	临床误诊误治	300	0.92	22.7	4.4	25	219	0.00	0.65	4.0
D05	临床研究	1254	0.99	8.1	1.8	24	453	—	0.04	3.2
D05	临床医学	605	1.00	9.1	2.3	23	310	—	0.08	3.4
D05	临床医药实践	346	0.97	11.4	2.7	22	236	—	0.29	3.8
D05	临床与病理杂志	543	1.00	22.1	3.4	29	345	0.00	0.29	4.6
D05	岭南急诊医学杂志	245	1.00	8.8	4.2	14	130	—	0.39	3.9
D05	全科医学临床与教育	352	0.96	11.8	3.6	10	172	—	0.43	3.9
D05	蛇志	174	0.96	14.6	3.4	11	91	—	0.41	4.8
D05	实用临床医学	407	0.98	14.2	3.0	19	224	—	0.23	4.0
D05	实用临床医药杂志	858	0.99	17.0	3.2	25	553	0.00	0.34	3.3
D05	实用医技杂志	928	1.00	7.7	2.2	25	572	—	0.08	3.5
D05	实用医学杂志	679	0.98	23.6	5.2	30	400	0.00	0.72	3.2
D05	实用医院临床杂志	446	0.98	16.2	3.9	19	259	0.00	0.26	3.8
D05	现代临床医学	154	0.99	17.1	3.7	19	100	—	0.42	5.4
D05	现代医药卫生	1399	1.00	17.5	3.1	30	678	—	0.41	4.5
D05	医学临床研究	626	0.99	12.2	3.0	26	408	—	0.25	4.1
D05	医学研究与教育	74	1.00	20.1	3.5	12	31	—	0.68	4.5
D05	疑难病杂志	304	0.99	22.4	4.4	29	205	0.00	0.66	3.2

2020 年中国科技期刊来源指标按类刊名字顺索引（续）

学科代码	期刊名称	来源文献量	文献选出率	平均引文数	平均作者数	地区分布数	机构分布数	海外论文比	基金论文比	引用半衰期
D05	浙江临床医学	734	0.99	11.9	3.8	13	238	—	0.54	5.3
D05	中国激光医学杂志	70	0.91	23.9	4.0	18	58	0.00	0.34	4.4
D05	中国急救医学	229	0.93	19.6	5.0	27	151	0.00	0.36	4.5
D05	中国临床实用医学	120	0.98	22.2	4.3	19	81	—	0.28	3.8
D05	中国临床新医学	321	0.98	21.2	4.3	28	215	0.00	0.57	4.9
D05	中国临床研究	444	0.98	21.0	4.2	30	306	0.00	0.36	4.5
D05	中国临床医生杂志	482	0.97	16.5	3.9	30	325	0.00	0.44	4.0
D05	中国临床医学	216	0.94	19.2	5.0	18	100	0.01	0.62	4.9
D05	中国美容整形外科杂志	243	0.93	17.5	4.4	25	144	0.01	0.16	4.5
D05	中国全科医学	775	0.94	25.3	5.1	30	450	0.02	0.53	5.9
D05	中国输血杂志	373	0.98	15.7	6.2	28	188	0.00	0.21	6.3
D05	中国疼痛医学杂志	193	0.84	18.8	4.9	27	141	0.00	0.53	5.4
D05	中国医刊	414	0.96	18.5	4.1	25	232	0.00	0.43	4.7
D05	中国医疗美容	394	0.98	16.5	3.7	27	216	—	0.10	3.6
D05	中国医师进修杂志	257	0.98	19.4	3.8	23	189	0.00	0.22	4.1
D05	中国医师杂志	499	0.97	23.7	4.1	30	375	0.00	0.32	3.2
D05	中国医药	467	0.99	18.5	4.7	31	257	0.00	0.76	4.3
D05	中国真菌学杂志	86	0.92	20.8	4.8	25	72	0.01	0.53	6.4
D05	中国综合临床	123	0.95	19.4	4.5	23	108	0.01	0.47	5.0
D05	中华急诊医学杂志	250	0.71	21.6	5.9	24	147	0.00	0.50	5.4
D05	中华全科医师杂志	184	0.70	15.8	5.0	24	132	0.01	0.28	5.5
D05	中华全科医学	570	0.99	19.6	4.5	27	317	0.00	0.89	3.4
D05	中华危重病急救医学	293	0.91	22.1	5.8	28	210	0.00	0.75	5.0
D05	中华危重症医学杂志（电子版）	73	0.68	22.7	5.3	15	51	0.00	0.74	5.2
D05	中华医学美学美容杂志	158	0.90	14.1	4.6	25	104	0.00	0.21	5.9
D05	中华灾害救援医学	249	0.96	11.2	3.0	26	182	—	0.15	3.1
D06	磁共振成像	252	0.85	23.7	4.6	26	130	0.01	0.58	4.5
D06	国际检验医学杂志	765	0.99	17.8	4.6	28	534	0.00	0.48	4.0
D06	罕少疾病杂志	248	0.99	9.0	2.6	11	142	—	0.07	4.4
D06	检验医学	284	0.89	15.7	5.0	26	215	0.00	0.32	4.9
D06	检验医学与临床	1209	1.00	14.3	3.4	30	755	—	0.30	3.9
D06	临床检验杂志	232	0.96	15.0	5.3	26	184	0.00	0.45	4.1
D06	临床与实验病理学杂志	404	0.84	13.9	4.9	30	286	0.00	0.43	4.7

2020 年中国科技期刊来源指标按类刊名字顺索引（续）

学科代码	期刊名称	来源文献量	文献选出率	平均引文数	平均作者数	地区分布数	机构分布数	海外论文比	基金论文比	引用半衰期
D06	实验与检验医学	373	0.99	15.9	3.4	17	215	—	0.53	4.3
D06	实用检验医师杂志	72	0.99	15.0	3.7	19	50	—	0.22	4.1
D06	现代检验医学杂志	256	0.98	14.7	4.5	27	199	0.00	0.21	4.0
D06	现代诊断与治疗	1980	0.99	9.2	1.7	26	849	—	0.04	3.4
D06	循证医学	73	0.90	16.6	3.5	18	46	0.00	0.27	3.1
D06	医学检验与临床	224	1.00	15.6	2.8	19	182	—	0.18	3.5
D06	诊断病理学杂志	273	0.94	12.6	4.6	26	192	0.00	0.14	6.2
D06	诊断学理论与实践	116	0.90	19.7	4.7	13	53	0.00	0.41	5.7
D06	中国实验诊断学	652	0.99	15.9	4.3	26	269	0.00	0.29	4.9
D06	中国循证医学杂志	166	0.76	31.1	6.6	22	84	0.05	0.72	6.5
D06	中华检验医学杂志	194	0.87	24.1	5.8	25	142	0.01	0.48	4.9
D06	中华实用诊断与治疗杂志	345	0.98	16.9	4.7	27	201	0.00	0.87	3.8
D07	保健医学研究与实践	122	0.92	21.3	3.2	20	76	—	0.60	3.5
D07	反射疗法与康复医学	1849	0.99	8.4	1.7	30	963	—	0.03	2.4
D07	国际老年医学杂志	112	0.97	15.4	4.3	22	82	0.03	0.50	4.5
D07	健康教育与健康促进	219	0.98	11.7	3.5	22	155	0.01	0.41	4.6
D07	健康研究	191	0.99	14.7	3.7	16	124	—	0.43	4.4
D07	老年医学与保健	299	0.98	17.7	4.3	24	165	0.00	0.52	3.8
D07	实用老年医学	366	0.97	16.5	4.0	24	233	0.00	0.34	5.0
D07	现代养生（下半月版）	169	0.89	11.2	3.1	20	92	—	0.23	4.4
D07	中国初级卫生保健	384	0.98	12.2	4.2	28	281	—	0.55	4.0
D07	中国康复	155	0.91	25.0	4.8	26	117	0.03	0.37	5.4
D07	中国康复理论与实践	236	0.93	34.9	5.5	27	140	0.03	0.62	5.4
D07	中国康复医学杂志	316	0.97	27.2	4.9	26	195	0.01	0.56	6.1
D07	中国老年保健医学	361	1.00	13.6	2.7	26	208	—	0.24	4.2
D07	中国老年学杂志	1570	1.00	19.4	4.1	30	741	—	0.54	4.5
D07	中国疗养医学	531	0.98	12.5	2.2	21	299	—	0.17	3.0
D07	中国临床保健杂志	205	0.98	17.9	4.6	23	122	0.00	0.58	4.6
D07	中国听力语言康复科学杂志	123	0.95	17.6	3.5	21	71	0.05	0.37	7.6
D07	中华保健医学杂志	168	0.80	15.5	4.3	27	126	0.01	0.42	3.8
D07	中华老年病研究电子杂志	41	0.95	22.6	4.2	15	28	—	0.49	5.9
D07	中华老年多器官疾病杂志	211	0.96	17.7	4.6	26	132	0.01	0.45	4.8
D07	中华老年骨科与康复电子杂志	60	0.97	25.8	4.9	16	46	0.00	0.55	5.9

2020 年中国科技期刊来源指标按类刊名字顺索引（续）

学科代码	期刊名称	来源文献量	文献选出率	平均引文数	平均作者数	地区分布数	机构分布数	海外论文比	基金论文比	引用半衰期
D07	中华老年医学杂志	320	0.97	16.0	5.0	29	197	0.01	0.51	5.1
D07	中华物理医学与康复杂志	275	0.96	22.5	5.1	26	193	0.01	0.44	6.1
D07	中老年保健	200	0.56	—	1.3	7	21	—	—	—
D08	临床内科杂志	252	0.84	18.6	3.8	25	182	0.00	0.43	4.4
D08	内科	240	0.98	14.9	3.6	13	164	—	0.52	3.8
D08	内科急危重症杂志	138	0.94	18.5	3.9	26	101	0.00	0.35	4.2
D08	内科理论与实践	83	0.93	26.1	4.3	17	45	0.00	0.34	4.9
D08	实用糖尿病杂志	752	1.00	4.8	1.6	23	399	—	0.01	3.8
D08	糖尿病新世界	1937	0.99	8.1	1.7	30	801	—	0.03	2.7
D08	心血管病防治知识	1160	0.97	7.5	1.7	24	402	—	0.02	2.5
D08	中国肛肠病杂志	466	1.00	4.6	2.1	26	278	—	0.06	3.8
D08	中国实用内科杂志	225	0.91	22.1	3.9	26	134	0.00	0.48	5.3
D08	中华内科杂志	181	0.80	18.6	5.2	22	94	0.01	0.31	6.1
D08	中华胃肠内镜电子杂志	35	0.90	33.9	4.5	11	18	0.06	0.34	6.6
D08	中华炎性肠病杂志	75	0.96	24.9	4.4	17	42	—	0.45	5.9
D09	国际呼吸杂志	342	0.93	26.6	4.1	30	235	0.00	0.41	5.5
D09	结核与肺部疾病杂志	19	0.95	79.6	19.1	13	17	—	0.26	4.5
D09	临床肺科杂志	461	0.99	18.3	4.0	30	344	0.00	0.25	4.3
D09	中国防痨杂志	222	0.89	21.1	5.7	27	113	0.01	0.55	4.9
D09	中国呼吸与危重监护杂志	123	0.95	23.7	5.8	26	93	0.01	0.50	5.8
D09	中华肺部疾病杂志（电子版）	215	0.95	25.8	4.2	26	131	0.00	0.42	4.3
D09	中华结核和呼吸杂志	196	0.76	23.8	4.7	23	115	0.00	0.38	5.1
D10	Journal of Pancreatology	28	1.00	53.5	5.2	5	21	0.50	0.46	5.7
D10	肝脏	432	0.96	13.9	3.8	29	302	0.00	0.39	4.2
D10	国际消化病杂志	99	0.95	23.8	3.7	22	86	0.00	0.33	4.8
D10	临床肝胆病杂志	580	0.81	27.7	4.7	30	294	0.00	0.60	4.5
D10	临床消化病杂志	103	0.94	17.8	4.1	28	87	0.00	0.20	5.8
D10	实用肝脏病杂志	234	0.97	18.7	4.0	27	195	0.00	0.73	3.8
D10	胃肠病学	157	0.96	26.4	3.9	25	94	0.00	0.45	5.0
D10	胃肠病学和肝病学杂志	299	0.98	23.3	4.5	28	193	0.00	0.37	4.3
D10	现代消化及介入诊疗	422	0.98	22.8	4.3	28	324	0.00	0.27	4.0
D10	中国肝脏病杂志（电子版）	59	0.97	23.7	4.7	16	42	0.00	0.42	4.0
D10	中华肝脏病杂志	206	0.92	20.4	5.3	27	127	0.01	0.42	5.0

2020年中国科技期刊来源指标按类刊名字顺索引（续）

学科代码	期刊名称	来源文献量	文献选出率	平均引文数	平均作者数	地区分布数	机构分布数	海外论文比	基金论文比	引用半衰期
D10	中华肝脏外科手术学电子杂志	125	0.93	22.8	5.5	27	81	0.01	0.77	5.0
D10	中华结直肠疾病电子杂志	108	0.86	21.7	5.3	22	74	0.00	0.57	6.0
D10	中华胃食管反流病电子杂志	43	0.98	23.8	4.8	12	16	—	0.49	5.0
D10	中华消化病与影像杂志（电子版）	61	0.92	24.0	4.2	14	36	—	0.46	4.1
D10	中华消化内镜杂志	219	0.92	15.9	5.9	27	140	0.00	0.48	6.6
D10	中华消化杂志	175	0.86	15.6	5.5	28	119	0.02	0.36	5.2
D10	中华胰腺病杂志	112	0.94	23.5	4.8	23	80	0.01	0.35	5.6
D11	国际输血及血液学杂志	87	0.95	30.6	3.7	21	68	0.00	0.66	5.1
D11	临床肾脏病杂志	212	0.95	21.6	4.6	28	177	0.01	0.27	5.6
D11	临床血液学杂志	204	0.93	18.7	4.6	26	146	0.00	0.36	4.2
D11	血栓与止血学	457	1.00	6.2	2.5	25	247	—	0.04	3.7
D11	中国实验血液学杂志	349	0.98	20.0	6.1	29	231	0.00	0.52	4.9
D11	中国血液净化	216	0.94	15.9	4.7	28	149	0.00	0.36	5.7
D11	中华肾脏病杂志	162	0.91	25.4	5.8	23	100	0.00	0.73	5.9
D11	中华血液学杂志	182	0.79	22.4	7.9	20	88	0.00	0.55	5.9
D12	风湿病与关节炎	251	0.98	19.1	4.2	24	112	—	0.57	5.0
D12	国际内分泌代谢杂志	98	0.92	25.5	3.6	24	73	0.00	0.43	4.4
D12	中国骨质疏松杂志	367	0.96	23.9	5.3	30	257	0.00	0.54	5.0
D12	中国糖尿病杂志	187	0.96	19.8	5.7	28	134	0.01	0.60	4.7
D12	中华肥胖与代谢病电子杂志	60	0.97	21.4	4.3	16	43	—	0.52	4.2
D12	中华风湿病学杂志	177	0.91	21.9	4.9	26	104	0.00	0.53	5.6
D12	中华骨质疏松和骨矿盐疾病杂志	78	0.92	29.2	5.2	17	57	0.00	0.44	6.5
D12	中华临床免疫和变态反应杂志	105	0.88	24.8	4.3	16	53	0.00	0.44	6.3
D12	中华内分泌代谢杂志	152	0.81	25.1	5.9	21	90	0.02	0.64	6.6
D12	中华糖尿病杂志	193	0.89	21.0	5.3	24	106	0.02	0.51	5.0
D13	Infectious Diseases of Poverty	76	0.93	33.9	7.3	13	20	0.62	0.28	4.9
D13	传染病信息	114	0.82	20.9	5.8	20	75	0.02	0.54	4.6
D13	感染、炎症、修复	72	0.99	16.8	4.0	17	52	—	0.31	4.5
D13	国际流行病学传染病学杂志	131	0.96	19.7	4.8	20	105	0.01	0.36	4.5
D13	微生物与感染	64	0.86	28.0	4.9	11	38	0.00	0.73	5.6
D13	新发传染病电子杂志	61	0.94	21.5	5.6	14	41	0.03	0.54	6.0
D13	中国感染控制杂志	192	0.92	21.1	5.7	28	145	0.00	0.41	4.9
D13	中国感染与化疗杂志	131	0.90	20.2	6.7	27	90	0.00	0.50	5.3

2020 年中国科技期刊来源指标按类刊名字顺索引（续）

学科代码	期刊名称	来源文献量	文献选出率	平均引文数	平均作者数	地区分布数	机构分布数	海外论文比	基金论文比	引用半衰期
D13	中华传染病杂志	187	0.93	18.6	6.0	28	128	0.01	0.24	5.3
D13	中华临床感染病杂志	80	0.88	24.2	7.0	17	54	0.00	0.55	4.9
D13	中华实验和临床感染病杂志（电子版）	88	0.92	27.9	5.1	16	65	0.00	0.49	4.0
D13	中华医院感染学杂志	798	0.99	25.2	5.4	31	512	0.00	0.72	3.7
D14	Bone Research	38	1.00	90.4	10.4	10	35	0.58	0.95	9.3
D14	Hepatobiliary & Pancreatic Diseases International	109	0.89	27.1	5.8	14	88	0.51	0.50	7.4
D14	肠外与肠内营养	80	0.90	20.0	4.7	21	68	0.00	0.46	4.7
D14	国际麻醉学与复苏杂志	246	0.97	24.0	4.2	27	143	0.01	0.48	5.6
D14	国际外科学杂志	181	0.98	26.7	4.3	26	115	0.00	0.39	4.4
D14	国际移植与血液净化杂志	71	0.92	16.3	3.0	15	52	—	0.27	5.5
D14	河南外科学杂志	631	1.00	8.4	1.8	10	263	—	0.04	3.7
D14	局解手术学杂志	238	1.00	21.8	5.3	24	155	0.00	0.59	4.0
D14	临床麻醉学杂志	288	0.94	16.1	4.9	28	196	0.01	0.39	4.5
D14	临床普外科电子杂志	51	0.89	13.2	3.3	10	33	—	0.08	6.0
D14	临床外科杂志	354	0.90	15.0	4.3	27	256	0.00	0.18	4.4
D14	岭南现代临床外科	178	1.00	19.4	4.5	17	101	—	0.42	6.2
D14	器官移植	101	0.86	27.1	5.3	16	49	0.01	0.92	3.9
D14	实用器官移植电子杂志	111	0.80	22.7	4.4	20	60	0.00	0.31	5.8
D14	外科理论与实践	114	0.94	23.1	4.0	14	55	0.00	0.38	5.1
D14	外科研究与新技术	80	0.93	11.7	3.1	13	67	—	0.16	3.2
D14	浙江创伤外科	613	1.00	8.0	3.0	7	250	—	0.10	3.3
D14	中国内镜杂志	181	0.87	24.0	5.1	28	156	0.00	0.21	4.6
D14	中国伤残医学	1632	0.99	7.6	1.7	29	598	—	0.03	3.6
D14	中国实用外科杂志	283	0.85	21.9	4.5	25	128	0.00	0.71	4.9
D14	中国体外循环杂志	89	0.91	16.9	6.2	18	62	0.00	0.33	3.9
D14	中国微创外科杂志	257	0.90	18.8	4.8	28	174	0.00	0.39	4.9
D14	中国现代手术学杂志	97	0.93	17.3	4.2	20	83	0.00	0.25	4.8
D14	中华麻醉学杂志	362	0.94	14.3	5.7	28	208	0.01	0.45	5.0
D14	中华内分泌外科杂志	112	0.96	16.1	4.8	21	85	0.02	0.67	4.2
D14	中华器官移植杂志	168	0.90	19.2	7.1	22	77	0.01	0.58	5.2
D14	中华实验外科杂志	637	0.90	14.7	5.5	30	309	0.00	0.57	4.3
D14	中华外科杂志	187	0.89	20.7	5.5	24	107	0.01	0.41	5.4

2020年中国科技期刊来源指标按类刊名字顺索引（续）

学科代码	期刊名称	来源文献量	文献选出率	平均引文数	平均作者数	地区分布数	机构分布数	海外论文比	基金论文比	引用半衰期
D14	中华显微外科杂志	159	0.85	20.8	5.5	24	114	0.02	0.35	7.5
D14	中华移植杂志（电子版）	67	0.74	23.9	6.0	19	51	0.00	0.55	6.7
D15	Journal of Geriatric Cardiology	122	0.99	26.2	7.5	14	86	0.46	0.54	6.4
D15	World Journal of Otorhinolaryngology – Head and Neck Surgery	38	0.88	31.4	5.1	1	34	0.97	0.21	6.6
D15	腹部外科	107	0.93	21.9	5.1	23	79	0.00	0.36	5.4
D15	腹腔镜外科杂志	201	0.84	18.5	4.8	28	160	0.00	0.26	4.9
D15	肝癌电子杂志	44	0.75	20.6	4.5	12	30	0.00	0.55	3.9
D15	肝胆外科杂志	117	0.89	19.3	3.9	21	90	0.00	0.26	4.8
D15	肝胆胰外科杂志	146	0.78	20.3	4.9	24	116	0.01	0.36	5.0
D15	结直肠肛门外科	164	0.84	20.9	4.6	24	106	0.00	0.38	5.4
D15	临床心电学杂志	107	0.88	8.6	2.9	23	73	0.02	0.10	4.7
D15	实用心电学杂志	109	0.99	12.9	3.3	21	83	—	0.41	5.0
D15	心电与循环	158	0.95	14.5	3.4	11	82	—	0.36	5.2
D15	血管与腔内血管外科杂志	131	0.98	17.2	4.3	24	103	0.00	0.14	4.5
D15	中国普通外科杂志	206	0.96	34.4	4.9	29	148	0.00	0.56	4.3
D15	中国普外基础与临床杂志	273	0.93	32.0	4.8	26	139	0.00	0.39	5.0
D15	中国现代普通外科进展	208	0.68	16.0	4.0	26	176	0.00	0.20	4.4
D15	中国心脏起搏与心电生理杂志	140	0.96	13.1	5.0	21	102	0.00	0.26	6.4
D15	中国胸心血管外科临床杂志	262	0.90	23.4	5.9	22	139	0.00	0.50	5.6
D15	中国血管外科杂志（电子版）	91	0.93	20.9	5.2	24	69	0.01	0.33	5.6
D15	中华肝胆外科杂志	231	0.95	18.5	5.7	26	161	0.00	0.51	5.2
D15	中华脑科疾病与康复杂志（电子版）	85	1.00	20.5	5.3	19	57	—	0.25	5.5
D15	中华普通外科学文献（电子版）	117	0.88	17.3	4.6	25	92	0.00	0.43	4.6
D15	中华普通外科杂志	263	0.78	11.0	5.9	27	161	0.00	0.45	5.1
D15	中华普外科手术学杂志（电子版）	163	0.92	17.5	4.4	25	119	0.00	0.72	3.4
D15	中华腔镜外科杂志（电子版）	80	0.93	17.5	5.3	19	58	0.00	0.30	4.8
D15	中华乳腺病杂志（电子版）	75	0.82	28.6	4.7	18	56	0.00	0.17	6.0
D15	中华疝和腹壁外科杂志（电子版）	173	0.97	14.2	3.8	23	144	0.00	0.24	4.2
D15	中华胃肠外科杂志	207	0.81	21.7	5.9	24	108	0.00	0.59	5.5
D15	中华消化外科杂志	187	0.88	33.0	6.1	29	109	0.03	0.89	4.8
D15	中华心力衰竭和心肌病杂志	51	0.96	27.2	4.9	17	30	—	0.28	4.5
D15	中华胸部外科电子杂志	51	1.00	23.5	5.0	19	42	—	0.35	5.7

2020 年中国科技期刊来源指标按类刊名字顺索引（续）

学科代码	期刊名称	来源文献量	文献选出率	平均引文数	平均作者数	地区分布数	机构分布数	海外论文比	基金论文比	引用半衰期
D15	中华胸心血管外科杂志	168	0.91	19.1	6.1	22	109	0.00	0.31	6.2
D15	中华血管外科杂志	57	0.95	21.9	5.6	18	41	—	0.37	5.0
D15	足踝外科电子杂志	59	0.91	22.6	5.2	17	43	—	0.80	6.2
D16	Chinese Journal of Evidence-Bases Cardiovascular Medicine	383	0.92	20.2	4.8	28	256	0.02	0.45	5.0
D16	South China Journal of Cardiology	41	1.00	21.7	5.7	4	22	—	0.63	6.3
D16	国际心血管病杂志	87	0.91	25.2	3.8	24	73	0.00	0.51	4.8
D16	临床心血管病杂志	249	0.95	20.9	5.0	28	171	0.00	0.48	4.0
D16	岭南心血管病杂志	165	0.95	20.6	4.4	22	131	0.01	0.33	5.1
D16	实用心脑肺血管病杂志	299	0.96	21.5	4.6	25	223	0.01	0.41	4.6
D16	实用休克杂志	95	1.00	19.9	3.8	15	52	0.03	0.35	3.0
D16	心肺血管病杂志	333	0.94	19.2	5.4	28	166	0.00	0.31	4.8
D16	心脑血管病防治	177	0.93	17.2	4.0	25	147	0.01	0.31	4.4
D16	心血管病学进展	307	0.94	26.3	3.3	27	157	0.00	0.46	4.5
D16	心血管康复医学杂志	186	1.00	19.1	3.3	18	127	0.00	0.17	5.1
D16	心脏杂志	149	0.96	21.0	5.3	22	83	0.00	0.38	4.7
D16	中国动脉硬化杂志	192	0.94	28.4	4.4	25	137	0.01	0.75	4.6
D16	中国分子心脏病学杂志	103	0.95	23.2	6.1	15	44	0.00	0.52	6.9
D16	中国介入心脏病学杂志	141	0.89	21.2	5.5	27	83	0.01	0.52	5.3
D16	中国心血管病研究	232	0.96	24.6	4.7	28	155	0.00	0.54	4.3
D16	中国心血管杂志	132	0.89	14.9	4.7	24	103	0.01	0.33	4.3
D16	中国循环杂志	194	0.88	18.7	6.6	25	76	0.01	0.46	5.4
D16	中华高血压杂志	184	0.71	22.7	4.4	28	120	0.01	0.35	5.5
D16	中华老年心脑血管病杂志	360	0.97	14.7	4.9	29	226	0.00	0.57	3.0
D16	中华心律失常学杂志	113	0.90	17.3	5.9	18	55	0.01	0.40	5.8
D16	中华心血管病杂志	174	0.86	21.0	6.1	27	103	0.01	0.47	5.0
D17	国际泌尿系统杂志	333	0.97	17.8	3.9	29	258	0.00	0.25	5.4
D17	临床泌尿外科杂志	225	0.95	21.2	5.4	29	182	0.00	0.31	5.1
D17	泌尿外科杂志（电子版）	40	0.87	15.7	6.1	13	28	—	0.38	5.1
D17	肾脏病与透析肾移植杂志	113	0.92	20.7	3.9	20	66	0.01	0.51	5.1
D17	透析与人工器官	138	0.97	12.8	2.7	10	102	—	0.17	2.7
D17	微创泌尿外科杂志	80	0.93	24.2	6.0	17	59	0.00	0.19	4.6
D17	现代泌尿外科杂志	250	0.86	17.6	5.6	27	162	0.00	0.27	5.5

2020 年中国科技期刊来源指标按类刊名字顺索引（续）

学科代码	期刊名称	来源文献量	文献选出率	平均引文数	平均作者数	地区分布数	机构分布数	海外论文比	基金论文比	引用半衰期
D17	中华泌尿外科杂志	200	0.87	21.3	6.7	25	118	0.01	0.27	4.8
D17	中华腔镜泌尿外科杂志（电子版）	114	0.95	17.4	5.6	23	83	0.00	0.34	5.7
D17	中华肾病研究电子杂志	59	0.86	24.5	4.4	13	43	0.00	0.53	5.0
D18	骨科	111	0.96	20.3	5.5	24	82	0.01	0.37	5.9
D18	骨科临床与研究杂志	81	0.96	20.4	4.6	19	47	—	0.48	6.3
D18	国际骨科学杂志	84	0.94	29.9	4.4	21	55	0.00	0.33	3.9
D18	脊柱外科杂志	85	0.98	25.5	5.1	23	76	0.00	0.34	6.2
D18	颈腰痛杂志	169	0.67	13.5	4.3	26	152	0.00	0.24	3.8
D18	临床骨科杂志	257	0.76	8.6	4.7	25	229	0.00	0.30	4.4
D18	生物骨科材料与临床研究	77	0.61	20.2	5.8	23	67	0.00	0.31	6.0
D18	实用骨科杂志	279	0.95	19.9	5.1	29	213	0.00	0.29	5.8
D18	实用手外科杂志	181	0.99	11.7	4.6	24	138	—	0.14	6.7
D18	中国骨与关节损伤杂志	499	0.97	12.6	5.1	30	379	0.00	0.30	5.7
D18	中国骨与关节杂志	176	0.97	23.4	5.1	24	123	0.00	0.31	6.1
D18	中国脊柱脊髓杂志	172	0.95	26.9	5.9	24	105	0.00	0.39	6.4
D18	中华创伤骨科杂志	197	0.84	20.8	6.1	25	130	0.00	0.45	6.4
D18	中华骨科杂志	184	0.89	32.0	6.7	23	112	0.01	0.58	6.0
D18	中华骨与关节外科杂志	181	0.91	27.9	5.5	26	122	0.01	0.31	5.1
D18	中华关节外科杂志（电子版）	143	0.95	20.7	5.1	23	121	0.02	0.32	5.9
D18	中华肩肘外科电子杂志	65	0.90	27.0	5.0	18	51	0.00	0.60	6.3
D18	中华手外科杂志	152	0.93	12.6	6.0	26	100	0.00	0.28	7.6
D19	Chinese Journal of Traumatology	72	0.97	29.8	5.7	12	23	0.57	0.17	9.3
D19	创伤外科杂志	224	0.88	18.0	4.5	26	172	0.00	0.33	4.3
D19	中国矫形外科杂志	510	0.92	16.6	5.5	30	322	0.00	0.38	6.0
D19	中国美容医学	610	0.95	17.8	3.7	30	446	0.00	0.17	3.8
D19	中国烧伤创疡杂志	111	0.97	13.6	3.1	20	98	0.01	0.14	3.7
D19	中国修复重建外科杂志	280	0.96	26.5	5.8	27	162	0.01	0.52	5.4
D19	中华创伤杂志	192	0.92	26.7	5.6	20	126	0.00	0.51	5.2
D19	中华烧伤与创面修复杂志	191	0.81	27.9	5.6	24	94	0.00	0.57	4.6
D19	中华损伤与修复杂志（电子版）	98	0.87	24.9	5.0	23	67	0.01	0.57	6.0
D19	中华整形外科杂志	234	0.89	23.0	5.4	27	122	0.00	0.28	6.6
D19	组织工程与重建外科杂志	133	0.96	19.5	5.0	18	69	0.00	0.35	5.9
D20	妇产与遗传（电子版）	49	0.96	21.5	4.2	8	26	—	0.57	5.9

2020 年中国科技期刊来源指标按类刊名字顺索引（续）

学科代码	期刊名称	来源文献量	文献选出率	平均引文数	平均作者数	地区分布数	机构分布数	海外论文比	基金论文比	引用半衰期
D20	国际妇产科学杂志	157	0.97	27.5	3.9	24	83	0.01	0.46	3.9
D20	实用妇产科杂志	245	0.92	14.7	3.6	22	117	0.00	0.28	5.0
D20	现代妇产科进展	227	0.90	20.6	4.8	27	159	0.00	0.32	4.7
D20	中国产前诊断杂志（电子版）	59	0.94	18.9	5.1	11	28	—	0.46	7.3
D20	中国妇产科临床杂志	239	0.96	11.4	4.4	27	176	0.01	0.36	4.2
D20	中国实用妇科与产科杂志	235	0.83	23.5	3.8	23	104	0.01	0.81	5.2
D20	中华产科急救电子杂志	55	0.96	21.9	3.1	13	33	—	0.35	5.1
D20	中华妇产科杂志	154	0.80	18.4	5.7	22	73	0.01	0.45	5.6
D20	中华妇幼临床医学杂志（电子版）	100	0.93	28.2	4.6	16	56	0.00	0.88	5.0
D20	中华围产医学杂志	147	0.73	22.9	4.4	21	86	0.01	0.31	5.4
D21	Chinese Journal of Neonatology	125	0.93	18.2	4.9	25	88	0.01	0.23	5.6
D21	Pediatric Investigation	55	0.98	25.1	5.6	6	31	0.22	0.33	5.5
D21	World Journal of Pediatrics	95	0.94	34.0	6.5	15	65	0.34	0.45	6.7
D21	发育医学电子杂志	63	0.83	29.7	4.1	18	50	0.00	0.75	5.9
D21	国际儿科学杂志	201	0.95	28.6	1.9	25	89	0.00	0.43	5.1
D21	临床儿科杂志	217	0.94	19.8	5.2	23	120	0.00	0.31	5.8
D21	临床小儿外科杂志	205	0.90	24.1	5.1	27	88	0.00	0.63	5.8
D21	中国当代儿科杂志	215	0.92	20.8	6.0	26	125	0.03	0.33	4.8
D21	中国儿童保健杂志	299	0.84	20.9	4.4	26	183	0.01	0.49	5.1
D21	中国实用儿科杂志	180	0.78	24.6	4.1	27	86	0.00	0.35	6.1
D21	中国小儿急救医学	218	0.93	24.6	4.1	27	96	0.00	0.29	5.5
D21	中国小儿血液与肿瘤杂志	74	0.80	21.7	4.8	19	53	0.00	0.32	5.3
D21	中国循证儿科杂志	88	0.86	21.8	6.6	15	39	0.00	0.25	6.3
D21	中国中西医结合儿科学	155	0.97	17.9	3.4	23	99	—	0.38	5.0
D21	中华儿科杂志	211	0.79	17.7	5.8	25	74	0.01	0.42	5.5
D21	中华实用儿科临床杂志	416	0.92	23.5	5.3	27	171	0.00	0.45	4.7
D21	中华小儿外科杂志	202	0.85	22.2	5.8	24	95	0.00	0.44	6.7
D21	中医儿科杂志	169	0.99	9.1	2.9	21	117	—	0.43	5.6
D22	Eye and Vision	26	0.96	48.8	5.4	3	19	0.81	0.77	9.0
D22	国际眼科杂志	489	0.96	25.0	4.0	30	332	0.04	0.41	4.9
D22	国际眼科纵览	81	0.93	42.3	2.8	19	47	—	0.64	6.1
D22	临床眼科杂志	147	0.92	15.0	3.9	21	118	0.00	0.20	6.4
D22	眼科	118	0.87	16.0	4.5	23	66	0.01	0.30	8.2

2020 年中国科技期刊来源指标按类刊名字顺索引（续）

学科代码	期刊名称	来源文献量	文献选出率	平均引文数	平均作者数	地区分布数	机构分布数	海外论文比	基金论文比	引用半衰期
D22	眼科新进展	264	0.98	24.4	4.6	28	192	0.02	0.58	5.4
D22	眼科学报	78	0.99	23.2	3.2	18	48	—	0.42	5.3
D22	中国斜视与小儿眼科杂志	72	0.94	10.5	3.8	20	56	0.01	0.25	6.2
D22	中华实验眼科杂志	201	0.91	26.6	4.2	27	136	0.01	0.66	6.8
D22	中华眼底病杂志	211	0.93	23.9	4.3	25	123	0.00	0.37	6.5
D22	中华眼科医学杂志（电子版）	64	1.00	45.5	4.4	11	30	0.00	0.89	7.2
D22	中华眼科杂志	151	0.78	23.9	4.3	16	65	0.01	0.36	6.9
D22	中华眼视光学与视觉科学杂志	166	0.96	22.4	4.7	25	98	0.00	0.35	6.4
D22	中华眼外伤职业眼病杂志	191	0.97	17.6	3.5	24	117	—	0.31	5.9
D23	Journal of Otology	33	0.92	28.3	4.3	6	30	0.82	0.36	9.5
D23	国际耳鼻咽喉头颈外科杂志	86	0.98	27.5	4.2	20	53	0.01	0.50	6.2
D23	临床耳鼻咽喉头颈外科杂志	269	0.96	18.0	5.1	27	161	0.00	0.41	5.6
D23	山东大学耳鼻喉眼学报	150	0.99	25.5	4.7	21	87	0.02	0.39	5.1
D23	实用防盲技术	66	0.97	8.9	2.1	9	51	0.03	0.08	4.3
D23	听力学及言语疾病杂志	173	0.93	18.8	4.8	26	116	0.03	0.44	8.2
D23	中国耳鼻咽喉颅底外科杂志	158	0.98	19.8	5.1	25	104	0.00	0.55	6.6
D23	中国耳鼻咽喉头颈外科	195	0.94	16.7	5.0	25	141	0.01	0.38	5.9
D23	中国眼耳鼻喉科杂志	126	0.86	16.9	3.8	21	65	0.00	0.25	6.9
D23	中华耳鼻咽喉头颈外科杂志	229	0.93	25.4	5.2	25	137	0.02	0.43	7.4
D23	中华耳科学杂志	223	0.97	23.7	4.8	26	125	0.01	0.52	7.0
D23	中医眼耳鼻喉杂志	77	0.96	16.6	3.8	11	33	—	0.36	5.9
D24	International Journal of Oral Science	38	1.00	73.6	6.9	10	16	0.39	0.68	6.8
D24	北京口腔医学	80	0.86	21.3	3.7	13	41	0.00	0.49	8.2
D24	国际口腔医学杂志	105	0.95	38.7	3.7	22	48	0.01	0.71	5.9
D24	华西口腔医学杂志	123	0.93	27.1	4.5	25	64	0.01	0.54	6.6
D24	口腔材料器械杂志	46	0.94	19.2	2.9	15	29	0.00	0.54	6.0
D24	口腔颌面外科杂志	79	0.93	19.7	4.2	22	60	0.00	0.63	5.6
D24	口腔颌面修复学杂志	78	0.94	22.6	4.1	17	61	0.00	0.49	5.2
D24	口腔疾病防治	144	0.97	26.5	4.1	26	77	0.02	0.65	3.9
D24	口腔生物医学	56	0.98	28.3	4.0	13	32	0.02	0.84	5.7
D24	口腔医学	233	0.96	30.2	4.1	24	99	0.00	0.77	5.3
D24	口腔医学研究	257	0.93	19.5	4.0	26	147	0.01	0.54	5.1
D24	临床口腔医学杂志	211	0.99	18.4	3.5	24	151	0.00	0.36	4.7

2020 年中国科技期刊来源指标按类刊名字顺索引（续）

学科代码	期刊名称	来源文献量	文献选出率	平均引文数	平均作者数	地区分布数	机构分布数	海外论文比	基金论文比	引用半衰期
D24	上海口腔医学	129	0.94	18.8	4.6	23	92	0.01	0.50	5.3
D24	实用口腔医学杂志	210	0.89	16.3	4.5	28	142	0.01	0.48	6.9
D24	现代口腔医学杂志	105	0.94	18.2	4.5	20	71	0.00	0.42	5.8
D24	中国口腔颌面外科杂志	112	0.91	20.6	4.8	23	66	0.01	0.46	5.9
D24	中国口腔医学继续教育杂志	51	0.88	4.9	4.6	8	11	—	0.10	6.9
D24	中国口腔种植学杂志	49	0.98	18.8	3.1	17	39	—	0.31	5.4
D24	中国实用口腔科杂志	153	0.97	24.1	3.8	21	65	0.00	0.56	6.3
D24	中华口腔医学研究杂志（电子版）	69	0.99	26.7	4.5	14	44	0.00	0.54	4.2
D24	中华口腔医学杂志	178	0.91	26.6	3.8	22	61	0.02	0.43	6.2
D24	中华口腔正畸学杂志	48	0.92	13.2	3.9	13	33	0.02	0.33	8.8
D24	中华老年口腔医学杂志	82	0.93	19.6	3.8	19	61	0.04	0.39	5.3
D25	Inertnational Journal of Dermatology and Venereology	43	0.78	17.3	5.0	10	19	0.21	0.21	6.3
D25	临床皮肤科杂志	229	0.93	13.8	4.1	28	163	0.00	0.14	7.7
D25	皮肤病与性病	539	0.99	7.8	2.6	27	313	—	0.12	4.3
D25	皮肤科学通报	120	1.00	30.8	2.7	19	67	—	0.15	6.1
D25	皮肤性病诊疗学杂志	118	0.98	16.6	4.5	17	77	—	0.36	4.6
D25	实用皮肤病学杂志	115	0.95	14.6	4.2	22	88	0.00	0.25	5.6
D25	中国艾滋病性病	382	0.97	18.0	5.9	30	229	0.01	0.51	5.1
D25	中国麻风皮肤病杂志	224	0.99	16.7	4.6	28	160	0.00	0.24	5.6
D25	中国皮肤性病学杂志	342	0.98	14.7	4.8	28	210	0.00	0.35	5.6
D25	中华皮肤科杂志	232	0.87	15.8	5.0	24	126	0.00	0.45	5.6
D26	Asian Journal of Andrology	111	0.92	36.5	6.4	11	34	0.63	0.29	9.0
D26	中国男科学杂志	100	0.93	23.7	4.8	24	82	0.00	0.37	6.2
D26	中国性科学	548	0.95	18.2	3.5	30	439	0.00	0.20	4.2
D26	中华男科学杂志	184	0.84	24.1	5.5	27	142	0.00	0.50	6.2
D27	Brain Science Advances	27	1.00	66.2	4.4	9	23	0.19	0.52	7.5
D27	Chinese Neurosurgical Journal	31	0.94	38.8	6.7	9	27	0.29	0.55	8.4
D27	General Psychiatry	78	1.00	27.6	5.2	7	14	0.71	0.23	7.6
D27	Neural Regeneration Research	346	0.96	48.4	4.9	24	86	0.68	0.35	7.3
D27	Neuroscience Bulletin	157	0.96	47.2	7.2	18	79	0.27	0.64	7.4
D27	阿尔茨海默病及相关病杂志	60	0.87	21.2	4.5	15	49	0.05	0.67	5.0
D27	卒中与神经疾病	218	1.00	20.2	3.9	22	161	0.00	0.33	4.4

2020年中国科技期刊来源指标按类刊名字顺索引（续）

学科代码	期刊名称	来源文献量	文献选出率	平均引文数	平均作者数	地区分布数	机构分布数	海外论文比	基金论文比	引用半衰期
D27	癫痫与神经电生理学杂志	91	0.99	17.8	3.9	16	66	—	0.43	5.0
D27	癫痫杂志	100	0.87	28.2	4.3	19	51	—	0.47	7.3
D27	国际精神病学杂志	367	1.00	13.6	3.6	26	194	—	0.31	3.3
D27	国际脑血管病杂志	158	0.90	34.2	4.8	26	125	0.00	0.37	5.0
D27	国际神经病学神经外科学杂志	138	0.98	23.7	4.0	26	116	0.00	0.41	4.2
D27	精神医学杂志	112	0.93	23.3	5.3	22	78	0.00	0.54	5.4
D27	立体定向和功能性神经外科杂志	75	0.87	17.0	5.0	20	64	0.00	0.32	4.2
D27	临床精神医学杂志	83	0.55	18.0	5.7	17	60	0.01	0.55	6.4
D27	临床神经病学杂志	117	0.89	22.7	4.5	22	92	0.02	0.35	5.8
D27	临床神经外科杂志	156	0.98	22.3	6.0	26	125	0.00	0.58	5.4
D27	脑与神经疾病杂志	184	0.94	23.0	4.4	23	98	0.00	0.61	4.0
D27	神经病学与神经康复学杂志	27	0.87	33.7	3.6	9	20	—	0.41	6.0
D27	神经疾病与精神卫生	141	0.81	36.0	4.0	23	81	0.01	0.52	4.9
D27	神经损伤与功能重建	246	0.95	19.6	4.5	26	188	0.00	0.36	5.2
D27	四川精神卫生	124	1.00	18.7	4.7	22	62	—	0.62	4.4
D27	中国卒中杂志	226	0.92	20.7	4.9	22	110	0.03	0.38	5.5
D27	中国临床神经科学	108	0.95	30.0	5.1	18	62	0.00	0.43	5.2
D27	中国临床神经外科杂志	294	0.85	12.5	4.8	30	197	0.00	0.22	4.9
D27	中国脑血管病杂志	131	0.90	26.2	5.4	24	84	0.00	0.53	5.8
D27	中国神经精神疾病杂志	178	0.98	19.3	5.2	27	109	0.01	0.52	4.9
D27	中国神经免疫学和神经病学杂志	112	0.93	18.4	4.8	23	79	0.00	0.41	5.3
D27	中国实用神经疾病杂志	432	1.00	26.9	4.4	28	224	0.00	0.66	3.7
D27	中国微侵袭神经外科杂志	177	0.95	13.5	5.4	26	129	0.00	0.34	4.5
D27	中国现代神经疾病杂志	177	0.92	27.1	5.3	25	87	0.01	0.54	5.7
D27	中华精神科杂志	91	0.85	27.9	6.3	23	52	0.03	0.67	6.6
D27	中华脑血管病杂志（电子版）	82	0.98	25.4	4.0	20	48	—	0.40	5.3
D27	中华神经创伤外科电子杂志	82	0.92	18.7	5.4	26	70	0.01	0.54	5.6
D27	中华神经科杂志	164	0.86	29.2	4.9	24	96	0.01	0.48	5.7
D27	中华神经外科杂志	256	0.91	21.2	6.0	24	123	0.01	0.49	6.3
D27	中华神经医学杂志	239	0.91	23.7	5.5	24	175	0.00	0.46	4.7
D27	中华行为医学与脑科学杂志	198	0.95	27.9	5.6	26	143	0.02	0.83	4.5
D27	中风与神经疾病杂志	290	0.97	21.4	4.5	29	191	0.00	0.43	5.4
D28	标记免疫分析与临床	469	0.99	17.4	4.4	25	317	0.00	0.36	4.0

学科代码	期刊名称	来源文献量	文献选出率	平均引文数	平均作者数	地区分布数	机构分布数	海外论文比	基金论文比	引用半衰期
D28	放射学实践	337	0.93	18.4	5.1	28	225	0.01	0.28	5.2
D28	分子影像学杂志	159	1.00	24.9	4.5	21	133	0.00	0.38	3.7
D28	国际放射医学核医学杂志	133	0.94	25.5	4.4	26	93	0.00	0.39	5.1
D28	国际医学放射学杂志	126	0.91	24.7	4.3	23	89	0.00	0.44	3.7
D28	介入放射学杂志	276	0.90	17.5	5.5	28	189	0.00	0.38	5.2
D28	临床超声医学杂志	218	0.61	11.2	4.4	27	159	0.00	0.34	4.6
D28	临床放射学杂志	531	0.95	17.5	5.5	30	316	0.00	0.31	5.7
D28	实用放射学杂志	567	0.97	14.4	4.9	30	359	0.00	0.25	4.8
D28	实用医学影像杂志	344	1.00	9.1	2.3	24	249	—	0.13	3.8
D28	现代医用影像学	761	0.99	9.9	3.0	26	479	—	0.15	3.4
D28	医学影像学杂志	687	0.98	12.0	4.3	29	497	0.00	0.29	4.6
D28	影视制作	132	0.66	1.8	1.5	23	65	—	0.02	5.1
D28	影像诊断与介入放射学	101	0.87	20.4	4.1	24	74	0.01	0.27	5.5
D28	中国 CT 和 MRI 杂志	600	1.00	14.1	3.5	26	464	0.00	0.29	4.1
D28	中国超声医学杂志	276	0.72	10.3	5.3	29	190	0.00	0.33	4.7
D28	中国介入影像与治疗学	159	0.74	17.1	5.3	26	114	0.00	0.48	4.5
D28	中国临床医学影像杂志	256	0.94	14.4	4.5	28	173	0.00	0.18	5.5
D28	中国数字医学	457	0.79	8.7	3.9	29	314	0.01	0.27	4.2
D28	中国体视学与图像分析	49	0.92	22.6	4.8	16	36	—	0.82	6.5
D28	中国医学计算机成像杂志	116	0.95	12.9	5.7	23	84	0.01	0.46	5.7
D28	中国医学影像技术	385	0.66	16.7	5.2	30	238	0.01	0.51	4.9
D28	中国医学影像学杂志	228	0.95	15.3	5.0	29	174	0.01	0.40	4.1
D28	中华超声影像学杂志	194	0.93	16.7	6.6	23	112	0.02	0.65	4.4
D28	中华放射学杂志	235	0.89	16.6	5.8	25	142	0.02	0.31	5.3
D28	中华核医学与分子影像杂志	147	0.88	21.3	5.5	21	83	0.10	0.39	5.6
D28	中华介入放射学电子杂志	72	0.88	18.8	5.6	19	43	0.00	0.18	6.0
D28	中华医学超声杂志（电子版）	221	0.92	17.6	5.0	29	144	0.00	0.35	6.0
D29	Cancer Biology & Medicine	77	0.97	66.8	8.8	16	40	0.29	0.70	5.7
D29	Chinese Journal of Cancer Research	71	0.99	43.5	8.4	14	29	0.28	0.45	5.2
D29	Journal of Nutritional Oncology	24	0.86	46.8	6.1	12	21	0.17	0.58	6.0
D29	Oncology and Translational Medicine	46	1.00	25.2	5.7	12	30	0.02	0.39	7.3
D29	癌变·畸变·突变	91	0.97	22.7	5.6	24	62	0.00	0.78	5.0
D29	癌症	48	1.00	51.6	7.2	11	31	0.21	0.54	5.9

2020 年中国科技期刊来源指标按类刊名字顺索引（续）

学科代码	期刊名称	来源文献量	文献选出率	平均引文数	平均作者数	地区分布数	机构分布数	海外论文比	基金论文比	引用半衰期
D29	癌症进展	672	0.99	21.7	3.8	29	392	—	0.17	3.8
D29	白血病·淋巴瘤	186	0.93	19.0	5.2	23	130	—	0.44	4.9
D29	国际肿瘤学杂志	154	0.94	24.9	3.9	26	128	0.00	0.36	3.7
D29	临床肿瘤学杂志	202	0.96	22.5	4.9	29	167	0.00	0.29	3.7
D29	实用癌症杂志	553	1.00	16.1	3.5	28	324	0.00	0.35	3.4
D29	实用肿瘤学杂志	109	0.92	25.4	3.5	25	66	0.00	0.38	3.9
D29	实用肿瘤杂志	109	0.96	23.8	3.7	24	88	0.01	0.37	4.3
D29	现代泌尿生殖肿瘤杂志	98	0.92	18.7	5.1	19	73	0.00	0.12	5.7
D29	现代肿瘤医学	990	0.99	24.2	4.3	31	525	0.00	0.51	4.5
D29	消化肿瘤杂志（电子版）	58	0.97	21.3	4.1	14	42	0.02	0.34	4.9
D29	中国癌症防治杂志	117	0.95	27.1	5.0	19	78	0.01	0.62	4.3
D29	中国癌症杂志	138	0.96	23.9	5.5	24	83	0.00	0.58	4.5
D29	中国肺癌杂志	153	0.91	35.0	5.2	23	92	0.02	0.41	4.5
D29	中国肿瘤	157	0.98	26.6	5.4	25	115	0.00	0.48	4.3
D29	中国肿瘤临床	242	0.87	27.8	4.4	27	152	0.00	0.40	3.7
D29	中国肿瘤临床与康复	402	0.94	13.3	3.4	22	227	—	0.14	3.2
D29	中国肿瘤生物治疗杂志	210	0.97	31.6	4.1	29	144	0.00	0.81	3.5
D29	中国肿瘤外科杂志	128	0.98	21.6	4.3	23	109	0.01	0.48	4.5
D29	中华放射肿瘤学杂志	210	0.88	21.4	7.0	26	119	0.02	0.54	6.6
D29	中华肿瘤防治杂志	320	0.92	24.7	5.3	30	245	0.00	0.48	3.9
D29	中华肿瘤杂志	161	0.85	20.6	7.2	22	81	0.01	0.40	5.6
D29	中华转移性肿瘤杂志	64	1.00	22.8	4.9	18	45	—	0.36	4.2
D29	肿瘤	96	0.98	28.3	5.5	24	79	0.00	0.63	4.3
D29	肿瘤代谢与营养电子杂志	87	0.87	33.2	4.3	24	69	0.00	0.59	4.6
D29	肿瘤防治研究	180	0.86	25.2	4.8	26	135	0.01	0.51	3.9
D29	肿瘤基础与临床	157	1.00	14.7	6.3	12	62	—	0.47	3.5
D29	肿瘤学杂志	192	0.83	26.7	4.2	27	146	0.00	0.55	4.1
D29	肿瘤研究与临床	196	0.93	20.0	4.3	27	140	0.00	0.27	4.9
D29	肿瘤药学	134	0.92	23.7	4.4	28	106	0.00	0.46	3.8
D29	肿瘤影像学	106	0.96	17.2	5.0	18	74	0.00	0.45	5.4
D29	肿瘤预防与治疗	138	0.78	28.8	4.5	25	93	0.00	0.62	4.3
D29	肿瘤综合治疗电子杂志	74	0.90	30.6	3.8	15	38	—	0.62	4.7
D30	Chinese Nursing Frontiers	48	0.94	35.1	3.9	11	43	0.33	0.21	6.9

学科代码	期刊名称	来源文献量	文献选出率	平均引文数	平均作者数	地区分布数	机构分布数	海外论文比	基金论文比	引用半衰期
D30	International Journal of Nursing Sciences	73	0.89	34.7	4.5	15	62	0.44	0.56	6.2
D30	当代护士（上旬刊）	1037	1.00	10.6	2.4	26	558	—	0.13	4.5
D30	当代护士（下旬刊）	970	1.00	12.2	2.6	28	550	—	0.13	4.9
D30	当代护士（中旬刊）	955	0.99	12.0	2.3	27	510	—	0.12	4.8
D30	国际护理学杂志	1403	1.00	14.3	2.7	28	658	—	0.18	4.1
D30	护理管理杂志	193	0.91	25.2	4.2	30	150	0.01	0.37	4.8
D30	护理实践与研究	1445	0.98	14.3	2.7	29	703	—	0.15	2.8
D30	护理学报	413	0.96	20.6	4.7	27	256	0.02	0.35	4.5
D30	护理学杂志	766	0.99	19.8	4.9	29	345	0.01	0.37	4.9
D30	护理研究	1001	0.98	24.2	4.2	30	458	0.01	0.42	5.6
D30	护理与康复	373	0.99	12.6	3.8	18	143	—	0.50	4.1
D30	护士进修杂志	558	0.97	18.5	4.4	28	325	0.01	0.43	5.3
D30	解放军护理杂志	287	0.98	17.3	4.7	27	167	0.02	0.41	5.0
D30	临床护理杂志	175	1.00	13.2	3.1	19	124	—	0.39	2.9
D30	齐鲁护理杂志	1207	1.00	14.5	3.7	29	550	—	0.21	3.3
D30	全科护理	1629	0.98	21.7	3.4	29	710	—	0.37	4.4
D30	上海护理	207	0.95	16.8	3.7	23	139	—	0.50	5.1
D30	天津护理	254	1.00	13.1	3.0	18	107	—	0.20	4.8
D30	现代临床护理	168	0.98	23.5	4.4	26	126	0.01	0.48	4.7
D30	循证护理	303	0.96	20.1	3.8	27	224	—	0.48	4.9
D30	医药高职教育与现代护理	126	1.00	11.8	3.4	15	91	—	0.52	3.8
D30	中国护理管理	383	0.95	23.4	5.0	29	202	0.03	0.42	5.4
D30	中国临床护理	173	0.99	14.2	3.3	22	127	—	0.32	4.7
D30	中国实用护理杂志	546	0.97	20.7	4.3	28	317	0.00	0.31	4.7
D30	中华护理教育	247	0.97	17.5	4.7	28	151	—	0.64	4.3
D30	中华护理杂志	346	0.96	22.5	5.7	24	174	0.02	0.47	4.8
D30	中华现代护理杂志	1037	0.94	21.9	4.3	28	465	0.00	0.37	4.3
D30	中西医结合护理	893	1.00	15.8	3.7	27	405	—	0.31	4.0
D31	Animal Models and Experimental Medicine	38	0.90	45.0	6.5	5	35	0.71	0.71	8.4
D31	安徽预防医学杂志	143	0.96	13.6	4.0	16	98	—	0.18	4.3
D31	毒理学杂志	106	0.99	20.1	5.7	28	84	0.00	0.65	6.1
D31	公共卫生与预防医学	208	1.00	18.8	4.8	26	146	0.00	0.40	3.2
D31	海峡预防医学杂志	265	0.99	10.1	3.7	22	123	0.01	0.29	5.3

学科代码	期刊名称	来源文献量	文献选出率	平均引文数	平均作者数	地区分布数	机构分布数	海外论文比	基金论文比	引用半衰期
D31	河南预防医学杂志	373	0.98	9.9	3.2	22	198	0.00	0.17	4.6
D31	华南预防医学	200	0.97	17.1	4.5	23	156	0.00	0.22	3.5
D31	疾病监测与控制	153	0.96	13.5	2.2	8	89	—	0.11	3.4
D31	疾病预防控制通报	165	0.97	11.5	4.1	18	77	—	0.30	4.6
D31	江苏卫生事业管理	492	0.99	6.3	3.3	20	201	—	0.44	3.2
D31	江苏预防医学	268	0.98	11.6	3.8	16	161	—	0.30	3.7
D31	解放军预防医学杂志	496	0.93	13.7	4.7	31	295	0.00	0.31	4.4
D31	口岸卫生控制	102	0.97	9.8	3.2	22	79	—	0.26	5.6
D31	临床医学工程	858	1.00	8.1	2.4	19	440	—	0.15	3.2
D31	上海预防医学	213	0.91	16.2	4.7	21	101	—	0.60	4.9
D31	实用预防医学	434	1.00	16.5	5.1	30	299	0.00	0.38	4.8
D31	首都公共卫生	101	0.98	12.8	5.4	6	41	0.01	0.26	4.9
D31	微量元素与健康研究	279	1.00	8.1	2.8	16	135	—	0.23	4.8
D31	现代预防医学	1045	0.99	17.2	5.4	31	471	0.00	0.54	4.3
D31	应用预防医学	171	0.98	12.5	4.4	17	116	—	0.36	4.7
D31	营养学报	111	0.87	21.8	5.4	23	70	0.00	0.60	5.7
D31	预防医学	336	0.99	17.4	5.1	24	183	0.00	0.35	3.9
D31	预防医学论坛	290	0.98	13.3	4.0	23	165	—	0.23	3.9
D31	预防医学情报杂志	305	0.95	15.8	4.9	24	165	0.00	0.32	4.9
D31	职业卫生与病伤	82	0.92	14.1	3.8	16	56	—	0.20	4.2
D31	职业卫生与应急救援	161	0.96	15.7	4.6	22	110	0.00	0.39	5.9
D31	中国城乡企业卫生	1184	1.00	8.4	1.8	21	436	—	0.06	2.2
D31	中国辐射卫生	167	0.93	14.6	5.3	26	105	0.00	0.23	5.0
D31	中国公共卫生	429	0.98	20.4	5.9	31	234	0.02	0.55	5.9
D31	中国公共卫生管理	256	0.96	13.1	4.3	27	159	0.00	0.37	3.3
D31	中国慢性病预防与控制	229	0.98	22.6	5.7	26	136	0.00	0.46	5.2
D31	中国民康医学	1700	0.99	9.4	1.5	25	715	—	0.03	3.3
D31	中国实用乡村医生杂志	294	0.85	6.6	1.7	22	132	—	0.06	3.1
D31	中国食品药品监管	177	0.86	0.2	2.7	25	103	0.02	0.11	0.0
D31	中国卫生	354	0.59	—	1.3	31	180	0.00	0.01	—
D31	中国卫生工程学	392	1.00	9.4	2.6	21	199	—	0.15	3.2
D31	中国卫生事业管理	247	0.97	18.0	4.3	26	132	—	0.99	4.3
D31	中国消毒学杂志	313	0.94	12.3	4.9	30	234	0.00	0.22	5.1

2020 年中国科技期刊来源指标按类刊名字顺索引（续）

学科代码	期刊名称	来源文献量	文献选出率	平均引文数	平均作者数	地区分布数	机构分布数	海外论文比	基金论文比	引用半衰期
D31	中国校医	377	1.00	10.6	2.5	27	231	0.00	0.19	4.1
D31	中国冶金工业医学杂志	744	1.00	2.4	1.3	17	153	—	0.02	4.6
D31	中国应急救援	85	0.92	6.8	2.4	19	62	0.01	0.07	5.0
D31	中国预防医学杂志	281	0.96	19.6	4.5	25	215	0.00	0.56	4.5
D31	中华疾病控制杂志	284	0.96	17.9	6.6	31	137	0.01	0.58	5.2
D31	中华临床营养杂志	54	0.84	26.9	6.9	16	32	0.02	0.41	5.4
D31	中华卫生应急电子杂志	92	1.00	19.9	4.9	21	68	—	0.53	4.4
D31	中华预防医学杂志	229	0.85	25.0	7.5	23	111	0.01	0.54	5.8
D32	工业卫生与职业病	147	0.86	9.4	4.0	28	116	0.00	0.17	5.6
D32	环境与健康杂志	271	1.00	19.6	5.9	28	166	0.00	0.65	5.9
D32	环境与职业医学	197	0.96	25.7	5.5	28	108	0.02	0.75	5.4
D32	疾病监测	223	0.86	17.2	5.9	28	112	0.00	0.45	5.4
D32	热带病与寄生虫学	62	0.94	15.7	5.1	16	39	—	0.87	5.5
D32	热带医学杂志	394	0.99	18.3	4.8	24	284	0.00	0.52	3.7
D32	医学动物防制	345	0.99	16.8	5.6	28	207	0.00	0.56	4.8
D32	职业与健康	839	0.98	22.7	4.3	29	496	0.00	0.33	5.3
D32	中国地方病防治杂志	234	0.96	10.5	4.0	29	172	—	0.34	4.5
D32	中国工业医学杂志	186	0.87	9.8	4.9	28	117	0.00	0.28	6.0
D32	中国国境卫生检疫杂志	136	0.94	12.3	5.2	26	100	0.00	0.43	6.5
D32	中国检验检测	190	0.99	6.0	2.8	27	138	—	0.14	7.5
D32	中国媒介生物学及控制杂志	159	0.97	17.4	7.0	27	93	0.03	0.64	5.8
D32	中国热带医学	271	0.96	20.3	5.6	25	186	0.00	0.40	4.5
D32	中国人兽共患病学报	177	0.91	23.9	6.6	29	127	0.02	0.79	6.2
D32	中国血吸虫病防治杂志	135	0.96	23.2	6.0	25	72	0.00	0.67	6.5
D32	中国职业医学	148	0.91	28.2	5.8	23	80	0.00	0.57	3.9
D32	中华地方病学杂志	198	0.96	17.7	5.6	31	107	0.00	0.55	5.7
D32	中华劳动卫生职业病杂志	252	0.92	18.4	5.3	26	160	0.00	0.42	6.3
D32	中华流行病学杂志	346	0.88	22.6	7.9	30	142	0.05	0.63	6.0
D32	中华卫生杀虫药械	152	0.92	13.7	4.9	27	107	0.00	0.41	7.5
D33	Reproductive and Developmental Medicine	38	0.95	34.1	5.7	11	22	0.16	0.66	6.4
D33	国际生殖健康/计划生育杂志	114	0.97	25.1	3.9	21	70	0.00	0.43	4.0
D33	生殖医学杂志	299	0.96	22.5	5.0	29	174	0.00	0.45	5.1
D33	中国妇幼保健	1541	1.00	18.5	3.3	30	715	—	0.32	3.7

2020 年中国科技期刊来源指标按类刊名字顺索引（续）

学科代码	期刊名称	来源文献量	文献选出率	平均引文数	平均作者数	地区分布数	机构分布数	海外论文比	基金论文比	引用半衰期
D33	中国妇幼健康研究	347	0.95	15.2	4.3	24	225	0.01	0.27	3.8
D33	中国妇幼卫生杂志	124	0.98	14.5	3.9	22	86	—	0.40	4.8
D33	中国计划生育和妇产科	280	0.97	20.1	4.0	25	190	0.00	0.30	4.9
D33	中国计划生育学杂志	525	0.96	16.5	3.7	28	422	0.00	0.22	3.9
D33	中国生育健康杂志	154	0.98	19.9	4.6	25	97	0.01	0.27	5.9
D33	中国优生与遗传杂志	488	0.98	16.6	4.1	27	291	0.00	0.16	4.1
D33	中华生殖与避孕杂志	168	0.92	30.2	5.1	25	102	0.00	0.52	5.8
D34	Military Medical Research	47	1.00	56.8	7.4	9	17	0.53	0.26	6.1
D34	法医学杂志	182	0.96	20.1	5.3	25	94	0.00	0.51	7.5
D34	航天医学与医学工程	80	0.93	26.8	5.5	14	46	0.01	0.68	8.7
D34	军事医学	188	0.97	21.7	5.7	25	88	0.00	0.65	6.2
D34	中国法医学杂志	164	0.88	10.9	5.5	24	105	0.01	0.40	6.9
D34	中华放射医学与防护杂志	164	0.91	19.9	6.1	24	106	0.02	0.46	6.2
D34	中华航海医学与高气压医学杂志	217	0.94	14.1	4.3	24	136	0.00	0.22	5.3
D35	Global Health Journal	26	0.93	57.6	3.8	4	15	0.23	0.62	4.9
D35	基础医学教育	294	0.99	7.8	4.4	29	105	—	0.85	3.3
D35	解放军医院管理杂志	341	0.96	11.0	4.3	26	182	0.00	0.34	4.8
D35	麻醉安全与质控	95	1.00	15.4	4.2	21	69	0.01	0.34	4.1
D35	卫生软科学	230	0.92	15.4	4.3	25	115	0.02	0.59	4.9
D35	卫生研究	187	0.96	19.2	5.8	26	86	0.00	0.60	5.8
D35	现代医学与健康研究（电子版）	1430	0.98	8.9	2.2	30	976	—	0.08	3.3
D35	现代医院	540	1.00	15.9	4.0	28	320	—	0.47	3.3
D35	现代医院管理	159	0.96	11.0	3.6	23	119	—	0.48	3.5
D35	心理与健康	487	0.94	—	1.1	25	171	0.00	0.00	2.0
D35	医疗卫生装备	287	0.96	16.7	5.0	25	180	0.00	0.48	4.8
D35	医学教育研究与实践	285	0.98	11.0	4.5	28	135	—	0.75	3.9
D35	医学与哲学	414	0.93	18.8	2.8	28	245	0.02	0.50	7.0
D35	浙江医学教育	123	0.98	8.1	4.0	3	66	—	0.45	4.7
D35	中国病案	448	0.96	11.0	4.0	30	263	0.00	0.16	3.7
D35	中国健康教育	261	0.93	15.5	5.3	30	181	0.01	0.41	5.0
D35	中国农村卫生	1627	0.97	4.0	1.5	30	826	—	0.02	3.1
D35	中国农村卫生事业管理	187	0.89	13.2	4.4	28	110	—	0.78	4.2
D35	中国社会医学杂志	178	0.98	15.6	4.5	25	127	0.01	0.63	5.7

2020 年中国科技期刊来源指标按类刊名字顺索引（续）

学科代码	期刊名称	来源文献量	文献选出率	平均引文数	平均作者数	地区分布数	机构分布数	海外论文比	基金论文比	引用半衰期
D35	中国食品卫生杂志	128	0.90	21.7	5.8	24	80	0.00	0.45	5.8
D35	中国卫生法制	154	0.96	9.3	2.1	23	114	—	0.29	5.0
D35	中国卫生监督杂志	133	0.99	6.3	3.7	24	76	—	0.20	4.7
D35	中国卫生检验杂志	940	1.00	16.9	4.0	29	447	0.00	0.39	4.9
D35	中国卫生经济	277	0.89	9.1	4.0	27	157	0.01	0.47	4.8
D35	中国卫生人才	209	0.66	—	1.4	23	99	—	0.01	—
D35	中国卫生统计	249	0.99	16.5	4.8	28	147	0.02	0.57	5.9
D35	中国卫生信息管理杂志	163	0.94	13.9	3.4	21	117	0.00	0.39	3.2
D35	中国卫生政策研究	109	0.76	22.3	3.9	16	46	0.04	0.62	5.9
D35	中国卫生质量管理	229	0.95	11.9	4.9	28	156	0.00	0.37	5.0
D35	中国卫生资源	112	0.88	14.9	5.2	14	50	0.00	0.58	4.5
D35	中国学校卫生	514	0.94	23.8	4.8	30	304	0.01	0.58	5.6
D35	中国医疗器械杂志	117	0.97	13.0	4.0	22	82	0.01	0.44	6.8
D35	中国医疗设备	533	0.94	20.3	4.6	26	312	0.00	0.47	4.2
D35	中国医学教育技术	198	0.96	11.9	4.1	24	106	—	0.74	3.5
D35	中国医学装备	615	0.93	14.3	5.0	30	397	0.00	0.34	4.7
D35	中国医院	301	0.96	9.1	4.6	24	155	0.00	0.44	4.8
D35	中国医院管理	340	0.91	8.6	5.1	26	182	0.01	0.45	4.1
D35	中国医院统计	140	0.96	12.8	3.7	17	106	—	0.26	4.2
D35	中华健康管理学杂志	109	0.89	22.3	4.6	20	86	0.01	0.35	4.6
D35	中华医学教育探索杂志	350	0.97	9.9	4.7	28	201	0.00	0.39	5.0
D35	中华医学教育杂志	230	0.94	11.2	5.2	25	132	0.01	0.31	5.1
D35	中华医学科研管理杂志	96	0.94	13.7	4.3	15	62	0.00	0.44	4.9
D35	中华医院管理杂志	222	0.91	15.0	5.5	21	133	0.02	0.45	3.4
D36	Acta Pharmaceutica Sinica B	175	0.93	76.6	8.3	19	68	0.36	0.68	6.5
D36	Acta Pharmacologica Sinica	166	0.98	59.3	7.9	19	71	0.28	0.73	6.6
D36	Asian Journal of Pharmaceutical Sciences	11	1.00	63.6	5.9	4	9	0.36	0.64	7.2
D36	Chinese Journal of Drug Application and Monitoring	114	0.98	16.3	4.3	24	71	0.00	0.55	4.1
D36	Chinese Journal of Natural Medicines	107	0.98	45.9	6.1	22	64	0.19	0.61	6.3
D36	Journal of Chinese Pharmaceutical Sciences	79	0.79	30.7	5.4	19	40	0.08	0.61	6.9
D36	Journal of Pharmaceutical Analysis	65	0.94	56.5	5.6	14	54	0.49	0.79	7.1
D36	北方药学	1455	1.00	7.4	2.2	29	778	—	0.07	3.1

学科代码	期刊名称	来源文献量	文献选出率	平均引文数	平均作者数	地区分布数	机构分布数	海外论文比	基金论文比	引用半衰期
D36	儿科药学杂志	234	0.92	20.1	3.6	26	135	0.00	0.18	5.9
D36	福建医药杂志	428	0.99	10.4	3.4	8	120	—	0.20	4.9
D36	国际药学研究杂志	168	0.97	31.7	5.3	28	102	0.01	0.61	5.2
D36	国外医药（抗生素分册）	79	0.96	29.7	3.3	17	44	—	0.37	4.7
D36	海峡药学	1251	1.00	10.6	2.9	31	734	—	0.25	5.0
D36	华西药学杂志	152	0.96	12.4	4.8	24	89	0.03	0.41	5.8
D36	家庭用药	643	0.89	—	1.2	17	79	—	—	—
D36	今日药学	186	0.94	19.4	4.4	14	102	—	0.50	4.5
D36	抗感染药学	573	0.98	10.4	2.3	21	345	—	0.14	3.5
D36	临床药物治疗杂志	225	0.95	18.6	4.2	24	116	0.01	0.20	5.7
D36	实用药物与临床	245	0.96	19.6	4.2	28	165	0.00	0.44	4.3
D36	世界临床药物	163	0.93	27.2	3.6	18	109	0.01	0.45	5.2
D36	西北药学杂志	210	0.98	24.5	4.2	27	163	0.00	0.64	4.4
D36	现代药物与临床	510	1.00	17.7	3.5	28	302	—	0.50	5.6
D36	药品评价	572	0.96	10.8	2.0	23	368	—	0.21	3.2
D36	药物不良反应杂志	188	0.90	14.0	4.2	29	143	0.02	0.20	6.7
D36	药物分析杂志	281	0.99	20.7	5.2	28	164	0.01	0.46	6.1
D36	药物流行病学杂志	181	0.94	19.9	4.2	25	134	0.01	0.31	6.1
D36	药物评价研究	447	0.98	22.9	4.7	29	268	0.00	0.51	5.7
D36	药物生物技术	125	0.99	21.2	3.8	24	92	0.00	0.24	4.4
D36	药学服务与研究	110	0.83	12.0	4.2	22	84	0.00	0.34	5.4
D36	药学进展	105	0.92	49.9	3.7	19	54	0.03	0.50	5.1
D36	药学实践杂志	115	0.98	18.4	4.6	17	65	0.00	0.54	5.9
D36	药学学报	351	0.99	43.4	5.2	26	130	0.01	0.78	5.7
D36	药学研究	172	1.00	23.3	4.2	21	95	—	0.56	5.6
D36	药学与临床研究	123	0.98	13.6	4.2	17	88	0.00	0.23	5.3
D36	医药导报	330	0.86	19.0	4.9	24	196	0.00	0.48	5.7
D36	中国处方药	1217	0.99	10.6	2.5	30	733	—	0.17	3.4
D36	中国海洋药物	71	0.99	26.9	5.3	11	31	0.01	0.87	7.2
D36	中国合理用药探索	245	0.95	15.9	3.2	21	142	—	0.29	3.8
D36	中国抗生素杂志	196	0.98	22.9	5.2	30	152	0.01	0.39	6.8
D36	中国临床药理学与治疗学	196	0.97	29.2	4.9	24	141	0.03	0.74	4.5
D36	中国临床药理学杂志	1041	0.99	11.8	4.5	30	621	0.01	0.51	4.4

学科代码	期刊名称	来源文献量	文献选出率	平均引文数	平均作者数	地区分布数	机构分布数	海外论文比	基金论文比	引用半衰期
D36	中国临床药学杂志	112	0.92	17.2	4.1	19	95	0.00	0.29	4.6
D36	中国现代医药杂志	372	0.97	15.2	3.5	27	252	—	0.27	4.8
D36	中国现代应用药学	555	0.98	21.1	4.8	29	387	0.01	0.38	5.2
D36	中国新药与临床杂志	161	0.98	20.8	4.6	23	118	0.01	0.38	4.6
D36	中国新药杂志	445	0.96	22.5	4.9	29	217	0.01	0.48	5.8
D36	中国药房	533	0.98	24.8	5.6	31	290	0.01	0.90	5.2
D36	中国药理学通报	321	0.98	21.3	5.7	28	188	0.01	0.89	4.3
D36	中国药理学与毒理学杂志	113	0.98	35.9	5.2	22	83	0.04	0.78	5.6
D36	中国药品标准	102	0.98	9.7	4.0	20	58	—	0.33	6.0
D36	中国药师	617	0.99	17.4	4.1	29	430	0.00	0.32	4.8
D36	中国药事	214	0.98	18.8	4.4	29	110	0.01	0.26	7.3
D36	中国药物化学杂志	102	0.74	21.8	4.6	21	71	0.00	0.58	7.2
D36	中国药物经济学	379	0.97	15.0	2.5	24	253	0.01	0.19	3.6
D36	中国药物警戒	187	0.93	19.3	4.6	27	139	0.01	0.37	6.7
D36	中国药物滥用防治杂志	94	0.97	16.0	3.6	18	57	0.01	0.20	5.9
D36	中国药物评价	104	0.88	17.6	4.3	20	59	—	0.46	5.3
D36	中国药物依赖性杂志	88	0.93	26.9	5.2	24	71	0.00	0.53	7.4
D36	中国药学杂志	321	0.90	23.3	5.4	27	179	0.00	0.51	6.0
D36	中国药业	812	0.99	15.8	4.3	30	564	0.00	0.63	4.6
D36	中国医药导刊	188	0.82	22.0	3.9	25	117	—	0.48	3.7
D36	中国医药工业杂志	240	0.99	18.0	4.2	24	124	0.00	0.31	7.1
D36	中国医院药学杂志	514	0.95	19.5	5.1	30	312	0.00	0.45	5.4
D36	中国医院用药评价与分析	388	0.99	20.6	4.4	29	292	0.01	0.51	3.8
D36	中南药学	451	0.98	21.3	4.8	29	278	0.00	0.49	5.6
D37	Chinese Journal of Integrative Medicine	138	0.97	33.5	6.2	18	103	0.15	0.81	7.6
D37	Digital Chinese Medicine	28	0.90	31.5	5.5	8	17	0.18	0.93	4.3
D37	Journal of Acupuncture and Tuina Science	69	0.92	25.4	5.3	16	21	0.00	0.67	5.6
D37	Journal of Traditional Chinese Medicine	115	0.97	35.7	7.5	20	79	0.10	0.86	8.2
D37	Traditional Chinese Medical Sciences	50	0.93	38.0	7.3	5	13	0.08	0.84	5.1
D37	World Journal of Acupuncture-Moxibustion	65	0.92	21.3	5.3	18	37	0.08	0.55	7.3
D37	World Journal of Traditional Chinese Medicine	54	0.98	50.3	6.7	14	28	0.33	0.46	6.3
D37	按摩与康复医学	856	0.99	13.2	2.9	27	475	—	0.27	4.6

2020年中国科技期刊来源指标按类刊名字顺索引（续）

学科代码	期刊名称	来源文献量	文献选出率	平均引文数	平均作者数	地区分布数	机构分布数	海外论文比	基金论文比	引用半衰期
D37	北京中医药	350	0.96	14.7	4.7	21	106	0.00	0.44	5.7
D37	福建中医药	195	0.99	12.6	3.9	12	59	0.01	0.65	5.0
D37	光明中医	1510	0.99	11.2	2.4	28	809	—	0.25	4.1
D37	广西中医药	157	0.98	12.5	3.5	18	95	—	0.52	5.9
D37	国际中医中药杂志	269	0.91	13.4	3.9	27	181	0.01	0.43	4.8
D37	国医论坛	178	0.97	9.8	2.7	23	112	—	0.58	5.5
D37	河北中医	387	0.95	22.2	4.4	25	255	0.00	0.62	4.4
D37	河北中医药学报	99	0.95	17.2	4.9	11	47	0.00	0.65	5.1
D37	河南中医	484	0.98	19.8	3.3	28	251	—	0.75	5.1
D37	黑龙江中医药	1696	1.00	7.1	1.9	20	628	—	0.06	2.9
D37	湖南中医杂志	835	0.98	11.2	3.4	29	329	—	0.53	5.7
D37	环球中医药	536	0.96	17.8	4.4	27	171	0.01	0.47	6.0
D37	吉林中医药	458	0.99	18.5	4.1	27	139	0.00	0.72	5.1
D37	江苏中医药	341	0.93	11.5	3.5	28	169	0.00	0.32	6.4
D37	江西中医药	317	1.00	12.8	3.4	23	133	—	0.45	6.7
D37	辽宁中医杂志	762	1.00	21.9	4.4	29	303	0.00	0.76	5.8
D37	内蒙古中医药	1181	1.00	9.0	2.3	29	637	—	0.17	3.7
D37	山东中医杂志	282	0.99	19.9	4.1	23	114	0.00	0.66	6.4
D37	山西中医	326	1.00	8.8	3.1	24	166	—	0.33	5.5
D37	陕西中医	507	1.00	18.8	4.3	30	311	0.01	0.69	3.8
D37	上海中医药杂志	257	0.89	20.8	5.3	21	106	0.00	0.74	5.6
D37	时珍国医国药	996	1.00	17.2	5.3	31	314	0.00	0.96	6.2
D37	实用中西医结合临床	1489	1.00	9.0	1.8	24	694	—	0.07	3.2
D37	实用中医内科杂志	421	0.97	22.8	2.8	27	212	0.00	0.82	3.7
D37	实用中医药杂志	1130	0.99	8.0	2.0	26	645	—	0.15	4.0
D37	世界科学技术—中医药现代化	597	0.97	31.4	5.6	31	195	0.01	0.80	5.9
D37	世界中医药	751	0.94	23.3	5.0	29	370	0.01	0.82	4.8
D37	四川中医	848	0.99	14.8	3.5	28	477	0.00	0.37	4.3
D37	天津中医药	284	0.93	18.8	5.0	14	82	0.00	0.55	5.5
D37	西部中医药	514	0.98	19.7	4.0	29	302	0.00	0.54	5.7
D37	现代中医临床	96	0.95	18.2	5.6	9	34	0.01	0.60	6.8
D37	现代中医药	164	0.95	14.9	3.4	18	102	—	0.49	5.2
D37	新疆中医药	269	1.00	15.8	2.8	14	73	—	0.25	4.4

2020年中国科技期刊来源指标按类刊名字顺索引（续）

学科代码	期刊名称	来源文献量	文献选出率	平均引文数	平均作者数	地区分布数	机构分布数	海外论文比	基金论文比	引用半衰期
D37	新中医	1521	0.98	11.0	2.9	29	582	—	0.33	4.6
D37	亚太传统医药	805	0.99	15.5	3.9	31	300	0.01	0.67	5.7
D37	云南中医中药杂志	378	1.00	12.5	3.6	27	183	—	0.61	5.1
D37	浙江中西医结合杂志	333	0.95	15.1	3.8	6	130	—	0.38	4.3
D37	浙江中医杂志	585	1.00	3.3	3.0	18	212	—	0.41	7.5
D37	中国民间疗法	1303	0.99	9.8	2.5	31	568	—	0.24	5.3
D37	中国民族医药杂志	472	1.00	9.3	2.8	17	158	0.00	0.34	6.9
D37	中国中医基础医学杂志	562	0.97	18.1	4.3	30	195	0.01	0.65	8.2
D37	中国中医急症	631	0.98	19.4	4.5	30	279	0.00	0.62	4.9
D37	中国中医眼科杂志	208	0.98	21.7	4.0	24	105	0.00	0.38	6.3
D37	中国中医药科技	525	0.99	10.6	3.0	23	265	—	0.35	5.8
D37	中国中医药现代远程教育	1796	1.00	9.7	3.3	30	629	—	0.54	4.9
D37	中国中医药信息杂志	287	0.76	19.2	5.7	28	115	0.01	0.75	5.5
D37	中华中医药学刊	743	0.99	28.1	4.9	29	317	0.00	0.84	4.7
D37	中华中医药杂志	1640	0.99	16.9	4.9	30	384	0.01	0.67	6.5
D37	中药药理与临床	299	1.00	27.7	5.7	27	134	0.00	0.94	4.2
D37	中医临床研究	1991	1.00	12.0	2.7	30	1009	—	0.21	4.4
D37	中医外治杂志	239	1.00	9.6	2.9	22	179	—	0.31	5.1
D37	中医文献杂志	139	0.93	12.5	2.7	20	62	0.01	0.66	≥10
D37	中医学报	585	0.97	20.2	4.1	29	224	0.00	0.64	5.4
D37	中医研究	335	0.97	14.0	3.3	23	138	—	0.69	5.7
D37	中医药导报	722	0.98	19.8	4.4	30	298	0.01	0.53	5.4
D37	中医药临床杂志	630	1.00	19.7	3.4	28	235	—	0.58	4.7
D37	中医药通报	125	0.98	12.5	3.7	23	55	—	0.66	5.4
D37	中医药文化	77	0.87	36.3	1.8	13	35	0.03	0.78	≥10
D37	中医药信息	176	0.99	21.3	4.6	28	89	—	0.81	5.5
D37	中医药学报	221	0.99	21.7	4.6	23	93	0.00	0.75	5.1
D37	中医杂志	465	0.94	18.1	5.1	26	165	0.01	0.62	6.8
D38	安徽中医药大学学报	143	1.00	17.4	4.8	14	47	0.00	0.60	4.9
D38	北京中医药大学学报	156	0.98	18.2	5.5	22	48	0.00	0.85	5.9
D38	长春中医药大学学报	372	0.99	16.8	3.8	25	146	0.00	0.79	4.9
D38	成都中医药大学学报	75	1.00	18.3	4.5	14	36	0.01	0.92	6.6
D38	甘肃中医药大学学报	158	0.96	15.4	4.2	18	64	—	0.63	5.6

2020年中国科技期刊来源指标按类刊名字顺索引（续）

学科代码	期刊名称	来源文献量	文献选出率	平均引文数	平均作者数	地区分布数	机构分布数	海外论文比	基金论文比	引用半衰期
D38	广西中医药大学学报	168	0.97	13.3	3.9	17	70	—	0.61	4.7
D38	广州中医药大学学报	453	0.97	17.5	4.2	26	194	0.00	0.47	6.0
D38	贵州中医药大学学报	137	0.98	17.5	5.0	13	32	—	0.66	4.5
D38	湖北中医药大学学报	210	1.00	17.1	3.9	23	134	0.00	0.81	4.4
D38	湖南中医药大学学报	312	0.99	19.1	5.1	23	88	0.00	0.81	5.0
D38	江西中医药大学学报	207	1.00	13.7	4.0	15	75	—	0.55	6.2
D38	康复学报	72	0.87	25.8	5.8	15	45	0.08	0.78	5.5
D38	辽宁中医药大学学报	646	0.99	30.0	4.4	27	186	0.00	0.72	5.5
D38	南京中医药大学学报	169	0.99	22.3	5.8	18	62	0.01	0.80	5.2
D38	山东中医药大学学报	133	0.94	19.8	3.7	17	67	0.00	0.66	6.2
D38	陕西中医药大学学报	144	0.96	12.7	3.9	22	61	—	0.84	5.9
D38	上海中医药大学学报	102	0.96	27.3	5.3	10	30	0.01	0.91	5.8
D38	天津中医药大学学报	133	0.89	19.0	4.6	22	64	0.00	0.58	5.6
D38	云南中医学院学报	98	0.98	27.6	5.5	20	46	0.01	0.70	5.1
D38	浙江中医药大学学报	248	0.95	17.1	4.0	16	86	0.00	0.54	6.5
D39	Journal of Integrative Medicine	63	0.98	55.1	5.5	11	18	0.70	0.27	8.4
D39	World Journal of Integrated Traditional and Western Medicine	70	0.80	20.8	4.8	17	45	—	0.59	4.6
D39	世界中西医结合杂志	523	0.98	18.9	4.5	27	278	0.00	0.65	4.9
D39	现代中西医结合杂志	983	0.97	19.3	4.0	28	533	0.00	0.34	4.9
D39	中国中西医结合耳鼻咽喉科杂志	113	0.93	17.6	4.0	18	88	0.00	0.26	6.0
D39	中国中西医结合急救杂志	178	0.88	16.6	5.3	27	142	0.00	0.59	4.8
D39	中国中西医结合皮肤性病学杂志	200	0.96	14.2	3.9	24	134	0.01	0.24	5.8
D39	中国中西医结合肾病杂志	282	0.72	17.8	4.6	26	194	0.00	0.47	5.1
D39	中国中西医结合外科杂志	246	0.98	20.2	4.2	20	150	0.00	0.39	4.7
D39	中国中西医结合消化杂志	208	0.93	17.0	4.1	27	147	0.01	0.40	3.9
D39	中国中西医结合影像学杂志	181	0.98	17.3	4.6	23	127	—	0.55	5.4
D39	中国中西医结合杂志	268	0.88	24.0	5.7	25	142	0.03	0.69	6.0
D39	中西医结合肝病杂志	154	0.82	19.0	3.7	24	107	0.00	0.44	5.0
D39	中西医结合心脑血管病杂志	1027	0.89	20.0	4.0	30	587	0.00	0.39	5.3
D39	中西医结合研究	137	0.96	10.9	3.0	14	88	—	0.29	4.1
D40	Chinese Herbal Medicines	58	0.92	38.4	5.6	16	30	0.38	0.53	7.8
D40	天然产物研究与开发	263	1.00	25.9	5.5	29	163	0.01	0.83	5.8

2020 年中国科技期刊来源指标按类刊名字顺索引（续）

学科代码	期刊名称	来源文献量	文献选出率	平均引文数	平均作者数	地区分布数	机构分布数	海外论文比	基金论文比	引用半衰期
D40	现代中药研究与实践	105	0.95	21.0	4.9	23	75	0.00	0.72	6.0
D40	中草药	780	0.99	32.3	6.3	29	280	0.01	0.80	5.9
D40	中成药	692	1.00	22.0	5.3	31	354	0.00	0.66	5.8
D40	中国实验方剂学杂志	766	0.98	32.4	6.1	30	227	0.00	0.86	5.3
D40	中国现代中药	314	0.97	24.9	6.1	30	146	0.03	0.54	8.1
D40	中国中药杂志	743	0.97	36.3	6.8	30	203	0.01	0.80	5.7
D40	中药材	580	0.99	15.4	5.3	30	289	0.00	0.62	6.6
D40	中药新药与临床药理	231	1.00	23.8	5.8	25	102	0.00	0.78	5.5
D41	上海针灸杂志	312	0.99	25.5	4.4	27	225	0.00	0.59	4.7
D41	针刺研究	182	0.93	29.0	6.2	23	101	0.01	0.83	6.6
D41	针灸临床杂志	263	0.96	21.5	4.7	26	120	0.00	0.60	5.9
D41	中国骨伤	215	0.89	19.7	5.3	23	159	0.01	0.26	5.7
D41	中国针灸	317	0.88	19.5	5.4	27	150	0.02	0.57	7.0
D41	中国中医骨伤科杂志	261	0.95	18.2	5.1	23	180	0.00	0.37	4.5
D41	中华针灸电子杂志	58	0.94	13.2	3.0	14	21	—	0.43	5.2
D41	中医正骨	222	0.99	26.5	4.8	21	123	0.01	0.48	4.2
E01	CT 理论与应用研究	86	0.93	21.8	4.6	18	75	0.01	0.38	5.2
E01	International Journal of Novation Studies	11	0.73	68.5	3.5	1	11	0.91	0.46	9.4
E01	Journal of Analysis and Testing	32	1.00	50.2	4.2	10	30	0.38	0.75	5.4
E01	Science China Technological Sciences	242	1.00	51.7	5.1	22	107	0.04	0.96	6.1
E01	包装工程	1098	0.97	19.2	3.1	29	425	0.01	0.70	5.6
E01	包装学报	70	0.89	24.6	4.3	11	16	—	0.86	5.4
E01	包装与设计	88	0.61	6.3	1.9	12	29	—	0.47	4.9
E01	标准科学	308	0.99	8.8	3.2	23	132	—	0.60	6.0
E01	测试技术学报	93	0.94	12.9	3.6	10	31	0.00	0.51	6.5
E01	成组技术与生产现代化	48	0.96	10.0	3.1	9	19	—	0.35	6.2
E01	船舶标准化工程师	112	0.78	5.2	2.3	10	55	—	0.18	7.2
E01	电信工程技术与标准化	198	0.88	4.0	2.8	23	79	—	0.01	3.2
E01	福建质量技术监督	325	0.67	—	1.3	1	65	—	—	—
E01	工程爆破	90	0.90	13.3	4.3	23	65	0.00	0.53	7.7
E01	工程地球物理学报	108	0.98	16.4	3.4	26	81	—	0.54	7.8
E01	工程建设	185	0.94	9.2	2.4	25	117	—	0.25	6.3
E01	工程科学学报	180	0.99	34.5	5.0	23	66	0.02	0.92	5.8

学科代码	期刊名称	来源文献量	文献选出率	平均引文数	平均作者数	地区分布数	机构分布数	海外论文比	基金论文比	引用半衰期
E01	工程力学	297	0.97	26.9	4.0	25	109	0.03	0.84	8.7
E01	工程数学学报	60	0.94	19.1	2.6	22	51	0.02	0.90	≥10
E01	工程与建设	419	0.99	6.4	1.9	23	180	—	0.11	6.3
E01	工程与试验	150	0.98	6.9	2.5	18	51	—	0.15	9.1
E01	工程造价管理	75	0.87	7.3	1.8	18	56	—	0.05	6.0
E01	工程质量	295	0.90	5.5	2.5	28	206	—	0.13	6.3
E01	工具技术	272	0.97	10.6	3.8	23	137	0.00	0.51	7.5
E01	工业工程	119	0.95	19.6	3.0	23	78	0.01	0.74	6.6
E01	工业计量	187	0.98	5.9	2.9	24	111	—	0.18	9.6
E01	工业设计	763	0.83	7.0	1.8	27	292	0.00	0.34	4.3
E01	航空标准化与质量	83	0.92	3.1	2.5	15	37	—	0.01	9.0
E01	航天标准化	49	0.91	3.8	3.6	6	24	0.02	0.10	6.2
E01	河北工业科技	67	0.96	19.0	3.1	16	47	0.00	0.67	4.9
E01	衡器	156	0.83	2.1	2.0	21	71	—	0.01	≥10
E01	计量科学与技术	224	0.97	13.7	3.9	26	96	—	0.51	8.7
E01	计量学报	256	0.98	15.7	4.5	25	97	0.01	0.73	7.1
E01	计量与测试技术	451	0.91	5.2	2.5	28	200	—	0.14	8.4
E01	冷藏技术	48	0.96	11.5	3.2	10	23	—	0.19	8.5
E01	宁夏工程技术	80	0.96	12.0	3.2	8	44	—	0.56	6.9
E01	热喷涂技术	44	0.92	19.4	4.6	13	25	—	0.59	8.1
E01	人类工效学	92	0.96	21.8	3.5	15	45	0.00	0.45	8.5
E01	润滑与密封	268	0.95	16.4	4.3	26	143	0.00	0.75	7.9
E01	上海计量测试	113	0.88	7.5	3.1	13	38	—	0.09	7.0
E01	设计	1055	0.89	7.3	1.8	28	311	0.02	0.32	4.5
E01	声学与电子工程	58	0.95	8.2	2.8	10	18	—	0.03	≥10
E01	市政技术	405	0.90	7.2	2.5	25	227	—	0.11	6.8
E01	市政设施管理	88	0.96	2.8	1.7	16	65	—	—	7.0
E01	室内设计与装修	386	0.90	1.2	1.0	15	21	0.00	0.09	7.9
E01	数字与缩微影像	56	0.93	4.7	1.2	17	29	—	0.09	5.0
E01	塑料包装	158	0.92	3.4	1.6	10	38	—	—	7.8
E01	新技术新工艺	220	0.96	9.7	4.0	27	138	—	0.28	8.5
E01	新媒体研究	1001	0.80	6.0	1.3	29	449	0.00	0.21	3.3
E01	信息技术与标准化	171	0.90	4.8	2.7	19	88	—	0.22	3.7

2020 年中国科技期刊来源指标按类刊名字顺索引（续）

学科代码	期刊名称	来源文献量	文献选出率	平均引文数	平均作者数	地区分布数	机构分布数	海外论文比	基金论文比	引用半衰期
E01	液晶与显示	161	0.94	21.2	4.8	24	90	0.02	0.61	6.1
E01	液压气动与密封	307	0.89	8.1	3.2	26	161	0.00	0.30	8.3
E01	仪器仪表标准化与计量	89	0.86	5.0	2.3	21	49	—	0.14	5.9
E01	应用基础与工程科学学报	124	0.96	23.4	4.5	24	78	0.02	0.95	8.5
E01	真空	109	1.00	19.3	5.0	18	66	0.00	0.47	9.5
E01	真空科学与技术学报	216	0.98	16.0	4.0	29	139	—	0.71	6.7
E01	质量技术监督研究	92	0.94	6.1	1.4	6	43	—	0.13	6.9
E01	质量与标准化	146	0.70	0.4	1.7	7	55	—	0.03	4.0
E01	质量与可靠性	84	0.95	5.2	3.4	11	49	—	—	7.3
E01	质量与认证	269	0.72	1.5	2.0	20	125	0.01	0.03	5.5
E01	中国测试	305	0.99	16.0	4.3	29	187	0.00	0.45	5.9
E01	中国工程科学	116	0.95	16.3	4.3	14	77	0.01	0.83	4.3
E01	中国惯性技术学报	126	0.98	14.2	4.3	18	70	0.00	0.55	3.8
E01	中国科学（技术科学）	131	0.90	42.1	5.2	23	71	0.04	0.84	7.2
E01	中国新技术新产品	1520	0.98	3.9	1.7	31	1175	—	0.05	3.6
E01	中国质量	332	1.00	0.7	1.6	21	102	0.02	0.01	5.8
E01	中国质量与标准导报	91	0.72	4.4	2.5	19	49	—	0.17	4.2
E02	Journal of Beijing Institute of Technology	65	0.96	20.2	4.1	16	35	—	0.83	7.5
E02	Journal of Central South University	289	0.99	42.6	5.0	28	61	0.27	0.39	6.3
E02	Journal of Harbin Institute of Technology	67	1.00	39.1	4.0	17	44	0.02	0.84	6.6
E02	安徽工程大学学报	74	0.96	18.4	3.5	9	23	—	0.81	5.9
E02	安徽工业大学学报（自然科学版）	62	0.93	17.3	4.1	10	23	—	0.86	6.5
E02	安徽科技学院学报	135	0.96	14.5	3.9	7	36	—	0.99	5.7
E02	安徽理工大学学报（自然科学版）	80	0.98	18.3	4.0	6	18	—	0.80	5.1
E02	安阳工学院学报	204	1.00	9.5	1.8	20	120	0.01	0.56	5.6
E02	北方工业大学学报	132	0.99	11.0	1.8	22	57	0.03	0.91	≥10
E02	北京电子科技学院学报	39	0.91	15.4	2.7	2	4	—	0.95	4.5
E02	北京工业大学学报	143	0.94	30.7	4.3	13	21	0.02	0.94	7.1
E02	北京理工大学学报	199	0.99	14.6	4.2	18	66	0.01	0.67	7.5
E02	北京印刷学院学报	523	1.00	7.7	1.5	28	214	—	0.58	4.4
E02	长春工业大学学报	104	0.95	12.6	3.1	7	22	—	0.98	6.2
E02	长春理工大学学报（自然科学版）	135	1.00	12.9	3.8	8	16	0.00	0.88	5.6
E02	长江工程职业技术学院学报	80	0.95	7.7	1.6	17	46	—	0.53	4.2

2020 年中国科技期刊来源指标按类刊名字顺索引（续）

学科代码	期刊名称	来源文献量	文献选出率	平均引文数	平均作者数	地区分布数	机构分布数	海外论文比	基金论文比	引用半衰期
E02	长沙理工大学学报（自然科学版）	56	0.93	16.7	3.9	10	12	—	0.93	5.7
E02	常熟理工学院学报	120	1.00	16.2	3.0	18	57	0.01	0.69	≥10
E02	常州工学院学报	88	0.95	9.7	2.7	9	41	—	0.68	5.4
E02	成都信息工程大学学报	107	1.00	19.1	3.6	5	18	—	0.89	9.1
E02	重庆电子工程职业学院学报	186	0.99	7.7	1.4	29	107	—	0.51	6.0
E02	重庆理工大学学报（自然科学版）	415	1.00	18.0	3.7	29	157	0.01	0.87	6.2
E02	大连工业大学学报	85	0.88	15.5	4.6	3	7	—	0.89	7.7
E02	大连理工大学学报	82	0.98	20.6	4.2	16	27	0.00	0.94	7.5
E02	东莞理工学院学报	121	1.00	16.7	2.5	19	71	—	0.65	8.3
E02	纺织科学与工程学报	70	1.00	23.1	3.7	15	26	—	0.49	4.9
E02	福建工程学院学报	105	0.98	13.7	2.5	8	29	—	0.63	6.1
E02	工程科学与技术	161	0.97	23.1	4.5	25	78	0.01	0.93	7.8
E02	广东工业大学学报	94	0.98	20.7	3.9	3	6	—	0.96	5.5
E02	广东轻工职业技术学院学报	63	0.91	8.8	2.2	8	20	—	0.92	4.4
E02	广西科技大学学报	72	0.95	15.4	4.0	5	13	—	1.00	5.7
E02	桂林理工大学学报	112	0.99	24.2	4.7	18	39	0.00	0.96	8.3
E02	国防科技大学学报	133	0.99	20.1	3.7	16	57	0.00	0.77	8.4
E02	哈尔滨工程大学学报	270	0.99	19.2	4.0	20	92	0.01	0.94	8.1
E02	哈尔滨工业大学学报	303	0.97	24.0	4.1	23	112	0.01	0.85	7.9
E02	哈尔滨理工大学学报	144	0.97	20.9	3.7	21	41	0.00	0.95	6.5
E02	海军工程大学学报	112	0.95	12.1	3.8	6	14	0.00	0.61	8.0
E02	合肥工业大学学报（自然科学版）	286	0.97	15.7	3.8	19	66	0.00	0.80	8.0
E02	河北工程大学学报（自然科学版）	67	0.96	16.7	4.0	14	24	0.00	1.00	7.2
E02	河北工业大学学报	74	1.00	25.9	3.9	12	21	0.00	0.82	6.8
E02	河北科技大学学报	64	0.98	28.8	4.1	11	18	0.00	0.92	5.2
E02	河北软件职业技术学院学报	79	0.98	7.0	1.7	15	47	—	0.60	3.8
E02	河南城建学院学报	89	0.94	13.5	3.7	16	40	—	0.83	6.0
E02	河南工业大学学报（自然科学版）	124	0.98	24.9	4.6	14	24	0.01	0.77	6.6
E02	河南科技大学学报（自然科学版）	97	0.94	19.2	4.1	18	45	0.01	1.00	5.6
E02	河南理工大学学报（自然科学版）	135	0.99	20.0	4.2	23	72	0.01	0.99	6.7
E02	黑龙江大学工程学报	58	0.88	16.7	4.2	6	20	—	1.00	5.1
E02	黑龙江工程学院学报	99	0.95	13.9	2.7	18	46	0.01	0.72	5.5
E02	黑龙江科技大学学报	126	0.96	13.7	3.3	12	25	0.01	0.65	5.2

学科代码	期刊名称	来源文献量	文献选出率	平均引文数	平均作者数	地区分布数	机构分布数	海外论文比	基金论文比	引用半衰期
E02	湖北工程学院学报	141	0.95	11.9	1.9	21	70	0.01	0.60	8.7
E02	湖北工业大学学报	154	1.00	12.7	3.0	4	7	—	0.62	6.2
E02	湖北科技学院学报	233	0.98	11.1	1.9	17	114	0.00	0.44	5.9
E02	湖北理工学院学报	93	1.00	12.6	3.5	13	32	—	0.84	5.5
E02	湖南工业大学学报	85	0.90	17.3	3.6	5	22	—	0.86	5.9
E02	湖南科技大学学报（自然科学版）	68	1.00	18.6	3.8	17	43	0.00	0.90	7.3
E02	湖南科技学院学报	244	0.94	6.7	1.7	22	93	0.05	0.62	6.1
E02	华北科技学院学报	119	0.96	14.6	3.3	13	26	—	0.79	5.7
E02	华北理工大学学报（自然科学版）	73	0.95	11.4	3.3	3	8	—	0.51	6.4
E02	华东理工大学学报（自然科学版）	103	0.98	22.5	4.1	3	7	—	0.78	7.2
E02	华南理工大学学报（自然科学版）	200	0.99	22.1	4.1	21	57	0.02	0.99	6.1
E02	华中科技大学学报（自然科学版）	264	1.00	16.3	3.6	24	103	0.01	0.94	6.7
E02	淮阴工学院学报	112	1.00	12.1	2.4	16	62	0.02	0.74	5.5
E02	黄河科技学院学报	217	0.95	10.8	1.8	21	114	—	0.63	6.6
E02	吉林大学学报（工学版）	266	1.00	19.0	4.3	23	82	0.02	0.94	7.5
E02	江苏工程职业技术学院学报	96	0.99	9.9	1.4	18	54	—	0.58	5.3
E02	江苏科技大学学报（自然科学版）	105	0.97	20.8	4.3	5	9	—	0.76	6.6
E02	江苏理工学院学报	122	0.94	12.8	2.3	16	43	—	0.81	8.8
E02	江西理工大学学报	98	1.00	20.9	2.9	14	27	—	0.93	5.2
E02	金陵科技学院学报	74	0.95	11.9	3.2	4	18	—	0.88	5.9
E02	空军工程大学学报（自然科学版）	100	0.96	19.4	4.1	12	19	0.00	0.63	6.4
E02	昆明理工大学学报（自然科学版）	114	0.95	24.1	4.4	19	45	0.00	0.91	7.6
E02	兰州工业学院学报	162	0.98	9.9	2.0	20	74	—	0.47	6.3
E02	兰州理工大学学报	173	0.97	16.8	3.8	21	51	0.00	0.88	8.2
E02	辽宁工业大学学报（自然科学版）	90	1.00	11.6	2.8	13	29	—	0.70	5.5
E02	辽宁科技大学学报	80	0.94	16.1	4.1	5	14	—	0.55	5.9
E02	辽宁科技学院学报	224	0.98	5.7	2.0	16	110	—	0.79	3.9
E02	美食研究	56	1.00	19.2	3.1	16	29	0.02	0.96	6.9
E02	内蒙古工业大学学报（自然科学版）	64	0.94	13.8	3.5	11	19	—	0.91	7.2
E02	南昌大学学报（工科版）	66	1.00	17.8	3.5	5	16	—	0.86	6.6
E02	南昌工程学院学报	129	0.96	16.6	3.1	11	35	—	0.87	7.5
E02	南京工业大学学报（自然科学版）	104	0.99	26.9	4.5	8	26	0.02	0.81	6.7
E02	南京理工大学学报（自然科学版）	102	0.98	17.3	3.7	22	64	0.01	0.75	5.7

2020 年中国科技期刊来源指标按类刊名字顺索引（续）

学科代码	期刊名称	来源文献量	文献选出率	平均引文数	平均作者数	地区分布数	机构分布数	海外论文比	基金论文比	引用半衰期
E02	南京师范大学学报（工程技术版）	51	1.00	21.5	4.3	3	7	—	0.84	6.1
E02	南京信息工程大学学报	88	0.88	30.6	4.2	15	51	0.07	0.77	7.3
E02	南阳理工学院学报	138	0.99	13.4	2.1	17	57	—	0.57	7.6
E02	宁波大学学报（理工版）	111	0.99	21.7	3.8	9	25	0.00	0.90	≥10
E02	宁波工程学院学报	90	0.97	9.9	2.6	10	36	—	0.77	5.5
E02	齐鲁工业大学学报	75	1.00	18.0	3.7	5	22	—	0.93	5.6
E02	青岛大学学报（工程技术版）	68	0.94	20.5	3.7	6	15	—	0.65	6.6
E02	青岛科技大学学报（自然科学版）	95	1.00	19.1	3.5	9	12	0.01	0.92	7.1
E02	青岛理工大学学报	120	0.98	14.8	4.1	9	15	—	0.84	5.7
E02	轻工学报	79	0.95	22.5	5.1	14	30	—	0.87	6.4
E02	山东大学学报（工学版）	100	1.00	23.7	4.1	23	66	0.03	0.67	5.8
E02	山东科技大学学报（自然科学版）	84	0.97	19.7	3.9	14	35	0.04	0.82	7.1
E02	山东理工大学学报（自然科学版）	87	1.00	16.2	3.9	11	22	—	0.84	6.7
E02	陕西科技大学学报	166	0.97	22.0	4.6	11	14	—	0.98	5.4
E02	陕西理工大学学报（自然科学版）	83	0.94	16.9	3.3	18	34	—	0.83	5.8
E02	上海第二工业大学学报	54	0.90	18.2	3.4	4	6	—	0.76	5.5
E02	上海工程技术大学学报	65	0.94	15.5	3.4	8	14	—	0.57	5.3
E02	上海理工大学学报	88	0.94	18.9	3.3	6	10	—	0.82	8.6
E02	深圳大学学报（理工版）	88	0.98	20.6	4.5	17	47	0.02	0.91	5.9
E02	沈阳工业大学学报	124	1.00	13.3	3.7	20	72	0.01	0.97	4.8
E02	苏州科技大学学报（工程技术版）	46	1.00	12.8	2.9	1	4	—	0.57	7.0
E02	苏州科技大学学报（自然科学版）	54	1.00	22.7	3.4	4	9	—	1.00	5.4
E02	太原理工大学学报	133	0.98	19.2	4.5	13	31	0.02	0.87	7.0
E02	天津工业大学学报	78	1.00	22.6	4.0	7	13	0.00	0.95	6.6
E02	天津科技大学学报	79	1.00	18.9	4.7	1	3	—	0.73	7.4
E02	天津理工大学学报	71	1.00	14.0	3.7	12	21	—	0.83	6.4
E02	武汉大学学报（工学版）	153	1.00	18.5	4.4	26	82	0.01	0.65	8.3
E02	武汉纺织大学学报	83	0.95	11.3	2.5	15	35	—	0.80	6.6
E02	武汉工程大学学报	123	0.97	21.8	4.4	9	16	—	0.79	5.2
E02	武汉工程职业技术学院学报	106	1.00	7.1	1.9	13	55	—	0.48	6.0
E02	武汉科技大学学报（自然科学版）	69	1.00	15.6	3.9	8	14	0.00	1.00	7.1
E02	武汉轻工大学学报	125	0.95	15.9	3.5	8	22	—	0.74	4.9
E02	武警工程大学学报	128	0.91	8.7	1.6	8	13	—	0.11	4.5

2020 年中国科技期刊来源指标按类刊名字顺索引（续）

学科代码	期刊名称	来源文献量	文献选出率	平均引文数	平均作者数	地区分布数	机构分布数	海外论文比	基金论文比	引用半衰期
E02	西安工程大学学报	108	0.96	22.6	3.8	12	19	0.01	0.95	4.5
E02	西安工业大学学报	91	0.87	15.5	3.5	5	18	0.02	0.67	5.9
E02	西安科技大学学报	143	0.95	24.8	4.4	17	38	0.01	0.88	6.1
E02	西安理工大学学报	77	0.97	17.9	4.2	9	22	0.04	0.65	5.9
E02	西北工业大学学报	168	0.99	17.3	4.0	18	54	0.01	0.54	7.1
E02	西北农林科技大学学报（自然科学版）	213	0.95	30.3	5.7	28	77	0.00	0.86	8.2
E02	西南科技大学学报	59	1.00	17.7	4.0	3	5	—	0.85	7.0
E02	厦门理工学院学报	89	0.86	16.0	2.5	9	28	—	0.72	5.6
E02	信息工程大学学报	124	0.98	18.2	3.5	15	34	—	0.61	6.1
E02	应用技术学报	63	0.90	24.4	3.8	5	16	0.03	0.76	5.5
E02	浙江大学学报（工学版）	281	0.99	23.5	4.1	26	94	0.03	0.92	6.8
E02	浙江纺织服装职业技术学院学报	73	1.00	10.3	2.0	16	28	—	0.41	8.0
E02	浙江工业大学学报	105	0.95	18.7	4.1	6	18	0.00	0.82	7.0
E02	浙江科技学院学报	90	0.88	17.6	2.8	4	6	0.01	0.77	4.2
E02	浙江理工大学学报（自然科学版）	120	0.95	22.2	3.7	2	4	—	0.90	5.6
E02	郑州大学学报（工学版）	96	0.95	17.3	4.1	14	38	0.02	0.97	6.4
E02	中国计量大学学报	78	0.95	15.3	3.6	5	8	—	0.83	6.0
E02	中南林业科技大学学报	240	1.00	27.2	5.4	26	77	0.00	0.83	8.0
E02	中原工学院学报	98	0.94	12.5	2.8	11	34	—	0.69	4.8
E03	Engineering	147	0.72	75.4	6.2	18	45	0.51	0.47	6.6
E03	Frontiers of Information Technology & Electronic Engineering	131	0.95	45.1	4.2	18	70	0.10	0.86	5.9
E03	IEEE/CAA Journal of Automatica Sinica	150	0.97	42.7	3.5	19	58	0.59	0.53	6.6
E03	Journal of Electronic Science and Technology	37	0.95	28.3	3.4	6	20	0.49	0.65	6.5
E03	Machine Intelligence Research	63	1.00	49.3	3.5	15	60	0.57	0.60	7.8
E03	Optoelectronics Letters	92	0.93	20.2	4.7	20	59	0.14	0.88	6.1
E03	Science China Information Sciences	336	0.97	29.7	4.6	22	136	0.05	0.93	5.9
E03	The Journal of China Universities of Posts and Telecommunications	58	0.92	24.9	3.6	15	31	—	0.86	5.5
E03	ZTE Communications	40	0.89	19.2	4.0	11	28	0.08	0.50	3.7
E03	保密科学技术	173	1.00	4.4	1.9	15	72	—	0.05	4.0
E03	磁性材料及器件	91	0.94	11.5	4.2	16	43	—	0.34	9.9
E03	当代电视	335	0.95	3.9	1.4	27	164	0.01	0.30	7.3

2020 年中国科技期刊来源指标按类刊名字顺索引（续）

学科代码	期刊名称	来源文献量	文献选出率	平均引文数	平均作者数	地区分布数	机构分布数	海外论文比	基金论文比	引用半衰期
E03	电脑与电信	230	0.95	6.8	2.1	28	166	—	0.59	3.8
E03	电气电子教学学报	235	0.98	7.5	3.1	23	112	—	0.94	5.2
E03	电信快报	130	0.90	4.3	2.1	15	59	—	0.17	3.1
E03	光纤与电缆及其应用技术	80	1.00	3.9	3.9	14	44	—	0.06	9.3
E03	广播电视信息	335	0.79	1.8	1.5	30	185	—	0.02	4.4
E03	广播与电视技术	306	0.87	3.7	1.9	29	137	—	0.08	4.7
E03	红外	83	0.81	12.5	4.2	19	43	0.01	0.29	8.2
E03	机电产品开发与创新	215	0.97	6.9	2.9	26	132	-	0.41	6.5
E03	机器人	70	1.00	34.5	4.4	15	44	0.01	0.87	6.6
E03	机器人技术与应用	45	0.54	8.0	2.7	14	37	—	0.20	7.8
E03	集成电路应用	871	0.99	6.2	1.8	31	649	—	0.41	5.4
E03	计算机测量与控制	659	1.00	13.9	3.3	28	359	0.00	0.41	5.0
E03	计算技术与自动化	139	0.99	14.7	3.3	27	123	0.00	0.27	4.1
E03	舰船电子对抗	156	1.00	8.1	2.6	15	46	—	0.02	9.4
E03	江苏通信	107	0.86	—	2.1	9	45	—	—	2.0
E03	决策与信息	173	0.84	7.9	1.6	20	89	0.02	0.31	4.5
E03	决策咨询	128	0.96	6.9	1.9	21	68	—	0.34	4.3
E03	控制工程	338	1.00	17.4	3.3	28	214	0.01	0.73	7.2
E03	雷达与对抗	60	1.00	7.8	3.0	10	22	—	0.02	≥10
E03	模式识别与人工智能	112	0.91	30.6	3.6	22	64	0.02	0.92	5.3
E03	人工智能	74	0.95	14.3	2.7	10	61	0.03	0.08	4.8
E03	山西电子技术	194	1.00	4.7	2.3	18	82	—	0.33	5.1
E03	数字传媒研究	225	0.91	2.2	1.2	24	108	—	0.04	4.4
E03	数字技术与应用	1186	0.99	4.1	1.9	31	833	—	0.21	3.6
E03	数字教育	96	0.91	10.8	2.5	17	65	0.04	0.82	5.0
E03	网络空间安全	230	0.95	10.8	2.6	23	137	0.00	0.30	3.6
E03	系统仿真学报	268	0.98	18.0	3.7	26	149	0.00	0.75	6.5
E03	现代电视技术	373	0.90	0.9	1.4	29	73	—	0.02	5.2
E03	现代电影技术	145	0.90	5.6	1.5	18	67	0.01	0.26	6.3
E03	现代信息科技	1432	0.99	6.3	2.2	31	964	0.00	0.39	3.8
E03	新一代信息技术	198	0.88	10.8	2.0	24	121	—	0.30	3.9
E03	信息安全与通信保密	146	0.83	12.3	2.1	19	104	0.08	0.10	2.9
E03	信息化研究	85	0.93	9.9	2.7	9	33	—	0.28	6.4

学科代码	期刊名称	来源文献量	文献选出率	平均引文数	平均作者数	地区分布数	机构分布数	海外论文比	基金论文比	引用半衰期
E03	信息技术	393	0.95	13.7	3.0	30	253	0.00	0.27	3.3
E03	信息技术与信息化	915	0.93	6.1	2.3	30	568	0.00	0.32	4.0
E03	信息通信技术与政策	220	1.00	7.6	2.5	13	69	—	0.21	1.9
E03	信息系统工程	926	0.97	4.9	1.9	31	557	—	0.21	3.9
E03	遥测遥控	63	0.95	14.8	4.0	10	27	0.00	0.14	6.9
E03	印制电路信息	169	0.83	3.7	2.6	14	76	—	0.01	7.7
E03	应用科技	112	0.95	17.1	3.6	16	52	0.02	0.50	6.0
E03	制造业自动化	423	1.00	10.2	3.5	28	203	0.00	0.44	5.6
E03	智能系统学报	142	0.93	28.1	3.4	24	83	0.01	0.88	5.8
E03	中国电视	272	0.95	5.7	1.5	24	126	0.01	0.51	8.4
E03	中国电子科学研究院学报	191	1.00	13.9	3.2	22	76	—	0.40	5.5
E03	中国广播	255	0.91	5.1	1.4	25	113	0.02	0.13	7.1
E03	中国信息安全	176	0.50	—	1.5	13	87	—	0.06	—
E03	中国信息化	333	0.63	—	1.9	29	249	0.01	0.09	1.0
E03	中国信息技术教育	839	0.96	1.3	1.5	28	557	—	0.20	3.9
E03	中文信息学报	149	0.94	26.4	4.0	25	69	0.00	0.91	5.9
E03	自动化技术与应用	437	0.86	10.0	2.6	30	284	0.00	0.17	4.9
E03	自动化学报	216	1.00	43.1	3.7	24	118	0.03	0.94	6.5
E03	自动化应用	744	0.99	5.8	1.8	29	514	—	0.10	4.1
E03	自动化与信息工程	62	1.00	10.6	2.8	5	34	—	0.40	5.0
E03	自动化与仪器仪表	646	0.99	15.5	2.9	31	366	0.00	0.46	3.4
E04	Quantitative Biology	34	0.94	42.5	5.0	5	29	0.44	0.79	6.8
E04	化学与生物工程	167	0.99	17.5	4.5	23	109	0.01	0.60	6.1
E04	生物工程学报	262	0.95	42.1	5.2	28	153	0.02	0.85	6.7
E04	生物技术通报	332	1.00	43.2	5.2	30	202	0.01	0.83	6.5
E04	生物加工过程	111	0.93	36.3	5.1	18	58	0.00	0.86	6.6
E04	中国生物工程杂志	160	0.99	39.6	4.5	25	110	0.01	0.70	6.7
E05	International Soil and Water Conservation Research	44	0.96	52.9	6.0	6	42	0.71	0.77	8.6
E05	保鲜与加工	229	1.00	25.8	4.8	31	134	0.00	0.69	7.4
E05	福建农机	48	0.94	5.0	1.5	3	22	—	0.19	3.5
E05	灌溉排水学报	225	0.74	26.9	4.9	25	108	0.00	0.83	6.7
E05	广西农业机械化	294	0.85	1.0	1.4	25	200	—	0.12	3.9

学科代码	期刊名称	来源文献量	文献选出率	平均引文数	平均作者数	地区分布数	机构分布数	海外论文比	基金论文比	引用半衰期
E05	河北农机	1101	0.97	3.3	1.7	31	465	0.00	0.17	3.8
E05	江苏农机化	109	0.90	2.0	2.3	4	66	—	0.08	5.6
E05	节水灌溉	239	0.98	20.0	4.5	25	114	0.00	0.89	6.7
E05	林业和草原机械	72	0.92	15.0	3.5	17	41	—	0.69	5.1
E05	农产品加工（上半月）	421	0.97	14.3	4.3	30	248	0.00	0.81	5.8
E05	农产品加工（下半月）	423	0.97	15.1	4.3	30	266	—	0.81	6.1
E05	农机化研究	586	1.00	16.9	3.9	30	226	0.00	1.00	7.0
E05	农机科技推广	223	0.62	—	2.1	27	134	—	—	—
E05	农机使用与维修	1149	0.99	2.2	1.5	29	598	0.00	0.08	3.7
E05	农业工程	325	0.79	14.6	3.8	27	180	0.00	0.45	5.0
E05	农业工程技术	1277	0.85	3.2	1.9	31	922	0.00	0.12	2.8
E05	农业工程学报	901	1.00	35.1	5.5	31	275	0.02	0.93	5.7
E05	农业工程与装备	496	0.99	4.6	1.8	28	332	0.00	0.20	3.5
E05	农业环境科学学报	317	0.96	39.5	5.7	29	140	0.01	0.94	6.5
E05	农业机械学报	565	1.00	31.0	5.1	29	149	0.05	0.97	5.6
E05	农业技术与装备	930	0.99	5.2	2.2	30	618	—	0.26	3.2
E05	农业开发与装备	1859	1.00	3.2	1.7	31	1326	—	0.07	3.2
E05	农业科技与装备	225	0.95	5.5	2.3	11	89	—	0.32	3.1
E05	农业现代化研究	109	0.97	33.3	3.1	23	54	0.02	0.94	5.5
E05	农业装备技术	149	0.93	3.8	2.6	17	82	—	0.22	6.8
E05	农业装备与车辆工程	388	1.00	10.0	3.2	19	84	—	0.29	7.6
E05	排灌机械工程学报	204	0.97	14.2	4.7	25	69	0.03	0.91	6.7
E05	热带农业工程	196	1.00	6.3	2.3	28	130	0.01	0.31	2.9
E05	山西水土保持科技	67	0.94	2.2	1.1	10	49	—	0.05	4.9
E05	生态与农村环境学报	202	0.99	32.2	5.2	29	122	0.01	0.80	6.8
E05	水土保持通报	273	0.99	26.2	4.5	31	150	0.00	0.91	6.8
E05	水土保持学报	317	0.99	28.1	5.5	30	131	0.03	0.94	6.3
E05	水土保持研究	335	0.98	27.7	4.7	29	170	0.01	0.89	6.9
E05	水土保持应用技术	120	0.98	9.0	1.8	16	65	—	0.18	5.1
E05	四川农业与农机	134	0.74	1.3	3.2	5	71	—	0.18	5.5
E05	拖拉机与农用运输车	99	0.95	5.3	3.6	14	39	—	0.29	8.0
E05	现代化农业	427	0.97	3.2	2.3	28	202	—	0.27	5.4
E05	现代农机	231	1.00	2.7	1.7	27	171	—	0.08	3.0

2020 年中国科技期刊来源指标按类刊名字顺索引（续）

学科代码	期刊名称	来源文献量	文献选出率	平均引文数	平均作者数	地区分布数	机构分布数	海外论文比	基金论文比	引用半衰期
E05	现代农业装备	83	0.94	15.7	4.3	14	43	—	1.00	5.0
E05	新疆农机化	88	0.89	8.3	4.0	8	28	—	0.60	5.3
E05	新疆农垦经济	129	0.98	24.0	2.1	22	65	—	0.80	5.6
E05	亚热带水土保持	72	0.95	9.3	2.4	15	54	—	0.24	7.9
E05	中国农村水利水电	488	0.99	16.9	4.1	30	232	0.00	0.64	7.7
E05	中国农机化学报	432	0.99	20.0	4.5	29	173	0.01	0.98	5.2
E05	中国农垦	382	0.79	—	1.3	27	212	—	—	2.5
E05	中国农业文摘—农业工程	170	0.91	4.9	1.9	25	144	—	0.12	5.0
E05	中国水土保持科学	108	0.94	25.1	5.0	21	55	0.01	0.81	8.5
E05	中国沼气	69	0.91	23.4	5.0	16	40	0.01	0.67	6.9
E06	北京生物医学工程	97	0.85	21.4	4.4	17	52	0.00	0.56	6.2
E06	国际生物医学工程杂志	90	0.97	29.4	4.5	17	50	—	0.52	4.7
E06	国际生物制品学杂志	67	0.91	16.3	4.5	14	27	—	0.15	5.2
E06	生物医学工程学杂志	141	0.96	32.6	4.7	21	79	0.01	0.69	4.5
E06	生物医学工程研究	76	0.95	18.9	4.6	16	48	0.03	0.79	4.5
E06	生物医学工程与临床	153	0.96	18.0	4.1	26	131	0.00	0.29	4.1
E06	中国生物医学工程学报	94	1.00	33.2	4.9	19	56	0.00	0.81	6.8
E06	中国生物制品学杂志	287	0.96	20.0	5.8	26	129	0.00	0.61	5.9
E06	中国医药生物技术	101	0.83	25.4	4.6	19	66	0.00	0.61	5.6
E06	中国疫苗和免疫	155	0.97	20.5	6.9	25	79	0.01	0.29	6.2
E06	中国组织工程研究	914	0.96	36.9	5.4	30	500	0.00	0.67	5.4
E06	中华生物医学工程杂志	99	0.95	32.0	4.7	17	75	0.02	0.48	4.1
E07	Geodesy and Geodynamics	49	1.00	35.6	3.4	4	33	0.67	0.76	≥10
E07	北京测绘	394	0.96	12.2	2.6	29	222	—	0.31	4.8
E07	测绘	60	0.98	10.5	2.5	16	41	—	0.23	5.8
E07	测绘标准化	74	0.85	8.0	2.3	17	46	—	0.08	5.7
E07	测绘工程	87	1.00	14.5	3.4	22	50	0.00	0.60	6.4
E07	测绘技术装备	99	0.95	6.9	2.4	20	58	—	0.10	6.1
E07	测绘科学	331	1.00	19.4	4.1	27	129	0.00	0.77	6.7
E07	测绘科学技术学报	107	0.94	17.3	4.2	17	51	0.00	0.60	6.3
E07	测绘通报	278	0.67	17.2	3.9	27	144	0.00	0.64	5.4
E07	测绘学报	150	0.70	29.3	4.8	22	61	0.05	0.90	7.0
E07	测绘与空间地理信息	749	1.00	10.0	2.6	30	363	—	0.31	6.6

2020 年中国科技期刊来源指标按类刊名字顺索引（续）

学科代码	期刊名称	来源文献量	文献选出率	平均引文数	平均作者数	地区分布数	机构分布数	海外论文比	基金论文比	引用半衰期
E07	导航定位学报	113	1.00	17.2	3.7	23	74	—	0.62	5.4
E07	导航定位与授时	120	0.96	20.6	4.0	15	53	0.00	0.69	6.4
E07	地矿测绘	56	0.97	8.2	2.8	17	45	—	0.13	5.3
E07	地理空间信息	411	0.97	11.9	3.2	28	218	0.01	0.52	7.6
E07	海洋测绘	101	0.92	14.5	4.3	17	53	0.00	0.61	7.0
E07	江西测绘	72	1.00	6.6	1.8	12	57	—	0.08	5.4
E07	全球定位系统	114	0.98	14.5	3.4	22	71	—	0.61	5.7
E07	现代测绘	98	0.99	9.4	2.7	14	60	—	0.43	5.9
E07	遥感技术与应用	143	1.00	35.5	4.5	24	74	0.02	0.87	7.2
E07	遥感信息	120	1.00	22.2	3.9	23	79	0.00	0.81	6.4
E07	遥感学报	123	0.97	39.7	5.6	21	65	0.04	0.91	7.4
E07	自然资源遥感	130	0.99	24.6	4.3	27	97	0.01	0.87	6.8
E08	China’s Refractories	33	0.92	15.8	4.6	9	21	0.06	0.36	7.9
E08	Frontiers of Materials Science	45	0.98	46.0	6.2	15	32	0.13	0.80	4.8
E08	International Journal of Plant Engineering and Management	18	0.82	9.4	2.3	10	17	0.06	0.44	8.0
E08	Journal of Materials Science & Technology	574	0.96	52.3	6.3	26	129	0.36	0.75	6.1
E08	Journal of Rare Earths	170	0.97	42.1	5.8	26	86	0.28	0.71	7.0
E08	Journal of Wuhan University of Technology（Materials Science Edition）	151	0.97	29.9	5.3	25	85	0.07	0.86	7.5
E08	Nano Research	410	0.97	55.2	7.9	21	103	0.47	0.67	4.9
E08	Science China Materials	248	0.93	58.2	7.2	23	119	0.05	0.96	4.4
E08	玻璃	143	0.90	5.6	2.9	18	75	—	0.16	8.6
E08	玻璃搪瓷与眼镜	70	0.97	7.0	2.8	17	40	—	0.19	9.3
E08	玻璃纤维	52	0.88	10.5	4.5	11	24	—	0.27	9.6
E08	材料保护	366	0.64	18.0	4.2	29	276	0.00	0.48	7.2
E08	材料导报	689	1.00	40.0	5.0	30	246	0.03	0.83	6.6
E08	材料工程	246	0.97	34.8	5.3	27	138	0.01	0.79	6.6
E08	材料开发与应用	102	0.95	13.3	4.4	11	46	0.00	0.12	9.5
E08	材料科学与工程学报	175	0.98	22.4	4.8	26	103	0.01	0.77	8.8
E08	材料科学与工艺	79	1.00	27.0	4.8	21	62	0.03	0.75	7.1
E08	材料热处理学报	281	1.00	22.6	5.1	26	131	0.01	0.74	7.2
E08	材料研究学报	117	1.00	27.4	5.2	23	85	0.00	0.83	7.1

学科代码	期刊名称	来源文献量	文献选出率	平均引文数	平均作者数	地区分布数	机构分布数	海外论文比	基金论文比	引用半衰期
E08	电工材料	101	0.97	11.0	3.0	17	48	—	0.20	7.1
E08	腐蚀与防护	169	0.97	17.1	4.6	21	128	0.00	0.44	9.2
E08	复合材料科学与工程	239	1.00	19.1	4.0	24	121	—	0.61	8.3
E08	复合材料学报	345	0.97	28.4	4.6	28	164	0.00	0.86	6.4
E08	高分子材料科学与工程	314	1.00	16.9	5.1	28	126	0.01	0.78	7.0
E08	功能材料	411	1.00	26.2	4.8	29	206	0.00	0.88	5.8
E08	合成材料老化与应用	269	0.94	12.9	3.1	27	145	0.00	0.21	5.9
E08	合成润滑材料	48	0.98	7.7	2.3	12	21	—	0.13	9.0
E08	化工新型材料	745	0.98	21.7	4.5	30	355	—	0.85	6.4
E08	化学推进剂与高分子材料	82	0.93	17.0	4.1	20	52	—	0.17	7.2
E08	绝缘材料	201	0.98	20.5	5.2	27	122	0.00	0.44	7.2
E08	耐火材料	125	0.96	14.1	4.9	16	36	—	0.59	8.6
E08	耐火与石灰	102	1.00	2.4	2.6	15	45	—	0.01	≥10
E08	全面腐蚀控制	467	1.00	4.3	1.9	23	188	—	0.02	5.9
E08	人工晶体学报	330	0.93	29.6	5.0	31	184	0.01	0.81	7.0
E08	人造纤维	43	0.62	4.7	2.6	10	19	—	0.12	9.5
E08	润滑油	77	0.97	8.5	3.8	16	43	0.01	0.07	8.3
E08	散装水泥	269	0.95	3.9	1.4	27	213	—	0.05	2.4
E08	石材	102	0.65	2.6	1.6	17	38	—	0.03	8.9
E08	无机材料学报	189	0.99	35.9	5.3	29	116	0.04	0.91	5.4
E08	稀土	108	0.97	24.5	4.9	21	58	0.00	0.81	7.7
E08	纤维复合材料	80	0.95	13.2	3.6	17	39	0.01	0.06	7.3
E08	纤维素科学与技术	39	0.98	27.4	4.8	17	24	—	0.97	5.5
E08	新材料产业	89	0.73	5.8	2.4	13	64	—	0.07	4.0
E08	新型炭材料	80	0.93	40.4	5.5	20	52	0.09	0.88	6.0
E08	信息记录材料	1884	1.00	3.9	1.6	31	1188	0.00	0.16	2.7
E08	中国材料进展	110	0.73	46.8	4.7	19	71	0.01	0.85	6.5
E08	中国腐蚀与防护学报	79	1.00	25.7	5.1	21	57	0.00	0.80	9.2
E08	中国稀土学报	94	0.99	30.6	4.6	24	65	0.00	0.91	7.9
E09	Acta Metallurgica Sinica	164	0.96	41.8	5.7	22	55	0.16	0.79	7.0
E09	International Journal of Minerals, Metallurgy and Materials	175	1.00	40.6	4.7	23	56	0.34	0.60	7.5

2020 年中国科技期刊来源指标按类刊名字顺索引（续）

学科代码	期刊名称	来源文献量	文献选出率	平均引文数	平均作者数	地区分布数	机构分布数	海外论文比	基金论文比	引用半衰期
E09	Journal of Iron and Steel Research, International	145	0.99	31.9	5.0	19	42	0.12	0.74	8.9
E09	Rare Metals	178	0.99	40.2	5.3	26	81	0.17	0.73	6.9
E09	Transactions of Nonferrous Metals Society of China	284	1.00	36.0	5.0	22	74	0.34	0.51	6.8
E09	材料研究与应用	60	0.97	15.4	4.2	15	36	—	0.63	7.9
E09	粉末冶金材料科学与工程	75	1.00	21.4	4.6	17	35	—	0.87	8.1
E09	钢结构	72	1.00	22.9	3.2	13	37	0.04	0.56	7.9
E09	钢铁	207	0.92	24.0	4.8	20	69	0.01	0.85	6.4
E09	钢铁钒钛	180	0.98	13.3	3.7	24	87	0.00	0.50	7.6
E09	钢铁研究学报	148	0.92	27.2	4.8	21	53	0.01	0.70	7.8
E09	贵金属	61	0.95	25.0	5.8	17	39	0.00	0.51	8.1
E09	湖南有色金属	129	1.00	7.8	2.9	16	70	—	0.15	7.0
E09	黄金	220	0.99	13.4	3.7	25	119	0.01	0.35	7.7
E09	黄金科学技术	100	0.78	27.4	4.4	18	44	—	0.91	7.0
E09	金属功能材料	68	0.86	21.3	4.0	21	52	0.00	0.38	6.6
E09	金属学报	155	0.99	41.9	5.3	24	66	0.03	0.86	9.1
E09	宽厚板	73	0.97	5.7	3.7	13	37	—	0.08	≥10
E09	南方金属	92	1.00	5.1	2.7	8	31	—	0.09	≥10
E09	轻金属	157	0.98	10.1	3.4	21	80	—	0.38	9.9
E09	上海金属	112	0.98	10.6	4.6	16	52	0.01	0.49	8.4
E09	四川有色金属	77	0.93	7.4	2.7	11	37	—	0.10	8.0
E09	钛工业进展	51	0.86	17.6	5.2	16	40	0.00	0.53	7.8
E09	特殊钢	108	0.99	10.4	4.4	21	64	—	0.30	9.5
E09	铁合金	67	0.91	6.5	3.3	19	42	—	0.10	≥10
E09	稀有金属	171	0.97	25.4	4.8	25	81	0.00	0.95	8.2
E09	稀有金属材料与工程	615	1.00	25.0	5.6	27	196	0.03	0.83	8.0
E09	稀有金属与硬质合金	96	0.94	18.2	4.9	19	57	—	0.78	8.1
E09	新疆钢铁	67	0.93	2.2	1.8	1	15	—	—	≥10
E09	新疆有色金属	256	0.98	3.5	1.9	17	80	—	0.05	9.7
E09	硬质合金	60	1.00	23.8	4.5	14	35	0.00	0.55	7.9
E09	有色金属材料与工程	51	0.77	23.5	3.9	8	13	—	0.90	7.9
E09	有色金属工程	216	0.92	18.5	4.8	25	97	0.00	0.86	7.5

学科代码	期刊名称	来源文献量	文献选出率	平均引文数	平均作者数	地区分布数	机构分布数	海外论文比	基金论文比	引用半衰期
E09	有色金属科学与工程	103	0.95	29.4	4.9	14	26	0.00	0.79	5.7
E09	有色金属设计	133	0.85	4.9	1.8	17	63	—	0.01	6.0
E09	中国锰业	135	0.96	9.0	3.5	24	82	0.00	0.48	6.6
E09	中国钼业	80	0.84	9.2	3.4	14	53	0.00	0.19	9.3
E09	中国钨业	66	0.88	19.2	4.1	13	49	0.00	0.36	6.7
E09	中国有色金属学报	302	0.98	28.5	5.3	27	119	0.01	0.89	7.3
E10	International Journal of Mining Science and Technology	107	0.96	32.3	3.7	10	16	0.74	0.26	8.5
E10	采矿技术	321	0.99	8.9	2.6	25	209	0.02	0.18	5.8
E10	采矿与安全工程学报	145	1.00	22.9	5.0	16	44	0.02	0.92	6.6
E10	当代矿工	302	0.88	—	1.2	24	187	—	—	—
E10	非金属矿	172	1.00	11.4	4.9	29	85	0.02	0.80	6.3
E10	工矿自动化	207	0.87	17.0	3.5	17	76	0.00	0.73	4.5
E10	华南地质	47	0.90	24.1	5.2	8	22	—	0.89	≥10
E10	化工矿物与加工	167	0.95	11.5	3.7	24	77	—	0.48	6.7
E10	金属矿山	380	0.98	21.1	4.5	23	140	0.01	0.76	6.4
E10	勘察科学技术	82	1.00	9.8	3.3	21	69	0.00	0.23	7.5
E10	矿产保护与利用	155	0.94	33.3	4.8	23	70	0.01	0.69	6.8
E10	矿产勘查	367	0.97	18.4	4.4	27	202	0.00	0.47	8.8
E10	矿产与地质	166	1.00	20.2	4.0	25	107	0.01	0.58	≥10
E10	矿产综合利用	213	1.00	18.4	4.2	25	117	0.00	0.52	8.0
E10	矿山测量	179	0.99	10.9	2.4	26	121	—	0.32	6.3
E10	矿山机械	204	0.97	8.7	2.9	24	117	0.00	0.24	6.9
E10	矿物学报	83	0.95	34.4	5.3	24	49	0.00	0.83	≥10
E10	矿业安全与环保	145	0.99	17.7	3.0	16	58	0.00	0.72	5.7
E10	矿业工程	126	1.00	3.3	2.0	18	75	—	0.04	8.4
E10	矿业工程研究	48	1.00	15.1	3.7	15	24	—	0.42	6.6
E10	矿业科学学报	80	0.94	23.1	4.4	2	5	—	0.98	7.0
E10	矿业研究与开发	400	0.81	15.4	3.9	27	153	0.00	0.76	5.0
E10	矿业装备	477	0.97	—	1.1	9	245	0.00	—	—
E10	露天采矿技术	212	1.00	9.3	2.4	19	92	—	0.11	7.5
E10	煤矿安全	660	0.99	14.6	3.1	26	227	0.00	0.60	6.2
E10	煤矿爆破	56	0.93	10.5	2.6	16	36	—	0.04	6.1

2020年中国科技期刊来源指标按类刊名字顺索引（续）

学科代码	期刊名称	来源文献量	文献选出率	平均引文数	平均作者数	地区分布数	机构分布数	海外论文比	基金论文比	引用半衰期
E10	煤矿机电	205	0.98	6.1	1.5	17	90	—	0.28	7.9
E10	煤矿机械	755	1.00	6.0	2.3	29	273	0.00	0.36	4.8
E10	煤矿现代化	385	0.99	5.1	1.4	16	222	0.00	0.03	5.1
E10	煤田地质与勘探	198	0.99	24.9	4.4	21	79	0.00	0.76	6.9
E10	西部探矿工程	746	1.00	5.4	2.0	29	383	—	0.13	8.0
E10	现代矿业	942	0.99	7.3	2.6	30	553	0.01	0.13	7.6
E10	铀矿冶	58	0.98	9.1	4.4	11	21	0.00	0.07	9.6
E10	有色金属（矿山部分）	136	0.99	11.5	3.7	20	76	0.01	0.54	7.2
E10	有色金属（选矿部分）	134	0.99	10.7	4.0	25	74	0.02	0.43	7.0
E10	凿岩机械气动工具	51	1.00	3.8	2.5	14	30	—	0.02	9.5
E10	中国非金属矿工业导刊	99	0.93	12.1	3.5	22	55	0.00	0.16	8.6
E10	中国矿业	388	0.97	13.4	3.6	27	194	0.01	0.52	6.7
E10	中国矿业大学学报	121	0.95	31.6	5.5	21	54	0.04	0.91	7.4
E10	钻探工程	190	0.98	19.6	3.9	26	109	—	0.52	6.9
E11	Baosteel Technical Research	25	0.96	10.1	2.6	1	6	—	0.12	≥10
E11	鞍钢技术	92	0.95	8.6	4.3	7	35	0.02	0.08	9.3
E11	包钢科技	154	0.96	4.1	3.3	2	29	—	0.02	≥10
E11	宝钢技术	90	0.95	5.5	2.2	5	22	—	0.06	≥10
E11	材料与冶金学报	46	0.90	19.1	5.0	9	16	0.02	1.00	9.2
E11	粉末冶金工业	104	0.88	18.6	3.7	21	79	0.00	0.52	6.4
E11	粉末冶金技术	67	0.97	21.3	4.6	20	51	0.00	0.39	7.2
E11	福建冶金	108	1.00	5.4	1.3	5	42	—	0.04	8.7
E11	甘肃冶金	210	0.99	3.6	2.5	18	85	0.01	0.04	≥10
E11	河北冶金	220	0.99	9.6	3.6	16	74	0.01	0.16	8.5
E11	河南冶金	100	0.99	5.4	2.7	10	35	—	0.01	8.3
E11	江西冶金	65	0.96	14.8	4.0	12	22	—	0.32	7.4
E11	金属材料与冶金工程	66	0.93	8.8	3.5	17	30	—	0.15	7.6
E11	矿冶	131	1.00	12.9	3.9	24	72	0.01	0.49	7.5
E11	矿冶工程	220	0.94	11.1	4.3	26	112	0.00	0.56	5.6
E11	昆明冶金高等专科学校学报	117	0.99	9.9	2.8	9	37	—	0.53	5.7
E11	理化检验—化学分册	243	0.97	17.0	4.3	28	207	0.00	0.43	6.8
E11	理化检验—物理分册	208	0.97	8.7	3.5	28	150	—	0.15	7.4
E11	连铸	99	0.98	13.4	4.0	20	67	—	0.22	5.4

2020 年中国科技期刊来源指标按类刊名字顺索引（续）

学科代码	期刊名称	来源文献量	文献选出率	平均引文数	平均作者数	地区分布数	机构分布数	海外论文比	基金论文比	引用半衰期
E11	山东冶金	194	0.97	3.2	2.3	15	75	—	0.02	8.3
E11	山西冶金	434	1.00	3.9	1.9	22	230	—	0.04	6.7
E11	烧结球团	88	1.00	13.4	4.3	14	52	—	0.51	6.7
E11	湿法冶金	109	1.00	19.7	4.9	23	71	—	0.83	7.0
E11	四川冶金	85	0.91	9.2	2.9	14	55	—	0.12	7.9
E11	特钢技术	69	0.96	4.8	2.6	11	26	—	0.01	≥10
E11	天津冶金	130	0.96	4.6	2.3	11	31	—	0.03	7.6
E11	铜业工程	165	0.96	7.6	2.2	14	52	0.01	0.03	5.4
E11	现代交通与冶金材料	128	1.00	4.2	2.4	12	65	—	0.04	≥10
E11	冶金分析	163	0.96	22.9	4.3	23	111	0.01	0.35	9.0
E11	冶金能源	89	1.00	8.0	3.7	19	59	0.02	0.26	6.2
E11	冶金设备管理与维修	129	0.98	2.4	2.6	12	67	—	—	≥10
E11	冶金与材料	638	0.99	2.7	1.7	29	462	0.00	0.05	4.6
E11	冶金自动化	88	0.96	12.4	3.2	19	50	—	0.36	6.0
E11	有色金属（冶炼部分）	226	0.95	15.9	4.3	23	106	0.00	0.79	6.9
E11	有色矿冶	97	0.99	6.3	2.2	14	46	0.08	0.11	≥10
E11	有色冶金节能	90	0.80	7.5	2.4	16	43	—	0.07	9.0
E11	有色冶金设计与研究	94	1.00	5.7	2.0	12	31	—	0.17	7.2
E11	云南冶金	151	0.96	10.0	4.0	19	83	—	0.34	7.9
E11	轧钢	99	0.71	12.7	4.1	21	61	0.01	0.43	7.4
E11	中国矿山工程	128	0.93	5.6	2.0	19	76	—	0.02	5.4
E11	中国冶金	186	0.85	17.8	4.5	24	97	0.01	0.52	6.5
E11	中国有色冶金	120	0.93	8.5	3.4	19	49	—	0.13	9.2
E12	International Journal of Extreme Manufacturing	33	1.00	86.6	5.6	10	28	0.49	0.82	6.6
E12	Journal of Bionic Engineering	101	0.94	44.8	5.1	16	36	0.51	0.54	7.2
E12	Nanotechnology and Precision Engineering	26	0.93	55.3	4.8	6	10	0.38	0.46	7.0
E12	电子机械工程	90	0.95	9.6	3.3	13	34	—	0.17	7.9
E12	发电技术	90	1.00	24.4	3.9	23	59	—	0.73	4.6
E12	钢管	101	0.89	13.4	3.7	17	46	—	0.04	9.0
E12	工程设计学报	93	0.94	19.3	4.2	21	62	0.01	0.84	6.4
E12	机电工程	271	1.00	15.0	3.5	27	154	0.00	0.90	5.9
E12	机电设备	99	0.87	6.5	2.9	12	50	—	0.08	9.4

2020 年中国科技期刊来源指标按类刊名字顺索引（续）

学科代码	期刊名称	来源文献量	文献选出率	平均引文数	平均作者数	地区分布数	机构分布数	海外论文比	基金论文比	引用半衰期
E12	机电元件	92	0.97	3.7	2.6	19	42	—	0.05	9.3
E12	机械	148	0.99	13.0	3.6	22	79	—	0.64	6.6
E12	机械传动	333	1.00	15.3	3.8	28	174	0.00	0.61	7.4
E12	机械工程材料	215	0.98	19.7	4.6	26	149	0.00	0.56	7.7
E12	机械工程师	646	1.00	7.4	3.3	29	379	—	0.31	7.7
E12	机械工程学报	621	0.98	26.8	4.6	26	179	0.03	0.87	7.0
E12	机械工程与自动化	545	1.00	6.1	2.6	29	321	—	0.28	7.1
E12	机械管理开发	1489	1.00	4.6	1.1	25	556	—	0.02	5.2
E12	机械科学与技术	286	0.96	17.7	4.0	27	131	0.00	0.80	6.2
E12	机械设计	268	0.75	16.8	4.0	26	168	0.00	0.65	6.9
E12	机械设计与研究	262	0.98	16.3	3.8	26	134	0.02	0.71	6.1
E12	机械设计与制造	865	0.99	11.0	3.3	28	286	0.00	0.75	8.1
E12	机械设计与制造工程	308	1.00	10.5	3.2	27	155	0.00	0.34	5.8
E12	机械研究与应用	382	0.95	7.3	3.0	27	246	0.00	0.22	7.4
E12	机械与电子	194	0.94	12.1	3.7	28	118	0.00	0.34	4.7
E12	机械制造与自动化	334	1.00	10.7	3.5	22	105	0.00	0.40	7.3
E12	教育与装备研究	301	0.94	4.7	1.8	29	222	—	0.40	4.7
E12	精密成形工程	133	0.96	26.7	4.6	20	71	—	0.73	6.0
E12	精密制造与自动化	64	0.94	6.1	2.5	16	32	—	0.34	8.3
E12	流体机械	182	0.99	16.7	4.3	25	104	0.00	0.62	6.2
E12	摩擦学学报	89	0.74	25.3	5.2	18	53	0.00	0.91	7.5
E12	失效分析与预防	74	1.00	14.2	4.0	16	41	—	0.30	8.0
E12	图学学报	127	0.99	23.2	3.6	23	86	0.03	0.77	6.4
E12	现代机械	140	0.97	8.5	3.0	20	79	—	0.24	8.5
E12	压缩机技术	79	0.91	8.1	3.0	20	54	0.01	0.14	9.5
E12	液压与气动	349	0.98	14.8	3.9	29	220	0.00	0.64	5.0
E12	噪声与振动控制	279	0.98	13.1	3.9	26	148	0.01	0.58	7.3
E12	振动与冲击	917	0.97	20.0	4.1	27	280	0.00	0.86	7.8
E12	制造技术与机床	415	0.84	11.2	3.5	28	255	0.00	0.50	6.7
E12	中国机械工程	361	0.97	23.1	4.3	28	140	0.02	0.93	6.9
E12	重型机械	112	0.98	20.4	3.8	20	43	—	0.42	7.8
E12	组合机床与自动化加工技术	482	1.00	13.0	3.7	28	186	0.00	0.67	5.8
E13	Advances in Manufacturing	42	0.98	38.8	4.4	11	31	0.33	0.76	7.7

2020年中国科技期刊来源指标按类刊名字顺索引（续）

学科代码	期刊名称	来源文献量	文献选出率	平均引文数	平均作者数	地区分布数	机构分布数	海外论文比	基金论文比	引用半衰期
E13	China Foundry	58	0.97	27.8	5.4	15	25	0.19	0.62	9.6
E13	China Welding	36	1.00	15.5	4.6	17	27	0.06	0.72	6.7
E13	Chinese Journal of Mechanical Engineering	90	0.99	45.6	4.7	20	43	0.22	0.86	6.7
E13	Frontiers of Mechanical Engineering	49	1.00	35.6	4.2	11	33	0.14	0.94	7.6
E13	Journal of Measurement Science and Instrumentation	51	0.96	17.5	3.8	11	16	0.02	0.80	6.5
E13	大型铸锻件	119	1.00	3.8	3.5	15	49	—	0.05	≥10
E13	低温工程	74	0.99	10.1	4.6	19	47	0.03	0.66	8.4
E13	电焊机	302	0.95	12.6	4.0	26	179	0.01	0.31	7.9
E13	电加工与模具	85	0.92	13.8	4.1	15	46	0.00	0.72	7.3
E13	锻压技术	400	0.99	13.6	4.0	28	234	—	0.81	6.0
E13	锻压装备与制造技术	196	0.95	6.2	3.3	22	104	—	0.19	7.3
E13	锻造与冲压	283	0.84	—	2.7	24	155	0.00	0.03	—
E13	分析测试技术与仪器	45	0.96	17.4	3.8	14	35	—	0.49	6.4
E13	风机技术	67	0.94	17.5	4.4	16	39	0.02	0.70	9.0
E13	工程机械	229	0.92	6.6	3.0	24	120	—	0.18	8.7
E13	工程机械与维修	281	0.86	2.9	1.7	20	108	—	—	4.9
E13	管道技术与设备	100	0.96	8.7	4.0	17	70	—	0.18	7.1
E13	哈尔滨轴承	50	0.91	4.3	2.3	9	20	—	0.12	≥10
E13	焊接	131	0.90	16.7	4.4	24	101	0.00	0.56	5.6
E13	焊接技术	377	0.95	6.6	3.7	28	236	0.00	0.12	8.2
E13	焊接学报	191	0.94	14.8	4.7	24	91	0.02	0.81	5.4
E13	机床与液压	944	0.98	12.4	3.6	28	453	0.01	0.63	6.4
E13	机电工程技术	965	0.98	9.5	2.5	29	558	—	0.29	5.8
E13	机电技术	203	0.98	7.1	2.1	20	107	—	0.37	5.7
E13	机械强度	226	1.00	16.4	3.8	27	135	0.00	0.76	7.7
E13	机械制造	288	0.96	11.3	3.0	24	207	—	0.32	6.6
E13	机械制造文摘—焊接分册	53	0.96	8.6	3.9	14	39	—	0.21	8.6
E13	金刚石与磨料磨具工程	101	0.99	17.1	4.4	21	63	0.00	0.58	7.5
E13	金属加工（冷加工）	356	0.96	2.0	2.0	25	221	0.01	0.01	≥10
E13	金属加工（热加工）	316	0.99	4.7	3.0	26	230	0.01	0.06	9.1
E13	金属热处理	590	0.97	14.6	4.5	28	297	0.00	0.52	7.5
E13	金属世界	130	0.97	6.4	2.8	19	59	—	0.15	8.7

2020 年中国科技期刊来源指标按类刊名字顺索引（续）

学科代码	期刊名称	来源文献量	文献选出率	平均引文数	平均作者数	地区分布数	机构分布数	海外论文比	基金论文比	引用半衰期
E13	金属制品	94	0.97	6.3	3.1	15	54	—	0.06	≥10
E13	炼钢	80	0.93	13.8	4.4	19	51	—	0.45	9.8
E13	铝加工	89	0.94	7.7	3.6	15	36	—	0.19	9.7
E13	模具工业	205	0.92	8.2	3.1	21	132	—	0.33	6.7
E13	模具技术	73	0.92	6.7	2.5	17	49	0.00	0.18	6.5
E13	模具制造	293	0.92	4.7	2.5	23	164	—	0.13	9.4
E13	起重运输机械	352	0.66	5.8	2.8	21	171	—	0.17	8.4
E13	气象水文海洋仪器	122	0.97	8.3	3.6	26	84	—	0.55	7.1
E13	轻工机械	114	0.97	13.3	3.6	12	29	0.01	0.46	6.3
E13	轻合金加工技术	212	0.95	6.7	3.1	26	146	0.01	0.35	8.7
E13	燃气涡轮试验与研究	68	0.92	14.5	4.0	12	29	—	0.32	≥10
E13	热处理	82	0.93	7.6	3.0	15	50	—	0.18	9.6
E13	热处理技术与装备	96	0.95	8.3	4.4	21	42	—	0.14	7.7
E13	热加工工艺	938	1.00	12.6	4.0	29	462	0.00	0.56	7.6
E13	石油管材与仪器	132	0.94	10.4	4.1	20	67	—	0.46	8.0
E13	塑性工程学报	312	0.98	18.2	4.7	25	130	0.00	0.83	6.8
E13	特种铸造及有色合金	325	0.99	16.1	4.7	27	186	0.01	0.58	7.2
E13	无损检测	200	0.93	6.8	4.0	21	137	0.01	0.32	8.0
E13	无损探伤	80	1.00	5.5	3.2	20	56	—	0.16	≥10
E13	现代制造工程	303	0.95	14.3	3.9	27	176	0.00	0.75	6.6
E13	现代制造技术与装备	1172	0.98	4.5	2.1	31	821	—	0.19	5.3
E13	现代铸铁	94	0.92	7.1	2.9	19	64	—	0.02	5.2
E13	压力容器	138	1.00	16.8	4.5	22	85	0.00	0.46	7.7
E13	一重技术	104	0.95	4.0	1.9	9	26	—	0.05	≥10
E13	有色金属加工	109	0.98	5.9	3.3	15	34	—	0.09	9.4
E13	有色设备	106	0.98	5.4	2.3	19	42	—	0.06	9.0
E13	中国表面工程	88	0.93	36.2	4.8	23	64	0.03	0.40	6.6
E13	中国工程机械学报	101	1.00	12.3	3.2	23	75	0.00	0.76	5.4
E13	中国重型装备	72	1.00	3.4	2.5	12	27	—	0.07	9.9
E13	中国铸造装备与技术	114	0.88	6.3	3.4	19	66	—	0.10	9.3
E13	轴承	163	1.00	11.7	3.9	24	86	0.01	0.40	7.9
E13	铸造	229	0.57	11.4	4.3	26	162	0.00	0.35	9.1
E13	铸造工程	95	0.59	4.3	2.9	21	69	—	—	≥10

2020 年中国科技期刊来源指标按类刊名字顺索引（续）

学科代码	期刊名称	来源文献量	文献选出率	平均引文数	平均作者数	地区分布数	机构分布数	海外论文比	基金论文比	引用半衰期
E13	铸造技术	284	0.91	10.3	4.0	26	196	0.00	0.38	9.1
E13	铸造设备与工艺	111	0.93	4.6	2.7	21	68	—	0.05	9.1
E13	装备环境工程	260	0.97	20.1	4.1	26	145	0.00	0.22	9.6
E13	装备机械	59	0.92	11.4	2.2	15	39	—	0.25	7.7
E13	装备制造技术	806	0.99	5.8	2.6	27	383	—	0.39	5.6
E14	Energy & Environmental Materials	42	1.00	92.4	5.9	14	40	0.36	0.98	4.3
E14	Friction	80	0.92	53.2	4.7	15	31	0.48	0.54	6.3
E14	Green Energy & Environment	58	0.92	50.8	5.4	14	31	0.36	0.64	6.5
E14	柴油机	77	0.88	6.6	4.1	12	37	—	0.22	8.3
E14	柴油机设计与制造	50	0.93	5.3	2.5	6	23	—	0.04	7.4
E14	车用发动机	84	1.00	17.0	4.8	18	45	0.01	0.48	7.5
E14	城市燃气	111	0.73	6.2	2.3	19	73	0.03	0.02	5.9
E14	电力与能源	188	0.99	7.4	3.7	19	103	0.01	0.08	5.5
E14	东方汽轮机	68	0.96	4.4	3.8	7	12	—	0.09	≥10
E14	动力工程学报	146	0.92	16.5	4.2	19	54	0.01	0.67	6.5
E14	工程热物理学报	448	1.00	17.1	4.3	24	113	0.02	0.89	8.7
E14	工业锅炉	80	0.99	8.0	3.2	20	66	—	0.13	8.2
E14	工业加热	125	0.73	9.5	3.1	22	77	0.00	0.22	7.5
E14	工业炉	78	0.68	7.4	3.0	22	61	0.00	0.23	9.3
E14	锅炉技术	87	0.97	10.6	3.5	14	57	—	0.30	7.7
E14	锅炉制造	135	0.96	3.6	2.4	18	46	—	0.02	8.9
E14	节能	581	0.98	8.6	2.8	31	380	—	0.19	6.4
E14	内燃机	92	1.00	6.7	3.7	21	56	—	0.14	8.0
E14	内燃机工程	75	1.00	19.8	4.7	17	31	0.00	0.63	7.0
E14	内燃机学报	72	1.00	19.1	5.1	18	41	0.01	0.86	7.2
E14	内燃机与动力装置	96	0.97	15.1	4.3	14	37	—	0.71	6.1
E14	能源工程	93	0.94	16.9	4.3	12	35	—	0.54	8.1
E14	能源研究与管理	104	0.95	15.8	3.0	14	59	0.01	0.25	6.7
E14	能源与环境	295	0.99	7.1	2.4	27	214	—	0.19	6.6
E14	汽轮机技术	130	1.00	10.0	4.0	25	72	0.00	0.22	8.3
E14	区域供热	156	1.00	5.7	3.1	19	93	—	0.06	6.7
E14	燃气轮机技术	51	0.93	10.7	3.3	13	44	—	0.26	9.5
E14	燃烧科学与技术	78	0.95	21.0	4.7	19	35	0.01	0.97	8.3

学科代码	期刊名称	来源文献量	文献选出率	平均引文数	平均作者数	地区分布数	机构分布数	海外论文比	基金论文比	引用半衰期
E14	热力透平	66	0.99	7.8	3.0	15	31	—	0.17	8.7
E14	热能动力工程	381	0.97	17.6	3.7	26	143	0.00	0.55	7.5
E14	特种设备安全技术	148	1.00	4.3	2.4	23	73	—	0.08	8.8
E14	现代车用动力	48	1.00	6.8	4.1	10	22	—	0.08	≥10
E14	小型内燃机与车辆技术	110	0.95	8.3	3.9	21	51	0.00	0.18	9.6
E14	冶金动力	295	0.99	2.9	2.2	22	142	—	0.03	9.6
E14	应用能源技术	159	0.94	5.5	2.1	27	118	—	0.12	5.0
E14	制冷	66	0.96	8.8	2.7	12	47	—	0.17	9.6
E14	制冷技术	80	0.93	22.0	4.1	12	40	0.08	0.45	6.4
E14	制冷学报	132	1.00	23.0	4.6	18	52	0.02	0.71	8.2
E14	制冷与空调	233	0.95	11.2	3.4	23	141	—	0.23	7.8
E14	制冷与空调（四川）	109	0.76	11.3	3.1	17	67	0.00	0.24	7.3
E15	CSEE Journal of Power and Energy Systems	90	0.96	38.6	5.1	16	37	0.37	0.58	5.3
E15	Journal of Modern Power Systems and Clean Energy	134	0.99	32.9	4.6	15	88	0.43	0.67	5.4
E15	安徽电气工程职业技术学院学报	98	1.00	7.7	2.9	14	53	—	0.32	6.4
E15	安徽水利水电职业技术学院学报	110	0.97	4.7	1.7	3	60	—	0.40	5.9
E15	安全与电磁兼容	109	0.86	6.5	3.3	18	71	0.06	0.13	7.7
E15	变压器	254	0.96	9.2	4.2	29	162	—	0.22	4.8
E15	成都工业学院学报	95	0.98	12.1	2.5	13	45	—	0.61	4.5
E15	重庆电力高等专科学校学报	103	0.96	6.6	2.1	16	65	—	0.46	4.7
E15	大电机技术	92	1.00	15.7	3.8	23	65	0.00	0.28	9.4
E15	大众用电	267	0.72	—	2.0	21	120	—	—	—
E15	电池	84	0.52	14.1	3.6	23	63	0.01	0.64	5.1
E15	电池工业	55	0.89	17.3	4.1	16	39	—	0.44	5.1
E15	电动工具	39	0.71	7.2	2.5	10	22	—	0.18	4.9
E15	电工电能新技术	115	1.00	21.6	4.6	21	65	0.01	0.63	5.4
E15	电工电气	212	0.99	9.0	3.6	27	149	0.01	0.21	5.8
E15	电工技术	1357	1.00	5.9	3.0	30	717	—	0.10	6.4
E15	电工技术学报	496	0.96	25.0	4.4	25	125	0.03	0.86	5.0
E15	电机与控制学报	220	1.00	19.5	3.9	24	91	0.01	0.94	6.5
E15	电机与控制应用	218	1.00	13.5	3.5	26	135	0.01	0.42	5.4
E15	电力大数据	144	0.99	18.8	4.5	22	85	—	0.09	3.1

学科代码	期刊名称	来源文献量	文献选出率	平均引文数	平均作者数	地区分布数	机构分布数	海外论文比	基金论文比	引用半衰期
E15	电力电子技术	418	1.00	6.2	3.5	28	229	0.00	0.49	5.8
E15	电力工程技术	173	0.98	23.2	4.9	29	96	0.01	0.62	4.5
E15	电力建设	180	0.99	23.0	5.5	26	86	0.01	0.51	4.0
E15	电力勘测设计	193	0.95	6.5	3.4	24	73	—	0.07	7.6
E15	电力科学与工程	134	1.00	17.6	3.8	21	56	—	0.36	4.0
E15	电力科学与技术学报	149	0.96	16.8	5.0	24	97	0.00	0.57	5.8
E15	电力系统保护与控制	531	1.00	27.0	4.9	29	256	0.00	0.79	4.4
E15	电力系统及其自动化学报	248	0.95	18.0	4.4	28	131	0.02	0.47	5.4
E15	电力系统自动化	563	0.99	27.9	4.9	27	147	0.02	0.75	4.6
E15	电力信息与通信技术	159	0.87	19.7	4.7	26	110	0.01	0.06	3.9
E15	电力需求侧管理	105	0.96	13.4	4.8	22	87	0.01	0.33	4.1
E15	电力学报	74	0.99	15.4	3.9	20	52	0.03	0.49	5.5
E15	电力自动化设备	365	0.97	22.2	4.8	26	109	0.01	0.71	4.8
E15	电气传动	245	1.00	13.2	3.6	26	174	0.00	0.53	6.6
E15	电气传动自动化	112	1.00	4.7	2.0	27	93	—	0.08	4.7
E15	电气防爆	68	0.93	6.7	2.2	18	39	—	0.03	8.7
E15	电气工程学报	75	1.00	20.5	4.1	24	64	0.01	0.27	4.4
E15	电气技术	303	0.94	13.4	3.2	29	197	0.01	0.24	5.6
E15	电气技术与经济	123	1.00	6.0	2.0	28	98	—	0.07	3.6
E15	电气开关	160	0.98	9.1	2.4	22	87	—	0.05	7.3
E15	电气应用	202	0.91	9.6	3.6	29	160	0.01	0.29	6.2
E15	电气自动化	205	1.00	9.8	3.8	26	133	0.00	0.23	5.0
E15	电器与能效管理技术	217	0.94	14.9	3.6	28	131	—	0.49	4.6
E15	电世界	250	0.95	1.4	2.3	28	163	—	—	8.8
E15	电网技术	559	0.99	25.4	5.1	29	152	0.02	0.60	4.7
E15	电网与清洁能源	202	1.00	20.5	4.7	27	133	0.01	0.60	3.5
E15	电线电缆	72	0.96	6.6	3.5	12	53	—	0.13	9.2
E15	电源技术	459	0.97	11.9	3.9	30	276	0.00	0.47	5.8
E15	电源学报	150	0.97	17.3	3.8	25	87	—	0.78	5.6
E15	电站辅机	45	0.94	5.2	2.5	11	29	—	—	9.0
E15	电站系统工程	158	1.00	9.2	3.4	21	82	—	0.07	7.5
E15	东北电力大学学报	80	0.99	17.1	3.7	12	21	—	0.93	6.0
E15	东北电力技术	196	0.98	9.8	3.2	21	102	—	0.09	6.9

学科代码	期刊名称	来源文献量	文献选出率	平均引文数	平均作者数	地区分布数	机构分布数	海外论文比	基金论文比	引用半衰期
E15	东方电气评论	75	0.85	6.4	3.1	4	17	—	0.08	8.2
E15	发电设备	91	1.00	9.1	3.4	20	55	—	0.23	7.2
E15	防爆电机	106	1.00	5.8	2.0	13	40	—	0.09	≥10
E15	高电压技术	495	1.00	26.7	5.2	27	150	0.01	0.70	5.5
E15	高压电器	469	0.99	22.8	5.4	29	211	0.00	0.32	6.9
E15	供用电	157	0.99	22.1	4.6	24	111	0.01	0.30	4.1
E15	广东电力	203	0.99	25.0	4.9	19	84	0.01	0.42	3.7
E15	广东水利电力职业技术学院学报	80	0.98	8.6	1.8	11	48	—	0.40	5.3
E15	广西电力	106	0.96	8.4	3.4	10	49	—	0.17	6.1
E15	广西电业	269	0.78	0.2	1.8	8	88	—	0.01	≥10
E15	河北电力技术	102	0.94	6.6	4.2	15	48	—	0.06	5.3
E15	河北水利电力学院学报	59	0.91	9.9	3.4	8	36	—	0.88	6.2
E15	河南工学院学报	97	0.97	11.3	2.2	16	36	—	0.73	4.9
E15	黑龙江电力	112	1.00	10.2	2.9	22	75	—	0.18	6.0
E15	湖北电力	91	0.92	28.9	4.8	13	46	0.01	0.66	5.3
E15	湖南电力	112	0.98	14.3	4.2	10	49	—	0.32	5.4
E15	华北电力大学学报（自然科学版）	77	1.00	22.3	3.6	7	20	0.00	0.61	5.2
E15	机电信息	1806	0.90	3.6	2.0	31	1191	0.00	0.09	6.1
E15	吉林电力	91	0.97	5.9	3.8	16	40	—	0.10	6.2
E15	家电科技	133	0.80	7.1	3.3	11	55	0.02	0.09	7.2
E15	江西电力	207	0.75	2.7	2.2	15	80	—	0.01	5.9
E15	江西电力职业技术学院学报	903	0.99	4.8	1.3	31	521	0.00	0.39	4.2
E15	洁净与空调技术	114	0.97	7.3	2.5	17	75	—	0.13	8.9
E15	内蒙古电力技术	140	0.99	11.5	4.0	17	60	—	0.54	3.9
E15	南方电网技术	143	0.95	22.2	5.2	19	70	0.01	0.29	5.7
E15	宁夏电力	80	0.85	11.3	3.5	12	30	—	0.15	5.8
E15	农村电工	662	0.90	—	1.7	28	313	—	—	—
E15	农村电气化	316	0.94	4.5	2.6	27	218	—	0.02	5.3
E15	汽车电器	303	0.89	4.3	3.2	25	132	—	0.10	5.5
E15	汽车与新动力	100	0.93	4.5	3.6	9	22	—	—	9.4
E15	青海电力	63	0.94	7.6	4.8	15	32	—	0.16	6.1
E15	热力发电	287	0.99	19.6	5.1	26	132	0.01	0.48	5.6
E15	日用电器	213	0.69	4.9	2.9	16	66	—	0.12	8.6

2020 年中国科技期刊来源指标按类刊名字顺索引（续）

学科代码	期刊名称	来源文献量	文献选出率	平均引文数	平均作者数	地区分布数	机构分布数	海外论文比	基金论文比	引用半衰期
E15	山东电力高等专科学校学报	130	0.98	7.1	3.0	20	81	0.01	0.25	5.2
E15	山东电力技术	195	1.00	11.3	3.8	21	108	—	0.42	5.8
E15	山西电力	107	0.96	6.7	2.1	17	63	—	0.09	7.0
E15	上海大中型电机	60	0.91	2.2	2.0	8	18	—	0.02	9.6
E15	上海电力大学学报	107	0.96	15.9	3.3	7	21	—	0.64	5.2
E15	上海电气技术	61	0.94	10.5	2.3	16	43	—	0.10	5.9
E15	四川电力技术	113	0.98	11.3	4.5	18	52	—	0.20	5.5
E15	微电机	223	0.90	12.7	3.7	26	128	0.00	0.56	6.6
E15	微特电机	178	0.94	11.4	3.5	25	114	0.01	0.38	6.9
E15	现代电力	84	1.00	19.2	4.4	21	46	0.02	0.45	4.8
E15	现代建筑电气	167	0.93	6.2	1.9	20	102	—	0.07	8.8
E15	移动电源与车辆	48	0.94	4.7	3.1	13	26	—	0.02	9.3
E15	云南电力技术	135	0.96	12.1	4.2	10	53	—	0.08	7.4
E15	浙江电力	214	0.98	19.5	4.6	20	114	—	0.59	4.6
E15	浙江水利水电学院学报	122	0.96	11.6	2.0	14	74	—	0.52	4.2
E15	智慧电力	218	0.95	20.4	5.1	26	126	0.00	0.98	3.5
E15	中国电机工程学报	775	0.99	27.7	5.0	27	134	0.04	0.80	5.6
E15	中国电力	311	0.99	21.6	5.2	28	169	0.00	0.46	4.9
E15	中国核电	156	0.87	5.8	3.3	18	57	—	0.03	8.3
E16	Frontiers in Energy	66	1.00	47.8	4.5	11	44	0.33	0.53	6.9
E16	Global Energy Interconnection	60	0.91	31.8	5.0	9	24	0.42	0.40	5.3
E16	International Journal of Coal Science & Technology	70	0.97	40.6	4.8	12	23	0.37	0.54	≥10
E16	储能科学与技术	223	0.98	32.8	5.2	21	127	0.02	0.67	4.2
E16	分布式能源	60	0.98	18.1	3.5	20	47	—	0.45	3.9
E16	建筑科技	162	0.93	2.6	1.9	10	100	—	0.09	7.0
E16	江西煤炭科技	271	0.99	4.7	1.3	11	172	—	0.00	3.9
E16	节能技术	91	0.79	14.4	4.0	23	68	0.01	0.31	5.4
E16	洁净煤技术	153	0.94	29.0	4.6	20	71	0.01	0.76	7.5
E16	可再生能源	257	0.99	13.0	4.6	28	165	0.02	0.79	4.9
E16	煤	436	0.99	4.7	1.3	20	179	0.00	0.11	5.5
E16	煤气与热力	218	0.91	7.3	3.2	23	107	—	0.16	6.3
E16	煤炭工程	444	0.97	16.1	3.0	21	205	0.00	0.42	5.8

2020 年中国科技期刊来源指标按类刊名字顺索引（续）

学科代码	期刊名称	来源文献量	文献选出率	平均引文数	平均作者数	地区分布数	机构分布数	海外论文比	基金论文比	引用半衰期
E16	煤炭技术	697	1.00	8.5	2.5	28	416	—	0.31	6.6
E16	煤炭加工与综合利用	286	0.93	8.6	2.5	21	197	—	0.08	6.7
E16	煤炭科技	223	0.97	5.9	1.7	18	140	—	0.03	6.0
E16	煤炭科学技术	373	1.00	25.8	4.2	19	130	0.00	0.87	5.9
E16	煤炭学报	420	0.96	29.3	5.3	25	107	0.01	0.94	6.4
E16	煤炭与化工	537	1.00	8.3	1.8	21	295	—	0.14	6.4
E16	煤炭转化	71	1.00	23.6	4.9	18	43	0.00	0.90	6.7
E16	煤质技术	101	0.99	17.4	2.4	18	45	—	0.78	6.8
E16	南方能源建设	82	0.95	13.7	3.3	15	37	—	0.90	5.9
E16	能源技术与管理	423	1.00	5.0	1.8	19	291	—	0.11	5.9
E16	能源研究与利用	106	0.96	6.1	2.1	13	40	—	0.09	6.6
E16	能源研究与信息	37	0.84	18.7	3.4	9	13	—	0.43	8.9
E16	能源与环保	496	0.97	14.8	2.4	28	309	0.00	0.26	6.7
E16	全球能源互联网	70	0.93	29.4	5.0	15	44	0.04	0.90	3.8
E16	燃料化学学报	173	0.99	29.8	5.7	23	83	0.02	0.91	6.4
E16	山东煤炭科技	925	0.98	4.1	1.4	22	476	—	0.03	4.5
E16	山西焦煤科技	166	0.95	6.1	1.6	9	115	—	0.07	5.1
E16	山西煤炭	85	1.00	8.7	1.7	8	72	—	0.19	5.3
E16	陕西煤炭	308	0.99	11.7	1.9	15	168	—	0.13	5.4
E16	上海节能	259	0.75	7.8	2.1	21	139	—	0.14	5.7
E16	上海煤气	59	0.98	0.8	1.6	11	36	—	—	7.8
E16	水电能源科学	608	1.00	7.8	3.9	30	252	0.00	0.67	6.8
E16	太阳能学报	601	0.98	16.4	4.5	27	199	0.01	0.84	7.5
E16	同煤科技	124	0.91	3.8	1.3	5	60	—	0.02	7.1
E16	新能源进展	69	1.00	34.6	4.6	15	30	—	0.74	5.6
E16	选煤技术	128	1.00	14.8	2.9	19	89	—	0.27	6.0
E16	中国煤层气	62	1.00	6.5	3.4	12	33	—	0.60	6.2
E16	中国煤炭	218	0.79	13.0	2.8	18	128	—	0.37	6.5
E16	中国煤炭地质	197	0.99	16.6	3.0	26	105	0.00	0.34	7.4
E16	中国能源	97	0.80	12.9	2.5	14	60	0.03	0.16	5.2
E16	中外能源	184	0.94	13.6	3.2	23	113	0.01	0.27	6.5
E17	China Petroleum Processing and Petrochemical Technology	61	0.75	23.4	4.6	14	38	—	0.89	8.2

2020 年中国科技期刊来源指标按类刊名字顺索引（续）

学科代码	期刊名称	来源文献量	文献选出率	平均引文数	平均作者数	地区分布数	机构分布数	海外论文比	基金论文比	引用半衰期
E17	Journal of Energy Chemistry	407	0.99	56.0	6.7	25	134	0.29	0.78	4.3
E17	Petroleum Exploration and Development	121	0.96	33.0	6.6	13	56	0.07	0.88	7.6
E17	Petroleum Science	124	1.00	47.4	5.0	14	71	0.35	0.68	9.0
E17	北京石油化工学院学报	46	0.94	19.1	5.1	7	16	—	0.67	7.1
E17	测井技术	122	0.96	12.7	5.0	14	53	0.02	0.32	9.6
E17	承德石油高等专科学校学报	133	0.96	7.6	2.5	17	56	—	0.42	7.5
E17	大庆石油地质与开发	129	1.00	21.7	4.3	19	61	—	0.99	7.2
E17	当代石油石化	116	1.00	6.1	2.0	11	48	—	0.10	4.8
E17	东北石油大学学报	76	0.88	28.2	5.4	15	33	0.01	0.84	7.2
E17	断块油气田	161	0.97	21.0	4.5	22	90	0.01	0.70	6.4
E17	非常规油气	102	0.95	21.2	4.2	20	58	—	0.69	5.8
E17	广东石油化工学院学报	122	0.97	11.8	2.7	16	58	—	0.63	7.7
E17	国际石油经济	160	0.82	9.9	2.9	10	70	0.04	0.05	≥10
E17	海相油气地质	41	0.95	31.0	6.6	10	25	0.00	0.78	9.3
E17	海洋石油	75	0.95	11.2	3.5	9	28	—	0.25	8.7
E17	焊管	146	0.96	14.2	4.0	17	80	—	0.29	≥10
E17	江汉石油职工大学学报	230	1.00	4.1	1.5	15	69	—	0.24	6.4
E17	精细石油化工进展	80	0.92	13.9	3.1	20	55	—	0.29	7.2
E17	炼油技术与工程	175	0.95	7.0	2.7	20	66	—	0.07	7.1
E17	炼油与化工	144	1.00	6.6	2.3	18	81	—	—	8.2
E17	辽宁石油化工大学学报	97	1.00	25.9	4.1	15	29	—	0.94	5.9
E17	录井工程	99	0.98	10.5	4.7	15	49	—	0.28	8.5
E17	内蒙古石油化工	554	0.98	5.5	2.2	23	267	—	0.20	8.2
E17	能源化工	90	0.88	15.0	3.3	19	62	0.00	0.33	7.4
E17	齐鲁石油化工	80	0.98	4.6	2.2	10	33	—	0.01	≥10
E17	石油地球物理勘探	152	0.96	27.9	4.7	19	61	0.00	0.85	9.2
E17	石油地质与工程	156	0.96	14.5	3.7	18	75	—	0.52	7.3
E17	石油工程建设	119	0.99	10.8	3.7	17	70	—	0.09	7.6
E17	石油工业技术监督	186	0.94	8.5	3.6	23	107	—	0.11	6.6
E17	石油化工	192	0.97	23.9	4.3	26	100	0.01	0.39	7.7
E17	石油化工安全环保技术	106	0.94	4.3	2.3	22	75	—	0.02	7.6
E17	石油化工腐蚀与防护	94	0.96	7.3	2.9	21	70	0.01	0.33	8.7
E17	石油化工高等学校学报	94	1.00	20.3	4.0	13	41	0.00	0.80	7.1

2020年中国科技期刊来源指标按类刊名字顺索引（续）

学科代码	期刊名称	来源文献量	文献选出率	平均引文数	平均作者数	地区分布数	机构分布数	海外论文比	基金论文比	引用半衰期
E17	石油化工技术与经济	82	0.94	4.8	1.8	11	32	—	—	6.8
E17	石油化工设备	89	0.95	18.8	3.8	21	67	—	0.27	8.7
E17	石油化工设备技术	82	0.93	5.4	2.3	18	52	0.00	0.09	9.3
E17	石油化工设计	65	0.96	5.9	1.9	14	23	—	0.05	8.9
E17	石油化工应用	316	0.88	9.6	4.4	17	140	—	0.29	8.5
E17	石油机械	252	0.95	16.1	4.8	16	86	0.02	0.68	6.9
E17	石油勘探与开发	120	0.93	33.2	6.6	13	40	0.10	0.77	7.7
E17	石油科技论坛	68	0.93	13.1	3.7	9	33	—	0.71	2.5
E17	石油科学通报	52	0.90	33.5	5.0	7	10	0.02	0.81	8.4
E17	石油库与加油站	66	0.86	4.6	1.7	23	48	0.02	0.03	8.0
E17	石油矿场机械	98	0.95	15.0	4.5	14	56	—	0.96	7.3
E17	石油沥青	74	0.93	12.5	3.8	16	45	—	0.20	8.8
E17	石油炼制与化工	240	0.75	12.5	4.0	27	118	0.00	0.22	8.1
E17	石油商技	94	0.96	4.7	2.3	16	49	0.01	0.01	8.3
E17	石油石化节能	175	0.83	9.1	2.5	17	87	—	0.03	6.1
E17	石油石化绿色低碳	95	0.87	5.0	1.9	19	57	—	0.02	7.6
E17	石油物探	100	0.98	25.1	4.3	17	55	0.00	0.68	8.1
E17	石油学报	153	0.92	40.8	6.1	19	60	0.03	0.84	7.0
E17	石油学报（石油加工）	160	0.96	27.4	5.2	23	67	0.00	0.77	7.7
E17	石油与天然气地质	120	0.91	37.6	5.7	15	47	0.03	0.83	8.1
E17	石油与天然气化工	127	1.00	15.6	4.2	21	79	0.01	0.59	6.8
E17	石油钻采工艺	133	0.99	14.9	5.2	16	67	0.00	0.47	7.5
E17	石油钻探技术	120	0.93	18.8	4.4	13	63	0.02	0.68	6.0
E17	世界石油工业	71	0.84	12.9	3.1	10	21	—	0.35	1.2
E17	特种油气藏	155	0.97	20.2	4.6	16	58	0.01	0.84	6.6
E17	天然气地球科学	168	0.93	34.0	6.3	19	78	0.00	0.74	8.1
E17	天然气工业	221	0.92	28.3	6.0	22	104	0.01	0.64	6.0
E17	天然气技术与经济	88	0.91	16.8	3.8	14	50	—	0.32	4.6
E17	天然气勘探与开发	61	0.84	21.1	5.4	12	30	—	0.71	7.2
E17	天然气与石油	134	0.94	20.9	4.4	19	79	0.01	0.38	7.0
E17	西安石油大学学报（自然科学版）	109	1.00	19.2	4.4	18	54	0.00	0.87	8.2
E17	西南石油大学学报（自然科学版）	119	1.00	26.1	4.2	18	68	0.01	0.56	7.9
E17	新疆石油地质	105	0.94	22.2	5.0	19	64	0.00	0.61	7.4

2020年中国科技期刊来源指标按类刊名字顺索引（续）

学科代码	期刊名称	来源文献量	文献选出率	平均引文数	平均作者数	地区分布数	机构分布数	海外论文比	基金论文比	引用半衰期
E17	新疆石油天然气	83	0.95	9.9	4.0	10	44	—	0.39	9.0
E17	岩性油气藏	106	1.00	29.2	5.4	18	57	0.00	0.75	6.8
E17	乙烯工业	63	0.93	3.1	2.9	15	22	—	0.02	≥10
E17	油气藏评价与开发	121	0.95	21.3	4.4	18	56	—	0.87	5.2
E17	油气储运	201	0.99	25.8	4.4	17	91	0.02	0.41	5.8
E17	油气地质与采收率	108	0.94	26.7	4.6	14	43	0.00	0.76	6.6
E17	油气井测试	77	0.93	20.6	4.0	16	51	—	0.64	6.7
E17	油气田地面工程	236	0.96	11.7	3.4	20	143	0.00	0.17	7.5
E17	油气田环境保护	101	0.89	10.8	4.1	16	57	—	0.34	6.2
E17	油气与新能源	77	0.88	5.4	3.1	13	47	—	0.03	5.9
E17	油田化学	129	0.99	21.0	5.1	11	62	0.03	0.74	7.5
E17	中国海上油气	137	0.98	19.1	5.1	13	41	0.00	0.67	8.5
E17	中国海洋平台	109	1.00	9.2	3.7	9	51	0.01	0.41	8.1
E17	中国石化	199	0.56	—	1.4	20	109	0.02	0.01	—
E17	中国石油大学胜利学院学报	80	0.92	10.7	2.1	14	48	0.03	0.68	7.7
E17	中国石油大学学报（自然科学版）	126	0.93	24.2	5.5	15	41	0.02	0.92	7.6
E17	中国石油勘探	86	0.93	27.2	6.8	15	45	0.02	0.66	5.7
E17	钻采工艺	228	0.97	10.7	5.0	18	103	0.01	0.72	7.1
E17	钻井液与完井液	132	1.00	16.1	5.3	15	73	0.00	0.49	6.7
E18	Matter and Radiation at Extremes（MRE）	44	1.00	55.1	8.0	8	34	0.48	0.82	9.8
E18	Nuclear Science and Techniques	124	1.00	41.7	5.5	19	76	0.19	0.81	7.5
E18	辐射防护	98	0.81	13.2	5.4	19	54	0.09	0.13	9.3
E18	辐射防护通讯	59	0.88	12.1	4.1	18	41	—	0.19	7.9
E18	辐射研究与辐射工艺学报	57	0.90	27.1	5.4	18	45	0.02	0.63	7.1
E18	核安全	88	0.89	12.1	4.4	16	47	—	0.18	8.1
E18	核电子学与探测技术	193	1.00	9.2	5.8	21	89	—	0.55	9.8
E18	核动力工程	242	0.99	9.4	5.0	18	67	0.00	0.24	9.0
E18	核化学与放射化学	69	0.93	29.2	5.2	11	26	0.01	0.23	≥10
E18	核技术	156	0.93	19.0	6.2	13	54	0.02	0.73	9.2
E18	核科学与工程	152	0.96	10.7	4.6	15	51	0.00	0.26	≥10
E18	世界核地质科学	45	0.92	17.8	4.6	5	16	—	0.53	≥10
E18	太阳能	147	0.99	10.3	3.9	19	102	—	0.27	4.3
E18	同位素	54	0.96	27.2	5.0	17	32	0.02	0.39	8.3

学科代码	期刊名称	来源文献量	文献选出率	平均引文数	平均作者数	地区分布数	机构分布数	海外论文比	基金论文比	引用半衰期
E18	应用泛函分析学报	31	1.00	16.7	2.4	18	25	—	0.58	6.8
E18	原子能科学技术	325	0.94	16.9	5.8	19	80	0.02	0.54	≥10
E19	Chinese Journal of Electronics	145	0.99	27.6	3.9	25	96	0.02	0.92	6.7
E19	Journal of Semiconductors	138	0.84	47.8	4.8	19	58	0.31	0.57	5.1
E19	Journal of Systems Engineering and Electronics	123	0.97	31.1	3.8	20	57	0.06	0.89	6.7
E19	Nano-Micro Letters	182	1.00	84.7	7.4	20	120	0.28	0.98	4.2
E19	Photonic Sensors	39	1.00	32.1	5.1	13	35	0.49	0.82	7.0
E19	安徽电子信息职业技术学院学报	149	0.98	6.0	1.5	24	95	—	0.63	5.2
E19	半导体光电	170	1.00	15.6	4.3	22	85	0.01	0.67	7.0
E19	半导体技术	151	0.99	19.4	4.7	21	76	0.01	0.61	6.3
E19	常州信息职业技术学院学报	156	1.00	5.7	1.5	13	59	—	0.72	3.0
E19	传感技术学报	273	1.00	18.1	3.9	26	147	0.01	0.80	4.8
E19	传感器与微系统	540	1.00	11.9	3.8	27	184	0.01	0.68	5.8
E19	灯与照明	52	0.93	5.8	2.0	9	30	0.02	0.27	5.9
E19	电瓷避雷器	235	1.00	18.6	5.0	29	117	—	0.49	8.4
E19	电力电容器与无功补偿	203	0.99	18.4	5.0	28	116	—	0.60	5.6
E19	电声技术	280	0.96	6.1	2.3	24	158	0.00	0.13	6.1
E19	电视技术	253	1.00	5.8	2.0	30	186	—	0.13	4.0
E19	电子测量技术	803	1.00	16.8	3.3	30	339	0.00	0.31	3.9
E19	电子测量与仪器学报	312	0.97	20.9	3.8	28	175	0.00	0.79	4.4
E19	电子测试	1374	1.00	5.0	2.1	30	846	—	0.26	4.4
E19	电子产品可靠性与环境试验	128	0.86	9.0	3.4	16	48	0.01	0.22	8.6
E19	电子产品世界	350	0.88	3.1	1.8	22	192	0.12	0.08	7.0
E19	电子工业专用设备	91	0.83	5.0	3.0	12	31	0.01	0.06	≥10
E19	电子工艺技术	95	1.00	6.5	3.6	17	42	—	0.32	6.3
E19	电子技术应用	301	0.99	11.6	3.3	27	167	0.00	0.43	4.7
E19	电子科技	164	0.99	17.0	3.2	19	48	—	0.99	5.6
E19	电子科技大学学报	130	1.00	24.2	4.0	23	68	0.02	0.85	6.1
E19	电子器件	261	0.97	14.5	3.8	27	155	0.00	0.55	5.3
E19	电子设计工程	975	0.99	17.0	3.0	31	471	0.00	0.40	3.3
E19	电子显微学报	111	0.83	25.4	4.8	23	69	0.00	0.84	7.8
E19	电子信息对抗技术	121	0.98	8.3	3.3	11	29	—	0.04	9.0

2020 年中国科技期刊来源指标按类刊名字顺索引（续）

学科代码	期刊名称	来源文献量	文献选出率	平均引文数	平均作者数	地区分布数	机构分布数	海外论文比	基金论文比	引用半衰期
E19	电子学报	316	0.99	21.9	4.1	26	175	0.02	0.91	6.2
E19	电子与封装	160	0.99	10.0	3.2	15	54	0.01	0.16	7.4
E19	电子与信息学报	372	0.99	23.6	4.0	27	154	0.02	0.86	4.9
E19	电子元件与材料	197	1.00	19.5	4.0	27	110	0.00	0.70	5.2
E19	电子元器件与信息技术	924	0.99	7.6	1.8	31	729	0.00	0.13	2.2
E19	电子制作	872	0.99	4.9	2.1	31	625	0.00	0.27	4.4
E19	电子质量	317	0.91	6.1	2.5	26	129	—	0.17	7.1
E19	固体电子学研究与进展	85	0.93	12.3	4.1	20	53	0.00	0.42	7.4
E19	桂林电子科技大学学报	96	0.96	14.5	3.5	4	4	—	0.98	5.8
E19	国外电子测量技术	342	0.97	16.4	3.1	29	157	0.00	0.29	3.9
E19	杭州电子科技大学学报	106	1.00	13.0	3.0	4	7	—	0.77	7.3
E19	吉林大学学报（信息科学版）	105	0.97	17.0	3.6	17	43	0.04	0.70	4.6
E19	密码学报	68	0.89	32.2	3.5	15	41	0.00	0.87	7.3
E19	上海电机学院学报	60	0.91	16.5	2.7	6	12	—	0.33	4.9
E19	太赫兹科学与电子信息学报	205	0.97	15.6	3.7	25	134	0.00	0.62	5.9
E19	微电子学	171	1.00	13.7	4.6	19	61	0.00	0.76	7.7
E19	微电子学与计算机	186	0.94	11.3	3.4	26	102	0.00	0.70	6.0
E19	微纳电子技术	151	1.00	23.2	4.7	21	66	0.00	0.79	6.4
E19	武汉大学学报（信息科学版）	238	0.99	24.0	4.9	23	99	0.02	0.95	6.7
E19	武汉理工大学学报（信息与管理工程版）	87	0.93	17.7	3.4	16	40	0.00	0.82	5.7
E19	西安电子科技大学学报（自然科学版）	113	0.92	17.8	3.8	20	66	0.02	0.86	3.9
E19	系统工程与电子技术	368	0.99	27.5	3.8	22	95	0.00	0.83	5.0
E19	现代电子技术	1077	1.00	13.1	2.6	30	445	0.01	0.77	3.6
E19	照明工程学报	194	0.91	15.0	3.4	21	113	—	0.52	5.8
E19	真空电子技术	88	0.96	16.7	4.9	10	38	—	0.43	9.0
E19	中国集成电路	115	0.74	4.0	2.2	17	78	0.08	0.04	9.3
E19	中国有线电视	531	0.95	3.0	1.3	31	357	—	0.03	2.5
E19	中国照明电器	118	0.80	8.6	2.8	15	60	—	0.23	5.3
E19	综合智慧能源	172	0.95	21.5	4.3	22	110	0.01	0.65	4.9
E20	Chinese Optics Letters	212	0.95	30.7	6.0	20	82	0.14	0.78	6.6
E20	Frontiers of Optoelectronics	40	0.93	62.5	4.7	10	17	0.43	0.58	5.1
E20	Light: Science & Applications	202	1.00	49.4	7.7	16	40	0.75	0.43	5.8
E20	Opto-Electronic Advances	36	0.97	64.9	5.9	14	32	0.33	0.92	6.0

2020 年中国科技期刊来源指标按类刊名字顺索引（续）

学科代码	期刊名称	来源文献量	文献选出率	平均引文数	平均作者数	地区分布数	机构分布数	海外论文比	基金论文比	引用半衰期
E20	光电工程	127	0.98	27.7	5.1	22	68	0.00	0.82	6.4
E20	光电技术应用	88	0.99	13.6	3.0	16	32	—	0.26	8.0
E20	光电子·激光	185	0.94	21.7	4.2	29	116	—	0.96	5.0
E20	光电子技术	53	0.98	15.0	4.7	16	36	0.00	0.51	6.5
E20	光学技术	122	1.00	18.3	4.0	23	80	0.00	0.62	6.0
E20	光学仪器	84	0.93	17.5	3.8	10	18	—	0.64	7.6
E20	光学与光电技术	102	1.00	11.3	3.0	23	58	0.06	0.33	8.0
E20	红外技术	172	0.99	17.0	4.7	25	107	0.01	0.44	6.9
E20	红外与激光工程	399	0.99	26.1	5.0	26	176	0.02	0.70	6.2
E20	激光技术	136	0.96	22.8	4.4	26	87	0.00	0.68	6.5
E20	激光与光电子学进展	933	0.99	26.8	4.2	29	316	0.01	0.85	6.0
E20	激光与红外	243	1.00	12.6	4.3	27	144	0.00	0.45	6.8
E20	激光杂志	510	1.00	18.1	2.9	30	279	0.00	0.83	3.5
E20	压电与声光	186	0.99	12.5	4.6	26	97	0.01	0.65	6.8
E20	应用激光	182	0.98	15.4	4.4	25	119	0.00	0.61	6.0
E20	中国光学	128	0.96	28.7	5.1	22	61	0.02	0.91	6.6
E20	中国激光	491	0.98	29.3	5.3	25	190	0.01	0.88	6.6
E21	Journal of Communications and Information Networks	42	1.00	29.7	4.3	10	33	0.31	0.79	4.8
E21	北京邮电大学学报	120	0.98	14.7	3.8	20	66	0.00	0.82	4.7
E21	长江信息通信	1433	1.00	6.0	1.8	31	825	0.00	0.15	3.6
E21	重庆邮电大学学报（自然科学版）	127	0.97	20.5	3.5	21	56	0.01	0.83	5.2
E21	电波科学学报	107	0.96	29.6	4.1	21	49	0.01	0.73	9.5
E21	电信科学	227	1.00	16.2	3.7	19	106	0.01	0.41	3.6
E21	电讯技术	239	0.98	15.5	3.2	24	114	0.01	0.49	5.8
E21	光通信技术	165	0.98	13.2	4.0	23	93	—	0.74	6.1
E21	光通信研究	92	1.00	13.8	3.8	19	55	—	0.72	6.0
E21	广西通信技术	46	0.92	4.5	2.5	1	19	—	—	3.5
E21	湖南邮电职业技术学院学报	140	0.97	6.9	1.7	15	71	—	0.73	2.5
E21	互联网天地	111	0.63	3.4	1.6	13	41	—	0.02	2.0
E21	江西通信科技	61	0.95	3.9	1.9	3	27	—	0.07	5.4
E21	空军预警学院学报	103	0.94	10.5	3.6	12	21	—	0.18	5.4
E21	雷达科学与技术	108	1.00	12.5	3.6	17	47	0.00	0.48	4.7

2020 年中国科技期刊来源指标按类刊名字顺索引（续）

学科代码	期刊名称	来源文献量	文献选出率	平均引文数	平均作者数	地区分布数	机构分布数	海外论文比	基金论文比	引用半衰期
E21	雷达学报	76	0.92	48.6	4.4	12	27	0.04	0.96	7.1
E21	南京邮电大学学报（自然科学版）	101	0.95	25.0	3.2	10	17	0.01	0.83	5.3
E21	山东通信技术	59	0.94	2.0	2.9	2	21	—	—	3.4
E21	数据采集与处理	117	0.99	22.9	3.9	21	83	0.00	0.84	5.4
E21	数据通信	69	0.97	9.9	2.6	10	26	0.01	0.33	5.2
E21	数字经济	154	0.82	—	1.3	9	94	0.01	—	—
E21	通信技术	506	0.98	10.3	3.0	27	201	0.00	0.31	4.9
E21	通信学报	238	1.00	25.7	4.0	27	111	0.05	0.96	4.3
E21	通信与信息技术	119	0.94	4.4	2.2	13	51	—	0.09	3.2
E21	微波学报	123	0.97	15.5	3.6	23	76	0.03	0.53	7.5
E21	无线电工程	204	0.96	17.0	3.3	22	93	—	0.64	6.9
E21	无线电通信技术	105	0.97	21.8	3.6	18	54	—	0.87	4.5
E21	无线通信技术	48	0.96	11.7	2.6	6	13	—	0.33	5.3
E21	西安邮电大学学报	98	0.92	25.3	3.4	6	12	0.02	0.83	5.1
E21	现代传输	72	0.55	5.4	3.2	11	45	0.03	0.03	≥10
E21	现代雷达	206	1.00	14.1	3.2	20	89	0.00	0.20	8.4
E21	信号处理	231	0.95	23.3	3.6	23	87	0.01	0.85	5.1
E21	信息通信技术	72	0.91	10.0	2.6	8	36	—	0.07	2.6
E21	移动通信	209	0.97	10.0	2.9	20	100	—	0.20	2.6
E21	应用科学学报	73	0.92	30.2	4.1	22	56	0.04	0.85	5.5
E21	邮电设计技术	216	1.00	11.8	3.1	21	71	—	0.03	2.8
E21	中国通信（英文版）	220	0.97	30.4	4.2	25	99	0.22	0.55	4.9
E21	中兴通讯技术	75	0.89	14.9	2.5	11	41	0.07	0.35	3.8
E22	Computional Visual Media	34	0.97	50.2	3.9	7	24	0.32	0.79	5.8
E22	Frontiers of Computer Science	100	1.00	38.2	4.1	22	52	0.28	0.66	8.7
E22	Journal of Computer Science & Technology	87	0.97	48.2	5.2	15	37	0.40	0.64	7.9
E22	办公自动化	443	0.75	5.2	1.7	30	235	—	0.44	3.3
E22	大数据	59	0.97	27.3	4.0	14	45	0.02	0.68	4.4
E22	单片机与嵌入式系统应用	277	0.84	9.1	2.9	24	172	0.04	0.22	4.4
E22	电脑编程技巧与维护	768	0.98	4.6	1.9	30	529	—	0.27	3.4
E22	电脑与信息技术	155	0.97	7.4	2.2	29	125	—	0.51	4.0
E22	福建电脑	668	0.98	6.9	1.9	27	390	—	0.56	3.9
E22	工业控制计算机	701	1.00	8.1	2.8	28	332	0.00	0.33	5.5

2020 年中国科技期刊来源指标按类刊名字顺索引（续）

学科代码	期刊名称	来源文献量	文献选出率	平均引文数	平均作者数	地区分布数	机构分布数	海外论文比	基金论文比	引用半衰期
E22	集成技术	46	0.51	28.3	4.4	5	14	0.04	0.96	5.1
E22	计算机仿真	1187	1.00	12.1	2.6	31	473	0.01	0.53	4.1
E22	计算机辅助工程	57	0.90	11.1	3.6	18	43	—	0.37	7.8
E22	计算机辅助设计与图形学学报	213	1.00	25.7	4.1	26	114	0.03	0.88	7.3
E22	计算机工程	525	0.98	23.9	3.7	29	219	0.01	0.94	5.7
E22	计算机工程与科学	282	0.98	25.0	3.6	29	141	0.02	0.78	5.7
E22	计算机工程与设计	555	0.99	15.2	3.4	29	206	0.01	0.79	4.1
E22	计算机工程与应用	914	0.98	24.2	3.4	29	315	0.00	0.88	5.4
E22	计算机集成制造系统	322	0.99	23.2	3.9	25	127	0.01	0.90	6.7
E22	计算机技术与发展	480	0.98	17.7	3.2	30	223	0.00	0.89	5.4
E22	计算机教育	471	0.98	7.8	3.0	29	252	0.00	0.80	3.4
E22	计算机科学	576	0.98	26.2	3.5	26	189	0.01	0.88	6.0
E22	计算机科学与探索	197	0.93	30.7	3.5	25	102	0.01	0.91	5.4
E22	计算机时代	397	0.97	8.3	2.5	31	262	—	0.69	4.5
E22	计算机系统应用	465	0.97	18.5	3.4	29	219	0.00	0.61	5.2
E22	计算机学报	143	1.00	46.0	4.5	23	78	0.07	0.94	6.5
E22	计算机研究与发展	203	0.96	40.7	4.2	25	114	0.06	0.84	6.7
E22	计算机应用	554	0.98	23.0	3.5	27	240	0.01	0.85	5.3
E22	计算机应用研究	798	1.00	22.1	3.3	30	287	0.00	0.88	6.5
E22	计算机应用与软件	644	0.98	16.9	3.1	29	345	0.00	0.76	5.2
E22	计算机与数字工程	570	0.99	17.3	2.9	28	230	0.00	0.37	6.9
E22	计算机与现代化	253	0.96	24.4	3.2	27	155	0.00	0.66	5.0
E22	金融科技时代	237	0.79	4.1	1.5	26	154	0.00	0.02	3.2
E22	软件	774	0.98	12.7	2.8	31	334	0.00	0.46	4.5
E22	软件导刊	741	1.00	19.2	2.8	29	270	0.00	0.71	4.9
E22	软件工程	199	0.98	10.0	2.7	28	116	—	0.53	3.6
E22	软件和集成电路	201	0.60	—	1.1	15	129	0.05	—	—
E22	软件学报	226	0.95	51.5	4.5	24	101	0.04	0.96	7.2
E22	数值计算与计算机应用	23	0.82	25.3	3.1	11	15	—	0.91	9.9
E22	网络安全技术与应用	1128	1.00	5.3	1.9	31	794	0.00	0.15	3.5
E22	网络新媒体技术	56	0.85	16.9	2.8	7	11	0.00	0.61	7.5
E22	网络与信息安全学报	83	1.00	25.3	3.9	18	55	0.04	0.87	5.0
E22	微处理机	82	1.00	10.8	2.7	17	26	—	0.17	6.4

学科代码	期刊名称	来源文献量	文献选出率	平均引文数	平均作者数	地区分布数	机构分布数	海外论文比	基金论文比	引用半衰期
E22	微型电脑应用	534	0.91	10.6	2.3	30	271	0.00	0.30	3.8
E22	物联网技术	463	0.95	10.5	3.2	30	257	—	0.60	3.7
E22	物联网学报	55	1.00	25.9	4.0	12	35	0.04	0.86	3.2
E22	现代计算机	824	1.00	10.2	2.4	29	349	—	0.52	5.1
E22	小型微型计算机系统	424	0.96	27.3	3.5	27	138	0.00	0.93	4.8
E22	信息技术与网络安全	174	0.99	12.3	3.0	22	90	0.01	0.38	4.4
E22	信息网络安全	149	0.76	18.0	3.2	23	75	0.00	0.85	7.0
E22	智能计算机与应用	817	0.99	10.3	2.7	28	163	—	0.46	5.0
E22	中国金融电脑	224	0.83	—	1.6	22	98	0.01	—	—
E22	中国图象图形学报	223	0.98	32.7	4.2	26	120	0.01	0.88	5.1
E22	中国自动识别技术	50	0.58	1.1	2.1	18	37	0.02	—	3.7
E23	Chinese Journal of Chemical Engineering	337	0.98	44.2	5.0	26	95	0.33	0.64	7.2
E23	Particuology	109	0.97	44.6	4.5	17	37	0.44	0.55	≥10
E23	Petroleum Research	32	0.89	28.7	4.1	7	29	0.56	0.41	≥10
E23	安徽化工	288	0.99	9.0	3.2	22	138	—	0.46	6.5
E23	北京化工大学学报（自然科学版）	102	0.97	19.1	4.6	14	28	0.00	0.62	6.4
E23	纯碱工业	91	1.00	1.6	2.9	15	33	—	0.01	≥10
E23	大氮肥	114	0.97	3.0	1.6	22	50	—	—	≥10
E23	氮肥技术	101	0.94	0.7	1.8	17	51	—	—	8.0
E23	氮肥与合成气	124	0.95	4.7	2.2	22	67	—	0.01	8.7
E23	当代化工	714	1.00	16.6	4.0	30	284	0.00	0.51	6.9
E23	当代化工研究	1828	0.99	5.8	1.6	30	1030	—	0.09	4.0
E23	电镀与精饰	106	0.72	13.1	3.7	21	87	0.00	0.48	7.7
E23	发酵科技通讯	47	0.92	22.2	4.2	16	32	—	0.40	6.7
E23	佛山陶瓷	172	0.89	6.1	2.3	17	92	—	0.12	8.1
E23	高校化学工程学报	194	1.00	24.9	5.0	25	75	0.02	0.76	7.5
E23	工业催化	172	0.98	22.0	4.3	28	121	0.00	0.46	8.3
E23	广州化工	1672	0.96	10.9	3.5	31	848	—	0.59	6.1
E23	硅酸盐通报	582	0.98	22.1	4.6	30	287	0.01	0.80	6.8
E23	硅酸盐学报	248	1.00	30.8	5.2	26	120	0.00	0.92	6.5
E23	过程工程学报	169	0.93	27.0	4.9	24	75	0.01	0.79	7.5
E23	杭州化工	40	0.91	12.9	3.6	12	31	—	0.13	7.1
E23	合成技术及应用	48	0.91	10.4	3.9	6	12	—	0.13	7.2

学科代码	期刊名称	来源文献量	文献选出率	平均引文数	平均作者数	地区分布数	机构分布数	海外论文比	基金论文比	引用半衰期
E23	河南化工	281	0.95	6.0	2.9	23	147	—	0.26	6.9
E23	湖南包装	234	0.82	8.9	1.9	22	115	0.00	0.66	3.6
E23	化肥设计	104	0.99	5.1	2.2	20	50	—	0.05	8.6
E23	化工机械	175	0.98	9.6	3.4	24	114	0.00	0.26	8.1
E23	化工技术与开发	217	1.00	14.9	3.3	26	127	—	0.46	7.1
E23	化工进展	579	0.98	40.7	5.1	29	221	0.01	0.80	6.3
E23	化工科技	96	1.00	20.1	4.8	13	29	0.00	0.60	6.2
E23	化工设备与管道	106	0.98	8.4	2.7	23	71	0.00	0.08	≥10
E23	化工设计	78	0.91	5.1	1.6	20	38	—	—	≥10
E23	化工设计通讯	1776	1.00	3.9	1.7	30	1161	0.00	0.07	4.0
E23	化工时刊	231	0.97	8.9	3.5	25	142	—	0.56	5.2
E23	化工学报	557	0.99	43.1	5.1	28	161	0.01	0.91	6.3
E23	化工装备技术	99	0.67	4.4	2.8	18	57	—	0.14	9.2
E23	化工自动化及仪表	122	0.98	6.5	3.4	22	77	—	0.24	7.1
E23	化学反应工程与工艺	72	0.91	19.0	4.5	17	42	0.00	0.54	8.8
E23	化学工程	180	0.90	15.7	4.4	28	118	0.01	0.59	7.8
E23	化学工程师	271	0.99	13.0	3.5	26	140	0.00	0.37	5.7
E23	化学工业与工程	57	0.97	33.1	4.1	17	28	0.02	0.70	5.8
E23	化学世界	137	0.92	21.5	4.5	27	102	—	0.79	8.4
E23	吉林化工学院学报	254	1.00	11.6	2.6	15	48	—	0.63	4.5
E23	江苏陶瓷	301	0.94	2.2	1.3	12	36	—	0.07	7.2
E23	江西化工	609	0.99	5.8	1.8	25	269	—	0.07	4.2
E23	聚氨酯工业	71	0.77	11.2	4.5	19	51	0.00	0.41	6.2
E23	口腔护理用品工业	71	0.71	7.6	2.8	18	40	—	—	≥10
E23	离子交换与吸附	56	0.97	23.0	5.1	22	39	0.00	0.75	6.0
E23	辽宁化工	485	0.98	9.1	3.0	28	275	—	0.25	7.7
E23	林产化学与工业	100	0.98	26.0	5.1	17	39	0.01	0.92	5.8
E23	磷肥与复肥	196	0.92	8.0	3.6	21	108	0.00	0.30	8.3
E23	硫磷设计与粉体工程	75	0.90	3.9	1.7	13	38	—	—	9.1
E23	硫酸工业	175	0.96	3.4	2.4	22	105	0.02	0.02	7.5
E23	氯碱工业	152	0.93	2.5	2.4	21	68	—	0.03	8.8
E23	轮胎工业	184	0.94	5.9	3.5	18	59	—	0.10	4.6
E23	膜科学与技术	143	0.95	26.6	4.9	23	78	0.02	0.89	6.2

学科代码	期刊名称	来源文献量	文献选出率	平均引文数	平均作者数	地区分布数	机构分布数	海外论文比	基金论文比	引用半衰期
E23	清洗世界	563	1.00	4.1	2.0	30	413	0.00	0.06	4.6
E23	燃料与化工	121	0.96	3.5	2.9	20	65	—	0.03	7.8
E23	热固性树脂	78	0.62	18.8	4.1	18	63	0.00	0.47	6.4
E23	日用化学工业	149	0.97	21.7	4.4	20	87	0.01	0.47	7.3
E23	山东陶瓷	180	0.92	2.0	1.3	12	28	—	0.07	7.5
E23	山西化工	438	0.97	5.0	1.6	19	245	—	0.07	5.4
E23	沈阳化工大学学报	64	0.97	14.2	3.6	2	2	—	0.73	8.1
E23	生物质化学工程	60	0.97	30.6	4.6	20	34	—	1.00	5.6
E23	石油化工自动化	138	0.95	9.8	2.4	23	84	—	0.09	7.1
E23	四川化工	94	0.94	8.4	2.4	16	62	—	0.12	7.3
E23	四川轻化工大学学报（自然科学版）	89	1.00	18.5	4.1	14	33	—	0.90	5.1
E23	炭素	34	0.97	22.2	4.2	10	21	—	0.27	7.1
E23	炭素技术	73	0.80	23.9	4.9	21	51	0.00	0.48	7.0
E23	陶瓷	419	0.97	4.6	1.6	27	310	—	0.12	5.4
E23	陶瓷科学与艺术	1016	0.88	1.0	1.0	16	68	—	0.02	≥10
E23	陶瓷学报	125	0.93	29.0	5.0	23	67	0.02	0.86	7.9
E23	陶瓷研究	227	0.91	6.4	1.3	18	108	0.01	0.22	9.9
E23	天津化工	167	0.97	4.2	2.4	22	73	—	0.13	7.3
E23	无机盐工业	274	0.94	18.0	4.2	29	151	0.00	0.51	6.6
E23	现代化工	593	0.97	20.2	4.4	29	271	0.00	0.61	5.9
E23	现代技术陶瓷	25	1.00	60.5	6.2	11	18	—	0.76	8.4
E23	盐科学与化工	189	0.96	8.4	3.3	21	74	0.01	0.20	8.0
E23	应用化工	688	1.00	23.1	4.9	30	233	0.00	0.81	6.3
E23	影像技术	117	0.85	4.5	1.7	19	85	—	0.03	3.4
E23	有机氟工业	50	0.96	19.8	4.0	10	32	—	0.18	≥10
E23	有机硅材料	84	0.85	21.7	4.5	18	52	0.00	0.24	5.2
E23	云南化工	893	1.00	7.4	2.6	31	517	—	0.23	6.1
E23	浙江化工	151	0.83	12.1	3.7	19	93	—	0.19	7.8
E23	中氮肥	140	0.98	2.6	1.9	21	74	—	0.01	≥10
E23	中国化工装备	58	1.00	5.3	2.9	14	37	—	—	≥10
E23	中国陶瓷	173	0.94	18.9	4.1	23	100	—	0.75	7.7
E23	中国陶瓷工业	88	0.99	12.8	3.0	17	44	—	0.55	8.6
E23	中国洗涤用品工业	206	0.78	11.5	2.8	16	106	0.04	0.07	8.3

2020 年中国科技期刊来源指标按类刊名字顺索引（续）

学科代码	期刊名称	来源文献量	文献选出率	平均引文数	平均作者数	地区分布数	机构分布数	海外论文比	基金论文比	引用半衰期
E24	高科技纤维与应用	56	0.75	14.2	3.9	12	38	0.00	0.13	8.7
E24	工程塑料应用	349	0.96	20.1	4.7	27	232	0.01	0.49	4.6
E24	合成树脂及塑料	137	0.93	13.6	3.5	25	100	0.00	0.22	7.1
E24	合成橡胶工业	92	0.75	16.8	4.6	20	50	0.00	0.45	8.4
E24	胶体与聚合物	47	0.92	15.2	4.0	10	21	—	0.49	5.2
E24	聚氯乙烯	169	0.93	2.7	3.2	18	61	—	0.01	9.2
E24	聚酯工业	112	0.85	3.7	2.6	9	45	—	0.02	≥10
E24	塑料	209	0.98	21.6	4.4	27	133	0.00	0.47	6.8
E24	塑料工业	414	0.83	15.7	4.5	28	234	0.01	0.46	6.4
E24	塑料科技	389	0.95	15.1	3.0	30	292	0.01	0.28	5.0
E24	塑料助剂	67	0.92	12.3	3.3	20	48	0.03	0.15	9.5
E24	弹性体	87	0.90	17.3	4.4	19	39	0.00	0.36	7.7
E24	特种橡胶制品	92	0.97	7.1	3.6	18	44	—	0.19	9.3
E24	现代塑料加工应用	101	0.89	6.3	3.5	23	68	0.01	0.36	6.8
E24	橡胶工业	168	0.94	14.4	4.4	22	86	0.00	0.52	7.8
E24	橡胶科技	142	0.91	7.6	3.4	23	74	—	0.02	4.9
E24	橡塑技术与装备	263	0.58	6.6	2.3	22	116	—	0.01	≥10
E24	中国塑料	210	1.00	17.7	4.1	26	113	0.00	0.34	5.6
E25	表面技术	508	0.99	32.3	5.2	29	229	0.03	0.77	6.9
E25	电镀与涂饰	344	0.97	12.5	4.2	27	242	0.00	0.32	7.1
E25	化学与粘合	104	0.86	15.2	4.1	18	57	0.00	0.24	7.4
E25	精细化工	357	1.00	33.3	4.9	29	159	0.01	0.82	5.6
E25	精细化工中间体	103	0.94	15.9	4.9	21	60	0.00	0.42	8.0
E25	精细石油化工	98	0.96	18.4	4.2	23	77	0.00	0.46	7.2
E25	精细与专用化学品	139	0.92	10.3	3.3	21	69	—	0.21	7.3
E25	上海染料	64	0.75	5.4	1.3	7	30	—	—	9.3
E25	上海涂料	77	0.93	5.6	2.5	17	53	—	0.09	8.1
E25	涂层与防护	138	0.92	5.9	3.3	18	78	—	0.01	6.5
E25	涂料工业	176	0.93	14.4	4.6	26	124	0.01	0.27	6.7
E25	现代涂料与涂装	264	0.99	3.8	3.4	23	127	0.00	0.05	6.7
E25	香料香精化妆品	115	0.82	13.0	4.6	23	86	0.00	0.16	7.9
E25	印染助剂	143	0.65	11.2	2.9	23	99	0.02	0.34	7.6
E25	粘接	483	0.86	9.1	1.8	29	250	0.00	0.09	4.5

学科代码	期刊名称	来源文献量	文献选出率	平均引文数	平均作者数	地区分布数	机构分布数	海外论文比	基金论文比	引用半衰期
E25	中国胶粘剂	160	0.93	15.5	4.1	25	132	0.01	0.30	6.0
E25	中国氯碱	177	0.90	2.3	2.4	21	70	—	0.02	7.5
E25	中国生漆	45	0.82	10.1	2.0	16	34	—	0.47	≥10
E25	中国涂料	183	0.90	5.4	3.2	20	93	—	0.11	7.4
E26	China Detergent & Cosmetics	45	0.68	7.9	3.1	9	38	0.02	—	6.9
E26	Journal of Advanced Ceramics	48	1.00	46.2	6.0	14	38	0.25	0.94	6.5
E26	Paper and Biomaterials	25	0.86	41.7	4.7	10	16	0.12	0.80	7.0
E26	宝石和宝石学杂志	58	0.95	13.5	3.4	9	20	0.03	0.72	8.4
E26	超硬材料工程	74	0.75	12.4	4.1	16	40	—	0.26	≥10
E26	黑龙江造纸	56	0.98	4.5	2.6	12	18	—	0.18	6.8
E26	混凝土与水泥制品	277	0.99	13.2	4.0	30	190	—	0.80	6.3
E26	粮食储藏	70	0.93	10.2	5.0	17	48	—	0.31	8.2
E26	煤化工	111	0.90	7.8	3.4	22	95	0.00	0.17	7.8
E26	木工机床	49	0.83	6.2	1.9	5	23	—	0.43	8.1
E26	皮革科学与工程	103	0.79	19.4	3.8	17	42	0.00	0.51	7.3
E26	皮革与化工	43	0.70	15.2	3.7	13	20	0.00	0.30	8.0
E26	日用化学品科学	163	0.92	10.5	2.6	15	97	0.01	0.10	9.1
E26	石化技术与应用	103	0.92	11.0	3.6	20	58	0.00	0.06	6.7
E26	石油和化工设备	374	0.97	4.5	2.9	24	154	—	0.05	8.9
E26	石油化工建设	130	0.96	3.1	1.8	22	71	—	—	≥10
E26	水泥	326	0.97	1.9	2.8	26	190	—	0.06	7.9
E26	水泥工程	211	0.99	3.6	2.7	20	98	—	0.03	8.0
E26	水泥技术	113	0.99	2.9	2.8	24	68	—	0.03	7.9
E26	丝网印刷	73	0.50	0.7	1.4	12	34	—	0.06	8.9
E26	天津造纸	33	0.85	17.1	4.2	7	9	—	0.24	5.4
E26	天然气化工—C1 化学与化工	142	1.00	20.6	4.7	24	84	0.01	0.51	7.9
E26	现代面粉工业	80	0.91	7.7	3.0	12	30	—	0.28	5.7
E26	新世纪水泥导报	102	0.89	2.7	2.5	21	69	—	0.01	6.3
E26	蓄电池	79	1.00	8.2	4.6	13	28	—	0.14	9.7
E26	印刷技术	158	0.50	—	1.4	21	115	0.01	—	—
E26	印刷杂志	137	0.77	—	1.2	12	48	0.02	0.01	—
E26	造纸化学品	29	0.54	10.0	4.0	7	18	—	0.21	9.3
E26	造纸科学与技术	110	0.99	13.3	2.2	12	53	0.00	0.26	5.0

2020 年中国科技期刊来源指标按类刊名字顺索引（续）

学科代码	期刊名称	来源文献量	文献选出率	平均引文数	平均作者数	地区分布数	机构分布数	海外论文比	基金论文比	引用半衰期
E26	造纸装备及材料	785	0.98	5.2	1.5	30	497	—	0.17	2.6
E26	中国宝玉石	94	0.55	11.9	1.9	6	17	0.03	0.03	7.5
E26	中国皮革	144	0.72	11.3	3.1	17	71	0.00	0.27	6.8
E26	中国人造板	101	0.64	4.3	3.0	15	53	0.01	0.18	7.6
E26	中国水泥	245	0.69	1.7	1.9	24	127	0.00	0.03	≥10
E26	中国造纸	166	0.89	21.4	4.9	23	69	—	0.57	6.1
E26	中国造纸学报	53	0.98	26.2	4.9	19	28	0.00	0.66	6.7
E26	中国制笔	33	0.79	8.7	2.0	7	21	—	0.27	≥10
E27	电测与仪表	543	1.00	17.3	4.4	31	225	0.01	0.49	5.5
E27	阀门	88	0.88	8.1	2.5	14	50	—	0.03	≥10
E27	分析仪器	164	0.95	12.6	4.3	25	127	0.01	0.23	8.2
E27	工业仪表与自动化装置	125	0.67	10.2	3.4	25	97	0.00	0.36	5.3
E27	光学精密工程	279	0.98	21.6	4.6	25	142	0.01	0.90	5.3
E27	生命科学仪器	65	0.92	32.5	4.1	17	43	0.00	0.62	6.0
E27	水泵技术	67	0.92	7.4	3.4	21	46	—	0.13	9.9
E27	现代科学仪器	249	0.98	11.6	2.7	30	190	0.00	0.18	3.4
E27	现代仪器与医疗	143	0.99	14.9	3.6	26	98	—	0.38	3.1
E27	仪表技术	142	0.95	7.0	2.9	24	92	—	0.28	6.1
E27	仪表技术与传感器	311	0.97	12.5	4.1	25	166	0.00	0.58	6.6
E27	仪器仪表学报	343	0.99	24.9	4.2	27	141	0.01	0.90	4.7
E27	仪器仪表用户	361	0.93	5.4	2.8	29	194	—	0.08	7.7
E27	仪器仪表与分析监测	46	0.92	5.0	2.2	18	34	—	0.09	5.8
E27	中国仪器仪表	148	0.81	3.2	3.0	20	80	—	0.16	5.8
E27	自动化仪表	278	0.99	12.5	3.1	26	183	0.00	0.33	5.4
E27	自动化与仪表	272	0.99	11.1	3.1	27	148	0.00	0.40	4.6
E28	Defence Technology	120	0.99	32.7	4.2	15	27	0.30	0.45	7.6
E28	爆破	99	0.99	27.2	4.6	21	66	0.00	0.64	5.4
E28	爆破器材	65	1.00	16.4	4.6	16	32	0.02	0.32	8.3
E28	爆炸与冲击	145	1.00	22.8	4.9	19	67	0.01	0.74	9.2
E28	兵工学报	280	1.00	21.4	4.3	22	102	0.00	0.73	7.0
E28	兵工自动化	254	1.00	11.0	3.6	22	119	0.00	0.15	7.9
E28	兵器材料科学与工程	162	0.93	19.9	4.2	26	112	0.00	0.75	5.4
E28	兵器装备工程学报	542	1.00	15.4	3.9	24	172	0.00	0.42	6.9

学科代码	期刊名称	来源文献量	文献选出率	平均引文数	平均作者数	地区分布数	机构分布数	海外论文比	基金论文比	引用半衰期
E28	弹道学报	58	0.94	13.4	3.6	14	27	0.00	0.40	8.3
E28	弹箭与制导学报	197	0.99	11.1	4.0	16	78	—	0.35	8.6
E28	防护工程	70	0.96	22.7	4.4	10	18	—	0.13	9.0
E28	国防科技	139	0.98	13.2	2.9	22	73	—	0.25	3.7
E28	含能材料	160	0.87	27.9	5.0	17	38	0.00	0.68	7.9
E28	航空兵器	95	0.97	23.2	3.5	14	43	0.00	0.34	5.9
E28	火工品	88	0.98	9.4	4.9	14	32	—	0.19	9.5
E28	火控雷达技术	80	0.96	8.1	3.3	13	23	—	0.11	8.6
E28	火力与指挥控制	409	0.98	15.2	3.6	22	164	0.00	0.50	6.7
E28	火炮发射与控制学报	82	0.99	11.4	4.3	13	26	—	0.29	7.7
E28	火炸药学报	109	0.96	21.9	5.4	13	28	0.03	0.56	9.5
E28	军民两用技术与产品	125	0.66	2.4	2.3	17	77	—	0.06	4.2
E28	空天防御	66	0.96	13.2	4.3	11	30	—	0.26	7.5
E28	空天技术	151	0.66	11.7	3.2	16	73	0.01	0.15	6.0
E28	数字海洋与水下攻防	86	0.98	14.4	3.0	14	35	—	0.28	8.7
E28	水下无人系统学报	98	0.96	13.9	3.8	16	60	0.00	0.43	8.7
E28	探测与控制学报	114	0.99	14.3	3.6	21	53	0.00	0.41	7.6
E28	无人系统技术	56	0.89	23.0	3.3	12	32	—	0.70	4.9
E28	现代防御技术	100	1.00	16.5	3.4	16	53	0.00	0.17	7.1
E28	战术导弹技术	116	0.94	17.5	3.6	13	58	0.00	0.23	6.2
E28	指挥控制与仿真	153	0.96	13.4	3.2	20	80	0.00	0.16	6.4
E28	指挥信息系统与技术	107	0.95	19.1	3.4	8	31	—	0.95	5.4
E28	指挥与控制学报	54	0.90	20.5	3.5	8	40	0.00	0.35	4.6
E29	产业用纺织品	99	0.95	13.5	3.9	16	40	—	0.49	7.1
E29	纺织报告	598	0.99	4.9	1.7	29	286	0.00	0.28	4.1
E29	纺织标准与质量	70	0.81	6.4	2.2	10	32	—	0.01	8.2
E29	纺织导报	200	0.59	10.9	2.9	18	94	—	0.33	5.2
E29	纺织高校基础科学学报	71	0.95	21.9	3.5	8	10	0.06	0.87	5.8
E29	纺织科技进展	207	0.91	10.9	2.8	21	94	0.01	0.51	5.7
E29	纺织器材	106	0.95	4.1	2.3	15	75	—	0.06	9.2
E29	纺织学报	349	1.00	19.4	4.3	22	67	0.03	0.74	6.3
E29	服饰导刊	107	0.91	12.6	2.3	20	42	0.02	0.71	≥10
E29	福建轻纺	150	0.67	7.8	1.8	6	62	0.01	0.35	6.6

2020年中国科技期刊来源指标按类刊名字顺索引（续）

学科代码	期刊名称	来源文献量	文献选出率	平均引文数	平均作者数	地区分布数	机构分布数	海外论文比	基金论文比	引用半衰期
E29	国际纺织导报	133	0.78	5.7	3.1	18	91	0.39	0.22	5.5
E29	合成纤维	147	0.90	10.1	4.1	20	67	0.00	0.27	6.5
E29	合成纤维工业	108	0.92	13.2	3.2	20	63	0.01	0.23	7.3
E29	江苏丝绸	55	0.70	6.0	2.9	7	28	—	0.33	7.2
E29	辽宁丝绸	132	0.99	3.9	1.9	10	27	—	0.32	6.8
E29	毛纺科技	255	0.92	13.4	3.1	25	99	0.00	0.72	6.1
E29	棉纺织技术	225	0.89	10.3	3.4	21	114	0.00	0.39	5.9
E29	轻纺工业与技术	1068	0.99	4.4	1.7	28	461	0.00	0.42	3.7
E29	染料与染色	68	0.92	15.0	3.4	9	35	—	0.15	≥10
E29	染整技术	170	0.92	9.5	3.1	21	93	—	0.31	6.9
E29	山东纺织经济	177	1.00	4.7	1.5	22	92	—	0.36	4.5
E29	山东纺织科技	108	0.93	7.3	2.9	19	49	—	0.38	6.7
E29	上海纺织科技	209	0.76	10.5	3.6	19	78	0.00	0.45	6.0
E29	丝绸	232	0.96	17.6	3.1	23	69	0.00	0.71	7.9
E29	天津纺织科技	96	0.97	9.6	2.8	15	48	—	0.43	5.4
E29	现代纺织技术	98	0.98	16.0	3.8	14	34	0.00	0.45	7.0
E29	现代丝绸科学与技术	59	0.95	15.6	2.8	3	14	—	0.42	5.9
E29	印染	180	0.90	9.3	3.6	22	100	—	0.57	5.8
E29	针织工业	224	0.93	9.9	3.2	22	106	—	0.55	6.2
E29	质量安全与检验检测	305	0.99	8.5	2.5	28	237	—	0.16	4.3
E29	中国棉花加工	79	0.78	0.9	1.5	8	33	—	0.13	7.1
E29	中国纤检	287	0.60	3.4	2.4	22	115	—	0.05	7.6
E30	Grain & Oil Science and Technology	22	1.00	37.3	4.6	3	6	0.09	0.86	8.4
E30	包装与食品机械	87	1.00	18.9	4.2	24	63	0.00	0.62	5.1
E30	茶业通报	50	0.89	6.1	2.5	14	40	—	0.16	9.5
E30	茶叶通讯	118	0.94	18.8	4.8	20	59	—	0.99	6.8
E30	茶叶学报	34	0.87	21.9	5.1	6	13	—	0.97	7.3
E30	广东茶业	60	0.82	10.0	3.2	10	39	—	0.32	6.9
E30	江苏调味副食品	40	0.89	12.9	3.2	15	30	—	0.58	5.3
E30	粮食加工	133	0.96	11.2	3.3	22	70	—	0.44	7.4
E30	粮食科技与经济	547	0.72	9.5	2.6	30	359	—	0.32	4.1
E30	粮食问题研究	60	0.98	6.0	1.7	14	39	—	0.18	5.9
E30	粮食与食品工业	114	1.00	8.9	3.7	22	68	—	0.29	7.6

2020年中国科技期刊来源指标按类刊名字顺索引（续）

学科代码	期刊名称	来源文献量	文献选出率	平均引文数	平均作者数	地区分布数	机构分布数	海外论文比	基金论文比	引用半衰期
E30	粮食与饲料工业	78	0.87	15.3	4.9	23	67	0.00	0.40	6.7
E30	粮食与油脂	333	1.00	12.4	3.3	28	167	—	0.75	6.1
E30	粮油仓储科技通讯	104	0.96	5.8	3.8	23	86	—	0.07	6.7
E30	粮油食品科技	149	0.89	23.5	4.9	20	67	0.08	0.56	6.8
E30	酿酒	207	0.98	8.7	3.7	25	88	—	0.20	8.4
E30	酿酒科技	275	0.89	15.1	4.8	26	151	0.00	0.21	6.9
E30	肉类工业	144	0.92	14.6	3.2	25	92	—	0.30	6.6
E30	肉类研究	251	0.86	30.1	4.6	30	138	—	0.79	5.8
E30	乳品与人类	75	0.95	—	1.8	—	—	—	—	—
E30	乳业科学与技术	60	0.83	33.7	5.5	14	32	0.02	0.50	6.7
E30	食品安全导刊	1931	0.80	3.6	1.8	31	1136	0.00	0.08	3.7
E30	食品安全质量检测学报	1477	0.98	26.6	5.0	31	686	0.01	0.46	5.8
E30	食品工程	61	0.98	12.0	3.7	21	48	—	0.44	6.8
E30	食品工业	1114	0.79	17.0	4.0	31	524	0.00	0.81	6.7
E30	食品工业科技	1382	0.99	30.9	5.7	30	490	0.00	0.71	5.8
E30	食品科技	709	0.99	17.9	4.9	31	379	0.00	0.84	5.8
E30	食品科学	1079	1.00	38.3	5.9	31	276	0.01	0.87	6.3
E30	食品科学技术学报	90	0.92	29.3	5.0	24	55	0.01	0.81	5.9
E30	食品研究与开发	868	0.78	24.0	5.0	31	369	0.00	0.48	6.0
E30	食品与发酵工业	1092	0.99	29.9	5.6	31	339	0.01	0.77	5.8
E30	食品与发酵科技	156	0.99	17.8	4.5	23	99	0.00	0.42	5.7
E30	食品与机械	503	0.94	24.7	4.6	31	274	0.00	0.74	5.1
E30	食品与生物技术学报	173	0.92	27.3	5.2	25	67	0.01	0.74	7.2
E30	食品与药品	117	0.94	18.7	4.8	22	75	0.00	0.33	5.7
E30	现代食品	1692	1.00	8.3	2.5	31	1049	—	0.25	5.0
E30	现代食品科技	503	1.00	27.5	5.7	30	222	0.00	0.82	6.1
E30	现代盐化工	490	1.00	5.7	1.8	30	260	0.00	0.28	4.0
E30	盐业史研究	34	0.89	54.4	1.2	16	29	—	0.71	≥10
E30	饮料工业	95	0.65	16.1	3.5	27	65	0.01	0.32	6.5
E30	中国茶叶加工	64	0.89	13.8	4.9	12	41	—	0.66	7.3
E30	中国井矿盐	93	0.98	3.1	1.9	12	43	—	0.03	8.0
E30	中国粮油学报	357	0.97	26.9	5.4	31	157	0.01	0.79	7.4
E30	中国酿造	499	0.78	26.2	5.3	30	279	0.01	0.63	5.5

学科代码	期刊名称	来源文献量	文献选出率	平均引文数	平均作者数	地区分布数	机构分布数	海外论文比	基金论文比	引用半衰期
E30	中国乳品工业	155	0.95	21.2	5.2	25	108	0.03	0.57	7.2
E30	中国乳业	244	0.86	7.2	3.2	27	146	0.02	0.28	5.8
E30	中国食品添加剂	253	0.95	20.4	4.6	30	185	0.01	0.40	6.9
E30	中国食品学报	461	0.79	29.2	5.6	29	134	0.01	0.90	8.1
E30	中国食物与营养	222	0.94	23.5	4.9	29	130	0.00	0.51	6.0
E30	中国甜菜糖业	41	1.00	14.4	3.4	8	20	0.05	0.71	7.6
E30	中国调味品	508	1.00	16.6	4.3	30	261	0.01	0.62	4.9
E30	中国盐业	316	0.66	0.8	1.2	28	115	—	0.00	7.7
E30	中国油脂	334	0.92	18.2	4.9	30	179	0.01	0.62	6.7
E30	中外葡萄与葡萄酒	96	0.96	22.0	4.6	21	68	0.01	0.76	6.8
E31	Building Simulation	98	0.94	46.5	3.9	14	77	0.54	0.85	7.5
E31	Frontiers of Architectural Research	60	0.94	46.4	2.6	4	51	0.83	0.53	≥10
E31	安徽建筑	1191	0.98	5.7	1.9	28	531	0.00	0.23	7.2
E31	安徽建筑大学学报	109	0.97	14.8	3.0	7	24	—	0.82	5.8
E31	安装	279	0.72	1.7	2.7	19	88	—	—	7.6
E31	北方建筑	110	0.63	7.3	2.2	18	63	0.01	0.32	4.5
E31	北京建筑大学学报	55	1.00	13.4	2.9	3	4	—	1.00	5.3
E31	城建档案	528	0.95	3.4	1.1	29	403	—	0.07	2.7
E31	城市发展研究	275	0.94	22.7	2.7	23	130	0.06	0.69	8.0
E31	城市规划	187	0.80	19.6	3.2	19	81	0.04	0.44	≥10
E31	城市规划学刊	83	0.86	24.8	3.0	13	38	0.02	0.40	8.3
E31	城市建筑空间	1032	0.96	4.5	2.0	31	597	0.01	0.16	3.3
E31	城市勘测	283	0.96	10.0	2.8	24	131	0.00	0.19	6.3
E31	城市设计	146	0.98	3.5	1.3	3	18	0.06	0.02	≥10
E31	城乡规划	100	0.88	13.0	2.4	14	55	0.03	0.29	8.1
E31	城乡建设	470	0.58	—	1.7	28	296	—	0.02	—
E31	城镇供水	122	0.82	4.8	2.2	24	95	—	0.07	8.8
E31	重庆建筑	197	0.86	8.1	2.7	26	116	—	0.20	7.2
E31	低温建筑技术	430	0.97	10.4	2.8	26	214	—	0.31	7.2
E31	地基处理	97	1.00	10.8	3.1	15	68	—	0.25	8.8
E31	粉煤灰综合利用	171	0.96	12.8	2.5	23	101	0.00	0.38	5.8
E31	福建建材	553	1.00	4.5	1.2	14	331	—	0.11	5.9
E31	福建建设科技	192	0.99	6.4	1.6	9	105	—	0.20	6.5

学科代码	期刊名称	来源文献量	文献选出率	平均引文数	平均作者数	地区分布数	机构分布数	海外论文比	基金论文比	引用半衰期
E31	福建建筑	349	0.99	6.5	1.5	19	175	—	0.20	6.1
E31	给水排水	338	0.93	9.6	4.0	24	180	0.01	0.41	8.1
E31	工程抗震与加固改造	132	0.69	14.1	3.6	26	89	0.00	0.67	9.2
E31	工业建筑	423	0.79	13.2	3.7	30	213	0.01	0.71	8.2
E31	供水技术	95	0.96	7.7	2.7	17	69	0.01	0.12	8.0
E31	古建园林技术	123	0.90	12.9	1.9	21	61	0.02	0.42	≥10
E31	广东建材	290	0.92	5.7	2.1	18	195	—	0.10	7.2
E31	广州建筑	62	0.98	16.7	3.0	4	29	—	0.19	6.0
E31	规划师	332	0.95	18.0	2.9	21	132	0.02	0.38	6.4
E31	国际城市规划	96	0.80	38.5	2.6	15	43	0.25	0.53	≥10
E31	河北建筑工程学院学报	124	0.97	8.4	3.8	5	24	—	0.60	6.8
E31	河南建材	1177	1.00	3.1	1.5	31	794	0.00	0.07	3.4
E31	华中建筑	357	0.93	14.5	2.6	27	127	0.01	0.54	9.2
E31	混凝土	452	0.94	15.4	4.0	30	209	0.00	0.80	8.3
E31	混凝土世界	153	0.73	4.8	2.7	25	95	0.01	0.18	7.3
E31	吉林建筑大学学报	88	1.00	10.0	2.9	9	13	0.02	0.60	6.4
E31	家具与室内装饰	403	0.87	11.8	2.3	20	125	0.00	0.86	3.0
E31	建材技术与应用	104	0.85	4.8	1.8	16	59	—	0.10	5.1
E31	建材世界	157	1.00	7.3	2.6	21	86	—	0.14	6.9
E31	建井技术	73	0.91	11.8	2.8	14	44	—	0.43	7.7
E31	建设监理	310	0.95	1.2	1.5	27	196	—	0.02	5.4
E31	建筑安全	271	0.95	5.5	1.9	28	204	—	0.08	6.4
E31	建筑材料学报	209	0.98	19.7	4.0	25	95	0.02	0.89	9.0
E31	建筑电气	164	0.92	10.3	1.9	22	93	—	0.07	6.1
E31	建筑钢结构进展	93	0.98	16.9	3.7	19	49	0.01	0.71	9.3
E31	建筑机械	215	0.62	4.3	2.6	21	125	—	0.09	8.0
E31	建筑机械化	265	0.90	4.2	2.7	20	108	—	0.08	5.6
E31	建筑技术	415	0.99	6.3	3.4	28	204	—	0.30	6.4
E31	建筑技术开发	1886	1.00	5.6	1.6	30	1194	0.00	0.04	3.3
E31	建筑技艺	269	0.92	6.3	2.1	20	138	0.07	0.27	6.7
E31	建筑节能	334	0.90	13.4	3.3	30	170	0.01	0.44	6.7
E31	建筑结构	652	0.88	9.4	3.6	30	311	0.00	0.36	8.7
E31	建筑结构学报	250	0.98	21.7	4.2	24	89	0.03	0.91	8.9

2020 年中国科技期刊来源指标按类刊名字顺索引（续）

学科代码	期刊名称	来源文献量	文献选出率	平均引文数	平均作者数	地区分布数	机构分布数	海外论文比	基金论文比	引用半衰期
E31	建筑经济	280	1.00	7.2	2.6	28	198	0.01	0.53	4.3
E31	建筑科学	290	0.84	16.0	4.3	26	120	0.02	0.70	7.5
E31	建筑科学与工程学报	89	0.94	24.3	4.0	18	35	0.00	0.97	8.7
E31	建筑热能通风空调	302	0.99	9.3	3.0	25	156	—	0.33	8.2
E31	建筑设计管理	125	0.60	4.0	1.6	20	81	—	0.10	5.6
E31	建筑师	94	0.98	38.1	2.1	14	50	0.23	0.53	≥10
E31	建筑施工	768	0.98	5.6	2.5	22	275	—	0.14	5.3
E31	建筑学报	193	0.86	15.1	2.0	21	80	0.10	0.41	≥10
E31	建筑遗产	55	0.83	23.6	2.1	10	29	0.06	0.33	≥10
E31	建筑与预算	274	0.92	5.8	1.5	24	167	—	0.05	4.3
E31	江苏建材	110	0.72	4.8	2.9	14	73	—	0.28	7.0
E31	江苏建筑	201	0.99	6.3	2.3	9	107	—	0.22	7.5
E31	江苏建筑职业技术学院学报	93	0.99	7.8	2.2	16	49	—	0.72	3.7
E31	江西建材	1484	0.89	3.4	1.4	31	957	0.00	0.08	3.4
E31	结构工程师	184	0.98	13.7	3.2	26	98	0.00	0.53	9.1
E31	净水技术	343	0.98	16.6	3.5	26	207	0.01	0.36	6.5
E31	居业	1195	0.98	2.9	1.4	31	860	0.00	0.07	2.9
E31	空间结构	49	0.92	14.7	3.8	15	38	—	0.82	≥10
E31	绿色建筑	150	0.82	3.2	2.2	17	87	—	0.26	6.5
E31	南方建筑	115	0.98	24.0	2.8	20	45	0.03	0.69	7.5
E31	暖通空调	224	0.81	12.3	3.9	21	107	0.02	0.44	8.3
E31	山东建筑大学学报	84	0.91	21.1	4.0	7	16	0.01	0.77	4.8
E31	上海城市规划	116	0.83	20.8	2.5	16	67	0.09	0.55	6.9
E31	上海建设科技	200	0.98	4.7	1.4	7	118	—	0.10	7.6
E31	沈阳建筑大学学报（自然科学版）	138	0.96	19.8	3.6	21	33	0.02	1.00	6.5
E31	施工技术	728	0.99	8.6	3.9	26	338	0.01	0.69	5.0
E31	时代建筑	165	0.93	18.3	1.8	11	73	0.21	0.32	≥10
E31	四川建材	1460	0.99	5.0	1.6	30	855	—	0.12	4.6
E31	四川建筑	689	0.98	7.0	2.3	26	280	—	0.14	8.2
E31	四川建筑科学研究	82	1.00	14.2	3.3	21	55	—	0.63	8.1
E31	特种结构	128	0.99	10.0	3.0	19	76	—	0.22	9.2
E31	天津城建大学学报	78	0.94	14.8	3.2	2	4	0.01	0.59	6.1
E31	天津建设科技	149	0.94	5.8	2.4	14	64	—	0.13	8.0

学科代码	期刊名称	来源文献量	文献选出率	平均引文数	平均作者数	地区分布数	机构分布数	海外论文比	基金论文比	引用半衰期
E31	土工基础	185	0.99	10.2	2.6	28	137	—	0.27	9.1
E31	西安建筑科技大学学报（自然科学版）	122	0.98	18.1	3.7	24	70	0.00	0.87	8.0
E31	现代城市研究	200	0.93	27.4	2.8	21	88	0.06	0.71	7.6
E31	小城镇建设	185	0.86	16.5	2.4	22	89	0.01	0.48	5.3
E31	新建筑	173	0.93	19.3	2.4	20	53	0.01	0.66	≥10
E31	新型建筑材料	465	1.00	9.7	3.7	30	304	0.00	0.55	6.3
E31	云南建筑	256	0.90	3.7	1.9	17	92	0.01	0.04	≥10
E31	浙江建筑	101	0.97	5.0	2.4	8	68	—	0.13	7.5
E31	智能建筑	234	0.86	3.0	2.1	20	125	0.00	0.04	5.7
E31	智能建筑电气技术	162	0.95	4.2	2.0	14	63	—	0.03	5.6
E31	智能建筑与智慧城市	561	0.95	4.8	1.8	30	306	0.01	0.12	4.2
E31	中国电梯	421	0.76	2.7	2.3	22	186	0.00	0.06	7.7
E31	中国粉体技术	69	0.85	22.4	4.8	19	47	0.01	0.88	6.6
E31	中国给水排水	550	0.95	9.4	4.5	25	304	0.02	0.45	6.0
E31	中国建材科技	402	1.00	5.7	2.3	28	221	—	0.26	6.2
E31	中国建筑防水	170	0.88	3.6	2.7	22	115	0.01	0.09	6.2
E31	中国建筑金属结构	418	0.95	3.1	1.4	30	305	0.01	0.01	2.9
E31	中国建筑装饰装修	305	0.64	3.5	1.4	29	219	0.01	0.11	3.6
E31	中国勘察设计	251	0.69	2.6	1.5	23	146	—	0.02	5.4
E31	中国市政工程	174	0.97	4.7	2.0	16	87	—	0.12	6.6
E31	中国住宅设施	761	0.99	3.3	1.2	29	591	0.00	0.05	2.6
E31	中外建筑	660	0.95	7.4	1.8	26	275	0.01	0.25	6.3
E31	住区	121	0.92	13.9	2.5	15	48	0.06	0.48	9.2
E31	住宅科技	174	0.98	8.1	2.0	18	69	—	0.38	6.7
E32	Frontiers of Structural and Civil Engineering	103	1.00	51.1	3.6	11	19	0.75	0.31	9.4
E32	地下空间与工程学报	222	1.00	19.2	3.9	25	145	0.00	0.79	8.4
E32	工程勘察	165	0.93	11.8	3.1	26	116	0.00	0.39	7.8
E32	广东土木与建筑	295	1.00	11.2	2.3	16	146	0.00	0.12	5.9
E32	土木工程学报	143	0.93	28.5	4.1	20	61	0.06	0.92	7.2
E32	土木工程与管理学报	158	0.99	18.7	3.8	24	90	0.01	0.74	6.4
E32	土木建筑工程信息技术	131	1.00	13.1	3.8	23	107	—	0.36	4.1
E32	土木与环境工程学报	139	1.00	29.5	4.3	23	68	0.02	0.91	5.0
E32	岩石力学与工程学报	217	0.94	31.1	4.9	27	99	0.02	0.93	8.0

2020 年中国科技期刊来源指标按类刊名字顺索引（续）

学科代码	期刊名称	来源文献量	文献选出率	平均引文数	平均作者数	地区分布数	机构分布数	海外论文比	基金论文比	引用半衰期
E32	岩土工程技术	75	0.93	11.2	3.0	16	51	0.00	0.15	9.5
E32	岩土工程学报	275	0.93	23.6	4.4	25	104	0.05	0.87	9.2
E32	岩土力学	432	0.97	24.5	4.6	26	148	0.03	0.93	9.2
E32	筑路机械与施工机械化	197	1.00	12.9	3.1	29	121	—	0.55	6.9
E32	砖瓦	813	0.92	4.5	1.6	30	518	0.01	0.07	2.7
E33	Journal of Hydrodynamics	107	0.97	31.0	4.0	16	42	0.32	0.74	7.4
E33	Water Science and Engineering	33	0.92	41.4	4.4	9	14	0.48	0.55	8.6
E33	北京水务	80	0.91	10.5	4.0	5	41	—	0.41	6.6
E33	长江科学院院报	329	0.88	19.9	4.1	28	156	0.01	0.84	8.6
E33	大坝与安全	99	0.91	6.0	2.8	21	63	0.02	0.08	8.6
E33	东北水利水电	314	0.97	5.6	2.0	25	125	—	0.03	5.0
E33	甘肃水利水电技术	185	0.96	8.7	1.9	19	100	—	0.11	7.7
E33	广东水利水电	255	0.96	9.0	2.5	23	103	—	0.21	7.1
E33	广西水利水电	179	0.90	2.2	1.7	15	86	—	0.25	8.7
E33	海河水利	136	0.96	3.9	2.1	11	71	—	0.04	7.5
E33	河北水利	344	0.86	—	1.3	13	103	—	0.00	—
E33	河海大学学报（自然科学版）	80	0.86	24.0	4.7	12	26	0.01	0.94	7.5
E33	河南水利与南水北调	550	0.92	3.5	1.5	24	304	—	0.02	2.9
E33	黑龙江水利科技	840	0.99	6.2	1.2	25	420	—	0.01	5.5
E33	红水河	191	0.98	5.2	2.0	13	70	—	0.03	8.4
E33	湖南水利水电	226	0.97	4.4	1.9	14	119	—	0.15	7.2
E33	吉林水利	178	0.90	6.8	1.6	25	128	—	0.11	5.0
E33	江淮水利科技	140	0.96	2.2	1.4	1	66	—	—	7.8
E33	江苏水利	185	0.89	7.7	3.6	4	100	—	0.37	7.0
E33	江西水利科技	85	1.00	9.2	2.7	12	49	—	0.29	7.8
E33	内蒙古水利	452	0.94	1.5	1.7	24	228	—	0.03	4.3
E33	南水北调与水利科技	133	0.99	31.9	4.7	20	67	0.03	0.91	7.5
E33	泥沙研究	69	0.97	20.2	3.7	15	35	0.01	0.99	≥10
E33	人民长江	457	0.90	18.9	3.7	31	255	0.00	0.67	7.7
E33	人民黄河	404	0.87	15.9	3.8	27	181	0.01	0.73	8.7
E33	人民珠江	224	0.97	20.7	3.9	28	126	—	0.67	7.8
E33	三峡大学学报（自然科学版）	115	0.97	16.0	4.3	17	41	0.00	0.96	8.1
E33	山东水利	428	0.98	1.2	2.2	8	190	—	0.01	5.4

2020 年中国科技期刊来源指标按类刊名字顺索引（续）

学科代码	期刊名称	来源文献量	文献选出率	平均引文数	平均作者数	地区分布数	机构分布数	海外论文比	基金论文比	引用半衰期
E33	山西水利	207	0.65	2.1	1.1	9	136	—	0.01	4.5
E33	山西水利科技	89	1.00	1.5	1.2	4	41	—	0.03	7.8
E33	陕西水利	1052	1.00	3.5	1.5	30	539	—	0.03	5.3
E33	水电与抽水蓄能	139	0.99	10.9	3.8	25	77	—	0.35	6.9
E33	水电与新能源	228	0.93	5.8	2.7	22	115	—	0.08	7.3
E33	水电站机电技术	360	0.98	4.1	2.4	28	211	—	0.07	6.6
E33	水电站设计	91	0.95	5.8	2.5	8	15	—	—	8.1
E33	水动力学研究与进展 A 辑	95	1.00	19.7	4.1	21	50	0.02	0.85	9.0
E33	水科学进展	93	0.97	30.9	4.4	18	45	0.03	0.98	6.7
E33	水科学与工程技术	163	0.99	7.3	1.9	25	112	—	0.06	6.7
E33	水力发电	315	0.99	10.9	3.8	28	133	0.00	0.50	7.6
E33	水力发电学报	131	0.92	30.6	4.3	18	50	0.02	0.89	7.7
E33	水利发展研究	228	0.99	6.8	2.4	26	123	—	0.16	3.9
E33	水利规划与设计	420	1.00	15.8	2.7	30	199	—	0.49	4.4
E33	水利技术监督	469	1.00	13.5	1.7	31	276	—	0.09	4.2
E33	水利建设与管理	200	0.94	5.2	2.0	27	144	—	0.10	4.7
E33	水利经济	81	0.83	21.0	3.2	13	31	0.01	0.68	5.1
E33	水利科技	69	0.99	4.3	1.4	7	43	—	0.09	7.7
E33	水利科技与经济	241	0.96	7.8	1.6	25	141	—	0.10	5.2
E33	水利科学与寒区工程	241	0.99	8.1	2.0	25	160	0.01	0.14	5.1
E33	水利水电工程设计	72	0.90	3.4	2.6	18	29	—	0.03	≥10
E33	水利水电技术	303	0.79	23.3	4.1	29	162	0.00	0.90	7.4
E33	水利水电科技进展	85	0.83	25.4	4.0	22	49	0.00	0.81	7.9
E33	水利水电快报	204	0.84	7.8	3.1	19	86	—	0.21	8.4
E33	水利水运工程学报	96	0.95	16.4	4.4	21	42	0.00	0.95	8.8
E33	水利信息化	88	0.96	8.7	3.4	22	63	—	0.25	4.5
E33	水利学报	149	0.96	29.2	4.6	24	61	0.03	0.93	8.7
E33	水利与建筑工程学报	251	0.98	18.3	3.5	28	163	0.00	0.67	5.6
E33	水资源保护	97	0.76	27.3	4.6	18	55	0.00	0.85	5.8
E33	水资源开发与管理	194	0.88	7.6	1.8	25	131	—	0.20	4.3
E33	水资源与水工程学报	223	1.00	25.1	4.3	26	107	0.01	0.89	5.4
E33	四川水力发电	201	0.93	6.1	2.6	13	49	—	0.01	8.2
E33	四川水利	249	1.00	4.1	2.2	19	90	—	0.08	7.9

2020 年中国科技期刊来源指标按类刊名字顺索引（续）

学科代码	期刊名称	来源文献量	文献选出率	平均引文数	平均作者数	地区分布数	机构分布数	海外论文比	基金论文比	引用半衰期
E33	西北水电	160	0.98	9.1	2.5	20	48	—	0.08	7.3
E33	小水电	130	0.99	4.0	1.9	25	85	0.01	0.09	6.5
E33	浙江水利科技	137	0.97	6.7	3.1	7	73	—	0.23	9.4
E33	治淮	411	0.91	0.9	2.3	9	181	—	0.01	8.0
E33	中国防汛抗旱	237	0.72	5.7	2.6	28	136	—	0.24	6.8
E33	中国水利	595	0.69	3.4	2.4	31	297	—	0.18	4.8
E33	中国水利水电科学研究院学报	65	0.96	19.1	4.2	10	27	0.02	0.63	8.3
E33	中国水能及电气化	172	0.83	5.1	1.7	24	123	—	0.04	3.9
E33	中国水土保持	279	0.88	5.5	3.2	29	190	—	0.25	6.4
E34	Automotive Innovation	38	1.00	29.7	4.3	9	26	0.37	0.82	5.8
E34	Journal of Shanghai Jiaotong University（Science）	98	1.00	20.5	4.0	19	55	0.01	0.90	7.7
E34	Journal of Traffic and Transportation Engineering	60	0.91	58.0	3.5	3	5	0.92	0.27	8.3
E34	Railway Engineering Science	25	1.00	49.4	4.1	4	15	0.48	0.68	6.9
E34	北方交通	288	1.00	5.3	1.5	26	131	—	0.11	7.2
E34	北京交通大学学报	108	0.95	18.3	3.7	20	51	0.01	0.73	6.2
E34	北京汽车	78	0.96	5.7	3.0	17	48	—	0.03	5.8
E34	车辆与动力技术	51	0.96	9.0	4.4	15	27	—	0.16	7.4
E34	城市道桥与防洪	840	0.96	5.3	1.8	27	316	—	0.06	7.8
E34	重庆交通大学学报（自然科学版）	249	0.99	16.0	3.6	26	105	0.01	0.73	7.0
E34	大连交通大学学报	137	0.99	11.4	3.6	16	43	0.00	0.47	6.3
E34	公路交通技术	136	0.94	15.1	2.9	21	77	—	0.31	5.8
E34	公路交通科技	225	0.99	20.8	3.7	27	115	—	0.85	7.7
E34	公路与汽运	235	0.98	11.8	2.5	23	149	0.00	0.29	6.5
E34	广东公路交通	83	0.95	7.1	2.4	10	50	—	0.21	6.9
E34	广东交通职业技术学院学报	124	0.98	7.2	2.0	20	74	—	0.52	5.0
E34	国防交通工程与技术	117	0.99	7.1	1.9	18	64	—	0.09	5.9
E34	黑龙江交通科技	1457	1.00	3.5	1.3	29	584	—	0.03	3.7
E34	湖北汽车工业学院学报	66	0.93	9.7	3.5	7	10	—	0.73	5.1
E34	湖南交通科技	137	1.00	8.2	2.3	20	97	—	0.20	7.0
E34	华东交通大学学报	115	0.97	16.5	3.3	17	39	0.00	0.77	5.9
E34	集美大学学报	86	0.92	14.2	2.0	17	29	—	0.85	7.3

学科代码	期刊名称	来源文献量	文献选出率	平均引文数	平均作者数	地区分布数	机构分布数	海外论文比	基金论文比	引用半衰期
E34	集装箱化	120	0.74	1.0	1.7	13	46	—	0.03	4.6
E34	减速顶与调速技术	40	1.00	0.8	1.3	12	20	—	0.03	6.3
E34	建筑与文化	1108	0.99	8.1	2.1	26	229	0.01	0.38	7.9
E34	交通工程	80	0.93	11.5	2.8	17	58	—	0.29	6.2
E34	交通节能与环保	231	0.97	8.3	2.3	29	178	—	0.23	6.0
E34	交通科技	182	0.98	8.3	2.6	23	95	—	0.17	6.6
E34	交通科技与经济	87	0.94	16.0	2.8	19	50	—	0.51	5.2
E34	交通科学与工程	68	0.96	14.4	3.4	13	32	—	0.59	6.0
E34	交通信息与安全	110	0.96	22.9	3.9	18	44	0.00	0.80	5.0
E34	交通与运输	139	0.94	10.1	2.4	17	63	—	0.19	4.1
E34	交通运输工程学报	119	0.96	43.1	4.5	21	42	0.09	0.97	5.5
E34	交通运输工程与信息学报	83	0.98	16.4	3.1	13	30	—	0.75	6.0
E34	交通运输系统工程与信息	209	0.97	10.9	3.7	23	78	0.05	0.87	5.2
E34	交通运输研究	85	0.90	21.7	3.7	14	30	0.02	0.66	6.4
E34	军事交通学院学报	201	0.95	6.9	3.2	17	41	—	0.21	5.1
E34	客车技术与研究	114	1.00	10.8	3.3	17	49	—	0.18	6.6
E34	控制与信息技术	112	1.00	12.5	4.0	16	39	—	0.75	5.0
E34	兰州交通大学学报	150	0.96	18.1	2.9	8	17	—	0.69	6.6
E34	辽宁省交通高等专科学校学报	143	0.96	6.0	1.5	19	102	—	0.51	3.5
E34	路基工程	254	0.98	10.9	2.8	27	129	—	0.35	8.6
E34	内蒙古公路与运输	87	0.93	11.1	2.0	21	71	—	0.17	6.5
E34	汽车工程师	158	0.87	7.0	3.0	21	76	—	0.25	5.8
E34	汽车工艺师	154	0.68	0.8	2.1	17	98	0.01	0.01	7.5
E34	汽车工艺与材料	161	0.97	6.1	3.7	21	89	—	0.09	6.3
E34	汽车零部件	302	0.86	7.0	3.1	23	164	—	0.18	6.8
E34	汽车实用技术	1966	0.99	5.2	2.8	30	603	—	0.19	6.0
E34	汽车维修	92	0.97	1.0	1.6	22	66	—	0.01	3.7
E34	青海交通科技	162	0.96	10.7	1.8	22	90	—	0.11	5.1
E34	人民公交	207	0.66	0.1	1.2	25	122	—	—	≥10
E34	山东交通科技	248	0.98	6.4	2.2	21	125	—	0.13	7.1
E34	山东交通学院学报	49	0.92	23.6	3.1	15	36	—	0.59	6.1
E34	山西交通科技	206	0.98	5.7	1.2	11	61	—	0.14	6.2
E34	上海公路	100	0.93	6.9	2.2	13	55	—	0.12	6.8

学科代码	期刊名称	来源文献量	文献选出率	平均引文数	平均作者数	地区分布数	机构分布数	海外论文比	基金论文比	引用半衰期
E34	上海交通大学学报	158	0.93	18.4	3.9	22	57	0.00	0.86	6.3
E34	上海汽车	160	0.98	4.5	2.6	11	41	—	0.02	6.9
E34	时代汽车	1834	0.99	4.3	1.9	31	854	—	0.17	3.6
E34	世界桥梁	104	0.95	11.3	2.8	19	75	—	0.47	3.1
E34	武汉交通职业学院学报	68	0.91	16.0	1.6	16	29	—	0.56	5.5
E34	武汉理工大学学报（交通科学与工程版）	214	0.97	12.3	3.8	24	68	0.02	0.74	6.7
E34	西安交通大学学报	270	0.95	22.2	4.5	22	81	0.00	0.91	6.3
E34	西部交通科技	689	0.98	6.2	1.8	18	198	—	0.16	6.1
E34	西南交通大学学报	168	0.98	19.7	4.6	25	52	0.02	0.92	8.3
E34	现代城市轨道交通	293	0.90	15.4	2.2	25	149	—	0.18	5.2
E34	现代交通技术	111	0.98	9.9	2.4	19	83	—	0.27	6.7
E34	浙江交通职业技术学院学报	77	0.95	6.2	1.9	9	41	—	0.47	4.9
E34	中国船检	178	0.51	—	1.5	10	59	0.03	0.03	—
E34	中国海事	252	0.59	2.8	1.6	16	104	—	0.02	6.7
E34	中国交通信息化	209	0.90	3.5	1.9	25	135	—	0.06	3.9
E34	重型汽车	115	0.88	—	3.1	14	33	—	—	—
E35	城市交通	94	0.78	13.4	2.9	13	55	0.04	0.29	8.4
E35	公路	811	0.98	9.9	3.1	31	392	0.00	0.37	7.5
E35	公路工程	237	1.00	13.7	3.0	26	131	0.01	0.89	6.3
E35	交通世界（上旬刊）	953	0.98	4.9	1.3	29	481	—	0.01	2.9
E35	交通世界（下旬刊）	985	1.00	5.0	1.2	29	438	—	0.01	2.5
E35	交通世界（中旬刊）	947	1.00	4.9	1.4	29	517	0.00	0.02	3.4
E35	汽车安全与节能学报	61	0.95	24.2	4.4	18	41	0.03	0.74	6.6
E35	汽车工程	236	1.00	17.3	4.5	18	86	0.02	0.80	6.6
E35	汽车工程学报	62	0.91	13.6	4.3	16	42	0.02	0.52	7.6
E35	汽车技术	128	0.91	12.5	3.9	23	69	0.00	0.52	6.2
E35	汽车科技	100	0.95	7.2	3.4	17	52	—	0.09	7.3
E35	隧道建设	222	0.86	16.3	3.6	23	121	0.01	0.40	5.6
E35	现代隧道技术	181	1.00	14.6	3.6	26	128	0.01	0.44	7.4
E35	中国公路	621	0.56	—	1.7	30	372	0.00	0.01	—
E35	中国公路学报	241	0.99	35.2	4.4	24	69	0.05	0.95	6.5
E35	中外公路	401	0.99	12.7	3.1	29	251	0.00	0.41	7.1
E35	专用汽车	137	0.56	2.5	2.1	19	61	—	0.04	8.2

2020年中国科技期刊来源指标按类刊名字顺索引（续）

学科代码	期刊名称	来源文献量	文献选出率	平均引文数	平均作者数	地区分布数	机构分布数	海外论文比	基金论文比	引用半衰期
E36	城市轨道交通研究	545	0.97	7.6	2.9	27	212	0.00	0.18	7.0
E36	电力机车与城轨车辆	143	0.97	6.0	3.0	18	50	—	0.15	7.8
E36	电气化铁道	146	0.97	7.1	2.1	25	85	—	0.23	7.2
E36	都市快轨交通	149	0.90	11.4	2.7	17	88	0.01	0.36	6.7
E36	高速铁路技术	123	0.96	11.0	2.8	17	43	—	0.42	6.7
E36	轨道交通装备与技术	129	1.00	2.8	2.8	20	62	—	0.06	8.1
E36	国外机车车辆工艺	61	1.00	1.0	1.9	1	1	—	—	≥10
E36	国外铁道机车与动车	74	0.97	2.2	1.9	1	3	—	0.01	9.0
E36	机车车辆工艺	138	1.00	2.0	3.0	18	58	—	0.11	7.8
E36	机车电传动	192	0.98	9.8	3.8	20	72	0.00	0.42	6.7
E36	石家庄铁道大学学报（自然科学版）	77	0.97	13.0	3.5	11	25	0.00	0.58	7.2
E36	石家庄铁路职业技术学院学报	95	0.98	5.6	1.5	15	46	—	0.35	6.2
E36	铁道标准设计	377	0.98	20.2	3.1	25	87	—	0.82	5.6
E36	铁道车辆	193	0.91	3.0	3.2	24	77	—	0.07	7.5
E36	铁道工程学报	217	0.96	7.8	3.0	19	54	0.01	0.40	6.3
E36	铁道货运	133	1.00	8.5	2.1	22	55	—	0.99	3.1
E36	铁道机车车辆	157	0.97	7.3	3.2	18	55	—	0.43	8.2
E36	铁道技术监督	181	0.72	5.3	2.4	24	86	0.01	0.19	8.5
E36	铁道建筑	429	1.00	11.3	3.1	27	143	0.00	0.69	6.8
E36	铁道建筑技术	452	0.99	12.1	1.4	27	165	—	0.89	5.2
E36	铁道勘察	167	0.97	16.7	1.8	17	40	—	0.63	4.8
E36	铁道科学与工程学报	386	0.97	16.6	3.9	27	125	0.00	0.87	6.4
E36	铁道通信信号	298	0.96	6.2	2.1	24	134	—	0.28	6.0
E36	铁道学报	229	0.95	18.9	4.1	22	59	0.01	0.83	7.9
E36	铁道运输与经济	240	1.00	9.8	2.5	24	85	0.00	1.00	4.1
E36	铁道运营技术	85	1.00	2.6	1.4	19	54	—	0.04	7.1
E36	铁路采购与物流	178	0.72	2.4	1.4	25	96	—	0.05	4.1
E36	铁路工程技术与经济	85	0.92	6.7	1.3	19	42	0.01	0.17	5.8
E36	铁路计算机应用	186	0.99	10.5	2.9	16	47	—	0.86	4.4
E36	铁路技术创新	141	0.99	8.6	2.1	14	47	—	0.16	3.7
E36	铁路节能环保与安全卫生	77	0.93	10.4	2.6	15	36	—	0.36	5.3
E36	铁路通信信号工程技术	275	0.98	8.1	1.7	22	96	—	0.18	5.0
E36	郑州铁路职业技术学院学报	134	0.98	4.6	1.6	16	58	—	0.39	3.6

2020 年中国科技期刊来源指标按类刊名字顺索引（续）

学科代码	期刊名称	来源文献量	文献选出率	平均引文数	平均作者数	地区分布数	机构分布数	海外论文比	基金论文比	引用半衰期
E36	智慧轨道交通	63	0.95	2.4	2.1	1	2	—	0.03	≥10
E36	中国铁道科学	112	0.98	18.5	4.6	19	35	0.00	0.71	7.3
E36	中国铁路	274	0.96	11.6	2.7	21	90	0.00	0.52	4.4
E37	Journal of Marine Science and Application	56	1.00	48.2	3.3	7	7	0.75	0.23	8.7
E37	产业创新研究	1802	0.98	4.2	1.5	31	1241	0.00	0.30	2.9
E37	船舶	105	0.81	6.9	2.9	10	40	—	0.16	7.2
E37	船舶工程	330	0.92	12.7	3.9	22	127	0.01	0.45	7.4
E37	船舶力学	172	0.99	18.0	4.0	20	67	0.02	0.76	≥10
E37	船舶设计通讯	38	0.88	2.8	2.6	6	14	—	—	9.0
E37	船舶与海洋工程	84	0.98	8.3	3.3	12	50	0.02	0.33	6.9
E37	船舶职业教育	131	0.97	5.1	1.4	13	40	—	0.60	2.7
E37	船电技术	188	0.93	7.6	2.9	20	77	—	0.14	8.1
E37	船海工程	172	0.98	8.5	3.5	15	88	0.00	0.46	7.1
E37	大连海事大学学报	60	0.97	18.6	4.0	12	16	0.00	0.60	5.9
E37	港工技术	171	1.00	6.0	2.4	12	74	—	0.06	8.8
E37	港口科技	141	1.00	1.9	2.1	13	99	—	0.03	5.8
E37	港口装卸	128	0.98	4.2	2.5	14	71	0.01	0.07	6.2
E37	广船科技	61	0.98	2.4	2.3	2	8	—	—	≥10
E37	广东造船	155	0.77	3.8	2.7	10	54	—	0.13	8.9
E37	航海	124	0.69	2.0	1.7	9	52	—	0.02	8.3
E37	航海技术	164	0.97	0.9	1.6	13	100	0.02	0.03	7.1
E37	黄河水利职业技术学院学报	98	0.94	8.9	1.7	15	41	—	0.59	4.8
E37	机电兵船档案	221	0.91	2.8	1.5	25	114	—	0.01	4.9
E37	舰船电子工程	509	0.99	13.7	2.8	27	223	0.00	0.17	8.4
E37	舰船科学技术	1104	0.99	9.1	2.8	30	458	0.00	0.34	7.2
E37	江苏船舶	77	0.95	4.7	2.5	11	52	—	0.27	6.9
E37	江苏航运职业技术学院学报	92	0.96	6.5	1.9	11	45	—	0.60	4.7
E37	桥梁建设	118	0.99	11.2	3.2	17	60	0.00	0.47	3.2
E37	青岛远洋船员职业学院学报	76	0.95	5.9	2.0	13	35	—	0.30	5.7
E37	上海船舶运输科学研究所学报	63	0.94	8.3	2.5	7	21	—	0.08	6.6
E37	上海海事大学学报	78	0.96	15.6	3.4	9	16	0.01	0.73	5.9
E37	世界海运	142	0.91	4.2	1.6	12	73	0.01	0.05	8.6
E37	水道港口	111	0.97	14.7	3.5	17	56	0.04	0.87	8.7

2020 年中国科技期刊来源指标按类刊名字顺索引（续）

学科代码	期刊名称	来源文献量	文献选出率	平均引文数	平均作者数	地区分布数	机构分布数	海外论文比	基金论文比	引用半衰期
E37	水运工程	435	0.99	8.8	3.1	22	131	0.00	0.20	8.3
E37	水运管理	166	0.89	0.6	1.9	15	84	0.01	0.11	4.4
E37	天津航海	96	0.99	3.1	1.6	14	47	—	0.14	5.8
E37	武汉船舶职业技术学院学报	140	0.97	6.5	1.5	19	67	—	0.36	3.9
E37	造船技术	116	1.00	6.9	3.5	12	51	—	0.20	6.8
E37	中国港口	223	0.63	—	1.4	17	130	0.00	—	—
E37	中国港湾建设	199	0.99	9.7	3.1	19	72	0.02	0.17	6.9
E37	中国航海	92	0.98	15.2	3.6	9	26	0.02	0.65	6.3
E37	中国舰船研究	140	1.00	17.7	3.7	12	44	0.00	0.51	7.9
E37	中国水运（上半月）	599	0.94	4.8	2.1	26	312	—	0.11	6.1
E37	中国水运（下半月）	1078	0.99	6.0	2.3	27	485	0.03	0.14	7.8
E37	中国修船	92	0.88	4.8	2.8	11	56	—	0.15	6.6
E37	中国造船	92	1.00	16.1	4.1	14	35	0.02	0.54	7.8
E37	珠江水运	1006	0.80	3.1	1.5	29	493	0.01	0.04	4.2
E38	Aerospace China	40	0.70	6.6	3.5	3	23	—	0.03	7.8
E38	Chinese Journal of Aeronautics	285	0.97	36.3	4.3	19	57	0.15	0.66	8.4
E38	Transactions of Nanjing University of Aeronautics and Astronautics	93	0.93	24.3	4.2	15	41	0.02	0.38	7.7
E38	北华航天工业学院学报	120	0.95	5.3	2.8	5	9	—	0.38	4.0
E38	北京航空航天大学学报	262	0.96	21.4	4.0	20	96	0.00	0.67	7.5
E38	测控技术	269	0.95	16.8	3.6	26	176	0.00	0.40	5.7
E38	长沙航空职业技术学院学报	104	0.91	7.4	2.0	23	68	—	0.56	4.5
E38	成都航空职业技术学院学报	104	0.96	7.9	2.0	15	51	—	0.55	6.4
E38	导弹与航天运载技术	137	0.98	10.3	4.3	10	39	0.00	0.12	9.6
E38	导航与控制	92	0.98	19.1	3.6	19	52	0.00	0.37	8.5
E38	电光与控制	261	0.95	15.0	3.5	26	108	0.00	0.59	6.2
E38	飞机设计	107	0.95	6.2	3.2	13	38	—	0.06	9.9
E38	飞控与探测	72	0.91	21.5	4.3	14	36	—	0.64	7.0
E38	飞行力学	94	0.97	13.8	3.6	16	44	0.00	0.41	8.5
E38	固体火箭技术	115	0.93	18.9	5.1	17	56	0.00	0.33	9.1
E38	桂林航天工业学院学报	97	0.96	11.6	2.2	7	20	—	0.55	5.1
E38	国际太空	134	0.71	3.2	2.2	11	41	—	0.02	1.8
E38	海军航空大学学报	60	0.87	19.3	3.4	10	30	0.00	0.42	8.1

2020 年中国科技期刊来源指标按类刊名字顺索引（续）

学科代码	期刊名称	来源文献量	文献选出率	平均引文数	平均作者数	地区分布数	机构分布数	海外论文比	基金论文比	引用半衰期
E38	航空材料学报	70	0.93	30.4	4.8	12	33	0.00	0.61	8.2
E38	航空电子技术	50	0.94	6.6	2.9	4	10	—	—	8.1
E38	航空动力学报	278	0.96	22.0	4.3	17	83	0.00	0.57	9.9
E38	航空发动机	106	0.95	19.3	3.8	15	35	0.00	0.20	≥10
E38	航空工程进展	118	1.00	20.4	3.3	14	46	—	0.40	7.9
E38	航空计算技术	180	0.96	9.3	3.3	12	44	0.00	0.54	5.6
E38	航空精密制造技术	95	0.93	7.6	3.4	15	57	0.00	0.17	9.3
E38	航空科学技术	154	0.90	17.2	3.7	15	65	—	0.37	7.1
E38	航空维修与工程	359	0.86	2.9	2.3	24	108	—	0.03	8.6
E38	航空学报	341	0.97	33.7	4.2	22	92	0.02	0.59	7.9
E38	航空制造技术	243	0.91	22.4	4.3	21	101	0.01	0.52	7.1
E38	航天电子对抗	78	0.91	9.4	3.5	15	40	—	0.09	6.7
E38	航天返回与遥感	80	0.95	25.7	4.8	9	22	0.00	0.59	9.4
E38	航天工业管理	167	0.99	—	3.7	11	60	—	—	—
E38	航天控制	72	0.94	13.6	3.7	18	48	0.00	0.35	6.9
E38	航天器工程	133	0.92	12.5	5.0	9	38	0.00	0.40	7.7
E38	航天器环境工程	101	0.98	15.0	5.0	13	49	0.00	0.34	9.3
E38	航天制造技术	94	0.96	7.1	4.9	14	47	—	0.07	8.8
E38	火箭推进	84	0.99	23.6	4.1	7	21	0.00	0.50	9.7
E38	计测技术	73	0.95	12.8	3.5	15	30	—	0.47	8.8
E38	教练机	57	0.93	4.4	3.6	7	11	—	—	≥10
E38	空间电子技术	102	1.00	14.7	4.3	12	39	0.01	0.50	7.6
E38	空间控制技术与应用	67	0.93	16.0	4.3	14	36	0.00	0.76	8.0
E38	空间碎片研究	27	0.73	16.2	4.5	8	23	—	0.22	6.9
E38	空气动力学学报	118	0.96	38.4	3.8	14	39	0.03	0.73	≥10
E38	民航学报	141	1.00	6.3	2.3	18	74	—	0.24	7.0
E38	民用飞机设计与研究	90	0.93	12.4	2.5	13	39	—	0.01	9.6
E38	南京航空航天大学学报	120	0.96	23.1	3.8	22	52	0.01	0.67	8.1
E38	强度与环境	55	0.98	16.6	4.6	11	25	0.00	0.31	9.4
E38	上海航天	120	0.97	19.0	4.9	18	59	0.01	0.64	8.0
E38	深空探测学报	72	0.97	25.4	5.2	10	38	0.03	0.78	8.7
E38	沈阳航空航天大学学报	71	0.99	19.5	3.7	5	9	—	0.73	6.9
E38	实验流体力学	76	0.96	31.3	4.7	13	32	0.03	0.66	9.5

2020 年中国科技期刊来源指标按类刊名字顺索引（续）

学科代码	期刊名称	来源文献量	文献选出率	平均引文数	平均作者数	地区分布数	机构分布数	海外论文比	基金论文比	引用半衰期
E38	推进技术	312	1.00	25.5	4.5	23	89	0.00	0.58	≥10
E38	卫星应用	124	0.58	4.2	3.0	11	52	0.02	0.10	3.4
E38	西安航空学院学报	95	0.96	12.8	2.2	14	49	—	0.62	7.1
E38	现代导航	87	0.94	7.6	2.4	8	19	—	0.03	9.0
E38	宇航材料工艺	103	0.94	17.2	4.3	14	59	0.00	0.35	8.1
E38	宇航计测技术	98	1.00	11.8	4.4	21	60	0.00	0.30	8.1
E38	宇航学报	175	0.96	26.1	4.3	17	64	0.01	0.65	7.8
E38	宇航总体技术	52	0.95	14.2	4.3	13	26	—	0.44	8.0
E38	载人航天	106	0.99	20.8	4.7	12	52	0.00	0.32	9.1
E38	振动、测试与诊断	163	0.96	17.2	4.2	24	90	0.00	0.89	7.4
E38	郑州航空工业管理学院学报	64	0.96	20.2	2.0	14	31	0.02	0.72	7.5
E38	直升机技术	60	0.97	7.3	2.5	11	19	—	0.02	9.6
E38	中国航天	173	0.74	—	2.3	12	55	—	0.01	—
E38	中国空间科学技术	54	0.64	17.8	4.2	10	25	0.02	0.50	7.5
E38	中国民航大学学报	71	0.99	13.8	2.7	7	12	—	0.70	8.0
E38	中国民航飞行学院学报	106	0.95	8.6	1.9	18	56	—	0.38	8.2
E39	Chinese Journal of Population Resources and Environment	37	1.00	43.5	3.1	12	20	0.30	0.62	8.0
E39	Frontiers of Environmental Science & Engineering	111	0.99	47.1	5.3	17	71	0.22	0.95	7.0
E39	Journal of Environmental Sciences	325	0.99	54.5	6.2	26	126	0.35	0.71	7.3
E39	长江流域资源与环境	261	0.98	33.3	4.1	26	115	0.00	0.94	6.6
E39	低碳世界	1504	0.99	4.1	1.3	31	1064	0.00	0.03	3.1
E39	电镀与环保	148	0.98	4.4	2.0	26	123	0.00	0.25	9.9
E39	电力科技与环保	91	1.00	13.2	3.7	18	70	—	0.31	5.4
E39	干旱环境监测	41	0.95	9.2	3.0	10	26	—	0.15	7.3
E39	干旱区资源与环境	350	0.99	24.4	3.8	31	176	—	0.98	6.8
E39	工业水处理	300	0.93	17.6	4.8	29	196	0.00	0.56	6.0
E39	工业用水与废水	118	1.00	14.9	3.7	24	92	0.00	0.34	6.2
E39	海洋环境科学	137	1.00	25.2	5.0	14	66	0.01	0.77	≥10
E39	化工环保	113	0.93	23.2	4.3	24	95	0.01	0.54	6.4
E39	环保科技	73	1.00	14.8	3.4	18	54	—	0.37	7.5
E39	环境保护	303	0.74	9.4	2.6	24	157	0.01	0.44	4.3

2020 年中国科技期刊来源指标按类刊名字顺索引（续）

学科代码	期刊名称	来源文献量	文献选出率	平均引文数	平均作者数	地区分布数	机构分布数	海外论文比	基金论文比	引用半衰期
E39	环境保护科学	153	0.98	21.1	4.1	27	114	0.01	0.51	7.3
E39	环境保护与循环经济	274	0.96	10.0	2.7	25	178	—	0.31	6.3
E39	环境工程	408	0.82	26.3	4.9	30	232	0.02	0.75	6.1
E39	环境工程技术学报	134	0.91	32.2	5.1	22	67	0.00	0.71	7.6
E39	环境工程学报	386	0.98	28.4	5.4	27	182	0.03	0.71	6.6
E39	环境化学	386	0.99	36.5	5.4	30	232	0.01	0.84	6.9
E39	环境技术	243	0.90	8.8	3.4	26	150	0.00	0.08	6.9
E39	环境监测管理与技术	101	1.00	18.1	5.0	24	79	0.00	0.79	6.7
E39	环境监控与预警	81	0.99	24.7	4.2	10	47	—	0.74	6.5
E39	环境科技	90	0.92	14.3	4.2	17	69	0.00	0.47	5.9
E39	环境科学	612	0.98	38.5	6.1	28	234	0.01	0.93	5.6
E39	环境科学导刊	118	0.95	11.2	3.3	21	85	—	0.25	7.9
E39	环境科学学报	487	1.00	37.0	5.8	30	200	0.03	0.90	6.2
E39	环境科学研究	329	0.98	40.2	5.8	28	166	0.00	0.88	6.8
E39	环境科学与管理	470	0.96	7.7	2.4	29	355	0.00	0.28	2.9
E39	环境科学与技术	350	1.00	32.6	5.1	31	231	0.02	0.80	6.3
E39	环境生态学	170	0.95	25.5	4.3	27	114	—	0.77	6.7
E39	环境卫生工程	105	0.81	15.2	4.0	16	72	0.03	0.33	6.9
E39	环境卫生学杂志	97	0.80	19.2	5.6	23	61	0.00	0.41	6.1
E39	环境污染与防治	288	1.00	25.0	5.0	30	189	0.00	0.83	6.9
E39	环境影响评价	121	0.91	10.6	4.3	21	77	0.01	0.50	4.7
E39	环境与发展	1714	1.00	5.4	1.8	30	1278	—	0.08	3.9
E39	环境与可持续发展	227	0.90	11.2	2.9	24	107	0.00	0.37	5.2
E39	能源环境保护	115	0.96	18.4	3.5	26	95	—	0.43	5.7
E39	农业资源与环境学报	118	0.97	34.9	6.1	25	70	0.00	0.73	7.2
E39	青海环境	41	0.85	10.6	2.7	8	23	0.02	0.17	7.3
E39	三峡生态环境监测	38	1.00	23.7	4.4	12	29	—	0.87	7.8
E39	世界环境	129	0.53	—	1.8	13	71	0.11	0.05	—
E39	水处理技术	336	0.98	19.1	4.6	28	219	0.01	0.77	6.7
E39	四川环境	201	0.99	17.5	3.5	23	125	0.00	0.26	7.4
E39	西部人居环境学刊	97	0.97	28.6	2.8	21	46	0.05	0.75	7.3
E39	消防科学与技术	478	0.99	12.2	3.5	31	241	0.00	0.49	6.0
E39	新疆环境保护	33	0.83	14.2	2.9	4	18	—	0.30	7.5

学科代码	期刊名称	来源文献量	文献选出率	平均引文数	平均作者数	地区分布数	机构分布数	海外论文比	基金论文比	引用半衰期
E39	亚热带资源与环境学报	46	0.92	22.8	3.8	11	22	0.02	0.80	8.9
E39	应用与环境生物学报	195	0.99	42.9	6.2	29	90	0.02	0.88	7.2
E39	再生资源与循环经济	114	0.67	11.6	2.7	21	71	—	0.52	4.7
E39	植物资源与环境学报	65	0.97	28.0	5.5	21	41	0.00	0.85	7.5
E39	中国环保产业	175	0.86	6.1	3.1	22	104	—	0.21	5.1
E39	中国环境监测	128	0.96	24.3	5.1	26	81	0.01	0.63	6.9
E39	中国环境科学	613	0.99	37.1	5.6	29	258	0.01	0.91	6.5
E39	中国人口·资源与环境	196	0.87	34.8	2.9	27	100	0.02	0.87	5.7
E39	中国特种设备安全	230	0.98	8.0	3.0	25	110	—	0.28	7.8
E39	中国资源综合利用	725	0.99	7.6	2.2	30	574	0.01	0.14	5.7
E39	资源节约与环保	1229	0.94	4.1	1.6	31	935	—	0.07	3.5
E39	资源科学	204	0.93	42.4	3.8	25	92	0.04	0.82	5.6
E39	资源信息与工程	261	0.98	5.5	2.0	27	162	—	0.17	6.5
E39	自然资源学报	223	0.97	36.9	4.3	27	113	0.02	0.95	6.1
E40	安全	180	0.92	12.7	2.6	24	109	—	0.48	6.2
E40	安全、健康和环境	167	0.99	9.1	2.7	22	65	—	0.19	6.3
E40	安全与环境工程	180	1.00	22.9	4.0	26	87	0.01	0.79	6.1
E40	安全与环境学报	326	0.89	22.5	4.1	29	145	0.01	0.73	6.9
E40	城市与减灾	76	0.88	—	1.9	13	53	—	0.24	—
E40	电力安全技术	245	0.96	5.8	2.7	28	164	—	0.03	6.8
E40	防灾减灾工程学报	128	0.96	20.1	4.3	22	75	0.01	0.88	9.6
E40	防灾科技学院学报	53	0.93	22.2	3.4	17	34	—	0.83	9.5
E40	工业安全与环保	290	1.00	10.5	3.7	26	172	—	0.52	6.8
E40	火灾科学	29	0.94	20.1	4.1	10	16	0.03	0.69	8.1
E40	劳动保障世界	1240	0.71	4.7	1.5	31	648	0.00	0.29	4.0
E40	现代职业安全	314	0.70	0.3	1.6	27	168	0.03	0.01	6.3
E40	信息安全学报	50	0.86	53.8	4.4	11	25	0.00	0.68	6.1
E40	信息安全研究	154	0.88	14.4	2.5	20	104	0.00	0.23	6.1
E40	震灾防御技术	86	1.00	18.2	4.3	22	51	0.00	0.50	9.1
E40	中国安防	187	0.75	0.3	1.6	18	77	—	—	5.2
E40	中国安全防范技术与应用	75	0.74	4.7	2.5	15	55	0.01	0.01	4.6
E40	中国安全科学学报	328	0.87	18.0	4.2	25	127	0.01	0.88	6.0
E40	中国安全生产科学技术	351	0.82	17.1	4.0	28	156	0.01	0.82	5.8

2020 年中国科技期刊来源指标按类刊名字顺索引（续）

学科代码	期刊名称	来源文献量	文献选出率	平均引文数	平均作者数	地区分布数	机构分布数	海外论文比	基金论文比	引用半衰期
E40	自然灾害学报	128	0.99	26.6	4.0	24	90	0.00	0.91	8.4
F01	Frontiers of Engineering Management	51	1.00	48.6	3.3	11	43	0.41	0.53	5.9
F01	Journal of Management Science and Engineering	19	0.83	49.8	3.5	7	15	0.11	0.90	7.8
F01	创新科技	120	0.90	21.9	2.4	20	73	0.01	0.79	5.2
F01	当代经济管理	150	1.00	26.1	1.8	26	106	—	0.91	6.1
F01	工程管理学报	160	0.97	16.6	3.1	23	78	0.01	0.76	4.7
F01	工程研究—跨学科视野中的工程	73	0.97	18.4	1.7	11	42	0.01	0.29	8.0
F01	工业工程与管理	135	0.96	21.7	3.0	22	63	0.01	0.91	6.4
F01	公共管理评论	55	1.00	34.5	1.5	12	33	0.15	0.49	8.8
F01	公共管理学报	54	0.87	45.9	2.2	14	35	—	0.87	8.5
F01	公共管理与政策评论	45	1.00	43.3	1.8	12	33	0.11	0.73	8.1
F01	管理案例研究与评论	48	0.91	44.4	2.8	17	33	—	0.98	8.1
F01	管理工程师	61	1.00	11.5	1.8	12	41	—	0.62	5.2
F01	管理工程学报	132	0.98	36.3	3.1	20	69	0.00	0.99	9.5
F01	管理科学	69	0.93	54.4	3.3	16	43	0.06	0.96	6.8
F01	管理科学学报	88	0.85	43.5	3.0	21	61	0.03	0.98	8.6
F01	管理评论	313	0.96	43.7	3.0	24	130	0.04	0.93	8.3
F01	管理世界	173	0.84	59.7	2.8	20	76	0.05	0.78	≥10
F01	管理现代化	163	0.94	19.0	2.5	21	85	0.02	0.98	6.0
F01	管理学报	196	0.98	31.2	3.1	27	101	0.03	0.96	7.8
F01	管理学刊	63	0.95	23.7	2.1	17	49	—	0.81	5.7
F01	技术与创新管理	102	0.96	21.6	2.1	16	49	0.01	0.52	5.5
F01	交通企业管理	207	0.92	—	1.8	23	123	—	0.12	—
F01	科技成果管理与研究	214	0.57	3.5	2.4	25	124	—	0.29	4.0
F01	科技管理研究	785	0.80	25.5	2.8	29	339	0.02	0.81	6.6
F01	科技进步与对策	417	0.67	33.8	2.7	26	178	0.01	0.93	6.9
F01	科技与管理	80	0.94	26.0	2.4	12	23	—	0.81	5.6
F01	科学管理研究	144	0.92	16.4	2.2	29	111	0.01	0.70	5.8
F01	科学学研究	223	0.91	26.2	2.6	23	110	0.01	0.84	8.4
F01	科学学与科学技术管理	99	0.89	55.0	2.8	18	52	0.01	0.90	8.6
F01	科学与管理	86	0.91	24.2	2.6	19	60	—	0.90	6.8
F01	科研管理	324	0.91	28.0	2.7	28	164	0.03	0.91	8.9

2020 年中国科技期刊来源指标按类刊名字顺索引（续）

学科代码	期刊名称	来源文献量	文献选出率	平均引文数	平均作者数	地区分布数	机构分布数	海外论文比	基金论文比	引用半衰期
F01	南开管理评论	113	0.93	56.1	3.0	20	64	0.03	0.92	≥10
F01	上海城市管理	85	0.93	9.7	1.6	16	55	0.01	0.35	5.3
F01	上海管理科学	113	0.96	15.8	2.2	8	25	—	0.53	9.1
F01	施工企业管理	432	0.83	—	1.2	24	231	0.00	—	—
F01	实验技术与管理	796	1.00	13.9	4.0	28	284	—	0.87	4.3
F01	实验室研究与探索	796	1.00	16.2	3.7	30	331	0.00	0.63	5.2
F01	项目管理技术	325	1.00	9.1	2.7	28	204	—	0.30	5.4
F01	研究与发展管理	86	0.93	44.4	2.7	22	60	0.01	0.95	7.6
F01	云南科技管理	105	0.80	5.8	2.2	19	71	—	0.31	4.1
F01	智库理论与实践	75	0.97	17.7	2.0	21	58	—	0.55	2.7
F01	中国管理科学	250	0.93	29.1	3.0	25	131	0.04	0.98	7.4
F01	中国环境管理	111	0.99	22.6	3.5	14	57	0.01	0.69	5.0
F01	中国科技成果	484	0.60	4.2	3.8	31	303	—	0.55	5.7
F01	中国科技论坛	249	0.87	22.6	2.3	23	140	0.02	0.74	6.9
F01	中国软科学	180	0.88	34.7	2.6	23	104	0.03	0.86	7.5
F01	中国卫生标准管理	1660	1.00	13.2	2.3	28	803	—	0.12	2.8
H01	Social Sciences in China	38	0.90	69.8	2.6	11	26	—	0.63	0.0
H01	北方论丛	87	1.00	19.1	1.1	20	55	0.01	0.58	≥10
H01	北京社会科学	137	0.92	33.7	1.1	24	82	0.02	0.61	≥10
H01	长白学刊	127	0.93	18.5	1.5	24	85	—	0.78	7.0
H01	长江论坛	94	0.88	13.2	1.4	15	59	—	0.34	8.8
H01	重庆社会科学	135	0.84	26.8	1.7	23	87	—	0.82	5.5
H01	船山学刊	75	0.93	22.1	1.2	17	55	0.04	0.52	≥10
H01	创新	70	0.92	19.5	1.5	22	56	—	0.76	6.8
H01	创新创业理论研究与实践	1983	1.00	5.9	1.9	31	1103	0.00	0.73	2.8
H01	大庆社会科学	208	0.93	4.0	1.5	20	95	—	0.42	5.5
H01	当代韩国	39	0.91	37.3	1.4	14	32	—	0.49	≥10
H01	道德与文明	127	0.98	16.8	1.1	22	68	—	0.59	≥10
H01	德国研究	36	0.86	53.5	1.4	9	24	0.06	0.72	≥10
H01	邓小平研究	85	0.96	33.1	1.3	23	60	—	0.52	≥10
H01	东方论坛	79	0.93	38.1	1.3	17	37	—	0.91	≥10
H01	东疆学刊	70	0.90	19.6	1.5	12	40	0.01	0.83	≥10
H01	东南学术	148	0.91	29.4	1.5	22	82	0.00	0.64	≥10

2020 年中国科技期刊来源指标按类刊名字顺索引（续）

学科代码	期刊名称	来源文献量	文献选出率	平均引文数	平均作者数	地区分布数	机构分布数	海外论文比	基金论文比	引用半衰期
H01	东岳论丛	239	0.93	32.2	1.5	22	114	0.01	0.70	≥10
H01	发明与创新·初中生	1569	0.99	3.0	1.2	30	853	—	0.26	3.1
H01	发明与创新·高中生	224	0.52	—	1.4	22	136	—	0.00	—
H01	福建论坛（人文社会科学版）	225	1.00	31.4	1.6	25	112	—	0.64	≥10
H01	甘肃社会科学	184	0.88	24.4	1.4	26	102	0.01	0.82	≥10
H01	关东学刊	120	0.89	23.4	1.2	21	77	0.03	0.36	0.0
H01	观察与思考	149	0.87	23.0	1.3	21	88	—	0.63	8.3
H01	广东社会科学	156	0.93	29.9	1.4	25	85	0.01	0.66	≥10
H01	广西社会科学	362	0.97	16.5	1.6	28	190	0.01	0.83	8.8
H01	贵州社会科学	267	1.00	24.3	1.5	27	138	0.01	0.78	≥10
H01	桂海论丛	124	1.00	12.4	1.4	22	90	—	0.61	7.3
H01	河北学刊	172	0.96	24.2	1.4	22	81	—	0.68	≥10
H01	河南社会科学	178	0.94	19.8	1.5	25	100	0.01	0.72	7.8
H01	黑河学刊	306	0.98	7.0	1.3	28	200	0.01	0.30	6.8
H01	黑龙江社会科学	140	0.87	15.5	1.6	25	91	0.01	0.71	≥10
H01	宏观质量研究	54	0.90	38.4	2.3	18	37	—	0.96	7.3
H01	湖北社会科学	254	0.98	21.2	1.4	26	143	0.00	0.71	≥10
H01	湖南社会科学	123	0.91	22.6	1.5	21	82	0.01	0.68	≥10
H01	湖湘论坛	82	0.92	20.3	1.3	19	55	—	0.73	8.5
H01	江海学刊	205	0.84	22.9	1.4	24	88	0.04	0.64	≥10
H01	江汉论坛	233	0.95	23.0	1.4	23	127	0.00	0.73	≥10
H01	江汉学术	78	0.99	26.7	1.6	17	53	0.04	0.68	≥10
H01	江淮论坛	157	0.96	24.4	1.5	18	89	0.01	0.81	≥10
H01	江南论坛	278	0.94	—	1.3	16	191	0.00	0.29	—
H01	江苏社会科学	146	0.88	32.4	1.5	16	72	0.00	0.68	≥10
H01	江西社会科学	304	0.85	24.1	1.5	27	160	0.02	0.64	≥10
H01	晋阳学刊	119	1.00	23.6	1.3	18	65	—	0.38	≥10
H01	荆楚学刊	82	1.00	19.2	1.5	21	63	—	0.66	≥10
H01	开发研究	121	0.94	21.4	2.0	22	74	0.03	0.68	6.3
H01	科学·经济·社会	69	0.96	22.1	1.2	11	25	0.04	0.32	≥10
H01	科学决策	67	1.00	30.1	2.4	18	51	—	0.64	6.7
H01	科学与社会	48	1.00	20.8	1.9	13	33	0.02	0.52	6.2
H01	克拉玛依学刊	69	0.85	14.0	1.4	18	49	—	0.46	4.9

2020 年中国科技期刊来源指标按类刊名字顺索引（续）

学科代码	期刊名称	来源文献量	文献选出率	平均引文数	平均作者数	地区分布数	机构分布数	海外论文比	基金论文比	引用半衰期
H01	兰州学刊	210	1.00	31.6	1.4	26	121	0.01	0.87	≥10
H01	老区建设	400	0.71	4.4	1.5	23	230	0.00	0.25	5.3
H01	理论观察	609	1.00	7.8	1.4	30	348	—	0.49	5.8
H01	理论界	183	0.99	11.4	1.3	23	111	—	0.56	≥10
H01	理论学刊	108	0.95	26.8	1.4	25	66	—	0.90	≥10
H01	理论与现代化	81	0.95	13.9	1.6	12	39	—	0.53	7.1
H01	理论月刊	207	0.94	25.3	1.4	26	117	0.01	0.80	9.1
H01	岭南学刊	106	0.96	16.7	1.4	20	60	0.01	0.60	6.8
H01	民主与科学	125	0.90	1.9	1.3	23	78	0.01	0.05	≥10
H01	内蒙古社会科学	172	0.98	23.5	1.3	24	89	—	0.80	≥10
H01	南都学坛	105	1.00	23.5	1.4	19	62	0.04	0.74	≥10
H01	南海学刊	46	0.94	33.9	1.5	12	31	—	0.65	≥10
H01	南京社会科学	238	0.91	24.7	1.5	23	108	0.01	0.70	≥10
H01	南亚东南亚研究	60	0.83	41.8	1.5	17	35	0.03	0.57	≥10
H01	南洋资料译丛	22	0.81	14.1	2.6	4	12	0.36	—	≥10
H01	宁夏社会科学	168	1.00	23.3	1.5	22	100	—	0.80	≥10
H01	品牌与标准化	155	0.88	3.7	1.7	15	69	—	0.07	6.7
H01	齐鲁学刊	106	0.97	26.0	1.3	22	70	—	0.65	≥10
H01	前沿	121	0.99	13.5	1.5	20	88	—	0.58	7.2
H01	青海社会科学	160	0.95	22.5	1.6	26	112	—	0.75	≥10
H01	青藏高原论坛	78	1.00	19.2	1.4	14	25	—	0.56	≥10
H01	求是学刊	106	0.95	39.1	1.5	21	60	0.03	0.84	≥10
H01	求索	133	0.96	24.6	1.2	20	78	0.00	0.88	≥10
H01	求知	178	0.70	—	1.2	17	79	—	0.11	—
H01	人文杂志	168	0.99	39.2	1.4	22	85	—	0.69	≥10
H01	软科学	239	0.87	25.1	2.6	26	129	0.01	0.93	5.6
H01	山西高等学校社会科学学报	181	0.93	12.6	1.8	19	75	—	0.74	7.0
H01	社会工作与管理	68	0.92	31.3	1.8	16	45	0.03	0.85	7.2
H01	社会科学	195	0.87	49.8	1.3	23	101	0.02	0.64	≥10
H01	社会科学辑刊	138	0.95	25.7	1.1	23	75	0.01	0.80	≥10
H01	社会科学家	336	0.96	14.9	1.4	30	204	0.01	0.81	7.6
H01	社会科学论坛	128	0.85	22.4	1.2	22	72	0.02	0.38	≥10
H01	社会科学研究	135	0.97	34.3	1.4	20	68	0.01	0.62	≥10

2020 年中国科技期刊来源指标按类刊名字顺索引（续）

学科代码	期刊名称	来源文献量	文献选出率	平均引文数	平均作者数	地区分布数	机构分布数	海外论文比	基金论文比	引用半衰期
H01	社会科学战线	358	0.88	38.4	1.4	26	107	0.03	0.66	≥10
H01	社科纵横	299	0.97	12.0	1.6	28	175	0.00	0.66	8.0
H01	深圳社会科学	90	0.88	32.9	1.5	22	67	0.03	0.53	≥10
H01	世界科技研究与发展	60	0.88	26.1	3.1	12	24	0.02	0.63	0.0
H01	思想战线	112	0.97	42.4	1.4	19	53	0.04	0.71	≥10
H01	唐都学刊	98	0.92	19.8	1.2	21	63	0.02	0.59	≥10
H01	天府新论	114	0.98	30.2	1.2	22	62	0.01	0.39	≥10
H01	天津社会科学	127	0.98	31.8	1.3	18	60	—	0.75	≥10
H01	天中学刊	133	1.00	17.7	1.2	25	91	0.02	0.59	≥10
H01	未来与发展	234	1.00	14.1	1.8	24	84	—	0.75	5.5
H01	文史哲	84	0.91	70.0	1.1	16	40	0.05	0.46	≥10
H01	西部学刊	1113	0.98	9.2	1.3	31	546	0.01	0.35	9.6
H01	西域研究	62	0.90	63.1	1.5	15	26	0.02	0.68	≥10
H01	西藏研究	113	0.95	26.7	1.4	17	50	—	0.67	≥10
H01	新疆社会科学（汉文版）	106	0.92	27.2	1.5	23	78	—	0.60	6.3
H01	新疆社科论坛	121	0.96	12.2	1.3	23	74	—	0.55	8.2
H01	新西部	290	0.70	4.0	1.4	20	138	—	0.29	4.3
H01	学会	125	0.80	7.6	1.8	23	83	—	0.23	4.2
H01	学术交流	227	0.92	18.0	1.4	26	122	0.00	0.74	≥10
H01	学术界	271	0.99	26.6	1.3	25	139	0.01	0.69	≥10
H01	学术论坛	89	0.94	27.8	1.4	17	56	0.02	0.66	7.1
H01	学术探索	228	1.00	26.6	1.4	26	127	—	0.68	≥10
H01	学术研究	271	0.86	31.2	1.5	22	100	0.03	0.62	≥10
H01	学术月刊	176	0.88	58.8	1.3	20	64	0.02	0.57	≥10
H01	学习与探索	267	0.88	19.7	1.5	24	122	0.01	0.62	≥10
H01	阴山学刊	118	0.96	12.3	1.2	22	59	0.01	0.49	≥10
H01	殷都学刊	75	0.96	25.2	1.2	22	43	—	0.47	≥10
H01	原生态民族文化学刊	113	0.92	32.4	1.4	24	68	0.02	0.74	≥10
H01	阅江学刊	75	0.83	23.3	1.4	15	45	—	0.69	≥10
H01	云梦学刊	89	1.00	19.6	1.3	17	63	0.06	0.56	≥10
H01	云南社会科学	144	0.94	29.2	1.4	21	79	—	0.72	≥10
H01	浙江社会科学	208	0.92	30.9	1.4	18	79	0.01	0.58	≥10
H01	浙江学刊	158	0.93	33.2	1.4	18	75	0.01	0.58	≥10

2020 年中国科技期刊来源指标按类刊名字顺索引（续）

学科代码	期刊名称	来源文献量	文献选出率	平均引文数	平均作者数	地区分布数	机构分布数	海外论文比	基金论文比	引用半衰期
H01	中国高校社会科学	97	0.92	31.8	1.4	19	54	—	0.72	≥10
H01	中国国情国力	275	0.89	2.5	1.5	25	161	0.01	0.23	3.9
H01	中国社会科学	111	0.87	71.4	1.2	19	58	0.00	0.52	≥10
H01	中州学刊	294	0.92	22.0	1.4	25	139	0.01	0.73	≥10
H02	安徽大学学报（哲学社会科学版）	99	1.00	47.6	1.4	12	38	0.02	0.71	≥10
H02	安徽工业大学学报（社会科学版）	230	1.00	8.1	2.2	14	62	0.01	0.66	6.2
H02	安徽理工大学学报（社会科学版）	112	0.96	13.6	1.7	10	43	0.01	0.80	6.9
H02	安徽农业大学学报（社会科学版）	123	0.96	23.0	1.9	15	62	—	0.74	7.4
H02	安徽商贸职业技术学院学报（社会科学版）	73	0.96	7.7	1.6	16	35	0.01	0.80	3.7
H02	安康学院学报	148	0.95	12.2	1.4	21	78	—	0.49	≥10
H02	百色学院学报	132	0.92	18.9	1.4	19	53	—	0.72	≥10
H02	宝鸡文理学院学报（社会科学版）	119	0.98	18.0	1.4	20	58	—	0.60	≥10
H02	保山学院学报	110	0.95	11.2	1.8	14	47	—	0.66	9.2
H02	北方民族大学学报（哲学社会科学版）	140	0.97	20.0	1.3	23	65	—	0.96	≥10
H02	北华大学学报（社会科学版）	113	0.87	19.1	1.4	19	58	0.04	0.75	≥10
H02	北京大学学报（哲学社会科学版）	87	0.84	43.5	1.2	11	28	0.02	0.39	≥10
H02	北京工商大学学报（社会科学版）	64	0.91	28.8	1.9	18	34	—	0.97	8.0
H02	北京工业大学学报（社会科学版）	65	0.94	24.6	1.8	6	30	0.00	0.83	8.9
H02	北京航空航天大学学报（社会科学版）	138	0.96	20.2	1.6	13	54	0.01	0.62	6.5
H02	北京化工大学学报（社会科学版）	62	0.94	25.6	1.7	10	28	—	0.60	7.9
H02	北京交通大学学报（社会科学版）	61	0.97	27.8	2.1	15	34	—	0.84	5.4
H02	北京教育学院学报（社会科学版）	74	0.94	17.6	1.4	18	43	—	0.58	≥10
H02	北京科技大学学报（社会科学版）	90	1.00	29.4	1.4	22	65	—	0.79	9.9
H02	北京理工大学学报（社会科学版）	109	0.95	37.1	2.2	20	67	0.01	0.94	8.2
H02	北京联合大学学报（人文社会科学版）	56	0.95	25.9	1.7	10	31	—	0.64	9.4
H02	北京林业大学学报（社会科学版）	43	0.98	42.3	2.4	11	27	0.02	0.63	≥10
H02	北京邮电大学学报（社会科学版）	74	0.95	25.4	2.3	8	13	—	0.70	5.7
H02	滨州学院学报	89	0.96	13.6	1.7	17	42	0.01	0.54	8.7
H02	渤海大学学报（哲学社会科学版）	191	0.97	11.1	1.6	26	78	0.01	0.40	≥10
H02	长安大学学报（社会科学版）	60	1.00	24.5	2.2	14	37	—	0.85	5.0
H02	长春大学学报	147	0.97	10.0	1.5	25	102	0.01	0.96	8.8
H02	长春工程学院学报（社会科学版）	147	0.98	7.7	2.0	19	70	0.01	0.91	3.6
H02	长春理工大学学报（社会科学版）	168	1.00	12.0	1.9	23	83	—	0.70	6.6

2020年中国科技期刊来源指标按类刊名字顺索引（续）

学科代码	期刊名称	来源文献量	文献选出率	平均引文数	平均作者数	地区分布数	机构分布数	海外论文比	基金论文比	引用半衰期
H02	长江大学学报（社会科学版）	130	0.94	19.2	1.6	18	64	0.02	0.89	≥10
H02	长沙大学学报	183	1.00	11.9	1.8	21	112	0.01	0.80	7.4
H02	长沙理工大学学报（社会科学版）	94	1.00	18.9	1.7	18	51	0.01	0.79	8.6
H02	长治学院学报	154	0.98	9.3	1.4	21	64	—	0.56	8.1
H02	常州大学学报（社会科学版）	72	1.00	23.8	1.7	15	42	—	0.90	7.8
H02	常州工学院学报（社会科学版）	143	0.98	12.3	1.4	17	62	—	0.51	≥10
H02	巢湖学院学报	136	0.93	17.2	1.8	11	50	—	0.71	7.2
H02	成都大学学报（社会科学版）	98	0.94	17.4	1.6	21	62	—	0.65	≥10
H02	成都理工大学学报（社会科学版）	114	0.95	17.5	1.3	21	74	0.02	0.39	≥10
H02	城市学刊	104	1.00	17.0	1.9	20	63	0.01	0.75	5.9
H02	赤峰学院学报（哲学社会科学版）	311	0.95	12.4	1.4	27	119	0.01	0.67	≥10
H02	重庆大学学报（社会科学版）	121	0.98	35.0	1.9	23	74	0.01	0.76	≥10
H02	重庆工商大学学报（社会科学版）	84	0.94	24.7	1.8	19	53	0.01	0.85	8.7
H02	重庆交通大学学报（社会科学版）	95	0.94	19.5	1.7	20	65	0.02	0.83	8.4
H02	重庆科技学院学报（社会科学版）	162	0.96	13.0	1.6	25	108	—	0.56	8.3
H02	重庆理工大学学报（社会科学版）	212	0.97	22.2	1.8	24	87	—	0.77	6.7
H02	重庆三峡学院学报	88	1.00	21.6	1.5	19	48	0.02	0.67	≥10
H02	重庆文理学院学报（社会科学版）	89	0.98	22.3	1.6	16	57	—	0.75	6.8
H02	重庆邮电大学学报（社会科学版）	100	0.94	24.5	1.7	22	58	—	0.92	5.4
H02	滁州学院学报	175	0.95	11.6	2.1	17	72	—	0.74	6.5
H02	大理大学学报	236	0.94	15.1	2.8	23	107	0.01	0.72	6.6
H02	大连大学学报	143	0.93	14.5	1.8	24	69	0.03	0.48	≥10
H02	大连海事大学学报（社会科学版）	104	0.95	25.0	1.5	18	54	0.01	0.58	≥10
H02	大连理工大学学报（社会科学版）	92	0.94	26.4	1.8	16	48	—	0.97	6.2
H02	大连民族大学学报	109	0.99	15.0	2.7	20	39	—	0.74	5.9
H02	电子科技大学学报（社会科学版）	82	1.00	26.1	2.3	20	42	—	0.87	7.1
H02	东北大学学报（社会科学版）	89	0.92	24.7	1.9	15	39	0.03	0.56	≥10
H02	东北农业大学学报（社会科学版）	84	1.00	20.5	1.8	17	41	0.01	0.64	7.8
H02	东华大学学报（社会科学版）	68	0.94	10.6	1.7	10	31	—	0.59	6.5
H02	东华理工大学学报（社会科学版）	128	1.00	12.3	2.6	15	34	—	0.91	7.0
H02	东南大学学报（哲学社会科学版）	87	0.86	37.7	1.5	13	40	0.02	0.64	≥10
H02	鄂州大学学报	213	1.00	6.0	1.3	29	146	0.01	0.40	4.6
H02	佛山科学技术学院学报（社会科学版）	68	0.96	13.7	1.6	12	38	—	0.54	7.7

学科代码	期刊名称	来源文献量	文献选出率	平均引文数	平均作者数	地区分布数	机构分布数	海外论文比	基金论文比	引用半衰期
H02	福建江夏学院学报	81	0.99	19.2	1.3	17	42	0.01	0.70	≥10
H02	福建农林大学学报（哲学社会科学版）	85	1.00	17.9	2.1	16	44	—	0.75	5.2
H02	福建医科大学学报（社会科学版）	64	0.81	14.5	2.9	3	18	—	0.75	5.7
H02	福州大学学报（哲学社会科学版）	101	0.94	18.0	1.6	13	38	0.01	0.81	≥10
H02	复旦学报（社会科学版）	103	0.86	48.7	1.3	18	40	0.03	0.55	≥10
H02	广西大学学报（哲学社会科学版）	134	0.96	17.9	1.6	21	64	0.01	0.65	≥10
H02	广西民族大学学报（哲学社会科学版）	152	0.88	24.7	1.6	18	68	0.05	0.66	≥10
H02	广州大学学报（社会科学版）	97	0.99	23.3	1.4	19	60	0.07	0.49	≥10
H02	贵阳学院学报（社会科学版）	118	0.97	15.0	1.6	21	71	0.03	0.53	≥10
H02	贵州大学学报（社会科学版）	85	0.93	25.2	1.6	18	55	0.02	0.74	≥10
H02	贵州工程应用技术学院学报	141	0.96	11.9	1.8	19	62	—	0.61	≥10
H02	贵州民族大学学报（哲学社会科学版）	40	1.00	48.3	1.6	13	27	—	0.58	≥10
H02	哈尔滨工业大学学报（社会科学版）	126	1.00	19.7	1.3	23	80	0.02	0.71	≥10
H02	哈尔滨商业大学学报（社会科学版）	59	0.92	28.8	2.1	16	39	—	0.93	7.2
H02	哈尔滨师范大学社会科学学报	171	1.00	14.7	1.5	25	107	0.01	0.47	≥10
H02	海军工程大学学报（综合版）	88	0.98	5.6	2.4	13	28	—	0.21	4.6
H02	海南大学学报（人文社会科学版）	125	0.91	35.7	1.5	22	76	—	0.70	≥10
H02	邯郸学院学报	75	0.94	14.4	1.5	16	35	0.01	0.60	≥10
H02	杭州电子科技大学学报（社会科学版）	77	1.00	17.5	1.8	8	16	—	0.97	7.3
H02	合肥工业大学学报（社会科学版）	135	0.97	15.2	2.0	16	52	0.01	0.62	9.9
H02	河北北方学院学报（社会科学版）	167	0.97	9.9	2.3	25	74	0.01	0.55	≥10
H02	河北大学学报（哲学社会科学版）	107	1.00	22.9	1.6	18	53	—	0.81	≥10
H02	河北工程大学学报（社会科学版）	103	0.99	11.9	2.2	19	53	—	0.92	4.5
H02	河北工业大学学报（社会科学版）	54	0.98	21.3	2.0	11	25	—	0.54	8.8
H02	河北经贸大学学报（综合版）	68	0.93	12.1	1.9	14	32	—	0.66	5.5
H02	河北科技大学学报（社会科学版）	64	1.00	17.0	1.9	16	38	0.02	0.91	8.4
H02	河北科技师范学院学报（社会科学版）	88	0.96	14.8	1.6	19	58	—	0.60	8.6
H02	河北农业大学学报（社会科学版）	113	0.94	15.9	2.9	18	46	0.02	0.82	4.6
H02	河海大学学报（哲学社会科学版）	78	0.89	26.2	1.8	15	46	0.00	0.81	8.2
H02	河南大学学报（社会科学版）	126	0.98	33.8	1.3	23	72	0.00	0.67	≥10
H02	河南工程学院学报（社会科学版）	67	1.00	16.1	1.3	15	35	—	0.42	7.4
H02	河南工业大学学报（社会科学版）	105	0.98	17.6	1.7	18	60	0.01	0.72	5.5
H02	河南教育学院学报（哲学社会科学版）	143	1.00	9.8	1.2	22	89	0.02	0.57	7.9

2020 年中国科技期刊来源指标按类刊名字顺索引（续）

学科代码	期刊名称	来源文献量	文献选出率	平均引文数	平均作者数	地区分布数	机构分布数	海外论文比	基金论文比	引用半衰期
H02	河南科技大学学报（社会科学版）	102	0.98	16.8	1.4	20	63	0.02	0.56	≥10
H02	河南科技学院学报	159	0.99	18.0	1.5	24	90	—	0.86	8.1
H02	河南理工大学学报（社会科学版）	95	0.98	17.1	1.4	22	63	0.01	0.60	≥10
H02	菏泽学院学报	183	0.98	10.0	1.6	22	103	—	0.51	6.6
H02	贺州学院学报	129	0.98	11.0	1.4	16	49	—	0.47	≥10
H02	黑龙江工业学院学报（综合版）	333	0.96	10.5	1.8	27	185	—	0.73	4.5
H02	衡水学院学报	138	0.90	11.3	1.5	19	83	0.03	0.44	≥10
H02	红河学院学报	234	0.98	10.4	1.5	24	125	—	0.53	≥10
H02	湖北大学学报（哲学社会科学版）	113	0.90	39.3	1.4	20	66	0.03	0.82	≥10
H02	湖北经济学院学报（人文社会科学版）	531	0.98	11.4	1.5	28	262	0.00	0.54	6.0
H02	湖北理工学院学报（人文社会科学版）	90	0.90	15.0	1.7	15	47	0.01	0.80	8.7
H02	湖南大学学报（社会科学版）	127	0.98	25.2	1.8	16	42	0.02	0.66	≥10
H02	湖南工程学院学报（社会科学版）	97	0.97	12.0	1.6	21	63	—	0.58	≥10
H02	湖南工业大学学报（社会科学版）	100	0.92	17.9	1.7	16	46	—	0.82	7.4
H02	湖南科技大学学报（社会科学版）	144	0.95	27.3	1.6	21	76	0.01	0.72	≥10
H02	湖南农业大学学报（社会科学版）	69	0.93	28.3	2.1	17	46	—	0.94	6.8
H02	湖南人文科技学院学报	134	0.95	11.6	1.6	19	73	0.02	0.53	8.7
H02	华北电力大学学报（社会科学版）	97	1.00	17.4	1.6	17	49	0.02	0.66	9.0
H02	华北理工大学学报（社会科学版）	155	0.99	10.4	2.1	16	51	—	0.77	6.3
H02	华北水利水电大学学报（社会科学版）	114	0.99	11.5	1.5	18	47	—	0.80	6.1
H02	华东理工大学学报（社会科学版）	70	0.92	33.4	1.9	13	46	0.03	0.77	7.7
H02	华南理工大学学报（社会科学版）	75	0.87	34.5	2.0	14	31	—	0.93	8.0
H02	华南农业大学学报（社会科学版）	71	0.99	31.2	1.6	19	51	—	0.99	6.9
H02	华侨大学学报（哲学社会科学版）	86	1.00	39.8	1.7	17	38	—	0.78	≥10
H02	华中科技大学学报（社会科学版）	95	0.92	31.3	1.4	20	55	—	0.78	9.1
H02	华中农业大学学报（社会科学版）	108	0.94	31.4	2.0	15	41	—	0.98	6.8
H02	吉林大学社会科学学报	126	0.87	27.7	1.8	21	48	0.03	0.67	≥10
H02	吉首大学学报（社会科学版）	116	0.95	20.2	1.4	20	73	0.03	0.86	7.4
H02	集美大学学报（哲学社会科学版）	73	0.90	18.3	1.4	16	33	—	0.66	≥10
H02	济南大学学报（社会科学版）	96	0.88	28.9	1.7	15	62	0.08	0.51	≥10
H02	暨南学报（哲学社会科学版）	125	1.00	51.6	1.3	20	61	0.02	0.72	≥10
H02	江汉大学学报（社会科学版）	69	0.90	22.2	1.7	21	49	—	0.77	8.0
H02	江南大学学报（人文社会科学版）	98	0.99	25.5	1.5	21	59	0.01	0.52	≥10

2020年中国科技期刊来源指标按类刊名字顺索引（续）

学科代码	期刊名称	来源文献量	文献选出率	平均引文数	平均作者数	地区分布数	机构分布数	海外论文比	基金论文比	引用半衰期
H02	江南社会学院学报	48	0.92	19.8	1.2	14	34	—	0.29	4.7
H02	江苏大学学报（社会科学版）	70	1.00	24.3	1.7	18	53	0.01	0.90	7.6
H02	江苏海洋大学学报（人文社会科学版）	94	0.99	15.4	1.8	19	64	—	0.90	≥10
H02	江苏科技大学学报（社会科学版）	65	1.00	19.9	1.6	19	37	—	0.63	≥10
H02	焦作大学学报	143	0.97	7.5	1.6	21	75	—	0.36	6.8
H02	金陵科技学院学报（社会科学版）	70	0.95	11.4	1.9	10	27	—	0.83	7.3
H02	锦州医科大学学报（社会科学版）	171	1.00	8.6	2.1	19	67	—	0.76	4.9
H02	晋中学院学报	135	0.92	10.0	1.6	21	73	—	0.63	≥10
H02	井冈山大学学报（社会科学版）	105	0.99	18.6	1.4	23	58	—	0.86	≥10
H02	景德镇学院学报	172	0.84	8.6	1.7	19	96	0.01	0.61	5.4
H02	九江学院学报（社会科学版）	106	0.98	11.0	1.2	24	72	0.01	0.27	≥10
H02	喀什大学学报	140	1.00	13.2	1.6	23	74	—	0.57	7.8
H02	开封大学学报	95	0.97	6.3	1.3	12	32	—	0.28	5.2
H02	昆明理工大学学报（社会科学版）	90	0.98	24.0	2.0	18	50	—	0.77	5.2
H02	兰州大学学报（社会科学版）	106	0.91	30.2	1.7	16	45	0.00	0.58	≥10
H02	兰州文理学院学报（社会科学版）	126	0.98	12.5	1.4	21	67	0.01	0.48	9.8
H02	辽东学院学报（社会科学版）	150	0.94	11.3	1.3	25	72	0.01	0.46	≥10
H02	辽宁大学学报（哲学社会科学版）	135	0.92	21.3	1.7	19	59	—	0.68	≥10
H02	辽宁工业大学学报（社会科学版）	230	1.00	8.6	2.2	18	81	—	0.67	5.6
H02	聊城大学学报（社会科学版）	98	1.00	32.2	1.4	18	58	0.02	0.82	≥10
H02	临沂大学学报	104	1.00	15.6	1.2	22	64	0.02	0.68	≥10
H02	鲁东大学学报（哲学社会科学版）	87	0.94	21.3	1.4	19	63	0.03	0.63	≥10
H02	洛阳理工学院学报（社会科学版）	93	1.00	14.6	1.3	20	53	—	0.50	≥10
H02	牡丹江大学学报	320	1.00	10.4	1.5	29	179	0.00	0.53	9.5
H02	内蒙古大学学报（哲学社会科学版）	92	1.00	21.6	1.3	18	34	0.01	0.57	≥10
H02	内蒙古民族大学学报（社会科学版）	102	0.94	17.3	1.5	22	55	0.02	0.60	≥10
H02	内蒙古农业大学学报（社会科学版）	110	0.97	12.9	2.1	23	59	—	0.78	5.3
H02	南昌大学学报（人文社会科学版）	82	0.95	23.8	1.5	18	56	0.01	0.93	≥10
H02	南昌航空大学学报（社会科学版）	72	1.00	13.7	1.9	11	26	—	0.76	5.4
H02	南华大学学报（社会科学版）	103	0.92	19.2	1.9	19	48	—	0.73	8.5
H02	南京大学学报（哲学·人文科学·社会科学）	75	0.81	52.7	1.3	12	41	0.04	0.63	≥10
H02	南京工程学院学报（社会科学版）	80	0.96	11.8	1.8	12	27	0.01	0.48	6.1
H02	南京工业大学学报（社会科学版）	58	0.82	31.0	2.1	15	41	0.03	0.88	7.4

2020 年中国科技期刊来源指标按类刊名字顺索引（续）

学科代码	期刊名称	来源文献量	文献选出率	平均引文数	平均作者数	地区分布数	机构分布数	海外论文比	基金论文比	引用半衰期
H02	南京航空航天大学学报（社会科学版）	76	0.96	18.3	1.7	13	38	—	0.65	7.4
H02	南京理工大学学报（社会科学版）	89	1.00	13.1	1.6	19	57	0.01	0.61	≥10
H02	南京林业大学学报（人文社会科学版）	74	0.97	16.3	1.6	19	44	0.03	0.58	≥10
H02	南京农业大学学报（社会科学版）	97	0.99	30.4	1.8	16	48	—	0.88	6.8
H02	南京晓庄学院学报	121	0.96	21.2	1.7	17	58	0.01	0.65	≥10
H02	南京医科大学学报（社会科学版）	121	0.97	15.5	3.3	7	33	—	0.82	4.4
H02	南京邮电大学学报（社会科学版）	54	0.89	20.9	1.7	9	24	—	0.80	7.6
H02	南京中医药大学学报（社会科学版）	56	0.97	15.4	2.3	11	22	—	0.79	9.2
H02	南开学报（哲学社会科学版）	113	0.97	41.1	1.4	18	46	0.01	0.76	≥10
H02	南通大学学报（社会科学版）	102	0.94	21.2	1.5	20	59	—	0.89	≥10
H02	宁波大学学报（人文科学版）	104	0.93	22.2	1.4	16	47	0.03	0.72	≥10
H02	宁夏大学学报（人文社会科学版）	188	0.98	28.6	1.3	25	101	0.02	0.42	≥10
H02	齐齐哈尔大学学报（哲学社会科学版）	563	1.00	10.4	1.5	29	304	0.00	0.66	7.8
H02	青岛科技大学学报（社会科学版）	70	0.90	16.1	2.0	12	34	—	0.74	7.1
H02	青岛农业大学学报（社会科学版）	67	0.99	14.9	1.6	15	37	—	0.61	8.8
H02	青海民族大学学报（社会科学版）	84	0.99	27.6	1.6	23	47	0.01	0.56	≥10
H02	清华大学学报（哲学社会科学版）	93	0.91	69.0	1.1	19	50	0.04	0.56	≥10
H02	三峡大学学报（人文社会科学版）	127	0.91	16.5	1.6	19	57	—	0.59	≥10
H02	山东大学学报（哲学社会科学版）	104	0.93	35.5	1.8	18	61	0.03	0.63	≥10
H02	山东科技大学学报（社会科学版）	78	1.00	25.3	1.7	16	40	0.01	0.71	7.5
H02	山东理工大学学报（社会科学版）	93	0.93	13.8	1.8	13	28	0.01	0.70	≥10
H02	山东农业大学学报（社会科学版）	94	0.92	19.6	1.8	22	61	0.01	0.53	9.6
H02	山西大同大学学报（社会科学版）	165	0.94	15.3	1.6	23	82	—	0.57	≥10
H02	山西大学学报（哲学社会科学版）	100	0.93	27.9	1.7	20	54	—	0.79	≥10
H02	山西农业大学学报（社会科学版）	76	0.94	21.8	2.0	19	54	—	0.79	7.1
H02	陕西理工大学学报（社会科学版）	73	0.96	18.2	1.3	12	26	—	0.70	≥10
H02	汕头大学学报（人文社会科学版）	147	0.86	21.6	1.4	18	78	0.01	0.56	≥10
H02	上海财经大学学报（哲学社会科学版）	57	0.97	47.9	2.1	17	38	0.00	0.86	8.4
H02	上海大学学报（社会科学版）	63	0.94	26.9	1.5	12	34	0.00	0.65	≥10
H02	上海交通大学学报（哲学社会科学版）	89	0.92	28.5	1.4	10	33	—	0.55	8.4
H02	上海理工大学学报（社会科学版）	68	0.93	16.1	1.8	12	24	—	0.72	9.1
H02	韶关学院学报	259	0.98	9.9	1.9	21	122	0.01	0.67	6.9
H02	邵阳学院学报（社会科学版）	108	0.95	17.4	1.5	16	58	0.02	0.86	≥10

2020 年中国科技期刊来源指标按类刊名字顺索引（续）

学科代码	期刊名称	来源文献量	文献选出率	平均引文数	平均作者数	地区分布数	机构分布数	海外论文比	基金论文比	引用半衰期
H02	绍兴文理学院学报	203	0.90	19.2	2.2	20	86	0.01	0.72	≥10
H02	深圳大学学报（人文社会科学版）	99	0.93	27.1	1.2	20	62	0.01	0.94	9.4
H02	沈阳大学学报（社会科学版）	149	1.00	12.2	1.7	24	73	0.01	0.83	6.0
H02	沈阳工程学院学报（社会科学版）	111	0.97	8.0	1.6	13	42	—	0.59	4.8
H02	沈阳工业大学学报（社会科学版）	87	1.00	21.7	2.0	18	46	0.01	0.99	5.7
H02	沈阳建筑大学学报（社会科学版）	104	0.95	11.7	2.4	12	23	—	1.00	4.4
H02	沈阳农业大学学报（社会科学版）	129	0.94	15.9	2.2	16	51	0.01	0.82	4.4
H02	石河子大学学报（哲学社会科学版）	93	0.89	28.4	1.6	23	55	0.01	0.74	≥10
H02	石家庄铁道大学学报（社会科学版）	72	0.99	15.5	2.1	20	42	—	0.67	5.1
H02	四川大学学报（哲学社会科学版）	108	0.92	43.1	1.3	15	39	0.04	0.57	≥10
H02	苏州大学学报（社会科学版）	124	0.91	31.9	1.4	22	63	0.01	0.82	≥10
H02	苏州科技大学学报（社会科学版）	93	0.89	20.8	1.3	19	51	—	0.61	≥10
H02	太原理工大学学报（社会科学版）	76	0.93	24.1	1.4	18	48	—	0.68	≥10
H02	太原学院学报（社会科学版）	101	1.00	14.9	1.2	23	52	0.07	0.36	≥10
H02	体育学研究	70	0.97	22.3	2.4	15	39	—	0.84	4.4
H02	天津大学学报（社会科学版）	83	1.00	20.5	1.8	16	33	0.01	0.66	9.4
H02	天津职业院校联合学报	319	0.99	4.4	1.4	4	63	—	0.52	3.9
H02	同济大学学报（社会科学版）	75	0.96	31.9	1.3	13	38	0.04	0.60	≥10
H02	温州大学学报（社会科学版）	85	0.93	22.3	1.4	15	47	0.01	0.69	≥10
H02	五邑大学学报（社会科学版）	75	0.95	14.1	1.3	16	47	—	0.61	≥10
H02	武汉大学学报（哲学社会科学版）	86	0.93	24.2	1.5	17	37	0.00	0.80	≥10
H02	武汉科技大学学报（社会科学版）	90	0.88	23.9	1.3	17	54	0.02	0.84	≥10
H02	武汉理工大学学报（社会科学版）	130	0.96	18.1	1.6	18	59	0.02	0.55	8.8
H02	西安电子科技大学学报（社会科学版）	67	1.00	21.6	1.9	13	40	0.02	0.81	7.8
H02	西安建筑科技大学学报（社会科学版）	81	1.00	18.3	1.7	18	46	—	0.62	8.1
H02	西安交通大学学报（社会科学版）	83	0.89	23.8	2.4	14	32	0.04	0.83	8.3
H02	西安石油大学学报（社会科学版）	94	0.98	14.8	1.8	17	41	—	0.63	7.3
H02	西安文理学院学报（社会科学版）	82	0.98	12.7	1.3	19	44	—	0.37	≥10
H02	西北大学学报（哲学社会科学版）	102	0.94	29.0	1.6	14	39	0.01	0.84	≥10
H02	西北工业大学学报（社会科学版）	54	0.93	27.4	1.8	14	35	0.04	0.83	9.2
H02	西北民族大学学报（哲学社会科学版）	125	0.94	28.8	1.5	27	81	0.02	0.82	≥10
H02	西北农林科技大学学报（社会科学版）	102	0.88	25.6	2.1	16	46	0.00	0.87	6.4
H02	西昌学院学报（社会科学版）	103	0.97	13.4	1.6	17	63	—	0.76	6.2

2020年中国科技期刊来源指标按类刊名字顺索引（续）

学科代码	期刊名称	来源文献量	文献选出率	平均引文数	平均作者数	地区分布数	机构分布数	海外论文比	基金论文比	引用半衰期
H02	西华大学学报（哲学社会科学版）	73	0.99	26.7	1.7	17	38	—	0.82	7.8
H02	西南大学学报（社会科学版）	118	0.92	34.9	1.8	24	63	0.02	0.81	≥10
H02	西南交通大学学报（社会科学版）	96	0.99	26.7	1.6	22	59	0.02	0.66	≥10
H02	西南科技大学学报（哲学社会科学版）	95	0.94	15.0	1.6	16	37	0.01	0.54	9.2
H02	西南民族大学学报（人文社科版）	372	0.96	28.4	1.5	29	167	0.01	0.73	≥10
H02	西南石油大学学报（社会科学版）	92	0.99	19.8	1.8	22	59	—	0.70	7.4
H02	西藏大学学报（社会科学版）	118	0.96	24.3	1.6	21	51	—	0.84	≥10
H02	西藏民族大学学报（哲学社会科学版）	147	0.93	21.0	1.6	16	36	—	0.57	≥10
H02	厦门大学学报（哲学社会科学版）	92	0.98	34.1	1.7	13	31	0.02	0.77	≥10
H02	湘南学院学报	147	0.97	11.0	2.0	19	78	—	0.70	8.9
H02	湘潭大学学报（哲学社会科学版）	182	0.97	19.8	1.7	21	75	0.01	0.74	≥10
H02	新疆大学学报（哲学社会科学版）	111	1.00	32.9	1.5	21	65	—	0.83	≥10
H02	徐州工程学院学报（社会科学版）	81	1.00	20.6	1.4	20	58	0.01	0.67	≥10
H02	烟台大学学报（哲学社会科学版）	73	1.00	44.7	1.3	23	39	—	0.59	≥10
H02	燕山大学学报（哲学社会科学版）	84	0.88	22.6	1.7	16	57	0.01	0.74	≥10
H02	延安大学学报（社会科学版）	125	1.00	15.2	1.5	19	62	—	0.64	≥10
H02	延边大学学报（社会科学版）	103	0.90	20.4	1.7	15	34	—	0.61	≥10
H02	盐城工学院学报（社会科学版）	106	0.97	8.5	1.5	19	71	—	0.64	7.8
H02	扬州大学学报（人文社会科学版）	62	1.00	29.2	1.5	11	32	—	0.98	≥10
H02	应用型高等教育研究	55	0.96	19.9	2.4	12	45	0.51	0.42	6.3
H02	榆林学院学报	152	1.00	12.2	2.1	20	70	0.01	0.70	7.7
H02	云南大学学报（社会科学版）	90	0.97	39.9	1.3	19	53	0.02	0.61	≥10
H02	云南民族大学学报（哲学社会科学版）	121	0.89	26.3	1.5	28	83	0.01	0.81	≥10
H02	云南农业大学学报（社会科学版）	148	0.96	15.4	2.5	26	79	—	0.77	5.6
H02	肇庆学院学报	112	0.93	13.6	1.9	13	36	0.01	0.71	9.7
H02	浙江大学学报（人文社会科学版）	101	0.78	40.6	1.8	11	30	0.06	0.47	≥10
H02	浙江工业大学学报（社会科学版）	76	1.00	17.3	2.1	13	27	0.01	0.91	5.3
H02	浙江海洋大学学报（人文科学版）	90	1.00	18.3	1.5	13	42	—	0.62	≥10
H02	浙江理工大学学报（社会科学版）	90	0.94	27.0	2.0	15	35	—	0.73	8.1
H02	浙江树人大学学报	102	0.91	19.1	1.6	21	68	—	0.72	6.7
H02	郑州大学学报（哲学社会科学版）	137	0.92	19.7	1.5	18	78	0.03	0.66	≥10
H02	郑州航空工业管理学院学报（社会科学版）	80	0.96	16.1	1.3	17	47	0.01	0.51	≥10
H02	郑州轻工业大学学报（社会科学版）	86	0.98	15.7	1.6	19	56	0.01	0.85	8.9

学科代码	期刊名称	来源文献量	文献选出率	平均引文数	平均作者数	地区分布数	机构分布数	海外论文比	基金论文比	引用半衰期
H02	中北大学学报（社会科学版）	154	0.96	15.9	1.5	21	82	0.01	0.53	≥10
H02	中国地质大学学报（社会科学版）	71	0.87	34.1	1.9	18	51	0.00	0.86	≥10
H02	中国海洋大学学报（社会科学版）	77	0.99	36.8	1.7	15	40	0.03	0.84	9.0
H02	中国矿业大学学报（社会科学版）	76	1.00	30.9	2.0	18	49	—	0.91	9.4
H02	中国农业大学学报（社会科学版）	82	0.94	32.3	1.6	16	42	0.01	0.57	8.9
H02	中国人民大学学报	88	0.89	33.6	1.5	12	34	0.02	0.53	≥10
H02	中国人民公安大学学报（社会科学版）	101	1.00	28.8	1.6	17	38	0.01	0.75	9.0
H02	中国社会科学院大学学报	79	0.89	46.3	1.3	15	46	0.04	0.67	≥10
H02	中国石油大学学报（社会科学版）	85	0.94	25.7	1.8	18	55	—	0.73	7.4
H02	中南大学学报（社会科学版）	125	0.95	33.2	1.5	22	66	0.01	0.82	≥10
H02	中南林业科技大学学报（社会科学版）	92	1.00	24.3	2.3	18	42	—	0.98	4.3
H02	中南民族大学学报（人文社会科学版）	160	0.85	21.3	1.5	20	75	0.01	0.71	≥10
H02	中山大学学报（社会科学版）	115	0.87	49.2	1.3	17	43	0.08	0.63	≥10
H02	中央民族大学学报（哲学社会科学版）	111	0.95	31.2	1.5	22	59	—	0.87	≥10
H02	中州大学学报	143	0.97	12.3	1.6	22	89	—	0.62	8.9
H03	Journal of Hubei University of Education	264	0.94	10.8	1.5	23	128	0.01	0.72	5.0
H03	阿坝师范学院学报	68	0.93	22.1	1.7	16	46	0.02	0.79	7.0
H03	安徽师范大学学报（人文社会科学版）	114	0.98	26.6	1.4	21	66	0.01	0.79	≥10
H03	安庆师范大学学报（社会科学版）	133	0.98	16.4	1.4	20	72	—	0.70	≥10
H03	安阳师范学院学报	190	0.93	10.1	1.5	24	108	0.01	0.55	8.9
H03	鞍山师范学院学报	138	0.96	8.8	1.8	17	70	—	0.54	8.7
H03	北京师范大学学报（社会科学版）	85	0.94	45.1	1.6	15	34	0.02	0.59	≥10
H03	沧州师范学院学报	125	0.95	8.7	2.0	15	29	0.02	0.55	7.5
H03	长春师范大学学报	305	1.00	8.8	1.4	29	165	0.00	0.57	7.7
H03	长江师范学院学报	90	0.93	24.7	1.5	20	58	0.01	0.73	9.5
H03	重庆师范大学学报（社会科学版）	76	0.93	22.2	1.4	20	36	—	0.72	≥10
H03	楚雄师范学院学报	141	0.97	14.7	2.0	20	62	0.01	0.54	≥10
H03	大庆师范学院学报	95	1.00	24.7	1.7	23	68	0.02	0.73	≥10
H03	福建技术师范学院学报	100	0.98	12.2	2.1	9	33	0.01	0.70	6.4
H03	福建师范大学学报（哲学社会科学版）	114	0.90	28.7	1.5	22	62	0.02	0.68	≥10
H03	阜阳师范大学学报（社会科学版）	145	0.99	16.1	1.4	19	63	0.01	0.73	≥10
H03	赣南师范大学学报	148	0.95	18.1	2.5	17	45	0.01	0.84	≥10
H03	广东技术师范大学学报	100	0.93	14.7	2.3	13	55	0.02	0.73	6.0

2020年中国科技期刊来源指标按类刊名字顺索引（续）

学科代码	期刊名称	来源文献量	文献选出率	平均引文数	平均作者数	地区分布数	机构分布数	海外论文比	基金论文比	引用半衰期
H03	广西科技师范学院学报	181	0.97	11.2	1.5	26	119	0.01	0.64	8.4
H03	广西民族师范学院学报	231	0.98	8.3	1.3	21	127	—	0.81	7.6
H03	广西师范大学学报（哲学社会科学版）	71	0.92	27.0	1.8	21	47	—	0.75	7.9
H03	贵州师范大学学报（社会科学版）	103	1.00	22.7	1.5	22	74	0.02	0.82	9.7
H03	桂林师范高等专科学校学报	204	0.98	8.8	1.4	21	78	—	0.55	9.6
H03	韩山师范学院学报	100	0.93	16.5	1.8	9	41	0.01	0.50	≥10
H03	汉江师范学院学报	160	0.98	9.6	1.5	24	88	—	0.66	8.5
H03	合肥师范学院学报	179	0.95	11.7	2.1	17	73	0.01	0.80	7.7
H03	和田师范专科学校学报	134	1.00	7.8	1.6	24	85	0.01	0.58	5.8
H03	河北科技师范学院学报	53	0.98	19.9	4.9	7	12	—	0.66	6.1
H03	河北民族师范学院学报	82	0.93	12.0	1.7	14	49	0.02	0.52	≥10
H03	河北师范大学学报（哲学社会科学版）	111	0.99	20.8	1.2	23	67	0.05	0.58	≥10
H03	河南师范大学学报（哲学社会科学版）	131	0.96	31.1	1.5	23	75	—	0.76	≥10
H03	衡阳师范学院学报	159	0.97	16.1	1.9	23	69	0.01	0.72	9.0
H03	湖北师范大学学报（哲学社会科学版）	188	1.00	12.8	1.7	20	79	0.01	0.54	≥10
H03	湖南第一师范学院学报	136	1.00	12.5	1.6	21	74	—	0.76	≥10
H03	湖南师范大学社会科学学报	109	0.95	27.0	1.4	19	60	0.01	0.86	≥10
H03	湖州师范学院学报	226	0.97	15.2	2.3	19	87	—	0.77	9.9
H03	华东师范大学学报（哲学社会科学版）	94	0.89	40.5	1.4	13	36	0.04	0.61	≥10
H03	华南师范大学学报（社会科学版）	90	0.86	34.5	1.8	16	43	0.04	0.70	≥10
H03	华中师范大学学报（人文社会科学版）	123	0.87	31.1	1.6	21	54	0.02	0.76	≥10
H03	淮北师范大学学报（哲学社会科学版）	118	1.00	18.9	1.4	18	65	—	0.69	≥10
H03	淮南师范学院学报	170	0.94	13.1	1.5	18	77	0.01	0.68	9.0
H03	淮阴师范学院学报（哲学社会科学版）	107	0.91	14.8	1.3	19	60	0.01	0.43	≥10
H03	黄冈师范学院学报	152	0.98	14.1	2.2	16	67	0.01	0.62	8.1
H03	吉林工程技术师范学院学报	373	0.97	5.5	1.6	21	164	0.00	0.70	3.8
H03	吉林师范大学学报（人文社会科学版）	102	1.00	17.8	1.4	20	69	0.05	0.82	≥10
H03	集宁师范学院学报	148	0.97	10.7	1.3	25	97	—	0.56	9.5
H03	江苏第二师范学院学报	132	0.90	14.1	1.4	22	74	—	0.51	≥10
H03	江苏师范大学学报（哲学社会科学版）	63	0.91	38.4	1.3	12	35	0.02	0.79	≥10
H03	江西科技师范大学学报	111	1.00	16.4	2.3	17	54	0.01	0.87	9.7
H03	江西师范大学学报（哲学社会科学版）	109	0.95	25.4	1.7	17	54	0.02	0.79	≥10
H03	焦作师范高等专科学校学报	76	0.94	11.7	1.3	16	42	0.01	0.45	≥10

2020 年中国科技期刊来源指标按类刊名字顺索引（续）

学科代码	期刊名称	来源文献量	文献选出率	平均引文数	平均作者数	地区分布数	机构分布数	海外论文比	基金论文比	引用半衰期
H03	廊坊师范学院学报（社会科学版）	74	0.95	25.3	1.3	20	53	—	0.62	≥10
H03	乐山师范学院学报	241	0.91	18.6	1.8	25	114	0.01	0.63	≥10
H03	连云港师范高等专科学校学报	89	0.99	10.0	1.3	23	59	—	0.35	≥10
H03	辽宁师范大学学报（社会科学版）	123	0.99	25.3	1.8	20	53	0.01	0.84	≥10
H03	辽宁师专学报（社会科学版）	330	1.00	4.3	1.3	16	74	—	0.30	4.9
H03	岭南师范学院学报	95	1.00	18.2	1.5	17	52	0.02	0.54	≥10
H03	六盘水师范学院学报	119	0.99	16.3	1.7	18	64	0.01	0.59	8.3
H03	洛阳师范学院学报	251	0.96	10.3	1.8	28	148	0.01	0.61	8.7
H03	绵阳师范学院学报	315	1.00	14.2	1.8	27	140	0.00	0.55	9.2
H03	闽南师范大学学报（哲学社会科学版）	123	0.99	12.9	1.2	5	24	—	0.55	9.3
H03	牡丹江师范学院学报（哲学社会科学版）	88	0.91	19.8	2.1	24	68	—	1.00	6.8
H03	内江师范学院学报	259	0.95	18.1	1.8	27	118	0.01	0.63	8.6
H03	内蒙古师范大学学报（哲学社会科学版）	112	0.97	18.4	1.3	23	65	0.02	0.41	≥10
H03	南昌师范学院学报	198	0.99	9.3	1.7	24	115	0.01	0.71	6.2
H03	南京师范大学文学院学报	87	0.92	21.9	1.2	15	42	0.01	0.60	≥10
H03	南阳师范学院学报	86	1.00	12.7	2.0	17	36	—	0.92	7.8
H03	宁德师范学院学报（哲学社会科学版）	95	0.98	10.5	1.5	16	50	—	0.67	6.9
H03	宁夏师范学院学报	227	0.98	11.7	1.6	24	105	—	0.61	≥10
H03	齐齐哈尔师范高等专科学校学报	325	1.00	7.3	1.3	30	200	0.01	0.43	6.4
H03	黔南民族师范学院学报	138	0.97	12.1	1.7	25	63	—	0.71	8.9
H03	青海师范大学民族师范学院学报	40	1.00	12.5	1.3	6	13	—	0.20	≥10
H03	青海师范大学学报（哲学社会科学版）	151	0.99	17.4	1.3	26	82	—	0.52	≥10
H03	曲靖师范学院学报	136	0.96	13.1	1.7	16	54	0.02	0.67	9.0
H03	泉州师范学院学报	109	0.99	14.2	1.8	7	28	0.01	0.73	7.0
H03	山东师范大学学报（社会科学版）	85	0.98	34.2	1.1	16	38	0.02	0.84	≥10
H03	陕西师范大学学报（哲学社会科学版）	93	0.90	31.4	1.5	17	43	0.00	0.71	≥10
H03	商丘师范学院学报	262	0.97	14.8	1.7	25	144	0.02	0.62	≥10
H03	上海师范大学学报（哲学社会科学版）	82	0.91	40.0	1.1	18	42	0.00	0.60	≥10
H03	上饶师范学院学报	117	0.94	15.5	2.0	14	49	0.02	0.67	≥10
H03	首都师范大学学报（社会科学版）	126	0.95	39.6	1.4	21	58	0.03	0.58	≥10
H03	四川师范大学学报（社会科学版）	119	0.97	46.2	1.5	21	60	0.01	0.71	≥10
H03	唐山师范学院学报	190	0.98	13.8	1.8	26	114	0.01	0.55	≥10
H03	天津师范大学学报（社会科学版）	76	0.99	17.0	1.5	15	46	—	0.57	≥10

2020年中国科技期刊来源指标按类刊名字顺索引（续）

学科代码	期刊名称	来源文献量	文献选出率	平均引文数	平均作者数	地区分布数	机构分布数	海外论文比	基金论文比	引用半衰期
H03	天水师范学院学报	132	0.94	19.0	1.8	20	49	—	0.56	≥10
H03	通化师范学院学报	297	1.00	11.2	2.2	23	151	0.01	0.82	7.1
H03	渭南师范学院学报	164	0.97	15.9	1.5	24	81	0.01	0.57	≥10
H03	西华师范大学学报（哲学社会科学版）	117	0.97	20.8	1.3	20	59	0.01	0.58	≥10
H03	咸阳师范学院学报	144	0.92	15.2	1.8	22	63	0.01	0.65	≥10
H03	忻州师范学院学报	164	0.96	12.7	1.6	26	86	—	0.52	≥10
H03	新疆师范大学学报（哲学社会科学版）	72	0.87	34.0	1.7	19	46	0.00	0.60	≥10
H03	信阳师范学院学报（哲学社会科学版）	140	0.90	18.6	1.5	22	61	—	0.99	9.6
H03	兴义民族师范学院学报	151	0.94	9.6	1.7	18	71	—	0.67	8.8
H03	盐城师范学院学报（人文社会科学版）	85	0.93	17.5	1.2	15	40	—	0.78	≥10
H03	玉溪师范学院学报	105	1.00	22.1	1.9	13	42	0.02	0.47	≥10
H03	云南师范大学学报（哲学社会科学版）	101	0.89	40.5	1.5	16	54	0.01	0.82	≥10
H03	浙江师范大学学报（社会科学版）	86	0.82	26.2	1.4	13	34	0.01	0.92	≥10
H03	周口师范学院学报	190	0.98	12.1	1.6	24	95	0.02	0.56	8.6
H03	遵义师范学院学报	253	0.96	9.8	1.7	22	117	—	0.64	7.9
J01	高校马克思主义理论研究	80	0.93	13.5	1.2	18	40	—	0.31	7.7
J01	理论探讨	157	0.93	15.0	1.7	25	96	0.00	0.87	9.7
J01	理论与改革	93	0.91	21.8	1.4	22	57	0.00	0.60	≥10
J01	马克思主义研究	170	0.75	41.3	1.2	22	88	0.01	0.66	≥10
J01	马克思主义与现实	163	0.88	23.0	1.3	19	68	0.04	0.42	≥10
J01	毛泽东邓小平理论研究	167	0.91	18.7	1.3	21	89	—	0.61	≥10
J01	毛泽东思想研究	111	0.99	29.2	1.4	20	60	—	0.51	≥10
J01	毛泽东研究	80	0.87	32.2	1.2	15	39	—	0.74	≥10
J01	社会主义研究	123	0.91	30.5	1.4	21	70	0.01	0.58	8.6
J02	Frontiers of Philosophy in China	38	0.90	25.2	1.1	7	29	0.34	0.26	≥10
J02	管子学刊	63	0.94	31.2	1.2	14	49	0.06	0.35	≥10
J02	科学技术哲学研究	123	1.00	16.3	1.5	20	71	0.01	0.76	≥10
J02	科学与无神论	71	0.91	16.2	1.4	18	45	—	0.41	≥10
J02	孔子研究	98	0.94	32.0	1.1	24	64	0.01	0.50	≥10
J02	伦理学研究	119	0.94	17.0	1.3	19	63	0.02	0.74	≥10
J02	世界哲学	88	0.92	28.7	1.3	18	52	0.03	0.68	≥10
J02	系统科学学报	102	0.98	14.6	2.0	23	73	0.02	0.72	8.5
J02	现代哲学	125	0.99	38.3	1.2	17	65	0.09	0.63	0.0

学科代码	期刊名称	来源文献量	文献选出率	平均引文数	平均作者数	地区分布数	机构分布数	海外论文比	基金论文比	引用半衰期
J02	学海	166	0.90	26.3	1.4	15	70	0.01	0.62	≥10
J02	哲学动态	148	0.84	28.5	1.1	19	63	0.00	0.61	≥10
J02	哲学分析	88	0.94	36.0	1.3	15	52	0.19	0.49	≥10
J02	哲学研究	145	0.88	20.4	1.1	22	62	0.01	0.56	≥10
J02	中国哲学史	97	0.96	21.4	1.1	16	39	0.01	0.49	≥10
J02	周易研究	81	0.90	23.6	1.2	13	39	0.01	0.51	≥10
J02	自然辩证法通讯	209	0.97	23.0	1.5	26	108	0.04	0.48	≥10
J02	自然辩证法研究	241	0.90	17.8	1.5	25	134	0.01	0.65	≥10
J03	法音	163	0.65	13.4	1.1	25	101	0.02	0.27	≥10
J03	世界宗教文化	138	0.94	32.0	1.3	19	58	0.01	0.48	≥10
J03	世界宗教研究	108	0.86	54.7	1.3	21	56	0.02	0.56	≥10
J03	五台山研究	40	0.89	12.8	1.2	13	34	—	0.58	≥10
J03	中国道教	71	0.68	10.0	1.2	20	50	0.01	0.28	≥10
J03	中国穆斯林	72	0.53	13.4	1.2	15	35	0.04	0.24	≥10
J03	中国宗教	336	0.61	0.0	1.1	30	176	0.00	0.12	0.0
J03	宗教学研究	148	0.93	38.1	1.2	22	78	0.03	0.49	≥10
K01	辞书研究	77	0.92	26.1	1.3	21	49	0.08	0.49	≥10
K01	当代外语研究	82	0.93	23.9	1.6	15	43	0.01	0.43	≥10
K01	当代修辞学	50	1.00	31.0	1.6	12	31	0.18	0.48	≥10
K01	当代语言学	31	0.78	53.0	1.4	12	24	0.23	0.52	≥10
K01	东北亚外语研究	55	0.96	22.6	1.4	15	38	0.07	0.75	≥10
K01	方言	55	0.92	20.8	1.3	17	36	0.02	0.53	≥10
K01	古汉语研究	55	0.92	27.7	1.2	16	36	0.02	0.89	≥10
K01	国际汉学	104	0.91	33.4	1.2	16	64	0.07	0.54	≥10
K01	汉语学报	40	0.91	25.9	1.2	11	28	0.08	0.83	≥10
K01	汉语学习	66	0.99	29.6	1.5	15	42	0.05	0.61	≥10
K01	汉语言文学研究	65	1.00	34.9	1.1	16	42	0.08	0.40	≥10
K01	汉字汉语研究	55	0.86	19.5	1.2	15	36	0.02	0.66	≥10
K01	课外语文	941	0.98	3.0	1.0	30	836	—	0.08	3.1
K01	课外语文（下）	948	0.98	3.2	1.0	29	849	—	0.07	3.0
K01	满语研究	45	0.94	13.2	1.1	5	21	0.02	0.76	≥10
K01	民族语文	63	0.95	25.5	1.4	1	1	—	0.73	≥10
K01	上海翻译	100	0.89	22.2	1.6	20	69	0.02	0.81	≥10

2020 年中国科技期刊来源指标按类刊名字顺索引（续）

学科代码	期刊名称	来源文献量	文献选出率	平均引文数	平均作者数	地区分布数	机构分布数	海外论文比	基金论文比	引用半衰期
K01	世界汉语教学	48	0.89	35.2	1.5	12	26	0.08	0.50	≥10
K01	外语电化教学	122	0.95	20.4	1.7	24	87	0.02	0.54	9.2
K01	外语与翻译	61	0.88	22.2	1.6	15	40	0.07	0.57	≥10
K01	现代语文	235	0.91	14.2	1.3	27	126	0.04	0.42	≥10
K01	英语广场（下旬刊）	568	0.99	5.6	1.2	30	397	—	0.33	4.4
K01	英语教师	1154	0.99	5.0	1.2	31	853	0.00	0.21	5.3
K01	英语学习	143	0.86	7.1	1.3	16	92	0.06	0.14	7.8
K01	语文建设	673	0.93	2.0	1.2	29	483	0.00	0.19	8.6
K01	语文教学通讯·A 刊	327	0.98	1.8	1.2	27	227	—	0.26	5.8
K01	语文教学通讯·B 刊	345	0.95	2.5	1.1	27	266	—	0.10	7.7
K01	语文教学通讯·C 刊	359	0.95	—	1.1	22	269	0.00	0.07	—
K01	语文教学通讯·D 刊（学术刊）	350	0.94	4.0	1.1	25	300	0.00	0.15	5.3
K01	语文教学与研究（上半月）	459	0.99	3.8	1.1	29	361	0.00	0.13	9.9
K01	语文教学与研究（下半月）	878	1.00	2.6	1.1	30	740	0.00	0.10	4.3
K01	语文教学之友	236	0.94	1.4	1.1	21	204	—	0.17	5.4
K01	语文世界（教师之窗）	493	0.97	—	1.0	28	363	—	0.04	—
K01	语文天地	466	1.00	—	1.0	22	382	—	0.08	—
K01	语文研究	33	1.00	34.3	1.3	14	29	0.12	0.94	≥10
K01	语言教学与研究	78	0.85	26.3	1.3	14	34	0.18	0.40	≥10
K01	语言科学	50	0.98	33.8	1.5	12	35	0.06	0.82	≥10
K01	语言文字应用	57	0.85	25.5	1.9	17	39	0.04	0.54	≥10
K01	语言研究	68	0.99	25.8	1.3	17	47	0.03	0.76	≥10
K01	语言战略研究	77	0.86	21.4	1.5	16	56	0.12	0.43	8.6
K01	中国翻译	123	0.78	20.8	1.4	22	75	0.07	0.49	≥10
K01	中国科技翻译	66	0.94	9.8	1.5	19	61	0.02	0.55	≥10
K01	中国文学研究	97	0.97	24.2	1.2	23	67	0.01	0.64	≥10
K01	中国语文	59	0.83	47.2	1.2	14	33	0.12	0.64	≥10
K01	中学语文（上旬·教学大参考）	316	0.83	1.0	1.1	26	243	—	0.20	9.7
K01	中学语文（下旬·大语文论坛）	595	0.96	—	1.1	26	487	—	0.11	—
K03	北京第二外国语学院学报	57	0.97	26.6	1.5	15	45	—	0.61	≥10
K03	广东外语外贸大学学报	92	0.94	17.4	1.2	22	64	0.01	0.50	≥10
K03	基础外语教育	84	0.91	9.3	1.5	19	70	0.01	0.49	6.3
K03	解放军外国语学院学报	113	0.90	27.9	1.5	17	67	0.01	0.77	≥10

2020 年中国科技期刊来源指标按类刊名字顺索引（续）

学科代码	期刊名称	来源文献量	文献选出率	平均引文数	平均作者数	地区分布数	机构分布数	海外论文比	基金论文比	引用半衰期
K03	山东外语教学	84	0.93	26.4	1.4	18	57	0.01	0.93	≥10
K03	天津外国语大学学报	87	0.94	26.1	1.4	17	52	0.01	0.39	9.5
K03	外国语	66	0.86	40.5	1.7	14	40	0.12	0.61	≥10
K03	外国语文	121	0.90	22.7	1.5	19	73	0.02	0.60	≥10
K03	外国语言文学	45	0.90	24.0	1.4	17	39	—	0.69	≥10
K03	外语教学	121	0.93	28.8	1.8	21	68	0.04	0.72	≥10
K03	外语教学理论与实践	51	1.00	28.7	1.7	17	36	—	0.78	≥10
K03	外语教学与研究	76	0.80	29.4	1.7	18	52	0.11	0.67	≥10
K03	外语界	66	0.86	24.9	1.7	13	43	0.06	0.56	7.5
K03	外语学刊	123	0.98	23.6	1.6	22	77	0.01	0.81	≥10
K03	外语研究	102	0.94	30.5	1.6	20	72	0.03	0.74	≥10
K03	外语与外语教学	83	0.91	34.9	1.7	18	50	0.07	0.80	≥10
K03	西安外国语大学学报	98	0.96	24.5	1.6	21	71	0.02	0.67	≥10
K03	现代外语	74	0.93	33.2	1.8	19	46	0.01	0.77	≥10
K03	云南师范大学学报（对外汉语教学与研究版）	66	0.89	23.5	1.5	13	38	0.03	0.76	≥10
K03	浙江外国语学院学报	84	0.93	27.9	1.5	16	54	0.01	0.62	≥10
K03	中国俄语教学	42	0.91	19.0	1.2	17	28	0.02	0.74	≥10
K03	中国外语	86	0.95	27.7	1.7	16	52	0.02	0.73	≥10
K04	Frontiers of Literary Studies in China	25	0.86	71.4	1.1	6	22	0.36	0.08	0.0
K04	曹雪芹研究	69	0.84	24.1	1.1	17	51	0.03	0.23	≥10
K04	长江学术	51	0.93	30.1	1.4	14	31	0.22	0.51	≥10
K04	大观	1012	0.98	4.3	1.2	30	561	0.01	0.22	4.1
K04	当代	34	0.55	3.9	1.0	8	14	—	—	≥10
K04	当代文坛	185	0.79	14.4	1.2	26	87	0.03	0.42	≥10
K04	当代作家评论	174	0.91	15.5	1.2	23	88	0.01	0.33	≥10
K04	杜甫研究学刊	58	0.94	29.7	1.2	16	38	0.12	0.33	≥10
K04	国学学刊	66	0.93	46.2	1.1	12	39	0.11	0.32	0.0
K04	红楼梦学刊	109	0.79	21.1	1.1	23	62	0.05	0.36	≥10
K04	剧作家	145	0.69	5.5	1.1	14	71	—	0.08	≥10
K04	鲁迅研究月刊	115	0.77	25.9	1.1	1	1	0.00	0.39	≥10
K04	民族文学研究	110	0.98	38.2	1.2	25	62	0.05	0.57	≥10
K04	名家名作	451	0.62	2.4	1.1	30	315	0.01	0.08	6.8

学科代码	期刊名称	来源文献量	文献选出率	平均引文数	平均作者数	地区分布数	机构分布数	海外论文比	基金论文比	引用半衰期
K04	名作欣赏	325	0.77	3.9	1.1	28	125	0.02	0.10	≥10
K04	明清小说研究	72	0.96	24.9	1.2	21	48	0.03	0.43	≥10
K04	南方文坛	183	0.89	14.9	1.3	25	91	0.01	0.29	≥10
K04	青年记者	1785	0.94	3.4	1.3	31	573	0.01	0.27	4.9
K04	三峡论坛（三峡文学·理论版）	128	0.96	14.2	1.5	23	67	0.02	0.61	≥10
K04	文学评论	144	0.95	35.2	1.0	21	62	0.02	0.47	≥10
K04	文学遗产	109	0.91	41.6	1.0	20	56	0.04	0.46	≥10
K04	文学与文化	63	0.94	31.1	1.1	13	24	0.05	0.24	≥10
K04	文艺研究	157	0.81	38.9	1.1	19	72	0.01	0.52	≥10
K04	戏剧文学	243	0.84	7.2	1.2	28	124	0.01	0.37	≥10
K04	小说评论	148	0.89	9.9	1.1	25	80	0.02	0.20	≥10
K04	校园心理	196	0.98	11.3	2.3	29	146	—	0.64	8.7
K04	新文学史料	98	0.89	13.7	1.2	21	42	0.00	0.31	≥10
K04	雪莲	159	0.57	0.1	1.0	21	44	0.01	—	6.7
K04	鸭绿江	1744	0.78	1.5	1.2	31	759	0.01	0.04	7.6
K04	扬子江文学评论	86	0.83	13.7	1.0	19	53	0.01	0.24	≥10
K04	中国比较文学	51	0.74	31.2	1.1	15	31	0.12	0.51	≥10
K04	中国现代文学研究丛刊	183	0.81	31.4	1.1	23	90	0.02	0.35	≥10
K04	中国韵文学刊	73	0.90	25.7	1.1	23	61	0.11	0.45	≥10
K05	当代外国文学	79	0.75	19.5	1.3	20	53	0.04	0.61	≥10
K05	俄罗斯文艺	61	0.82	18.5	1.2	19	44	0.10	0.56	≥10
K05	国际比较文学	60	0.88	45.4	1.1	12	48	0.22	0.28	≥10
K05	国外文学	64	0.90	41.4	1.0	16	44	0.02	0.64	≥10
K05	外国文学	94	0.90	25.0	1.0	21	68	0.00	0.53	≥10
K05	外国文学动态研究	74	0.93	16.9	1.1	13	35	0.04	0.34	≥10
K05	外国文学评论	41	0.87	72.5	1.0	10	17	0.15	0.56	≥10
K05	外国文学研究	86	0.87	23.6	1.1	17	52	0.13	0.47	≥10
K05	外文研究	62	0.93	22.0	1.3	17	46	—	0.60	≥10
K06	北京电影学院学报	156	0.88	32.2	1.3	20	63	0.12	0.37	≥10
K06	北京舞蹈学院学报	131	0.95	16.3	1.4	23	70	0.01	0.55	≥10
K06	大舞台	84	0.68	4.8	1.2	19	49	0.02	0.18	≥10
K06	当代电影	290	0.84	18.8	1.2	20	82	0.05	0.28	≥10
K06	当代戏剧	73	0.52	3.7	1.1	14	51	—	0.21	≥10

2020 年中国科技期刊来源指标按类刊名字顺索引（续）

学科代码	期刊名称	来源文献量	文献选出率	平均引文数	平均作者数	地区分布数	机构分布数	海外论文比	基金论文比	引用半衰期
K06	当代音乐	872	0.98	3.4	1.2	30	353	0.01	0.21	7.6
K06	电影评介	601	0.96	6.8	1.3	29	272	0.04	0.63	≥10
K06	电影文学	1017	0.94	6.4	1.3	30	463	0.02	0.46	9.3
K06	电影新作	172	0.98	15.2	1.3	25	99	0.02	0.44	≥10
K06	电影艺术	135	0.88	19.0	1.2	15	59	0.07	0.36	≥10
K06	雕塑	115	0.68	3.6	1.1	18	47	—	0.14	≥10
K06	东方艺术	104	0.70	3.7	1.0	18	53	0.02	0.14	≥10
K06	福建艺术	127	0.65	2.9	1.2	7	71	0.02	0.13	≥10
K06	歌海	178	0.67	7.8	1.3	16	66	—	0.34	≥10
K06	贵州大学学报（艺术版）	87	0.94	16.6	1.2	21	66	0.07	0.49	≥10
K06	湖北美术学院学报	65	0.80	19.9	1.2	15	35	—	0.34	≥10
K06	黄钟—中国·武汉音乐学院学报	62	0.83	26.7	1.2	15	35	0.05	0.24	≥10
K06	吉林艺术学院学报	95	0.93	8.5	1.4	23	68	0.01	0.54	9.2
K06	交响—西安音乐学院学报	94	0.99	15.5	1.1	17	39	0.01	0.23	≥10
K06	流行色	754	0.93	5.3	1.2	31	352	0.01	0.16	7.3
K06	美术	373	0.90	9.0	1.1	27	174	0.03	0.22	≥10
K06	美术大观	467	0.97	13.2	1.2	29	228	0.05	0.49	≥10
K06	美术观察	638	0.92	4.1	1.1	28	225	0.01	0.22	≥10
K06	美术界	144	0.51	4.2	1.2	22	85	—	0.16	≥10
K06	美术文献	830	0.94	5.0	1.2	31	429	0.01	0.20	6.3
K06	美术学报	99	0.94	39.6	1.2	16	59	0.02	0.50	≥10
K06	美术研究	125	0.85	22.1	1.1	17	56	0.01	0.23	≥10
K06	美与时代（上旬刊）	555	0.95	5.5	1.4	28	269	0.00	0.38	6.6
K06	美与时代（下旬刊）	477	0.95	6.9	1.1	27	197	0.01	0.20	≥10
K06	美与时代（中旬刊）·美术学刊	679	0.78	4.8	1.3	30	313	0.02	0.18	8.6
K06	美与时代·城市	642	0.73	4.9	1.4	29	345	0.03	0.31	4.9
K06	民族艺林	85	0.91	9.7	1.2	20	55	—	0.39	≥10
K06	民族艺术	103	0.82	33.4	1.1	20	60	0.08	0.43	≥10
K06	民族艺术研究	109	0.97	18.7	1.3	19	66	0.03	0.55	≥10
K06	内蒙古艺术学院学报	91	0.92	10.1	1.6	14	44	0.09	0.90	≥10
K06	南京艺术学院学报（美术与设计版）	204	0.83	20.7	1.3	23	97	0.03	0.57	≥10
K06	南京艺术学院学报（音乐与表演版）	104	0.90	21.4	1.2	22	63	0.01	0.57	≥10
K06	齐鲁艺苑	122	0.94	12.5	1.3	19	75	0.01	0.56	≥10

学科代码	期刊名称	来源文献量	文献选出率	平均引文数	平均作者数	地区分布数	机构分布数	海外论文比	基金论文比	引用半衰期
K06	人民音乐	235	0.80	10.1	1.1	23	84	0.03	0.20	≥10
K06	人文天下	539	0.95	1.8	1.2	29	284	0.00	0.15	8.7
K06	上海艺术评论	161	0.80	2.7	1.1	16	87	0.04	0.12	≥10
K06	设计艺术	117	0.78	12.0	1.4	19	67	0.03	0.51	≥10
K06	世界电影	43	0.70	30.5	2.1	5	12	0.09	0.05	≥10
K06	世界美术	75	0.93	18.5	1.5	11	30	0.12	0.25	≥10
K06	书画世界	220	0.72	4.6	1.2	20	96	0.01	0.12	≥10
K06	四川戏剧	580	0.95	6.1	1.2	29	278	0.01	0.40	≥10
K06	天津音乐学院学报	47	0.90	23.6	1.1	12	23	0.04	0.19	≥10
K06	文艺理论研究	127	0.93	32.9	1.1	21	64	0.04	0.49	≥10
K06	文艺理论与批评	67	0.82	41.7	1.3	12	36	0.00	0.24	≥10
K06	文艺评论	103	0.94	8.6	1.2	26	69	0.01	0.39	≥10
K06	文艺争鸣	365	0.92	17.8	1.2	26	120	0.01	0.33	≥10
K06	西北美术	110	0.84	8.0	1.1	18	46	0.02	0.43	≥10
K06	西藏艺术研究	61	0.94	11.9	1.1	8	25	—	0.25	≥10
K06	戏剧艺术	89	0.91	31.3	1.1	15	43	0.06	0.52	≥10
K06	戏剧之家	1556	1.00	4.3	1.2	29	600	0.01	0.18	6.7
K06	戏剧—中央戏剧学院学报	77	0.84	17.2	1.2	11	30	0.08	0.36	≥10
K06	戏曲艺术	84	0.95	27.8	1.1	17	55	0.01	0.69	≥10
K06	新疆艺术学院学报	67	0.94	13.0	1.3	18	39	—	0.54	≥10
K06	新美术	166	0.92	25.1	1.3	5	14	0.03	0.26	0.0
K06	星海音乐学院学报	60	0.94	23.2	1.3	15	36	0.05	0.60	≥10
K06	演艺科技	180	0.85	3.2	1.5	20	80	0.01	0.06	≥10
K06	艺海	778	0.97	4.2	1.3	29	276	0.01	0.27	6.4
K06	艺术百家	209	0.90	14.7	1.3	24	108	0.03	0.52	≥10
K06	艺术传播研究	56	0.81	15.2	1.3	16	36	0.02	0.38	≥10
K06	艺术工作	146	0.84	14.5	1.4	8	18	0.01	0.21	≥10
K06	艺术科技	1176	0.97	7.6	1.6	28	205	0.01	0.34	2.5
K06	艺术评鉴	1642	0.97	5.6	1.1	31	699	0.01	0.23	6.3
K06	艺术探索	74	0.86	20.1	1.1	17	57	—	0.49	≥10
K06	音乐创作	122	0.80	3.0	1.3	22	77	—	0.16	≥10
K06	音乐生活	294	0.93	5.0	1.2	29	141	0.02	0.22	≥10
K06	音乐探索	78	0.86	20.0	1.3	14	36	0.01	0.41	≥10

2020 年中国科技期刊来源指标按类刊名字顺索引（续）

学科代码	期刊名称	来源文献量	文献选出率	平均引文数	平均作者数	地区分布数	机构分布数	海外论文比	基金论文比	引用半衰期
K06	音乐天地	128	0.63	4.1	1.0	21	55	—	0.24	≥10
K06	音乐文化研究	51	0.84	26.2	1.3	11	26	0.08	0.33	≥10
K06	音乐研究	79	0.93	30.6	1.2	16	39	0.04	0.57	≥10
K06	音乐艺术	63	0.94	30.8	1.2	14	34	0.06	0.60	≥10
K06	乐府新声	76	0.96	14.5	1.1	16	28	—	0.40	≥10
K06	云南艺术学院学报	76	0.85	17.7	1.2	14	34	0.03	0.57	≥10
K06	中国京剧	249	0.69	—	1.1	23	95	—	—	—
K06	中国美术	133	0.75	12.9	1.1	18	77	0.01	0.18	≥10
K06	中国书法	307	0.67	10.1	1.1	26	158	0.02	0.12	≥10
K06	中国书画	177	0.51	14.2	1.1	20	78	0.03	0.07	≥10
K06	中国戏剧	384	0.85	1.5	1.2	28	230	0.00	0.15	≥10
K06	中国音乐	116	0.83	23.5	1.1	23	64	0.02	0.47	≥10
K06	中国音乐学	58	0.82	32.1	1.2	19	37	0.02	0.33	≥10
K06	中央音乐学院学报	43	0.83	38.3	1.1	12	22	0.02	0.56	≥10
K06	装饰	256	0.57	17.1	1.8	21	117	0.07	0.39	≥10
K08	Chinese Annals of History of Science and Technology	12	1.00	84.8	1.9	3	8	0.25	0.25	≥10
K08	Frontiers of History in China	27	0.90	94.3	1.3	5	18	0.41	0.15	0.0
K08	安徽史学	110	0.96	58.6	1.2	21	68	0.02	0.60	≥10
K08	北方文物	78	0.93	30.4	1.6	17	44	—	0.53	≥10
K08	草原文物	29	0.94	22.3	1.5	11	16	—	0.21	≥10
K08	当代中国史研究	77	0.78	51.0	1.2	21	48	—	0.39	≥10
K08	敦煌学辑刊	69	0.95	40.1	1.4	13	29	0.01	0.67	≥10
K08	敦煌研究	99	0.76	26.0	1.5	18	46	0.04	0.46	≥10
K08	古代文明	44	0.80	76.9	1.2	15	25	0.05	0.39	≥10
K08	广西地方志	57	0.88	23.1	1.2	10	34	—	0.21	≥10
K08	贵州文史丛刊	58	0.95	45.0	1.2	13	36	—	0.35	≥10
K08	郭沫若学刊	59	0.91	16.2	1.1	15	25	0.02	0.34	≥10
K08	海交史研究	35	0.69	71.5	1.3	11	24	0.11	0.40	≥10
K08	黑龙江史志	139	0.66	7.1	1.3	26	106	—	0.14	≥10
K08	华侨华人历史研究	36	0.71	50.8	1.3	13	27	0.03	0.50	≥10
K08	江淮文史	92	0.84	0.2	1.1	9	76	0.01	0.02	≥10
K08	近代史研究	60	0.87	109.5	1.1	15	32	0.02	0.48	≥10

2020年中国科技期刊来源指标按类刊名字顺索引（续）

学科代码	期刊名称	来源文献量	文献选出率	平均引文数	平均作者数	地区分布数	机构分布数	海外论文比	基金论文比	引用半衰期
K08	军事历史	105	1.00	36.1	1.4	15	43	—	0.21	0.0
K08	历史研究	74	0.91	93.1	1.1	20	37	0.07	0.45	≥10
K08	岭南文史	67	0.84	11.1	1.1	7	33	0.03	0.09	≥10
K08	南方文物	221	0.97	36.2	2.0	23	99	0.04	0.29	≥10
K08	蒲松龄研究	87	0.94	12.2	1.2	19	67	0.01	0.22	≥10
K08	清史研究	73	0.92	83.0	1.1	18	41	0.08	0.58	≥10
K08	人文地理	105	0.95	46.9	3.1	25	61	0.04	0.94	8.1
K08	史林	112	0.90	87.9	1.1	17	47	0.03	0.48	≥10
K08	史学集刊	78	1.00	64.4	1.2	18	43	0.03	0.53	≥10
K08	史学理论研究	98	0.89	53.7	1.1	22	49	0.03	0.49	≥10
K08	史学史研究	53	0.93	59.8	1.1	14	27	0.02	0.60	0.0
K08	史学月刊	151	0.90	69.1	1.2	20	62	0.03	0.36	≥10
K08	世界历史	63	0.91	103.9	1.1	17	37	0.03	0.62	≥10
K08	文史	51	0.98	97.5	1.0	10	22	0.04	0.63	0.0
K08	文史杂志	143	0.69	7.1	1.1	17	63	0.01	0.08	≥10
K08	西部蒙古论坛	52	0.74	37.6	1.2	13	31	—	0.46	≥10
K08	西夏研究	80	0.92	21.5	1.4	12	34	0.10	0.60	≥10
K08	新疆地方志	57	0.89	8.6	1.0	14	32	—	0.07	≥10
K08	中国地方志	76	0.84	46.6	1.1	20	58	0.00	0.34	0.0
K08	中国历史地理论丛	60	0.83	83.5	1.4	19	40	0.03	0.55	≥10
K08	中国名城	162	0.93	16.0	2.1	23	101	0.04	0.61	7.6
K08	中国史研究	56	0.98	81.8	1.1	18	38	—	0.57	0.0
K08	中国史研究动态	108	0.94	—	1.1	23	55	0.01	0.18	—
K08	中国文物科学研究	61	0.91	10.9	1.9	15	34	0.02	0.21	8.6
K08	中华文史论丛	54	0.69	89.7	1.0	11	28	0.06	0.41	0.0
K08	中华医史杂志	58	0.94	28.6	2.1	13	33	0.07	0.57	≥10
K10	华夏考古	69	0.86	34.9	1.8	14	41	—	0.39	≥10
K10	江汉考古	78	0.94	30.6	1.9	11	37	0.03	0.55	≥10
K10	考古	98	0.94	29.9	2.2	22	24	0.03	0.39	≥10
K10	考古学报	20	0.95	69.3	1.8	7	10	0.00	0.60	≥10
K10	考古与文物	86	0.91	33.0	2.0	17	35	0.05	0.31	≥10
K10	民俗研究	99	0.87	50.5	1.2	20	53	0.01	0.50	≥10
K10	农业考古	241	0.97	24.8	1.4	28	127	0.01	0.49	≥10

学科代码	期刊名称	来源文献量	文献选出率	平均引文数	平均作者数	地区分布数	机构分布数	海外论文比	基金论文比	引用半衰期
K10	四川文物	67	0.88	39.4	1.7	11	31	—	0.36	≥10
K10	文物	114	0.88	26.0	1.9	24	51	0.02	0.32	≥10
K10	文物保护与考古科学	94	0.95	18.7	3.9	18	59	0.01	0.47	≥10
K10	文物春秋	79	0.91	20.7	1.4	21	57	0.01	0.27	≥10
K10	文物季刊	141	0.91	7.6	1.1	13	69	—	0.16	≥10
K10	文物鉴定与鉴赏	1504	0.96	5.3	1.1	30	791	0.00	0.08	8.5
K10	寻根	118	0.70	—	1.1	23	76	—	0.12	—
K10	中国边疆史地研究	71	0.88	74.3	1.2	18	39	0.00	0.52	≥10
K10	中国国家博物馆馆刊	146	0.92	41.7	1.4	18	81	—	0.34	≥10
K10	中原文物	92	0.94	33.2	1.5	17	51	0.02	0.37	≥10
L01	China & World Economy	37	0.84	41.6	2.6	12	25	0.16	0.62	8.9
L01	Frontiers of Business Research in China	25	1.00	62.4	2.8	1	11	0.36	0.60	≥10
L01	Frontiers of Economics in China	26	0.87	35.7	1.9	6	22	0.35	0.46	≥10
L01	Practice and Theory of Seas	122	0.94	16.6	1.3	14	60	0.01	0.26	6.4
L01	北方经济	245	0.96	4.6	1.5	27	130	0.00	0.24	2.5
L01	边疆经济与文化	457	1.00	6.5	1.6	29	204	0.00	0.61	5.6
L01	财经研究	116	0.88	41.6	2.4	18	51	0.03	0.85	9.7
L01	财政研究	92	0.81	34.5	2.0	17	47	0.01	0.67	8.9
L01	产经评论	64	0.90	34.9	2.5	20	51	0.02	0.92	8.0
L01	产权导刊	150	0.51	1.3	1.2	22	53	—	0.04	6.0
L01	长江技术经济	76	0.95	7.1	2.2	16	60	—	0.30	4.3
L01	城市	95	0.89	11.1	1.9	15	36	—	0.93	4.3
L01	城市观察	92	0.94	18.3	2.2	9	54	0.01	0.67	5.4
L01	创造	167	0.92	12.2	1.4	26	95	—	0.38	8.2
L01	当代经济	389	0.97	9.9	1.7	30	273	0.01	0.53	5.0
L01	当代经济科学	54	0.77	37.6	2.4	17	34	0.00	0.91	9.2
L01	当代经济研究	117	0.75	22.0	1.7	22	61	0.02	0.54	≥10
L01	当代县域经济	499	1.00	—	1.3	16	86	0.01	0.01	—
L01	发展	437	0.88	1.8	1.3	17	263	—	0.18	4.4
L01	发展研究	158	0.98	10.3	1.9	12	77	0.01	0.25	5.3
L01	改革	128	0.77	23.3	2.1	14	60	0.01	0.71	6.4
L01	改革与开放	538	1.00	7.6	1.6	31	327	0.00	0.55	3.3
L01	改革与战略	163	0.93	18.3	1.6	21	114	0.01	0.70	4.8

2020 年中国科技期刊来源指标按类刊名字顺索引（续）

学科代码	期刊名称	来源文献量	文献选出率	平均引文数	平均作者数	地区分布数	机构分布数	海外论文比	基金论文比	引用半衰期
L01	广东经济	156	0.78	3.2	1.6	7	93	0.01	0.19	5.0
L01	广义虚拟经济研究	45	0.92	20.0	1.8	16	28	—	0.44	6.8
L01	国际经济合作	81	0.91	11.2	2.0	16	45	0.02	0.40	6.5
L01	国际经济评论	67	0.91	27.5	2.2	8	31	0.03	0.42	4.8
L01	海峡科技与产业	314	0.96	5.4	1.8	29	269	0.01	0.28	3.2
L01	海峡科学	284	0.97	8.2	2.0	10	150	0.00	0.41	5.3
L01	合作经济与科技	1820	0.99	6.2	1.8	31	663	0.00	0.40	4.1
L01	河北企业	837	0.98	5.3	1.5	30	325	0.00	0.25	3.8
L01	河北职业教育	150	0.96	8.5	1.7	23	123	—	0.80	3.9
L01	宏观经济管理	168	0.80	12.7	1.8	21	74	—	0.29	3.5
L01	宏观经济研究	171	0.93	26.1	2.2	23	89	0.01	0.63	7.9
L01	华东经济管理	166	0.93	34.1	2.6	25	111	—	1.00	6.2
L01	环渤海经济瞭望	1329	1.00	4.1	1.2	31	801	0.00	0.16	3.0
L01	交通与港航	85	0.90	6.5	2.0	10	56	0.01	0.09	4.6
L01	经济	335	0.76	—	1.2	21	128	—	—	—
L01	经济管理	143	0.93	50.9	2.4	22	61	0.02	0.83	8.6
L01	经济界	80	0.92	10.7	1.6	22	68	—	0.41	5.7
L01	经济经纬	112	0.90	26.9	2.2	20	78	0.01	0.90	6.9
L01	经济科学	52	0.75	33.0	2.3	12	29	0.00	0.79	≥10
L01	经济理论与经济管理	92	0.94	34.5	2.2	18	44	0.00	0.72	≥10
L01	经济论坛	217	0.94	16.8	1.8	26	138	0.01	0.63	6.2
L01	经济评论	60	0.85	34.8	2.3	15	37	0.02	0.82	7.8
L01	经济社会史评论	40	0.91	67.4	1.3	17	30	—	0.55	≥10
L01	经济社会体制比较	107	0.88	32.9	2.0	17	55	0.03	0.70	9.6
L01	经济师	1845	0.99	5.7	1.6	31	885	0.00	0.30	3.8
L01	经济数学	84	0.95	15.5	2.6	20	44	—	0.89	7.0
L01	经济问题	177	0.93	22.1	2.1	25	95	0.02	0.81	6.4
L01	经济问题探索	195	0.96	30.3	2.2	25	86	0.02	0.76	7.9
L01	经济学（季刊）	63	0.88	48.0	2.8	13	32	0.08	0.87	≥10
L01	经济学报	31	0.91	50.5	2.4	7	15	0.13	0.45	≥10
L01	经济学动态	117	0.84	50.4	2.1	19	49	0.00	0.71	9.9
L01	经济学家	132	0.83	26.5	2.0	20	73	0.00	0.83	8.2
L01	经济研究	134	0.77	41.8	2.4	17	48	0.06	0.78	≥10

2020 年中国科技期刊来源指标按类刊名字顺索引（续）

学科代码	期刊名称	来源文献量	文献选出率	平均引文数	平均作者数	地区分布数	机构分布数	海外论文比	基金论文比	引用半衰期
L01	经济研究参考	267	0.92	19.4	1.8	23	122	0.00	0.47	5.1
L01	经济与管理	70	0.89	23.9	2.2	17	56	—	0.81	7.9
L01	经济与管理研究	108	0.94	36.9	2.3	19	55	0.00	0.83	8.6
L01	经济资料译丛	40	0.91	13.8	2.2	13	21	0.08	0.20	9.3
L01	经济纵横	153	0.79	18.7	1.7	22	71	0.00	0.51	≥10
L01	经纬天地	134	0.92	7.5	1.7	25	82	—	0.02	4.7
L01	经营与管理	384	0.89	10.2	1.7	29	204	0.02	0.38	5.3
L01	决策探索	821	0.67	4.3	1.4	29	462	0.00	0.32	3.1
L01	开放导报	99	0.97	9.5	1.5	13	59	0.04	0.31	4.6
L01	开放时代	74	0.85	59.7	1.4	12	33	0.08	0.49	≥10
L01	科技创业月刊	455	0.99	10.6	2.1	29	287	0.00	0.66	4.8
L01	科技和产业	419	0.97	14.6	2.4	30	262	—	0.62	6.0
L01	空运商务	161	0.53	0.3	1.2	26	86	—	—	6.3
L01	理财（审计版）	424	0.55	3.5	1.1	30	366	—	0.03	2.2
L01	辽宁经济	471	0.93	—	1.4	28	226	0.00	0.24	—
L01	秘书工作	297	0.64	—	1.2	31	190	—	—	—
L01	秘书之友	204	0.86	2.2	1.2	25	135	—	0.07	7.1
L01	南方经济	97	0.96	44.0	2.3	20	57	—	0.87	8.9
L01	南开经济研究	58	0.88	45.9	2.2	16	32	0.00	0.78	≥10
L01	宁波经济（三江论坛）	147	0.99	0.8	1.4	1	56	—	0.25	3.1
L01	农林经济管理学报	84	1.00	27.9	2.4	19	39	—	0.96	6.4
L01	企业管理	455	0.91	0.9	1.5	27	264	0.02	0.08	3.7
L01	企业科技与发展	1282	0.99	5.5	1.6	30	733	0.00	0.20	4.1
L01	清华金融评论	320	0.89	—	1.4	13	180	0.05	0.03	—
L01	区域经济评论	139	0.93	12.3	1.6	21	75	0.01	0.52	5.9
L01	全球化	59	0.73	13.1	1.7	8	25	—	0.20	4.5
L01	全球科技经济瞭望	113	0.87	14.9	2.2	17	54	0.01	0.44	8.6
L01	商场现代化	1835	1.00	6.3	1.4	31	1038	0.01	0.21	2.7
L01	生产力研究	437	0.97	12.8	1.9	26	160	0.01	0.50	5.3
L01	世界经济	90	0.83	51.7	2.5	16	42	0.03	0.86	≥10
L01	世界经济文汇	43	0.98	36.8	2.6	11	27	—	0.84	≥10
L01	世界经济研究	103	0.82	39.8	2.2	20	61	0.01	0.86	8.8
L01	世界经济与政治论坛	41	0.79	70.2	1.7	12	34	0.00	0.68	≥10

2020 年中国科技期刊来源指标按类刊名字顺索引（续）

学科代码	期刊名称	来源文献量	文献选出率	平均引文数	平均作者数	地区分布数	机构分布数	海外论文比	基金论文比	引用半衰期
L01	特区经济	449	0.86	10.4	1.8	26	221	0.01	0.46	5.3
L01	天津经济	104	0.72	3.3	1.7	4	42	—	0.24	3.7
L01	外国经济与管理	119	0.98	36.0	2.8	20	70	0.03	0.90	7.4
L01	卫生经济研究	231	0.98	9.3	3.6	22	133	0.00	0.71	3.4
L01	西部论坛	64	0.98	31.8	2.0	21	45	0.02	0.89	6.7
L01	现代工业经济和信息化	763	1.00	3.4	1.6	30	535	—	0.09	3.4
L01	现代经济探讨	190	0.95	20.2	1.6	24	106	—	0.82	6.9
L01	现代企业	998	0.96	—	1.4	31	723	0.00	0.18	—
L01	现代日本经济	43	0.88	25.2	1.7	14	28	0.02	0.93	5.9
L01	新经济	214	0.64	11.2	1.4	17	52	0.01	0.25	9.8
L01	新经济导刊	62	0.90	4.8	1.4	8	38	—	0.15	3.3
L01	信息资源管理学报	81	0.99	34.9	2.7	19	41	—	0.84	5.0
L01	行政事业资产与财务	1409	0.99	3.7	1.2	31	1186	—	0.11	2.4
L01	亚太经济	82	0.77	19.7	2.1	16	53	0.02	0.60	7.7
L01	冶金企业文化	129	0.68	—	1.3	22	75	—	—	—
L01	印度洋经济体研究	49	0.80	59.6	1.4	12	30	0.02	0.69	4.9
L01	招标采购管理	210	0.71	—	1.5	26	145	0.01	—	—
L01	浙江经济	347	0.83	0.1	1.4	7	111	0.01	0.08	0.0
L01	政法学刊	88	0.95	22.3	1.4	21	59	0.01	0.59	8.0
L01	政治经济学评论	69	0.97	43.7	1.7	13	26	0.01	0.48	6.3
L01	中国大学生就业（理论版）	122	0.51	5.1	1.5	25	95	—	0.32	3.1
L01	中国大学生就业（综合版）	113	0.52	5.9	1.6	26	91	0.01	0.35	4.0
L01	中国发展	89	0.94	13.6	1.9	23	72	—	0.43	5.0
L01	中国发展观察	339	0.67	—	1.3	20	113	0.00	0.14	—
L01	中国房地产（上旬刊）	207	0.68	0.9	1.3	21	108	—	0.01	3.4
L01	中国房地产（下旬刊）	139	0.72	9.2	1.9	15	59	0.01	0.37	4.5
L01	中国房地产（中旬刊）	208	0.73	1.5	1.3	19	92	0.01	0.05	4.1
L01	中国工程咨询	233	0.84	1.7	2.0	23	127	—	0.02	4.4
L01	中国工业和信息化	120	0.72	—	1.4	12	97	0.07	—	—
L01	中国经济报告	75	0.93	11.9	1.4	10	38	0.11	0.12	8.3
L01	中国经济史研究	96	0.99	75.3	1.3	20	58	0.03	0.64	≥10
L01	中国经济问题	55	0.90	37.7	2.3	15	38	—	0.80	≥10
L01	中国科技资源导刊	84	0.89	19.0	3.2	16	47	0.01	0.64	6.2

2020 年中国科技期刊来源指标按类刊名字顺索引（续）

学科代码	期刊名称	来源文献量	文献选出率	平均引文数	平均作者数	地区分布数	机构分布数	海外论文比	基金论文比	引用半衰期
L01	中国煤炭工业	309	0.86	—	1.3	18	189	0.00	—	—
L01	中国社会经济史研究	46	1.00	64.8	1.3	16	32	0.02	0.67	≥10
L01	中国统计	330	0.84	1.2	1.3	26	158	0.03	0.10	9.6
L02	长春金融高等专科学校学报	82	1.00	7.2	1.3	15	31	—	0.70	3.0
L02	东北财经大学学报	60	0.98	26.1	1.8	12	29	—	0.65	6.7
L02	福建商学院学报	82	0.93	13.0	1.7	18	48	—	0.68	6.5
L02	广东财经大学学报	50	0.57	36.6	2.1	20	38	0.04	0.72	7.5
L02	广西财经学院学报	65	1.00	24.6	2.0	19	44	—	0.77	7.2
L02	贵州财经大学学报	64	0.96	31.3	2.2	22	52	0.02	0.86	6.8
L02	贵州商学院学报	32	0.94	21.7	2.2	13	20	—	0.84	8.6
L02	国际商务—对外经济贸易大学学报	55	0.82	33.7	2.3	18	41	0.00	0.89	9.4
L02	海关与经贸研究	57	0.98	23.1	1.5	10	33	0.05	0.37	≥10
L02	河北经贸大学学报	71	0.95	25.5	2.1	19	50	—	0.80	8.8
L02	河南财政税务高等专科学校学报	120	1.00	7.4	1.5	19	65	0.01	0.34	4.1
L02	河南牧业经济学院学报	84	0.93	15.0	1.4	18	48	0.01	0.58	7.6
L02	湖北经济学院学报	75	0.95	27.7	1.7	19	45	—	0.72	9.4
L02	湖南财政经济学院学报	77	0.89	24.7	2.1	16	40	—	0.96	6.6
L02	湖南税务高等专科学校学报	101	0.98	5.9	1.2	21	53	—	0.10	5.5
L02	吉林工商学院学报	138	1.00	11.1	1.5	23	67	0.01	0.41	6.5
L02	江西财经大学学报	72	0.85	30.6	1.9	16	41	0.04	0.78	8.4
L02	兰州财经大学学报	68	0.94	23.0	2.1	17	40	—	0.65	6.7
L02	内蒙古财经大学学报	233	1.00	7.8	1.4	19	94	—	0.43	4.4
L02	南京财经大学学报	62	0.91	31.8	2.3	18	43	—	0.97	6.9
L02	南京审计大学学报	66	0.92	30.1	2.4	21	52	—	0.94	8.1
L02	农银学刊	98	0.89	3.3	1.5	20	37	0.01	—	3.1
L02	山东财经大学学报	65	0.92	26.6	2.2	13	30	0.02	0.89	7.2
L02	山东工商学院学报	91	0.93	16.2	1.8	17	43	—	0.62	7.2
L02	山西财经大学学报	103	0.72	34.0	2.2	19	56	0.00	0.88	7.7
L02	山西财政税务专科学校学报	112	0.96	5.3	1.3	20	46	—	0.16	3.8
L02	上海对外经贸大学学报	60	0.98	36.2	1.6	15	41	0.03	0.78	9.5
L02	上海立信会计金融学院学报	58	0.91	21.1	1.8	18	36	—	0.48	7.6
L02	上海商学院学报	51	0.89	24.9	2.0	14	34	—	0.73	6.9
L02	首都经济贸易大学学报	57	1.00	33.1	2.1	18	40	—	0.86	9.0

2020年中国科技期刊来源指标按类刊名字顺索引（续）

学科代码	期刊名称	来源文献量	文献选出率	平均引文数	平均作者数	地区分布数	机构分布数	海外论文比	基金论文比	引用半衰期
L02	四川旅游学院学报	127	0.98	11.1	2.2	22	81	0.01	0.73	6.7
L02	天津商业大学学报	62	0.91	21.8	2.3	18	42	—	0.79	6.2
L02	天津中德应用技术大学学报	149	0.88	7.6	1.4	25	108	—	0.76	3.8
L02	武汉商学院学报	106	0.97	12.8	1.6	21	78	—	0.60	4.4
L02	西安财经大学学报	92	1.00	22.7	1.9	15	44	—	0.77	6.2
L02	西部经济管理论坛（原四川经济管理学院学报）	58	0.91	22.0	2.1	24	40	—	0.67	6.5
L02	现代财经—天津财经大学学报	82	0.94	42.4	2.3	25	60	0.01	0.89	7.6
L02	新疆财经大学学报	32	0.89	33.8	1.9	12	20	—	0.53	8.0
L02	云南财经大学学报	110	0.94	30.1	2.2	24	80	0.03	0.65	8.6
L02	浙江工商大学学报	86	0.97	32.5	1.4	17	50	—	0.99	9.7
L02	中南财经政法大学学报	82	0.87	30.8	1.9	18	49	0.00	0.83	8.0
L02	中央财经大学学报	115	0.86	36.5	2.3	22	56	0.03	0.77	9.2
L04	财会研究	188	0.89	8.0	1.4	28	158	0.01	0.24	3.5
L04	财会月刊	570	1.00	18.2	2.1	28	248	0.00	0.75	6.6
L04	城市问题	124	0.87	30.1	2.4	21	86	0.02	0.85	6.8
L04	工程管理科技前沿	73	0.96	26.3	2.5	20	52	0.01	0.93	7.8
L04	环境经济研究	34	0.85	41.0	2.4	13	30	—	0.91	5.1
L04	技术经济与管理研究	246	0.95	20.8	1.7	26	174	0.03	0.74	6.4
L04	交通财会	228	0.66	3.0	1.2	27	160	—	0.02	5.2
L04	教育财会研究	96	0.98	8.3	1.6	20	76	0.00	0.39	4.4
L04	教育与经济	56	0.88	33.8	2.1	19	44	0.05	0.86	9.7
L04	经济体制改革	146	0.85	22.2	2.0	25	96	0.00	0.74	6.3
L04	经济与管理评论	78	0.98	26.4	2.2	19	46	0.00	0.87	7.2
L04	经济与社会发展	77	0.93	21.0	2.0	18	60	—	0.56	3.8
L04	企业经济	227	0.91	22.7	2.0	27	157	0.03	0.94	7.1
L04	商业经济	870	0.99	6.9	1.6	31	425	0.01	0.50	3.6
L04	商业经济研究	1201	0.97	8.3	1.6	29	606	0.02	0.60	3.5
L04	商业经济与管理	84	0.84	45.4	2.3	20	54	0.02	0.93	9.3
L04	数量经济技术经济研究	106	0.95	39.2	2.4	23	64	0.01	0.85	8.6
L04	西部财会	282	0.90	4.4	1.4	27	215	—	0.12	3.7
L04	冶金财会	140	0.74	—	1.2	20	84	—	0.04	—
L04	中国改革	94	0.89	0.1	1.5	6	45	0.06	0.00	0.0

2020 年中国科技期刊来源指标按类刊名字顺索引（续）

学科代码	期刊名称	来源文献量	文献选出率	平均引文数	平均作者数	地区分布数	机构分布数	海外论文比	基金论文比	引用半衰期
L04	中国资产评估	132	0.89	8.9	2.3	19	81	0.03	0.19	7.5
L05	财务与会计	642	0.85	1.7	1.8	29	455	0.00	0.18	3.5
L05	当代会计	1645	0.99	5.0	1.1	31	1387	0.00	0.08	2.2
L05	会计师	1154	0.97	3.4	1.2	30	962	0.00	0.13	2.7
L05	会计研究	161	0.94	34.3	2.8	20	74	0.02	0.78	9.5
L05	会计与经济研究	42	0.88	46.7	2.5	18	36	0.05	0.98	8.9
L05	会计之友	608	0.96	15.2	2.2	30	324	0.00	0.68	5.8
L05	商业会计	811	0.95	7.3	1.7	30	486	0.00	0.49	4.5
L05	审计研究	82	0.85	15.7	2.4	22	51	0.02	0.80	5.6
L05	审计与经济研究	81	0.93	33.1	2.3	18	46	0.01	0.90	7.4
L05	现代审计与经济	87	0.69	—	1.4	18	59	—	0.01	—
L05	中国内部审计	286	0.97	1.6	1.7	26	205	—	0.08	3.3
L05	中国农业会计	404	0.93	5.1	1.5	30	288	0.01	0.23	3.6
L05	中国审计	542	0.74	—	1.4	31	254	—	0.03	—
L05	中国乡镇企业会计	1516	1.00	3.3	1.2	31	1297	—	0.10	2.5
L05	中国注册会计师	301	0.66	4.7	1.5	29	214	0.01	0.28	4.8
L05	中国总会计师	782	0.86	3.3	1.4	30	575	0.00	0.06	2.7
L06	当代农村财经	198	0.80	3.7	1.7	31	141	—	0.27	3.1
L06	调研世界	109	0.96	16.7	2.0	24	63	—	0.73	6.6
L06	国土资源信息化	66	0.92	9.2	3.7	16	39	—	0.56	3.9
L06	江苏农村经济	262	0.74	—	1.7	4	165	—	0.01	—
L06	林业经济问题	77	0.92	29.3	3.0	17	38	0.00	0.77	4.7
L06	南方农村	51	0.94	13.0	2.3	12	31	—	0.75	5.2
L06	农场经济管理	237	0.77	3.2	1.6	23	119	—	0.19	3.5
L06	农村金融研究	117	0.82	17.5	2.2	25	79	0.01	0.57	5.1
L06	农村经济	196	0.88	19.2	2.1	28	105	0.00	0.74	6.3
L06	农村经营管理	203	0.64	—	1.5	26	120	—	—	—
L06	农民科技培训	148	0.67	—	1.4	21	77	—	0.03	—
L06	农业发展与金融	344	0.64	—	1.4	27	143	—	—	—
L06	农业技术经济	117	0.77	36.5	2.7	24	66	0.03	0.85	8.1
L06	农业经济	656	1.00	4.8	1.5	31	403	—	0.51	3.4
L06	农业经济问题	141	0.77	32.2	2.3	21	71	0.01	0.77	7.0
L06	农业经济与管理	53	1.00	23.2	2.5	15	33	—	1.00	5.7

2020 年中国科技期刊来源指标按类刊名字顺索引（续）

学科代码	期刊名称	来源文献量	文献选出率	平均引文数	平均作者数	地区分布数	机构分布数	海外论文比	基金论文比	引用半衰期
L06	农业科研经济管理	46	0.98	9.1	2.6	12	20	—	0.26	3.0
L06	上海农村经济	131	0.72	—	1.3	10	89	—	—	—
L06	生态经济	414	0.92	20.9	2.7	30	225	0.01	0.76	6.1
L06	台湾农业探索	75	0.93	16.8	2.7	11	31	—	0.63	4.5
L06	中国农村观察	46	0.78	44.2	2.3	14	33	0.04	0.70	≥10
L06	中国农村金融	836	0.83	—	1.2	31	382	—	—	—
L06	中国农村经济	96	0.84	44.1	2.3	16	48	0.02	0.81	≥10
L06	中国土地	250	0.88	2.2	1.8	26	134	0.01	0.06	3.1
L06	资源开发与市场	222	0.98	26.4	3.0	26	108	0.01	0.83	6.3
L06	资源与产业	61	0.92	28.4	2.7	12	18	0.00	0.66	5.6
L08	北方经贸	614	0.99	6.8	1.6	30	328	0.00	0.43	4.7
L08	产业经济评论	51	0.89	33.2	2.3	12	33	0.02	0.59	9.0
L08	产业经济研究	54	0.82	45.8	2.2	19	38	0.00	0.98	7.2
L08	对外经贸	490	0.97	9.2	1.7	28	249	0.00	0.58	3.8
L08	对外经贸实务	275	0.93	4.3	1.3	26	203	0.00	0.48	2.0
L08	工程经济	212	1.00	4.5	2.2	25	159	0.01	0.31	3.9
L08	工业技术创新	136	1.00	9.5	2.8	27	111	—	0.20	7.0
L08	工业技术经济	216	0.96	23.5	2.3	24	95	0.02	0.68	6.9
L08	国际经贸探索	78	0.93	36.2	2.1	15	47	0.01	0.73	8.6
L08	国际贸易	155	1.00	12.4	1.9	23	77	0.01	0.59	2.6
L08	国际贸易问题	120	0.88	33.5	2.3	20	67	0.02	0.86	9.1
L08	国际商务研究	53	0.98	22.9	1.8	18	39	0.00	0.72	8.3
L08	技术经济	246	0.92	31.6	2.5	28	152	0.00	0.83	7.1
L08	技术与市场	1076	0.96	3.8	1.6	31	674	0.00	0.09	3.9
L08	价格理论与实践	450	0.82	11.1	2.2	28	250	0.01	0.41	3.6
L08	价格月刊	169	1.00	12.9	1.9	27	120	0.04	0.95	4.2
L08	江苏商论	435	0.98	9.9	1.6	29	214	0.01	0.48	5.4
L08	科技经济市场	869	0.99	5.0	1.4	30	564	0.00	0.24	3.1
L08	旅游导刊	33	0.87	48.4	2.2	12	26	—	0.79	8.4
L08	旅游科学	37	0.93	54.8	2.7	15	30	0.03	0.78	8.3
L08	旅游论坛	56	0.93	39.9	2.8	18	35	—	0.50	9.2
L08	旅游学刊	193	0.98	38.5	2.4	21	88	0.09	0.60	9.7
L08	旅游研究	46	0.92	24.2	2.5	18	34	—	0.72	8.0

学科代码	期刊名称	来源文献量	文献选出率	平均引文数	平均作者数	地区分布数	机构分布数	海外论文比	基金论文比	引用半衰期
L08	煤炭经济研究	148	0.87	14.7	2.1	19	82	0.00	0.44	4.8
L08	欧亚经济	43	0.78	24.0	1.3	10	22	0.05	0.67	0.0
L08	企业家	762	0.95	3.3	1.2	30	666	0.01	0.07	2.5
L08	商业评论	85	0.57	0.4	2.0	9	57	0.39	0.13	4.3
L08	商业研究	177	0.86	25.1	2.1	25	105	0.01	0.83	8.5
L08	上海经济	43	0.88	28.3	1.9	12	19	0.02	0.54	8.2
L08	上海经济研究	128	0.82	33.9	1.8	20	62	0.02	0.62	≥10
L08	市场论坛	301	0.97	6.8	1.4	28	197	0.01	0.29	3.6
L08	铁道经济研究	62	1.00	6.6	1.7	10	27	—	0.39	4.8
L08	物流工程与管理	753	1.00	8.0	2.0	29	334	0.00	0.50	3.5
L08	物流技术	374	0.99	11.1	2.4	28	214	0.00	0.59	4.6
L08	物流技术与应用	213	0.61	—	1.9	24	126	—	0.05	—
L08	物流科技	544	0.97	10.1	2.3	27	195	—	0.59	4.5
L08	现代营销	1614	0.99	4.5	1.3	30	932	0.00	0.17	3.2
L08	消费经济	58	0.88	27.0	2.1	13	38	0.00	0.64	8.5
L08	冶金经济与管理	101	0.97	4.1	1.9	13	48	—	0.04	4.9
L08	邮政研究	107	0.89	2.4	2.1	19	59	—	0.09	3.5
L08	债券	237	0.81	2.1	1.5	15	129	0.01	0.00	≥10
L08	中国储运	390	0.51	4.0	1.7	29	207	0.01	0.18	2.8
L08	中国工业经济	116	0.85	43.4	2.6	20	54	0.04	0.90	8.5
L08	中国经贸导刊	1151	0.78	6.3	1.7	31	547	0.00	0.31	4.5
L08	中国流通经济	138	0.95	32.3	1.7	24	98	0.01	0.72	7.3
L08	中国商人	268	0.65	—	1.1	27	215	0.01	0.00	—
L08	中国市场监管研究	236	0.80	3.1	1.5	22	136	—	0.06	6.8
L08	中国物价	343	1.00	5.7	1.6	21	89	0.01	0.26	5.2
L10	保险研究	107	0.97	34.6	2.3	16	60	—	0.64	≥10
L10	北方金融	309	0.88	7.5	1.6	28	133	0.00	0.10	6.4
L10	财经科学	112	0.84	30.0	2.3	19	53	0.00	0.73	7.5
L10	财经理论研究	66	1.00	22.8	2.0	16	37	—	0.71	7.9
L10	财经理论与实践	120	0.95	27.3	2.5	21	64	0.01	0.89	6.9
L10	财经论丛（浙江财经学院学报）	121	0.91	31.0	2.3	21	72	0.01	0.87	7.8
L10	财经问题研究	162	0.88	24.9	2.0	22	83	0.02	0.77	8.6
L10	财贸经济	113	0.86	37.1	2.3	18	53	0.02	0.81	9.6

2020 年中国科技期刊来源指标按类刊名字顺索引（续）

学科代码	期刊名称	来源文献量	文献选出率	平均引文数	平均作者数	地区分布数	机构分布数	海外论文比	基金论文比	引用半衰期
L10	财贸研究	102	0.89	41.6	2.3	19	63	—	0.97	7.7
L10	财务研究	52	0.98	34.3	2.6	16	27	—	0.92	8.0
L10	财务与金融	94	0.99	10.7	1.7	23	73	—	0.35	5.4
L10	财政科学	202	0.97	13.0	1.6	22	99	0.02	0.20	7.9
L10	当代财经	130	0.83	28.5	2.1	23	65	0.00	0.94	6.9
L10	当代金融研究	63	0.94	18.6	1.8	19	42	0.02	0.41	6.9
L10	地方财政研究	172	0.88	16.7	1.8	28	105	—	0.47	5.5
L10	福建金融	158	0.90	8.0	1.4	16	93	0.01	0.15	6.1
L10	甘肃金融	196	0.83	7.2	1.5	20	94	—	0.11	5.1
L10	国际金融研究	89	0.74	27.7	2.6	17	47	0.06	0.82	8.2
L10	国际融资	171	0.81	2.3	1.2	16	90	0.05	0.02	7.9
L10	国际商务财会	269	0.99	7.7	1.5	27	160	0.00	0.19	4.4
L10	国际税收	155	0.99	16.8	1.6	18	88	0.05	0.25	4.1
L10	海南金融	132	0.99	13.0	1.6	26	87	—	0.24	4.2
L10	河北金融	204	0.93	6.4	1.5	21	107	—	0.07	4.5
L10	华北金融	134	0.98	15.4	1.5	20	81	—	0.14	7.7
L10	吉林金融研究	226	0.95	6.4	1.8	25	82	—	0.10	5.6
L10	金融发展研究	164	0.98	17.1	2.1	24	106	0.04	0.46	7.5
L10	金融会计	125	0.70	5.5	1.4	22	72	0.02	0.02	≥10
L10	金融监管研究	82	0.99	36.5	2.0	20	58	—	0.67	7.4
L10	金融教育研究	53	0.91	22.0	2.4	13	27	—	0.91	7.0
L10	金融经济学研究	56	0.81	28.8	2.4	14	40	0.00	0.80	6.4
L10	金融理论与实践	167	0.87	20.7	2.0	28	130	0.02	0.52	7.3
L10	金融论坛	83	0.78	34.7	2.3	19	49	0.00	0.66	8.7
L10	金融研究	120	0.91	38.2	2.7	16	53	0.07	0.77	9.3
L10	金融与经济	167	0.95	15.0	2.1	26	112	—	0.57	6.3
L10	科技与金融	109	0.54	5.0	1.4	14	70	0.03	0.21	3.2
L10	绿色财会	140	0.93	6.3	1.6	24	84	—	0.26	4.4
L10	南方金融	114	0.96	19.8	1.7	22	84	0.01	0.51	5.6
L10	农村财务会计	183	0.65	—	1.4	23	142	—	—	—
L10	青海金融	161	0.93	6.0	1.4	22	80	—	0.04	3.7
L10	区域金融研究	159	0.93	11.5	2.0	27	107	0.01	0.36	4.9
L10	上海金融	90	0.76	26.5	2.0	19	66	0.03	0.49	9.4

2020 年中国科技期刊来源指标按类刊名字顺索引（续）

学科代码	期刊名称	来源文献量	文献选出率	平均引文数	平均作者数	地区分布数	机构分布数	海外论文比	基金论文比	引用半衰期
L10	审计与理财	309	0.84	1.6	1.3	27	200	—	0.07	3.1
L10	时代金融（上旬）	351	0.84	5.0	1.5	28	258	0.01	0.14	4.6
L10	税收经济研究	70	0.96	21.3	1.6	21	53	—	0.54	6.8
L10	税务研究	279	0.98	16.4	1.8	24	114	0.00	0.52	4.9
L10	税务与经济	90	0.96	18.3	1.6	16	42	0.00	0.56	≥10
L10	投资研究	111	0.93	39.0	2.4	20	67	0.01	0.67	7.8
L10	投资与创业	1492	0.93	5.0	1.2	31	1132	0.00	0.06	2.4
L10	武汉金融	136	0.99	25.8	2.0	24	88	—	0.54	6.8
L10	西部金融	191	0.91	9.3	1.6	24	85	—	0.13	5.3
L10	西南金融	109	1.00	22.1	1.8	18	70	—	0.50	5.1
L10	新疆财经	42	0.88	28.8	2.2	15	28	—	0.98	8.1
L10	新金融	129	0.93	9.0	1.6	12	74	0.03	0.23	4.6
L10	新理财—政府理财	185	0.67	—	1.4	19	107	0.01	0.02	—
L10	银行家	413	0.82	0.1	1.5	29	218	0.02	0.04	≥10
L10	浙江金融	95	0.89	16.7	1.7	18	62	—	0.35	7.0
L10	证券市场导报	95	0.86	29.8	2.1	16	70	0.01	0.60	9.3
L10	中国保险	158	0.88	—	1.8	18	74	0.01	0.10	≥10
L10	中国财政	410	0.52	—	1.4	31	209	0.01	0.03	4.2
L10	中国金融	898	0.86	—	1.4	31	411	0.04	0.05	—
L10	中国钱币	61	0.87	19.5	1.5	17	33	0.02	0.08	≥10
M01	北京观察	276	0.63	—	1.0	7	82	0.01	—	—
M01	重庆行政（公共论坛）	197	0.92	3.1	1.3	13	121	—	0.33	3.6
M01	大连干部学刊	124	0.93	10.4	1.2	26	83	—	0.55	7.8
M01	党的文献	113	0.84	33.1	1.2	17	66	0.00	0.29	≥10
M01	党建	228	0.59	—	1.1	31	142	—	0.04	6.5
M01	党史博采（理论版）	360	0.94	6.6	1.3	31	286	—	0.26	8.1
M01	党史研究与教学	63	0.91	70.7	1.2	14	39	—	0.57	≥10
M01	党政干部论坛	166	0.86	1.5	1.4	24	132	—	0.27	6.8
M01	党政干部学刊	134	0.87	11.0	1.4	23	87	—	0.59	6.9
M01	党政论坛	214	0.94	5.8	1.4	17	110	—	0.29	4.4
M01	党政研究	89	0.98	16.9	1.4	20	68	0.05	0.75	7.9
M01	福建党史月刊	131	0.63	2.2	1.2	13	86	—	0.05	≥10
M01	甘肃理论学刊	104	0.93	17.6	1.3	20	76	0.01	0.58	8.3

2020 年中国科技期刊来源指标按类刊名字顺索引（续）

学科代码	期刊名称	来源文献量	文献选出率	平均引文数	平均作者数	地区分布数	机构分布数	海外论文比	基金论文比	引用半衰期
M01	国际安全研究	47	0.85	67.6	1.4	12	26	—	0.45	7.9
M01	科学社会主义	144	0.96	13.4	1.3	20	85	—	0.63	7.2
M01	理论导刊	235	1.00	15.5	1.4	27	149	—	0.85	6.6
M01	理论视野	181	0.97	11.5	1.4	27	91	—	0.54	6.8
M01	理论探索	96	1.00	17.6	1.3	23	62	—	0.83	6.8
M01	理论学习与探索	173	0.94	0.8	1.0	22	71	—	0.03	6.0
M01	理论研究	79	1.00	8.2	1.2	17	45	—	0.42	6.1
M01	廉政文化研究	74	0.84	16.5	1.5	19	53	0.01	0.74	5.6
M01	领导科学	976	0.92	1.7	1.3	31	557	0.01	0.41	5.4
M01	内蒙古统战理论研究	70	0.68	4.2	1.1	13	52	—	0.20	5.9
M01	前进	232	0.64	—	1.2	15	146	—	—	—
M01	前线	306	0.71	6.6	1.3	15	114	—	0.20	3.8
M01	求实	44	0.71	28.5	1.4	17	35	0.00	0.68	7.5
M01	求是	267	0.67	0.0	1.3	25	68	0.00	0.00	0.0
M01	人大研究	159	0.91	5.1	1.3	24	111	—	0.20	8.0
M01	山东工会论坛	82	1.00	15.6	1.7	17	55	—	0.57	5.5
M01	上海党史与党建	140	0.78	13.3	1.3	13	64	—	0.34	≥10
M01	上海人大月刊	272	0.50	—	1.0	6	141	—	—	—
M01	社会主义论坛	391	0.84	—	1.1	5	160	0.00	0.03	—
M01	石油政工研究	134	0.83	—	1.5	18	90	—	—	—
M01	实践（思想理论版）	214	0.61	—	1.1	11	101	—	0.03	—
M01	实事求是	90	0.94	13.0	1.4	20	55	—	0.59	5.9
M01	思想教育研究	356	0.94	11.1	1.6	28	148	0.00	0.71	≥10
M01	思想政治课教学	334	0.96	0.9	1.2	28	284	0.00	0.28	7.0
M01	探求	92	0.99	11.8	1.4	8	45	0.01	0.48	4.5
M01	探索	89	0.89	29.5	1.3	21	63	0.00	0.83	8.1
M01	团结	114	0.82	—	1.3	23	75	0.01	0.06	—
M01	唯实	311	0.95	0.8	1.3	7	158	—	0.13	3.9
M01	新视野	102	0.94	16.2	1.6	16	57	0.01	0.59	≥10
M01	行政科学论坛	148	0.67	6.6	1.4	22	105	—	0.35	4.8
M01	学习论坛	141	0.93	18.1	1.6	22	82	0.00	0.71	8.2
M01	学校党建与思想教育	696	0.95	4.6	1.6	28	344	0.00	0.61	7.2
M01	预防青少年犯罪研究	66	0.90	24.0	1.7	16	53	0.02	0.42	9.1

2020年中国科技期刊来源指标按类刊名字顺索引（续）

学科代码	期刊名称	来源文献量	文献选出率	平均引文数	平均作者数	地区分布数	机构分布数	海外论文比	基金论文比	引用半衰期
M01	政策瞭望	161	0.53	—	1.1	3	92	—	0.01	—
M01	政治学研究	55	0.72	43.9	1.4	15	38	0.00	0.67	≥10
M01	中共党史研究	77	0.91	68.5	1.2	13	30	0.01	0.40	≥10
M01	中国党政干部论坛	266	0.81	0.0	1.1	27	118	0.00	0.00	0.0
M01	中国青年研究	178	0.94	21.9	1.6	22	102	0.01	0.47	9.4
M01	中国特色社会主义研究	72	0.89	18.9	1.4	15	45	—	0.71	6.7
M02	安徽行政学院学报	99	0.94	17.0	1.4	23	72	—	0.60	4.6
M02	北京经济管理职业学院学报	56	0.89	8.1	1.5	13	34	—	0.55	4.0
M02	北京劳动保障职业学院学报	47	0.90	10.3	1.5	4	16	—	0.32	6.8
M02	北京石油管理干部学院学报	97	0.80	3.1	1.5	20	60	—	0.02	3.9
M02	北京市工会干部学院学报	41	0.87	8.4	1.7	15	31	—	0.32	4.6
M02	北京行政学院学报	79	0.87	23.1	1.6	16	46	0.00	0.66	≥10
M02	兵团党校学报	110	1.00	13.6	1.3	23	70	—	0.40	7.3
M02	长春市委党校学报	80	0.89	4.3	1.3	17	46	—	0.38	5.8
M02	长沙民政职业技术学院学报	154	1.00	8.6	1.3	24	78	0.01	0.56	4.3
M02	成都行政学院学报	105	0.91	11.1	1.5	19	75	—	0.49	4.9
M02	地方治理研究	24	0.75	29.1	1.4	15	21	—	0.71	6.9
M02	东北亚经济研究	58	0.89	18.0	1.8	14	38	0.02	0.62	4.3
M02	福建金融管理干部学院学报	36	0.95	15.6	1.4	12	23	—	0.42	6.0
M02	福建省社会主义学院学报	95	0.98	9.0	1.3	19	73	—	0.55	6.4
M02	福州党校学报	122	0.90	5.7	1.2	20	64	—	0.37	4.4
M02	甘肃行政学院学报	67	0.92	45.0	1.9	16	46	—	0.85	8.0
M02	工会理论研究—上海工会管理干部学院学报	40	0.75	28.2	1.4	9	24	0.03	0.35	≥10
M02	公共治理研究	72	0.95	18.8	1.5	15	41	—	0.64	7.5
M02	广东省社会主义学院学报	111	0.97	6.1	1.3	18	77	—	0.29	6.1
M02	广西青年干部学院学报	123	0.95	6.8	1.5	24	97	—	0.59	4.5
M02	广西社会主义学院学报	115	0.96	10.2	1.5	25	77	—	0.50	6.9
M02	广西政法管理干部学院学报	119	0.95	17.9	1.6	24	85	0.01	0.31	7.4
M02	广西职业师范学院学报	59	0.97	19.1	2.0	20	43	0.03	0.61	5.8
M02	广州社会主义学院学报	69	0.95	13.5	1.3	18	49	—	0.32	6.6
M02	广州市公安管理干部学院学报	44	1.00	10.2	1.7	13	20	—	0.27	5.3
M02	贵阳市委党校学报	65	1.00	8.9	1.3	15	49	—	0.35	5.6
M02	贵州社会主义学院学报	51	0.84	8.7	1.4	14	35	—	0.29	4.0

2020 年中国科技期刊来源指标按类刊名字顺索引（续）

学科代码	期刊名称	来源文献量	文献选出率	平均引文数	平均作者数	地区分布数	机构分布数	海外论文比	基金论文比	引用半衰期
M02	贵州省党校学报	86	0.95	20.1	1.5	21	63	—	0.79	6.2
M02	国家教育行政学院学报	141	0.92	17.0	1.5	27	93	0.01	0.74	≥10
M02	国家林业和草原局管理干部学院学报	48	0.89	7.9	1.7	11	25	—	0.27	3.9
M02	哈尔滨市委党校学报	65	0.94	9.8	1.3	17	45	—	0.52	6.5
M02	河北青年管理干部学院学报	123	0.99	9.2	1.4	21	83	0.01	0.61	9.2
M02	河北省社会主义学院学报	57	0.90	12.9	1.2	20	44	—	0.44	5.6
M02	黑龙江省社会主义学院学报	54	0.89	5.7	1.4	19	44	—	0.41	4.2
M02	黑龙江省政法管理干部学院学报	188	0.94	12.8	1.4	28	109	0.01	0.47	9.3
M02	湖北省社会主义学院学报	86	0.91	7.9	1.5	20	53	—	0.40	5.3
M02	湖北行政学院学报	86	1.00	17.5	1.5	19	65	0.01	0.62	7.9
M02	湖南省社会主义学院学报	155	0.96	8.1	1.4	21	88	—	0.57	5.2
M02	湖南行政学院学报	105	0.95	11.1	1.4	16	69	—	0.56	5.5
M02	佳木斯大学社会科学学报	362	1.00	9.8	1.7	28	191	—	0.74	9.9
M02	江苏省社会主义学院学报	72	0.94	7.8	1.4	17	45	—	0.29	4.5
M02	江苏行政学院学报	89	0.82	19.7	1.6	18	45	0.01	0.69	≥10
M02	辽宁公安司法管理干部学院学报	82	0.88	19.9	1.4	17	55	—	0.26	8.6
M02	辽宁经济职业技术学院·辽宁经济管理干部学院学报	251	0.98	5.0	1.3	22	166	—	0.42	3.7
M02	辽宁省社会主义学院学报	92	0.93	7.3	1.4	19	57	—	0.34	6.5
M02	辽宁行政学院学报	99	0.93	14.5	1.6	23	72	—	0.62	4.6
M02	闽台关系研究	43	0.90	26.3	1.4	8	25	—	0.49	9.6
M02	宁夏党校学报	93	0.91	15.6	1.2	23	69	—	0.60	6.9
M02	青年学报	57	0.83	15.8	1.4	8	27	—	0.37	6.7
M02	青少年研究与实践	62	0.94	10.9	1.8	16	50	0.02	0.53	7.3
M02	山东女子学院学报	67	0.93	31.4	1.4	17	47	0.02	0.40	≥10
M02	山东青年政治学院学报	108	0.96	16.5	1.5	22	74	0.02	0.64	6.9
M02	山东省社会主义学院学报	64	0.89	6.5	1.3	14	37	—	0.31	4.5
M02	山东行政学院学报	117	0.99	15.3	1.5	24	72	—	0.64	4.8
M02	山西经济管理干部学院学报	76	0.96	9.3	1.5	18	53	—	0.68	3.5
M02	山西能源学院学报	203	0.97	7.3	1.4	22	132	0.01	0.37	4.3
M02	山西青年职业学院学报	110	0.96	8.7	1.2	23	74	—	0.20	8.4
M02	山西社会主义学院学报	48	0.87	7.1	1.2	18	39	—	0.35	5.4
M02	山西省政法管理干部学院学报	130	0.96	5.3	1.2	23	75	—	0.27	6.2

学科代码	期刊名称	来源文献量	文献选出率	平均引文数	平均作者数	地区分布数	机构分布数	海外论文比	基金论文比	引用半衰期
M02	陕西青年职业学院学报	84	0.98	5.5	1.5	18	55	—	0.33	4.2
M02	陕西社会主义学院学报	65	0.96	5.1	1.3	16	45	—	0.35	5.7
M02	陕西行政学院学报	96	1.00	13.3	1.4	20	73	—	0.58	5.5
M02	上海市经济管理干部学院学报	47	0.89	15.8	1.4	14	29	0.02	0.45	6.7
M02	上海市社会主义学院学报	57	0.90	11.6	1.3	18	46	—	0.44	6.0
M02	上海行政学院学报	56	0.82	28.1	1.8	13	34	0.00	0.70	8.4
M02	石油化工管理干部学院学报	95	0.93	2.5	1.2	17	52	—	—	3.4
M02	四川省干部函授学院学报	79	0.95	8.4	1.4	14	49	—	0.46	8.7
M02	四川省社会主义学院学报	65	0.94	6.7	1.3	17	37	—	0.40	4.6
M02	四川行政学院学报	62	0.89	17.9	1.3	19	49	—	0.31	6.3
M02	天津市工会管理干部学院学报	46	0.90	6.2	1.2	20	31	—	0.24	3.0
M02	天津市社会主义学院学报	48	0.92	6.8	1.4	13	34	—	0.29	4.3
M02	天津行政学院学报	60	0.98	23.3	1.6	17	46	—	0.83	6.0
M02	天水行政学院学报	145	0.95	10.4	1.2	25	90	—	0.43	6.0
M02	统一战线学研究	70	0.91	25.5	1.3	21	42	—	0.61	3.9
M02	武汉公安干部学院学报	81	0.92	5.9	1.4	20	38	—	0.22	4.8
M02	延边党校学报	103	0.94	6.5	1.2	26	72	—	0.32	4.4
M02	云南社会主义学院学报	65	0.93	17.1	1.3	17	50	0.02	0.60	9.7
M02	云南行政学院学报	141	0.93	22.2	1.5	25	101	0.01	0.56	6.8
M02	治理研究	75	0.82	28.2	1.8	11	43	0.09	0.80	9.6
M02	中共成都市委党校学报	96	0.89	10.6	1.4	27	74	—	0.54	6.2
M02	中共福建省委党校（福建行政学院）学报	118	0.98	19.6	1.4	20	66	—	0.57	6.5
M02	中共桂林市委党校学报	68	0.87	7.2	1.4	15	40	0.02	0.25	6.8
M02	中共杭州市委党校学报	74	0.86	22.3	1.6	13	45	—	0.65	7.4
M02	中共合肥市委党校学报	69	0.93	8.1	1.6	16	56	—	0.55	5.5
M02	中共济南市委党校学报	143	0.98	9.3	1.4	24	98	—	0.41	4.5
M02	中共乐山市委党校学报	115	0.97	7.4	1.6	16	77	—	0.44	5.9
M02	中共南昌市委党校学报	85	0.93	7.9	1.4	25	55	—	0.29	5.2
M02	中共南京市委党校学报	95	0.95	17.1	1.5	19	67	—	0.56	7.8
M02	中共南宁市委党校学报	64	0.91	10.3	1.3	20	50	—	0.38	4.7
M02	中共宁波市委党校学报	93	0.98	19.8	1.3	17	55	0.01	0.63	≥10
M02	中共山西省委党校学报	157	0.96	10.9	1.5	24	106	—	0.55	5.1
M02	中共石家庄市委党校学报	115	0.89	9.1	1.4	22	70	—	0.46	4.5

2020 年中国科技期刊来源指标按类刊名字顺索引（续）

学科代码	期刊名称	来源文献量	文献选出率	平均引文数	平均作者数	地区分布数	机构分布数	海外论文比	基金论文比	引用半衰期
M02	中共太原市委党校学报	136	0.94	5.7	1.3	24	86	—	0.27	3.8
M02	中共天津市委党校学报	63	1.00	21.8	1.5	18	46	—	0.91	6.1
M02	中共乌鲁木齐市委党校学报	45	0.92	7.4	1.3	10	30	—	0.40	4.1
M02	中共伊犁州委党校学报	106	0.91	10.3	1.2	21	63	—	0.19	5.3
M02	中共云南省委党校学报	186	0.96	14.1	1.3	27	139	—	0.45	4.7
M02	中共郑州市委党校学报	130	0.98	7.7	1.2	21	76	—	0.42	4.3
M02	中共中央党校学报	89	0.91	19.9	1.4	13	41	0.00	0.56	≥10
M02	中国井冈山干部学院学报	101	0.93	18.8	1.3	16	41	—	0.55	5.5
M02	中国劳动关系学院学报	74	0.93	26.8	1.7	16	48	0.03	0.60	7.8
M02	中国青年社会科学	102	0.94	15.1	1.5	18	71	0.01	0.47	≥10
M02	中国延安干部学院学报	87	0.94	21.4	1.3	21	60	0.01	0.55	≥10
M02	中华女子学院学报	109	0.94	17.6	1.6	16	57	0.02	0.33	≥10
M02	中央社会主义学院学报	146	0.97	20.0	1.2	15	69	0.05	0.23	≥10
M03	公共行政评论	46	0.60	46.3	2.1	14	31	0.17	0.65	9.5
M03	机构与行政	309	0.82	—	1.2	7	128	—	—	—
M03	行政论坛	99	0.79	23.4	1.6	22	65	0.00	0.85	9.0
M03	中国行政管理	264	0.74	20.4	1.7	26	136	0.02	0.66	9.3
M04	Contemporary International Relations	45	0.94	25.1	1.2	4	20	—	0.18	1.7
M04	阿拉伯世界研究	47	0.80	70.9	1.3	10	26	—	0.68	≥10
M04	当代世界	152	0.89	13.8	1.2	10	52	—	0.26	5.5
M04	当代世界社会主义问题	70	0.99	33.9	1.6	18	42	0.01	0.74	9.6
M04	当代世界与社会主义	154	0.97	36.4	1.5	18	70	0.01	0.64	≥10
M04	当代亚太	28	0.61	115.0	1.3	7	16	0.04	0.43	≥10
M04	东北亚论坛	54	0.82	36.8	1.7	12	34	0.11	0.80	≥10
M04	东南亚研究	46	0.85	73.7	1.3	11	25	0.04	0.63	7.5
M04	东南亚纵横	60	0.92	38.5	1.5	13	30	0.10	0.45	7.9
M04	俄罗斯东欧中亚研究	52	0.83	48.6	1.4	10	23	0.06	0.46	≥10
M04	俄罗斯研究	40	1.00	72.1	1.6	8	28	0.18	0.75	≥10
M04	国际观察	36	0.82	65.3	1.5	13	27	—	0.72	≥10
M04	国际论坛	54	0.84	56.3	1.4	13	32	0.02	0.56	5.4
M04	国际问题研究	55	0.75	36.2	1.2	11	24	—	0.49	2.0
M04	国际研究参考	109	0.83	26.0	1.3	13	35	0.01	0.15	1.5
M04	国际展望	45	0.79	60.3	1.5	11	28	—	0.58	4.7

2020年中国科技期刊来源指标按类刊名字顺索引（续）

学科代码	期刊名称	来源文献量	文献选出率	平均引文数	平均作者数	地区分布数	机构分布数	海外论文比	基金论文比	引用半衰期
M04	国际政治科学	25	0.81	88.8	1.4	4	13	0.04	0.48	6.1
M04	国际政治研究	57	0.85	61.4	1.2	11	24	0.02	0.32	≥10
M04	国外理论动态	115	0.95	32.0	1.7	12	70	0.28	0.56	≥10
M04	国外社会科学	89	0.94	40.0	1.6	11	49	0.05	0.70	8.1
M04	和平与发展	47	0.87	36.9	1.4	11	26	—	0.32	4.2
M04	拉丁美洲研究	49	0.83	44.5	1.3	9	23	0.06	0.41	6.6
M04	美国研究	43	0.78	77.1	1.2	9	21	—	0.49	≥10
M04	南亚研究	26	0.76	77.9	1.3	10	21	—	0.73	8.6
M04	南亚研究季刊	55	0.86	34.2	1.3	14	28	—	0.53	5.2
M04	南洋问题研究	33	0.89	59.8	1.2	11	23	0.06	0.73	3.5
M04	欧洲研究	42	0.81	75.8	1.4	7	23	—	0.57	9.4
M04	日本侵华南京大屠杀研究	52	0.91	69.4	1.2	16	33	—	0.56	≥10
M04	日本问题研究	50	1.00	29.4	1.3	10	27	0.02	0.62	9.9
M04	日本学刊	50	0.86	56.1	1.1	11	22	0.02	0.50	6.3
M04	日本研究	36	0.90	43.1	1.4	6	27	0.17	0.53	≥10
M04	世界经济与政治	71	0.70	87.0	1.3	11	29	0.07	0.51	≥10
M04	太平洋学报	98	0.93	56.9	1.4	20	58	—	0.97	5.1
M04	外国问题研究	59	0.84	41.2	1.2	15	32	—	0.71	≥10
M04	外交评论	30	0.73	110.1	1.2	4	17	0.03	0.53	≥10
M04	西伯利亚研究	64	0.89	24.5	1.4	12	32	0.13	0.47	≥10
M04	西亚非洲	43	0.88	61.0	1.5	11	24	—	0.61	4.9
M04	现代国际关系	101	0.80	31.5	1.3	12	32	—	0.34	1.2
M05	Forensic Sciences Research	44	1.00	34.1	5.5	7	39	0.68	0.41	8.5
M05	Frontiers of Law in China	24	0.86	57.5	1.2	6	15	0.33	0.29	≥10
M05	The Journal of Human Rights	50	0.81	33.9	2.3	11	32	0.04	0.44	9.0
M05	安徽警官职业学院学报	161	1.00	10.1	1.2	27	94	—	0.27	6.7
M05	北方法学	80	0.93	58.5	1.1	19	51	0.08	0.71	≥10
M05	北京警察学院学报	108	0.92	15.7	1.4	18	38	—	0.63	5.7
M05	北京政法职业学院学报	83	0.95	14.9	1.3	15	44	—	0.28	≥10
M05	比较法研究	81	0.93	72.5	1.1	10	29	—	0.65	≥10
M05	当代法学	87	0.94	48.3	1.0	17	42	—	0.75	≥10
M05	电子知识产权	101	0.89	45.0	1.3	14	56	0.02	0.54	≥10
M05	东方法学	86	0.92	52.4	1.0	15	40	0.01	0.62	≥10

2020 年中国科技期刊来源指标按类刊名字顺索引（续）

学科代码	期刊名称	来源文献量	文献选出率	平均引文数	平均作者数	地区分布数	机构分布数	海外论文比	基金论文比	引用半衰期
M05	法律科学—西北政法大学学报	102	0.97	56.1	1.0	16	49	0.00	0.57	≥10
M05	法商研究	80	0.89	57.0	1.0	18	46	0.00	0.61	≥10
M05	法学	143	0.91	67.4	1.0	16	54	0.00	0.60	0.0
M05	法学家	77	0.86	78.5	1.0	16	39	0.00	0.60	≥10
M05	法学论坛	91	0.98	43.7	1.2	19	50	0.00	0.65	≥10
M05	法学评论	99	0.93	55.8	1.1	18	46	0.01	0.56	≥10
M05	法学研究	66	0.99	81.6	1.0	9	30	0.00	0.52	≥10
M05	法学杂志	158	0.88	36.6	1.1	22	67	0.00	0.52	≥10
M05	法制与经济	727	0.98	6.4	1.2	31	348	0.00	0.18	5.6
M05	法制与社会发展	71	0.84	81.8	1.1	16	33	0.00	0.62	≥10
M05	法治研究	85	0.96	43.8	1.1	14	47	—	0.57	≥10
M05	犯罪研究	67	1.00	25.9	1.7	13	43	0.06	0.39	≥10
M05	福建警察学院学报	73	0.94	18.2	1.3	12	35	0.01	0.34	≥10
M05	甘肃政法大学学报	73	0.99	53.1	1.2	21	43	0.00	0.52	≥10
M05	公安学刊—浙江警察学院学报	109	0.91	16.3	1.5	17	59	—	0.41	8.3
M05	公安研究	139	0.83	7.9	1.4	23	86	0.02	0.21	6.2
M05	广西警察学院学报	114	0.94	14.9	1.6	21	52	—	0.61	6.3
M05	贵州警察学院学报	102	0.98	14.1	1.6	22	58	—	0.60	8.0
M05	国家检察官学院学报	67	1.00	48.2	1.3	9	30	0.04	0.46	≥10
M05	海峡法学	57	1.00	24.5	1.5	13	40	0.04	0.42	≥10
M05	河北法学	163	1.00	45.6	1.4	25	90	0.01	0.82	≥10
M05	河北公安警察职业学院学报	71	0.97	9.9	1.6	16	37	—	0.31	5.4
M05	河南财经政法大学学报	101	0.94	36.1	1.4	18	59	0.01	0.77	9.8
M05	河南警察学院学报	92	0.90	23.2	1.4	17	60	0.09	0.28	8.8
M05	河南司法警官职业学院学报	90	0.96	12.3	1.4	19	51	—	0.36	9.1
M05	湖北警官学院学报	98	0.94	22.8	1.4	19	45	—	0.60	5.3
M05	湖南警察学院学报	94	1.00	16.8	1.5	15	39	—	0.53	8.1
M05	华东政法大学学报	81	0.99	61.2	1.1	14	38	0.02	0.57	≥10
M05	环球法律评论	70	0.85	64.0	1.0	14	36	0.01	0.71	≥10
M05	江苏警官学院学报	125	0.96	12.0	1.4	21	57	0.01	0.55	6.1
M05	江西警察学院学报	103	0.92	19.9	1.3	16	48	—	0.41	8.2
M05	交大法学	48	1.00	72.5	1.2	12	31	0.10	0.54	0.0
M05	科技与法律	67	0.99	29.2	1.3	17	42	0.02	0.81	6.5

2020 年中国科技期刊来源指标按类刊名字顺索引（续）

学科代码	期刊名称	来源文献量	文献选出率	平均引文数	平均作者数	地区分布数	机构分布数	海外论文比	基金论文比	引用半衰期
M05	辽宁警察学院学报	137	0.96	8.0	1.4	20	48	—	0.57	4.2
M05	清华法学	67	0.93	85.6	1.1	11	33	0.03	0.70	≥10
M05	山东警察学院学报	108	1.00	20.9	1.3	21	54	—	0.64	≥10
M05	山西警察学院学报	93	0.97	11.6	1.5	20	34	—	0.66	5.7
M05	上海政法学院学报	72	1.00	41.5	1.5	17	37	0.04	0.44	≥10
M05	时代法学	70	0.92	41.2	1.4	16	41	—	0.59	≥10
M05	四川警察学院学报	112	0.96	17.2	1.5	20	53	0.02	0.58	6.5
M05	苏州大学学报（法学版）	57	1.00	54.8	1.5	8	36	0.23	0.58	≥10
M05	天津法学	57	0.89	20.3	1.5	11	34	0.02	0.39	9.2
M05	铁道警察学院学报	125	1.00	13.0	1.4	23	64	0.01	0.41	7.2
M05	西部法学评论	67	1.00	44.5	1.2	16	40	0.02	0.58	≥10
M05	西南政法大学学报	70	1.00	39.8	1.3	9	20	—	0.66	≥10
M05	现代法学	84	0.98	59.9	1.0	15	41	0.00	0.68	≥10
M05	行政法学研究	76	0.93	43.5	1.1	15	45	—	0.70	≥10
M05	行政与法	168	0.97	20.1	1.3	24	96	0.01	0.61	8.4
M05	云南警官学院学报	127	0.95	12.7	1.5	21	44	0.01	0.55	5.7
M05	征信	198	0.99	10.9	1.8	27	142	0.01	0.47	4.8
M05	政法论丛	81	0.94	45.8	1.1	19	48	—	0.96	≥10
M05	政法论坛	89	0.91	48.6	1.0	20	44	0.00	0.57	≥10
M05	政治与法律	148	0.98	48.3	1.1	21	64	0.01	0.58	≥10
M05	知识产权	96	0.89	56.3	1.3	12	45	—	0.55	≥10
M05	中国版权	84	0.79	10.9	1.2	13	47	0.04	0.13	≥10
M05	中国法学	87	0.91	69.0	1.0	16	45	0.00	0.54	≥10
M05	中国人民警察大学学报	200	1.00	11.0	1.7	26	63	—	0.40	5.2
M05	中国应用法学	76	0.92	41.2	1.6	11	50	0.05	0.34	≥10
M05	中外法学	76	0.92	83.0	1.1	11	30	0.05	0.51	≥10
M05	专利代理	74	0.93	5.7	1.5	10	36	0.03	0.05	≥10
M07	广东公安科技	105	0.93	2.9	2.2	14	49	—	0.15	6.6
M07	警察技术	132	0.91	5.5	2.8	20	67	—	0.21	5.4
M07	青少年犯罪问题	74	0.86	31.8	1.5	14	31	0.07	0.31	≥10
M07	人民检察	355	0.63	6.4	1.6	27	146	0.01	0.08	8.0
M07	人民论坛	1505	0.98	2.3	1.1	29	359	0.00	0.44	3.0
M07	森林公安	75	0.95	—	1.5	15	37	—	0.36	—

学科代码	期刊名称	来源文献量	文献选出率	平均引文数	平均作者数	地区分布数	机构分布数	海外论文比	基金论文比	引用半衰期
M07	刑事技术	119	0.80	15.7	5.0	21	67	0.00	0.67	7.9
M07	证据科学	49	0.96	55.6	1.9	10	18	0.14	0.47	≥10
M07	中国海商法研究	45	0.85	38.1	1.6	12	24	0.09	0.42	≥10
M07	中国检察官	488	0.97	4.8	1.5	29	266	—	0.17	6.9
M07	中国司法	232	0.84	3.8	1.5	27	136	—	0.04	6.5
M07	中国司法鉴定	112	0.94	15.0	3.3	24	73	0.00	0.42	≥10
M07	中国刑警学院学报	103	0.98	18.0	2.1	19	34	0.02	0.77	6.6
M07	中国刑事法杂志	61	0.90	50.6	1.0	15	36	0.00	0.48	9.3
M08	军事运筹与系统工程	45	0.94	14.4	2.6	9	21	0.00	0.24	6.8
M08	抗日战争研究	44	0.75	87.0	1.1	12	26	0.18	0.18	≥10
N01	China International Studies	55	0.80	32.1	1.2	7	25	0.02	0.02	3.1
N01	八桂侨刊	44	0.92	34.2	1.4	12	31	0.09	0.55	≥10
N01	残疾人研究	49	0.91	16.6	2.4	12	34	0.10	0.61	7.0
N01	柴达木开发研究	68	0.67	3.3	1.3	6	30	—	0.10	5.5
N01	创意设计源	93	0.97	9.8	1.5	19	62	0.02	0.57	6.9
N01	创意与设计	102	0.87	12.3	1.6	16	58	0.06	0.49	≥10
N01	大家	63	0.56	0.3	1.1	12	28	—	—	≥10
N01	当代青年研究	107	0.91	18.2	1.5	20	70	0.02	0.58	8.7
N01	妇女研究论丛	64	0.85	40.2	1.5	11	38	0.11	0.30	≥10
N01	科学发展	155	0.99	5.3	3.4	10	64	—	0.57	3.9
N01	科学观察	47	0.89	8.3	2.8	9	28	0.04	0.11	6.0
N01	科学教育与博物馆	88	0.87	8.7	1.8	18	68	0.07	0.15	6.0
N01	南方论刊	421	0.89	8.1	1.3	29	231	—	0.36	6.3
N01	攀登（汉文版）	112	0.94	12.7	1.2	23	66	—	0.46	5.1
N01	青年探索	55	0.75	21.0	1.6	9	35	0.11	0.40	≥10
N01	青年研究	48	0.80	42.9	1.9	13	31	0.08	0.71	≥10
N01	青少年学刊	64	0.91	15.4	1.6	20	50	0.02	0.45	6.7
N01	人民论坛·学术前沿	410	1.00	13.2	1.1	24	158	0.01	0.52	5.3
N01	人与生物圈	105	0.83	—	1.7	14	54	0.05	—	—
N01	社会	48	0.84	67.9	1.4	11	26	0.06	0.42	≥10
N01	社会工作	66	0.92	26.0	1.9	13	42	0.06	0.50	8.7
N01	社会学评论	56	1.00	46.6	1.4	10	32	0.05	0.54	≥10
N01	社会学研究	58	0.78	56.9	1.6	15	33	0.07	0.67	≥10

2020年中国科技期刊来源指标按类刊名字顺索引（续）

学科代码	期刊名称	来源文献量	文献选出率	平均引文数	平均作者数	地区分布数	机构分布数	海外论文比	基金论文比	引用半衰期
N01	社会主义核心价值观研究	71	0.83	13.0	1.4	19	46	—	0.63	5.2
N01	世纪桥	253	0.96	8.4	1.2	28	166	—	0.34	7.7
N01	视听	1460	1.00	4.2	1.3	29	448	0.01	0.12	5.0
N01	台湾研究	57	0.83	29.3	1.4	10	33	0.02	0.51	≥10
N01	台湾研究集刊	57	0.84	46.2	1.4	13	28	0.05	0.72	≥10
N01	文化软实力	53	0.85	27.0	1.5	17	34	0.02	0.70	6.9
N01	无线互联科技	1802	0.99	4.5	1.9	30	1049	0.00	0.37	3.2
N01	武陵学刊	124	0.95	16.7	1.3	21	85	0.03	0.82	≥10
N01	医学与社会	329	0.94	13.9	4.5	26	156	0.00	0.64	4.2
N01	知与行	145	0.95	9.1	1.3	25	90	—	0.40	7.6
N01	中国机关后勤	209	0.53	—	1.2	28	135	—	—	—
N01	中国医学伦理学	283	0.88	13.6	3.4	25	155	0.02	0.36	5.5
N02	劳动保护	290	0.58	0.6	1.7	27	196	—	0.02	6.8
N02	南方人口	38	0.86	29.9	2.0	13	30	—	0.79	9.2
N02	人才资源开发	895	0.75	—	1.4	30	709	0.00	0.18	—
N02	人口学刊	53	1.00	28.1	2.0	12	25	0.02	0.81	≥10
N02	人口研究	49	0.92	27.8	2.3	13	23	0.10	0.71	9.6
N02	人口与发展	68	0.96	35.8	2.5	15	44	—	0.88	≥10
N02	人口与经济	51	0.86	35.7	2.2	17	36	0.00	0.84	9.3
N02	人口与社会	56	0.86	23.0	1.9	16	39	0.02	0.66	7.2
N02	人类居住	57	0.80	3.5	1.5	9	25	0.04	0.12	≥10
N02	人力资源	1216	0.83	2.2	1.1	31	880	0.00	0.07	2.5
N02	社会保障研究	54	0.78	29.9	2.2	17	35	0.06	0.78	8.8
N02	西北人口	66	0.99	30.3	2.4	23	49	—	0.94	8.1
N02	职业技术	271	0.95	7.3	1.9	28	170	—	0.74	3.9
N02	中国劳动	36	0.92	28.2	1.9	8	23	0.06	0.36	≥10
N02	中国人口科学	56	0.81	25.6	2.1	14	35	0.00	0.64	8.3
N02	中国人力资源开发	100	0.79	48.3	2.6	20	66	0.05	0.88	8.4
N02	中国社会保障	284	0.56	—	1.3	30	164	0.01	0.02	—
N04	China Tibetology	15	0.88	40.2	1.7	5	11	0.07	0.40	0.0
N04	地方文化研究	73	0.84	33.9	1.4	19	48	—	0.64	≥10
N04	东南文化	126	0.91	30.8	1.6	15	53	0.07	0.18	≥10
N04	俄罗斯学刊	43	1.00	37.2	1.2	5	15	0.14	0.37	0.0

2020 年中国科技期刊来源指标按类刊名字顺索引（续）

学科代码	期刊名称	来源文献量	文献选出率	平均引文数	平均作者数	地区分布数	机构分布数	海外论文比	基金论文比	引用半衰期
N04	广西民族研究	125	0.99	23.8	1.6	23	72	—	0.78	≥10
N04	贵州民族研究	341	0.96	16.6	1.7	27	131	0.00	0.86	≥10
N04	黑龙江民族丛刊	148	0.95	18.2	1.6	25	73	—	0.73	≥10
N04	华夏文化	82	0.85	—	1.1	19	47	—	0.12	—
N04	回族研究	68	0.94	17.7	1.3	18	37	—	0.65	≥10
N04	科学文化评论	66	0.97	23.8	1.4	7	25	0.14	0.21	≥10
N04	老龄科学研究	81	0.88	21.4	1.9	19	57	—	0.65	6.8
N04	民族大家庭	169	0.72	—	1.3	14	97	—	—	—
N04	民族学刊	90	0.97	25.8	1.7	16	42	—	0.84	≥10
N04	民族研究	63	0.82	58.5	1.4	18	34	0.00	0.59	≥10
N04	鄱阳湖学刊	68	0.82	48.9	1.7	15	53	0.13	0.38	≥10
N04	青海民族研究	134	1.00	33.9	1.5	25	71	—	0.72	≥10
N04	世界民族	60	0.88	62.5	1.4	19	34	0.03	0.70	≥10
N04	文化遗产	110	0.93	38.9	1.3	19	77	0.04	0.68	≥10
N04	文化纵横	87	0.82	10.4	1.2	12	36	0.06	0.22	≥10
N04	西北民族研究	95	0.97	19.5	1.5	18	34	0.02	0.63	≥10
N04	艺苑	178	0.90	7.7	1.2	20	84	0.01	0.35	≥10
N04	中国文化	77	0.92	52.1	1.1	13	36	0.13	0.12	0.0
N04	中国文化研究	58	0.87	42.5	1.2	18	38	0.02	0.43	≥10
N04	中国藏学	102	0.96	40.3	1.3	17	44	—	0.55	≥10
N04	中华文化论坛	98	0.87	38.5	1.3	20	66	0.02	0.47	≥10
N04	中原文化研究	98	0.90	27.1	1.2	21	70	—	0.62	≥10
N05	编辑学报	158	0.89	16.6	2.8	22	118	0.00	0.28	4.7
N05	编辑学刊	137	0.86	5.5	1.2	21	94	—	0.16	5.4
N05	编辑之友	203	0.89	19.3	1.4	25	109	0.01	0.65	6.9
N05	采写编	500	0.97	3.8	1.3	29	282	—	0.09	3.6
N05	出版参考	306	0.95	5.2	1.3	22	177	—	0.10	4.2
N05	出版发行研究	206	0.93	18.1	1.5	20	117	—	0.56	6.8
N05	出版广角	695	1.00	6.2	1.3	30	390	0.01	0.35	2.4
N05	出版科学	101	0.99	19.5	1.8	17	60	0.05	0.57	4.6
N05	出版与印刷	77	0.85	10.7	1.3	17	62	—	0.25	4.3
N05	传媒	716	0.88	3.1	1.4	29	397	0.03	0.24	2.7
N05	传媒观察	176	0.88	14.2	1.6	24	88	—	0.43	6.9

2020年中国科技期刊来源指标按类刊名字顺索引（续）

学科代码	期刊名称	来源文献量	文献选出率	平均引文数	平均作者数	地区分布数	机构分布数	海外论文比	基金论文比	引用半衰期
N05	传媒评论	394	0.93	0.7	1.3	14	188	—	0.03	3.6
N05	当代传播	157	0.93	17.7	1.6	19	67	—	0.69	6.5
N05	电视研究	308	0.95	3.9	1.5	26	135	0.01	0.31	5.3
N05	东南传播	501	0.96	11.2	1.3	25	200	0.01	0.25	6.2
N05	公关世界	1109	0.82	4.0	1.4	30	651	0.01	0.26	3.9
N05	国际新闻界	107	0.99	48.4	1.7	15	49	0.02	0.72	9.8
N05	红旗文稿	305	0.71	—	1.0	26	197	—	—	—
N05	教育传媒研究	153	0.91	8.3	1.5	23	79	0.01	0.40	5.3
N05	今传媒	577	0.96	6.4	1.3	28	250	0.01	0.25	5.4
N05	科技与出版	272	0.95	11.6	1.7	24	169	0.01	0.40	2.5
N05	科普研究	81	0.91	16.9	2.1	17	55	0.01	0.33	5.6
N05	全球传媒学刊	41	0.91	42.7	1.9	9	27	0.07	0.59	8.0
N05	声屏世界	1284	0.94	4.1	1.2	31	587	0.01	0.13	3.2
N05	现代出版	93	0.94	15.3	1.3	16	58	—	0.43	6.5
N05	现代传播	342	0.97	21.4	1.6	25	109	0.02	0.62	≥10
N05	新闻爱好者	445	0.99	6.3	1.4	28	252	0.01	0.40	6.8
N05	新闻春秋	73	0.94	26.5	1.5	19	42	—	0.51	≥10
N05	新闻大学	95	0.65	39.2	1.9	14	46	0.07	0.56	≥10
N05	新闻界	135	0.88	32.3	1.7	18	63	0.02	0.52	9.2
N05	新闻前哨	772	0.99	2.5	1.4	30	312	0.00	0.08	3.7
N05	新闻与传播评论	72	1.00	35.1	1.7	17	44	0.03	0.86	8.9
N05	新闻与传播研究	82	0.76	71.1	1.7	15	45	0.10	0.65	≥10
N05	新闻与写作	291	0.97	11.1	1.5	22	117	0.00	0.38	4.8
N05	新闻知识	190	0.93	12.4	1.5	24	113	0.01	0.47	7.1
N05	中国报业	1161	0.91	3.6	1.2	31	694	0.00	0.10	2.8
N05	中国编辑	211	0.99	9.1	1.6	23	132	—	0.49	3.9
N05	中国出版	406	0.92	8.6	1.4	28	199	0.00	0.45	6.0
N05	中国传媒科技	483	0.99	6.3	1.3	31	341	0.01	0.11	2.3
N05	中国广播电视学刊	579	0.94	3.1	1.3	30	311	0.01	0.19	5.7
N05	中国记者	441	0.91	1.3	1.3	31	237	0.01	0.05	3.6
N05	中国科技期刊研究	213	0.93	21.5	2.9	25	140	0.01	0.44	4.5
N06	大学图书馆学报	96	0.86	33.1	2.1	22	60	0.01	0.34	≥10
N06	大学图书情报学刊	162	0.98	14.4	1.7	23	131	—	0.53	3.6

学科代码	期刊名称	来源文献量	文献选出率	平均引文数	平均作者数	地区分布数	机构分布数	海外论文比	基金论文比	引用半衰期
N06	高校图书馆工作	123	0.96	12.2	1.8	23	74	0.02	0.47	5.8
N06	古籍整理研究学刊	115	0.88	32.9	1.2	21	68	0.00	0.49	0.0
N06	国家图书馆学刊	65	0.88	32.6	2.0	23	49	0.00	0.52	8.5
N06	河北科技图苑	114	0.98	12.4	1.5	21	86	—	0.38	3.6
N06	河南图书馆学刊	611	1.00	7.3	1.2	28	376	—	0.20	3.3
N06	农业图书情报学报	110	0.98	28.5	2.3	22	69	0.02	0.88	3.4
N06	山东图书馆学刊	134	0.88	18.2	1.5	23	98	—	0.42	5.4
N06	数据分析与知识发现	147	0.94	33.8	3.5	20	64	0.02	0.82	6.9
N06	数字图书馆论坛	97	0.64	22.0	2.8	20	68	0.01	0.45	7.0
N06	四川图书馆学报	127	0.93	12.9	1.5	20	89	—	0.43	4.4
N06	图书馆	201	0.97	25.1	1.9	28	131	—	0.63	4.1
N06	图书馆工作与研究	219	0.99	17.9	1.6	27	170	—	0.50	2.9
N06	图书馆建设	139	0.90	19.4	1.4	24	83	0.01	0.39	≥10
N06	图书馆界	112	0.94	14.0	1.3	27	89	—	0.40	5.0
N06	图书馆理论与实践	153	0.93	17.0	1.8	26	106	0.01	0.56	4.8
N06	图书馆论坛	260	0.93	25.5	2.0	22	97	0.03	0.51	9.9
N06	图书馆学刊	261	0.97	11.5	1.4	25	192	—	0.33	3.6
N06	图书馆学研究	299	0.98	25.6	2.0	26	163	0.01	0.63	7.4
N06	图书馆研究	109	0.97	16.8	1.6	24	80	0.01	0.56	4.4
N06	图书馆研究与工作	201	1.00	13.6	1.4	24	126	—	0.38	5.4
N06	图书馆杂志	222	0.97	22.9	1.9	20	114	0.04	0.43	7.3
N06	新世纪图书馆	189	0.94	20.3	1.8	21	120	—	0.60	4.4
N06	中国图书馆学报	49	0.94	41.7	2.5	8	23	0.02	0.65	≥10
N06	中国图书评论	192	0.72	7.8	1.1	23	88	0.02	0.16	9.9
N07	晋图学刊	73	0.92	14.5	1.6	21	57	0.01	0.34	3.4
N07	竞争情报	40	0.65	13.0	1.8	13	28	0.03	0.15	≥10
N07	情报工程	63	0.88	25.3	3.1	14	39	0.02	0.59	6.3
N07	情报科学	299	0.96	26.0	2.6	25	123	0.01	0.70	5.7
N07	情报理论与实践	329	0.92	28.4	2.9	24	120	0.01	0.78	6.2
N07	情报探索	237	1.00	19.4	2.1	27	149	—	0.60	4.3
N07	情报学报	138	0.92	35.9	3.0	19	66	0.04	0.88	7.5
N07	情报杂志	330	0.92	23.8	2.4	25	145	0.01	0.65	5.6
N07	情报资料工作	75	0.91	33.0	2.2	18	43	0.01	0.65	6.2

学科代码	期刊名称	来源文献量	文献选出率	平均引文数	平均作者数	地区分布数	机构分布数	海外论文比	基金论文比	引用半衰期
N07	图书情报导刊	149	0.97	14.8	1.8	28	113	—	0.46	4.1
N07	图书情报工作	380	0.95	34.3	2.9	25	127	0.02	0.59	7.5
N07	图书情报知识	107	0.80	23.9	2.1	17	35	0.02	0.45	7.9
N07	图书与情报	116	0.92	17.3	2.1	21	66	0.03	0.64	8.5
N07	文献	74	0.91	54.7	1.1	17	45	0.03	0.61	0.0
N07	现代情报	210	0.96	34.4	2.6	26	82	0.01	0.80	6.3
N07	医学信息学杂志	236	0.93	13.1	3.8	29	156	0.00	0.38	4.5
N07	中国典籍与文化	78	0.95	41.0	1.0	16	40	0.04	0.39	0.0
N07	中国中医药图书情报杂志	112	0.97	12.8	3.0	25	72	0.01	0.54	4.1
N07	中华医学图书情报杂志	140	0.95	19.2	3.4	19	72	0.01	0.40	5.4
N08	北京档案	219	0.89	7.8	1.5	22	91	—	0.22	6.2
N08	博物院	117	0.94	19.1	1.3	20	73	0.05	0.06	≥10
N08	档案	132	0.80	13.3	1.5	21	68	—	0.32	≥10
N08	档案管理	299	0.94	8.9	1.5	26	166	0.01	0.33	6.3
N08	档案学通讯	74	0.83	23.9	1.9	22	42	0.03	0.49	8.7
N08	档案学研究	115	0.83	21.6	2.0	21	44	0.02	0.61	≥10
N08	档案与建设	289	0.85	10.0	1.6	21	162	—	0.32	5.6
N08	故宫博物院院刊	114	0.89	41.9	1.5	15	40	0.05	0.33	0.0
N08	黑龙江档案	526	0.96	2.7	1.1	23	327	—	0.09	3.4
N08	兰台世界	557	0.97	8.7	1.4	30	289	—	0.38	8.8
N08	历史档案	56	0.72	48.1	1.1	17	33	—	0.63	0.0
N08	民国档案	53	0.93	51.3	1.2	10	24	0.02	0.36	0.0
N08	山东档案	206	0.85	2.3	1.5	12	170	—	0.03	4.3
N08	山西档案	158	0.99	17.3	1.8	24	58	—	0.53	4.5
N08	陕西档案	197	0.75	1.4	1.1	4	101	—	0.02	3.7
N08	文博	95	0.90	30.8	1.7	19	49	0.01	0.25	≥10
N08	云南档案	304	0.82	2.1	1.1	22	109	—	0.05	≥10
N08	浙江档案	240	0.74	8.0	1.5	23	154	—	0.30	6.2
N08	中国档案	317	0.83	0.7	1.5	28	187	—	0.07	3.2
P01	Frontiers of Education in China	33	0.89	49.8	1.8	7	30	0.64	0.33	9.4
P01	安顺学院学报	153	0.99	13.3	1.8	22	75	0.01	0.63	8.1
P01	保定学院学报	122	0.96	16.9	1.6	21	58	—	0.64	≥10
P01	北京大学教育评论	38	0.90	57.7	2.0	4	23	0.32	0.32	≥10

2020 年中国科技期刊来源指标按类刊名字顺索引（续）

学科代码	期刊名称	来源文献量	文献选出率	平均引文数	平均作者数	地区分布数	机构分布数	海外论文比	基金论文比	引用半衰期
P01	比较教育研究	156	0.92	22.4	1.7	24	67	0.04	0.60	≥10
P01	兵团教育学院学报	86	0.98	14.3	1.9	14	32	—	0.49	6.7
P01	成都师范学院学报	221	0.99	15.0	1.8	25	129	—	0.86	6.6
P01	池州学院学报	245	0.98	10.1	1.8	16	73	0.00	0.76	7.5
P01	重庆第二师范学院学报	146	0.94	14.1	1.7	22	77	—	0.73	≥10
P01	创新人才教育	78	0.96	4.9	1.7	14	53	—	0.22	2.8
P01	创新与创业教育	144	0.96	13.2	1.9	27	113	—	0.85	5.0
P01	大连教育学院学报	111	0.97	3.4	1.2	11	56	—	0.24	5.4
P01	当代教师教育	56	0.93	15.8	2.1	21	34	—	0.73	7.7
P01	当代教育科学	212	0.97	15.4	1.6	28	129	—	0.61	8.8
P01	当代教育理论与实践	153	1.00	12.2	2.3	23	88	—	0.91	5.4
P01	当代教育论坛	91	0.97	18.2	1.8	19	63	—	0.81	6.2
P01	当代教育与文化	105	0.91	18.1	1.7	26	57	—	0.66	9.7
P01	电化教育研究	205	0.95	24.4	2.9	25	69	—	0.85	5.2
P01	纺织服装教育	140	1.00	6.4	2.7	21	63	—	0.93	3.7
P01	福建教育学院学报	497	0.96	4.9	1.2	10	337	0.00	0.48	4.8
P01	复旦教育论坛	91	0.92	25.7	1.9	16	59	0.02	0.78	8.4
P01	工业和信息化教育	246	0.96	6.4	2.8	30	145	—	0.67	3.4
P01	广东第二师范学院学报	89	0.94	17.7	2.0	19	43	0.01	0.75	9.0
P01	广西教育学院学报	295	0.98	8.2	1.5	28	176	—	0.59	5.7
P01	哈尔滨学院学报	412	0.99	10.3	1.4	28	227	0.01	0.52	8.3
P01	海南热带海洋学院学报	113	0.95	20.5	2.3	19	48	—	0.79	8.0
P01	航海教育研究	79	0.92	10.2	2.7	11	24	0.01	0.70	3.6
P01	河北师范大学学报（教育科学版）	90	0.83	21.3	1.6	22	58	0.02	0.71	≥10
P01	河池学院学报	124	0.95	12.0	1.5	16	57	—	0.73	9.3
P01	河西学院学报	126	0.91	17.3	2.0	22	56	0.02	0.60	≥10
P01	呼伦贝尔学院学报	183	1.00	9.3	1.6	20	71	0.01	0.61	6.0
P01	湖北工业职业技术学院学报	112	0.97	7.3	1.8	17	54	—	0.46	5.8
P01	湖南师范大学教育科学学报	93	0.93	23.4	1.6	17	46	0.03	0.68	≥10
P01	华东师范大学学报（教育科学版）	109	0.92	42.9	2.7	15	40	0.15	0.62	9.5
P01	华文教学与研究	45	0.98	26.9	1.6	11	32	0.13	0.69	≥10
P01	济宁学院学报	106	0.97	14.1	1.4	21	64	—	0.52	9.3
P01	继续教育研究	156	1.00	8.6	1.4	26	125	—	0.65	5.3

2020 年中国科技期刊来源指标按类刊名字顺索引（续）

学科代码	期刊名称	来源文献量	文献选出率	平均引文数	平均作者数	地区分布数	机构分布数	海外论文比	基金论文比	引用半衰期
P01	佳木斯职业学院学报	1406	1.00	5.4	1.3	31	770	0.00	0.45	3.8
P01	教学管理与教育研究	1239	0.85	3.2	1.0	30	1031	—	0.09	2.8
P01	教学研究	82	0.90	17.3	1.9	22	47	—	0.63	6.0
P01	教学与研究	131	0.95	27.4	1.3	18	61	0.01	0.60	≥10
P01	教育测量与评价	107	0.91	11.7	2.0	20	64	—	0.54	5.0
P01	教育导刊	168	0.93	14.5	1.8	24	108	—	0.63	7.0
P01	教育导刊（下半月）	209	0.95	10.1	1.6	28	141	—	0.57	7.0
P01	教育发展研究	230	0.60	20.4	1.7	23	99	0.02	0.72	≥10
P01	教育科学	70	0.89	17.7	1.8	17	40	0.04	0.94	≥10
P01	教育科学论坛	725	0.92	3.6	1.6	25	456	—	0.24	4.7
P01	教育科学探索	68	0.93	13.3	1.5	17	52	—	0.53	5.3
P01	教育科学研究	171	0.90	16.5	1.7	23	70	—	0.66	9.3
P01	教育评论	344	0.97	10.9	1.6	26	192	—	0.69	5.3
P01	教育生物学杂志	48	0.86	30.4	3.8	12	31	0.02	0.65	7.0
P01	教育实践与研究	633	0.91	2.2	1.4	28	463	0.00	0.21	5.1
P01	教育史研究	75	0.99	27.9	1.6	17	35	—	0.32	≥10
P01	教育探索	246	0.95	10.7	1.7	27	157	—	0.72	5.7
P01	教育文化论坛	112	1.00	14.4	1.7	21	70	0.02	0.73	≥10
P01	教育信息技术	254	0.93	6.8	1.4	21	183	—	0.72	4.6
P01	教育学报	71	0.86	30.5	2.0	17	41	0.08	0.61	≥10
P01	教育学术月刊	177	0.95	21.4	1.9	23	110	0.02	0.73	8.5
P01	教育研究	177	0.90	29.0	1.4	21	78	0.04	0.48	≥10
P01	教育研究与评论	161	0.92	3.6	1.1	13	120	—	0.22	7.3
P01	教育研究与实验	88	0.96	18.2	1.9	19	50	0.01	0.61	≥10
P01	教育艺术	813	0.98	0.3	1.1	30	622	—	0.08	4.7
P01	教育与教学研究	179	0.95	11.9	1.9	25	103	0.01	0.64	7.4
P01	教育与考试	84	0.97	17.6	1.5	20	57	0.01	0.60	≥10
P01	金融理论探索	51	0.94	21.2	1.7	21	43	—	0.49	5.4
P01	金融理论与教学	162	0.98	9.6	1.8	22	80	—	0.79	4.7
P01	荆楚理工学院学报	83	0.99	15.7	1.7	20	55	—	0.51	6.6
P01	凯里学院学报	138	0.95	13.4	2.0	18	56	—	0.59	9.4
P01	昆明学院学报	134	0.96	16.5	2.5	24	78	0.05	0.54	9.4
P01	历史教学	136	0.89	17.8	1.2	18	97	—	0.35	≥10

2020 年中国科技期刊来源指标按类刊名字顺索引（续）

学科代码	期刊名称	来源文献量	文献选出率	平均引文数	平均作者数	地区分布数	机构分布数	海外论文比	基金论文比	引用半衰期
P01	龙岩学院学报	126	0.97	12.0	1.8	15	43	—	0.61	9.0
P01	陇东学院学报	171	0.98	14.6	2.0	22	88	—	0.57	≥10
P01	吕梁学院学报	139	0.95	9.8	1.4	21	65	—	0.48	≥10
P01	逻辑学研究	40	0.91	25.2	1.2	10	21	0.03	0.63	≥10
P01	美术教育研究	1889	0.86	5.0	1.3	29	842	0.00	0.29	4.4
P01	美育学刊	132	0.86	12.5	1.2	19	71	0.02	0.36	≥10
P01	民族教育研究	111	0.83	20.5	2.0	20	58	0.00	0.67	9.3
P01	闽江学院学报	83	1.00	16.0	2.0	10	40	0.01	0.70	8.9
P01	牡丹江教育学院学报	472	0.97	7.8	1.5	30	258	0.00	0.72	6.5
P01	内蒙古电大学刊	159	1.00	7.7	1.3	24	79	—	0.45	6.1
P01	内蒙古师范大学学报（教育科学版）	149	0.99	11.5	1.9	26	100	0.01	0.81	7.5
P01	宁波大学学报（教育科学版）	108	0.95	16.1	1.6	24	63	0.01	0.64	≥10
P01	宁波教育学院学报	205	1.00	6.2	1.4	23	138	0.01	0.53	5.9
P01	萍乡学院学报	141	0.96	12.4	2.1	18	70	—	0.62	6.5
P01	普洱学院学报	274	0.98	6.2	1.4	18	141	0.00	0.56	4.6
P01	齐鲁师范学院学报	138	0.96	13.6	1.5	21	83	0.01	0.57	9.2
P01	青海教育	374	0.78	0.6	1.1	10	199	—	0.05	3.4
P01	清华大学教育研究	93	0.94	30.2	1.9	14	42	0.16	0.45	≥10
P01	全球教育展望	108	0.92	26.9	1.6	21	55	0.06	0.64	≥10
P01	陕西学前师范学院学报	232	0.99	16.9	1.8	26	132	0.01	0.76	7.4
P01	上海教育科研	229	0.91	10.0	1.5	19	139	0.00	0.47	7.9
P01	上海课程教学研究	191	0.98	2.7	1.3	4	108	—	0.07	5.9
P01	设计艺术研究	172	0.96	8.1	1.8	20	76	0.02	0.38	6.9
P01	沈阳师范大学学报（教育科学版）	146	0.97	8.8	1.6	26	84	0.01	0.66	5.3
P01	思想理论教育	223	1.00	8.3	1.4	20	85	—	0.74	5.8
P01	思想政治教育研究	197	0.99	10.7	1.6	24	101	—	0.88	5.6
P01	思想政治课研究	179	0.97	11.2	1.4	24	138	—	0.54	6.4
P01	四川民族学院学报	107	0.93	12.1	1.4	21	63	0.01	0.75	≥10
P01	四川文理学院学报	147	0.99	10.6	1.6	23	73	—	0.51	7.9
P01	苏州大学学报（教育科学版）	63	1.00	22.1	1.6	17	35	0.02	0.73	9.7
P01	苏州教育学院学报	93	0.92	18.5	1.2	18	63	0.04	0.51	≥10
P01	宿州教育学院学报	194	0.99	7.2	1.5	25	143	—	0.69	4.6
P01	唐山学院学报	102	1.00	14.1	1.7	19	63	—	0.53	≥10

学科代码	期刊名称	来源文献量	文献选出率	平均引文数	平均作者数	地区分布数	机构分布数	海外论文比	基金论文比	引用半衰期
P01	天津教育（上旬刊）	1005	0.93	1.4	1.1	27	716	—	0.15	2.7
P01	天津师范大学学报（基础教育版）	74	1.00	12.1	2.0	18	50	—	0.88	4.9
P01	天津市教科院学报	83	0.92	16.2	1.7	15	39	—	0.84	6.9
P01	天津职业技术师范大学学报	56	0.88	17.9	2.9	1	2	—	0.86	6.2
P01	铜仁学院学报	85	0.97	20.7	1.4	15	47	—	0.68	≥10
P01	潍坊工程职业学院学报	118	0.91	11.1	1.6	27	100	—	0.48	6.7
P01	武夷学院学报	241	0.96	11.9	2.1	17	85	—	0.72	6.2
P01	物理教学	273	1.00	4.2	1.5	27	203	—	0.34	4.9
P01	西藏教育	186	0.80	4.7	1.5	24	109	—	0.30	5.4
P01	厦门城市职业学院学报	69	0.95	9.0	1.2	14	41	—	0.51	4.6
P01	现代大学教育	86	0.89	30.9	1.7	21	53	0.01	0.73	≥10
P01	现代教育管理	212	1.00	17.7	1.9	21	107	0.01	1.00	4.7
P01	现代教育技术	215	0.96	14.3	2.9	23	107	0.01	0.84	5.8
P01	现代教育论丛	72	0.86	20.9	1.7	17	41	0.04	0.57	≥10
P01	现代远程教育研究	73	1.00	34.0	2.9	18	40	—	0.95	4.5
P01	现代远距离教育	68	1.00	29.0	2.8	19	33	—	0.81	5.1
P01	现代中文学刊	108	0.93	28.7	1.2	17	58	0.07	0.25	≥10
P01	新余学院学报	132	0.96	11.7	2.0	22	92	—	0.61	6.9
P01	邢台学院学报	155	0.96	9.4	1.7	25	100	0.01	0.73	6.6
P01	学理论	585	0.98	6.2	1.3	31	330	—	0.38	6.4
P01	延边教育学院学报	451	1.00	4.3	1.3	29	278	—	0.28	4.1
P01	扬州大学学报（高教研究版）	107	1.00	14.8	1.6	20	76	—	0.72	6.5
P01	扬州教育学院学报	87	0.99	8.3	1.7	18	39	—	0.61	9.6
P01	药学教育	116	0.95	10.4	3.7	23	65	—	0.78	4.6
P01	医学教育管理	125	0.96	10.4	5.4	20	52	—	0.58	3.4
P01	语文学刊	114	1.00	14.2	1.3	24	76	—	0.87	≥10
P01	语文学习	335	0.90	1.5	1.1	23	197	0.00	0.02	7.7
P01	远程教育杂志	65	1.00	35.7	3.2	18	39	0.02	1.00	3.6
P01	运城学院学报	108	0.94	15.6	1.8	13	35	0.01	0.60	≥10
P01	昭通学院学报	142	0.96	11.5	1.6	23	73	—	0.44	9.4
P01	政治思想史	46	0.85	51.7	1.2	10	37	0.09	0.20	0.0
P01	职大学报	149	0.97	9.2	1.3	23	89	0.03	0.29	≥10
P01	职教通讯	262	0.97	9.3	1.6	23	167	—	0.71	4.1

2020 年中国科技期刊来源指标按类刊名字顺索引（续）

学科代码	期刊名称	来源文献量	文献选出率	平均引文数	平均作者数	地区分布数	机构分布数	海外论文比	基金论文比	引用半衰期
P01	中国毕业后医学教育	137	0.98	13.1	4.5	26	87	0.01	0.44	3.2
P01	中国地质教育	110	0.94	9.1	3.7	21	37	—	0.72	4.0
P01	中国电化教育	235	1.00	21.0	2.5	21	99	—	0.76	4.5
P01	中国教师	451	0.96	1.6	1.2	30	312	0.00	0.19	5.9
P01	中国教育科学	79	0.93	27.2	1.6	20	49	—	0.52	≥10
P01	中国教育信息化·基础教育	266	0.96	10.2	2.3	30	200	—	0.72	5.1
P01	中国教育学刊	902	0.98	3.1	1.3	30	478	0.00	0.16	6.7
P01	中国考试	146	0.99	13.0	1.9	20	69	0.01	0.62	6.9
P01	中国林业教育	109	0.95	8.4	2.9	22	33	—	0.75	5.2
P01	中国农业教育	87	0.95	12.0	2.4	19	32	—	0.49	4.8
P01	中国轻工教育	103	0.95	8.0	2.5	13	36	—	0.86	3.8
P01	中国特殊教育	160	0.90	35.7	3.0	25	81	0.03	0.63	8.7
P01	中国现代教育装备	788	0.98	5.9	2.5	30	510	—	0.63	4.6
P01	中国冶金教育	229	0.97	8.0	3.0	24	64	0.00	0.70	3.9
P01	中国音乐教育	117	0.94	4.5	1.2	20	85	0.04	0.20	≥10
P01	中国远程教育（综合版）	101	0.89	36.1	2.7	19	58	0.12	0.70	6.0
P01	中医教育	131	0.98	8.0	5.0	24	40	—	0.75	4.3
P03	北京教育（高教版）	308	0.92	5.0	1.7	16	91	—	0.38	4.4
P03	北京教育（普教版）	607	0.92	0.2	1.3	10	294	—	0.12	7.0
P03	比较教育学报	67	0.82	26.2	1.9	12	22	0.07	0.52	≥10
P03	初中生世界（初中教学研究）	339	0.92	0.5	1.1	4	232	—	0.16	5.0
P03	地理教学	421	0.99	5.1	1.9	30	273	0.01	0.29	4.6
P03	地理教育	227	0.91	2.5	1.7	29	192	—	0.12	3.0
P03	福建基础教育研究	572	0.98	4.2	1.2	11	355	0.00	0.50	4.8
P03	福建中学数学	235	0.95	2.1	1.3	19	173	—	0.35	4.8
P03	甘肃高师学报	189	0.97	9.2	1.9	10	39	—	0.69	7.3
P03	高师理科学刊	290	0.96	12.4	3.2	27	131	—	0.84	5.6
P03	高校后勤研究	339	0.98	4.8	1.7	27	192	—	0.32	3.7
P03	广东教育（高中版）	255	0.97	—	1.1	19	150	—	0.04	1.8
P03	广东教育（职教版）	634	0.96	1.7	1.3	8	232	—	0.24	4.6
P03	广东教育（综合版）	441	0.79	0.1	1.1	13	349	—	0.18	3.0
P03	广西教育（义务教育）	929	0.96	1.5	1.1	11	530	—	0.26	4.4
P03	广西教育（中等教育）	869	0.95	3.9	1.2	14	295	—	0.41	3.0

2020 年中国科技期刊来源指标按类刊名字顺索引（续）

学科代码	期刊名称	来源文献量	文献选出率	平均引文数	平均作者数	地区分布数	机构分布数	海外论文比	基金论文比	引用半衰期
P03	贵州教育	398	0.93	—	1.2	14	282	—	0.03	—
P03	河北理科教学研究	88	0.96	0.9	1.2	17	63	—	0.09	3.8
P03	河南教育（高校版）	231	0.86	3.6	1.5	19	89	—	0.44	3.7
P03	河南教育（基教版）	358	0.79	—	1.1	17	277	—	0.14	—
P03	河南教育（教师教育版）	242	0.91	—	1.3	19	148	—	0.39	—
P03	黑河教育	505	0.96	3.1	1.0	9	254	—	0.04	4.8
P03	黑龙江教育（理论与实践）	437	0.97	4.3	1.8	27	216	—	0.84	3.8
P03	湖北教育（教育教学）	511	0.94	—	1.1	11	351	—	0.03	—
P03	湖北教育（科学课）	274	0.92	0.1	1.2	23	229	—	0.07	4.8
P03	湖北教育（政务宣传）	471	0.86	—	1.3	6	273	—	0.01	—
P03	化学教学	238	1.00	8.9	2.1	26	180	0.00	0.50	6.3
P03	化学教与学	325	1.00	4.7	1.6	27	267	—	0.45	4.8
P03	基础教育	68	0.84	24.3	2.6	17	47	0.06	0.81	8.5
P03	基础教育参考	325	1.00	2.9	1.3	27	286	0.00	0.29	5.7
P03	基础教育课程	269	0.92	4.4	1.3	25	189	—	0.42	5.3
P03	基础教育研究	989	1.00	1.9	1.2	30	684	—	0.20	5.2
P03	家教世界·现代幼教	347	0.99	1.7	1.2	14	236	—	0.09	6.3
P03	家长（上旬刊）	1167	0.79	1.8	1.0	26	957	—	0.09	2.7
P03	江苏高教	245	0.92	13.7	1.7	24	120	0.01	0.68	≥10
P03	江苏教育（教育管理版）	375	0.91	0.2	1.1	14	248	—	0.12	9.2
P03	江苏教育（小学教学版）	291	0.88	1.4	1.1	10	209	—	0.11	6.8
P03	江苏教育（职业教育版）	226	0.86	1.9	1.4	16	140	—	0.30	2.6
P03	江苏教育（中学教学版）	282	0.89	1.8	1.1	8	186	—	0.29	4.5
P03	江西教育	1513	0.89	0.4	1.1	25	1062	—	0.07	3.5
P03	教书育人（教师新概念）	719	0.97	1.5	1.1	24	530	—	0.06	2.6
P03	教书育人（校长参考）	569	0.97	1.7	1.1	25	473	—	0.11	4.3
P03	教师博览（科研版）	529	1.00	2.5	1.1	21	429	—	0.13	3.3
P03	教师发展研究	63	0.94	20.8	1.5	17	32	0.03	0.68	7.6
P03	教师教育论坛	307	0.96	6.3	1.4	29	216	0.00	0.33	7.3
P03	教学与管理（理论版）	425	1.00	7.9	1.6	30	250	0.01	0.61	5.7
P03	教学与管理（小学版）	348	0.97	3.0	1.2	23	297	—	0.31	4.6
P03	教学与管理（中学版）	320	1.00	5.7	1.4	28	269	—	0.55	4.6
P03	教学月刊（小学版）数学	236	0.99	2.0	1.3	15	192	—	0.08	5.0

2020年中国科技期刊来源指标按类刊名字顺索引（续）

学科代码	期刊名称	来源文献量	文献选出率	平均引文数	平均作者数	地区分布数	机构分布数	海外论文比	基金论文比	引用半衰期
P03	教学月刊（小学版）语文	214	0.98	1.5	1.1	11	187	—	0.05	4.7
P03	教学月刊（小学版）综合	232	0.98	2.6	1.1	12	216	—	0.13	5.3
P03	教学月刊·中学版（教学参考）	172	0.99	3.1	1.3	17	152	—	0.32	4.6
P03	教学月刊·中学版（教学管理）	178	1.00	1.8	1.1	10	154	—	0.03	4.4
P03	教学月刊·中学版（外语教学）	203	0.98	1.2	1.3	20	173	—	0.20	2.9
P03	教育研究与评论（课堂观察）	158	0.98	1.9	1.1	11	117	—	0.17	5.6
P03	教育研究与评论（小学教育教学版）	277	0.97	2.4	1.1	11	188	—	0.24	5.6
P03	教育研究与评论（中学教育教学版）	297	0.97	3.2	1.2	19	198	—	0.29	5.5
P03	课程·教材·教法	241	0.95	14.7	1.7	25	92	0.02	0.51	≥10
P03	课程教学研究	177	0.99	6.4	1.5	25	137	—	0.29	6.3
P03	课堂内外（小学教研）	1414	0.99	1.9	1.0	27	1000	—	0.03	2.6
P03	理科考试研究（初中版）	268	0.99	2.4	1.3	25	194	—	0.19	4.1
P03	理科考试研究（高中版）	268	0.99	2.1	1.4	27	195	—	0.24	3.4
P03	历史教学问题	144	0.86	38.8	1.3	23	82	0.04	0.38	≥10
P03	辽宁教育	643	0.97	1.8	1.2	24	426	—	0.15	4.1
P03	七彩语文（教师论坛）	410	0.95	—	1.1	20	297	—	0.02	—
P03	上海中学数学	180	0.95	2.7	1.4	15	139	—	0.16	4.8
P03	少男少女	1025	0.80	1.1	1.0	22	511	—	0.02	4.4
P03	生物学教学	413	0.98	3.5	1.6	28	316	—	0.45	5.7
P03	师道·教研	1657	1.00	0.1	1.1	12	1023	—	0.06	9.5
P03	师道·人文	306	0.71	0.1	1.0	16	188	—	0.05	7.0
P03	实验教学与仪器	397	0.96	2.9	1.6	28	336	—	0.29	4.2
P03	数理化学习（初中版）	249	0.95	2.3	1.3	24	109	—	0.12	3.8
P03	数理化学习（高一二版）	249	0.95	2.4	1.3	21	123	—	0.21	3.3
P03	数理化学习（教育理论）	369	0.97	2.9	1.0	22	294	—	0.08	3.0
P03	思想理论教育导刊	359	0.91	9.4	1.4	26	169	0.00	0.54	≥10
P03	外国教育研究	96	0.80	29.6	1.7	20	49	0.05	0.68	≥10
P03	现代中小学教育	247	1.00	8.3	1.7	28	189	0.00	0.63	5.5
P03	小学教学	658	0.85	0.5	1.2	26	444	0.02	0.07	7.6
P03	小学教学参考	1991	0.99	0.5	1.0	29	1347	—	0.06	4.5
P03	小学教学设计（数学）	313	0.99	—	1.2	23	225	—	0.04	—
P03	小学教学设计（英语）	297	0.98	—	1.2	20	240	—	0.08	≥10
P03	小学教学设计（语文）	281	0.97	0.3	1.1	20	220	—	0.04	5.2

2020 年中国科技期刊来源指标按类刊名字顺索引（续）

学科代码	期刊名称	来源文献量	文献选出率	平均引文数	平均作者数	地区分布数	机构分布数	海外论文比	基金论文比	引用半衰期
P03	小学教学研究（教学版）	371	0.95	1.1	1.1	16	275	—	0.08	4.5
P03	小学教学研究（教研版）	471	0.97	1.0	1.1	11	333	—	0.06	5.0
P03	小学教学研究（理论版）	457	0.97	1.2	1.1	13	331	—	0.06	4.4
P03	小学生作文辅导（读写双赢）	1197	0.99	1.7	1.0	25	894	—	0.02	2.2
P03	小学生作文辅导（看图读写）	1258	0.99	1.5	1.0	26	916	—	0.02	2.3
P03	小学时代（奥妙）	821	0.99	2.0	1.0	26	616	—	0.03	2.3
P03	新教师	545	0.97	0.2	1.0	21	408	—	0.13	7.6
P03	新课程研究（上旬）	664	0.99	3.4	1.2	28	535	—	0.16	3.4
P03	新课程研究（下旬）	666	1.00	4.0	1.4	30	534	—	0.37	3.5
P03	新课程研究（中旬—单）	392	0.99	3.3	1.1	27	357	—	0.14	2.2
P03	新课程研究（中旬—双）	393	0.99	3.1	1.1	30	369	—	0.16	2.2
P03	学前教育研究	121	0.77	31.4	2.1	21	80	0.02	0.90	9.0
P03	学语文	221	0.99	1.9	1.1	22	157	—	0.16	9.6
P03	幼儿教育·教育教学	207	0.82	0.2	1.2	13	143	0.01	0.05	≥10
P03	幼儿教育·教育科学	128	0.98	12.5	2.2	22	59	—	0.63	7.4
P03	幼儿教育研究	115	1.00	2.4	1.2	14	95	—	0.43	7.1
P03	语文天地（高中版）	463	1.00	—	1.0	27	317	—	0.09	—
P03	语文天地（小教版）	466	1.00	—	1.0	18	352	—	0.03	—
P03	早期教育（家教版）	71	0.76	—	1.3	11	44	0.03	—	—
P03	早期教育（教育教学）	272	0.97	1.3	1.2	21	214	0.00	0.17	8.4
P03	早期教育（艺术教育）	219	0.90	0.2	1.4	19	163	0.01	0.07	≥10
P03	中等数学	117	0.90	0.8	1.0	16	49	0.01	0.02	3.5
P03	中国数学教育（初中版）	148	0.97	3.0	1.4	24	127	—	0.24	7.3
P03	中国数学教育（高中版）	138	0.98	3.8	1.5	23	113	—	0.38	3.1
P03	中小学管理	238	0.88	1.6	1.4	25	165	0.01	0.37	3.7
P03	中小学教师培训	210	0.97	7.5	1.6	22	148	—	0.60	6.0
P03	中小学教学研究	122	0.95	3.9	1.3	17	111	—	0.43	4.4
P03	中小学实验与装备	162	0.95	—	1.6	20	124	—	0.28	—
P03	中小学外语教学（中学）	138	0.99	10.0	1.3	17	118	—	0.46	4.5
P03	中小学校长	269	0.96	0.6	1.2	27	256	—	0.11	6.8
P03	中小学英语教学与研究	227	0.95	6.1	1.3	25	179	—	0.35	5.6
P03	中学地理教学参考	302	0.96	2.5	1.6	29	222	—	0.25	3.0
P03	中学化学教学参考	296	0.97	3.7	1.7	26	200	—	0.32	5.2

2020 年中国科技期刊来源指标按类刊名字顺索引（续）

学科代码	期刊名称	来源文献量	文献选出率	平均引文数	平均作者数	地区分布数	机构分布数	海外论文比	基金论文比	引用半衰期
P03	中学教研（数学）	155	1.00	2.3	1.4	14	116	—	0.36	3.6
P03	中学课程资源	406	0.97	2.9	1.1	25	302	0.00	0.15	3.6
P03	中学理科园地	192	1.00	2.5	1.2	9	117	—	0.45	3.8
P03	中学生数理化（教与学）	1083	0.99	0.5	1.0	31	695	—	0.02	3.5
P03	中学生物学	379	0.97	2.7	1.5	27	289	—	0.35	4.4
P03	中学数学	1035	0.97	1.5	1.1	30	721	—	0.16	3.6
P03	中学数学教学	162	0.96	1.6	1.3	22	140	—	0.22	3.9
P03	中学数学教学参考	262	0.99	2.1	1.4	23	190	—	0.31	3.0
P03	中学数学研究	372	1.00	1.2	1.3	23	244	—	0.24	4.0
P03	中学数学月刊	260	0.98	2.8	1.4	23	187	—	0.33	7.1
P03	中学数学杂志（初中版）	130	1.00	2.8	1.4	20	89	—	0.29	4.9
P03	中学数学杂志（高中版）	117	1.00	3.4	1.4	22	95	—	0.30	3.9
P03	中学物理（初中版）	257	0.99	5.1	1.4	24	207	—	0.51	2.8
P03	中学物理（高中版）	228	0.99	3.9	1.8	27	162	0.00	0.45	3.5
P03	中学物理教学参考	244	0.95	2.6	1.5	25	203	—	0.28	4.0
P03	中学语文教学	248	0.91	3.0	1.1	24	186	0.01	0.15	≥10
P03	中学政史地（高中文综）	141	0.87	—	1.1	21	83	—	0.02	—
P03	中学政史地（教学指导版）	517	0.97	—	1.0	27	417	—	0.05	5.3
P03	中学政治教学参考	505	0.95	0.3	1.2	30	425	0.00	0.28	2.9
P03	综合实践活动研究	259	0.94	1.4	1.2	25	214	—	0.07	3.6
P04	重庆高教研究	89	0.96	18.9	1.4	20	55	0.01	0.58	5.2
P04	大学教育	703	1.00	8.1	2.6	31	403	—	0.81	4.9
P04	大学教育科学	116	0.98	17.4	1.7	20	65	0.01	0.72	7.9
P04	大学物理实验	200	1.00	9.1	3.8	30	116	—	0.71	6.2
P04	高等工程教育研究	180	0.97	15.8	2.6	18	96	0.03	0.63	6.9
P04	高等继续教育学报	85	0.97	11.4	1.8	19	59	—	0.66	5.4
P04	高等建筑教育	151	1.00	13.1	3.2	22	70	—	0.89	4.8
P04	高等教育研究	160	0.89	23.5	1.6	21	71	0.01	0.53	≥10
P04	高等教育研究学报	76	0.99	12.6	2.5	20	37	—	0.51	4.7
P04	高等理科教育	143	0.95	12.0	2.1	23	74	0.02	0.59	6.3
P04	高教发展与评估	69	0.86	18.6	1.9	20	57	0.04	0.64	8.4
P04	高教论坛	383	0.97	8.8	1.8	29	211	—	0.83	4.7
P04	高教探索	337	0.99	12.3	1.5	29	213	0.01	0.64	9.1

学科代码	期刊名称	来源文献量	文献选出率	平均引文数	平均作者数	地区分布数	机构分布数	海外论文比	基金论文比	引用半衰期
P04	高教学刊	1882	1.00	8.0	2.5	31	849	0.00	0.95	4.5
P04	高校辅导员	116	0.94	5.9	1.6	21	66	—	0.68	4.1
P04	高校辅导员学刊	118	0.96	8.1	1.7	19	82	—	0.69	4.5
P04	高校教育管理	86	0.95	25.9	1.7	19	57	0.01	0.85	6.3
P04	高校生物学教学研究（电子版）	74	1.00	10.2	4.0	23	56	—	0.70	4.5
P04	高校医学教学研究（电子版）	77	0.97	8.8	5.8	16	48	—	0.82	2.7
P04	高校招生	153	0.55	—	1.2	20	94	—	—	—
P04	黑龙江高教研究	358	1.00	15.3	1.9	30	218	—	0.78	6.1
P04	黑龙江教育（高教研究与评估版）	412	0.97	6.5	2.0	28	214	—	0.87	4.1
P04	化工高等教育	187	0.95	8.0	3.8	28	78	—	0.71	5.4
P04	教书育人（高教论坛）	515	0.97	5.9	1.8	30	324	0.01	0.71	4.6
P04	煤炭高等教育	99	0.94	13.4	2.0	22	56	—	0.83	4.7
P04	民族高等教育研究	89	0.93	12.7	1.7	24	50	0.01	0.88	7.3
P04	山东高等教育	77	0.87	15.9	1.8	20	52	—	0.73	7.9
P04	现代教育科学	162	0.99	13.7	1.6	29	119	0.01	0.69	7.4
P04	学位与研究生教育	135	0.92	16.3	2.3	19	75	0.01	0.52	≥10
P04	研究生教育研究	90	0.89	16.7	2.1	21	62	—	0.73	5.7
P04	中国大学教学	193	0.92	8.0	1.8	24	110	0.01	0.25	9.2
P04	中国高教研究	212	0.90	15.3	1.7	21	100	0.02	0.49	9.9
P04	中国教育信息化	255	0.96	11.0	2.5	29	198	0.00	0.69	4.6
P04	中国校外教育	1187	0.99	3.0	1.1	30	945	0.00	0.06	3.6
P04	中国校外教育（下旬刊）	1296	0.99	2.6	1.3	31	909	0.00	0.18	4.0
P04	中国校外教育（中旬刊）	1126	0.98	3.2	1.1	31	900	0.00	0.06	3.5
P05	安徽开放大学学报	74	1.00	12.3	1.5	15	46	—	0.81	7.7
P05	安徽冶金科技职业学院学报	135	0.96	5.0	2.0	6	58	—	0.16	6.9
P05	安徽医专学报	422	1.00	6.5	2.5	18	164	—	0.23	3.8
P05	安徽职业技术学院学报	97	0.97	5.9	1.8	8	49	—	0.78	4.3
P05	包头职业技术学院学报	108	0.94	5.6	1.5	21	61	0.01	0.49	4.3
P05	保险职业学院学报	106	0.98	10.3	1.7	20	70	—	0.31	5.5
P05	北京财贸职业学院学报	76	0.96	11.0	1.5	14	35	—	0.68	2.9
P05	北京工业职业技术学院学报	117	0.97	7.5	1.6	21	60	—	0.63	3.1
P05	北京宣武红旗业余大学学报	47	1.00	8.6	1.4	5	21	—	0.40	4.0
P05	长春教育学院学报	146	0.99	6.1	1.4	26	109	—	0.58	5.5

2020年中国科技期刊来源指标按类刊名字顺索引（续）

学科代码	期刊名称	来源文献量	文献选出率	平均引文数	平均作者数	地区分布数	机构分布数	海外论文比	基金论文比	引用半衰期
P05	成人教育	188	0.96	13.7	1.8	26	113	—	0.82	4.7
P05	重庆广播电视大学学报	64	0.98	15.5	1.6	14	33	—	0.61	6.2
P05	滁州职业技术学院学报	96	0.97	7.1	1.6	11	51	—	0.73	5.0
P05	当代职业教育	90	0.95	16.4	1.8	23	69	0.01	0.53	3.3
P05	福建广播电视大学学报	136	0.96	6.7	1.4	25	90	—	0.27	5.0
P05	阜阳职业技术学院学报	111	1.00	7.7	1.2	17	56	0.01	0.60	5.0
P05	甘肃广播电视大学学报	110	0.95	12.2	1.3	23	65	—	0.50	≥10
P05	高等职业教育探索	76	0.93	13.0	1.7	20	64	—	0.61	4.6
P05	工业技术与职业教育	137	0.99	7.2	2.1	19	54	—	0.70	3.6
P05	广播电视大学学报（哲学社会科学版）	72	0.99	12.1	1.3	17	40	0.01	0.35	≥10
P05	广东开放大学学报	113	0.98	16.0	1.5	19	77	0.01	0.59	7.9
P05	广东农工商职业技术学院学报	75	0.93	8.5	2.0	8	25	—	0.67	5.5
P05	广东职业技术教育与研究	427	1.00	5.0	1.9	24	173	—	0.40	4.7
P05	广西广播电视大学学报	131	0.99	6.1	1.5	23	71	—	0.65	4.1
P05	广西教育（高等教育）	907	0.97	5.2	1.6	16	104	—	0.78	3.2
P05	广州城市职业学院学报	76	0.99	10.7	1.6	9	28	—	0.75	6.0
P05	广州广播电视大学学报	112	0.91	12.3	1.5	23	69	0.01	0.58	7.7
P05	哈尔滨职业技术学院学报	317	0.99	6.1	1.6	28	195	—	0.64	4.7
P05	海南开放大学学报	102	0.95	18.7	1.3	25	65	0.01	0.42	≥10
P05	邯郸职业技术学院学报	90	0.96	9.7	1.4	23	68	—	0.30	7.0
P05	河北大学成人教育学院学报	73	0.97	13.1	1.8	13	31	0.01	0.66	4.7
P05	河北开放大学学报	127	0.99	13.7	1.4	20	79	0.02	0.54	≥10
P05	河北旅游职业学院学报	106	0.92	9.5	2.9	24	62	—	0.46	5.8
P05	河北能源职业技术学院学报	121	0.96	5.8	1.6	20	69	—	0.52	6.0
P05	河南广播电视大学学报	86	1.00	9.2	1.3	17	55	0.01	0.49	5.5
P05	湖北成人教育学院学报	122	0.98	8.1	1.5	25	80	—	0.63	4.2
P05	湖北开放大学学报	65	0.92	10.2	1.5	14	29	—	0.71	5.1
P05	湖北职业技术学院学报	91	0.96	9.0	1.3	21	61	0.01	0.46	5.8
P05	湖南工业职业技术学院学报	174	0.95	10.5	1.6	22	124	0.01	0.58	5.0
P05	湖南广播电视大学学报	56	1.00	14.6	1.5	20	50	—	0.38	8.6
P05	湖州职业技术学院学报	91	0.96	8.7	1.6	18	47	0.01	0.71	5.8
P05	淮北职业技术学院学报	188	1.00	7.9	1.3	25	94	0.01	0.50	5.5
P05	淮南职业技术学院学报	333	1.00	4.7	1.4	27	239	—	0.61	2.9

学科代码	期刊名称	来源文献量	文献选出率	平均引文数	平均作者数	地区分布数	机构分布数	海外论文比	基金论文比	引用半衰期
P05	黄冈职业技术学院学报	181	0.98	7.5	1.5	21	89	—	0.47	4.3
P05	机械职业教育	174	1.00	7.1	1.8	22	106	—	0.82	3.0
P05	吉林广播电视大学学报	853	0.98	5.2	1.3	30	411	0.00	0.53	4.4
P05	济南职业学院学报	240	1.00	5.6	1.4	26	154	—	0.52	3.6
P05	济源职业技术学院学报	71	0.91	13.9	1.5	13	30	—	0.37	5.7
P05	江苏经贸职业技术学院学报	147	1.00	6.9	1.3	18	80	0.01	0.65	3.4
P05	江西广播电视大学学报	64	0.97	14.2	2.2	15	36	—	0.64	6.6
P05	教师教育学报	112	1.00	14.5	1.7	27	66	0.05	0.63	7.1
P05	教师教育研究	101	0.95	21.5	2.1	20	49	0.02	0.72	≥10
P05	教育与职业	492	0.98	7.4	1.6	27	296	0.00	0.82	3.1
P05	金华职业技术学院学报	105	0.94	9.9	1.7	21	57	—	0.51	5.5
P05	晋城职业技术学院学报	169	0.94	7.2	1.3	28	109	—	0.51	6.8
P05	九江职业技术学院学报	114	1.00	5.6	1.7	17	64	—	0.67	3.0
P05	开放教育研究	69	0.79	34.7	2.6	16	31	0.19	0.71	5.9
P05	开放学习研究	52	0.91	18.8	2.5	12	27	0.02	0.42	6.2
P05	兰州石化职业技术学院学报	90	0.94	6.0	1.9	14	38	0.01	0.43	5.1
P05	兰州职业技术学院学报	335	0.98	6.7	1.4	31	214	—	0.47	≥10
P05	黎明职业大学学报	68	0.94	10.0	1.3	9	16	—	0.44	4.5
P05	理论学习—山东干部函授大学学报	166	0.71	4.3	1.3	16	110	—	0.12	3.2
P05	连云港职业技术学院学报	87	0.95	8.1	1.7	17	52	—	0.55	4.2
P05	两岸终身教育	63	0.94	11.9	1.2	18	46	—	0.41	9.9
P05	辽宁高职学报	314	0.97	10.7	1.5	19	82	0.00	0.58	3.5
P05	辽宁广播电视大学学报	130	0.97	5.0	1.5	14	61	—	0.60	3.4
P05	柳州职业技术学院学报	160	0.97	6.9	1.4	23	78	0.01	0.54	7.0
P05	漯河职业技术学院学报	189	0.97	8.4	1.3	25	130	—	0.67	6.4
P05	闽西职业技术学院学报	105	0.99	9.5	1.5	22	67	—	0.38	7.3
P05	南方职业教育学刊	106	0.97	8.3	1.5	10	50	—	0.80	3.3
P05	南京开放大学学报	63	0.95	9.1	1.7	6	25	—	0.65	4.7
P05	南宁职业技术学院学报	131	0.91	7.7	1.5	17	70	—	0.45	5.5
P05	南通职业大学学报	94	0.96	7.5	2.1	13	50	—	0.53	4.9
P05	宁波开放大学学报	98	0.94	10.9	1.3	21	58	—	0.45	9.9
P05	宁波职业技术学院学报	122	1.00	9.3	1.4	21	92	0.01	0.72	4.0
P05	濮阳职业技术学院学报	167	0.97	9.6	1.2	26	96	—	0.32	≥10

2020 年中国科技期刊来源指标按类刊名字顺索引（续）

学科代码	期刊名称	来源文献量	文献选出率	平均引文数	平均作者数	地区分布数	机构分布数	海外论文比	基金论文比	引用半衰期
P05	青岛职业技术学院学报	112	1.00	6.5	1.8	15	51	0.01	0.55	5.7
P05	青年发展论坛	60	0.91	15.3	1.6	14	40	0.02	0.58	4.6
P05	清远职业技术学院学报	105	0.96	8.4	1.5	21	65	—	0.60	5.6
P05	三门峡职业技术学院学报	105	0.96	12.0	1.2	19	65	—	0.34	≥10
P05	沙洲职业工学院学报	54	1.00	6.2	2.1	1	15	—	0.65	3.0
P05	山东开放大学学报	92	1.00	6.1	1.4	14	50	—	0.54	4.1
P05	山东商业职业技术学院学报	146	0.99	9.0	1.7	24	98	—	0.56	4.6
P05	山西广播电视大学学报	97	1.00	7.5	1.8	9	43	—	0.39	5.4
P05	陕西开放大学学报	95	0.97	6.1	1.8	6	33	0.01	0.47	5.8
P05	商丘职业技术学院学报	116	1.00	9.7	1.4	23	77	—	0.82	7.7
P05	深圳信息职业技术学院学报	83	0.98	9.3	1.4	6	24	—	0.61	6.3
P05	深圳职业技术学院学报	84	0.89	10.7	1.8	5	11	0.01	0.63	5.9
P05	石家庄职业技术学院学报	115	0.97	7.7	1.7	18	44	—	0.53	4.6
P05	顺德职业技术学院学报	73	0.95	9.8	2.1	16	38	—	0.58	6.4
P05	四川职业技术学院学报	183	0.97	10.3	1.5	21	105	—	0.49	7.5
P05	苏州工艺美术职业技术学院学报	81	0.88	5.3	1.3	14	40	0.01	0.42	9.2
P05	苏州市职业大学学报	81	1.00	7.7	1.8	10	24	—	0.78	4.2
P05	太原城市职业技术学院学报	884	0.98	6.9	1.4	29	493	—	0.56	4.1
P05	泰州职业技术学院学报	149	1.00	6.9	2.3	7	51	—	0.36	4.6
P05	天津电大学报	63	1.00	7.4	1.6	13	34	—	0.57	4.0
P05	天津商务职业学院学报	82	0.96	11.6	1.5	22	58	—	0.56	3.3
P05	天津职业大学学报	105	0.98	7.6	1.6	17	68	—	0.82	3.8
P05	铜陵职业技术学院学报	98	0.96	8.7	1.7	16	55	—	0.66	5.3
P05	卫生职业教育	1817	0.99	8.2	3.3	31	625	0.00	0.65	4.2
P05	温州职业技术学院学报	73	0.95	10.4	1.5	15	46	—	0.66	8.1
P05	乌鲁木齐职业大学学报	53	0.90	8.9	1.6	12	30	—	0.66	5.7
P05	无锡商业职业技术学院学报	124	1.00	10.8	1.5	20	77	—	0.63	4.9
P05	无锡职业技术学院学报	120	0.99	8.4	1.6	21	74	—	0.68	4.4
P05	芜湖职业技术学院学报	100	0.98	8.0	1.8	13	42	0.01	0.52	5.7
P05	武汉冶金管理干部学院学报	126	0.97	5.6	1.3	26	102	—	0.48	3.5
P05	武汉职业技术学院学报	142	0.97	7.8	1.7	20	82	0.01	0.73	3.9
P05	西北成人教育学院学报	144	0.95	12.0	1.5	24	91	—	0.29	6.4
P05	现代特殊教育	448	0.97	8.2	1.8	28	224	0.01	0.32	7.6

学科代码	期刊名称	来源文献量	文献选出率	平均引文数	平均作者数	地区分布数	机构分布数	海外论文比	基金论文比	引用半衰期
P05	襄阳职业技术学院学报	209	1.00	6.2	1.5	27	105	—	0.60	5.0
P05	新疆广播电视大学学报	64	0.91	9.7	1.7	14	37	—	0.61	4.2
P05	新疆教育学院学报	28	0.97	13.9	1.5	12	22	—	0.68	9.2
P05	新疆职业大学学报	67	0.96	7.6	1.7	16	47	—	0.66	4.2
P05	新疆职业教育研究	55	0.89	7.3	1.5	15	36	—	0.60	4.3
P05	邢台职业技术学院学报	146	0.95	6.1	2.2	20	80	—	0.59	4.1
P05	烟台职业学院学报	91	0.96	4.9	1.5	18	58	—	0.45	3.7
P05	延安职业技术学院学报	175	0.97	6.5	1.5	26	108	—	0.59	5.1
P05	扬州职业大学学报	55	0.96	8.0	1.9	8	21	—	0.67	6.8
P05	杨凌职业技术学院学报	110	0.97	7.0	1.8	18	64	—	0.72	4.6
P05	岳阳职业技术学院学报	137	0.96	8.1	1.7	20	66	—	0.75	3.6
P05	云南开放大学学报	56	0.97	12.8	1.7	15	37	—	0.63	4.9
P05	张家口职业技术学院学报	95	1.00	6.6	1.7	22	62	0.01	0.55	4.5
P05	漳州职业技术学院学报	77	1.00	8.8	1.3	8	28	—	0.49	4.1
P05	浙江工商职业技术学院学报	97	1.00	7.1	1.2	13	49	0.01	0.64	3.9
P05	浙江艺术职业学院学报	87	0.90	14.4	1.1	20	57	—	0.37	≥10
P05	职教论坛	299	0.88	13.2	1.7	26	175	0.00	0.77	6.9
P05	职业技术教育	488	0.90	11.8	1.9	27	301	0.01	0.85	4.5
P05	职业教育	371	0.61	3.8	1.5	26	192	—	0.39	4.2
P05	职业教育（下旬）	183	0.93	5.3	1.5	20	123	—	0.42	4.0
P05	职业教育研究	195	0.95	9.5	1.9	27	144	0.01	0.80	4.3
P05	中国成人教育	577	0.99	8.4	1.6	29	299	0.00	0.46	4.1
P05	中国职业技术教育	516	0.93	11.2	1.8	27	277	0.01	0.71	7.2
P05	终身教育研究	76	0.94	19.1	1.7	15	43	0.03	0.61	6.9
P07	Journal of Sport and Health Science（JSHS）	88	0.90	52.8	4.8	2	70	0.89	0.51	7.5
P07	安徽体育科技	128	1.00	10.6	2.0	24	70	—	0.44	6.1
P07	北京体育大学学报	182	0.98	28.3	2.9	20	73	0.03	0.82	8.6
P07	冰雪运动	112	0.94	18.0	2.7	20	53	0.02	0.31	3.2
P07	成都体育学院学报	115	1.00	22.8	2.9	20	59	0.04	0.65	8.4
P07	福建体育科技	98	1.00	12.4	2.1	18	63	—	0.45	6.1
P07	广州体育学院学报	173	0.97	15.2	2.1	23	103	—	0.61	7.4
P07	哈尔滨体育学院学报	98	0.97	17.3	2.6	21	64	—	0.67	4.8
P07	河北体育学院学报	86	0.91	16.6	2.2	21	60	0.01	0.63	6.6

2020 年中国科技期刊来源指标按类刊名字顺索引（续）

学科代码	期刊名称	来源文献量	文献选出率	平均引文数	平均作者数	地区分布数	机构分布数	海外论文比	基金论文比	引用半衰期
P07	湖北体育科技	249	1.00	18.4	2.2	25	119	0.00	0.47	5.7
P07	吉林体育学院学报	92	1.00	20.1	2.0	23	65	0.02	0.64	7.1
P07	辽宁体育科技	167	0.97	11.5	2.3	25	90	—	0.50	5.9
P07	南京体育学院学报	142	1.00	20.8	2.1	21	81	0.01	0.77	5.5
P07	青少年体育	674	0.99	4.0	1.6	29	459	0.01	0.21	4.1
P07	山东体育科技	85	0.96	19.5	2.2	21	62	0.04	0.31	7.3
P07	山东体育学院学报	93	1.00	27.6	2.5	24	67	—	0.81	6.9
P07	上海体育学院学报	113	0.87	36.7	2.7	19	59	0.04	0.79	9.6
P07	沈阳体育学院学报	114	0.94	24.7	2.6	21	66	—	1.00	4.9
P07	首都体育学院学报	91	0.97	28.7	2.7	16	58	0.06	0.68	6.8
P07	四川体育科学	190	0.99	15.1	2.2	26	107	0.01	0.45	6.9
P07	体育教学	481	0.99	1.4	1.6	23	289	—	0.17	4.3
P07	体育教育学刊	102	1.00	14.5	2.0	18	57	0.02	0.79	5.4
P07	体育科技	417	1.00	9.5	2.1	30	245	—	0.77	5.2
P07	体育科技文献通报	851	1.00	8.3	1.7	29	365	0.01	0.33	6.2
P07	体育科学	112	0.97	45.6	2.9	20	49	0.03	0.84	7.2
P07	体育科学研究	88	0.94	16.1	2.0	19	48	—	0.63	7.3
P07	体育科研	83	0.95	28.8	2.8	11	45	0.05	0.80	6.9
P07	体育师友	174	0.99	6.2	1.5	20	134	—	0.25	4.7
P07	体育文化导刊	209	0.95	15.6	2.4	25	103	—	0.81	3.0
P07	体育学刊	126	0.94	22.8	2.4	21	77	0.02	0.76	9.5
P07	体育研究与教育	97	0.97	19.2	2.3	20	62	0.01	0.63	7.5
P07	体育与科学	89	0.97	31.5	2.1	18	56	0.04	0.61	≥10
P07	天津体育学院学报	109	0.93	29.3	2.8	18	66	0.03	0.83	8.2
P07	武汉体育学院学报	152	0.94	24.1	2.7	21	72	0.03	0.91	8.0
P07	武术研究	597	0.98	8.5	1.8	31	261	0.00	0.37	6.4
P07	西安体育学院学报	101	0.94	24.8	2.7	20	61	0.01	0.82	7.7
P07	运动精品	581	0.99	7.7	1.7	30	333	0.00	0.32	6.2
P07	浙江体育科学	115	0.99	19.5	2.3	23	71	—	0.59	8.0
P07	中国体育教练员	99	0.97	9.9	2.4	21	60	—	0.21	8.8
P07	中国体育科技	120	0.93	46.0	3.5	18	51	0.02	0.83	7.1
P07	中国运动医学杂志	142	0.90	33.8	4.5	21	72	0.04	0.74	6.5
Q07	内蒙古统计	139	0.83	4.5	1.4	12	61	—	0.11	4.6

2020 年中国科技期刊来源指标按类刊名字顺索引（续）

学科代码	期刊名称	来源文献量	文献选出率	平均引文数	平均作者数	地区分布数	机构分布数	海外论文比	基金论文比	引用半衰期
Q07	统计科学与实践	215	0.91	1.9	1.3	9	99	—	0.08	8.7
Q07	统计研究	111	0.93	29.7	2.5	21	58	0.02	0.78	≥10
Q07	统计与管理	267	0.95	11.9	1.8	28	167	—	0.48	5.4
Q07	统计与决策	947	0.95	12.4	2.3	30	379	0.01	0.82	7.2
Q07	统计与信息论坛	161	0.95	20.2	2.4	24	82	0.01	0.83	7.2

7　中国期刊名称

类目索引

中国期刊名称类目索引

中国期刊名称类目索引（续）

中国期刊名称类目索引（续）

中国期刊名称类目索引（续）

中国期刊名称类目索引（续）

中国期刊名称类目索引（续）

中国期刊名称类目索引（续）

中国期刊名称类目索引（续）

中国期刊名称类目索引（续）

中国期刊名称类目索引（续）

中国期刊名称类目索引（续）

中国期刊名称类目索引（续）

中国期刊名称类目索引（续）

中国期刊名称类目索引（续）

中国期刊名称类目索引（续）

中国期刊名称类目索引（续）

期刊名称	学科代码	被引指标页码	来源指标页码
高教探索	P04	198	394
高教学刊	P04	198	395
高科技纤维与应用	E24	117	314
高师理科学刊	P03	194	390
高速铁路技术	E36	133	329
高校地质学报	B11	31	227
高校辅导员	P04	198	395
高校辅导员学刊	P04	199	395
高校后勤研究	P03	194	390
高校化学工程学报	E23	115	311
高校教育管理	P04	199	395
高校马克思主义理论研究	J01	156	352
高校生物学教学研究（电子版）	P04	199	395
高校图书馆工作	N06	187	384
高校医学教学研究（电子版）	P04	199	395
高校应用数学学报	B01	22	218
高校招生	P04	199	395
高压电器	E15	104	300
高压物理学报	B04	24	220
高原地震	B11	31	227
高原农业	C01	37	233
高原气象	B08	27	223
高原山地气象研究	B08	27	223
高原医学杂志	D01	49	245
歌海	K06	161	357
给水排水	E31	124	321
耕作与栽培	C03	40	236
工程爆破	E01	81	277
工程地球物理学报	E01	81	277
工程地质学报	B11	31	227
工程管理科技前沿	L04	170	366
工程管理学报	F01	140	336
工程机械	E13	99	295
工程机械与维修	E13	99	295

期刊名称	学科代码	被引指标页码	来源指标页码
工程建设	E01	81	277
工程经济	L08	172	368
工程勘察	E32	127	323
工程抗震与加固改造	E31	124	321
工程科学学报	E01	81	277
工程科学与技术	E02	84	280
工程力学	E01	81	278
工程热物理学报	E14	101	297
工程设计学报	E12	97	293
工程数学学报	E01	81	278
工程塑料应用	E24	117	314
工程研究—跨学科视野中的工程	F01	140	336
工程与建设	E01	82	278
工程与试验	E01	82	278
工程造价管理	E01	82	278
工程质量	E01	82	278
工会理论研究—上海工会管理干部学院学报	M02	177	373
工具技术	E01	82	278
工矿自动化	E10	95	291
工业安全与环保	E40	139	335
工业催化	E23	115	311
工业工程	E01	82	278
工业工程与管理	F01	140	336
工业锅炉	E14	101	297
工业和信息化教育	P01	190	386
工业计量	E01	82	278
工业技术创新	L08	172	368
工业技术经济	L08	172	368
工业技术与职业教育	P05	200	396
工业加热	E14	101	297
工业建筑	E31	124	321
工业控制计算机	E22	113	309
工业炉	E14	101	297

中国期刊名称类目索引（续）

中国期刊名称类目索引（续）

中国期刊名称类目索引（续）

中国期刊名称类目索引（续）

中国期刊名称类目索引（续）

中国期刊名称类目索引（续）

中国期刊名称类目索引（续）

中国期刊名称类目索引（续）

中国期刊名称类目索引（续）

中国期刊名称类目索引（续）

中国期刊名称类目索引（续）

中国期刊名称类目索引（续）

中国期刊名称类目索引（续）

中国期刊名称类目索引（续）

中国期刊名称类目索引（续）

中国期刊名称类目索引（续）

中国期刊名称类目索引（续）

中国期刊名称类目索引（续）

中国期刊名称类目索引（续）

中国期刊名称类目索引（续）

中国期刊名称类目索引（续）

中国期刊名称类目索引（续）

中国期刊名称类目索引（续）

中国期刊名称类目索引（续）

中国期刊名称类目索引（续）

中国期刊名称类目索引（续）

中国期刊名称类目索引（续）

中国期刊名称类目索引（续）

中国期刊名称类目索引（续）

中国期刊名称类目索引（续）

中国期刊名称类目索引（续）

中国期刊名称类目索引（续）

中国期刊名称类目索引（续）

中国期刊名称类目索引（续）

中国期刊名称类目索引（续）

中国期刊名称类目索引（续）

中国期刊名称类目索引（续）

中国期刊名称类目索引（续）

中国期刊名称类目索引（续）

中国期刊名称类目索引（续）

中国期刊名称类目索引（续）

中国期刊名称类目索引（续）

中国期刊名称类目索引（续）

中国期刊名称类目索引（续）

中国期刊名称类目索引（续）

中国期刊名称类目索引（续）

中国期刊名称类目索引（续）

中国期刊名称类目索引（续）

中国期刊名称类目索引（续）

中国期刊名称类目索引（续）

中国期刊名称类目索引（续）

中国期刊名称类目索引（续）

中国期刊名称类目索引（续）

中国期刊名称类目索引（续）

中国期刊名称类目索引（续）

中国期刊名称类目索引（续）

中国期刊名称类目索引（续）

中国期刊名称类目索引（续）